The Most Frequently Tested Idioms & Expressions

V4.0CA Bible

공무원, 편입, Teps, Toefl 완벽 대비서 　숙어 · 생활영어 1500제

이디엄워크북

KB154233

보카바이블 4.0 – 이디엄워크북 합격프로젝트 신청서

보카바이블 4.0 – 이디엄워크북으로 열심히 공부하셔서 합격하시고 합격수기를 올려주시면
책값을 현금으로 돌려 드립니다.
신청방법, 부대조건 및 자세한 내용은 보카바이블닷컴 (www.vocabible.com) 에서 반드시 확인하세요.

① 성　　　명　: ＿＿＿＿＿＿＿＿＿＿＿＿＿

② 합격한 시험　: ＿＿＿＿＿＿＿＿＿＿＿＿＿

③ 수 험 번 호　: ＿＿＿＿＿＿＿＿＿＿＿＿＿

④ 연 락 처　: ＿＿＿＿＿＿＿＿＿＿＿＿＿

⑤ 계 좌 번 호　: ＿＿＿＿ 은행 ＿＿＿＿＿＿＿

⑥ e-mail 주소　: ＿＿＿＿＿＿＿＿＿＿＿＿＿

⑦ 교재 구매일　: ＿＿＿＿＿＿＿＿＿＿＿＿＿

⑧ 구 매 서 점　: ＿＿＿＿＿＿＿＿＿＿＿＿＿

※ 보내 주신 개인정보는 본 이벤트 이외의 어떤 목적으로도 활용되지 않습니다.

※ 이 신청서의 유효기간은 구매일로부터 1년 6개월(구매 영수증이 있는 경우) 또는 아래 판권에 있는
　교재 인쇄일로부터 2년간입니다.

※ 신청서 작성은 반드시 싸인펜이나 볼펜으로 작성하셔야 합니다. (연필로 작성시 무효)

※ 신청서를 작성하신 후에 아래의 판권 정보를 포함한 전체 페이지를 스캔하여 보카바이블닷컴 공지된 양식과 함께
　이메일(ub40@daum.net)로 발송해 주시기 바랍니다. (발송 전 반드시 보카바이블닷컴 공지를 확인해 주세요.)

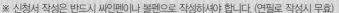

VOCA Bible 4.O - 이디엄워크북 (숙어·생활영어 1500제)

지 은 이 **허 민**
펴 낸 이 **허 민**
펴 낸 곳 **스텝업**

디 자 인 **홍은선**
마 케 팅 **김봉주**

1판 1쇄 발행 2012.07.07
　11쇄 인쇄 2017.10.10
2판 1쇄 발행 2019.03.07
　4쇄 인쇄 2021.04.20

출판신고 2012년 9월 12일 제 324-2012-000051호
05248 서울시 강동구 올림픽로 667 대동피렌체리버 705호

TEL 02-747-7078
FAX 02-747-7079

www.vocabible.com
www.stepupbook.net

ISBN 978-89-94553-02-3 13740

가격은 뒤표지에 있습니다.

The Most Frequently Tested Idioms & Expressions

VOCA 4.0 Bible

공무원, 편입, Teps, Toefl 완벽 대비서 숙어·생활영어 1500제

이디엄워크북

허 민 지음

이디엄워크북

스텝업

머리말

보카바이블이 수험생들을 위한 영어어휘교재로 세상에 첫 선을 보인 지 어느덧 13년이 흘렀습니다. 수많은 수험생들의 압도적인 지지 덕분에 보카바이블은 출간 후 13년간 줄곧 확고한 베스트셀러로 자리하고 있으며, 작년 6월에 7년 만에 구성을 혁신적으로 바꾼 네 번째 전면개정판인 『보카바이블4.0』이 출간되었고 여전히 공무원, 편입 분야에서 압도적인 1위의 판매량을 자랑하는 등 수험생들의 필독서로 과분한 사랑을 받고 있습니다.

『보카바이블 4.0』에 시험에 출제되는 기출숙어나 생활영어를 수록하였지만 지면의 제약으로 인해 숙어 기출문제를 다루지는 못했습니다. 『보카바이블 4.0 – 이디엄워크북』은 어휘, 숙어 학습서인 『보카바이블 4.0』을 보완하고자 기획된 숙어기출문제집입니다. 기출문제집 형태의 학습서는 시험에 어떻게 출제되는지를 확인하여 시험 적응력을 기르고 문제를 풀고 채점하고 틀렸던 문제를 확인하는 과정에서 자연스럽게 기출숙어를 암기할 수 있으므로 수험서로 매유 유용한 교재입니다.

『보카바이블 4.0』의 자매서인 『보카바이블 4.0–이디엄워크북』은 구판이 출간되었던 2012년 이후부터 2019년 2월까지의 약 300문제에 달하는 최신 숙어 기출문제를 기존 문제와 교체 또는 추가로 수록하였습니다. 구판이 1300문제를 수록했던 반면에 이번 개정판은 국내 숙어교재 중 최다인 1,500여 문제를 수록하였고 또한 구판에 비해 확 바뀌었던 『보카바이블 4.0』의 숙어 구성이나 번호 순서와 완전히 일치하도록 전면적인 재편집을 통해 상호 교차학습이 가능하도록 하였습니다. 『보카바이블 4.0』의 독자에게는 본 책 B권의 기출숙어편 이론을 학습한 후에 『보카바이블 4.0–이디엄워크북』의 기출문제를 통해 학습한 내용을 확인하고 복습할 수 있는 보완서로, 『보카바이블 4.0』 독자가 아닌 수험생에게는 별개의 숙어기출문제집 형태의 숙어 학습서로서 훌륭한 역할을 해 낼 수 있을 것이라 생각합니다.

이 책이 나오기까지는 많은 이들의 도움이 있었습니다. 책 출간을 위해 야근이나 주말 근무도 마다하지 않고 노력해 준 스텝업 연구원들과 보카바이블 4.0에 이어 이번 『보카바이블 4.0–이디엄워크북』도 깔끔한 디자인으로 편집해 준 홍은선 디자이너님에게 감사의 말씀을 드립니다. 또한 자칫 놓치기 쉬운 오탈자나 편집 오류를 독자입장에서 매의 눈으로 꼼꼼하게 찾아주신 김헌진, 김희정, 정유미, 권나희, 신민수, 박수완 등 수많은 베타테스터님들에게도 진심으로 감사드리며 준비하는 시험에 빠른 합격을 응원합니다. "노력은 태산을 움직이다."라는 말로 미래를 위해 수험생활에 매진하고 있는 이 땅의 수많은 수험생들을 응원합니다.

새 봄의 기운이 만연한 연구실에서
허 민 드림

보카바이블 4.0 - 이디엄워크북의 특징과 구성

공무원 시험이나 편입시험, 텝스 등 각종 영어시험에서 숙어 및 생활영어 문제가 상당한 비중을 차지하고 있고 갈수록 그 비중이 증가되고 있으므로 숙어와 생활영어에 대한 체계적인 대비가 필요하다 하겠다. 이러한 출제경향에 대비해 출간된 『보카바이블 4.0 - 이디엄워크북』은 국내 영어어휘 베스트셀러 1위인 『보카바이블 4.0』의 자매서로서 공무원, 편입, 텝스 등 국내 영어시험의 숙어 문제 및 생활영어를 대비하기 위한 기출문제집 형태의 교재이다. 과거 30여 년간의 수만 개에 이르는 기출문제 데이터베이스 중에서 엄선한 1500여 기출문제와 자세한 해설, 그리고 전치사, 동사, 명사를 통해 쉽게 학습할 수 있는 기출숙어와 테마별 생활영어를 통해 숙어문제가 출제되는 각종 시험에 완벽한 대비가 될 수 있도록 하였다.

1. 이디엄워크북의 주요 특징

❶ 중학교에서 배우는 기본 전치사, 동사, 명사별로 기출 이디엄을 체계화

대부분의 idiom은 우리가 이미 중학교 때 배우는 기본 단어들이 합쳐져서 만들어진다. 따라서 기본 단어들인 전치사, 기본 동사, 기본 명사들의 의미를 제대로 파악하면 idiom의 이해와 암기가 훨씬 수월해진다. 숙어를 학습하기 전에 각 기본단어들이 가지는 주요의미를 점검할 수 있도록 배려하였다.

❷ 최신 기출 경향에서부터 과거 30년간 기출문제를 모두 반영한 완벽한 구성

시험에 나왔던 숙어는 반드시 또 나오고 특정 숙어는 시험 때마다 매번 출제된다. 총 20회 이상 출제되었던 "make up"은 국내 시험에 가장 많이 출제되었던 숙어인데 16.경찰1차, 14.경찰2차, 13.서울시7급 등 최근시험에 다시 출제되었다. 30년간 수많은 시험을 거치면서 수만에 이르는 숙어문제들이 출제되었지만 시험에서 다루었던 숙어는 겨우 1500여개에 불과하다. 이디엄워크북은 1980년 초부터 2019년 초에 있었던 최신 시험의 내용까지 모두 반영하였다. 특히 이번 개정판에서는 약 300여개에 달하는 최근 7년간 기출문제가 기존문제와 교체 또는 새로 추가되었다.

❸ 핵심 숙어 기출문제 1500제를 통한 효율적 암기

과거 30년간 공무원, 편입, 토플, 텝스, 대학원, 입사 등 각종 기출문제 중에서 엄선한 기출문제를 통해 막연하기만 했던 숙어나 생활영어문제를 보다 쉽고 오래 암기할 수 있도록 했다. 문제를 통해 해당 숙어를 학습하게 되면 암기는 훨씬 쉬워지고 암기효과는 훨씬 오래간다. 최소 2회에서 3회 정도만 문제를 풀어보는 방법으로 학습하게 되면 자기도 모르게 암기가 되어 있을 것이다.

❹ 문제와 해설, 숙어 이론의 효율적 편집을 통한 학습의 용이성 구현

이디엄워크북은 좌측 페이지에는 문제를 다루고 오른쪽 페이지에는 줄을 맞추어 해설 및 숙어 설명을 다루는 방식으로 편집하여 해설 참조를 위해 책을 뒤적거리거나 시선을 많이 옮겨 다니면서 버리는 시간이나 노력을 최소화하였다. 왼쪽 페이지 끝에서부터 오른쪽 페이지 끝까지 시선을 한번만 이동하면서 문제, 해설, 숙어 설명을 한꺼번에 학습할 수 있도록 학습자를 배려한 편집이다.

❺ 자매서 보카바이블 4.0과의 관계

이디엄워크북은 『보카바이블 4.0』의 "기출숙어편"에서 다루는 핵심기출숙어들을 숙어, 생활영어 등의 기출문제를 통해 접근한다. 『보카바이블 4.0』에 수록된 순서 및 번호와 정확히 일치하므로 연계학습이 가능하다. 또한 『보카바이블 4.0』에는 수록되지 않은 시험에 출제되지 않은 숙어들을 〈보충이디엄〉 형태로 보완하였다. 물론 『보카바이블 4.0』의 독자가 아닌 학습자라 해도 이디엄워크북만 별개로 학습하여도 충분한 시험 대비가 되도록 구성하였다.

2. 이디엄워크북의 구성

① 이디엄을 구성하는 주요 기본단어 설명

각 DAY별 학습을 시작하기 전에 해당 일에 다루는 기본 전치사, 기본 동사들의 의미를 간략하게 설명하여 미처 알지 못했던 기본 단어들의 다양한 의미를 다시 점검하거나 숙어 학습의 기본기를 쌓도록 하였다.

② 핵심 기출문제 1500제

과거 30여 년간 시험에 출제되었던 수 만개의 기출문제 중 1500개를 엄선하여 각종 시험에 대비할 수 있도록 하였다. 여러 개의 의미로 출제된 숙어의 경우 〈유제〉나 〈기출문제종합〉이라는 종합문제를 통해 추가 학습할 수 있도록 하였다. 특히 최근 10년간 공무원 시험에 출제된 숙어나 생활영어 문제는 거의 대부분 수록하였고 시험출처표기에 청색으로 강조하였다.

③ 유사문제 출처 표기와 빈도표시를 통한 시험 출제빈도 분석

해당 숙어가 다른 시험들에서 유사하게 출제된 적이 있는 경우 그 출처를 표기해 두었고 문제번호에도 별표를 통해 빈도표시를 추가하여 출제 빈도 및 출제경향을 한 눈에 파악할 수 있게 하였다. (★ 2회 이상 ★★ 5회 이상 ★★★ 10회 이상) 또한 공무원 시험에 출제된 숙어의 경우 청색박스 ○○○○○ 로 표시하여 시간이 촉박한 수험생들이 선별적으로 학습할 수 있도록 하였다.

④ 좌우대조편집과 상세한 해설

문제를 풀고 정답과 해설을 바로 참고할 수 있도록 좌우 페이지를 맞추어서 〈좌우대조편집〉을 하였다. 각 문제에 대한 해설을 상세하게 제공한다. 보기 항에 대해서도 그 의미를 제공하고 해석 부분에서 해당 숙어의 의미를 별색으로 처리하여 숙어와 대조학습이 용이하도록 하였다.

⑤ 1500개의 빈출숙어 표제어의 완벽한 설명

각 문제에 출제되었던 숙어의 다양한 뜻 설명, 동의어 제공, 패턴 분석까지 완벽한 이론을 제공한다.

⑥ 시험에 출제되지 않은 **보충이디엄** 제공

각 DAY별 마지막 페이지에 〈보충이디엄〉란을 통해 시험에 출제되지 않은 숙어를 추가적으로 설명한다.

⑦ 최신 생활영어 기출문제 수록

부록에는 2010년부터 2019년까지 최근 10년간의 공무원 시험에 출제되었던 **생활영어 문제**를 대부분 수록하였다.

3. 이 책에 사용된 약어 및 표시

약어	지칭하는 의미
sb	사람(somebody)의 약어 (인칭대명사나 인명)
sth	사물(something)의 약어
sb/sth	사람(somebody) 또는 사물(something) (두 가지가 선택적으로 쓰임)
sw	장소(somewhere)를 나타내는 명사상당어구
oneself	재귀대명사로서 주어와 일치하는 경우
sb's	주어와 다른 사람의 소유격(somebody's)의 약어
one's	주어와 동일인의 소유격
R	주로 to부정사 다음에 위치하는 동사원형(root)의 약어
~ing	목적어로서 동명사를 취하는 경우
that ~	목적어로서 that 절을 취하는 경우
*	동사와 부사(구) 사이로 목적어가 이동이 가능한 경우 그 자리를 나타내는 기호
( )	생략 가능한 경우
[ ]	앞의 단어를 대체하여 같은 의미로 쓰이는 경우
0680④	보카바이블 4.0 기출숙어편에 수록된 숙어번호 중 〈공무원, 법원, 경찰 기출숙어〉
0680③	보카바이블 4.0 기출숙어편에 수록된 숙어번호 중 〈기타 기출숙어〉
0680③*	보카바이블 4.0 기출숙어편에 수록되지 않은 〈추가 기출숙어〉

최근 5년간(2014년~2018년) 출제경향 분석

1. 공무원 · 경찰시험

최근 5년간 공무원 시험이나 경찰시험의 출제경향을 분석해 보면 이전 시험에 비해 숙어나 생활영어 문제가 상당히 높은 비중으로 출제되고 있다. 최근 들어 그 출제 비율이 최소 2문제(15%)에서 최고 5문제(25%)까지 고정화되고 있고 한 두 문제 차이로 시험에 떨어지는 수험생들이 상당수 있다 보니 합격을 위해서는 숙어나 생활영어에 대한 보다 확실한 대비가 필요할 것이다.

시험명	시험년도/시험명	숙어(구동사,이디엄)	생활영어	합계(출제비중)
국가직 9급	2018. 국가직9급	3문제	1문제	4문제(20%)
	2017. 국가직9급	2문제	2문제	4문제(20%)
	2017. 국가직9급(하반기)	2문제	2문제	4문제(20%)
	2016. 국가직9급	2문제	2문제	4문제(20%)
	2015. 국가직9급	2문제	2문제	4문제(20%)
	2014. 국가직9급	3문제	1문제	4문제(20%)
지방직 9급	2018. 지방직9급	2문제	2문제	4문제(20%)
	2017. 지방직9급(하반기)	2문제	2문제	4문제(20%)
	2017. 지방직9급	2문제	2문제	4문제(20%)
	2016. 지방직9급	2문제	2문제	4문제(20%)
	2015. 지방직9급	2문제	2문제	4문제(20%)
	2014. 지방직9급	2문제	2문제	4문제(20%)
서울시 9급	2019. 서울시사회복지9급	3문제	1문제	4문제(20%)
	2018. 서울시9급	1문제	1문제	2문제(10%)
	2017. 서울시9급	–	2문제	2문제(10%)
	2016. 서울시9급	–	–	–
	2015. 서울시9급	1문제	2문제	3문제(15%)
지방직 7급	2018. 지방직7급	1문제	2문제	3문제(15%)
	2017. 지방직7급	–	2문제	2문제(10%)
	2016. 지방직7급	1문제	1문제	2문제(10%)
	2015. 지방직7급	1문제	2문제	3문제(15%)
	2014. 지방직7급	2문제	1문제	3문제(15%)
경찰 채용	2018. 경찰(1차)	1문제	1문제	2문제(10%)
	2017. 경찰(1차)	2문제	1문제	3문제(15%)
	2016. 경찰	2문제	2문제	4문제(20%)
	2015. 경찰(1차)	2문제	2문제	4문제(20%)
	2015. 경찰(2차)	3문제	1문제	4문제(20%)
	2014. 경찰	2문제	2문제	4문제(20%)
기타	2018. 소방직(하반기)	1문제	1문제	2문제(10%)
	2016. 사회복지9급	1문제	2문제	3문제(15%)
	2016. 기상직9급	–	2문제	2문제(10%)
	2015. 사회복지9급	3문제	2문제	5문제(25%)
	2015. 기상직9급	1문제	2문제	3문제(15%)

2. 대학별 편입학

편입 시험에서는 특정 대학(중앙대, 고려대, 외대, 덕성여대, 동덕여대, 명지대 등) 위주로 꾸준히 숙어문제나 생활영어 문제가 출제되고 있다. 독립적인 숙어문제가 출제되지 않더라도 독해 지문 속에서 구동사의 활용빈도가 높으므로 전반적인 준비가 필요하다 하겠다.

3. 텝스

텝스 시험은 토익, 토플과 달리 국내에서 주관하는 공인영어 시험으로서 숙어나 생활영어의 출제비중이 매우 높다. 출제되는 숙어의 범위는 공무원이나 편입시험 등에서 출제되는 범위와 거의 일치한다. 따라서 폭 넓고 정확한 이디엄 학습이 고득점의 지름길이다.

숙어·생활영어 문제의 유형별 접근방법

시험을 위한 숙어 학습에는 크게 두 가지 목적이 있다. 첫째가 숙어 및 생활영어 문제 해결을 위한 것이고, 둘째가 독해지문을 제대로 이해하고 문제를 풀기 위한 것이다. 독해를 위한 숙어의 경우 대부분 이미 중고교 때 습득한 기본 숙어들이 주류를 이루고 있으므로, 여기에서는 숙어 및 생활영어 문제 해결을 위한 다양한 문제 유형을 소개하고 그 대비방법을 소개하고자 한다.

1. 동의어 또는 같은 의미 찾기 유형

① 기본적인 의미 찾기 문제

가장 쉽게 출제되는 문제 유형으로서 기본적으로 숙어의 의미만 제대로 알고 있다면 쉽게 풀 수 있는 문제이다.

It is not unusual that people <u>get cold feet</u> about taking a trip to the North Pole. [2018.지방직9급]
① became ambitious   ② become afraid
③ feel exhausted   ④ feel saddened

해석 사람들이 북극을 여행하는 것에 대해 겁을 먹는 것은 드문 일이 아니다.
해설 get cold feet 겁을 먹다(=become afraid) ··· 【정답】②

② 2차적 의미 찾기 문제

최근에는 숙어가 가지고 있는 수많은 의미들 중 지엽적인 부분도 자주 출제되고 있어 보다 많은 의미의 학습이 요구된다.

Your point on the controversial issues <u>came across</u> at the meeting. [2011.사회복지직9급]
① made off   ② was absurd   ③ raised a question   ④ was understood

해석 논쟁의 여지가 많은 문제에 대한 당신의 요점은 회의에서 전달되었습니다.
해설 come across는 일반적으로 "우연히 마주치다, 우연히 발견하다"의 의미로 쓰이는데 반해, 이 문제에서는 2차적 의미인 "이해되다"의 의미로 출제되었다. ··· 【정답】④

③ 같은 의미로 쓰인 예문 찾기 문제

여러 가지 의미를 가진 구동사를 출제하는 방식으로 여러개의 의미를 가지고 있는 숙어가 쓰인 예문을 여러 개 제시하고 같은 의미로 사용된 예문을 고르는 문제이다. 대책은 take in, make up, pick up 같이 매우 다양한 의미를 가지는 구동사의 다양한 의미를 모두 알아 두는 방법밖에 없다. 이디엄워크북은 시험에 출제될 수 있는 범위의 다양한 의미를 가급적으로 많이 수록해 두었다.

주어진 글의 밑줄 친 부분과 같은 뜻으로 사용된 것은? [98.경찰 변형]

> In college he is expected to <u>take in</u> the whole of a long argument or exposition.

① I hope you weren't <u>taken in</u> by the advertisement.
② The United Kingdom <u>takes in</u> Scotland, Wales and Northern Ireland.
③ She <u>takes in</u> laundry to earn a bit of extra money.
④ She warned him about the danger, but he didn't <u>take it in</u>.
⑤ I need to have this coat <u>taken in</u>.

해석 대학에서 그는 긴 논증과 주해를 받아들일 것으로 기대된다. * take in (충고 등을) 받아들이다
①네가 광고에 의해 속지 않기를 바란다. * take in 속이다
②영국은 스코틀랜드, 웨일즈, 북아일랜드를 포괄한다. * take in 포괄하다
③그녀는 세탁물을 받아 약간의 부수입을 얻는다. * take in 세탁물을 삯을 받고 맡다
④그녀는 위험에 대해 경고했지만 그는 귀 기울이지 않았다. * take in (충고 등을) 받아들이다
⑤이 코트의 사이즈 좀 줄이려고 하는데요. * take in 옷을 줄이다
해설 take in은 십여 개에 달할 정도로 상당히 많은 의미를 갖는 구동사이다. 주어진 예제문장과 ④번 문장의 take in은 둘 다 "충고 등을 받아들이다"의 의미로 사용되었다. ────────────── 【정답】④

④ 의미가 다른 회화 표현 찾기 문제

보기항에 흔히 쓰는 숙어나 회화표현을 주고 의미가 다른 표현 하나를 찾는 문제로서 문제화되는 것들은 대부분 정형적이다. 이디엄워크북의 생활영어편에 나오는 표현들을 중점적으로 익히면 거의 대부분 해결할 수 있는 문제이다.

다음 중 의미하는 바가 나머지 셋과 다른 것은? [2009.지방직9급]
① You said it.　　　　　　② I'm all for it.
③ Over my dead body.　　　④ I couldn't agree with you more.

해설 ①You said it. =②I'm all for it. =④I couldn't agree with you more. <강한 찬성>내말이 그 말이야!
③Over my dead body. <강한 반대>내 눈에 흙이 들어가기 전에는 절대로 안돼. ────────── 【정답】③

2. 빈 칸 채우기 유형

① 기본형 빈칸 채우기 문제

문장의 흐름을 보고 빈 칸에 들어갈 적절한 숙어를 고르는 문제이다. 보기항에는 아래 예시문제와 같이 대부분 look 같은 기본동사로 이루어진 숙어들을 전부 나열하거나, 공통된 전치사나 부사를 가지는 여러 개의 숙어를 같이 나열하는 경우가 많다. 이디엄워크북은 각 기본 전치사, 기본 동사별로 묶어서 숙어를 설명하기 때문에 이러한 문제를 해결하는 데 보다 효율적이다.

If you provide me with evidence, I will have it _____ urgently. [13.지방직9급]
① look up　　　　　　② look after
③ looked into　　　　　④ looked up to

해석 만약 제게 증거를 제시한다면, 긴급히 조사할 것입니다.
해설 ①look up 찾아보다 ②look after 돌보다 ③look into 조사하다 ④look up to 존경하다
증거(evidence)를 제공하는 것과 관련된 숙어는 look into(조사하다) 뿐이다. ────────── 【정답】③

여러 개의 빈 칸을 포함한 지문을 주고 그 빈 칸에 공통으로 들어갈 전치사나 부사, 기본동사, 명사 등을 찾는 문제이다. 결국은 여러 개의 숙어를 한꺼번에 묻는 문제 형식이다. 하나만 제대로 알아도 정답을 도출할 수도 있기 때문에 오히려 쉬운 문제라 하겠다.

다음 빈 칸에 공통으로 들어갈 알맞은 말은? [2009.경찰채용]

1) Strawberries are _____ of season now.
2) My friend is _____ of work.
3) He is _____ of his mind.

① in   ② out   ③ some   ④ question

해설 전치사 out을 공통으로 하는 숙어들을 아는지를 묻는 문제이다.
1) 딸기는 제철이 아니다. * out of season 제철이 지난   2) 그는 직장을 잃었다. * out of work 실직상태인
3) 그는 제정신이 아니다. * out of one's mind 미쳐서, 제정신이 아닌 ─────────── 【정답】 ②

다음의 빈칸에 공통으로 들어갈 가장 적절한 단어는? [2009. 명지대 편입]

1) In terms of character, I _____ after my father.
2) The boss said that I could _____ off at five o'clock.
3) Tom should know that John isn't going to_____ his insults lying down.

① take   ② look   ③ make   ④ go

해설 기본동사 take를 공통으로 하는 여러 구동사를 묻는 문제이다.
1) 성격 면에서, 나는 아빠를 닮았다. * take after 닮다   2) 사장님은 내가 5시에 떠나도 된다고 하셨다. * take off 떠나다
3) 톰은 존이 더 이상 자신을 모욕하는 것을 감수하지 않을 거라는 걸 알아야 한다. * take lying down 감수하다 ─────── 【정답】 ①

---

3. 올바른 영작 유형

한글을 영어로 잘못 옮긴 것을 고르는 문제로서, 문법적인 부분을 묻는 것도 있지만 상당수의 문제는 표현을 묻는 문제로 출제된다. 주로 7급공무원 시험에서 자주 출제되는 유형이다.

우리말을 영어로 잘못 옮긴 것을 고르시오. [2011.국가직 7급]

① 그는 제 나이로 보이기 시작한다.
   → He is beginning to look his age.
② 강도가 문을 열려고 할 때 경보장치가 울렸다.
   → The alarm went off when the burglar tried to open the door.
③ 그것은 볼품은 없지만 편하다.
   → It's not much to look but it's comfortable.
④ 간단명료하게 말하자면, 이것은 시간낭비이다.
   → To put it in a nutshell, this is a waste of time.

해설 ① look one's age 나이에 맞게 보이다 ② go off (알람 등이) 울리다 ③ not much to look at 겉보기에 볼품이 없는
④ To put it in a nutshell 간단명료하게 말해서 ─────────────────── 【정답】 ③

4. 대화형 회화(생활영어) 유형

① 대화형 숙어문제

대화문으로 이어지는 생활영어의 형태를 취하지만 실제로는 결정적인 단서의 역할을 하는 대화 속에 숨어있는 숙어나 표현을 알고 있느냐를 테스트하는 문제이다.

밑줄 친 부분에 들어갈 말로 가장 적절한 것을 고르시오. [18.국가직9급]

> A: Can I ask you for a favor?
> B: Yes, what is it?
> A: I need to get to the airport for my business trip, but my car won't start.
>   Can you give me a lift?
> B: Sure. When do you need to be there by?
> A: I have to be there no later than 6:00.
> B: It's 4:30 now. _____ We'll have to leave right away.

① That's cutting it close.
② I took my eye off the ball.
③ All that glitters is not gold.
④ It's water under the bridge.

해석 A: 부탁 하나만 드려도 될까요?
　　　B: 그럼요. 부탁이 뭔가요?
　　　A: 출장 때문에 공항에 가야하는데 차가 시동이 안 걸리네요.
　　　　 저 좀 태워줄 수 있나요? ∗ give ~ a lift 태워주다
　　　B: 물론이죠. 언제까지 거기에 도착해야 되죠?
　　　A: 늦어도 6시까지는 도착해야 합니다.
　　　B: 지금이 4시 반이네요. 시간이 빠듯하네요. ∗ cut it close 시간에 빠듯하게 나타나다
　　　　 지금 당장 출발해야겠습니다. ∗ right away 즉시
해석 B가 마지막 문장에서 즉시 출발해야 한다고 했으므로 그 앞 문장 빈 칸에서는 당장 출발해야 하는 이유 즉, "시간이 빠듯하다"는 표현이 자연스럽다. ── 【정답】 ①

② 대화형 생활영어

대화를 잘 이해하고 그 흐름을 잘 이해하면 쉽게 풀 수 있는 문제이다. 대부분 빈 칸의 앞이나 뒤에 오는 대화문이 결정적인 힌트이므로 앞 뒤 대화와 어울리는지를 잘 체크해야 한다.

밑줄 친 부분에 들어갈 말로 가장 적절한 것을 고르시오. [18.지방직9급]

> A: Where do you want to go for our honeymoon?
> B: Let's go to a place that neither of us has been to.
> A: Then, why don't we go to Hawaii?
> B: _____

① I've always wanted to go there.
② Isn't Korea a great place to live?
③ Great! My last trip there was amazing!
④ Oh! You must've been to Hawaii already.

해석 A: 우리 신혼여행으로 어디를 가고 싶어?
　　　B: 우리 둘 다 가보지 않은 곳으로 가자.
　　　A: 그럼, 하와이에 가는 건 어때?
　　　B: 난 항상 거기에 가고 싶었어.
해석 A가 신혼여행지로 가는 것이 어떠냐고 했으므로 B는 긍정적이거나 부정적인 답변을 하는 것이 적당하다. ──── 【정답】 ①

한 문제로 여러 개의 표현이나 생활영어를 물어보는 문제로서 모든 보기항에 제시되는 대화가 자연스러운지를 검토해야 하기 때문에 상당히 까다로울 수 있다. 문장 속에 숨어 있는 표현을 유의하면서 질문과 대답의 정형적인 틀도 잘 이해하도록 하자.

다음 대화 내용 중 가장 어색한 것은? [18.서울시9급]

① A: I'd like to make a reservation for tomorrow, please.
   B: Certainly. For what time?

② A: Are you ready to order?
   B: Yes, I'd like the soup, please.

③ A: How's your risotto?
   B: Yes, we have risotto with mushroom and cheese.

④ A: Would you like a dessert?
   B: Not for me, thanks.

해석 ① A: 내일 예약 좀 하고 싶습니다. B: 물론이죠. 몇 시로 하실래요?
　　② A: 주문하시겠습니까?　　　　　　B: 네, 그 스프로 할게요.
　　③ A: 리조또는 어때요?　　　　　　　B: (X) 네, 버섯과 치즈를 곁들인 리조또가 있습니다.
　　④ A: 디저트 드실래요?　　　　　　　B: 전 괜찮아요. 감사합니다.
해설 (C)의문사로 물어 본 질문에 Yes나 No로 답변하는 것은 옳지 않다.

---

5. 속담문제

속담문제는 과거 공무원 시험에서 자주 등장했으나 최근에는 가끔씩 출제되고 있으며, 편입시험에서는 일부대학에서 여전히 자주 출제되고 있다. 언제든 출제가 가능한 영역이므로 챙겨두기 바란다.

다음 대화에서 밑줄 친 부분에 들어갈 말로 가장 적절한 것은? [15.지방교행]

A: Hey. You are late.
B: Sorry. I was busy helping Jenny with her math homework. She seemed to have problems with some of the questions.
A: What? Jenny with curly hair?
B: Yes. Jenny Kim in my class.
A: _____
B: What do you mean by that?
A: She's a math genius. She practically knows everything about math.
B: Oh, I didn't know that. She never told me she didn't need help.
A: Jenny is very thoughtful. She probably didn't want to hurt your feelings.

① You taught a fish how to swim.

② Don't bite the hand that feeds you.

③ She just jumped on the bandwagon.

④ You locked the barn door after the horse escaped.

해석 A: 야, 너 늦었네.
　　B: 미안, 제니의 숙제를 돕느라고 바빴어. 몇 문제에 대해 어려움을 겪고 있는 것 같더라고.
　　A: 뭐라고? 곱슬머리 제니 말이야?
　　B: 맞아. 우리 반 제니 김.
　　A: 너 번데기 앞에서 주름을 잡았구나.
　　B: 그게 무슨 말이야?
　　B: 아, 그건 몰랐네. 그녀가 내게 도움이 필요하지 않다고 말하지 않더라고.
　　A: 제니는 매우 사려가 깊어. 아마도 네게 상처주고 싶지 않았을 거야.
해설 진지한 대화내용을 보면 A가 Jenny의 숙제를 도왔다고 했고 B는 Jenny가 수학천재라고 했으므로 빈칸에는 "번데기 앞에서 주름을 잡다"라는 속담이 잘 어울린다.
【정답】 ①

Contents

Part. 1 전치사 · 부사 편

DAY 01 전치사 in/into/out 표현 ··· 17 ~ 36
DAY 02 전치사 on ↔ off, away 표현 ··· 37 ~ 52
DAY 03 전치사 up/over/beyond/above 표현 ·· 53 ~ 62
DAY 04 전치사 down/under/below/beneath 표현 ·· 63 ~ 68
DAY 05 전치사 from/to/at/across/through 관련표현 ···································· 69 ~ 82
DAY 06 전치사 by/around/about/beside/between/with/without/together/along 관련표현 ····· 83 ~ 94
DAY 07 전치사 before/after/behind/of/as 표현 ·· 95 ~ 104
DAY 08 전치사 for ↔ against 표현 ·· 105 ~ 112
DAY 09 속담 표현 [1] ·· 113 ~ 122
DAY 10 속담 표현 [2] ·· 123 ~ 130

Part. 2 기본동사 편

DAY 11 기본동사 take 표현 ··· 133 ~ 146
DAY 12 기본동사 get/give/pay/cost 표현 ·· 147 ~ 168
DAY 13 기본동사 keep/hold/have 표현 ··· 169 ~ 186
DAY 14 기본동사 put/set/lay 표현 ·· 187 ~ 202
DAY 15 기본동사 stand/sit/stay 표현 ·· 203 ~ 210
DAY 16 기본동사 leave/hang/join/tie/touch 표현 ······································· 211 ~ 218
DAY 17 기본동사 come/go/pass/step 표현 ··· 219 ~ 238
DAY 18 기본동사 run/walk/leap/stop 표현 ··· 239 ~ 246
DAY 19 기본동사 carry/bear/bring 표현 ··· 247 ~ 254
DAY 20 기본동사 turn/change/move/roll 표현 ··· 255 ~ 264
DAY 21 기본동사 make 표현 ··· 265 ~ 276
DAY 22 기본동사 do/drive/push/work/play/try 표현 ··································· 277 ~ 288
DAY 23 기본동사 look/see/watch/hear/show 표현 ····································· 289 ~ 298
DAY 24 기본동사 say/talk/tell/speak 표현 ·· 299 ~ 308
DAY 25 기본동사 write/read/word/name/call/ask/answer 표현 ····················· 309 ~ 314
DAY 26 기본동사 cut/tear/break/crack 표현 ·· 315 ~ 324
DAY 27 기본동사 hit/strike/beat/knock/kick/bite 표현 ·································· 325 ~ 332
DAY 28 기본동사 throw/cast/fall/drop/shed관련 표현 ··································· 333 ~ 342
DAY 29 기본동사 pull/draw/pick/let/catch/follow/close/shut/open 표현 ··········· 343 ~ 356
DAY 30 기본동사 know/learn/find/feel/think 표현 ······································· 357 ~ 362
DAY 31 기본동사 lose/add/fill/cover/wear/dress/feed/eat/swallow 표현 ··········· 363 ~ 374
DAY 32 기본동사 be/live 표현 ·· 375 ~ 386
DAY 33 기본동사 meet/use/serve/blow/기타 동사 표현 ······························· 387 ~ 390

Part. 3 기본명사 편

DAY 34 기본명사 head/face/hand/foot 기타 신체관련 표현 ························· 393 ~ 410
DAY 35 기본명사 heart/mind/stomach/기타 사람 표현 ································· 411 ~ 420
DAY 36 time/day/date/way 표현 ·· 421 ~ 426
DAY 37 기타명사(자연/생물/지구/색상…) 관련표현 ···································· 427 ~ 436
DAY 38 기타명사구와 사물의 평가 관련표현 ·· 437 ~ 444

Part. 4 생활영어 · 속담 편

DAY 39 생활영어 : 일상표현 ··· 445 ~ 464
DAY 40 생활영어 : 장소별 상황표현 ·· 465 ~ 486

Appendix.

최신 생활영어 기출문제 ··· 487 ~ 501

IDIOM

BIBLE 4.0

PART.1

전치사·부사

VOCABULARY WORKBOOK

THIRD EDITION

주요 전치사 도해

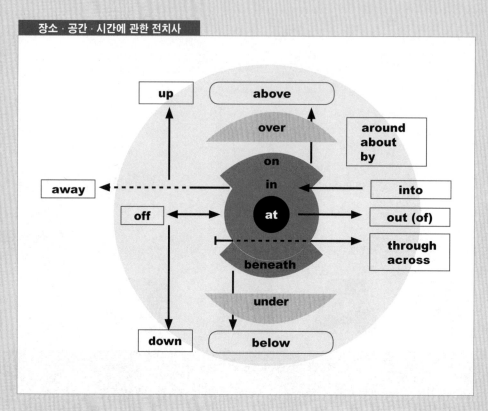

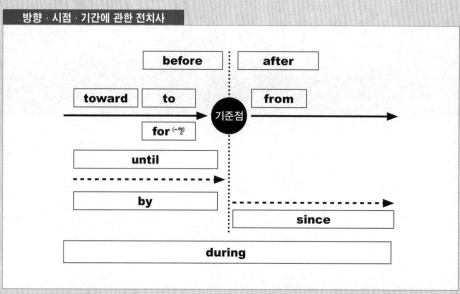

in

전치사 in은 시간 · 공간 · 범위 · 상태 등의 안에 있음을 의미한다.
뒤에 나오는 at보다는 시간 · 공간적으로 더 넓은 범위를 포괄한다.
사람이 옷을 입는 경우에도 옷 안에 사람이 들어가 있는 경우이므로 in을 사용한다.

1. (at 보다 장소, 공간이 상대적으로 넓은 공간) ~안에
2. (at 보다 긴 시간의 표현 앞에 쓰여) ~내에, ~동안에
3. (어떠한 상태나 상황에 처해 있음) ~에 처한, ~인
4. (목적) ~할 목적으로, ~을 위해, ~으로서의
5. (방법, 양식) ~으로, ~을 가지고
6. (조건) ~하므로, ~하는 경우에는

into

전치사 into는 동작을 나타내는 동사와 함께 "밖에서 안으로","어떤 상태에서 다른 상태로"
처럼 이동이나 변화의 의미를 내포한다. 결국 "무엇에 열중하거나 관심을 가지는 것"도 안으
로 들어가는 것이 된다.

out

out은 "시간이나 장소로부터 바깥"을 의미한다. (in의 반대)
또한 on의 반대적 의미로 "고장, 품절, 비정상"을 뜻한다.

cf. out of

① 〈운동방향이〉 ~의 안에서 밖으로, ~의 밖으로
② 〈위치적으로〉 ~바깥에, ~을 떨어져서
③ 〈행위 · 능력 · 제약 · 조건 따위가〉 범위 밖에(beyond)
④ 〈근원 · 출처 · 동기 · 원인이〉 ~에서(from)
⑤ 〈수단 · 재료〉 ~으로, ~에 의해
⑥ 〈상태 따위가〉 ~와 달라서, ~에서 벗어나서; (어떤 성질 · 상태를) 잃어
⑦ 〈필요한 물건이〉 떨어져

DAY-01

00101 On a clear winter day, one may also observe the mountains of Corsica _____.

(A) within striking distance   (B) within easy walking distance

(C) in the distance   (D) in a short distance

00102 You have to pay for this radio <u>in advance</u>. [00.여자경찰]

(A) beforehand   (B) in cash

(C) on credit   (D) later

00103 ★ The police began to go into the matter <u>in no time</u>.

(A) gradually   (B) constantly

(C) immediately   (D) voluntarily

00104 ★ My friend Matthew arrived at the airport in the _____ of time; the gate was just closing as he boarded. [07.세종대]

(A) nick   (B) flight

(C) chance   (D) moment

00105 ★ He will win the race <u>in the long run</u>. [입사]

(A) at all events   (B) after a long race

(C) in the end   (D) after a long time

00106 We're <u>in a muddle</u> because we missed our plane. [98.경찰]

(A) in comfortable position   (B) in a strange territory

(C) delayed   (D) in a mess

00107 The whole school is <u>in a turmoil</u>. [기술고시]

(A) in a safe situation   (B) completely inactive

(C) very angry   (D) in a state of agitation and upheaval

(E) full of happiness and pride

00108 I promised I'd pay him today, but my money is in the bank and it's just closed. Now I am _____. [99.사법시험]

(A) in a jam   (B) a piece of cake

(C) the salt of the earth   (D) a butter-fingers

(E) full of beans

00109 ★ Jennifer is in _____ with her boss because she didn't finish an important project by the deadline. [05.건국대]

(A) a nutshell   (B) the dark

(C) the same boat   (D) the long run

(E) hot water

00110 ★ We are in a _____ concerning the question of whether we should promote the higher wages or lower the tax rate. [99.서울대학원]

(A) hurry   (B) crossroad

(C) crunch   (D) bind

00101 (C) 화창한 겨울날 동안에는 코르시카산을 아주 멀리서도 볼 수 있을지도 모른다.
    (A) within striking distance 사정거리 안에, 아주 가까운 곳에
    (B) within easy walking distance 쉽게 걸어갈 수 있는 거리에
    (C) in the distance 저 멀리서
    (D) in a short distance 짧은 거리에서

in the distance
먼 곳에, 저 멀리(=far away)

00102 (A) 당신은 미리 이 라디오 값을 지불해야 한다.
    (A) beforehand 미리　　　(B) in cash 현금으로
    (C) on credit 외상으로　　　(D) later 나중에

in advance
미리, 사전에(=beforehand), 선불로

00103 (C) 경찰은 즉시 그 사건을 조사하기 시작했다. * go into 조사하다
    (A) gradually 점진적으로　　　(B) constantly 지속적으로
    (C) immediately 바로, 당장　　　(D) voluntarily 자발적으로

in no time
곧, 바로, 즉시(=very soon, immediately, at once)
cf. in no time at all 순식간에
    = **in a flash** 눈 깜짝할 사이에

00104 (A) 내 친구 매튜는 아슬아슬하게 공항에 도착했다. 그가 탑승했을 때 출입문이 막 닫히고 있었다.

in the nick of time
아슬아슬한 때에, 꼭 알맞은 때에(=just in time)
cf. in time 제때에, 일찍(=early): 결국(=eventually)
cf. on time 정각에, 시간을 어기지 않고(=punctual)

00105 (C) 결국에는 그가 경주에서 승리할 것이다.
    (A) at all events 어쨌든　　　(B) 장거리 경주 후에
    (C) in the end 결국　　　(D) 오랜 시간후에

in the long run
1. 결국, 마침내(=in the end, finally, ultimately, at last)
2. 장기적으로는

00106 (D) 우리는 비행기를 놓치는 바람에 우왕좌왕했다.

in a muddle / in a mess
어리둥절하여, 당황하여

00107 (D) 학교 전체가 혼란에 빠져있다.

in a turmoil
혼란에 빠져있는(=in a state of agitation and upheaval)

00108 (A) 그에게 오늘 지불하겠다고 약속하였지만, 내 돈은 은행에 있고 지금 은행은 닫혀있다. 지금 나는 곤경에 처해있다.
    (A) in a jam 곤경에 처한
    (B) a piece of cake 아주 쉬운 일
    (C) the salt of the earth (세상의 소금) → 믿고 의지할 수 있는 인격이 뛰어난 사람들
    (D) a butter-fingers 물건을 잘 떨어뜨리는 사람
    (E) full of beans 원기 왕성한

in a jam
곤경에 처한
cf. be caught in a traffic jam 교통정체로 꼼짝 못 하다
    = **be caught in traffic**
    = **be tied up in traffic**

00109 (E) 제니퍼는 중요한 프로젝트를 마감시간까지 마치지 못했기 때문에 그녀의 사장에게 난처한 입장에 빠졌다.
    (A) in a nutshell 간단히　　　(B) in the dark 어둠속에서, 무지하여, 비밀로
    (C) be in the same boat 같은 처지에 있다　　　(D) in the long run 결국
    (E) in hot water 난처하여, 곤란하여

be in hot water / be in deep water / get into hot water
곤란에 빠지다, 난처한 입장에 처하다(=get into trouble)

00110 (D) 우리는 보다 높은 임금을 조장해야할지 아니면 세금비율을 낮추어야 할지에 대한 문제에 대하여 곤경에 처해있다.
    (B) in a crossroad (×) → at the crossroad : 기로에 있는
    (C) in a crunch (×) → in crunch : 어려움에 처한

in a bind
〈미 구어〉속박되어, 곤경에 처하여(=in distress)

00111 다음 대화로 보아 밑줄 친 부분의 의미로 적합한 것은? [98.입법고시]

> A : Last week he tried to commit suicide.
> B : Why?
> A : He was in despair.

(A) poor health   (B) a sad state of mind

(C) financial trouble   (D) madness

(E) angry nervousness

00112 It's a pity you can't use a dictionary in your German exam, but at least everyone _____. [06.건국대]

(A) pushes the boat out   (B) rocks the boat

(C) misses the boat   (D) burns their boats

(E) is in the same boat

00113 Although she is clever, she knows when she is in _____ of assistance. [예상]

(A) charge   (B) lieu

(C) terms   (D) need

00114 The party is being held _____ the retired politician. [92.법원직]

(A) in charge of   (B) on purpose

(C) in place of   (D) in honor of

00115 ★★ Some English merchants agreed to pay for their journey in _____ for a share of the profits produced by the new colony. [03.명지대]

(A) terms   (B) return   (C) spite   (D) way

00116 ★ She gave me this book _____ her gratitude. [96.서울시9급]

(A) in token of   (B) by dint of

(C) in terms of   (D) by reason of

00117 ★ 다음 빈 칸에 들어갈 단어로 적당한 것은? [06.명지대]

> 1) I'd like to speak to the person in _____.
> 2) He was arrested on a _____ of murder.
> 3) The old servant fulfilled his master's _____ to care for the children.

(A) record   (B) charge   (C) duty   (D) reason

00118 He did so in behalf of his friend. [입사]

(A) because of   (B) in the interest of

(C) in place of   (D) in honor of

00119 ★ The committee came out in favor of the minister's proposals. [90.법원직]

(A) decided to reject   (B) decided to correct

(C) decided to return   (D) decided to delay

(E) decided to support

00111 (B)

> A : 지난주에 그 사람이 자살을 기도했대.
> B : 왜?
> A : 그는 절망에 빠져있었나 봐.

in despair
절망하여

00112 (E) 독일어 시험에서 사전을 사용할 수 없다는 게 안됐긴 하지만, 적어도 모두 같은 입장이다.
(A) push the boat out 떠들썩한 파티를 열다, 돈을 물쓰듯 쓰다
(B) rock the boat 보트를 흔들다 → 평지풍파를 일으키다
(C) miss the boat 배를 놓치다 → 호기를 놓치다
(D) burn one's boats (탈출할) 배를 태워버리다 → 배수의 진을 치다
(E) be in the same boat 한 배에 타다 → 같은 처지에 놓여있다.

be (all) in the same boat
처지[운명, 위험]를 같이하다; 같은 운명이다

00113 (D) 그녀는 똑똑하지만, 자신이 도움을 받아야 할 때를 알고 있다.
(A) in charge of ~을 맡고 있는　　　(B) in lieu of ~대신에
(C) in terms of ~의 말로, ~에 관하여　　(D) in need of ~을 필요로 하는

in need of sth
~을 필요로 하는, 궁핍한

00114 (D) 그 파티는 은퇴한 정치가를 기리기 위해 열렸다.
(A) in charge of 책임지는　　　(B) on purpose 고의로
(C) in place of 대신에　　　(D) in honor of ~을 기념하여

in honor of sb / sth
~을 기념하여, ~에게 경의를 표하여(=to pay respect to)

00115 (B) 일부 영국 상인들은 새로운 식민지에서 산출된 이익을 나누는 것에 대한 답례로 여행경비를 지불하는 데 동의했다. * pay for ~의 비용을 지불하다
(A) terms 조건　　　(C) spite 악의, 원한　　　(D) way 방법

in return for sth
~에 대한 답례로

00116 (A) 그녀는 나에게 감사의 표시로 이 책을 주었다.
(B) by dint of ~에 의해서, ~의 힘으로
(C) in terms of ~의 견지에서
(D) by reason of ~의 이유로

in token of sth
~의 표시[증거]로(=as a sign of sth); ~의 기념으로

00117 (B)

> 1) 나는 담당자와 이야기하고 싶습니다. * the person in charge 담당자
> 2) 그는 살인 혐의로 체포되었다. * on charges of ~의 혐의로
> 3) 그 늙은 하인은 아이들을 돌보라는 주인의 명령을 완수했다. * charge 명령

in charge (of sth**)**
(~을 맡고 있는, 담당의,
(~에) 책임이 있는(=responsible for sth)

00118 (B) 그는 친구를 위해서 그렇게 했다.
(A) because of ~ 때문에　　　(B) in the interest of ~의 이익을 위하여
(C) in place of ~대신에　　　(D) in honor of ~을 기념하여

in behalf of sb
~의 이익을 위해(=in the interest(s) of sb / sth),
~을 대신해서
cf. in lieu of sth ~의 대신에(=instead of)

00119 (E) 그 위원회는 장관의 제안을 옹호하고 나섰다. * come out (동의 또는 반대하고) 나서다
(A) 거절하는 것으로　　　(B) 정정하는 것으로
(C) 반납하는 것으로　　　(D) 미루는 것으로
(E) 지지하는 것으로

in favor of sb / sth
~에 찬성하여, ~에 편들어, ~에 유리하도록

21

00120 This weakened the feudal element <u>vis-a-vis</u> both the monarch and the bourgeoisie. [02입법고시]

(A) in comparison with   (B) in spite of

(C) faced at   (D) in place of

(E) in agreement with

02.입법고시/토익/Teps

00121 ★ The disaster was _____ due to confusion over authority, which arose among the heads of various departments. [07.동덕여대]

(A) in advance   (B) in a measure

(C) in condition   (D) in terms of

07.동덕여대/사법시험

00122 Are you planning to talk to Ms. Petrov on the phone or meet with her ____ person? [02.계명대]

(A) on   (B) by   (C) to   (D) in

02.계명대/토익/Teps

00123 ★ When telecommunications developed <u>in earnest</u> in the 1970s, Finns were more inclined to pursue wireless options. [01.한국외대 변형]

(A) to a great extent   (B) as early as

(C) with high earnings   (D) with competitiveness

(E) with utmost sincerity

01.한국외대/00.경기대/토플

00124 ★★ 요약 및 결론을 이야기 할 때 쓰는 표현이 아닌 것은? [04.동국대]

(A) To make a long story short   (B) To give you an idea

(C) All in all   (D) In a nutshell

16.성균관대/11.국가직7급
04.동국대/토플/Teps

00125 다음 문장들의 빈칸에 공통으로 들어갈 가장 알맞은 단어는? [07.한양대]

> (A) The children were asked to stand in a _____.
> (B) The wind dropped so she had to ____ across the lake.

(A) line   (B) lane   (C) row   (D) roll

07.한양대/토익/Teps

00126 If you find yourself imprisoned by routines, afraid to look foolish, and reluctant to challenge the rules or allow failure, <u>you may be in a rut</u>. [07.강남대]

(A) you'll feel bored   (B) you'll be in danger

(C) you'll become an inmate   (D) you'll have a negative perspective

07.강남대/Teps

00127 ★ <u>You will have a great disappointment in store for you</u> if you go to see that movie. [94.입법고시]

(A) You will be greatly disappointed   (B) You will be far from much disappointment

(C) You are bound to wait for the next time   (D) You will be glad to see the movie

(E) You will be glad the movie is over

95.행자부9급/94.입법고시/토플/Teps

00128 You may tell a joke if it is <u>in good taste</u>. [02.덕성여대]

(A) short   (B) sweet tasting

(C) polite   (D) useful

02.덕성여대/토플/Teps

00120 (A) 이것은 군주와 부르주아(중산계급)에 비해 봉건집단(귀족계급)을 약화시켰다.

* feudal 봉건적인 monarch 군주 bourgeoisie 부르주아, 중산층
(A) in comparison with ~와 비교하여　　(B) in spite of ~에도 불구하고
(D) in place of ~ 대신에　　(E) in agreement with ~와 일치하여

in comparison with[to] sth
~와 비교하여(=vis-à-vis)
cf. vice versa 거꾸로, 반대로

00121 (B) 그 참사의 일정부분은 여러 부서의 부서장간에 일어난 권한에 대한 혼란으로 인한 것이었다.

(A) in advance 미리, 사전에　　(B) in a measure 다소, 얼마간
(C) in condition 건강하여, 좋은 상태에 있는　　(D) in terms of ~에 관하여

in a measure / in some measure
다소, 얼마간
cf. in (a) large measure 상당히, 대부분(=mostly)

00122 (D) 당신은 Petrov 양과의 이야기를 전화로 할 겁니까, 아니면 직접 만나실 계획입니까?

* in person 직접, 본인이

in person
본인이, 자기 스스로, 직접

00123 (A) 1970년대에 원거리 통신이 본격적으로 개발되었을 때 핀란드 사람들은 무선전화 옵션을 보다 추구하는 경향이 강했다.

(A) to a great extent 본격적으로　　(B) as early as 일찍이
(C) 높은 수입으로　　(D) 경쟁적으로
(C) 정성껏

in earnest
1. 본격적으로(=to a great extent)
2. 진지하게(=seriously); 진심으로

00124 (B)

(A) To make a long story short 요약하여 말하자면
(B) To give you an idea 네게 알려 준다면
(C) All in all 대체로, 대강 말하면
(D) In a nutshell 아주 간결하게, 단 한마디로

in a nutshell
아주 간결하게(=very clearly and briefly, shortly),
단 한마디로

00125 (C)

(A) 아이들은 한 줄로 서도록 요청받았다. * in a row 한 줄로
(B) 바람이 잦아져서 그녀는 호수를 가로질러 노를 저어야 했다. * row 노를 젓다

in a row
연속하여, 한 줄로
cf. row 1. 열, 줄 2. (배를) 젓다 3. 법석, 소동
cf. in droves 떼 지어(=in large numbers)
- come in droves[flocks/crowds] 떼 지어 몰려들다

00126 (A) 만일 당신이 일상적인 것에 사로잡혀서, 어리석게 보일까 두려워하고, 관습에 도전하거나 실패를 받아들이기를 주저한다면, 당신은 상투적인 틀에 박힌 상태일 것이다.

* routine 판에 박힌 일

in a rut
(생활이나 일의 상황이) 틀에 박혀 지루함을 느끼는,
판에 박혀

00127 (A) 네가 그 영화를 보러 간다면 너에겐 아주 큰 실망이 기다리고 있을 것이다.

(A) 너는 무척 실망할 것이다.
(B) 너는 전혀 많은 실망을 하지 않을 것이다. * far from ~과 거리가 먼
(C) 너는 다음 시간을 기다려야만 한다. * bound to R 의무가 있는
(D) 너는 기꺼이 영화를 보러 갈 것이다. * be glad to R 기꺼이 ~하다
(E) 너는 그 영화가 끝난 것을 기뻐할 것이다.

in store
(운명 등이) 기다리고 있는(=about to happen);
준비[비축]하고 있는

00128 (C) 점잖은 농담이라면 해도 괜찮다.

(A) short 짧은　　(B) sweet tasting 달콤한
(C) polite 공손한, 예의 바른　　(D) useful 유익한

in good taste
점잖은(=polite), 격조 높은, 멋있는

23

00129 The committee of urban planning must be <u>in full accord</u> in their approval of the city's proposal to remove the old overpass in the center of the city. [04.성균관대]

(A) indecisive   (B) highly vocal

(C) unanimous   (D) enthusiastic

(E) diverse in opinion

00130 The two groups were in total disagreement; _____, their viewpoints were so polarized that there seemed no chance at all to reach an agreement of any kind. [01.기술고시]

(A) however   (B) in fact

(C) in general   (D) on the contrary

(E) on the other hand

00131 Moreover, they were attacked by various diseases <u>in the wake of</u> the war. [93.연세대학원]

(A) following   (B) aggravated by

(C) preceding   (D) alleviated by

00132 Lemons differ from all other fruits _____ more edible after they are picked. [02.경기대]

(A) become   (B) they become

(C) that they become   (D) in that they become

00133 I can't finally condemn those who journey <u>in this wise</u>. In half my moods I envy them and despise the weak vitality that keeps me from following their example. [99.서울대학원]

(A) in this manner   (B) in this respect

(C) in the way   (D) in mid course

00134 <u>In the last analysis</u>, you are the one who has to make the final decision. [97.행.외시]

(A) Certainly   (B) Eventually

(C) Generally   (D) Logically

(E) Probably

00135 다음 빈 칸에 공통으로 한 단어를 넣을 경우 의미가 통하지 않는 것은? [99.국민대]

> (A) Take an umbrella with you in _____ it rains.
> (B) The situation will take a _____ for the better.
> (C) In any _____, I'll go there tomorrow.
> (D) As was often the_____ with him, he didn't show up on time.

00136 They marched on <u>in the face of</u> a heavy rain. [88.법원직]

(A) in front of   (B) in the view of

(C) in spite of   (D) by means of

(E) on account of

00137 She started to laugh, <u>in spite of herself</u>. [01-2.계명대]

(A) losing   (B) taking no notice of herself

(C) very carefully   (D) very spitefully

00129 (C) 도시계획 위원회는 도시 중앙에 위치한 낡은 고가도로를 철거하려는 시의 제안을 승인하는 데 있어 완전한 합의를 이뤄야 한다.
(A) indecisive 우유부단한
(B) highly vocal 목소리가 높은
(C) unanimous 만장일치의
(D) enthusiastic 열렬한, 열광적인
(E) diverse 다른, 여러 가지의, 다양한

in full accord
만장일치의(=unanimous)

00130 (B) 두 집단은 완전히 불일치인 상태이다. 사실, 그들의 관점은 너무 양극화되어서 어떠한 종류의 합의에도 도달할 가능성이 전혀 없어 보인다. * polarize 양극화하다
(B) in fact 사실은
(C) in general 일반적으로
(D) on the contrary 그와는 반대로
(E) on the other hand 다른 한편으로는, 반면에

in fact
사실상(=actually, precisely, really)

00131 (A) 게다가, 그들은 전쟁에 뒤이어 여러 질병의 공격을 받았다.
(A) following ~에 뒤이어
(B) aggravate 악화시키다
(C) preceding 앞선
(D) alleviate 완화하다

in the wake of sth
~의 자국을 좇아서; ~에 뒤이어(=following),
~에 계속해서, ~의 결과로; ~을 본따서

00132 (D) 레몬은 수확한 후에 더 맛이 좋아진다는 점에서 다른 과일들과 다르다.
(D) in that ~이라는 점에서

in that ~
~이라는 점에서, ~하기 때문에(=since, because)

00133 (A) 나는 결국에 이런 식으로 여행하는 사람들을 비난할 수 없다. 한편으로 나는 그들을 부러워하고 그들의 전례를 따르지 못하게 하는 약한 원기를 경멸한다.
(A) in this manner 이와 같이 하여
(B) in this respect 이 점에서
(C) in the way 방해가 되어
(D) in mid course 도중에

in this wise[manner]
이와 같이, 이런 방법으로, 이따위로(=like this)

00134 (B) 결국에는, 당신이 최종적으로 결정을 내려야 할 사람이다.
(A) certainly 확실하게
(B) eventually 결국에는
(C) generally 일반적으로
(D) logically 논리적으로
(E) probably 아마도

in the last[final] analysis
결국(=eventually, after all, at last)

00135 (B) * 나머지는 모두 case가 들어간다.

(A) 비가 올 경우를 대비하여 우산을 챙겨 가거라. * in case ~에 대비하여
(B) 상황이 좋아질 것이다. * take a turn for the better 호전되다
(C) 여하튼, 나는 내일 거기에 갈 것이다. * in any case 여하튼
(D) 그에겐 흔히 있는 일이지만, 그는 정각에 나타나지 않았다.
  * As is often the case with ~에게 흔히 있는 일이지만

in case
1. ~에 대비하여, 만일을 생각하여
2. ~의 경우에는(=in the event of sth)

00136 (C) 그들은 폭우에도 불구하고 계속 행진했다.
(A) in front of ~의 앞에
(B) in the view of ~의 견지에서
(C) in spite of ~에도 불구하고
(D) by means of ~에 의하여
(E) on account of ~때문에

in the face of sth
1. ~에도 불구하고
  (=in spite of, despite, with all, notwithstanding sth)
2. ~에 직면하여, ~의 면전에서(=in the presence of sb)

00137 (B) 그녀는 자신도 모르게 웃기 시작했다.
(B) take no notice of ~을 안중에 두지 않다
(D) spitefully 짓궂게, 앙심을 품고

in spite of oneself
자신도 모르게, 무의식적으로(=unconsciously, unwittingly)

00138 It is possible to get energy from the sun, but _____ economy, it is not yet practical.
★★ [00.경찰/입사]

(A) in spite of   (B) in favor of

(C) in place of   (D) in terms of

(E) due to

00.경찰/93.한서대/85.법원직
입사/토익/Teps

00139 "One for the road" is an expression that means one final alcoholic drink before leaving a gathering or social event. _____ it is a way of saying "Goodbye". [06.국가직7급]

(A) To be precise   (B) At first

(C) However   (D) In a sense

06.국가직7급

00201 The new housekeeper proved to be a fine cook <u>into the bargain</u>. [토플]

(A) at a discount   (B) as well

(C) in business   (D) for a nominal wage

입사/토플

00202 다음 빈 칸에 공통으로 들어갈 가장 적당한 단어는? [예상]

> 1) He is _____ skating in a big way.
> 2) Nosy reporters tend to delve _____ the personal lives of celebrities.
> 3) The law goes _____ effect next month.

(A) in   (B) into   (C) out   (D) over

07.경북9급/Teps

00203 Try to remain capable of <u>entering into</u> other people's states of mind. [96.외무고시]

(A) demonstrating   (B) beginning

(C) releasing   (D) developing

(E) sympathizing

96.외무고시

00204 To avoid him you should <u>dodge into</u> the nearest cafe. [92.행정고시]

(A) enter slowly   (B) enter quickly

(C) enter bravely   (D) leave slowly

(E) leave quickly

92.행정고시

00301 George knew all the <u>ins and outs</u> of the case. [99.행정고시]

(A) answers   (B) details

(C) methods   (D) weaknesses

(E) strengths

99.행정고시/Teps

00302 For the last few days the area has been <u>out of bounds</u> to foreign journalists. [04.경기대]

(A) fully opened   (B) not allowed to go there

(C) remained hidden   (D) unidentifiable on the map

04.경기대

00303 Mary felt <u>out of place</u> among the young students. [99-2.세종대]
★★

(A) crowded   (B) superior

(C) uncomfortable   (D) ancient

13.고려대/12.서강대/09.광운대
99-2.세종대/토플/Teps

00138 (D) 태양으로부터 에너지를 얻는 것은 가능하지만, 경제적 관점에서는 아직 실용적이지 못하다.
(A) in spite of ～에도 불구하고 　　　　(B) in favor of ～을 위하여
(C) in place of ～을 대신해서 　　　　　(D) in terms of ～의 관점에
(E) due to ～때문에

in terms of sth
1. ～의 견지에서, ～의 점에서 보아
(=with regard to, with respect to, in view of, in the light of sth)
2. ～의 말로, 특이한 표현으로

00139 (D) "One for the road"라는 표현은 모임이나 사교적 이벤트에서 떠나기 전에 마지막으로 하는 술 한 잔을 의미한다. 어떤 의미에서는 "안녕(작별인사)"이라는 표현의 한 방식이다.
(A) To be precise 보다 정확하게 말하면
(B) At first 처음에는
(D) In a sense 어떤 점에서는, 어떤 면에서는

in a sense
어떤 점에서는, 어떤 면에서는

00201 (B) 새 가정부는 게다가 훌륭한 요리사임이 드러났다.
(A) at a discount 할인하여 　　　　　　(B) as well ～뿐만 아니라
(C) in business 영업 중인 　　　　　　 (D) for a nominal wage 명목 임금으로

into the bargain
게다가(=besides, in addition, furthermore, as well), 덤으로

00202 (B)

> 1) 그는 스케이팅에 열광적으로 빠져 있다. * be into 푹 빠지다 in a big way 열광적으로
> 2) 캐기 좋아하는 기자들은 유명인의 사생활을 파고들기 좋아한다.
> 　* delve into 파고들다, 자세히 조사하다
> 3) 그 법은 다음 달부터 시행에 들어간다. * go into effect 시행되다

be into sb/sth
〈구어〉(일시적으로) ～에 열중[몰두]하다, ～에 푹 빠지다
(=be keen on sb/sth)

00203 (E) 다른 사람의 마음 상태를 계속 공감할 수 있도록 노력하라.
(A) demonstrate 예를 들어 설명하다, 시위하다
(C) release 풀어주다
(E) sympathize 공감하다, 동정하다

enter into sth
～에 참가하다, ～의 일부가 되다(=sympathize), (조약 등을) 맺다; ～을 시작하다

00204 (B) 그를 피하기 위해서는 가장 가까운 카페 안으로 재빨리 숨어야한다.

dodge into sth
～안으로 몸을 숨기다

00301 (B) 조지는 그 사건의 자초지종을 모두 다 알고 있었다.
(B) details 세부사항 　　　　　　　　 (C) method 방식
(D) weakness 약함 　　　　　　　　　 (E) strength 힘, 강점

ins and outs
세부사항, 자초지종(=details); 여당과 야당; 꼬불꼬불한 길
cf. out and out 철저히(=thoroughly), 완전히
　- out-and-out 전적인, 순전한, 철저한(=thorough)
cf. down and out 무일푼인, 가난한(=destitute, impoverished)

00302 (B) 지난 며칠 동안 그 지역은 외신 기자들에게 출입금지 지역이었다.
(A) 완전히 개방된 * fully 완전히
(C) hidden 숨겨진, 숨은
(D) unidentifiable 불확실한, 식별이 불가능한

out of bounds
출입금지 지역의(=off limits)

00303 (C) 메리는 젊은 학생들 가운데서 불편함을 느꼈다.
(A) crowded 붐비는, 복잡한 　　　　　 (B) superior 뛰어난
(C) uncomfortable 마음이 불편한 　　　 (D) ancient 고대의

out of place
제자리에 있지 않은; 불편한(=uncomfortable); 부적절한
↔ in place 제자리에 있는, 준비가 된
cf. feel out of place
　(모임이나 장소에서) 그 자리에 어울리지 않는 위화감을 느끼다

00304 Uncle Joe is in the Intensive Care Unit in hospital, but the doctor says he's <u>out of the woods</u>. [11.중앙대]

(A) clinical (B) stabilized

(C) in peril (D) light-headed

11.중앙대/Teps

00305 ★★ This equipment is <u>out of date</u>. [00.동국대 변형]

(A) easy to handle (B) obsolete

(C) highly valuable (D) complicated

14.가천대/02.중앙대/00.동국대
98.건국대/92.연세대학원/토플

00306 ★ 다음 대화 중 빈칸에 들어갈 말로 적당한 것은? [01.한성대]

A : I've just come from the doctor and he says I'm as fit as a fiddle.
B : That's really good news.
A : A month ago I felt terrible. I had constant headaches and was always _____ sorts. Last week I came to my senses and saw a doctor.

(A) away from (B) beside (C) out of (D) without

10.중앙대/01-2.한성대/Teps

00307 ★ 다음 빈 칸에 공통으로 들어갈 알맞은 말은? [09.경찰/97.경찰]

1) Strawberries are _____ of season now.
2) My friend is _____ of work.
3) He is _____ of his mind.

(A) in (B) out (C) some (D) question

09.97.경찰/입사/토플/Teps

00308 ★★★ It has been so cold here that gardening has been <u>out of the question</u>. [92.행정고시]

(A) unbelievable (B) undesirable

(C) unanswerable (D) unquestionable

(E) unthinkable

18.지방직7급/12.경북교행/07.강남대
00.경찰/99.경찰간부/92.행정고시
87.행자부7급/입사/토플/Teps

00309 When it came to a discussion of economics, he was completely <u>out of his depth</u>. [입사]

(A) not able to understand the subject (B) no longer depressed

(C) unpleasant (D) bringing everything into the open

입사/Teps

00310 ★ It took him about one month to <u>figure out</u> how to start the equipment. [07.경원대]

(A) intimidate (B) incarcerate

(C) understate (D) understand

11.경원대/07.경원대/06.강원소방직/02.101
단/00.여자경찰/00.행자부9급/Teps

00311 ★ In order to reach some agreement they need to _____ their differences. [96.지방고시]

(A) trade (B) negotiate

(C) liberate (D) consent

(E) hammer out

13.국가직9급/96.지방고시/Teps

[유제] We need to <u>iron out</u> a few problems first. [13.지방직9급]

(A) conceive (B) review

(C) solve (D) pose

13.지방직9급

00304 **(B)** 조 삼촌은 병원 중환자실에 있지만, 의사는 삼촌이 위험한 상태는 벗어났다고 말한다.
- (A) clinical 병상의
- (B) stabilized 안정된
- (C) in peril 위험한 상태인
- (D) light-headed 경솔한

out of the woods
곤란을 벗어나

00305 **(B)** 그 장비는 구식이다.
- (A) 다루기 쉬운
- (B) obsolete 시대에 뒤진
- (C) 대단히 귀중한 * valuable 값비싼
- (D) complicated 복잡한

out of date
구식의, 시대에 뒤떨어진
(=obsolete, outdated, old-fashioned)
↔ **up to date** 최신식의

00306 **(C)** * out of sorts 건강이 안 좋은

A : 병원에 방금 다녀왔는데 의사가 난 아주 건강하대. * as fit as a fiddle 매우 건강한
B : 그것 참 좋은 소식이네.
A : 한 달 전에는 엉망이었어. 계속 머리가 아프고 언제나 몸이 안 좋았어. 그래서 지난주에 정신을 차리고 병원에 갔었어.

out of sorts
건강이 좋지 않은; 기분이 언짢은, 화가 난

00307 **(B)**

1) 딸기는 지금 제철이 아니다. * out of season 제철이 지난
2) 내 친구는 직장을 잃었다. * out of work 실직상태인
3) 그는 제정신이 아니다. * out of one's mind 미쳐서, 제정신이 아닌

out of season
제철이 지난, 시기를 놓친
(=unseasonable, inopportune, untimely)

00308 **(E)** 여기는 너무 기온이 낮아서 원예는 상상도 할 수 없었다.
- (A) unbelievable 믿을 수 없는
- (B) undesirable 바람직하지 않은
- (C) unanswerable 반박할 수 없는
- (D) unquestionable 의문의 여지가 없는
- (E) unthinkable 상상할 수 없는

out of the question
불가능한(=impossible), 상상할 수 없는(=unthinkable),
터무니없는, 말도 안되는
cf. out of question 틀림없이(=certainly, undoubtedly, surely)
= **beyond question** 틀림없이, 물론

00309 **(A)** 경제학 토론에 관해서 그는 전혀 이해할 수 없었다.
- (A) 그 주제에 대해 이해할 수 없는
- (B) 더 이상 낙담하지 않는 * depressed 낙담한
- (C) unpleasant 불쾌한, 싫은
- (D) 모든 것을 밝히고 있는 * bring into the open 밝히다

out of one's depth /
beyond one's depth[grasp]
사람의 지식이나 능력을 벗어난, 이해할 수가 없는
(=not able to understand)

00310 **(D)** 그가 그 장비를 작동하는 방법을 이해하는 데는 약 한 달이 걸렸다.
- (A) intimidate 위협하다
- (B) incarcerate 투옥, 감금하다
- (C) understate 줄여서 말하다

figure * out sb/sth
1. ~을 이해하다(=understand), 생각해 내다
2. ~을 계산하다

00311 **(E)** 어떤 합의에 이르기 위해서는 그들의 의견 차이를 좁힐 필요가 있다.
- (A) trade 무역[교환]하다
- (B) negotiate 협상하다
- (C) liberate 해방시키다
- (D) consent 동의하다
- (E) hammer out 견해차를 좁히다

hammer[iron] * out sth
(문제 따위를) 애써 해결하다; 견해차를 해소하다
cf. hammer away (at sth) 열심히 일하다, 여러 번 강조하다
hammer and tongs 맹렬히

(C) 우리는 몇몇 문제를 먼저 해결할 필요가 있다.
- (A) conceive 상상하다
- (B) review 복습하다
- (C) solve 해결하다
- (D) pose 제기하다

00312 다음 빈칸에 들어갈 전치사로 적당한 것은? [00.경찰]

> A: Does Mr. Kim stay at the Plaza Hotel?
> B: No, he checked _____ this morning.

(A) at   (B) in   (C) out   (D) up

00.경찰/Teps

00313 ★ The megaphone makes the voice sound louder because its points sound waves in one direction and keep them from <u>spreading out</u> in all directions. [98.단국대]

(A) murmuring   (B) slithering

(C) radiating   (D) interfering

(E) vaporizing

13.중앙대/98.단국대

00314 I have decided to <u>branch out</u> into some new projects. [예상]

(A) reduce   (B) expand

(C) exchange   (D) announced

13.산업기술대

00315 ★ The news report <u>singled out</u> three government ministers for criticism. [05.영남대]

(A) chose   (B) relented

(C) smudged   (D) announced

12.성신여대/05.영남대/92.서울대학원

00316 다음 빈 칸에 공통으로 들어갈 단어는? [예상]

> 1) I need to _____ out what clothes to take with me on the trip.
> 2) Our accountant is working hard to _____ out the money problems.

(A) phase   (B) single   (C) figure   (D) sort

토익/Teps

00317 ★ By seven he was showering in his apartment before <u>dining out</u> in the West End. [01.광운대]

(A) studying out   (B) driving out

(C) eating out   (D) playing out

01-2.광운대/Teps

00318 다음 두 문장의 빈 칸에 공통으로 들어갈 말로 가장 적절한 것은? [15.경찰 2차]

> 1) The investigators say they cannot rule _____ the possibility of arson.
> 2) We sent _____ the wedding invitations last month.

(A) up   (B) over   (C) out   (D) in

15.경찰2차

00319 Middle-born children also tend to leave home first, and make friends faster than anybody else in the family. It's not necessarily because they <u>are on the outs with</u> everyone else. [17.한성대 변형]

(A) are on good terms with   (B) have some conflicts with

(C) are not isolated from   (D) have nothing to do with

17.한성대

00320 The phone is <u>out of order</u>. [00.여자경찰]

(A) crossed   (B) high-priced

(C) very busy   (D) not working properly

00.여자경찰/Teps

00312 (C)

> A : 김씨가 플라자 호텔에 머물고 있나요
> B : 아뇨, 오늘 아침에 체크아웃 하셨습니다.

00313 (C) 확성기는 음파를 한 방향으로 가게 하여 그것이 사방으로 퍼지는 것을 막음으로써 음성을 더욱 크게 만든다.
  (A) murmur 중얼거리다   (B) slither 주르르 미끄러지다
  (C) radiate 사방으로 퍼지다   (D) interfere 방해하다
  (E) vaporize 증발시키다. 증발하다

00314 (B) 나는 몇 가지 새로운 프로젝트들로 확장해 나가기로 마음먹었다.
  (A) reduce 줄이다   (B) expand 확장하다
  (C) exchange 교환하다   (D) announce 발표하다

00315 (A) 뉴스 보도는 비난의 대상으로 세 명의 정부 장관들을 골라냈다.
  (B) relent 약해지다. 누그러지다
  (C) smudge 더럽히다. 때 묻히다
  (D) announce 발표하다

00316 (D)

> 1) 출장에 가지고 갈 옷들을 정리해야 한다. * sort out 정돈하다
> 2) 우리 회계사는 금전적인 문제를 해결하기 위해 열심히 일하고 있다. * sort out 해결하다

  (A) phase out 단계적으로 폐지하다
  (B) single out 골라내다
  (C) figure out 이해하다. 계산하다

00317 (C) 웨스트 엔드에서 외식을 하기 전에 7시까지 그는 아파트에서 샤워를 하고 있었다.

00318 (C)

> 1) 수사관들은 방화의 가능성을 배제할 수 없다고 말한다. * rule out 배제하다
> 2) 우리는 지난 달 청첩장을 보냈다. * send out 보내다

00319 (B) 중간에 태어난 아이들은 또한 집을 제일 먼저 떠나는 경향이 있고, 가족들 중에 어느 누구보다도 더 빨리 친구를 사귄다. 그것이 반드시 다른 모든 가족들과 사이가 나빠서 그런 것은 아니다.
  (A) be on good terms with ~와 사이가 좋다
  (B) have some conflicts with 와 약간의 분쟁이 있다
  (C) be isolated from ~로부터 고립되다
  (D) have nothing to do with ~와는 전혀 관계가 없다

00320 (D) 전화기가 고장이다.
  (A) 혼선된   (B) 가격이 비싼
  (C) 통화 중인   (D) 제대로 작동하지 않는

---

check out
1. (호텔 등에서) 계산을 하고 나가다 ↔ check in
2. (도서관에서 책 등을) 대출(貸出)하다, 확인하다
cf. check up on sb/sth 조사하다(=investigate, scrutinize), 진위를 확인하다, 사람의 뒤를 캐다
  - check-up 정기검진

spread * out (sth)
1. 퍼지다(=radiate), 전개되다
2. 〈미·구어〉 (사업 등의) 범위를 넓히다

branch out (into sth)
(새로운 분야로) 확장하다(=expand),
새로운 사업을 시작하다

single * out sb/sth
뽑아내다, 선발하다(=choose, pick out sb/sth)

sort out
1. (부적격인 것을) 골라내다, 가려내다, 분류하다
2. (어지럽게 흩어진 것을) 가지런히 정돈하다
3. (어려운 문제를) 성공적으로 처리하다
  (=successfully deal with a problem)
4. (정신적으로 힘든 상황이) 진정되다
5. (문제가) 저절로 해결되다
cf. screen out sb/sth (부적격인 사람을) 걸러내다, 배제·제거하다

dine out
외식하다(=eat out)

send * out sb/sth
1. ~을 보내다, 발송하다
2. (빛·신호·소리를) 내다

be on the outs with sb
~와 사이가 나쁘다

out of order
고장난(=not working properly)

00321 I'm sorry but those items are temporarily <u>out of stock</u>. [08.덕성여대]

  (A) not for sale   (B) the wrong size

  (C) damaged   (D) unavailable

11.경북교행/08.덕성여대 01.동덕여대/사법시험/토익/Teps

00322 He was punished for scaring her <u>out of her wits</u>. [89.행자부9급]

  (A) making her feel sad   (B) into bewilderment

  (C) unpleasant   (D) and angry

  (E) making her not witty

11.명지대/05.건국대/89.행자부9급/Teps

00323 One day, <u>out of the blue</u>, he left his job and emigrated to Australia. [01.여자경찰/05.한성대]

  (A) discouraged   (B) being angry

  (C) unexpectedly   (D) sadly

07.대구대/05-2.한성대/04.행자부9급 04.변리사/03-2.고려대/02.덕성여대 01-4.여자경찰/01-2.세종대/00-2.한성대/Teps

00324 Her sewing is really <u>out of this world</u>. [입사]

  (A) poor   (B) heavenly   (C) exceptional   (D) unreal

입사/토플

00325 She had obviously noticed nothing <u>out of the way</u>. [예상]

  (A) eccentric   (B) sudden

  (C) weary   (D) close

11.홍익대

00326 If you have an idea that seems a little <u>out in left field</u>, don't let that stop you from trying it. You'll be in good company. [13.국가직7급]

  (A) strange   (B) challenging

  (C) depressive   (D) demanding

13.국가직7급

00327 The satellite image shows "brown clouds" over eastern China. The noxious cocktail of soot, smog and toxic chemicals is _____ the sun, fouling the lungs of millions of people in large parts of Asia. [15.국가직7급]

  (A) blotting out   (B) poring over

  (C) catering to   (D) resorting to

15.국가직7급

00328 The demonstration <u>sputtered out</u> after a few scuffles with the police. [02.기술고시]

  (A) ended   (B) ensued

  (C) spread   (D) expanded

  (E) intensified

11.홍익대/02.기술고시

00329 A brutal serial killer has been _____ out the lives of children along the West Coast, starting in California.

  (A) spreading   (B) snuffing

  (C) extricating   (D) saving

07.경기9급/00.여자경찰/Teps

00330 The <u>weeding out</u> of the weak members of animal populations in nature appeared to some Victorians sufficient excuse for imperialism. [02-2.서울여대]

  (A) selection   (B) separation

  (C) conversion   (D) elimination

07.중앙대/02-2.서울여대 92.고려대학원/토플

00321 **(D)** 죄송하지만 그 품목들은 일시적으로 품절되었습니다.
  (A) not for sale 비매품
  (B) 사이즈가 맞지 않는 것
  (C) 손상된
  (D) unavailable 손에 넣을 수 없는

out of stock / all sold out
품절되어, 매진되어

00322 **(B)** 그는 그녀를 겁주어서 당황하게 한 것에 대해 벌을 받았다.

out of one's wits[mind, head]
미쳐서, 제정신을 잃고, 몹시 흥분해서

00323 **(C)** 어느 날, 별안간 그는 직장을 그만두고 호주로 이민을 가버렸다.

out of the blue
뜻밖에, 돌연; 불쑥, 느닷없이 (=all of a sudden,
unexpectedly, without any advance notice)
cf. a bolt out of the blue (sky) 청천벽력, 전혀 예상 밖의 일

00324 **(C)** 그녀의 바느질 솜씨는 정말이지 훌륭하다.
  (A) poor 서투른, 조잡한
  (B) heavenly 하늘의, 천국의
  (C) exceptional 보통을 벗어난, 비범한
  (D) unreal 비현실적인

out of this world / out of the world
더할 나위 없는, 매우 훌륭한, 보통을 넘는 (=exceptional)

00325 **(A)** 그녀는 분명히 별다른 점을 알아채지 못했다.
  (A) eccentric 별난, 기이한
  (B) sudden 갑작스러운
  (C) weary 지친, 피곤한
  (D) close 가까운

out of the way
1. 평상시와 다른, 별난 (=eccentric)
2. (방해가 안 되도록) 비키어

00326 **(A)** 만약 당신이 약간 이상해 보이는 아이디어가 있다면, 그것이(아이디어가 이상해 보이는 것이) 당신의 시도를 막도록 두지 마라. (그런다고) 별 문제 없을 테니까.
  (A) strange 이상한
  (B) challenging 도전적인
  (C) depressive 우울증의
  (D) demanding 힘이 드는

out in left field
별난, 의외의, 머리가 이상한

00327 **(A)** 위성사진은 중국 동부를 뒤덮은 "갈색 구름"을 보여준다. 매연, 스모그, 유독화학물질의 해로운 혼합물은 태양을 가리고 있으며, 아시아의 많은 지역에 있는 수백만 명의 폐를 더럽히고 있다.
  (B) pore over ~을 자세히 보다
  (C) cater to ~에 영합하다
  (D) resort to ~에 의지하다

blot * out sb/sth
~을 완전히 덮다[가리다]; (안 좋은 기억을) 애써 잊다

00328 **(A)** 경찰과 어느 정도의 실랑이 끝에 시위는 마무리되었다. * scuffle 실랑이
  (A) end 끝나다
  (B) ensue 뒤이어 일어나다
  (C) spread 확산되다, 퍼지다
  (D) expand 확대하다
  (E) intensify 강화하다

sputter out
불꽃 등이 튀는 소리를 내며 꺼지다

00329 **(B)** 잔인한 연쇄살인범은 캘리포니아에서 시작하여 미국 서부 해안을 따라 아이들의 생명을 앗아 왔다.
  (A) spread out 퍼지다
  (B) snuff out 죽이다
  (C) extricate 구해내다
  (D) save 구하다

snuff * out sb/sth
1. (촛불 따위를) 심을 잘라 끄다; (희망 등을) 꺾다;
  ~을 멸망시키다 (=extinguish)
2. 〈구어〉 죽이다(=kill), 죽다(=die)

00330 **(D)** 자연 속의 동물 집단에서 약한 개체들이 제거되는 현상은 일부 빅토리아 시대 사람들에게는 제국주의에 대한 충분한 변명처럼 보였다.
  (B) separation 분리
  (C) conversion 전환
  (D) elimination 제거

weed * out sb/sth
~을 제거하다 (=eliminate, get rid of sb/sth, root * out sth)
= **root * out** sth 뿌리 뽑다, 근절하다 (=eradicate, get rid of sb/sth)
= **stamp * out** sb/sth 박멸하다, 근절하다, 죽이다

DAY-01

00331 We need to completely <u>root out</u> corruption from all aspects of society.
★

    (A) disrupt   (B) ascribe

    (C) slacken   (D) eradicate

00332 There are some diseases your doctor will <u>rule out</u> before making a diagnosis. [15.지방직9급]
★★

    (A) trace   (B) exclude

    (C) instruct   (D) examine

00333 Mike _____ his basketball team with his incredible buzzer beater, which paved the way to their advance to the regional final. [12.경찰3차]

    (A) bailed out   (B) ruled out

    (C) turned out   (D) swept out

| 00331 | (D) 우리는 사회의 모든 분야에서 부패를 근절할 필요가 있다. |

(A) disrupt 붕괴시키다　　　　　　(B) ascribe ~탓으로 돌리다
(C) slacken 느슨하게 하다　　　　　(D) eradicate 근절하다, 뿌리 뽑다

| 00332 | (B) 의사가 진단을 내리기 전에 배제해야 할 질병들이 있다. |

(A) trace 추적하다　　　　　　　(B) exclude 배제하다
(C) instruct 지시하다, 알리다　　　(D) examine 검사하다

| 00333 | (A) 마이크는 그의 믿을 수 없는 버저비터로 자신의 농구팀을 위기에서 구해냈고, 그것은 지역결선에 진출하기 위한 발판을 닦았다. * paved the way ~을 위한 길을 닦다 |

(A) bail out 구해내다, 위험을 벗어나게 하다　(B) rule out 배제하다
(C) turn out ~인 것으로 드러나다　　　　　(D) sweep out 쓸어내다

root out sth
뿌리 뽑다, 근절하다(=eradicate, get rid of sb/sth)

rule * out sth
1. 배제하다, 제외시키다(=exclude), 제거하다(=remove, eliminate)
2. 불가능하게 하다, 가능성을 없애 버리다(=prevent, preclude)

bail out sb/sth
1. 낙하산으로 탈출하다; 보석금을 내고 석방시키다
2. (금융 지원으로 경제적) 위험을 벗어나게 하다
cf. bail-out 구제금융

보충이디엄

전치사 in

in a fog / in a haze 오리무중인, 어쩔 줄 몰라
be in the bag 확실한, 보장된
be in the cards 있을 법한 일이다(=be likely to happen)
in arrears (요금 등이) 미납된, 체불된(=behind in payment)
be in style / be in fashion 유행중이다
be in the spotlight[limelight] 주목[각광]을 받고 있다,
be in full swing 한창 진행 중이다
in one's prime 전성기에, 한창 때에(=in one's best days)
in one's spare time 한가한 때에(=at one's leisure)
in conclusion 결론적으로
in detail 상세히
in duplicate 두통씩
in keeping with / in agreement with ~와 일치하여
in operation 효력을 가지는(=being used)
in progress 진행 중인(=unfinished, ongoing)
in addition to ~에 더하여
in observance of ~을 준수하여, 유념하여
in opposition to ~에 반대하여(=counter to, con)
in proportion to ~에 비례하여(=in comparison with)
in compliance with ~에 따르는, 순응하는
in reference to ~에 관하여
in response to ~에 응해, ~에 대한 답변으로
in retrospect 되돌아보건대, 회상하면(=looking back)
in the absence of ~가 없는 가운데
swear in 선서하고 취임하다

전치사 into

dig into sth ~을 열심히 먹기 시작하다; (무엇을) 파헤치다
probe into sth ~을 조사하다

전치사 out

churn out sth 대량생산하다
map out sth ~을 계획하다, 상세히 보여주다
phase out 단계적으로 폐지[폐기]하다
ride out (폭풍, 곤란 따위를) 이겨내다
sound out (다른 사람의 의중을) 떠보다, 의사타진하다

on

전치사 on은 어떤 것의 표면에 닿거나 그 바로 위에 붙어 있음을 의미한다. 기계가 작동 중인 경우에도 on을 사용하는 데 전원 콘센트가 접촉되어 있기 때문이라고 이해하면 쉽다.

1. (장소 · 시간의 접촉 근접) ~의 표면에 위에, ~에 접하여
2. (부착 · 소지 · 소속) ~에 붙여 몸에 지니고
3. (진행 중 상태 · 경과) ~하여, ~하는 중, ~의 도중에
4. (원인 · 이유 · 조건 · 관계) ~에 따라, ~에 의해서, ~에 대해서

off

off는 어떤 것으로부터 떨어져 나오거나 벗어나는 것이 기본 의미이다. (부착 · 접촉의 on과 반대) 고정된 것에서 떨어져 나가거나, 탈 것에서 내리는 경우, 기준 · 주제 또는 일에서 잠시 벗어나거나 술, 담배나 마약 등의 습관 등을 끊는 경우도 포함한다.

away

부사 away는 특정 장소로부터 이탈 · 제거가 중심개념이다.
여기에서 저리로 가버리거나 여기에서 저 멀리 떨어져 있거나 사라져 없어지는 경우 등이다.

1. (이탈) 특정 장소로부터 떨어져, 떠나; 멀리;
   (소실 · 제거) 사라져, 없어져
2. (강조) 훨씬(=far)

on ↔ off / away

00401 빈칸에 공통으로 들어갈 말은? [10.계명대]

10.계명대/Teps

1) Please be _____ time. Don't be late.
2) Charles is away at the moment. He is _____ vacation in London.
3) In Japan they drive _____ the left.

(A) on   (B) in   (C) at   (D) for

00402 ★★ 다음 대화 중 밑줄친 부분의 뜻으로 가장 적합한 것은? [03.경찰]

06.삼육대/06.가톨릭대
03.경찰/덕성여대/Teps

A : When will you be informed of the test results?
B : Not until Monday, so I'll be <u>on needles and pins</u> all weekend.

(A) nervous   (B) out of order

(C) cross(pass) the Rubicon   (D) by virtue of

00403 ★★★ Until we heard the final result. we were all <u>on edge</u>. [12.기상직 9급]

12.기상직9급/03.공인노무사/01.세종대
00.행정고시/98.사법시험/95.외무고시
91.서울대학원/Teps

(A) attentive   (B) nervous

(C) frivolous   (D) fashionable

00404 ★ 다음 밑줄 친 단어를 대체할 수 없는 것은? [11.성신여대]

11.성신여대/09.총신대/02-2.숙명여대

In 1861, Japan and Russia were on the <u>brink</u> of war.

(A) verge   (B) edge   (C) point   (D) heels

00405 ★ You might be able to get to their flat if you hurry. They are _____ of giving it up. [85.서울대학원]

00.경찰/85.서울대학원

(A) to the point   (B) at the point

(C) on the point   (D) up the point

00406 On the _____ of the hurricane came an outbreak of looting. [03.숭실대]

03.숭실대

(A) knees   (B) heels

(C) tips   (D) hands

00407 Most motels are located near busy interchanges of major highways, <u>on the outskirts</u> of towns, or near airports. [98.총신대]

98.총신대

(A) in the scenic areas   (B) at the crossroad

(C) in the commercial centers   (D) at the edges

00408 다음 대화 중 밑줄친 부분의 의미와 유사한 것은? [13.국가직9급 변형]

13.국가직9급/토플/Teps

A: You're being fined for exceeding the speed limit, it say. Why weren't you fined <u>on the spot</u>.
B: Because I was photographed by one of speed cameras.

(A) nearly   (B) completely

(C) instantly   (D) gradually

00409 If somebody says he is walking _____, he means he is very happy about something. [사법시험]

사법시험/토플

(A) on air   (B) over the sea

(C) in space   (D) on space

(E) along with

00401 (A)

> (1) 제 시간!에 와주세요. 늦지 마세요. * on time 제시간에
> (2) 찰스는 지금 자리에 없다. 그는 런던에서 휴가 중이다. * on vacation 휴가 중인
> (3) 일본에서는 차가 좌측통행을 한다. * on the left 좌측에

on time
시간을 어기지 않고, 정각에(=punctual)
cf. in time 시간에 늦지 않게, 알맞은 때에
cf. punctual to the minute 1분도 어기지 않는, 정각에
cf. on the button 정확하게, 정각에
= **on the dot** 정각에, 정시에
= **on the nose** 정확하게

00402 (A)

> A : 시험 결과를 언제 통보받을 예정이니?
> B : 월요일까지. 그래서 나는 일주일 내내 매우 초조할 것 같아.

(A) nervous 안절부절못하는
(B) out of order 고장 난
(C) cross(pass) the Rubicon 되돌릴 수 없는 중대한 결정을 하다
(D) by virtue of ~의 결과로

on pins and needles / on needles and pins
매우 불안한(=nervous)

00403 (B) 마지막 결과를 듣기 전까지는 우리는 모두 초조했다.
(A) attentive 주의를 기울이는　　　(B) nervous 초조해 하는
(C) frivolous 경박한　　　(D) fashionable 유행하는

on edge
긴장된, 초조한(=nervous, irritable)

00404 (D) 1861년 일본과 러시아는 전쟁 발발 직전이었다. * on the brink of ~의 직전에
= (A) on the verge of
= (B) on the edge of
= (C) on the point of ~의 직전에
(D) on the heels of 뒤이어

on the brink[verge/edge] of sth
~의 직전에(=on the point of sth)
cf. on the blink 고장 난, 몸 상태가 좋지 않은

00405 (C) 서두르면 그들의 아파트를 얻을 수 있을 것이다. 그들은 아파트를 넘기기 직전에 있다.
* give up 양도하다
(A) to the point 적절한
(B) at the point of ~하려는 순간에
(C) on the point of ~ing ~하기 직전에

on the point of ~ing / sth
~의 직전에(=be about to R), ~하려는 찰나에

00406 (B) 허리케인이 휩쓸고 난 뒤에 약탈이 발발했다. * looting 약탈 outbreak (전쟁, 질병등의) 발발

on the heels of sb/sth
~의 바로 뒤를 따라서, 뒤이어(=directly after sb/sth)

00407 (D) 대부분의 모텔들은 주요 고속도로의 교통량이 많은 인터체인지 부근, 도시의 변두리 지역에, 또는 공항 근처에 위치해 있다.
(A) 경치가 좋은 지역에 * scenic 경치가 좋은
(B) 교차로에
(C) 상업의 중심지에
(D) 가장자리에

on the outskirts of sth
~의 변두리에(=at the edges)

00408 (C)

> A: 거기에는 네가 속도제한을 초과해서 벌금을 부과받았다고 되어 있어. 왜 그 자리에서 벌금을 물지 않았지?
> B: 왜냐하면 과속단속카메라 중 하나에 찍혔거든.

(A) nearly 거의　　　(B) completely 완전히
(C) instantly 즉시로, 즉석에서　　　(D) gradually 차츰, 점차로

on the spot
즉시(=instantly, immediately)

00409 (A) 누군가 하늘 위를 걷고 있다라고 말한다면 그가 어떤 것에 대해 매우 행복해 하고 있는 것을 의미한다.
(A) walking on air 너무 행복한
(B) over the sea 해외로

on cloud nine
매우 행복한, 날아갈 듯이 기쁜(=very happy)
= walking on air (하늘 위를 걷는) → 너무나 행복한 〈사법시험〉

DAY-02

00410 In fact, the admiration they have for him <u>borders on</u> worship. [92.연세대학원]

(A) gives rise to   (B) is brought about by

(C) result from   (D) is very much like

00411 ★ When his friends did not turn up at the meeting point, it _____ on him that he had been fooled. [02.감정평가사]

(A) dawned   (B) became clear

(C) awoke   (D) broke

(E) fell

00412 ★★ 다음 빈 칸에 들어갈 말로 가장 적절한 것은? [15.경찰2차]

> A: I ran into Joe's sister yesterday. What is his sister's name?
> B: Jessica, No. Sue... no. Gee, it is on tip of my _____, but I can't quite remember.
> A: That's O.K. It will come to you.

(A) mouth   (B) tongue   (C) lip   (D) throat

00413 ★★ They are all <u>on the horns of a dilemma</u>. [98.안양대/91.서울대학원]

(A) on the beat   (B) in quandary

(C) on trial   (D) in a labyrinth

00414 ★ I decided to go to the party <u>on the spur of the moment</u>. [98.경찰/입사]

(A) after careful thought   (B) for only a short time

(C) without previous thought   (D) at the earliest possible moment

00415 ★ The committee is not sure whether the deal is <u>on the level</u>. [10.중앙대]

(A) fair   (B) risky

(C) lucrative   (D) provisional

00416 The threat of expulsion helps to keep them <u>on the straight and narrow</u>. [97.서울대학원]

(A) meticulous   (B) self-conscious

(C) honest   (D) considerate

00417 The manager knew about the engagement and brought them glasses of champagne <u>on the house</u>. [99.세무사]

(A) made by himself   (B) immediately

(C) for celebration   (D) in a friendly manner

(E) with no payment

00418 ★ She dwells too much _____ her past. [89.서울시9급]

(A) in   (B) over   (C) into   (D) on   (E) at

00419 ★ He's been <u>on leave</u> in California and is now on his way back to the job he has in Singapore. [97.경찰/86.행자부9급]

(A) about to go   (B) away from his job

(C) absent   (D) at home

00410 (D) 그들이 그에게 가지는 존경심은 사실상 숭배에 가깝다.
   (A) give rise to 야기하다
   (B) bring about 원인이 되다
   (C) result from ~에서 유래하다

border on sth
~에 인접하다; ~에 가깝다(=verge on sth),
마치 ~같다(=be like sb/sth)

00411 (A) 자신의 친구가 만날 장소에 나타나지 않았을 때, 그는 바보 취급을 당했다는 생각이 떠올랐다.
   (A) dawn on 알게 되다   (B) become clear 명백하게 되다
   (C) awake 깨우다   (D) break 깨다
   (E) fall on 공격하다

It dawns on sb **that** ~
~을 이해하기 시작하다, 깨닫기 시작하다(=strike)
cf. It strikes sb that ~ ~에게 ~라는 생각이 들다

00412 (B)

> A: 어제 조의 여동생을 우연히 만났어. 조의 여동생 이름이 뭐지? * run into 우연히 만나다
> B: 제시카. 아냐. 슈… 이런, 기억이 날듯 말듯 하고. 정확히 기억이 안 나네.
> A: 괜찮아. 생각나게 될 거야.

on the tip of one's tongue
(이름 등이) 기억날 듯 말 듯한, 허끝에서 맴도는

00413 (B) 그들은 온통 진퇴양난에 빠져 있다.
   (A) on the beat 담당구역을 순찰 중인   (B) in quandary 진퇴양난의
   (C) on trial 심문 중에, 시험 중인   (D) labyrinth 미로, 미궁

on the horns of dilemma
진퇴양난에 빠진 이러지도 저러지도 못하는(=in a quandary)

00414 (C) 나는 앞뒤를 가리지 않고 파티에 가기로 했다.
   (A) 깊게 생각해 본 후에   (B) 짧은 시간 동안만
   (C) 사전의 생각 없이 * previous 이전의 (D) 가능한 가장 빠른 순간에

on the spur of the moment
아무 생각없이 당장, 앞뒤를 가리지 않고
(=without previous thought)
cf. on the spur 전속력으로, 매우 급히
= on the double 급히, 신속히

00415 (A) 위원회는 그 거래가 공정한지 아닌지 확신하지 못한다.
   (A) fair 공정한   (B) risky 위험한
   (C) lucrative 수지맞는   (D) provisional 임시의

on the level / on the square
1. 솔직한, 정직한(=forthright, honest); 공정한, 솔직하게
2. 정확한, 믿을 수 있는(=reliable)
↔ out of square 직각이 아닌 → 난잡한; 부정한

00416 (C) 추방의 위협은 그들로 하여금 정직한 삶을 유지하도록 한다.
   (A) meticulous 꼼꼼한   (B) self-conscious 자의식이 강한
   (C) honest 정직한   (D) considerate 사려 깊은

on the straight and narrow
도덕적으로 바르게 사는, 정직한(=honest)

00417 (E) 그 매니저는 약혼에 관하여 알고 있었고 그들에게 무료로 샴페인 잔들을 제공했다.
   (A) 그 스스로 만들다   (B) 즉시
   (C) 축하를 위해   (D) 우호적으로
   (E) 지불 없이, 공짜로

on the house
공짜로, 술집에서 서비스로 주는(=with no payment)
cf. This is on me. 〈회화〉 (음식값을) 이번엔 내가 낼게

00418 (D) 그녀는 과거에 대해 너무 연연해하고 있다.

dwell on[upon] sth
심사숙고하다 (=ponder, contemplate, think over,
mull over sth) 자세히 설명하다; 머뭇거리다
cf. dwell in sw 거주하다

00419 (B) 그는 캘리포니아에서 휴가를 보냈고 현재는 싱가포르에 있는 직장으로 돌아오고 있는 중이다.

on leave
휴가 중인(=away from work)
cf. be away on leave 휴가를 떠나다, 출장 중이다
cf. call in sick 전화로 병가를 알리다

00420 Apologize with dignity on your feet, not <u>on your knees</u>. You are trying to put wrong things right, and this deserves respect. [서울시9급]

(A) promptly   (B) humiliatingly

(C) genuinely   (D) cheerfully

00421 다음 대화 중 빈 칸에 들어갈 말로 적당한 것은? [01.동덕여대]

> A: Are all of the pants on this rack on sale?
> B: _____.

(A) Yes, they're all for sale.

(B) Yes, they're all 40% off the marked price.

(C) Why don't you look around some more?

(D) They're out of stock.

00422 During the dot-com era, America was <u>on a roll</u>. [02.공인회계사]

(A) at a standstill   (B) at a high point

(C) totally flattened   (D) under a serious condition

(E) reduced to a previous level

00423 ★ Jack has been <u>on the go</u> since the new project began last May. [05.한양대]

(A) busy   (B) patient

(C) uneasy   (D) frustrated

00424 It is impossible to obtain the lumber you ordered before next week. The shipment is <u>en route</u>. [04.고려대]

(A) being exchanged   (B) being returned

(C) in the crossroads   (D) on the way

00425 The boy would tell his parents nothing about his life <u>on the run</u>. [00.세무사]

(A) in flight   (B) as a marathoner

(C) in the prison   (D) associated with smugglers

(E) on his business trip

00426 My television doesn't work. It's on the _____. [입사]

(A) brink   (B) blink

(C) edge   (D) go

00427 ★ Some political analysts think that the power of Europe is seriously <u>on the wane</u>. [97.건국대]

(A) forgotten   (B) stabilizing

(C) dwindling   (D) old-fashioned

00428 The professor spoke <u>on and on</u>, and students fell asleep. [입사]

(A) too short   (B) loudly

(C) continuously   (D) slowly

00420 (B) 무릎을 꿇지 말고 위엄 있게 일어서서 사과하라. 당신은 잘못된 것을 바로잡고자 노력하고 있으며, 이 점은 존경을 받을 만하다. * put ~ right 바로잡다
   (A) promptly 신속하게, 즉석에서   (B) humiliatingly 굴욕적으로
   (C) genuinely 순수하게   (D) cheerfully 명랑하게

on one's knees / on bended knee(s)
무릎을 꿇고, 굴욕적으로(=humiliatingly)

00421 (B)

> A : 이 선반 위에 있는 바지들은 모두 할인 판매 중인가요?
> B : _____.

   (A) 예, 그것들은 판매 중입니다 * for sale 팔려고 내어 놓은
   (B) 예, 정찰가의 40% 할인해 드립니다. * off ~에서 할인해서
   (C) 좀 더 구경하시지 그래요. * look around 둘러보다, 구경하다
   (D) 그것들은 매진되었습니다. * out of stock 품절이 된

on sale
할인해서 파는; 판매 중인
cf. off-price 할인의

00422 (B) 닷컴[.com] 시대 동안 미국은 잘 나갔다.
   (A) at a standstill 답보상태에 있는
   (B) at a high point 중대한 시점에 있는. 최고 시점에 있는

on a roll
행운이 계속되는, 잘 나가는(=at a high point)
cf. call the roll 출석을 부르다

00423 (A) 잭은 그 새로운 사업이 지난 5월에 시작된 이래로 쉴 새 없이 일만 하고 있다.
   (B) patient 인내심 있는   (C) uneasy 불안한   (D) frustrated 좌절한

on the go
끊임없이 활동하여; 아주 바쁜(=busy)

00424 (D) 주문하신 목재를 다음 주까지 받아 보시는 것은 불가능하겠습니다. 선적이 진행 중입니다.
   (A) 교환 중에 있는   (B) 반환 중에 있는
   (C) 교차로에서   (D) ~하는 도중인, 진행 중의

on the way (to sth)
(~하는) 도중에(=en route to sth)

00425 (A) 그 소년은 부모에게 자신의 도망 중의 생활에 대해 아무 말도 하지 않으려 했다.
   (A) in flight 도망 중인
   (B) as a marathoner 마라토너로서
   (C) in the prison 투옥 중인
   (D) associated with smugglers 밀수꾼과 연루된
   (E) on his business trip 그의 출장 중에

on the run
1. 경찰에 쫓겨, 도주하여(=in flight)
2. 서둘러, 허겁지겁

00426 (B) 텔레비전이 작동하지 않는다. 고장이 나버렸다.

on the blink
고장이 난(=out of order); 몸 상태가 좋지 않은
cf. on the brink of sth ~의 직전에

00427 (C) 일부 정치 분석가들은 유럽의 힘이 심각하게 줄고 있다고 생각한다.
   (B) stabilize 안정시키다, 고정시키다
   (C) dwindle 점차 감소하다, 줄다
   (D) old-fashioned 구식의

on the wane
줄어가는, 하락하는(=dwindling)

00428 (C) 그 교수는 장황하게 연설을 했고 학생들은 잠에 빠졌다.

on and on
지루할 정도로 장황하게(=at great length),
계속해서(=continuously)
↔ **on and off** 이따금

00429 He was <u>on the alert</u> all night. [01.경찰]

(A) awake (B) asleep
(C) watchful (D) nervous

01.경찰/입사/토플/Teps

00430 They've been building up quite a large shareholding <u>on the quiet</u>. [91.서울대학원]

(A) guiltily (B) peacefully
(C) maliciously (D) secretly

91.서울대학원

00431 _____ the heavy storm, he could not go to the party last night. [입사]

(A) On account of (B) By way of
(C) In case of (D) In spite of

입사/토익/Teps

00432 U.S. officials ultimately deported the controversial religious leader _____ he had lied on his visa application when he entered the country. [02.고려대]

(A) as to (B) as it turns out
(C) as long as (D) on the grounds that

02.고려대

00433 On behalf _____ his client, the lawyer entered a plea of "not guilty by reason of insanity". [91.국회사무처7급]

(A) in (B) with (C) for (D) of (E) in

07.광주시9급/91.국회사무처7급/토익/Teps

00434 Stephen Hawking has lately been weighing a question <u>on a par with</u> what you would hear from the village fool: why can we remember the past, yet not the future? [02.단국대/96.사법시험]

(A) superior to (B) inferior to
(C) harmonious with (D) equivalent to

02-2단국대/96.사법시험

00435 다음 밑줄 친 부분의 의미와 일치하는 것은? [01-2.강남대]

> A: I hear you are enjoying your new job.
> B: On the <u>contrary</u>, I find it rather dull.

(A) generous (B) opposite
(C) intellectual (D) shrill

01-2.강남대/토플/Teps

00436 <u>On the whole</u>, traditional power has tended to slip from the grasp of special-interest group. [00.경찰]

(A) specially (B) formally
(C) generally (D) fortunately

00.경찰/97-2.덕성여대/입사/Teps

00437 I believe he has done it <u>on purpose</u>. [입사]

(A) earnestly (B) voluntarily
(C) intentionally (D) positively

06.대구대/02.삼육대/97.홍익대
88.행자부9급/Tepe

00438 The progress of the sales interview may _____ the effectiveness of the salesperson's handling of objections. [98.서울대학원]

(A) carry on (B) hinge on
(C) goad on (D) take on

00.변리사/98.서울대학원/97.경희대

00429 (C) 그는 밤새 빈틈없이 경계를 섰다.
  (A) awake 깨어 있는
  (B) asleep 잠들어
  (C) watchful 주의 깊은. 경계하는
  (D) nervous 신경과민의

on the alert
빈틈없이 경계하고 있는(=watchful)
cf. yellow alert 황색경보
  → blue alert 청색경보, 제2 경계경보
  → red alert (긴급) 공습경보

00430 (D) 그들은 암암리에 주식 보유량을 엄청나게 늘려오고 있다.
  * build up 증강시키다 quite a large 아주 많은 share-holding 주식보유고
  (A) guiltily 죄지은 것처럼
  (C) maliciously 사악하게
  (D) secretly 은밀하게

on the quiet / on the Q.T.
암암리에, 조용히, 비밀리에(=secretly)

00431 (A) 강력한 폭풍우 때문에 그는 어젯밤에 파티에 갈 수 없었다.
  (A) on account of ~때문에
  (B) by way of ~을 경유하여 ~으로서
  (C) in case of ~의 경우에는
  (D) in spite of ~에도 불구하고

on account of sth
~때문에(=owing to sth)

00432 (D) 미국 관리들은 물의를 일으키는 그 종교 지도자를 그가 입국할 때 비자 신청서를 허위로 작성했다는 이유를 들어 끝내는 추방했다.
  * ultimately 궁극적으로, 결국 deport 국외로 추방하다
  (A) as to ~에 관해서는
  (B) turn out 밝혀지다
  (C) as long as ~이기만 하면
  (D) on the grounds that ~라는 이유로

on the ground(s) that~
~라는 이유로

00433 (D) 그의 의뢰인을 대신해서, 그 변호사는 "정신이상을 이유로 무죄"를 호소했다.
  * insanity 정신이상 정신병 / enter a plea of not guilty 결백을 주장·호소하다

on behalf of sb
1. ~을 대신하여(=instead of, in place of sb/sth)
2. ~을 대표하여(=as the representative of sb)

00434 (D) 스티븐 호킹은 최근에 한 가지 질문에 숙고하고 있는데, 그 질문은 시골의 바보한테나 들을 수 있을 법한 것으로서 "우리는 왜 과거를 기억하고, 미래는 왜 기억할 수 없는가?"라는 것이다.
  (A) superior to ~보다 뛰어난
  (B) inferior to ~보다 열등한
  (C) harmonious with ~와 사이가 좋은
  (D) equivalent to ~와 동등한

on a par with sb/sth
(~와) 똑같은, 동등한(=equivalent to, similar to sb/sth)

00435 (B)

A: 새 직장을 재미있어 한다고 들었는데.
B: 반대야. 상당히 따분해

  (A) generous 관대한
  (B) opposite 반대의
  (C) intellectual 지적인
  (D) shrill 날카로운, 신랄한

on the contrary
반대로(=conversely)

00436 (C) 대체적으로 전통적인 권력은 특별한 이익단체들의 통제에서 빠져 나오려는 경향이 있다.
  (A) specially 특별히
  (B) formally 공식적으로
  (C) generally 일반적으로
  (D) fortunately 운좋게

on the whole
전반적으로, 대체로, 대개(=generally, in general)

00437 (C) 나는 그가 일부러 그랬다고 믿고 있다.
  (A) earnestly 성실하게, 열렬히
  (B) voluntarily 자발적으로
  (C) intentionally 의도적으로
  (D) positively 적극적으로, 긍정적으로

on purpose
고의로, 일부러(=intentionally, purposely)

00438 (B) 판매 상담의 진척은 판매원이 반대 의견을 다루는 효율성에 달려 있을 수도 있다.
  (A) carry on 진행하다
  (B) hinge on ~에 달려있다
  (C) goad on 선동하다
  (D) take on 떠맡다

hinge on sth
~여하에 달려있다, ~에 따라 정해지다
(=depend on, rely on sb/sth)
= be contingent (up)on sth ~을 조건으로 하다, ~에 달려있다

00439 ★ Most living creatures _____ plants for their nourishment. [98.동국대]

(A) result in (B) depend on

(C) consist of (D) originate in

00440 He is busy <u>waiting on</u> customers at the moment. [12.국민대]

(A) serving (B) blaming

(C) arguing with (D) hiding from

00441 ★ For instance, listeners with only basic language skills tend to <u>zero in on</u> words but miss the meaning of phrases or sentences. [05-2.단국대]

(A) overlook (B) ignore

(C) zoom out to (D) focus on

00501 Collins had to go back into alcohol rehabilitation because he fell _____ again. [02.여자경찰]

(A) off the hook (B) off the wagon

(C) off color (D) off the wall

00502 다음 중 문장의 뜻풀이가 잘못된 것은? [07.국가직9급]

(A) John is as hard as nails. → John has no sympathy for others.

(B) Her ideas are off the wall. → Her ideas are informal or eccentric.

(C) She has a heart of gold. → She is very mean and greedy.

(D) He's a really top-notch administrator. → He is the very best administrator.

00503 ★ Sometimes in private we say outrageous or ill-considered things about others, or make <u>off-the cuff</u> remarks sparked by a bad mood. [09.고려대]

(A) repellent (B) extemporaneous

(C) hypocritical (D) sarcastic

00504 ★★ <u>Now that remark should be off the record.</u> [03.10단/01.전남대/96.입법고시]

(A) That remark is familiar to many people.

(B) That remark is so important that you should keep it in a record.

(C) That remark is not official and not intended to be made known.

(D) That remark should be written on the paper to be published.

(E) That remark should be kept on the record for the future generation.

00505 ★ People say that the old, delicate man was once <u>better off</u>. [01.고려대]

(A) in better health (B) richer than now

(C) in poor health (D) stingier than now

00506 ★ He was laid off from his job last year, and he has been quite _____ since then. [예상]

(A) well-off (B) badly off

(C) better off (D) well-to-do

OO439 (B) 대부분의 살아있는 생명체들은 그들의 영양분을 식물에 의존한다.
(A) result in ~으로 끝나다
(B) depend on ~에 의존하다
(C) consist of ~으로 구성되다
(D) originate in ~에 기원하다

depend on sb/sth
1. ~에 의존하다(=rely on, count on sb/sth)
2. ~에 달려 있다(=contingent upon sth)
cf. dependent on ~에 달려있는

OO440 (A) 그는 지금 손님들의 시중을 드느라 바쁘다.
(A) serve 시중을 들다
(B) blame 비난하다
(C) argue with ~와 논쟁하다
(D) hide from ~에게 숨기다

wait on sb/sth
1. 시중을 들다(=serve) 2. ~을 기다리다

OO441 (D) 예를 들어, 오직 기초적인 언어능력만 가진 청자들은 단어에만 초점을 맞추고 구(句)나 전체 문장의 의미를 놓치는 경향이 있다.
(A) overlook 간과하다
(B) ignore 무시하다
(C) zoom out 피사체를 급격히 축소하다
(D) focus on ~에 집중하다

zero * in (on sb/sth)
~에 모든 관심[신경]을 집중시키다
(=focus on, concentrate on)

OO501 (B) 콜린스는 다시 술을 마시기 시작했기 때문에 알코올 중독자 재활기관에 다시 가야 했다.
* rehabilitation 사회복귀, 갱생
(A) off the hook 책임, 함정에서 벗어난
(C) off color 안색이 좋지 않은
(D) off the wall 엉뚱한, 정신이 나간

off the wagon
술을 다시 마시기 시작하여
↔ on the wagon 술을 끊고
cf. on the booze 몹시 취하여(=very drunk)
cf. hit the booze 술을 마시다

OO502 (C)
(A) * as hard as nails 피도 눈물도 없는 → 존은 다른 사람들에게 일말의 동정심도 없다.
(B) * off the wall 엉뚱한, 별난 → 그녀의 아이디어는 엉뚱하고 별나다.
(C) * have a heart of gold 아주 친절한 사람이다 → 매우 친절하고 성실하다 (o)
→ 그녀는 매우 천하고 욕심이 많다. (x)
(D) * top-notch 도달할 수 있는 최고점 최고의 → 그는 최고의 행정가이다.

off the wall
(아이디어 · 생각 등이) 엉뚱하고 별난(=eccentric)

OO503 (B) 때때로 다른 사람이 없는 데서 우리는 타인에 대한 욕설이나 부적당한 것들을 말하고, 기분이 나빠 즉흥적인 말들을 내뱉는다.
(A) repellent 불쾌한
(B) extemporaneous 즉석의
(C) hypocritical 위선적인
(D) sarcastic 빈정대는

off-the-cuff
사전 준비 없이. 즉석의(=extemporaneous)

OO504 (C) 지금부터의 언급은 비공식적입니다.
(A) 그 말은 많은 사람들에게 친숙하다.
(B) 그 말은 당신이 기록해 두어야 할 정도로 중요하다.
(C) 그 말은 공식적이지 않고 공표되지 않을 것이다.
(D) 그 말은 출간될 수 있도록 종이에 적어져야 한다.
(E) 그 말은 미래 세대들을 위해 기록으로 유지되어야 한다.

off the record
비공식적인; 비공식적으로(=not known to the public)
↔ for the record 공식적인; 공식적으로, 기록하기 위한

OO505 (B) 병약한 그 노인은 한때는 부유했다고들 사람들은 말한다.
(A) 보다 건강한
(B) 지금보다는 부유한
(C) 건강이 좋지 않은
(D) 지금보다는 더 인색한

better off / better-off
1. 이전보다 부유해진(=more fortunate, wealthier, richer than now), 보다 행복한(=happier)
2. 보다 좋은 환경에 있는(=in better circumstances)
cf. well-off (남들 보다) 부유한, 유복한
cf. well-to-do 유복한, 부유한

OO506 (B) 그는 지난해에 일자리에서 해고되었고 그래서 그 이후로 아주 궁핍했다. * lay off 해고하다
(A) well-off 유복한
(B) badly off 궁핍한
(C) better off 이전보다 부유해진
(D) well-to-do 부유한

bad off / badly off
궁핍한, 가난한; 열악한 환경에 있는(=in a bad situation)
= hard up 돈에 쪼들리는, 궁색한

DAY-02

00507 The press thought the manager would be depressed by his dismissal but he just _____. [06. 성균관대]

(A) turned it on   (B) called it off

(C) laughed it off   (D) pushed it up

(E) clamped it down

00508 The girl must be highly self-conceited, since she <u>kissed off</u> such a good offer. [98.세무사]

(A) accepted   (B) delayed

(C) dismissed   (D) reshaped

00509 다음 대화 중 빈칸에 알맞은 단어는? [01-2광운대]

> A: I'm so excited! We have two weeks _____ ! What are you going to do?
> B: I'm not sure. I guess I'll just stay home.

(A) out   (B) on   (C) off   (D) away

00510 ★ We may expect some potential invisible earnings from <u>spin-off</u> industries, such as trade, tourism and finance. [95중앙대]

(A) derivative   (B) lucrative

(C) deductive   (D) economical

00511 Historians can <u>tick off</u> the revolutions in warfare: the invention of the stirrup; the bow; gunpowder; the airplane; the combination of the internal combustion engine and the radio. [00.세무사]

(A) show with marking   (B) disregard

(C) force   (D) scold

(E) dispose

00512 ★ Apparently the gang had been tipped _____, because when the police arrived, there was no sign of the stolen loot. [행정고시]

(A) away   (B) on   (C) out   (D) off   (E) in

00513 ★ 다음 빈칸에 알맞은 표현은? [03사법시험]

> A: I'm feeling very, very angry right now!
> B: Why don't you go into the other room and _____?
>   We can talk when you feel less angry.

(A) put on   (B) cool off

(C) get ahead   (D) take after

(E) make away with

00514 There is more concern about the cost of recruiting people, training them, and then the costs of laying them off if production <u>slacks off</u>. [94행정고시]

(A) becomes slow-moving   (B) picks up

(C) is discounted   (D) halts

(E) continues to boom

00507 **(C)** 언론은 그 경영자가 해고로 인해 실의에 빠져 있을 것으로 생각했지만 그는 그냥 대수롭지 않게 웃어 넘겼다.
(A) turn on (조명, 기계 등을) 켜다　(B) call off 취소하다
(C) laugh off (심각한 상황 등을) 웃어넘기다　(D) push up 밀어 올리다
(E) clamp down 집중 단속하다

laugh * off sth
(심각한 상황 등을) 가볍게 웃어넘기다,
농담으로 얼버무리다

00508 **(C)** 그 소녀는 그러한 좋은 제의를 거절한 것으로 보아 자부심이 매우 강함에 틀림이 없다.
(A) accept 받아들이다　(B) delay 연기하다
(C) dismiss 해고하다. 거절하다　(D) reshape 다시 만들다

kiss * off sb/sth
1. ~을 거절하다(=dismiss), 해고하다;
단념하다(=give up sb/sth)
2. 〈구어〉 귀찮게 하지 마, 꺼져버려

00509 **(C)**

> A: 너무 기대돼! 우리는 2주 동안 휴가야! 뭐 하러 갈 거니?
> B: 글쎄다. 아마도 그냥 집에 있을 것 같아.

have ~ off
~에는 쉬다, 휴무이다

00510 **(A)** 우리는 관광, 무역, 금융과 같은 파생산업으로부터 얼마간의 잠재적인 무형소득을 기대할 수 있다.
(A) derivative 파생적인, 파생물　(B) lucrative 수지맞는, 이익이 되는
(C) deductive 연역적인　(D) economical 절약이 되는, 경제적인

spin-off
(산업 · 기술 개발 등의) 부산물, 파급 효과, 부작용;
(TV 프로그램의) 속편, 시리즈 프로

00511 **(A)** 역사가들은 전쟁에서 등자와 활, 화약, 항공기의 발명, 내연기관과 무전기의 조합과 같은 혁명적인 것들을 확인할 수 있다.

tick * off sb/sth
1. 체크 등으로 표시하다(=show with marking), 점검하다
2. 건드려 화나게 하다

00512 **(D)** 경찰이 도착했을 때, 절도한 약탈물의 증거가 없었기 때문에 확실히 도둑들은 미리 정보를 받은 것이다. * loot 약탈물, 장물

tip * off sb
~에게 미리 정보를 주다, 밀고하다
cf. tip-off 비밀정보, 조언, 암시

00513 **(B)**

> A: 나 지금 무지 무지 화가 끓어올라!
> B: 다른 방에 들어가서 화 좀 가라앉히지 그래?
> 네가 화 좀 가라앉으면 그때 우리 얘기할 수 있잖아.

(A) put on 옷을 입다　(B) cool off 화를 가라앉히다
(C) get ahead 앞서다. 출세하다　(D) take after 닮다. 따르다
(E) make away with ~을 면하다; 훔쳐 달아나다

cool off / cool down
식다; (노여움 따위가) 가라앉다
cf. keep cool/keep one's cool/keep a cool head
냉정을 유지하다 ↔ lose one's cool
이성을 잃다, 통제력을 상실하다(=lost control)
= lose one's head
= lose one's marbles
= lose one's sanity

00514 **(A)** 생산이 느슨해지면 사람을 모집하고, 훈련시키는 비용, 그리고 해고하는 비용에 관한 보다 많은 걱정이 있게 된다.
(B) pick up 선택하다. 차를 태워 주다　(C) discount 할인하다. 고려하지 않다
(D) halt 멈추다. 정지하다　(E) boom 벼락경기, 갑자기 경기가 좋아지다

slack * off (sth) / **slack off** (on sth)
늦추다; 느슨해지다(=become slow-moving),
줄어들다(=abate)
= **taper off** (sth) 차츰 소멸되다, 약해지다, 줄다; 줄이다

00515 다음 중 문맥상 밑줄 친 부분과 의미가 가장 가까운 것은? [09.지방직9급]
★

> The latest move to <u>stave off</u> a recession saw another reduction in the interest rates last night-the second cut in only eight days. The Central Bank also indicated that further cuts could be enforced.

(A) improve　　　　　　　　　(B) prevent

(C) treat　　　　　　　　　　(D) recover from

00516 The butler <u>rubbed</u> the tarnish <u>off</u> the pitcher. [예상]

(A) shined　　　　　　　　　(B) removed

(C) stained　　　　　　　　　(D) crushed

00601 The thieves <u>escaped</u> from the police through the service exit. [98.변리사/Teps]

(A) got away　　　　　　　　(B) got up

(C) got to　　　　　　　　　(D) got in

(E) got over

00602 He <u>stole away</u> from his seat in the back row while the attention of the others was engaged. [03.경기대]

(A) left abruptly　　　　　　(B) left boldly

(C) left furtively　　　　　　(D) left inadvertently

00603 <u>Clear away</u> these papers at once! [입사]

(A) examine　　　　　　　　(B) submit

(C) remove　　　　　　　　　(D) arrange

00604 If that is the case, then carefully constructed zoological reputation will <u>bite the dust</u>. [12.국민대 변형]

(A) remain as ever　　　　　(B) prosper happily

(C) change for the better　　(D) fade away

00605 Yesterday I had to have my car _____ by the police, since it suddenly stopped on a highway. [16.홍익대 변형]

(A) pulled up　　　　　　　(B) jacked up

(C) towed away　　　　　　(D) passed away

00606 The subway is far and _____ the best way to get around. [02.경찰]

(A) much　　　　　　　　　(B) away

(C) far　　　　　　　　　　(D) still

00607 I'll be back <u>right away</u>. [입사]

(A) suddenly　　　　　　　(B) exactly

(C) extremely　　　　　　　(D) immediately

00515 **(B)** 경기침체를 막고자 하는 최근의 조치는 어젯밤 또 다른 이자율의 인하를 불러왔는데 단지 8일 만에 두 번째 인하였다. 게다가 중앙은행은 추가 인하가 단행될 수도 있다고 암시했다.
(A) improve 개선하다
(B) prevent 막다, 예방하다
(C) treat 다루다
(D) recover from 회복하다

stave off sth
(위험, 파멸 등을) 저지하다, 막다(=prevent, avoid)

00516 **(B)** 집사는 주전자를 문질러 녹을 벗겨내었다.
(A) shine 광을 내다
(B) remove 제거하다
(C) stain 얼룩지게 하다
(D) crush 빻다

rub * off sth
문질러 벗기다

00601 **(A)** 도둑들은 업무용 출구를 통해 경찰로부터 달아났다.
(A) get away 도망치다
(B) get up 일어나다
(C) get to ~에 도달하다, 도착하다
(D) get in 들어가다
(E) get over 극복하다

get away (from sb / sth**)**
(~에서) 떠나다, 도망치다; 제거하다
cf. **getaway** 〈구어〉 (범인의) 도망, 도주; 휴가

00602 **(C)** 다른 사람들의 관심이 쏠려 있는 동안 그는 뒷줄 그의 좌석에서 몰래 떠났다.
(A) abruptly 갑작스럽게
(B) boldly 대담하게
(C) furtively 은밀하게
(D) inadvertently 무심코

steal away
1. 몰래 떠나다(=leave furtively)
2. 살며시 훔치다

00603 **(C)** 이 서류들 좀 당장 치워버려! * at once 당장, 동시에
(A) examine 검사하다, 조사하다
(B) submit 제출하다
(C) remove 치우다, 제거하다
(D) arrange 배열하다, 가지런하다

clear * away sth
~을 치우다, 제거하다
(=remove, eliminate, get rid of sb / sth)
= **sweep away** sth (태풍 등이) 쓸어 가 버리다; 완전히 없애버리다
cf. **sweep the board**
노름에 이겨 판돈을 쓸어가다. (상이나 의석을) 독차지하다

00604 **(D)** 만약 그게 사실이라면 신중하게 구축된 동물학적 명성은 사라지고 말 것이다.
* bite the dust 죽다, 사라지다
(A) remain as ever 여전히 남아있다
(B) prosper happily 행복하게 번성하다
(C) change for the better 보다 좋게 바뀌다
(D) fade away 사라지다

fade away
서서히 사라지다, 점점 희미해지다

00605 **(C)** 어제 내 차가 고속도로에서 갑자기 멈춰 섰기 때문에 경찰에 내 차를 견인시켜야 했다.
(A) pull up 멈추다, 서다
(B) jack up (차를) 들어 올리다
(C) tow away 견인하다
(D) pass away 죽다

tow away sth
견인하다

00606 **(B)** 지하철을 이용하는 것이 돌아다니기에 단연 좋은 방법이다.

far and away
훨씬, 단연(=very much, by far); 틀림없이, 분명히
(=without exception)

00607 **(D)** 금방 돌아올게.
(A) suddenly 갑자기
(B) exactly 정확히
(C) extremely 극도로
(D) immediately 곧, 즉각

right away
즉시, 곧, 지체하지 않고
(=right off, right now, at once, immediately)

보충이디엄

전치사
on

on the rocks (배가) 좌초하여, (부부관계가) 파경에 이르러; (술에) 얼음을 넣은
on top of ~의 위에, 게다가, ~와는 별도로
on tap (맥주 등이) 언제든지 따를 수 있게 준비된
Sleep on it. 하룻밤 자면서 곰곰이 생각해봐.

전치사
off

kick off (sth**)** (축구 시합·회합을) 시작하다; 내쫓다
spark off sth 촉진시키다(≒trigger off), 분발시키다

전치사
away

eat away sth 마구 먹어대다; 〈녹 등이〉 부식하다
blow sb **away** 날려 보내다; 수월하게 이기다; 뿅 가게 만들다
work away 계속 일하다; 열심히 노력하다
walk away sb/sth (사람·힘든 상황을 버리고) 떠나버리다
wipe away (먼지·눈물 등을) 닦다

up

전치사 및 부사 up은 방향·이동·위치·수준 등이 위쪽을 향하거나 위쪽에 있음을 나타낸다. 또한 해가 수평선에서 올라오듯이 보이지 않던 것이 다가오는 경우에도 사용된다.

1. ～위로 ～위에(↔ down); 완전히(강조)
2. ～에 마주친 직면한 달려 있는

over

over는 under에 대응되는 개념으로 "온통 위를 뒤덮는 느낌"을 나타낸다.

1. 위쪽에, 위를 덮어
2. 여기저기에 도처에; 구석구석까지
3. 되풀이해서 반복해서
4. 저편에 남에게 다른 쪽으로 옮겨서; 뒤집어서 거꾸로
5. (범위나 수량을) 넘어; 능가하여, 극복하여

beyond

beyond는 "(정도나 범위·수량을) 넘어서, ～이상으로"의 의미이다.

above

앞에서 다룬 on은 "표면에 접하여 위에"인데 반해, above는 "～보다 위에" 뜻으로 표면에서 떨어져 위에의 뉘앙스이다.

above와 대응되는 below는 "～보다 아래에"를 뜻하며, 위치나 방향, 수량 등이 아래쪽임을 의미한다.

00701 The tourism business has many _____. [99.경기대]

(A) ups or downs
(B) ups and downs
(C) downs and ups
(D) ups with downs

00702 She had known too many business <u>fold up</u> through bad management. [95.행정고시]

(A) collapse
(B) prosper
(C) flourish
(D) register

00703 Since he had his stroke, the wife and the daughters kept him <u>boxed up</u> in the house every day of the week. [98.입법고시]

(A) treated
(B) pleased
(C) confused
(D) depressed
(E) confined

00704 Mr. Barpal said that he once saved a deal by <u>boning up on</u> Japanese when a licensing arrangement was in jeopardy. [96.외무고시]

(A) contacting Japanese
(B) studying Japanese hard
(C) picking on Japanese
(D) employing Japanese
(E) using Japanese

00705 Before she traveled to Mexico last winter, she needed to _____ her Spanish because she had not practiced it since college. [14.국가직9급]

(A) make up to
(B) brush up on
(C) shun away from
(D) come down with

00706 The Ulsan strike of 1990 <u>tied up</u> transportation and was finally ended only by police intervention. [00.경찰]

(A) hindered
(B) motivated
(C) linked up
(D) obtained

00707 다음 빈 칸에 공통으로 들어갈 단어로 적당한 것은? [06.명지대]

> 1) A leader must always keep in _____ with the voice of the people.
> 2) Tom hired an expert to_____ up his piano.
> 3) It is sometimes necessary to_____ out the criticism of others.

(A) tune
(B) taste
(C) thumb
(D) time

00708 You must <u>jack up</u> the car in order to change a tire. [04.홍익대]

(A) elevate
(B) push back
(C) work over
(D) fasten

00709 Alice is a student majoring in dancing. She has _____ for the dance contest on Saturday. I hope she wins the first prize in the contest. [07.세종대]

(A) signed in
(B) signed on
(C) signed up
(D) signed off

00701 **(B)** 관광산업은 많은 기복을 겪어왔다.

ups and downs
(길 등의) 오르내림, 기복; 영고성쇠
- **go[move] up and down** 오르내리다; 변동하다(=fluctuate)

00702 **(A)** 그녀는 너무나 많은 기업들이 부실관리로 무너진다는 것을 알고 있었다.
- (A) collapse 무너지다
- (B) prosper 번영하다
- (C) flourish 번영하다
- (D) register 등록하다

fold up
1. 쓰러지다, 주저앉다, 망하다(=collapse); 발행을 중지하다
2. (물건 등을) 접다

00703 **(E)** 그가 뇌졸중을 일으켰기 때문에 아내와 딸들은 그를 매일 집안에 가두어 두었다.
- (A) treat 다루다
- (B) please 기쁘게 하다
- (C) confuse 혼동시키다
- (D) depress 우울하게 하다
- (E) confine 제한(한정)하다

box up sth **/box in** sb/sth
(좁은 장소 등에 두어) 거동을 불편하게 하다,
가두다(=confine)
cf. feel boxed in 상황 등의 제약으로 답답함을 느끼다

00704 **(B)** Barpal씨는 라이센스 협정이 위험에 빠졌을 때 일본어를 열심히 공부함으로써 계약 한 건을 살렸다고 말했다. ※ in jeopardy 위험에 빠져
- (A) contact Japanese 일본사람과 접촉하다
- (B) study Japanese hard 일본어를 열심히 공부하다
- (C) pick on Japanese 일본인을 괴롭히다
- (D) employ Japanese 일본사람을 고용하다
- (E) use Japanese 일본어를 사용하다

bone up (on sth**)**
열심히 공부하다(=study hard),
벼락공부하다(=study quickly, cram for sth)

00705 **(B)** 대학 졸업 이후로 스페인어를 연습하지 않았기 때문에, 그녀는 지난겨울 멕시코로 여행 가기 전에 스페인어를 익혀야 했다.
- (A) make up to ～에게 아첨하다
- (B) brush up on 복습하다, 다시 익히다
- (C) shun away from ～로부터 피하다
- (D) come down with (병)에 걸리다

brush up (on sth**)**
(공부를) 다시 하다, 복습하다(=review);
(기술을) 다시 익히다, 연마하다(=improve); 몸단장하다
cf. brush aside[away] sb/sth (의견이나 말 등을) 무시하다

00706 **(A)** 1990년 울산 파업은 운송을 중단시켰고 결국에는 경찰의 중재로 끝나게 되었다.
- (A) hinder 방해하다, 막다
- (B) motivate 동기를 주다, 자극하다
- (C) link up 연결하다, 동맹하다
- (D) obtain 획득하다

tie * up sth
1. 묶다; 〈수동〉 (투자금 등이) 묶이다
2. 중단시키다, 방해하다 (=hinder)
3. 바쁘다(=be busy, have one's hands full)
4. 교통정체로 막히다
cf. tie the knot 결혼하다(=marry)

00707 **(A)**

> 1) 지도자는 항상 국민들의 목소리와 잘 맞추어 나가야 한다. ※ keep in tune with 가락을 맞추다
> 2) 톰은 피아노를 조율하기 위해 전문가를 고용했다. ※ tune up 조율하다
> 3) 가끔 다른 사람들의 비판을 무시하는 것이 필요하기도 하다. ※ tune out 무시하다

tune * up sth
(악기를) 조율하다; 연주를 시작하다; 연습하다
cf. tone (in) with sth 혼합되다; 화합하다(=harmonize with sth)
= **blend with** sth 혼합하다, 어울리다,
조화되다(=harmonize with sth)
cf. keep in tune with sb/sth ～와 가락을 맞추다, 조화를 이루다
tune out (sb/sth) 듣지 않다, 무시하다

00708 **(A)** 타이어를 갈아 끼우려면 차를 들어 올려야 한다.
- (A) elevate 들어 올리다
- (B) push back 후퇴시키다
- (C) work over 철저하게 조사하다, 혼내주다
- (D) fasten 단단하게 고정시키다

jack * up sth
1. ～을 잭으로 들어 올리다(=elevate)
2. (값 등을) 올리다(=raise); 격려하다, 사기를 높이다

00709 **(C)** 앨리스는 무용을 전공하는 학생이다. 그녀는 토요일 무용경연대회에 참가 등록했다. 나는 그녀가 대회에서 1등상을 받기를 바란다.
- (A) sign in 회원이 되다
- (B) sign on 고용하다, 서명하다
- (C) sign up 참가하다, 참가등록하다
- (D) sign off 종료 신호하다

sign up (for sth**)**
～에 응모하다, 참가하다, ～에 참가등록하다, 가입하다

00710 ★★ By the time we <u>wound up</u> the conversation, I knew that I would not be going to Geneva. [17.지방직9급(하)]

(A) interrupted   (B) terminated

(C) resumed   (D) initiated

17.지방직9급(하)/14.소방직9급
11.성균관대/96.경기대/94.연세대학원
군법무관.토플/Teps

00711 ★ The United States is fighting a big drug problem. Many young people <u>are wrapped up in</u> drugs. [00.한성대]

(A) like   (B) are completely involved in

(C) become of   (D) are completely against

11.국가직7급/01.서울여대/00.한성대/Teps

00712 Even though the pace of American orders is now slowing, the company's sales elsewhere continue to <u>rack up</u> double-digit growth rates. [07.국민대]

(A) consume   (B) freeze

(C) gain   (D) pay up

07.국민대

00713 We have drones that record videos, fight fires and even deliver packages. This new drone aims to <u>one-up</u> them all — by transporting a human. [17.숭실대]

(A) downgrade   (B) imitate

(C) outperform   (D) succeed

17.숭실대

00714 ★ My summer travel plans are <u>in the air</u>. [01.기술고시]

(A) undecided   (B) soaring up

(C) finished   (D) well-organized

(E) fantastic

11.경북교행/01.기술고시/01-2.광운대/Teps

00715 ★★ Sarah is not <u>up to</u> the position in her company. [00.101단]

(A) equal to   (B) necessary for

(C) important to   (D) depend on

10.경북교행/04-2.계명대/00.101단
00.사법시험/93.서울시9급.토플/Teps

00716 Would you bring me some <u>up-to-date</u> catalogues? [예상]

(A) current   (B) simultaneous

(C) punctual   (D) perpetual

15.한양대

00717 He was in almost regular possession of <u>up-to-the-minute</u> facts and figures about his rival company. [00.변리사]

(A) interesting   (B) secret

(C) preliminary   (D) latest

(E) reliable

00.변리사/토플

00718 Most insurance agents won't even talk to you because you are under 20. Suppose you eventually find an agent who will get you insurance. Not only does it cost $1,800 per year, but you also have to pay the first premium _____ to activate the insurance. [07.세무직9급]

(A) well off   (B) off balance

(C) back up   (D) up front

07.세무직9급

00710 (B) 우리가 대화를 마무리 지을 때쯤에, 나는 내가 제네바로 가지 않을 것이라는 것을 알았다.
- (A) interrupt 방해하다, 중단시키다
- (B) terminate 끝내다
- (C) resume 다시 시작하다
- (D) initiate 시작하다, 발의하다

00711 (B) 미국은 엄청난 마약문제와 전쟁 중이다. 많은 젊은이들이 마약에 빠져 있다.
- (B) 완전히 빠진 » be involved in ~에 빠지다, 몰두하다
- (D) 완전히 적대적인 » be against 반대하다

00712 (C) 비록 미국으로부터의 주문이 이제 둔화되고 있다 할지라도, 미국 이외의 지역에서의 이 회사의 판매고는 두 자리 수의 성장률을 계속 달성하고 있다.
- (A) consume 소비하다, 소모하다
- (B) freeze 얼게 하다, 동결시키다
- (C) gain 얻다, 회복하다
- (D) pay up 완전히 갚다

00713 (C) 우리는 동영상을 녹화하고, 불을 끄고, 소포를 배달하는 드론들을 가지고 있습니다. 이 새로운 드론은 인간을 수송하는 것으로서 기존의 드론 모두를 한 단계 앞서는 것을 목표로 합니다.
- (A) downgrade (수준을) 낮추다
- (B) imitate 모방하다
- (C) outperform 능가하다
- (D) succeed 성공하다

00714 (A) 내 여름 여행 계획은 미정이다.
- (A) undecided 미결정의
- (B) soar up 급등하다
- (C) finish 끝내다
- (D) well-organized 잘 조직된
- (E) fantastic 환상적인

00715 (A) 사라는 회사에서 그 직책에 적합하지 않다.
- (A) equal to ~에 합당한
- (B) necessary for 없어서는 안 될
- (C) important to 중요한
- (D) depend on ~에 의존하다

00716 (A) 저에게 최근 카탈로그 좀 갖다 주시겠어요?
- (A) current 지금의, 현재의 통용되는
- (B) simultaneous 동시에
- (C) punctual (시간을) 엄수하는
- (D) perpetual 영속적인

00717 (D) 그는 그의 경쟁 회사에 관한 최신의 사실과 수치를 거의 주기적으로 입수했다.
- (A) interesting 흥미로운
- (B) secret 비밀의
- (C) preliminary 예비의
- (D) latest 최근의
- (E) reliable 의존할 수 있는, 믿을만한

00718 (D) 대부분의 보험 모집인은 당신이 20세 이하라면 말조차 하지 않으려 할 것이다. 당신에게 보험을 들어 줄 모집인을 결국에는 찾았다고 가정해 보자. 보험에는 1년 당 1,800달러의 비용이 들 뿐만 아니라, 보험을 활성화시키기 위해서는 첫 납입금을 선불로 납입하여야 한다.
- (A) well off 부유한
- (B) off balance 균형을 잃은
- (C) back up 지지하다
- (D) up front 선불로, 미리

---

wind * up (sth)
1. (~을) 끝내다(=finish up, end up, terminate, stop) 결말을 짓다(=end, conclude); 폐업하다
2. (장소·상황에) 처하게 되다
3. (고의로) ~를 화나게 하다(=annoy), 놀리다(=kid)

wrap * up sth
1. ~을 끝내다, 마치다(=finish), 〈구어〉 (계약 등을) 매듭짓다, (숙제 등을) 다 쓰다
2. ~의 속에 싸이다; ~에 열중하다(=involved in sth); ~에 관계가 있다
3. (물건을) 싸다, 포장하다; (외투 등을) 걸쳐입다
4. (기사 등을) 요약하다

rack * up sth
(많은 이윤을) 축적하다(=accumulate, amass), 달성하다(=achieve); (스포츠팀이) 승수를 쌓다

one-up (on sb)
한 수 앞서다(=outperform)

(up) in the air
계획이 미정으로, 막연하여(=uncertain, undecided)

be up to sb/sth
1. ~에게 달려 있다(=depend on sb/sth, rest with sb); ~에 합당하다(=be equal to sth)
2. ~을 할 수 있다, ~할 능력이 있다(=be able to R)
3. ~에 종사하다, ~을 하다, ~을 계획하다

up to date
최신식으로(의), 현대적으로; (시대 등에) 뒤지지 않고
cf. up-to-date 최신(식)의, 첨단인 ↔ out of date 낡은, 구식의

up-to-the-minute
극히 최근의, 가장 참신한
(=latest, up-to-date, red-hot, contemporary)
= state-of-the-art 최첨단의, 최신식의(=most modern)

up front
1. 미리, 선불로 2. 솔직한 3. 맨 앞줄의

DAY-03

00719 Quite often, the simple life feels out of reach because of all problems and challenges that <u>crop up</u>. [10.국가직9급]

(A) dominate
(B) finish
(C) happen
(D) increase

00720 ★ The biggest European banks may finally have to <u>own up to</u> their losses. [12.성균관대/05.국민대]

(A) pay back
(B) compensate for
(C) cover up
(D) control
(E) admit

00801 She is my mother <u>all over</u>. [94.입법고시]

(A) everywhere
(B) in every respect
(C) finished
(D) doubtfully
(E) finally

00802 We discussed the matter _____ lunch. [사법시험]

(A) with
(B) at
(C) over
(D) for
(E) to

00803 ★ The inventor had to <u>mull over</u> his idea for several days. [97.공인회계사]

(A) scrutinize
(B) consider
(C) remember
(D) organize
(E) devour

00804 ★ Relaxation therapy teaches one not to <u>fret about</u> small problems. [95.경기대]

(A) look for
(B) worry about
(C) get involved in
(D) embarrass

00805 She asked me <u>over and over</u> to bring her a fur coat. [입사]

(A) eventually
(B) earnestly
(C) repeatedly
(D) gradually

00806 Please <u>do</u> the exercise <u>over</u> until it is perfect. [99.경원대]

(A) redecorate
(B) repeat
(C) solve
(D) discount

00807 We'll be working hard over the next ten days to _____ the undecided voters. [입사]

(A) mull over
(B) hold over
(C) win over
(D) turn over

00808 He was <u>over the moon</u> and confessed nearly everything to Sandy. [11.중앙대]

(A) guilty
(B) overjoyed
(C) candid
(D) under depression

00719	(C) 대부분의 갑자기 생기는 온갖 문제들과 도전들 때문에 꽤나 자주 단순한 삶은 이루기 힘든 것으로 느껴진다.

(A) dominate 지배하다   (B) finish 마치다
(C) happen 발생하다   (D) increase 증가하다

crop up
불쑥 나타나다, 생기다(=happen)

00720	(E) 유럽 최대의 은행들은 결국 자신들의 손실을 인정해야 할지도 모른다.

(A) pay back 갚다, 상환하다   (B) compensate for 보상하다
(C) cover up 덮다, 은폐하다   (D) control 통제하다
(E) admit 인정하다

own up (to sth)
(잘못을) 인정하다, 자백하다(=admit, confess)

00801	(B) 그녀는 모든 면에서 내 어머니 같은 사람이다.

all over (sth)
1. (~의) 도처에; 모든 점에서(=in every respect)
2. 완전히 끝나(=finished)

00802	(C) 우리는 점심을 들며 그 문제에 대해 토론했다.

over lunch[dinner]
점심[저녁]을 들며

00803	(B) 그 발명가는 며칠 동안이나 자신의 아이디어를 숙고해야 했다.

(A) scrutinize 정밀하게 조사하다   (B) consider 숙고하다
(D) organize 조직하다   (E) devour 게걸스럽게 먹다

mull over sth
숙고하다(=consider, ponder), 머리를 짜내다
= **pore over** sth 심사숙고하다(=contemplate, ponder over sth);
= **muse about** sth ~을 깊이 생각하다(=meditate on sth)
= **think over** sth 심사숙고하다

00804	(B) 이완요법은 사람들에게 사소한 문제에 대해 걱정하지 말라고 가르친다.

(A) look for 찾다   (B) worry about ~에 대해 걱정하다
(C) get involved in ~에 연루되다   (D) embarrass 당황하게 하다

fret over[about] sth
~에 대해 우려하다, 걱정하다(=worry about sth)

00805	(C) 그녀는 내게 그녀의 모피 옷을 가져다 줄 것을 거듭 요구했다.

(A) eventually 궁극적으로   (B) earnestly 성실하게
(C) repeatedly 반복적으로   (D) gradually 점진적으로

over and over (again)
반복하여, 거듭(=repeatedly)

00806	(B) 완벽해질 때까지 연습을 반복해 주세요.

(A) redecorate 다시 장식하다, 개장하다   (B) repeat 되풀이하다
(C) solve 풀다, 해결하다   (D) discount 할인하다, 무시하다

do (sth) over (again)
(앞에 것이 잘못되어 ~을) 다시 하다, 되풀이하다
(=repeat); 새로 칠하다

00807	(C) 우리는 다음 10일 동안 부동층인 유권자들을 우리 편으로 끌어들이기 위해 총력을 다할 것이다.

(A) mull over 숙고하다   (B) hold over 연기하다
(C) win over 자기편으로 끌어들이다   (D) turn over 넘겨주다, 전복시키다

win over sb
~를 설득하다; 자기편으로 끌어들이다

00808	(B) 그는 너무 기뻐서 샌디에게 거의 모든 것을 털어놓았다.

(A) guilty 유죄의   (B) overjoyed 매우 기쁜
(C) candid 솔직한   (D) under depression 의기소침해 있는

over the moon
아주 기뻐서, 아주 행복하여(=overjoyed)

00809 두 사람의 대화 중 자연스럽지 않은 것은? [12지방직7급]

(A) A: There's something really bothering me.
　　B: Get it off your chest. It'll make you feel better.

(B) A: Oh, you're chewing your fingernails.
　　B: Well, I didn't know that. I'm a little on edge right now.

(C) A: Fill it up with unleaded, please.
　　B: Shall I also check the oil and tires?

(D) A: He's seventy years old, so he's over the hill now.
　　B: I wouldn't go that slow. That's too dangerous.

00901 Something which is beyond the pale is _____. [98.한성대]

(A) very white　　　　　　　　　(B) frightful

(C) over a fence　　　　　　　　(D) socially unacceptable

00902 다음 대화 중 빈 칸에 들어갈 말로 적당한 것은? [10국회속기직 변형]

> A: Do you think you could help me with my Japanese.
> B: _____.

(A) Sure, it's all Greek to me.

(B) Sorry, it's completely beyond me.

(C) No way, I have a gift for it.

(D) Right, I totally agree with you.

(E) Well, it'll be paid off soon.

01001 Above all, I want to learn to swim this summer. [입사]

(A) In addition　　　　　　　　(B) Among other things

(C) At first　　　　　　　　　　(D) To tell the truth

01002 His words are really above my _____. [예상]

(A) head　　　(B) shoulder　　　(C) feet　　　(D) hand

01003* To keep his head _____ financially, he worked as a salesman. [토플]

(A) above water　　　　　　　　(B) in deep water

(C) above par　　　　　　　　　(D) in hot water

00809 (D)

(A) A: 뭔가 나를 신경 쓰이게 하는 것이 있어요. * bother 신경 쓰이게 하다
B: 다 털어 놓으세요. 그럼 한층 기분이 좋아질 겁니다. * get it off one's chest 고민을 털어놓다
(B) A: 오, 너 손톱을 물어뜯고 있네. * chew fingernails 손톱을 물어뜯다
B: 정말, 나도 몰랐네. 내가 지금 다소 신경이 곤두서 있거든. * on edge 신경이 곤두선
(C) A: 무연 휘발유로 가득 채워주세요. * Fill it up. (주유소에서) 가득 채워 주세요.
B: 윤활유와 타이어도 봐드릴까요?
(D) A: 그는 70세이다. 이제 전성기는 지났지. * over the hill 전성기가 지난
B: 나는 그렇게 천천히 가진 않을 거야. 그건 너무 위험해. (X)

over the hill
한물간[퇴물이 된], 전성기가 지난

00901 (D) 무엇인가 "도를 넘었다"는 것은 사회적으로 용납할 수 없다는 것이다.

(A) very white * pale (창백한)의 함정　　　　(B) frightful 무시무시한
(C) cf. jump over a fence 울타리를 넘다 over the fence 불합리한

beyond the pale
일반적으로 용인될 수 없는(=socially unacceptable)

00902 (B)

A: 내 일본어 공부 좀 도와줄 수 있니?
B: 미안, 일본어는 완전히 내 능력 밖이야. * be beyond ~가 할 수 없을 정도이다

(A) 그럼, 그건 전혀 모르겠어. * it's all Greek to me. 전혀 이해할 수 없다
(C) 절대 안 돼, 나는 그것에 재능이 있어. * No way. 절대 안 돼
(D) 좋아, 전적으로 동의해. * I totally agree with you. 전적으로 동의한다.
(E) 음, 곧 받게 될 거야.

be beyond sb
~가 할[이해할/상상할] 수 없을 정도이다

01001 (B) 무엇보다도, 나는 이번 여름에 수영을 배우고 싶다.

(A) In addition 게다가　　　　　　　　(B) Among other things 무엇보다도
(C) At first 처음에는　　　　　　　　　(D) To tell the truth 사실을 말하자면

above all
무엇보다도, 특히(=first of all, among other things)

01002 (A) 그의 말은 정말 무슨 말인지 이해가 안 된다.

above one's head
너무 어려워서 이해할 수 없는(=above the head of sb)

01003● (A) 그는 재정적으로 빚지지 않고 살기 위해, 세일즈맨으로 일했다.

(A) keep one's head above water 빚지지 않고 있다
(B) in deep water 곤궁에 처한
(C) above par 액면가 이상으로
(D) in hot water 곤궁에 처한

keep one's head above water
빚지지 않고 있다

보충이디엄

전치사
up

point up sth 강조하다(=show clearly, underline, emphasize)
flare up (불길이) 확 타오르다; 불끈 성내다
cook up sth 재빨리 요리하다; (이야기 등을) 날조하다, 조작하다
frame up sb 조작하다, 날조하다 **cf. frame-up** 음모
hole up 숨어있다, 잠복하다, 콕 처박혀 있다
size * up sb/sth (사람이나 정세를) 평가하다, 판단하다
patch up sb/sth 싸움 등을 일시적으로 수습하다, 미봉하다

전치사
over

talk over sth **(with** sb**)** (~와) 상담하다; 설득하다
gloss over sth (잘못이나 약점을) 얼버무리다
put over sth (영화·연극 등을) 호평 받게 하다, 성공시키다; (생각 등을) 이해시키다; 뒤로 연기하다
cross over (to/into sth**)** (~으로) 바뀌다

전치사
above

above oneself 분수를 모르는, 자만하는
above board 공명정대한
put sth **above** sth ~을 ~보다 우선시하다, 중시하다

down

down은 up의 대응어로서 힘이나 신분 등이 아래로 내려가는 것(주로 부정적인 의미)을 의미한다. "~아래로, 바닥에, 드러누워, 가치나 신분이 하락하여, 풀이 죽어, 건강이 나빠져, 그리고 완전히 (부정적 강조)"의 의미도 가진다.

under

under는 "~의 바로 아래에"를 뜻하며, over에 대응되는 개념이다. 아래라는 것은 물리적인 위치 외에 수량·나이 등이 미만인 경우나 병·시련 등의 영향을 받는 것도 포함된다.

below/beneath

below는 above와 대응되는 말로 "~보다 아래에"를 뜻하며, 위치나 방향, 수량 등이 아래쪽임을 의미한다. beneath는 on과 대응되는 말로 "바로 아래에 접하여"란 뜻이며, 가치 등이 보다 낮음을 의미한다.

01101 The poet was <u>down and out</u> before he died. [입사]

★

(A) affluent (B) destitute

(C) rich (D) wealthy

96.효성가대/입사

01102 The passive personality of this women in whom I could detect neither freshness nor charm, or anything especially refined, suited me <u>down to the ground</u>. [17.가천대]

(A) completely (B) humbly

(C) originally (D) slightly

17.가천대

01103 Why is he looking so <u>down in the mouth</u>? [예상]

(A) depressed (B) hilarious

(C) well (D) voracious

토플/Teps

01104 It was difficult to <u>pin down</u> what it was that made him seem different from others. [94.군법무관]

(A) conceive (B) define exactly

(C) make known (D) estimate

(E) discern

94.군법무관

01105 Not everyone is horsing around; over by the animation computers, three designers _____ for a long haul. [05.고려대]

(A) glance away (B) lie down

(C) idle away (D) hunker down

05.고려대

01201 I can't come to work today. I'm feeling a little _____. [07.삼육대]

★★★

(A) over the hill (B) off health

(C) under the weather (D) in the clouds

16.중앙대/15.한성대/13.가천대/07.삼육대
00-2.한성대/96.동덕여대/94.효성대
94.경주대/92.용인대/Teps

01202 Tom muttered a few words against the boss <u>under his breath</u>. [06.중앙대]

(A) angrily (B) breathlessly

(C) timidly (D) quietly

06.중앙대/Teps

01203 The buyer is expected to give the salesman something extra <u>under the table</u>. [입사]

(A) in a whisper (B) secretly

(C) confused (D) openly

입사/토플/Teps

01204 An investigation of the complaint is <u>under way</u>. [07.영남대]

★

(A) progressing (B) bothered

(C) delayed (D) stopped

07.영남대/행정고시/토플/Teps

01205 <u>Under no circumstances</u> are you to reveal this fact. [87.행정고시]

(A) Never (B) At any time

(C) Seldom (D) Forever

(E) In any case

87.행정고시

01101 **(B)** 그 시인은 죽기 전에 무일푼이었다.
(A) affluent 풍부한　　(B) destitute 가난한
(C) rich 부유한　　(D) wealthy 부유한

01102 **(A)** 그 신선한 면이나 매력적이라거나 특히 세련됨이라고는 전혀 찾아볼 수 없는 그녀의 수동적인 성격이 내게는 아주 잘 맞았다.
(A) completely 완전히　　(B) humbly 초라하게
(C) originally 원래　　(D) slightly 약간

01103 **(A)** 그가 왜 저렇게 의기소침해 보이니?
(A) depressed 의기소침한　　(B) hilarious 즐거운
(C) well 좋은　　(D) voracious 탐욕스러운

01104 **(B)** 무엇이 그를 다른 사람과 달라 보이게 만드는 것인가를 딱 지적하기란 어려웠다.
(A) conceive 생각하다　　(B) define exactly 정확하게 정의하다
(C) make known 알게 하다　　(D) estimate 평가하다
(E) discern 구별하다

01105 **(D)** 모든 사람들이 야단법석을 떨고 있는 것은 아니다. 건너 쪽 애니메이션 컴퓨터 옆에는 세 명의 디자이너들이 오랜 시간 동안 쪼그려 앉아있다.
* horse around 법석을 떨다 for a long haul 장시간 동안
(A) glance 흘긋 보다　　(B) lie down 잠깐 눕다. 굴복하다
(C) idle away one's time 시간을 헛되이 보내다　(D) hunker down 몸을 구부리다

01201 **(C)** 나는 오늘 일하러 갈 수 없습니다. 몸이 좀 안 좋네요.
(A) over the hill 절정기를 지난. 나이를 먹어
(D) in the clouds 몽상에 잠기어

01202 **(D)** 톰은 사장에게 반대하는 몇 마디 말을 작은 소리로 중얼거렸다.
(B) breathlessly 헐떡이면서. 숨을 죽이고
(C) timidly 소심하게

01203 **(B)** 바이어는 판매원에게 암암리에 무언가 가외의 것을 줄 것으로 예상된다.
(A) in a whisper 낮은 목소리로, 소곤소곤　(B) secretly 비밀리에
(C) confused 당황스러운　　(D) openly 공개적으로

01204 **(A)** 고소에 대한 수사가 진행 중에 있다.
(A) progress 진행되다
(B) bother 괴롭히다. 성가시게하다

01205 **(A)** 무슨 일이 있어도 이 사실을 누설해서는 안 된다.
(A) Never 결코 ~ 않다　　(B) At any time 언제라도, 아무 때나
(C) Seldom 좀처럼 ~않다　　(E) In any case 여하튼

down and out
무일푼인, 가난한(=destitute, impoverished)

down to the ground
아주, 완전히(=completely)

down in the mouth[dumps]
낙담하여, 풀이 죽어(=in low spirits, depressed)

pin * down sb/sth **(to** sth**)**
~을 핀으로 꽂다; (약속이나 결정 등을) 확실히 하게 하다; 규명하다
cf. pin sth **on** sb 〈구어〉 ~에게 ~의 책임을 지우다

hunker down
몸을 구부리다; 잠복하다; 단단히 벼르다; 단호한 태도를 취하다

under the weather
아픈(=ill, sick), 기분이 좋지 않은(=feeling unwell)

under one's breath / below one's breath
작은 목소리로, 소곤소곤(=quietly)

under the table
남몰래, 비밀리에(=secretly), 뇌물로써; 몹시 취해서

under way
진행 중인(=going on, progressing)

under no circumstances
결코 ~이 아닌(=never, anything but, far from ~ing)

01206 | The president ordered his secretary to keep any sensitive documents _____. [98.서울대학원]

(A) behind the bars   (B) under lock and key

(C) on the quiet   (D) beyond all questions

01207 | The electronics company is one <u>under-the-radar</u> example of how the explosion of international trade has spawned a new generation of growth companies in rapidly developing countries. [08.고려대]

(A) obvious   (B) inconspicuous

(C) representative   (D) technical

01208 | Although the charge of espionage could not be proved, the affair put him <u>under a cloud</u> for several months. [11.중앙대]

(A) suspected   (B) perplexed

(C) ill-tempered   (D) impassioned

01301 | Mentioning someone's past is <u>hitting below the belt</u>. [토플]

(A) acting in accordance with public opinion

(B) acting in dishonorable way

(C) acting in a calm and sensible way

(D) acting in an aggressive way

01206 **(B)** 사장은 비서에게 모든 민감한 문서를 자물쇠를 채워두라고 지시하였다.
    (A) behind the bars 감옥에 갇혀 있는
    (C) on the quiet 몰래
    (D) beyond all questions 아주 확실히

under lock and key
자물쇠를 채워

01207 **(B)** 그 전자회사는 빠르게 발전하고 있는 나라에서 국제거래의 팽창이 어떻게 새로운 세대의 성장회사를 낳아왔는지에 대한 잘 알려지지 않은 하나의 예이다.
    (A) obvious 명백한, 분명한   **(B)** inconspicuous 눈에 띠지 않는
    (C) representative 대표하는   **(D)** technical 기술의, 공업의

under-the-radar
눈에 잘 안 띄는(=inconspicuous, unnoticed)

01208 **(A)** 간첩 혐의를 증명할 수 없었지만, 그 사건은 몇 달 동안 그를 의심을 받게 했다.
    (A) suspected 의심을 받는   **(B)** perplexed 어찌할 바를 모르는
    (C) ill-tempered 성격이 나쁜   **(D)** impassioned 감동받은

under a cloud
의혹을 받고 있는(=suspected)

01301 **(B)** 사람의 과거를 들먹이는 것은 비겁한 짓이다.
    (A) 여론을 쫓은 행동이다   **(B)** 비겁한 행동이다
    (C) 침착하고 분별 있는 행동이다   **(D)** 공격적인 행동이다

hit below the belt
반칙행위를 하다(=attack unfairly),
비겁한 짓을 하다(=act in dishonorable way)

보충이디엄

전치사
down

shut down sth 폐쇄하다, 문을 닫다, 휴업하다, (기계를) 멈추다
tone down 어조를 부드럽게 하다, 부드러워지다, 누그러뜨리다
calm down (sb**)** 진정시키다, 진정하다
upside down (아래위가) 거꾸로[뒤집혀]

전치사
under

knuckle under (to) sb/sth ~에 굴복하다, 항복하다(=surrender)
under age 미성년의
under a cloud 의심을 받고 있는(=under suspicion)
be under[below] par 표준 이하이다, 수준에 못 미치다
↔ **be up to par** 표준에 달하다(=be up to the standard)
under construction 공사 중인, 건설 중인
under fire 공격을 받고 있는(=under attack), 비난을 받고 있는
under wraps 비밀로 되어 있는

전치사
below/
beneath

below the average 평균 이하의
below zero 영하
beneath notice[contempt] 주목[경멸]할 가치도 없는
beneath[below] one's dignity 품위를 떨어뜨리는

from

전치사 from은 출발점으로서 "~로부터"를 의미한다.
장소나 시간의 출발점이나 출처, 기원, 유래, 근거, 기준점 등 다양하게 사용된다.

to

전치사 to는 어떤 지점을 향해 가는 것을 의미한다.
그 목표에는 장소, 시간, 사물, 사람이 될 수 있다.

1. (방향) ~로 가는, 향하는; (사람)에게, ~에게는
2. (도착점, 기한, 결과) ~까지
3. ~에 대하여, ~대, ~당

at

at은 구체적으로 장소나 시점, 대상을 콕 찍어 표시하는 전치사이다.
앞에서 학습한 in보다 구체적이고 좁은 시간적, 공간적 범위를 나타낸다.

1. (구체적인 한 지점이나 장소를 나타내어) ~에
2. (특정한 순간이나 시간을 나타내어) ~에
3. (특정한 대상을 가리켜서) ~에게, ~을 겨냥해
4. (어떠한 상태에 처해 있음을 의미) ~에 처한, ~상태인
5. (순위나 빈도를 나타내어) ~에, ~로

cross

across는 "맞은편을 향해 가로질러 이동하는"이 핵심의미이다. 이러한 가로지른다는 중심개념에서 "전체에 걸쳐", "도처에"의 의미와, 시선이 가로질러 상대에게 간다는 것을 암시하는 "~를 마주보는"의 의미로 쓰인다.

cf. cross
　　N. 십자가
　　V. 교차시키다[하다]; 가로지르다, 횡단하다, 가로줄을 긋다; 거스르다
　　A. 시무룩한, 기분이 언짢은, 성난(=indignant)

through

전치사 through는 통과, 관통을 나타내는 전치사이다.
공간적 장소·시간이나 물리적인 관통(~을 통하여, ~을 지나서) 뿐만 아니라 사건이나 고난을 통과한다(~을 돌파하여)는 의미에서 경험의 의미(~을 겪어), be through 형태로 '~을 끝마치다'의 의미로도 쓰인다.

DAY-05

01401 다음 밑줄 친 부분과 같은 의미를 나타내는 표현은? [90행자부7급] 90.행자부7급/Teps

> He lived from hand to mouth.

(A) He lived a poor life.   (B) He lived a mechanical life.

(C) He lived a wealthy life.   (D) He was well off.

01402 She was dressed in green <u>from top to toe</u>. [입사] 입사/Teps

(A) occasionally   (B) partly

(C) completely   (D) expensively

01403 ★★ In comparison with Americans, Europeans eat relatively less processed food; they fix most of their food <u>from scratch</u>. [02.경희대] 11.지방직7급/06.서울시7급/06.고려대 02.경희대/Teps

(A) something nutritious   (B) available around them

(C) using convenience foods   (D) using fresh foods

01404 From the _____, he had no intent to compromise with his competitor. [입사] 입사

(A) earliness   (B) life

(C) commence   (D) outset

01405 ★ The street was <u>far from</u> being tidy at that time. [99.국민대] 15.가천대/09.총신대/99.국민대/Teps

(A) not at all   (B) in the least

(C) not a little   (D) pretty well

[유제] Listening to music is_____ being a rock star. Anyone can listen to music, but it takes talent to become a musician. [18.국가직9급]

(A) on a par with   (B) a far cry from

(C) contingent upon   (D) a prelude to

01406 <u>Apart from</u> that, I see nothing remarkable about the man. [입사] 입사/토플/토익/Teps

(A) Besides   (B) Without

(C) Recognizing   (D) Because of

01407 ★ 다음 빈칸에 들어갈 말을 알맞게 연결한 것을 고르시오. [10.경찰1차] 12.덕성여대/10.경찰1차 06.선관위9급/Teps

> 1) A coffee plant can grow _____ a height of thirty feet.
> 2) I can count _____ my parents to help me in an emergency.
> 3) The accident clearly resulted _____ your carelessness.

(A) on - on - in   (B) to - on - in

(C) to - on - from   (D) on - to - from

01408 ★ The fabric of modern society is not <u>immune from</u> decay. [02.고려대] 02.고려대/01.세종대

(A) alert to   (B) prone to

(C) exempt from   (D) polluted from

01409 ★ She has been _____ from the office for over a week. [04-2.계명대] 07.경원대/04-2.계명대

(A) absent   (B) here

(C) present   (D) presently of

01401 **(A)** 그는 하루 벌어 하루 먹고 살았다.
    (A) 그는 가난한 삶을 살았다.
    (B) 그는 기계적으로 살았다. * mechanical 기계의, 기계적인
    (C) 그는 부유한 삶을 살았다. * wealthy 부유한
    (D) 그는 부유했다. * well off 유복한, 부유한

from hand to mouth
하루 벌어 하루 먹는, 겨우 생계를 유지하는
cf. keep body and soul together 간신히 연명하다

01402 **(C)** 그녀는 온통 녹색의 옷을 입고 있었다.
    (A) occasionally 때때로   (B) partly 부분적으로
    (C) completely 완전히   (D) expensively 비싸게

from top[head] to toe / from head to foot
온통, 완전히(=completely)

01403 **(D)** 미국인들과 비교하여, 유럽인들은 상대적으로 덜 가공된 음식을 먹는데, 왜냐하면 그들은 음식의 대부분을 날 음식으로 조리하기 때문이다. * fix (음식을) 조리하다
    (A) nutritious 영양분이 많은   (B) 그들의 주변에서 구할 수 있는
    (C) convenience food 인스턴트식품   (D) 신선한 음식을 이용해서

from scratch
날 것으로부터(=using fresh foods); 처음부터, 원점에서
cf. scratch the surface of 〈16국가직9급〉
수박 겉핥기식으로 다루다(=superficially deal with)

01404 **(D)** 애초부터 그는 경쟁자와 타협할 의사가 없었다.

from the outset
시작부터, 처음부터

01405 **(A)** 그 당시 그 거리는 깨끗함과는 거리가 멀었다.
    (A) not at all 전혀 ~ 아니다   (B) * not in the least 조금도 ~ 않다
    (C) not a little 적지 않게, 크게   (D) pretty well 대체로, 거의

    (B) 그 음악을 듣는 것은 록스타가 되는 것과는 전혀 다르다. 누구나 음악을 들을 수는 있지만 음악가가 되는 것에는 재능이 필요하다.
    (A) on a par with ~와 동등한   (B) be a far cry from ~과는 전혀 다르다
    (C) contingent upon ~에 달린   (D) a prelude to ~의 서막

far from ~ing
~이기는커녕, 전혀 반대로(=not at all)
= not at all 조금도 ~않는 = not ~ in the least 조금도 ~않는
cf. be a far cry from ~과는 전혀 다르다 〈18국가직9급〉
    far be it from me (to R) 〈구어〉 ~할 생각은 추호도 없다.

01406 **(A)** 그것을 제외하고는 그에게서 눈에 띄는 것은 아무것도 없다.
    * remarkable 주목할 만한, 두드러진

apart[aside] from sb/sth
~을 제외하고, ~은 별개로 하고
(=besides, except for sb/sth)

01407 **(C)**

> 1) 커피나무는 30피트까지 자랄 수 있다. * 전치사 to는 결과로써 "~에 까지"의 의미
> 2) 나는 위급할 때에 부모님께 의지해서 도움을 청할 수 있다. * count on ~에 의지하다
> 3) 그 사고는 명백히 너의 부주의로 인한 것이다. * result from ~에서 기인하다

result from sth
~으로부터 기인하다, 결과로서 생기다
= stem from sth ~에서 기인하다
    유래하다(=originate from, come from sth)
= come from sth ~에서 오다; ~출신이다
= be derived from sth ~에 기원을 두다; ~에서 유래하다
= arise from sth ~에서 기인하다(=originate from sth)
= originate from sth ~에서 기인하다
cf. result in ~으로 끝나다(=end in)

01408 **(C)** 현대사회의 구조는 부패를 면할 수 없다. * fabric 구조, 체제
    (A) alert to 경계하는   (B) prone to ~에 걸리기 쉬운, ~하기 쉬운
    (C) exempt from 면역이 된, 면제된   (D) polluted 오염된, 타락한

immune from sth
~로부터 면역이 된, ~로부터 면제된(=exempt from sth)

01409 **(A)** 그녀는 일주일이 넘도록 회사에 결근하고 있다.
    (C) present 출석한, 지금의, 현재의   (D) presently 현재, 곧

be absent from sth
결석하다, 결근하다

01410 다음 빈 칸에 공통으로 들어갈 가장 적당한 단어는? [예상]

02-2.경기대/Teps

> 1) Kidneys separate waste liquid _____ the blood.
> 2) To summarize an article is to separate _____ which is essential from the supporting material that surrounds it.

(A) to   (B) from   (C) of   (D) as

01411
01412 밑줄 친 곳에 공통으로 들어갈 단어를 고르시오. [99.행자부9급]

99.행자부9급/Teps

> 1) The doctor advised me to refrain _____ smoking.
> 2) He is suffering _____ the heat.
> 3) He must not be able to tell the right _____ the wrong.

(A) with   (B) from   (C) of   (D) without

01501 ★ This regulation should be obeyed <u>to the letter</u>. [98.경찰]

98.경찰/96.경기도9급/Teps

(A) immediately   (B) faithfully

(C) in written form   (D) passionately

01502 ★★ He always speaks _____ the point. [02.101단]

15.가천대/02.101단/02.경희대/97.경찰
94.군법무관/90.서울대학원/Teps

(A) to   (B) for   (C) at   (D) with

01503 I can't figure out this diagram for how to assemble my bicycle. <u>It's all Greek to me</u>. [02.국민대]

02.국민대/Teps

(A) It's incredible to me   (B) It's indispensable to me

(C) It's too inconvenient to me   (D) It's incomprehensible to me

01504 ★ It is <u>next to</u> impossible to do such a thing. [91.행자부9급]

07.강남대/05.단국대/91.행자부9급/Teps

(A) probably   (B) quite

(C) not   (D) almost

(E) anyhow

01505 ★ I owe what I am _____ My father. [00.경찰]

02.행자부9급/00.경찰

(A) from   (B) to   (C) on   (D) in

01506 ★ 다음 두 문장의 빈 칸에 공통으로 들어갈 말로 가장 적절한 것은? [15.경찰3차]

15.경찰3차/14.경찰1차/06.삼육대/토익/Teps

> 1) According _____ the paper, there was an earthquake in Japan.
> 2) I prefer this coat _____ the coat you were wearing yesterday.

(A) by   (B) on   (C) for   (D) to

01507 She was generous <u>to a fault</u>.

토플

(A) slightly   (B) exactly

(C) excessively   (D) wrongly

01508 The conflict is caused by foolish passions which inspire false belief <u>to the effect</u> that one man's success must be another man's failure. [외무고시]

외무고시/토플

(A) as a result   (B) in consequence

(C) at the expense   (D) with the purport

01410 (B)

> 1) 콩팥은 피에서 노폐물을 걸러낸다.
> 2) 기사를 요약한다는 것은 그것을 둘러싸고 있는 보조 자료로부터 가장 중요한 부분을 분리해내는 것이다.

separate (A) from B
A를 B로부터 분리하다, A를 B와 구별하다; 분리되다

01411 (B)
01411

> 1) 의사는 담배를 멀리하라고 나에게 충고했다. * refrain from 삼가다, 멀리하다
> 2) 그는 열병을 앓고 있다. * suffer from ~으로부터 고통 받다, ~을 앓다
> 3) 그는 옳고 그름을 구별하지 못함이 틀림없다. * tell A from B A와 B를 구별하다

refrain from ~ing
~하는 것을 삼가다(=abstain from ~ing)

suffer from sth
(병 등을) 앓다; (좋지 않은 상황이나 경험 등으로부터) 고통받다

01501 (B) 이 규정은 정확하게 준수되어야 한다.
(A) immediately 즉시, 당장 　　　　(B) faithfully 충실히, 정확하게
(C) in written form 문서로 　　　　(D) passionately 열렬히, 격렬하게

to the letter
문자 그대로; 엄밀히, 정확하게
(=exactly, faithfully, to the fullest degree)

01502 (A) 그는 항상 적절하게 말한다.

to the point[purpose]
적절한(=pertinent, proper, relevant); 적절히

01503 (D) 나는 내 자전거를 조립하는 방법에 관해 적은 이 도표를 이해할 수가 없다. 나는 그것이 도무지 무슨 말인지 모르겠다. * figure out 이해하다
(A) incredible 믿어지지 않는 　　　　(B) indispensable 필요 불가결한
(C) inconvenient 불편한 　　　　(D) incomprehensible 이해할 수 없는

It's all Greek to me.
〈회화〉 도무지 알아들을 수 없는 소리다. 전혀 이해할 수 없다. 내겐 금시초문이다.

01504 (D) 그런 일을 하는 것은 거의 불가능하다.

next to sb/sth
1. 거의(=almost, nearly, pretty well), ~에 가까운
2. ~의 옆에
3. ~에 이어, ~의 다음에는

01505 (B) 오늘의 나는 아버지의 덕택이다.

owe A to B
A를 B 덕분으로 여기다
cf. owing to sb/sth
~때문에(=due to, because of, thanks to sb/sth)

01506 (D)

> 1) 그 보고서에 따르면, 일본에 지진이 있었다. * according to ~에 따르면
> 2) 나는 네가 어제 입었던 코트보다 이 코트를 더 좋아한다.
> 　* prefer A to B b보다 a를 더 좋아하다

according to sb/sth
1. (당국이나 어떤 사람의 말)에 의하면, ~에 따르면
2. ~에 따라서

01507 (C) 그녀는 지나치게 관대했다. * generous 관대한, 후한
(A) slightly 약간, 조금 　　　　(B) exactly 정확하게
(C) excessively 지나치게 　　　　(D) wrongly 부정하게

to a fault
지나치게, 극단적으로(=too much, excessively)

01508 (D) 한 사람이 성공하면 다른 사람은 실패해야 한다는 취지의 잘못된 믿음을 불러일으키는 어리석은 욕정이 갈등을 초래한다. * passions 욕정
(A) as a result 결과로서 　　　　(B) in consequence ~의 결과로서
(C) at the expense ~을 희생하여 　　　　(D) with the purport that ~라는 취지로

to the effect that ~
~라는 뜻(취지)으로(=with the purport that ~)

01509 The remark cut him <u>to the quick</u>. [92.외무고시]

(A) deeply   (B) sensationally

(C) quickly   (D) fast

01510 They shouted and made faces at him <u>to their heart's content</u>. [입사]

(A) contemptuously   (B) hastily

(C) contentiously   (D) heartily

01511 This food is not _____ my taste. [87법원직]

(A) of   (B) by   (C) from   (D) to   (E) at

01512 ★ I subscribe _____ Life, Time and the New Yorker. [94입법고시]

(A) of   (B) on   (C) for   (D) with   (E) about

01513 ★ Each year the Army recruits 80,000 new troops, which _____ 16 percent of its 500,000 active-duty soldiers. [06.경희대]

(A) far exceed   (B) lag behind

(C) amount to   (D) make out

01514 A diet that is high in fat can _____ obesity. [예상]

(A) amount to   (B) lead to

(C) result from   (D) arise from

01515 <u>Ten to one</u>, they will not present their reports in time. [입사]

(A) Maybe   (B) Perhaps

(C) Probably   (D) Certainly

01516 His father is too old _____ carry the big box. [강남대]

(A) for   (B) with   (C) without   (D) to

01601 Being busy with my work, I cannot call ____ his house for the time being.

(A) on   (B) at   (C) for   (D) up

01602 ★ War, which seemed certain, was prevented <u>at the eleventh hour</u>. [93.기술고시]

(A) in the late morning   (B) as scheduled

(C) at the last moment   (D) sooner or later

01603 ★★ As strange as it may sound, both John and Anne reached the same conclusion <u>at the same time</u>. [04.명지대]

(A) similarly   (B) simultaneously

(C) systematically   (D) symmetrically

01509 (A) 그 말은 그에게 마음 속 깊이 상처를 주었다.
  (A) deeply 깊숙이
  (B) sensationally 선풍적으로
  (C) quickly 빨리, 서둘러서
  (D) fast 빨리, 급속히

to the quick
절실히, 뼈에 사무치게(=deeply)
cf. cut sb to the quick (말 · 행동으로) ~에게 깊은 상처를 주다
cf. to the core 철저하게, 속속들이(=completely)

01510 (D) 그들은 그에게 실컷 소리치고 얼굴을 찌푸렸다. * make faces 얼굴을 찌푸리다
  (A) contemptuously 경멸적으로
  (B) hastily 성급하게
  (C) contentiously 논쟁적으로
  (D) heartily 진심으로 충분히, 마음껏

to one's heart's content
흡족하게, 실컷(=heartily)

01511 (D) 이 음식은 내 취향에 맞지 않는다.

to one's taste
성미(기질, 취향)에 맞는

01512 (C) 나는 "라이프지"와 "타임지", 그리고 "뉴요커지"를 구독한다.

subscribe to[for] sth
(신문 · 잡지를) 예약 구독하다(=take in sth)

01513 (C) 매년 육군은 8만 명의 군인을 새로 모집하는데, 이는 50만 현역군인의 16%에 달한다.
  (A) far exceed 훨씬 초과하다
  (B) lag behind 뒤처지다
  (C) amount to ~에 달하다
  (D) make out 이해하다

amount to sth
총계가 ~이 되다
(=aggregate, add up to, come up to sth)

01514 (B) 지방이 많은 식단은 비만을 초래할 수 있다. * obesity 비만
  (A) amount to ~에 달하다
  (B) lead to ~을 초래하다
  (C) result from ~이 원인이다
  (D) arise from ~에서 발생하다

lead to sth
~로 이어지다, ~을 야기[초래]하다

01515 (D) 십중팔구, 그들은 제때에 보고서를 제출하지 않을 것이다. * in time 시간 맞춰

ten to one
십중팔구, 거의(=certainly, nine out of ten)

01516 (D) 그의 아버지는 너무 연로하셔서 그 큰 박스를 옮길 수 없다.

too ~ to R
너무나 ~해서 ~할 수 없다
cf. cannot R too ~ 아무리 ~해도 지나치지 않다

01601 (B) 내 일로 바쁘기 때문에 나는 당분간 그의 집을 방문할 수 없다.
  * for the time being 당분간, 한동안

call at sw
(장소를) 방문하다(=visit)
cf. call on sb (사람을) 방문하다

01602 (C) 확실시 되어 보이던 전쟁을 마지막 순간에 막았다.
  (A) 늦은 아침에
  (B) 예정된 대로
  (C) 마지막 순간에
  (D) 곧

at the eleventh hour
마지막 순간에(=at the very last moment)

01603 (B) 이상하게 들릴 수도 있지만, 존과 앤 둘은 동시에 같은 결론을 내렸다.
  (A) similarly 마찬가지로, 비슷하게
  (B) simultaneously 동시에
  (C) systematically 체계적으로, 조직적으로
  (D) symmetrically 균형 잡히게

at the same time
동시에(=simultaneously)
cf. coincide with sth
~와 동시에 일어나다(=occur at the same time)

DAY-05

01604 He had no tact and insulted others <u>at every turn</u>. [토플]

(A) one after another   (B) constantly

(C) without question   (D) alternately

01605 Most people pass through a period of anguish when their belief in humanity <u>is at a low ebb</u>. [98.전남대]

(A) decreases   (B) increases

(C) flows in   (D) multiplies

01606 다음 대화 중 밑줄 친 부분의 의미와 같은 것은? [토플]

> A: Some children in the audience <u>laughed at</u> her.
> B: What happened? Did she suddenly get frightened on the stage?

(A) scoffed at   (B) ran at

(C) kicked at   (D) gazed at

01607 ★★ He was quite <u>at a loss</u> what to do. [입사]

(A) careful   (B) puzzled   (C) sure   (D) surprised

01608 ★★ Officials at the National Institute of Health say that Severe Acute Respiratory Syndrome(SARS) is spreading and all children under five are <u>at stake</u>. [09.지방직9급]

(A) safe   (B) at risk   (C) free   (D) immune

01609 ★★ Finance specialists are <u>at odds over</u> the proposals. [07.대구대/87.행정고시]

(A) at war with   (B) in agreement with

(C) in favor of   (D) in disagreement with

(E) at ease

01610 We were talking <u>about different things</u> but didn't realize it. [00-2.한성대]

(A) at any rate   (B) at a loss

(C) at cross purposes   (D) at every turn

01611 ★ We were _____ sixes and sevens when the local grocery store closed.

(A) out   (B) at   (C) in   (D) about

01612 아래 문장을 영어로 가장 잘 옮긴 것은? [01.경찰]

> "기차는 한 시간에 50마일의 속도로 달렸다."

(A) The train ran at the speed of 50 miles by the hour.

(B) The train ran at the speed of 50 miles an hour.

(C) The train ran by the speed of 50 miles an hour.

(D) The train ran by the speed of 50 miles by the hour.

01613 ★ He succumbed to the inveterate disease <u>at length</u>. [편입 변형]

(A) at least   (B) briefly

(C) at a distance   (D) at last

01604 **(B)** 그는 재치가 없었으며 매번 다른 사람들을 모욕했다.
- (A) one after another 잇달아, 차례로
- (B) constantly 항상
- (C) without question 문제없이
- (D) alternately 번갈아, 교대로

01605 **(A)** 대부분의 사람들은 인간성에 대한 자신들의 믿음이 쇠퇴할 때 고뇌의 기간을 겪게 된다.
* pass through 경험하다 anguish 고뇌
- (A) decrease 줄다, 감소하다
- (B) increase 늘리다, 증가하다
- (C) flow in (주문 따위가) 밀려들다
- (D) multiply 증가시키다

01606 **(A)**

> A: 청중 속의 몇몇 아이들이 그녀를 비웃었어.
> B: 무슨 일이 있었는데? 그녀가 무대 위에서 갑자기 놀라지 않았니?

- (A) scoff at 비웃다
- (B) run at ~에게 달려들다
- (C) kick at 걷어차다
- (D) gaze at 응시하다

01607 **(B)** 그는 어떻게 해야 할 지 몹시 당황했다.
- (B) puzzle 어쩔 줄 모르게 하다

01608 **(B)** 국립보건원의 공무원은 사스(급성호흡기증후군)가 확산되고 있으며 5세 이하의 모든 아동들이 위태롭다고 말한다.
- (A) safe 안전한
- (B) at risk 위험한 상태에 있는
- (C) free 자유로운
- (D) immune 면역성의

01609 **(D)** 재정 전문가들은 그 계획에 동의하지 않는다.
- (A) at war with ~과 교전중인
- (B) in agreement with ~에 동의하는
- (C) in favor of ~을 위하여
- (D) in disagreement with ~에 동의하지 않는
- (E) at ease 편안하게

01610 **(C)** 우리는 서로 딴 얘기를 하고 있었지만 그런 사실을 깨닫지도 못했다.
- (A) at any rate 여하튼
- (B) at a loss 당황하여
- (C) at cross purposes 서로 의도가 어긋나서
- (D) at every turn 항상

01611 **(B)** 지역 잡화점이 문을 닫았을 때 우리는 당황했다.

01612 **(B)**
- (A) by the hour → per hour/an hour
- (C) by the speed of → at the speed of

01613 **(D)** 결국 그는 오래된 지병으로 쓰러졌다.
* succumb to ~에 굴복하다, (병으로) 쓰러지다 an inveterate disease 고질병, 난치병
- (A) at least 적어도
- (B) briefly 간략하게
- (C) at a distance 좀 떨어져서
- (D) at last 마침내

at every turn
아주 자주, 늘(=always, constantly),
예외 없이(=without exception)

at a low ebb
쇠퇴기인(=in a bad or inactive state)

laugh at sb/sth
~을 비웃다(=scoff at)

at a loss
어찌할 바를 몰라, 당황하여(=perplexed, at one's wit's end)
cf. be at a loss what to do 어찌할 바를 모르다

at stake
위태로워(=at risk, in a risky position), 내기에 걸려서

at odds
1. [at odds with sb] ~와 의견이 일치하지 않는
   (=in disagreement with sb), 불화하는
2. [at odds over sth] (의견, 제안 등에) 반대하는

at cross purposes
(서로의) 의도[목적]가 어긋나서, 반대되어

at sixes and sevens
혼란하여(=in great confusion, in a mess)

at the speed of sth
~의 속도로
cf. at a snail's pace 아주 느리게(=very slowly)

at length
1. 마침내(=at last)
2. 오랫동안, 자세히, 상세히
cf. at some length 상당히 길게, 자세하게(=for a long time)

O1614 This volcano has been erupting ___ regular intervals. [입사]

(A) in   (B) by   (C) at   (D) on

입사

O1615 ★★ The enjoyment of life, pleasure, is the natural object of all human efforts. Nature, however, also wants us to help one another to enjoy life. She's equally anxious for the welfare of every member of the species. So she tells us to make quite sure that we don't pursue our own interests _____ other people's. [12.국가직9급]

(A) at the discretion of   (B) at the mercy of

(C) at loose ends of   (D) at the expense of

12.국가직9급/08.성균관대
97.법원직,고려대학원토플

O1616 ★★ The student asked a lot of questions <u>at random</u>. [03.경찰/92.행시]

(A) carefully   (B) all at once

(C) aimlessly   (D) indirectly

08.덕성여대/03.경찰/92.행시/토플/Teps

O1617 ★★ Never before in this century has the nation been so much <u>at the mercy</u> of the weather. [사법시험]

(A) at the sympathy of   (B) at the force of

(C) at the control of   (D) at the punishment of

(E) at the deed of

07.숙명여대/92.서울시9급
98.영남대/사법시험/토플/Teps

O1618 You should keep your country from the enemy <u>at the peril of</u> your life. [토플]

(A) in the interest of   (B) for the sake of

(C) for the purpose of   (D) at the risk of

토플/토익

O1619 I may be away on business next week, but <u>at any rate</u> I'll be back by Friday.

(A) in any case   (B) in case

(C) at random   (D) at length

토익/Teps

O1620 ★ His library was _____. [02-2.경기대/사법시험]

(A) on my disposal   (B) at my disposal

(C) by my disposal   (D) to my disposal

(E) under my disposal

02-2.경기대/사법시험

O1621 The little boy was able to do what he wanted at _____.

(A) fault   (B) stake   (C) length   (D) will

토플

O1701 ★★ The mayor threatened <u>across-the-board</u> spending cuts. [01.대구대]

(A) affluent   (B) overall

(C) secret   (D) meager

09.고려대/이-2.대구대/97.변리사
90.경북대학원/입사/Teps

O1801 ★★ I knew that restaurant was popular, but it didn't <u>cross my mind</u> to make reservations. [04.행자부7급]

(A) come into my thought   (B) waste my time

(C) alter my plan   (D) use my maximum

05.명지대/04.행자부7급/02.경찰
99-2.세종대/Teps

01614 (C) 이 화산은 일정한 간격을 두고 분출해왔다.

at intervals
때때로, 이따금, 간격을 두고

01615 (D) 인생의 즐거움, 즉 기쁨은 인간의 모든 노력의 자연스런 목표이다. 하지만, 자연 또한 우리로 하여금 다른 사람들이 인생을 즐길 수 있게 도와주기를 원한다. 자연은 모든 종들의 행복을 똑같이 열망한다. 그래서 자연은 우리가 다른 사람들의 이익을 희생하면서 우리의 이익을 추구해서는 안 된다고 우리에게 말한다.
(A) at the discretion of ～의 재량대로
(B) at the mercy of ～의 처분대로
(C) at loose ends 계획 없이

at the expense[cost] of sb/sth
～을 희생하여, ～의 대가를 치르고
cf. **at all costs / at any cost / at any price**
어떤 희생을 감수해서라도, 어떻게 해서든
(=whatever it may cost)

01616 (C) 그 학생은 여러 가지 많은 질문들을 닥치는 대로 해댔다.
(A) carefully 주의 깊게 (B) all at once 일제히
(C) aimlessly 목적 없이 (D) indirectly 간접적으로

at random
닥치는 대로, 마구잡이로, 무작위로
(=aimlessly, without a plan)

01617 (C) 금세기 들어 그 나라가 날씨에 그토록 좌우됐던 적이 없었다.

at the mercy of
～에 좌우되는(=under[at] the control of sb/sth)

01618 (D) 당신은 목숨을 거는 위험을 무릅쓰고 적으로부터 조국을 지켜야한다.

at the risk[hazard, peril] of
～의 위험을 무릅쓰고, ～을 걸고
cf. **at risk** 위험이 있는, 위험에 처한(=precarious)

01619 (A) 다음 주에는 출장을 갈지 모르겠습니다. 그러나 어쨌든 금요일까지는 돌아올 것입니다.
(A) in any case 어쨌든 (B) in case ～인 경우에는
(C) at random 닥치는 대로 (D) at length 마침내

at any rate
어찌 되었건, 아무튼, 하여간(=in any case, in any event, anyhow, anyway); 적어도

01620 (B) 그의 서재를 내 맘대로 쓸 수 있었다.

at one's disposal
마음대로 할 수 있는

01621 (D) 그 작은 아이는 원하는 것이면 무엇이든 마음대로 할 수 있었다.

at will
뜻대로, 임의로(=at one's pleasure)

01701 (B) 시장은 전면적인 예산삭감을 하겠노라고 으름장을 놓았다.
(A) affluent 풍부한 (B) overall 전반적인
(C) secret 비밀의, 은밀한 (D) meager 빈약한, 불충분한

across-the-board / across the board
a. 전면적인(=overall), 전체에 미치는(=collective)
ad. 포괄적으로; 전반적으로
= **all-out** 전면적인(=overall), 전체적인, 철저한 〈05-2한성대〉
= **overall** 전체적인, 전부의, 포괄적인

01801 (A) 나는 그 레스토랑이 인기가 있다는 것은 알고 있었지만 예약한다는 것은 미처 생각하지 못했다.
(A) come into one's thought 생각이 떠오르다
(B) 시간을 낭비하다
(C) 계획을 변경하다

cross one's mind
(문득) 생각이 떠오르다
(=occur to sb, come into one's thought)

01802 There are still <u>t's to be crossed and i's to be dotted</u>. [서울시7급]

(A) 건너야 할 강이 많다

(B) 어려움이 산적해 있다.

(C) 해야 할 일이 많이 남아 있다.

(D) 잘못된 곳이 많다.

01803 What is a <u>zebra crossing</u>? [02세무사]

(A) a place where a railway crosses a road

(B) black and white stripes on the road where people may cross

(C) a very angry zebra

(D) an animal, half horse, half zebra

(E) a place where zebra cross

01901 "우리 둘은 서로 잘 통한다."를 영어로 표현한 것 중 가장 어색한 것은? [08.국가직7급]

(A) We are talking the same language.

(B) We are on the identical wavelength.

(C) We seem to be in sync with each other.

(D) We are completely through with each other.

01902* While at first glance it seems that his friends are just leeches, they prove to be the ones he can depend on <u>through thick and thin</u>. [18.국가직9급]

(A) in no time

(B) from time to time

(C) in pleasant times

(D) in good times and bad times

01802 (C) 여전히 해야 할 일이 많이 남아 있다.

t's to be crossed and i's to be dotted
해야 할 일이 많이 남은
cf. dot the i's and cross the t's (on sth)
    (일 등을) 꼼꼼히 살피다

01803 (B) zebra crossing은 무엇인가?
(A) 철로가 길을 가로지르는 장소, 건널목
(B) 사람이 건널 수 있는 검정과 흰색의 줄이 입혀진 길. 횡단보도
(C) 매우 화난 얼룩말
(D) 반은 말이고 반은 얼룩말인 동물 cf. zedonk 얼룩말과 암나귀의 교배종

zebra crossing
〈영〉 (길 위에 흰색 사선을 칠한) 횡단보도
(=crosswalk, pedestrian crossing)

01901 (D)
(A) 우리는 같은 언어로 말을 하는 중이다. → 우리는 말이 잘 통한다.
(B) 우리는 같은 사고방식을 가지고 있다.
    * identical 동일한 wavelength 파장, 〈구어〉 사고방식
(C) 우리는 서로 생각이 같아 보인다.
    * in sync 〈구어〉 생각이 같은. 같은 의견의(sync는 synchronization의 축약형)
(D) 우리는 서로 완전히 헤어졌다. * be through with ~와 헤어지다

be through (with sb/sth)
1. (~와 관계를) 끝내다, 헤어지다
2. (일 등을) 마치다

01902* (D) 언뜻 보기에는 그의 친구들이 그냥 거머리 같은 사람들처럼 보이지만, 그들은 그가 기쁠 때나 슬플 때나 의지할 수 있는 사람들임이 밝혀진다. * leech 거머리 (같은 사람)
(A) in no time 곧. 당장에
(B) from time to time 때때로
(C) in pleasant times 유쾌한 시간에
(D) in good times and bad times 좋을 때나 안 좋을 때나

through thick and thin
좋을 때나 안 좋을 때나

보충이디엄

전치사 from

from now on 지금부터, 향후
from time to time 때때로, 이따금씩(=frequently)
far from it 전혀 (그렇지 않다)
absence from work 결근
from top to bottom 샅샅이, 구석구석
die from ~으로 죽다

전치사 to

from the cradle to the grave 〈구호〉 요람에서 무덤까지, 일생동안
= from the womb to the tomb
to date 지금까지
to and fro 이리저리(=back and forth), 왔다갔다
to the tune of + 금액 거금, 무려 ~에 달하는
refer to [sb/sth] ~대해 언급하다

전치사 at

at the end of ~의 끝 무렵에
at dusk 해질 무렵에(=at twilight)
all at once 갑자기(=on a sudden)
at once 즉시, 당장
at last 마침내
at leisure 한가하게
ill at ease 불편해 하는

전치사 across cf. cross

across the way 반대쪽의, 길 건너편에
across-the-table (정면으로) 마주앉아 하는, 대면하는
cross the line (넘지 말아야 할) 선을 넘다, 도를 지나치다
cross the Styx / cross the river (of death) 죽다
cross[pass] the Rubicon 단호한 조처를 취하다, 중대 결의를 하다
cross a check 수표에 횡선을 긋다

전치사 through

through and through 모조리, 속속들이, 철저히(=thoroughly)
through good and evil report 평판[소문]이 좋든 나쁘든
see through [sb/sth] 꿰뚫어 보다, 간파하다
cf. see-through, see-thru 비치는 옷, 씨쓰루
drive-through 차에 탄 채로 이용할 수 있는 식당·은행
scrape through [sth] (시험 등에) 간신히 통과하다(=barely pass)
skim through 대강 훑어보다

by

by는 바로 옆에 있다는 것을 의미한다.
바로 옆에 있거나 둔다는 점에서 수단·경로·단위를 가리키고 수동태에서 동작의 주체를 나타낸다.

1. (가까운 장소) ~의 바로 옆에; (경로) ~을 통해서
2. (수단) ~에 의하여, ~으로; (척도·표준) ~에 의거하여, ~에 따라
3. (정도·비율) ~만큼, ~정도까지, ~하게, ~씩

around/round

around는 "주변을 빙 도는"이 핵심 의미이다.
(후술하는 about과 의미적으로 거의 유사하고 영국에서는 about을 주로 쓴다.)

cf. round

전치사와 부사 모두 〈미〉에서는 대부분의 경우 round보다 around를 많이 쓰고 〈영〉에서는 round와
around를 구별하기도 하나 최근에는 구분 없이 쓰는 경향이 강하다.

about

about은 자기를 포함한 주변을 의미한다. (의미적으로 around 와 거의 비슷하고 영국에서 주로 사용됨)
여기에서 "~에 대하여, 약"이란 의미로 확대된다. 또한 to부정사와 함께 "지금 막 ~하려 하는"의 의미
도 가진다.

beside

beside는 "~의 곁에, ~과 나란히, ~과 떨어져서"의 의미를 갖는 전치사이다.

between

between은 시간, 장소, 주체가 둘이 있는 경우 '둘 사이에'를 뜻한다. 셋 이상 사이에서는 among을 쓴
다. (3자 이상의 경우에도 그 사이에서의 양자 상호간의 관계를 나타낼 때에는 between을 씀)

with

전치사 with는 하나와 다른 것이 합해져서 함께하는 것을 의미한다. 사람이 함께 하는 경우는 "~와 함
께, ~와 같이, ~을 데리고", 도구인 경우 "~을 사용하여"의 의미로 쓰인다.
또한 부대 상황[with+목적어+형용사/분사/전치사구]을 이끌어 "~하여, ~한 채로" 뜻으로 사용되며
"with+추상명사" 형태로 부사로 쓰이기도 한다.

without

without은 with와 뜻이 반대되는 말로서 그 의미는 "~없이, ~을 가지지 않고, ~하지 않은 채"이다.

together

부사 together는 "같이, 함께; 힘을 합쳐; 종합해서"의 의미이다.

along

along은 선 위를 따라가거나 앞선 것을 그대로 따라간다는 의미이다. 사람을 따라간다는 것은 함께 간
다는 의미로 "~와 함께"의 의미이며 과정·일정을 따르거나(~을 따라서), 인생을 살아간다는 의미로도
쓰인다.

02001 My sister said that she would do her homework <u>by and by</u>. [입사]

(A) eventually (B) at last

(C) in earnest (D) after a while

입사/토플/Teps

02002 Archaeologists think that Native Americans originally reached the North American Continent <u>via</u> the Bering Strait. [입사]

(A) off (B) by way of

(C) near (D) in line with

입사/토플

02003 He will <u>abide by</u> his promise if he gives it. [03.여자경찰]
★

(A) allow for (B) revenge on

(C) renew (D) stick to

15.서울시7급/03.여자경찰

02004 다음 문장을 바르게 해석한 것은? [02-2단국대]
★

He does everything by the book.

(A) 그는 독서광이다. (B) 그는 비범한 사람이다.

(C) 그는 솔선수범하는 사람이다. (D) 그는 고지식한 사람이다.

16.한성대/07.고려대/02-2단국대/Teps

02005 Man is _____ a political animal. [기술고시]

(A) by the nature (B) by nature

(C) in the nature (D) from the nature

기술고시/Teps

02006 Once an offending allergen has been identified _____ tests, it is possible for the doctors to give specific desensitizing injections. [02-2.경기대]

(A) by means (B) means of

(C) of the means by (D) by means of

02-2.경기대/토익/Teps

02007 밑줄 친 숙어와 뜻이 다른 것은? [00.법원직]
★★

He is <u>by no means</u> happy.

(A) anything but (B) far from

(C) never (D) by and large

14.가천대/13.경희대/01.건국대
00.법원직/99.홍익대/98.건국대/Teps

02008 He knew the records of major league teams _____. [국회사무처]

(A) by turns (B) by far

(C) by choice (D) by heart

(E) by mistake

국회사무처/Teps

02009 I caught the train <u>by the skin of my teeth</u>. [02.경찰/85.외시]
★

(A) by some accident (B) by breaking the skin

(C) by virtue of money (D) by dint of drudgery

(E) with the narrowest margin of safety

02.경찰/85.외시/토플/Teps

02001 (D) 내 여동생은 잠시 후에 숙제를 할 것이라고 말했다.
(A) eventually 결국, 마침내　　　　　(B) at last 마침내
(C) in earnest 진실하게, 본격적으로　　(D) after a while 잠시 후

by and by
곧(=soon), 머지않아(=before long),
잠시 후에(=after a while, after a short time)
cf. by-and-by 미래, 장래(=future)

02002 (B) 고고학자들은 아메리카 원주민들이 원래는 베링해협을 경유하여 북미대륙에 도착했다
고 생각한다. * via ~을 경유하여

by way of sth
~을 경유해서(=via); ~을 위해서(목적)
cf. by the way 1. 그런데, 말이 난 김에 2. 도중에

02003 (D) 그는 그가 한 약속은 지킬 것이다.
(A) allow for ~을 고려하다　　　(B) revenge on 복수하다
(C) renew 갱신하다　　　　　　　(D) stick to 고수하다

abide by sth (약속 따위를) 지키다,
고수하다(=stick to sth); (결정 등에) 따르다
= **stick to** sth 〈'97지방고시〉
~에 들러붙다; (주장 등을) 고수하다(=stick by sth);
= **stick to one's guns**
주장을 고수하다(=hold fast to one's own opinion, stand firm)

02004 (D)

> 그는 모든 것을 원칙대로만 한다.

by the book
규칙대로(=by rule); 일정한 형식대로, 정식으로
cf. by the numbers 구령에 맞추어; 보조를 맞추어; 규칙적으로
cf. one for the books 굉장한 일, 특이한 사건

02005 (B) 사람은 본래 정치적인 동물이다.
* nature가 "성질, 천성"의 의미로 쓰일 때는 정관사 the를 수반하지 않는다.

by nature
선천적으로, 천성적으로, 본래(=innately, naturally)

02006 (D) 일단 검사에 의해 불쾌한 알레르기 유발 물질이 확인되고 나면, 의사들은 알레르기를
없애는 주사를 놓을 수 있게 된다.

by means of sth
~에 의하여
= **by dint of** sth ~에 의해서(=by means of sth)

02007 (D) 그는 결코 행복하지 않다.
(A) anything but 결코 ~이 아니다　(B) far from 결코 ~하지 않다
(C) never 결코 ~이 아니다　　　　(D) by and large 일반적으로

by no (manner of) means
결코 ~가아닌(=never, anything but, not at all, far from sth)
cf. by all means / by all manner of means
꼭, 무슨 수단을 쓰더라도
= **by hook or by crook** 어떻게 해서라도
cf. by any (manner of) means 〈부정문〉 아무리 해도
cf. by means of sth ~에 의하여, ~을 써서

02008 (D) 그는 메이저리그 팀들의 기록을 외워서 알고 있다.
(A) by turns 교대로　　　　　　　(B) by far 훨씬, 단연 분명히
(C) by choice 특히 좋아서, 자발적으로　(D) by heart 암기하여
(E) by mistake 실수로

by heart
외워서, 암기하여
cf. know sth **by heart / learn** sth **by heart** 암기하다

02009 (E) 나는 아슬아슬하게 기차를 탔다.
(A) by accident 우연히
(C) by virtue of ~에 덕택으로
(D) by dint of ~의 힘으로, ~에 의해서 * drudgery 고된 일, 고역

by the skin of one's teeth
가까스로, 간신히(=with the narrowest margin of safety)
= **by a narrow margin** 근소한 차로, 간신히
= **by a nose** 적은 차이로, 간신히
= **by a hair / by a hairbreadth** 가까스로, 아슬아슬하게
= **by a close [narrow, near] shave** 간신히, 아슬아슬하게

02010 <u>By and large</u>, war slows cultural development. [90법원직]
★

(A) In general   (B) Gradually

(C) As soon as   (D) Perhaps

(E) In detail

00.사법시험/98.경찰/90법원직/토플/Teps

02011 The total number of species on the planet appears to be growing <u>by leaps and bounds</u>. [11.동국대]
★★

(A) quickly and greatly   (B) at snail's pace

(C) irregularly   (D) all at once

11.국가직7급/11.동국대/08.경원대
00.사법시험/98.경찰/90법원직

02012 This rule is <u>leaps and bounds</u> better than what we have now. [13.숭실대]

(A) almost   (B) by far

(C) superficially   (D) unexpectedly

13.숭실대

02013 밑줄 친 부분에 들어가기에 알맞지 않은 것은? [85.법원직]

> If you study regularly each day, _____ your vocabulary of English words will increase.

(A) slowly   (B) by degrees

(C) little by little   (D) gradually

(E) as usual

85법원직/Teps

02014 Never do things <u>by halves</u>.

(A) very rapidly   (B) gradually

(C) perfectly   (D) imperfectly

입사/토플/Teps

02101 다음 두 문장의 빈 칸에 공통으로 들어갈 단어로 알맞은 것은? [10.경북교행]

> 1) Christmas is just _____ the corner.
> 2) Many convenience stores are open _____ the clock.

(A) apart   (B) about   (C) above   (D) aside   (E) around

10.경북교행

02102 빈칸에 들어갈 적절한 표현을 고르시오. [01.변리사]

> A: Why do you hate him?
> B: I'm sick of his bossing us _____ like that. Who does he think he is?

(A) around   (B) against   (C) with   (D) in   (E) up

01.변리사/Teps

02103 I never saw John _____; he always spent time on something valuable. [98.인하대학원]

(A) carry on   (B) make up

(C) get along   (D) fool around

98.인하대학원

02104 Students who have lots of time like to <u>tool around</u> town on bike or in cars. [00-2.고려대]

(A) make a plan to travel around town

(B) take a ride in or on a vehicle

(C) terrorize a place in a vehicle

(D) play with hammers, screwdrivers, and other tools

00-2.고려대

02010 (A) 일반적으로, 전쟁은 문화의 발달을 더디게 한다.
(A) in general 일반적으로　　　　(B) gradually 차츰(서서히)
(C) as soon as ~하자마자　　　　(E) in detail 상세히

by and large
전반적으로, 대체로(=in general, generally, on the whole)

02011 (A) 그 행성에 사는 종의 총수는 급속하게 증가하는 것 같다.
(A) 빠르고 대단히　　　　(B) at snail's pace 달팽이 같은 속도로, 느릿느릿
(C) irregularly 불규칙하게　　　　(D) all at once 갑자기

by leaps and bounds
급속하게(=very rapidly, at a great speed)
cf. leaps and bounds 〈13.숭실대〉
상당히(=by far)

02012 (B) 이 규칙은 우리가 지금 가지고 있는 것보다 훨씬 좋아진 것이다.
(A) almost 거의　　　　(B) by far 훨씬
(C) superficially 피상적으로　　　　(D) unexpectedly 뜻밖에

by far
훨씬, 단연코(=leaps and bounds)

02013 (E) 만일 당신이 매일 규칙적으로 공부를 한다면, 점차적으로 당신의 영어 어휘력은 증가할 것이다.
(A) slowly 서서히　　　　(B) by degrees 점차적으로
(C) little by little 점차적으로　　　　(D) gradually 차츰(서서히)
(E) as usual 일상적으로

by degrees
점차로, 차차(=gradually, little by little)

02014 (D) 어중간하게 하려면 아예 하지를 마라.
(A) very rapidly 급속하게　　　　(B) gradually 점진적으로
(C) perfectly 완벽하게　　　　(D) imperfectly 불완전하게

by halves
불완전하게(=imperfectly, incompletely)

02101 (E)

1) 크리스마스가 목전에 와 있다. * around the corner 목전에 와 있는
2) 많은 편의점들은 24시간 내내 영업을 한다. * around the clock 24시간 내내

(just) around[round] the corner
목전에 와 있는, 아주 가까운

02102 (A)

A: 너는 그를 왜 미워하니?
B: 나는 그가 그런 식으로 우리를 이래라저래라 하는 것에 질렸어. 자기가 뭐라도 되는 줄 아는 모양이지 * boss around 이래라저래라 하다

boss sb around[about]
이것저것을 시키다, 이래라저래라 하다

02103 (D) 나는 존이 빈둥거리며 시간을 낭비하는 것은 결코 본 적이 없다. 그는 항상 뭔가 가치 있는 것에 시간을 쓴다.
(A) carry on 계속하다　　　　(B) make up 구성하다, 꾸며내다
(E) get along 잘 지내다　　　　(D) fool around 빈둥거리다

fool around[about]
빈둥거리며 세월을 보내다; 바람피우다
(=play around, run around)

02104 (B) 시간이 많은 학생들은 오토바이나 차를 타고 읍내 여기저기를 돌아다니기를 좋아한다.
(A) 시내 여기저기를 여행할 계획을 세우다
(B) 탈 것을 타다 * take a ride 타다
(C) 차량으로 어떤 장소를 공포에 몰아넣다 * terrorize 위협하다
(D) 망치나 드라이버 등 다른 도구들을 가지고 놀다

tool around[along]
(재미로) 차로 돌아다니다, 여기저기를 드라이브하다
(=take a ride in or on a vehicle)
cf. joyride 폭주 드라이브; 분방한 행동

DAY-06

02105 밑줄에 들어갈 적절한 표현을 고르시오. [07.광운대]

15.기상직9급/07.광운대/Teps

> A: I think we're lost!
> B: Yes, I think so. I'm pretty sure we've been walking around in _____.
> A: Let's ask someone for _____.

(A) circles - directions   (B) this area - bikes

(C) threes - a bus ticket   (D) twos and threes - good

02201 ★★ The _____ may not be everybody's ideal way to live. [07.세종대]

10.경북교행/07.세종대/02.입법고시
99-2.한성대/96.대진대

(A) around-the-table society   (B) round-the-day society

(C) around-the-hour society   (D) round-the-clock society

02202 The Earth is <u>round about</u> 4.6 billion years old.

토플

(A) below par   (B) on a par with

(C) roughly   (D) accurately

02203 How much will the new highway cost, <u>in round numbers</u>?

토플

(A) in total   (B) in the aggregate

(C) exactly   (D) approximately

02204 빈 칸에 공통으로 들어갈 가잘 적절한 표현은? [16.광운대]

16.광운대

> 1) That hat is not cheap. It's $100 in _____ figures.
> 2) The girl didn't crack up. It was the other way _____. Her mother cracked up!

(A) odd   (B) concern   (C) round   (D) block   (E) above

02205 He needs one or two more stamps to <u>round out</u> his collection of post-war stamps. [법원행시]

법원행시

(A) complete   (B) show   (C) submit   (D) read   (E) start

02206 He decided to <u>round off</u> his trip to Europe with a brief visit to Alexandria and North Africa. [사법시험]

09.동국대/사법시험/Teps

(A) cancel   (B) prompt   (C) circulate   (D) plan   (E) terminate

---

02207 ★★ The boys helped him to <u>round up</u> the cattle. [95.서울시9급]

16.한국외대/95.경기7급/95.서울시9급
95.경북대학원/91.고려대학원/토플

(A) play   (B) surround   (C) train   (D) gather

02301 ★ One woman, <u>about to board</u>, turned to him and said, "You certainly are a gentleman. Chivalry is not dead!" [00.경찰/88.법원직]

00.경찰/88.법원직/Teps

(A) on the point of boarding   (B) on the point of board

(C) on the point to board   (D) on the point to boarding

02302 다음 빈 칸에 적절한 것은? [예상]

Teps

> 1) They are absolutely mad _____ each other.
> 2) He was mad _____ me for being late.

(A) at - about   (B) about - at

(C) to - with   (D) with - to

02105 (A)

A: 우리가 길을 잃은 것 같아!
B: 맞아, 내 생각도 그래! 우린 같은 곳을 계속 빙빙 돌고 있는 게 분명해.
A: 누군가에게 길을 물어보자.

(D) in twos and threes (한 번에) 두세 개씩, 조금씩

walk[run, go] around in circles
원 안[같은 곳]을 빙빙 돌다; 개미 쳇바퀴 돌 듯하다,
헛수고하다; 같은 일을 몇 번이나 계속 생각하다

02201 (D) 24시간 쉬지 않는 사회는 모든 사람의 이상적인 삶의 방식이 아닐 수도 있다.
(D) round-the-clock 24시간 무휴의

round[around] the clock
24시간 내내(=day and night, twenty-four hours a day)
cf. like clockwork 규칙적으로(=very regularly), 정확히, 순조롭게
cf. twenty-four season 언제나, 항상(=around the clock)

02202 (C) 지구의 나이는 대략 46억 살이다.
(A) below par 수준 이하인　　　　　(B) on a par with ~와 동등한
(C) roughly 대략　　　　　　　　　(D) accurately 정확히

round about
1. 둘레에, 주변에, 사방팔방에
2. 대략(=roughly)
cf. in a roundabout way 간접적으로, 완곡하게, 둘러서

02203 (D) 대략적으로, 새 고속도로 비용이 얼마나 들겠습니까?
(A) in total 전부, 합계　　　　　　(B) in the aggregate 총계로, 전체적으로
(C) exactly 정확하게　　　　　　　(D) approximately 대략

in round numbers[figure]
어림으로, 대략(=roughly, approximately)

02204 (C)

1) 저 모자는 싸지 않아. 그건 대략 100달러야. * in round figures 대략, 어림셈으로
2) 그 여자아이가 마구 웃은 건 아니에요. 반대로 그 아이 엄마가 마구 웃었어요.
　* the other way round 반대로, 거꾸로　* crack up 마구 웃기 시작하다

the other way round
반대로, 거꾸로

02205 (A) 그는 전후(戰後)우표 수집을 마무리하기 위해서 한두 장의 우표가 더 필요하다.

round out sth
~을 완성하다, 마무리하다(=complete, finish)

02206 (E) 그는 알렉산드리아와 북아프리카를 잠시 방문하는 것으로 그의 유럽여행을 마무리하기로 결정했다.
(A) cancel 취소하다　　　　　　　(B) prompt 자극하다
(C) circulate 순환하다, 돌다　　　　(D) plan 계획하다
(E) terminate 끝내다

round off sth
모난 것을 둥글게 하다;
(솜씨 있게) 마무리하다(=terminate); 사사오입하다

02207 (D) 소년은 그가 가축을 모으는 것을 도왔다.

round up sb/sth
1. (사람이나 가축을) 끌어 모으다(=gather, assemble)
2. (범죄자 일당을) 검거하다, 체포하다(=arrest, apprehend)
3. 반올림하다(↔ round down sth)
cf. roundup / round-up 범인일당의 검거; 뉴스 등의 총괄; 가축을 끌어 모으기

02301 (A) 한 여자가 막 배에 올라타려는 순간에 그에게 돌아보며 말했다. "당신은 정말로 신사이군요. 기사도 정신은 죽지 않았네요."
　* board 탈것에 올라타다, 승선하다 / chivalry 기사도(정신)

be about to R
막 ~하려 하는 순간이다(=be on the point of sth / ing)

02302 (B)

1) 그들은 서로에게 홀딱 빠져있다. * mad about ~에 혹해 있는
2) 그는 내가 늦은 것에 화가 단단히 났다. * mad at ~에 대해 화가 난

be crazy[mad] about sb/sth
~에 미치다, ~에 홀딱 빠지다
cf. mad at ~에게 몹시 화가 나서

02401 Her comments seemed to be <u>beside the point</u>. [세종대]

(A) irrespectable　　　　　　　(B) irrelevant

(C) irresponsible　　　　　　　(D) illogical

세종대/91연세대학원

02501 "There's stuff in that young man," said the old man <u>between his teeth</u>, shaking his head appreciatively. [95입법고시]

(A) breathlessly　　　　　　　(B) excitedly

(C) biting his lips　　　　　　　(D) in a low voice

(E) with an angry facial gesture

95입법고시

02502 If ups and downs in his life seem <u>few and far between</u>, then he is a lucky person. [99.경원대]

(A) eventful　　　(B) general　　　(C) common　　　(D) rare

04입법고시/99.경원대/Teps

02601 ＿＿＿ all his faults he is loved by all. [98.여자경찰]

(A) With　　　(B) By　　　(C) At　　　(D) In

98.경찰/96.서울시7급

02602 Winter has set in <u>with a vengeance</u> this week. So we're looking for comfort foods to stop us feeling gloomy. [06.성균관대]

(A) by and large　　　　　　　(B) in an unexpected way

(C) on and off　　　　　　　　(D) in the fullest sense

(E) at high speed

06.성균관대

02603 He came to inspect the house ＿＿＿＿＿＿ buying it. [군법무관]

(A) with reference to　　　　　(B) in the event of

(C) on account of　　　　　　　(D) with a view to

홍익대학원/군법무관

02604 The O'briens greeted us <u>with open arms</u>. [경북대학원]

(A) sadly　　　　　　　　　　(B) cordially

(C) at a distance　　　　　　　(D) sternly

경북대학원

02605 Every member of this organization is expected to <u>comply with</u> its regulations. [01가톨릭대]

(A) be indifferent to　　　　　(B) be on the opposite side of

(C) depend on　　　　　　　　(D) act in harmony with

01가톨릭대/94기술고시
91연세대학원/Teps

02606 아래 문장들의 공통으로 들어갈 수 있는 것은? [99법원직]

> 1) This building exactly corresponds ＿＿＿ my needs.
> 2) He has gone steady ＿＿＿ Mary since he was twenty.
> 3) She hated having to share the room ＿＿＿ a stranger.

(A) to　　　　　(B) for　　　　　(C) of　　　　　(D) with

99법원직

02607 다음 대화의 빈칸에 들어갈 적당한 말은? [예상]

> A: Sam is ＿＿＿＿＿ steady with Amy, right?
> B: What? That was eons ago.
> A: Really? They break up?

(A) going　　　　　(B) coming　　　　　(C) playing　　　　　(D) holding

99법원직

| 0240l | (B) 그녀의 논평은 논점을 벗어난 것 같았다. |

(A) irrespectable 존경할 수 없는   (B) irrelevant 부적절한
(C) irresponsible 무책임한   (D) illogical 비논리적인

beside the point[mark]
핵심 · 논점을 벗어난
(=wide of the mark, not pertinent, irrelevant)
cf. wide of the mark 빗나간

| 0250l | (D) 노인은 감상적으로 자신의 고개를 저으면서 "그 젊은이에게는 자질이 있어."라고 조용히 말했다. * stuff 소질, 재능 |

(A) breathlessly 숨을 죽이고   (B) excitedly 흥분하여
(C) bite his lips 노여움을 꾹 참다   (D) in a low voice 낮은 목소리로
(E) with an angry facial gesture 화난 표정으로

between one's teeth
목소리를 죽이고, 나지막한 목소리로(=in a low voice)
cf. get[take] the bit between one's teeth
사태 등에 감연히 대처하다

| 0250l | (D) 그의 인생에 있어서 기복은 아주 드물다. 그래서 그는 행운아다. * ups and downs 기복, 영고성쇠 |

(A) eventful 파란 많은, 중대한   (B) general 일반적인
(C) common 보통의, 평범한   (D) rare 드문

few and far between
아주 드문, 극히 적은(=rare)

| 0260l | (A) 그의 결점에도 불구하고 그는 모든 이에게 사랑받는다. |

(A) with all ~에도 불구하고

with all sth
~에도 불구하고
(=despite, in spite of, for all, notwithstanding sth)

| 0260l | (D) 이번 주에 겨울이 혹독하게 시작되었다. 그래서 우리는 우울한 기분이 들지 않게 위로가 되는 음식을 찾고 있다. * set in (계절 등이) 시작되다 |

(A) by and large 대체로   (B) in an unexpected way 예상치 못한 방식으로
(C) on and off 이따금   (D) in the fullest sense 완전히
(E) at high speed 고속으로

with a vengeance
강하게, 격렬하게; 대단히(=in the fullest sense), 철저히

| 0260l | (D) 그는 집을 살 목적으로 살펴보러 왔다. |

(A) with reference to ~에 관하여   (B) in the event of ~의 경우에는
(C) on account of ~때문에   (D) with a view to ~을 목적으로

with a view to ~ing
~할 목적으로(=with an eye to ~ing)

| 0260l | (B) O'brien씨 가족들은 우리를 진심으로 맞아 주었다. |

(A) sadly 슬프게, 애처롭게   (B) cordially 진심으로, 정성껏
(C) at a distance 좀 떨어져서   (D) sternly 엄격하게, 준엄하게

with open arms
두 팔을 벌려, 진심으로(=cordially, heartily)
cf. give a warm welcome with open arms
진심으로 따뜻하게 환영하다

| 0260l | (D) 이 조직의 모든 구성원은 조직의 규칙에 따라 행동하지 않으면 안 된다. |

(A) be indifferent to ~에 무관심하다
(B) be on the opposite side of 반대 입장에 있다
(C) depend on ~에 의지하다
(D) act in harmony with (법, 규정에) 따라 행동하다

comply with sth
(명령 · 요구 · 규칙 등에) 따르다, 응하다
(=conform to, act in harmony with sth)

| 0260l | (D) |

(1) 이 건물은 정확하게 나의 필요에 부합한다. * correspond with 일치하다 편지 연락하다
(2) 그는 20살 이후로 메리와 한결같이 사귀고 있다. * go steady with 한사람과 사귀다
(3) 그녀는 그 방을 낯선 사람과 같이 쓰는 것을 싫어했다.
    * share A with B A를 B와 나누다(공유하다)

correspond with sb/sth
1. ~에 상응[해당]하다(=be equivalent to sth)
2. ~에 부합하다, 일치하다
3. ~와 교신[왕래]하다

| 0260l | (A) |

A: 샘이 에이미와 사귀고 있는 것 맞지?
B: 뭐라고? 그건 호랑이 담배피던 시절의 얘기야.
A: 정말? 그들이 헤어졌어? * break up 결별하다

go steady with sb
(정해진 이성과) 교제하다

02608 다음 빈 칸에 공통으로 들어갈 단어는?

99법원직/Teps

> 1) I have an office that I _____ with some other lawyers.
> 2) We sympathize about the loss of your mother. We _____ your pain.
> 3) Let him take more. He didn't get his fair _____.

(A) split   (B) divide   (C) stock   (D) share

02609 The machines that contribute so much to the flood of information do little to help
★★★ most of us <u>cope with it</u>. [06.경희대]

08.경원대/07.국가직9급/06.경희대
01.서울산업대/97.서울시9급
96.단국대토플/토익/Teps

(A) deal with   (B) live with

(C) break with   (D) keep up with

02701 In the past, energy sources were thought to be <u>without limits</u>. [97.단국대]

97.단국대

(A) many   (B) conquered

(C) boundless   (D) invisible

(E) visible

02702 The viability of reclaimed water for indirect potable reuse should be assessed
★ _____ quantity and reliability of raw water supplies, the quality of
reclaimed water, and cost effectiveness. [11.국가직9급]

98.행자부9급/94.사법시험/토플/Teps

(A) regardless of   (B) with regard to

(C) to the detriment of   (D) on behalf of

02703 The employee was told to finish the job <u>without fail</u>. [93.서울산업대]
★

93.시울산업대/경원대

(A) for certain   (B) without complaining

(C) immediately   (D) without asking

02704 Another way of saying most certainly is without _____ of a doubt. [97.고려대학원]

97.고려대학원

(A) a crumb   (B) a bit

(C) a shadow   (D) a piece

02705 Over and over again I cited instances, pointed out flaws, kept hammering away
<u>without a letup</u>. [95.성균관대]

95.성균관대/입사/토플

(A) without a pause   (B) without a focus

(C) with a will   (D) with a minute intrigue

02801 They spent the rest of the night in the jungle and _____ together to keep each other
warm. [97.단국대]

97.단국대

(A) huddled   (B) coddle   (C) grappled   (D) put

02901 The cheese line was still <u>inching along</u>. [02.덕성여대]

02.덕성여대

(A) barely moving   (B) racing along

(C) not moving at all   (D) fast moving

02608 (D)

1) 나는 다른 몇몇의 변호사들과 사무실을 같이 쓴다. * share with ~와 같이 쓰다
2) 어머님이 돌아가시다니 삼가 위로의 말씀을 드립니다. 저희도 마음이 아픕니다.
 * share somebody's pain 남의 아픔을 같이 나누다
3) 그에게 좀 더 주어라. 그는 정당한 자기 몫을 받지 못했다.
 * get one's fair share 정당한 몫을 받다

share A with B
A를 B와 공유하다

02609 (A) 엄청난 정보를 제공해 주는 기계들도 우리들 대부분이 그 정보를 다루는데 있어서는 별 도움이 되지 않는다.
(A) deal with 다루다　　　　　　　(B) live with 동거하다, 참고 견디다
(C) break with 절교하다　　　　　　(D) keep up with 뒤떨어지지 않다

cope with sth
1. (문제 · 어려움 등을) 극복하다
(=get over sth, overcome), 대처하다, 잘 다루다(=treat, manage, deal with sth)
2. ~에 대항하다, 맞서다

02701 (C) 과거에는 에너지 자원이 무한한 것으로 여겨졌다.
(B) conquered 정복된　　　　　　(C) boundless 무한한, 끝없는
(D) invisible 눈에 안 보이는　　　　(E) visible 눈에 보이는

without limit(s)
한없이, 무한히, 무한정으로; 제한이 없는(=boundless)

02702 (B) 2차적인 식수 재사용을 위한 재생수의 가능성은 원수 공급원의 양과 신뢰성, 재생수의 질, 그리고 비용의 효율성과 관련하여 평가되어야 할 것이다. * potable 마실 수 있는
(A) regardless of ~에 관계없이　　(B) with regard to ~에 관하여
(C) detriment 손해　　　　　　　(D) on behalf of ~을 대신하여

without regard to[for] sth
~에 관계없이(=regardless of, irrespective of sth), ~을 고려하지 않고
cf. with regard to ~에 관하여 〈11.국가직9급〉

02703 (A) 그 종업원은 틀림없이 일을 끝내라는 말을 들었다.
(A) for certain 확실히　　　　　　(B) without complaining 불평 없이
(C) immediately 즉시　　　　　　(D) without asking 질문 없이

without fail
틀림없이, 반드시, 확실히, 꼭(=for certain)

02704 (C) "확실히"를 달리 말하면 "티끌만큼의 의심도 없이"이다.
(A) crumb 빵 부스러기 조각 조금　(B) bit 한 입 조금
(D) piece 조각, 일부분

without a shadow of a doubt
티끌만큼의 의심도 없이, 확실히(=most certainly)

02705 (A) 몇 번이고 실례를 들고, 결점을 지적하며, 쉬지 않고 강조했었다.
 * over and over again 반복해서 point out 지적하다 hammer away 되풀이해 강조하다
(A) 중지 없이 * pause 중지　　　(B) 초점 없이
(C) 의지를 가지고　　　　　　　　(D) 세밀한 음모를 가지고 * intrigue 음모

without (a) letup
중단 없이, 멈추지 않고(=without a pause)

02801 (A) 그들은 정글에서 나머지 밤을 보내면서 서로 체온을 유지하기 위해 한곳에 옹기종기 모였다.
(B) coddle 버릇없이 기르다

huddle together
(몸을 따뜻하게 하거나 위험으로부터 보호를 위해)
한곳에 옹기종기 모이다

02901 (A) 치즈를 사려고 늘어선 줄이 여전히 조금씩만 움직이고 있었다.
(A) 거의 움직이지 않다
(C) (줄이) 전혀 움직이지 않다
(D) (줄이) 빠르게 움직이고 있다

inch along
(늘어선 줄 등이) 조금씩 움직이다
(=move barely, to move bit by bit)
cf. **The line is moving fast.** 줄이 빠르게 움직이고 있다.
cf. **every inch** 〈이경찰〉
완전한, 철두철미한(=complete); 완전히(=thoroughly)

보충이디엄

전치사 by

side by side 나란히; 협력하여
piece by piece 하나하나, 하나씩
point by point 일일이, 하나하나
one by one 하나씩, 한 사람씩, 차례로
by wire 전신으로; 속보로
by telegraph / by telegram 전보로
by parol 구두로 / **by mail** 우편으로
by design 고의로, 계획적으로 ↔ **by accident / by chance** 우연히, 뜻밖에
by deputy / by proxy 대리로 ↔ **in person** (본인이 직접)
by oneself 혼자 힘으로, 자기 혼자서; 자기를 위해
by usage 관례에 따라, 관례상
by tradition 전통에 의해; 구전으로
by reason of ~의 이유로, ~이기 때문에
by (the) force of ~의 힘으로, ~에 의하여
by spells 가끔, 때때로
by periods 주기적으로
by ordinary 통상, 보통, 대개

전치사 around

all-around 다방면에 걸친, 만능의, 다재다능한
run around (with sb**)** 여기저기를 돌아다니다; ~와 어울리다
be up and around[about] (환자가) 일어나서 돌아다니다
horse around[about] 법석 떨다, 희롱거리다

전치사 about

just about 거의, 다
talk about sth ~에 대해 말하다, ~을 논하다
what about .....? ~하는 게 어때? ~는 어때?

전치사 with

with no strings attached 아무 조건 없이, 부대조건 없이
with one's tail between one's leg 기가 죽어
with surprise 놀라서
with exception of ~을 제외하고(=except)
team up with sb ~와 협력하다(=cooperate, collaborate)

전치사 together

put two and two together 여러 가지 자료에 근거하여 결론을 내리다
all together 다 함께; 전부, 합계
come together 모이다, 집합하다; 화해하다

전치사 along

come along (with me). 자, (나와 함께) 갑시다.
tag along (behind/after sb**)** ~뒤에 붙어 다니다, 따라다니다

before

before는 시간적으로는 "~보다 앞에", 위치적으로는 "~의 앞에, 면전에서"를 의미하는 전치사이다. 접속사로는 "~하기 전에", 부사로는 "예전에"의 의미를 갖는다.

after

after는 시간·위치적으로 "~의 뒤에" 있는 것이다.
"뒤이어, ~다음에, ~의 뒤를 쫓아"의 의미처럼 behind보다는 동적인 개념으로서 앞선 것을 쫓는 뉘앙스가 강하게 나타난다.

behind

behind는 위치적으로는 "~의 뒤에, 후방에, 배후에"를 의미하고, 시간적으로는 "뒤늦은, ~보다 뒤떨어진, 과거에"의 의미이다.

of

전치사 of는 소속이나 기원·출처가 핵심 의미이다.
이에서 [원인·동기] "~때문에", [재료] "~으로 만든", [소유] "~의" 등의 뜻이 나오게 된다.
또한 〈of+추상명사〉로 쓰여 형용사구를 이루기도 한다.

as

as는 전치사, 접속사, 관계대명사, 부사 등 다양한 기능을 한다. 특히 접속사의 기능으로 비교(~처럼)를 나타낼 때 많은 관용어를 이룬다.

1. (접속사) ~처럼, ~와 같이
2. 〈전치사〉 ~로서

03001 You have to pay for this radio <u>beforehand</u>. [00.여자경찰]

(A) in advance   (B) in cash

(C) on credit   (D) later

03101 상대편에게 "먼저 하세요."라고 할 때의 표현은? [01.101단]

(A) After you, sir.   (B) Go ahead, sir.

(C) I'm second, sir.   (D) You are first, sir.

03201 ★ 다음 글을 영작한 것은? [99.여자경찰]

> 그는 시대에 뒤떨어진 사람이다.

(A) He is after our year.

(B) He is not a contemporary.

(C) He is behind the times.

(D) He is behind time.

03202 다음 각 ( ) 안에 있는 것은 밑줄 친 어구에 대한 문맥상 뜻이다. 그 중 잘못된 것은? [06.대구교행9급]

(A) You will be given a <u>coffee break</u>. (=a short time vacation or rest)

(B) The bellman expects a generous <u>tip</u>. (=the pointed or thin end of something)

(C) After a moment's <u>reflection</u>, she agreed to go. (=deep and careful thought)

(D) Fisher was <u>behind bars</u> last night, charged with attempted murder. (=in prison)

(E) A <u>firm</u> but brief handshake indicates sincerity and self-confidence.
(=not soft and not moving much when pressed)

03203 ★ John had just started working for the company, and he <u>was not dry behind the ears</u> yet. We should have given him a break. [14.지방직9급]

(A) did not listen to his boss

(B) knew his way around

(C) was not experienced

(D) was not careful

03301 When we are not too anxious about happiness and unhappiness, but devote ourselves to the strict and unsparing performance of duty, then happiness comes _____. [97.법원직]

(A) of itself   (B) reluctantly

(C) for itself   (D) painfully

03302 She is ashamed _____ ignorance. [행정고시]

(A) at   (B) to   (C) for   (D) in   (E) of

03303 ★ The driver of the other car accused me _____ the accident. [03.광운대]

(A) to cause   (B) causing   (C) cause   (D) of causing

03304 We have already informed them _____ the decision. [87.법원직]

(A) in   (B) with   (C) to   (D) at   (E) of

03001 (A) 이 라디오를 사기 위해서는 미리 지불해야 한다.
- (A) in advance 미리
- (B) in cash 현금으로
- (C) on credit 외상으로
- (D) later 나중에

beforehand
이전에, 미리(=in advance)

03101 (A)
- (A) After you, sir. 먼저 하세요.
- (B) Go ahead, sir. 계속 하세요

After you, sir.
(상대방에게) 먼저 하세요, 먼저 들어가세요, 먼저 나가세요.

03201 (C)
- (B) 그는 동기생이 아니다. * contemporary 동년배 동기생
- (C) behind the times 시대에 뒤진
- (D) behind time 시간에 늦은

behind the times
시대에 뒤떨어진, 구식의(=antiquated, obsolete); 노후한

03202 (B)
- (A) 너에겐 커피타임이 주어질 것이다. (짧은 시간의 휴가 또는 휴식)
  * break 중단, 단절 잠시의 휴식(시간)
- (B) 그 호텔 사환은 많은 팁을 바라고 있다. (어떤 것의 뾰족하거나 가는 끝)
  * tip 1. 끝, 첨단 2. 팁, 사례금
- (C) 심사숙고 후에 그녀는 가기로 동의했다. (깊고 주의 깊은 생각) * reflection 심사숙고
- (D) 피셔는 어젯밤에 감옥에 갇혔고 살인 미수 혐의로 기소되었다. (감옥 안에 있는)
  * behind bars 감옥에 갇힌
- (E) 짧고 굳은 악수는 성실과 자신감을 나타낸다. (꽉 잡았을 때 부드럽지 않고 잘 움직이지 않는)
  * firm 굳은, 꽉 쥔, 확고한

behind (the) bars
감옥에 있는, 투옥된(=in prison)

03203 (C) 존은 그 회사에서 이제 막 일을 시작했고, 그래서 아직 경험이 없었다. 우리는 그에게 기회를 한번 줬어야 했다.
- (A) 그의 상사의 말을 듣지 않았다
- (B) know one's way around ~에 정통하다
- (C) 경험이 없다
- (D) 조심하지 않았다

**not dry behind the ears /
(still) wet behind the ears**
풋내기의, 경험 없는, 세상 모르는(=not experienced)

03301 (A) 우리가 행복과 불행에 대하여 너무 걱정하지는 않지만, 우리 자신을 엄격하게 그리고 아끼지 않고 의무이행에 헌신하면, 그러면 행복은 저절로 찾아온다.
- (A) of itself 저절로
- (B) reluctantly 마지못해
- (C) for itself 독립적으로
- (D) painfully (고통스러울 정도로) 극도로

of itself
저절로

03302 (E) 그녀는 무지를 부끄러워한다.

be ashamed of sb/sth
(~을) 부끄러워하다

03303 (D) 다른 차의 운전자는 내가 사고를 일으켰다고 고소했다.
  * accuse A of B 의 형태로 와야 한다.

accuse A of B
A를 B의 혐의로 기소[고소]하다
cf. be suspected of sth ~혐의를 받다
  on charges of sth ~의 혐의로

03304 (E) 우리는 이미 그들에게 결정을 통보하였다.

inform A of B
A에게 B를 알리다, 통보하다

03305 다음 빈 칸에 알맞은 것은? [02-2단국대]

> A: Karen is a surgeon, isn't she?
> B: Yes, but her family doesn't approve _____ her career.

(A) with   (B) about   (C) of   (D) along

03306 Mr. Mendel <u>conceived of</u> the laws of heredity from observing the growth of peas. [02동아대]

(A) mediated about   (B) remembered

(C) assumed   (D) thought of

(E) reminisced of

03307 As refugees flee the remains of their communities, it has been difficult in some cases to find people to help <u>dispose of</u> bodies rotting in the tropical heat. [05단국대]

(A) deal with   (B) pile up

(C) get rid of   (D) care for

03308 One of Facebook's selling points is that it builds closer among friends, but some who <u>steer clear of</u> the site say it can have the opposite effect of making them feel more alienated. [15서울여대]

(A) stay away from   (B) are addicted to

(C) keep track of   (D) end up with

03309 다음 밑줄 친 곳에 공통으로 들어갈 전치사는? [00.경찰]

> 1) She was robbed _____ her jewels.
> 2) It's kind _____ you to lend me the book.

(A) by   (B) to   (C) of   (D) for

03310 You are <u>one of a kind</u>. [05.홍익대]

(A) identical   (B) unique

(C) diligent   (D) eccentric

03311 You must be <u>wary</u> of strangers bearing gifts. [07.명지대]

(A) carefree   (B) captive

(C) candid   (D) cautious

03312 다음 각 문장의 빈 칸에 단어가 공통으로 들어가지 않는 문장은? [06.울산시9급/06.계명대]

> (A) The students were suspected _____ cheating on the exam.
> (B) My brother reminds me _____ my father.
> (C) My parents don't approve _____ what he does.
> (D) I blamed him _____ the accident.
> (E) It is typical _____ him to keep his words to everybody.

| 03305 | (C) |

> A: 카렌은 외과의사가 맞지?
> B: 맞아. 그런데 그녀의 가족은 그녀의 직업을 찬성하지 않아.

approve of sth
찬성하다, 승인하다

| 03306 | (D) 멘델은 완두콩의 성장을 관찰하는 것으로부터 유전 법칙을 생각해냈다. |

    (A) mediate 중재하다   (B) remember 기억하다
    (C) assume 가정하다   (D) think of 생각하다
    (E) reminisce 추억하다

conceive of sth
생각하다(=think of sth); 상상하다

| 03307 | (C) 난민들이 그들이 살던 마을의 유해를 버리고 떠났기 때문에 경우에 따라서는 열대의 열기 속에서 썩어 가고 있는 사체를 없애는 것을 도와 줄 사람을 찾는 일이 어려워지고 있다. * refugee 난민, 도망자 flee 달아나다, 피난하다 |

    (A) deal with 다루다   (B) pile up 축적하다
    (C) get rid of 제거하다   (D) care for ~를 돌보다

dispose of sth
1. 처분하다(=sell); 일을 처리하다(=deal with sth)
2. 제거하다(=get rid of sb/sth); 폐기하다

| 03308 | (A) 페이스북의 장점들 중 하나는 그것이 친구들 간에 보다 가깝게 만들어준다는 것이지만, 그 사이트를 멀리하는 사람들은 그것이 그들로 하여금 더욱 소외감을 느끼게 만드는 정반대의 효과도 있다고 말한다. * feel alienated 소외감을 느끼다 |

    (A) stay away from ~을 가까이하지 않다   (B) be addicted to ~에 중독되다
    (C) keep track of ~에 대해 계속 알고 있다   (D) end up with 결국 ~하게 되다

steer clear of sb/sth
~을 피하다(=stay away from), 멀리하다(=avoid)
= stay away from 〈15서울여대〉
  ~에서 떨어져 있다, 가까이 하지 않다(=steer clear of)

| 03309 | (C) |

> 1) 그녀는 보석을 강탈당했다. * be robbed of ~을 강탈당하다
> 2) 제게 책을 빌려 주시다니 참 친절하시군요. * kind of 친절한

be robbed of sth
~을 강탈당하다
cf. rob A of B A에게서 B를 강탈하다

| 03310 | (B) 당신은 독특한 사람이군요. |

    (A) identical 아주 동일한, 같은   (B) unique 독특한, 유일한
    (C) diligent 근면한, 부지런한   (D) eccentric 상도를 벗어난, 괴상한

kind of
1. 어느 정도, 얼마간, 약간; 상당히, 꽤
2. ~하는 것을 보니 친절하다
3. ~와 같은, 일종의, 이른바 4. 어떤(종류의)~
cf. one of a kind 〈05홍익대〉
독특한 사람, 독특한 것(=unique); 단 하나뿐인 것

| 03311 | (D) 당신은 선물을 가져오는 낯선 사람들을 조심해야 한다. |

    (A) carefree 근심 없는   (B) captive 포로의, 사로잡힌
    (C) candid 솔직한, 숨김없는   (D) cautious 주의 깊은, 신중한

be wary of sb/sth
~에 조심하다, 신중하다(=be cautious of sb/sth)
= be wary about sth ~에 신중하다
= be cautious of[about] sb/sth ~에 신중하다, 조심하다

| 03312 | (D) * for가 들어가야 함 / 나머지는 모두 of |

> (A) 그 학생들은 시험에서 부정행위를 한 것으로 의심받고 있다.
>   * be suspected of ~혐의를 받다
> (B) 내 형은 아버지를 생각나게 한다.
>   * remind A of B A에게 B를 생각나게 하다
> (C) 우리 부모님은 그가 하려는 것을 찬성하시지 않는다.
>   * approve of ~찬성하다
> (D) 나는 그 사고 때문에 그를 비난했다.
>   * blamed A for B B 때문에 A를 책망하다
> (E) 모든 이에게 자신이 한 약속을 지키다니 그 사람답다.
>   * It is typical of sb to R ~하다니 (사람)답다

typical of sth
전형적인, 상징적인, 표상인, 예시하는

03313 It is a matter <u>of moment</u> to remove the suppression of publication of these obscene books. [02.선관위]

    (A) at any moment   (B) every moment

    (C) on the moment   (D) of importance

02.선관위

03401 Mr. Lee <u>was as good as his word</u>. [98.경찰]

    (A) spoke very well   (B) was not so bad as his word

    (C) was very gentle   (D) kept his promise

98.경찰/Teps

03402 I've just come from the doctor and he says I'm <u>as fit as a fiddle</u>. [아-2.한성대]

    (A) quite amused

    (B) attractively slender

    (C) in excellent physical condition

    (D) able to play violin as ever

아-2.한성대

03403 Those seven-year-old identical twin brothers are as like as two _____. [03.고려대]

    (A) peas   (B) balls   (C) melons   (D) oranges

03.고려대

03404 The fish must have been spoiled. After dinner, I was _____. [06.건국대]

    (A) as hard as nails

    (B) as red as a beet

    (C) as sick as a dog

    (D) as cool as a cucumber

    (E) as mad as a hatter

06.건국대

03405 You'll have to shout she's as deaf as a _____. [02-2.명지대]

    (A) mouse   (B) post   (C) rake   (D) cucumber

02-2.명지대

03406 The phrase "_____" used to describe someone who's crazy or prone to unpredictable behavior. [14.명지대 변형]

    (A) hard-working as a hatter   (B) poisonous as a hatter

    (C) merry as a hatter   (D) mad as a hatter

14.명지대

03407 <u>As a rule</u>, early American city planning was excellent. [00.경찰]

★★

    (A) Absolutely   (B) Indeed   (C) Generally   (D) Respectively

00.경찰/99.특수기동대
93.86.행자부9급/Teps

03408 Stars twinkle <u>as a result of</u> the turbulent state of the air through which their light passes. [94.행정고시]

    (A) in spite of   (B) because of

    (C) in addition to   (D) with regard to

    (E) by and by

94.행정고시/Teps

| 03313 | (D) 이런 음란서적들에 대한 출판 금지를 없애는 것은 중요한 일이다. |

* remove 제거하다, 없애다 suppression 억압, 금지 obscene 음란한

(A) at any moment 언제든지   (B) every moment 시시각각
(C) on the moment 즉석에서, 당장   (D) of importance 중요한

of moment
중요한(=important, momentous, significant)

| 03401 | (D) 이씨는 약속을 잘 지키는 사람이었다. |

(A) 말을 매우 잘 했다
(D) keep one's promise 약속을 지키다

as good as one's word 약속을 잘 지키는
cf. **keep one's word[promise]** 약속을 지키다
↔ **break one's word** 약속을 어기다

| 03402 | (C) 병원에 방금 다녀왔는데 의사가 난 아주 건강하대. * as fit as a fiddle 매우 건강한 |

(A) amused 즐기는; 명랑한
(B) attractively 매력적으로, slender 날씬한
(C) 육체적인 상태가 매우 좋은
(D) 언제나와 같이 바이올린을 연주할 수 있는 * as ever 언제나와 같이

as fit as a fiddle
매우 건강한, 원기 왕성한(=in excellent physical condition)
cf. **in (good) shape** ⟨08전남대⟩
상태가 좋은, 건강한(=in good health)
↔ **out of shape** 상태가 나쁜, 건강이 안 좋은(=in bad health)

| 03403 | (A) 그 일곱 살짜리 일란성 쌍둥이 형제는 꼭 닮았다. |

as like as two peas (in a pod)
흡사한, 꼭 닮은

| 03404 | (C) 그 생선은 상한 것이 틀림없다. 저녁 식사 후에 나는 속이 많이 불편했다. |

(A) as hard as nails 매우 차가운, 잔인한, 무자비한
(B) as red as a beet 홍당무처럼 빨간
(C) as sick as a dog 속이 몹시 메스꺼운
(D) as cool as a cucumber 아주 냉정한
(E) as mad as a hatter 몹시 미친, 화가 난

as sick as a dog
속이 몹시 매스꺼운; 기분이 매우 언짢은
· **as cool as a cucumber** 침착한, 태연자약한
· **as tough as nails** 완강한, 냉혹한
· **as hard as nails[marble]** 매우 차가운, 잔인한, 무자비한
· **as hard as marble** 냉혹한
· **as cold as a fish** 매우 냉정한
· **as cold as a frog** 아주 찬, 몹시 찬
· **as straight as an arrow** 똑바른; 고지식한

| 03405 | (B) 소리를 질러야 할 거야. 그녀는 귀가 전혀 안 들리니까. |

(C) as lean as a rake 피골이 상접한
(D) (as) cool as a cucumber 아주 냉정한

as deaf as a post
귀가 전혀 안 들리는

| 03406 | (D) "모자 장수처럼 미친"이란 구는 어떤 사람이 미쳤다거나 예측 불가능한 행동을 하는 경향이 있다고 표현하는 데 쓰인다. |

as mad as a hatter
몹시 화가 난, 미친

| 03407 | (C) 대체로, 초기 미국의 도시계획은 훌륭했다. |

(A) absolutely 절대적으로   (B) indeed 실제로
(C) generally 대체로   (D) respectively 각각, 각기

as a rule
일반적으로, 대개(=usually, generally, in general,
on the whole, by and large)

| 03408 | (B) 별은 빛이 지나가며 통과하는 공기가 휘몰아치는 상태의 결과로 반짝반짝 빛난다. |

(A) in spite of ~에도 불구하고   (B) because of ~때문에
(C) in addition to 게다가   (D) with regard to ~에 관하여
(E) by and by 머지않아

as a result of sth
~의 결과로, ~때문에(=because of sth)

03409 I asked for a loan only as <u>a last resort</u> after I had tried to find another solution. [이덕성여대]

(A) the last refreshment to enjoy after trying everything else

(B) the last action to take after trying everything else

(C) the last choice to avoid before giving up

(D) the last determination to avoid before winding up

03410 ★ As a matter of _____, I bought my bag at the same shop. [토플]

(A) concern   (B) fiction

(C) truth   (D) coincidence

(E) fact

03411 The plan is very good one, as far as it _____ . [이건국대]

(A) lasts   (B) operates

(C) goes   (D) seems

(E) appears

03412 ★ Although he has been out of competition for sometime, the former champion is still _____ as the finest athlete. [07.서경대]

(A) regretted   (B) regressed   (C) reverted   (D) regarded

03409 **(B)** 다른 해결책을 찾으려 노력해 본 후에 난 최후의 수단으로써 대출을 요청했다.
(A) refreshment 원기를 회복시켜 주는 것
(B) 할 수 있는 모든 것들을 시도해 본 후에 최후로 취한 행동
(C) avoid 피하다 give up 포기하다
(D) determination 결정 wind up 마무리 짓다, 폐업하다.

as a last resort
최후의 수단으로써

03410 **(E)** 사실은 나는 같은 가게에서 가방을 샀다.
(A) concern 관심   (B) fiction 소설, 허구
(C) truth 진실   (D) coincidence 일치

as a matter of fact
사실상, 사실은(=really, in fact)

03411 **(C)** 어떤 범위에서는, 그 계획은 매우 좋은 것이다.

as far as it goes
그 일에 관한 한, 어떤 범위 내에서는, 어느 정도는

03412 **(D)** 비록 일정기간은 경기를 참가하지 않고 있지만, 이전 챔피언은 여전히 가장 훌륭한 운동선수로 여겨지고 있다.
(A) regret 후회하다   (B) regress 퇴보하다   (C) revert (본래 상태로) 되돌아가다

regard A as B
A를 B로 간주하다(=look upon A as B)

103

보충이디엄

전치사 before

shortly before 직전에 ↔ **shortly after** 직후에
as before 앞서와 같이
before the world 공공연히
before dawn 날이 새기 전
before long 오래지 않아

전치사 after

after all 결국
after hours 근무시간 후에, 폐점 후에
after school 방과 후에
seek after ~을 찾다, 구하다

전치사 of

of no use 쓸모없는
of moment 아주 중요한 ↔ **of no account** 중요하지 않은
ahead of ~에 앞서서
instead of ~대신에
of a kind 그렇고 그런
a kind of 일종의

전치사 as

as hot as hell 지독하게 더운, 몹시 뜨거운
as bright as a button 매우 똑똑한, 민첩한
as clean as a whistle 매우 깨끗한, 결백한
as bold as brass 매우 대담한 * brass (놋쇠)
as clear as crystal / as clear as day[daylight, noonday] 매우 투명한, 명명백백한
as clear as mud 이해할 수 없는, 모호한
as sure as nails 확실히, 틀림없이
as easy as pie / as easy as falling off a log 아주 쉬운
as right as rain 매우 순조로운[건강한]
as fickle as fortune 몹시 변덕스러운
as good as gold 귀중한, 매우 가치가 있는
as thick as thieves 매우 사이가 좋은
as red as a beet 볼이 홍당무처럼 빨간 * beet (사탕무)
as lean as a rake 피골이 상접한 * rake (갈퀴, 부지깽이)
as dead as a doornail 죽은, 작동하지 않는
as busy as a bee 매우 바쁜
as free as a bird 아주 자유로운, 근심이 없는
as happy as a lark 아주 행복한 * lark (종달새)
cf. It's a bit a lark. 매우 즐겁다
as high as a kite 마약에 중독된; 너무나 행복한 * kite (솔개; 연)
cf. fly a kite 여론의 반응을 살피다
as slippery as an eel 미꾸라지처럼 잘 빠져나가는
as old as hills 무척 오래된

for ↔ against

for

전치사 for는 어떤 것을 마음에 두는 것을 의미한다.
마음에 둔다는 것은 목적이나 의향이 되며 그 대상에는 장소, 사람, 행동, 시간 등이 될 수 있다.

1. (목적 · 의향 · 준비) ~하기 위해, ~위해서, ~을 향하여
2. (찬성 · 지지 · 이익)을 지지하여, ~을 위하여(↔against)
3. (대상 · 용도) ~에 적합한, ~용으로, ~대상의, ~앞으로(수취인)
4. (시간 · 거리) ~하는 동안, (얼마의 거리)를
5. (이유 · 원인) ~때문에, ~으로 인하여
6. (비율 · 대비) ~치고는, ~으로서는
   - He is young for his age. 그는 나이치고는 젊다.

against

전치사 against는 반대 · 대립 · 적대 관계로서 "~에 반대하여, ~에 반하여 ~에 거역하여; ~에
대비하여" 뜻을 갖는다.

03501 They built refuges in the mountain for <u>the purpose of</u> helping the missing men. [입사]

입사/토플/Teps

(A) with the intention of   (B) in case of

(c) in honor of   (d) instead of

03502 ★ I couldn't for the _____ of me get the better of her. [87법원직]

01-2.계명대/87법원직

(A) good   (B) purpose

(C) dream   (D) life

(E) sake

03503 다음 문장들의 빈칸에 공통으로 들어갈 가장 알맞은 단어는? [07한양대]

07.한양대/Teps

> 1) They _____ the package with brightly colored ribbons.
> 2) He was on a plane _____ for New York when he heard the news.

(A) bound   (B) left   (C) posted   (D) transported

03504 ★ When the subway train was slowing down, people were <u>bracing themselves</u> automatically for the stop. [94변리사]

09.동국대/94.변리사

(A) being ready   (B) becoming tense

(C) gathering themselves up   (D) packing up

(E) holding the strap

03505 ★ Many European nations <u>vied for</u> North American territory. [90행정고시]

10.동국대/06.국민대/99.세종대
90.행정고시

(A) competed for   (B) argued over

(C) disposed of   (D) arrived on

(E) sailed for

03506 Are you for or _____ a general strike? [07인천9급]

07.인천시9급

(A) in   (B) against   (C) on   (D) at   (E) over

03507 다음 빈 칸에 들어갈 가장 잘 어울리는 대답은? [13동덕여대]

13.동덕여대

> A: Did you hear Lily is being promoted?
> B: _____

(A) Oh, really? Good for her.

(B) No, please turn it up.

(C) She went to Rockdale last week.

(D) Yes, it is promoted by her.

03508 Yesterday I went to the farmer's market and bought 10 zucchini, but the farmer was really nice and threw in a couple of free zucchini <u>for good measure</u>. [07국가직7급]

07.국가직7급/Teps

(A) good for nothing   (B) to make a dozen

(C) for good reason   (D) as something more or extra

03509 ★ The myth concerning the dictator should be destroyed _____. [90연세대학원]

01-2.계명대/96.세종대
90.연세대학원/토플/Teps

(A) once in a while   (B) all at once

(C) once and for all   (D) just for once

0350I **(A)** 그들은 실종자를 도울 목적으로 그 산에 피난처를 세웠다.
  * refuge 피난처, 도피처, 은신처 missing 분실한, 행방불명인 음란한
  (A) with the intention of ~의 의도로   (B) in case of ~의 경우에는
  (C) in honor of ~을 기념하여   (D) instead of ~대신에

0350·2 **(D)** 나는 도저히 그녀를 이길 수 없었다. * get the better ~에 이기다
  (B) for the purpose of ~할 목적으로
  (D) for the life of someone 절대로
  (E) for the sake of ~할 목적으로

0350·3 **(A)**
  1) 그들은 선명한 색깔의 리본으로 짐을 묶었다. * bound (bind의 과거형)
  2) 그 소식을 들은 후 그는 뉴욕행 비행기를 탔다. * bound for ~행의

0350·4 **(A)** 지하철이 속도를 늦추면, 사람들은 자동적으로 정지에 대비한다.
  (A) be ready for 준비하다   (B) become tense 긴장하게 되다
  (C) gather oneself up 기운을 내다   (D) pack up 짐을 꾸리다, 일을 그만두다
  (E) hold the strap 손잡이를 잡다

0350·5 **(A)** 많은 유럽 국가들은 북아메리카 지역을 놓고 경쟁하였다.
  (A) compete for ~을 놓고 경쟁하다   (B) argue over ~와 언쟁하다
  (C) dispose of 처분하다   (D) arrive on 도착하다
  (E) sail for ~으로 출항하다

0350·6 **(B)** 총파업에 찬성입니까 반대입니까?

0350·7 **(A)**
  A: 릴리가 승진한다는 얘기 들었니? * be promoted 승진하다
  B: _____

  (A) 아, 정말? 잘됐네.
  (B) 아니, 높여줘. * turn up (볼륨을) 높이다
  (C) 그녀는 지난주에 록데일에 갔어.
  (D) 응, 그것은 그녀가 진행하는 거야. * promote 진행하다, 진척시키다

0350·8 **(D)** 어제 나는 농산물 직판장에 가서 10개의 주키니(서양호박)를 샀는데, 농부는 정말 친절했고 덤으로 두세 개의 공짜 주키니를 보태주었다.
  * farmer's market 농산물 직판장 nice 친절한 throw in 덤으로 보태주다 a couple of 두세 개의
  (A) good for nothing 아무 짝에도 쓸모없는
  (D) as something more or extra 조금 더 또는 여분으로서

0350·9 **(C)** 독재자에 대한 그 잘못된 믿음은 단호히 파기되어야 한다.
  (A) once in a while 이따금   (B) all at once 돌연, 일제히
  (C) once and for all 단호히   (D) just for once 이번만은, 이따금

---

for the sake[purpose] of sth
~을 위하여, ~할 목적으로(=with the intention of sth)
cf. for one's sake ~의 이름 때문에, 체면을 봐서라도

for the life[soul] of sb
〈1인칭 주어의 부정문에서〉 절대로, 도저히
(=for the world, for anything)
= for the world 〈부정문에서〉 무슨 일이 있더라도,
  도저히(=for anything)

bound for sw
(배·열차·비행기 등이) ~행(行)의; ~로 가는 도중에

brace oneself for sth
(나쁜 일이나 어려운 일 등에 대비해서) 준비하다, 대비하다
(=be ready for sth)

vie for sth
~을 놓고 경쟁하다(=compete for sth)
cf. vie with sb/sth ~와 경쟁하다(=compete with sb/sth)

for or against sth 찬성 또는 반대하는
cf. pros and cons 찬반 양론
cf. vote against[for] / ballot against[for] sb/sth
  ~에 반대표[찬성표]를 던지다

good for sb/sth
~에 알맞은; ~에 유익한; ~동안은 유효한(=remain valid)

for good measure
분량을 넉넉하게, 덤으로(=as an extra); 한술 더 떠서

once and for all
딱 잘라서, 단호히 이번만으로,
최종적으로(=for the last time)

03510 _____ those traffic problems, Seoul is still an attractive city. [입사]

입사/토플/토익

(A) For the sake of   (B) All the more

(C) Once and away   (D) For all

03511 Peter may be a good man <u>for all I know</u>. [입사]

입사/토플/토익

(A) for the life of me

(B) for my soul

(C) to be sure

(D) to the best of my knowledge

03512 Their marriage was over <u>for all intents and purposes</u>. [07.세무직9급]

07.세무직9급

(A) almost completely   (B) all of a sudden

(C) peacefully   (D) awkwardly

03513 <u>So much for</u> the first of these two matters. Now for the second. [98.행자부7급]

98.행자부7급

(A) I quite agree to

(B) Enough has been said about

(C) Thank you so much for

(D) A lot of time for

03514 I can vouch _____ his honesty I have always found him veracious. [02-2.경기대]
★

02-2.경기대/96-2.광운대/Teps

(A) on   (B) for   (C) of   (D) along

03515 Everybody <u>yearns</u> for this kind of job. [86.법원직]

86.법원직

(A) looks   (B) longs   (C) applies   (D) tries   (E) works

03516 Being busy with my work, I cannot call at his house <u>for the time being</u>. [입사]
★

13.경희대/07.국가직7급/입사/Teps

(A) at present   (B) for the present

(C) up to the present   (D) the present time

03517 The injury may keep him out of football <u>for good</u>. [11.지방직9급]
★★

11.지방직9급/01-2.계명대/96.세종대
90.연세대학원/토플/Teps

(A) permanently   (B) temporarily

(C) for getting well   (D) for treatment

03518 다음 예시문의 밑줄 친 부분과 같은 의미로 쓰인 것은? [입사]
★★

10.경북교행/02.여자경찰
88.법원직/입사/토플/Teps

> He would find fault with neighbors <u>for nothing</u>.

(A) He had been arrested <u>for nothing</u>.

(B) This tool is good <u>for nothing</u>.

(C) I got these <u>for nothing</u>.

(D) You can enter the gallery <u>for nothing</u>.

03510 **(D)** 그런 교통문제에도 불구하고 서울은 여전히 매력적인 도시이다.

    (A) for the sake of ~을 위하여   (B) all the more 더욱더, 오히려

    (C) once and away 때때로   (D) for all ~에도 불구하고

for all sth / for all that~
~에도 불구하고
(=with all, notwithstanding, despite, in spite of sth)

03511 **(D)** 잘 모르지만 내가 아는 바로는 피터는 좋은 사람일거야.

    (A) for the life of me 도저히

    (B) for my soul 도저히(=for the soul of me)

    (C) to be sure 틀림없이, 물론 과연

    (D) to the best of my knowledge 내가 아는 바로는

for all I know
(잘은 모르지만) 내가 아는 바로는
(=to the best of my knowledge)

03512 **(A)** 그들의 결혼 생활은 사실상 끝났다.

    (B) all of a sudden 갑자기

    (D) awkwardly 어색하게, 서투르게, 꼴사납게

for[to] all intents and purposes
어느 점으로 보아도, 사실상(=almost completely)

03513 **(B)** 첫째로 이 두 가지 문제들을 충분히 언급했다. 이제 다음 문제로 넘어가자.

    (A) 그것에 매우 동의한다

    (B) 그것에 대해서 충분히 말했다

    (C) 그것에 대해서 매우 감사한다

    (D) 그것에 충분한 시간을 가졌다

so much for sth
~에 대해서는 이만

03514 **(B)** 나는 그의 정직함을 보증할 수 있다. 항상 나는 그가 정직하다는 것을 알고 있다.

    * veracious 정직한, 진실한

vouch for sb/sth
~를(을) 보증하다

03515 **(B)** 누구나 이런 종류의 직업을 동경한다.

yearn for sb/sth
동경하다, 사모하다; 갈망하다(=long for sb/sth)
= long for, eager for, anxious for, crave for sb/sth

03516 **(B)** 내 일로 바쁘기 때문에, 나는 당분간 그의 집을 방문할 수 없다.

    (A) at present 요즘, 오늘날에는   (B) for the present 당분간

    (C) up to the present 현재까지   (D) the present time 현재

for the time being
당분간(=for a while, for the present)

03517 **(A)** 그 부상으로 그는 영원히 축구를 못하게 될지도 모른다.

    (A) permanently 영원히   (B) temporarily 일시적으로

    (C) for getting well 회복을 위해서   (D) for treatment 치료를 위해서

for good / for good and all
영원히(=forever, permanently)

03518 **(A)**

> 그는 아무 이유 없이 이웃들을 흠 잡으려 한다. * for nothing 이유 없이

    (A) 그는 이유 없이 체포되었다. * for nothing 이유 없이

    (B) 이 연장은 도움이 안 된다. * good for nothing 도움이 안 되는

    (C) 나는 이것들을 무료로 얻었다. * for nothing 무료로

    (D) 너는 화랑에 무료로 입장할 수 있다. * for nothing 무료로

for nothing
1. 이유 없이(=without reason)
2. 공짜로(=without payment, free of charge, gratis)
3. 헛되이(=in vain, futilely)
cf. for next to nothing 〈02.여자경찰〉
    거의 공짜로(=very little money)
cf. good for nothing 〈구어〉 도움이 안 되는, 아무 짝에도 쓸모없는
cf. for one thing 첫째로는, 무엇보다도(=above all, first of all)

DAY-08

03519 다음 문장의 의미가 가장 가까운 것은? [입사]

> You can get the book <u>for the asking</u>.

(A) You can get the book because you asked for it.

(B) You can get the book in reward for the asking.

(C) You can get the book if only you ask for it.

(D) You can get the book even if you ask for it.

03601 Maria is fifteen years old. She wants to travel to Chicago by herself. "No,"said her father,
★ "_____." [03.명지대]

(A) I'm dead set against it

(B) I'm in line with you

(C) you read my mind

(D) you really know the ropes

03602 The lawyer's argument <u>went against the grain</u> of conventional wisdom. [04-2.고려대]

(A) contradicted (B) equaled

(C) overrode (D) simulated

03603 I'm sure he <u>took against</u> me from the start. [03-2.경기대]

(A) deceived (B) disliked

(C) ignored (D) ridiculed

03604 Racing against the _____ is not an ideal way to organize one's thoughts or arrange one's words. [07.성신여대 변형]

(A) car (B) clock (C) authority (D) school

03519 (C)

> 원하신다면 그 책을 구하실 수 있을 것입니다.

(A) 그것에 대해 요청하셨기 때문에 그 책을 얻을 수 있을 것입니다.
(B) 요청에 대한 보상으로 그 책을 구할 수 있을 것입니다.
(C) 만약 요청만 하신다면 그 책을 구할 수 있을 것입니다.
(D) 심지어 그것에 대해 요구한다 하더라도 그 책을 구할 수 있을 것입니다.

03601 (A) 마리아는 15살이다. 그녀는 혼자서 시카고를 여행하고 싶어 한다. "안 돼, 절대 반대야"
라고 그녀의 아버지가 말했다.
* by oneself 혼자서
(A) I'm dead set against it. 그것에 절대 반대야.
(B) I'm in line with you. 너의 생각에 동의한다.
(C) you read my mind. 넌 내 마음을 읽었구나.
(D) know the ropes 요령을 알다

03602 (A) 변호사의 주장은 일반 통념과 배치되는 것이었다. * conventional wisdom 일반 통념
(A) contradict 모순되다 (B) equal ~와 같다, 필적하다
(C) override 짓밟다, 유린하다 (D) simulate 흉내 내다

03603 (B) 나는 그가 처음부터 나에 대해 반감이 있었다고 확신한다.
(A) deceive 속이다 (B) dislike 싫어하다
(C) ignore 무시하다 (D) ridicule 비웃다, 조롱하다

03604 (B) 사람의 생각을 체계화하고 논쟁을 해결하는 데 있어서 촌각을 다투는 식의 방법은 이
상적인 것이 아니다.

for the asking
부탁하기만 하면, 원한다면(무료로); 요청에 의해

be dead set against sth
~에 절대 반대하다(=be opposed to sth)

against the grain
성미에 맞지 않게; 뜻에 맞지 않게

take against sb/sth
반항하다, 반감을 갖다(=dislike)

race against the clock
시간을 다투다, 촌각을 다투다

보충이디엄

전치사 for

for sure 확실히, 틀림없이
for sale 팔려고 내 놓은 ↔ **not for sale** 비매품
for keeps 영원히
for a song 헐값으로
for fun 재미로
for example / for instance 예를 들어
for a while 잠시 동안, 잠깐
for life 죽을 때까지, 평생의
for ages 오랫동안
once for all 이번만
for fear (that) ~하지 않을까 두려워서
vote for ~에게 투표하다, ~에 찬성하다

전치사 against

against (all) the odds 역경을 딛고
against one's will 본의 아니게, 무리하게
against the wind 바람을 거슬러, 바람을 안고
up against a wall 궁지에 몰려, 벽에 부딪쳐
go against sb/sth ~에 공공연히 반대하다, ~~에게 불리하다
rule against ~에게 불리한 판결·결정을 하다
work against sb/sth ~에 반대하다; ~에 나쁘게 작용하다

DAY 09

1. 시작과 꾸준함이 중요하다. 단, 서두르지 마라.

2. 기회와 때를 놓치지 마라.

3. 원인과 결과, 인과관계, 일의 순서

4. 매사에 신중해라.

5. 지나친 것은 좋지 못하다.[욕심]

6. 겉보다 실속이 중요하다.

7. 말과 행동에 관련된 속담들

05.명지대/93.법원직

01 다음 대화에서 빈칸에 가장 어울리는 속담을 고르시오. [05.명지대]
★

> A: Did you get a chance to review my proposal?
> B: Yes, I had a chance to skim through it this morning.
> A: What did you think of it?
> B: Well, we should wait awhile to see which way the economy is moving.
> A: The window of opportunity may be closed by then. We must _____.

(A) not judge the book by its cover

(B) strike while the iron is hot

(C) let sleeping dogs lie

(D) try to be all things to all men

13.경찰2차/07.소방간부/06.선관위9급
04.행자부9급/02-2.숙명여대

02 다음 글의 요지를 가장 잘 나타낸 속담은? [06.선관위9급]
★★

> Do you ever find a small hole in your socks or your stockings? If you do not necessary repairs at once, the torn place will get larger. It will take you as much longer time to repair it. It is better to spend five minutes repairing a small hole today than to spend fifteen minutes reparing a large hole later on.

(A) Well began is half done.

(B) A stitch in time saves nine.

(C) Time and tide wait for no man.

(D) Slow and steady wins the race.

09.한국외대

03 다음 대화의 빈칸에 들어갈 적절한 표현을 고르시오. [09.한국외대]

> A: I heard you got a promotion and will be going abroad.
> B: I didn't take the offer.
> A: _____, you know.
> B: I know, but my parents don't want me to move to a foreign country.

(A) Every flow has its ebb

(B) Second thoughts are best

(C) No opportunity knocks twice

(D) A creaking gate hangs the longest

(E) It's like killing two birds with one stone

02-2.명지대

04 다음 대화의 빈칸에 적절치 않은 표현을 고르시오. [02-2.명지대]

> A: I really blew Prof. Lee's final exam yesterday.
> B: Well. forget about it, _____

(A) There's no use crying over spilt milk.

(B) It's water under the bridge.

(C) What's done is done.

(D) It's make or break situation.

---

01 (B)

> A: 저의 제안을 검토해보셨나요?
> B: 예, 오늘 아침에 대충 훑어 봤습니다. * skim through 훑어보다
> A: 어떻게 생각하셨나요?
> B: 글쎄요. 경제가 어느 쪽으로 움직이는지 잠시 기다려 봐야 할 것 같아요.
> A: 그때가 되면 기회의 창이 닫혀버릴 수도 있습니다. 기회가 왔을 때 잡아야 합니다.

(A) 뚝배기보다는 장맛이다. 외모로 사람을 평가해서는 안 된다.
(B) 쇠뿔도 단김에 빼랬다. 기회가 왔을 때 잡아라.
(C) 긁어 부스럼 만들지 마라. 잠자는 사자를 깨우지 마라.
(D) 여러 사람에게 여러 모양이 되다. 즉, 사람에 따라 태도를 바꾸다

Strike while the iron is hot.
쇠는 달구어졌을 때 두드려라. (기회가 왔을 때 잡아라.)
= There's a right time for everything.
= Make hay while the sun shines.

---

02 (B)

> 당신의 양말이나 스타킹에 작은 구멍이 난 것을 이전에 발견한 적이 있는가? 만약 즉시 필요한 수선을 하지 않으면 찢어진 부분이 더욱 더 커질 것이다. 그리고 그것을 수선하는 데는 더욱 더 많은 시간이 소요될 것이다. 오늘 작은 구멍을 수선하는 데 5분을 쓰는 것이 이후에 보다 커진 구멍을 수선하는 데 15분을 들이는 것보다 낫다.

(A) 시작이 반이다.
(B) 호미로 막을 것을 가래로 막지 마라.
(C) 시간은 사람을 기다려 주지 않는다.
(D) 천천히 그리고 꾸준한 것이 경쟁에서 이긴다.

A stitch in time saves nine.
호미로 막을 것을 가래로 막지 마라.

---

03 (C)

> A: 네가 승진해서 해외로 갈 거라고 들었어.
> B: 난 그 제안을 받아들이지 않았어.
> A: 너도 알다시피 기회는 두 번 오는 게 아니야.
> B: 나도 알아. 하지만 부모님께서 내가 외국으로 가는 것을 원하지 않으셔.

(A) 달도 차면 기운다(權不十年).
(B) 두 번째로 생각한 것이 최고다.
(C) 기회는 두 번 오지 않는다.
(D) 약한 사람이 더 오래 산다.
(E) 일석이조.

Opportunity seldom knocks twice.
기회는 두 번 오지 않는다. (기회를 놓치지 마라.)

---

04 (D)

> A: 나 어제 이 교수님 학기말 시험 망쳤어.
> B: 잊어버려. 이미 지난 일이잖아.

(A) 한번 엎지른 물은 주어 담지 못한다.
(B) 다리 밑으로 흘러가버린 물이다. (이미 지난 일이다.)
(C) 지난 일은 지난 일이다.
(D) 성공이나 실패냐가 결정 지워질 상황이다.

It's water under the bridge.
이미 지나간 일이다. 후회해도 소용없다.
= There is no use crying over spilt milk.
= What's done is done.
= Let bygones be bygones.
= What's done cannot be undone.

DAY-09

07.한국외대/06.한양대/01.중앙대

05 Choose the answer that best completes the conversation. [07.한국외대]

> A: Have you decided to study abroad?
> B: No, I haven't. I am hesitating because I don't think my TOEFL and GRE scores are good enough.
> A: Don't let that stop you. Why don't you just give it a try?
> B: Maybe you're right. _____

(A) Birds of a feather flock together.

(B) A rolling stone gathers no moss.

(C) All work and no play makes Jack a dull boy.

(D) The early bird catches the worm.

(E) Nothing ventured, nothing gained.

03-2.경기대

06 You cannot make _____ without breaking eggs. [03-2.경기대]

(A) a cake
(B) an omelet
(C) fried-egg
(D) scrambled-egg

13.지방직9급/96.행자부9급

07 빈 칸에 들어갈 말로 적당한 것은? [96.행자부9급]

> Mr. Smith hoped to be a manager before the end of the year and have his salary increased. He started placing orders for new furniture and a big car. "_____," warned his wife. This was good advice, for it was Mr. Jones who was made a manager and Mr. Smith found himself in financial difficulties.

(A) A friend in need is a friend indeed.

(B) One swallow does not make a summer.

(C) You can't eat your cake and have it.

(D) Don't count your chickens before they are hatched.

07.국민대/03.행정고시

08 다음 밑줄 친 부분에 가장 알맞은 것을 고르시오. [03.행정고시]

> A: I hear the Barglows are closing down their shop in the West Street.
> B: Surely not! They've got a fine business there.
> A: Well, a number of people have told me that the Barglows are feeling the pinch, and _____.

(A) there is no smoke without fire.

(B) Rome was not built in a day.

(C) two heads are better than one.

(D) a bird in the hand is worth two in the bush.

(E) birds of a feather flock together.

16.한국산업기술대/06.법원직

09 다음 글의 내용을 가장 잘 표현한 속담은? [06.법원직]

> You may succeed or fail in doing something. If you fail, who is to blame? It is you that is to blame. On the other hand, if you succeed, you are the very person who deserves to be praised for it. Are you dissatisfied with today's results? Think of it as the harvest from yesterday's sowing. Do you dream of a golden tomorrow? Then work hard for it. You can get something as a result of your efforts. In other words, You can get out of your life just what you put into the life.

(A) All work and no play makes Jack a dull boy.

(B) Actions speak louder than words.

(C) As you sow, so shall you reap.

(D) The sooner, the better.

05 (E)

A: 외국으로 유학가기로 결정했니?
B: 아니, 토플이나 GRE 성적이 좋지 않아 망설이고 있는 중이야.
A: 그게 발목을 잡게 두지 마. 그냥 한번 해보는 거야.
B: 네 말이 옳을지도 몰라. 호랑이를 잡으려면 호랑이 굴에 가야하니까.

(A) 유유상종
(B) 1. 구르는 돌은 이끼가 끼지 않는다. 2. 직업을 자주 바꾸면 돈이 안 모인다.
(C) 일만 하고 놀지 않으면 우둔한 사람이 된다.
(D) 일찍 일어나는 새가 벌레를 잡는다.
(E) 모험이 없이는 얻는 것도 없다. (호랑이를 잡으려면 호랑이 굴에 기야 한다.)

Nothing ventured, nothing gained.
호랑이를 잡으려면, 호랑이굴에 들어가야 한다.
= **No pains, No gains.** 노력이 없으면 얻는 것도 없다.
= **No cross, no crown.** 십자가가 없으면 면류관도 없다.
= **Nothing sought, nothing found.**
= **No mill, no meal.** 방앗간을 돌리지 않으면 식사도 없다.

06 (B) 계란을 깨지 않고는 오믈렛을 만들 수 없다.

You cannot make an omelet without breaking egg.
달걀을 깨지 않고 오믈렛을 만들 수는 없다.
(모든 일에는 희생이 필요하다.)

07 (D)

Mr. Smith는 연말 전에 매니저가 되어 봉급이 인상되기를 기대했다. 그는 새로운 가구와 큰 대형차를 주문하기 시작했다. "김칫국부터 마시지 마세요."라고 아내가 경고했다. 이는 좋은 충고였는데, 왜냐하면 매니저가 된 사람은 Mr. Smith가 아니라 Mr. Jones였고 Mr. Smith는 재정적인 어려움에 처하게 되었기 때문이다.

(A) 곤궁할 때의 친구가 정말 친구다.
(B) 제비 한 마리가 왔다고 해서 여름이 온 것이 아니다.
(C) 얻는 것이 있으면 잃는 것도 있는 법.
(D) 김칫국부터 마시지 마라.

Don't count your chickens before they hatch.
부화도 하기 전에 병아리 수부터 세지 마라.
(김칫국부터 마시지 마라.)

08 (A)

A: 바글로우가 웨스트 스트리트에 있는 그들의 가게를 닫는다고 들었는데.
B: 설마 그러려고. 그들은 거기서 장사 잘하고 있었는데.
A: 음, 많은 사람들에게서 바글로가 경제적인 곤경을 겪고 있다는 얘기를 들었어. 그리고 아니 땐 굴뚝에 연기 나겠어. * feel the pinch 경제적 곤경에 빠지다

(A) 아니 땐 굴뚝에 연기 나랴.
(B) 로마는 하루아침에 이루어지지 않았다.
(C) 머리 하나보다는 두 개가 낫다.
(D) 손안에 한 마리 새가 덤불 속의 두 마리보다 낫다.
(E) 유유상종

There is no smoke without fire.
아니 땐 굴뚝에 연기 나랴. (모든 일에는 이유가 있다.)
= **Where there's smoke, there's fire.**
연기가 있는 곳에 불이 있기 마련.
= **From nothing, nothing can come.**
아니 땐 굴뚝에서 연기 나랴.
= **Nothing comes from nothing.**
원인 없는 결과는 없다
= **Every why has a wherefore.**
모든 것에는 이유가 있다. (핑계 없는 무덤은 없다.)

09 (C)

당신은 어떤 일을 함에 있어 성공할 수도 실패할 수도 있다. 만약 실패한다면 누구의 책임인가? 비난받아야 할 사람은 당신이다. 반면에, 당신이 성공한다면 칭찬받아 마땅한 사람도 바로 당신이다. 당신은 오늘의 결과에 대해 불만족스러운가? 과거에 뿌린 만큼 수확한다는 것을 기억하라. 찬란한 내일을 꿈꾸는가? 그럼 그것을 위해 열심히 일하라. 당신의 노력의 결과만큼 얻을 수 있다. 바꾸어 말하면, 인생에 투입한 만큼 인생에서 받아낼 수 있다.

(A) 일만 하고 놀지 않으면 우둔한 사람이 된다.
(B) 행동이 말보다 효과가 있다.
(C) 뿌린 대로 거둔다.
(D) 이르면 이를수록 좋다.

As a man sows, so he shall reap.
뿌린 대로 거둔다.

10 주어진 영문과 같은 뜻을 가진 속담은? [94.행자부 9급]

> One piece of evidence is not enough to prove something.

(A) One swallow does not make a summer.

(B) Where there's smoke, there's fire.

(C) Look before you leap.

(D) Rome wasn't built in a day.

11 다음은 영어 속담들이다. 각각의 빈 칸에 주어진 철자로 시작하는 한 단어를 쓰시오. [06.한양대]

> (a) Practice makes **p**_____ .
> (b) Don't **b**_____ off more than you can chew.
> (c) Nothing ventured, nothing **g**_____ .
> (d) Don't **j**_____ a book by its cover.
> (e) All work and no **p**_____ makes Jack a dull boy.
> (f) The grass is always **g**_____ on the other side of the fence.

12 ★ 다음의 대화 중 빈칸에 가장 적절한 것은? [09.명지대]

> A: Mayor Thomas sure cuts a poor figure of a leader.
> B: Since when did he get on your bad side?
> A: You know I've never been his supporter.
> B: Maybe so, but didn't you vote for him in the last election?
> A: I'm ashamed to say I did.
> B: What about him appealed to you at the time?
> A: Well, he appeared to be very sincere and honest.
> B: As they say, "_____ "

(A) The pen is mightier than the sword.

(B) You can't judge a book by its cover.

(C) Better late than never.

(D) Speak of the devil and he will come.

13 다음 문장과 가장 유사한 표현은? [07.국민대]

> A sly rogue is often in good dress.

(A) Old habits die hard.

(B) Matchmaking has its risks.

(C) Success doesn't come overnight.

(D) He's a wolf in sheep's clothing.

14 다음 밑줄 친 칸에 들어갈 말로 가장 적당한 것은? [97.지방행시]

> Mary: How are your students this month?
> John: Oh, most of them are great. The only real problem I have is Hee-jin.
> Mary: Hee-jin? Why is she a problem?
> John: She just can't speak English. She can't understand any of the instructions in class, either.
> Mary: I don't understand. Isn't her father an English teacher?
> John: Yes, he is. But I guess It's a case of _____ .

(A) Like father, like son

(B) Even Homer sometimes nods

(C) The sparrow near a school sings the primer

(D) The cobbler's children going barefoot

(E) To teach a fish how to swim

10 (A)

하나의 증거만으로는 무엇인가를 입증하기에 충분하지 않다.

(A) 제비 한 마리가 왔다고 해서 여름이 온 것이 아니다. (성급한 판단은 금물)
(B) 아니 땐 굴뚝에 연기 나랴.
(C) 돌다리도 두드려 보고 건너라.
(D) 첫술에 배부르랴. (로마는 하루아침에 이루어지지 않았다.)

One swallow does not make a summer.
제비 한 마리가 왔다고 해서 여름이 온 것이 아니다.
(성급한 판단은 금물)

11 (a) perfect (b) bite (c) gained (d) judge (e) play (f) greener

(a) 연습이 완벽을 만든다.
(b) 씹을 수 없을 만큼 물지는 마라. (욕심 부리지 마라.)
(c) 도전하지 않으면 아무것도 얻을 수 없다.
(d) 겉만 보고 판단하지 마라.
(e) 공부만 시키고 놀리지 않으면 아이를 바보로 만든다.
(f) 남의 떡이 더 커 보인다.

Don't bite off more than you can chew.
씹을 수 없을 만큼 물지는 마라.
(송충이는 솔잎을 먹어야 한다.)

12 (B)

A: 토마스 시장은 확실히 지도자감은 아니야. * cut a poor figure of ~감이 아니다
B: 언제부터 그가 네 미움을 사게 됐지?
A: 알잖아, 난 한 번도 그를 지지한 적이 없는데.
B: 그럴 수도 있지. 그런데 너 지난 선거 때 그 사람 뽑지 않았니?
A: 말하기 부끄럽게도 그랬어.
B: 선거 때는 그의 무엇에 그렇게 끌렸어.
A: 글쎄, 사람이 매우 진실하고 정직해 보였거든.
B: 흔히 사람들이 책을 표지로만 판단하지 말라고 하잖니.

(A) 펜은 칼보다 강하다.
(B) 책을 표지로만 판단할 수 없다.
(C) 늦더라도 않는 것보다 낫다.
(D) 호랑이도 제 말하면 온다.

Don't judge a book by its cover.
겉표지로 책을 판단하지 말아라.
= **Never judge by appearances.**
　외양을 보고 사람을 판단하지 마라.
= **It's not the beard that makes the philosopher.**
　구레나룻이 철학자를 만드는 것은 아니다.
= **All that glitters is not gold.**
　반짝인다고 모두 금은 아니다.
= **Beauty is just skin deep.**
　아름다움은 단지 가죽 한 꺼풀에 지나지 않는다.

13 (D)

교활한 악당은 종종 좋은 옷을 입는다.

(A) 오래된 버릇은 쉽게 사라지지 않는다.
　* die hard 여간해서 죽지 않다: (관습 따위가) 쉽게 사라지지 않다
(B) 결혼중매에도 위험은 있다.
(C) 성공은 하룻밤에 이루어지지 않는다.
(D) 그는 양의 옷을 입은 늑대이다.

A sly rogue is often in good dress.
교활한 악당은 종종 좋은 옷을 입는다.

14 (D)

Mary: 이번 달 선생님반 애들은 어때요
John: 대부분은 잘해요 근데 딱 하나의 문제는 희진이에요
Mary: 희진이요? 뭐가 문제인가요?
John: 영어를 할 줄 몰라요. 그러니 제가 수업시간에 하는 말을 전혀 이해하지 못하거든요.
Mary: 이해가 안 되네요. 그 애 아버지도 영어선생님 아닌가요?
John: 맞아요. 제 생각에는 "대장장이 집에 식칼이 없다."라는 경우인 것 같아요.

(A) 부전자전.
(B) 원숭이도 나무에서 떨어질 때가 있다.
(C) 서당 개 3년이면 풍월을 읊는다.
(D) 구두 수선공의 아이들이 맨발로 다닌다. (대장장이 집에 식칼이 없다.)
(E) 물고기에게 헤엄치는 법을 가르친다. → 번데기 앞에서 주름잡는다.

The cobbler's children going barefoot.
구두 수선공의 아이들이 맨발로 다닌다.
대장장이가 집에 식칼이 논다.
= **The shoemaker's wife goes barefoot.**

15 다음 대화에서 밑줄 친 부분에 들어갈 말로 가장 적절한 것은? [15.지방교행]

> A: Hey. You are late.
> B: Sorry. I was busy helping Jenny with her math homework. She seemed to have problems with some of the questions.
> A: What? Jenny with curly hair?
> B: Yes. Jenny Kim in my class.
> A: _____
> B: What do you mean by that?
> A: She's a math genius. She practically knows everything about math.
> B: Oh, I didn't know that. She never told me she didn't need help.
> A: Jenny is very thoughtful. She probably didn't want to hurt your feelings.

(A) You taught a fish how to swim.

(B) Don't bite the hand that feeds you.

(C) She just jumped on the bandwagon.

(D) You locked the barn door after the horse escaped.

16 다음 빈칸에 알맞은 속담표현은? [06.경기교행]

> A: Isn't this a beautiful house? Your mother-in-law is a great decorator.
> B: Yes, But I think the colors are too dark and gloomy, like her personality.
> A: Shhh! Be careful. You think she's in the other room. Someone may hear you.
> B: You're right. _____ .

(A) The early bird catches the worm.

(B) Nothing ventured, nothing gained.

(C) A tree is known by its fruit.

(D) Walls have ears.

17 밑줄 친 부분에 들어갈 표현으로 가장 적절한 것을 고르시오. [13.국가직9급]

> Tom: Frankly, I don't think my new boss knows what he is doing.
> Jack: He is young, Tom. You have to give him a chance.
> Tom: How many chances do I have to give him? He's actually doing terribly.
> Jack: _____
> Tom: What? Where?
> Jack: Over there. Your new boss just around the coner.

(A) Speak of the devil.

(B) I wish you good luck.

(C) Keep up the good work.

(D) Money makes the mare go.

18 다음 중 "벼는 익을수록 고개를 숙인다."와 가장 가까운 것은? [11.명지대]

(A) You reap what you sow.

(B) Don't blow your own horn.

(C) You are what you eat.

(D) Even Homer sometimes nods.

15 (A)

A: 야, 너 늦었네.
B: 미안, 제니의 숙제를 돕느라고 바빴어. 몇 문제에 대해 어려움을 겪고 있는 것 같더라고.
A: 뭐라고? 곱슬머리 제니 말이야?
B: 맞아. 우리 반 제니 김.
A: 너 번데기 앞에서 주름을 잡았구나.
B: 그게 무슨 말이야?
A: 그녀는 수학천재야. 사실상 수학에 대해서는 모든 걸 알고 있어.
B: 아, 그건 몰랐네. 그녀가 내게 도움이 필요하지 않다고 말하지 않더라고.
A: 제니는 매우 사려가 깊어. 아마도 네게 상처주고 싶지 않았을 거야.

(A) teach a fish how to swim 번데기 앞에서 주름을 잡다
(B) Don't bite the hand that feeds you. 배은망덕하지 마라.
(C) jump on the bandwagon 시류에 편승하다
(D) lock the barn door after the horse escaped 소 잃고 외양간 고치다

To teach a fish how to swim.
번데기 앞에서 주름 잡는다.

16 (D)

A: 집이 참 아름답지 않니? 네 시어머니는 대단한 장식가야.
B: 그래, 하지만 그녀의 성격처럼 색조가 너무 어둡고 우울하다고 생각해.
A: 쉿! 조심해. 그녀가 다른 방에 있다는 걸 명심해. 누군가 네 말을 들을지 몰라.
B: 맞아! 벽에도 귀가 있으니까.

(A) 일찍 일어나는 새가 벌레를 잡는다.
(B) 모험이 없으면 얻는 것도 없다. 호랑이 굴에 가야 호랑이를 잡는다.
(C) 나무는 그 열매를 보면 안다. 사람은 말보다 행동으로 판단된다.
(D) 벽에도 귀가 있다. 또는 밤말은 쥐가 듣고 낮말은 새가 듣는다.

Walls have ears.
벽에도 귀가 있다.
= **Pitchers have ears.**
= **Birds hear what is said by day, and rats hear what is said by night.**
밤말은 쥐가 듣고 낮말은 새가 듣는다.
= **People will talk.**

17 (A)

Tom: 솔직히 말해서 새로 온 상사는 자기가 뭘 하고 있는지 모르는 것 같아.
Jack: 그는 젊잖아, Tom, 네가 그에게 기회를 줘야지
Tom: 얼마나 많은 기회를 줘야하는데? 그는 사실 엉망으로 하고 있어.
Jack: 호랑이도 제 말하면 온다더니.
Tom: 뭐? 어디?
Jac: 저기에. 네 새 상사가 바로 코앞에 있네.

(A) Speak of the devil. 호랑이도 제 말하면 온다.
(B) I wish you good luck. 행운을 빌어요.
(C) Keep up the good work. 지금처럼 계속 잘하세요.
(D) Money makes the mare go. 돈만 있으면 귀신도 부릴 수 있다.

Speak of the devil (and he will appear).
호랑이도 제 말하면 온다.

18 (B) 자기자랑을 늘어놓지 마라.
(A) 뿌린 대로 거둔다.
(C) 먹는 것을 보면 사람을 안다.
(D) 원숭이도 나무에 떨어질 때가 있다.

Don't blow your own horn.
벼는 익을수록 고개를 숙인다.

보충이디엄 〈주요 속담 모음〉

1. 시작과 꾸준함이 중요하다. 단, 서두르지 마라.

Rome was not built in a day. 로마는 하루아침에 이루어지지 않았다.
The first step is always the hardest. 시작이 어렵기 마련이다.
Well began is half done. 시작이 반이다.
The first blow is half the battle.
첫 번 일격이 전쟁의 반이다. (잘 자랄 나무는 떡잎부터 알아본다.)
Great oaks from little acorns grow.
거대한 참나무도 작은 도토리로부터 자란다.
Little drops of water make the mighty ocean. 티끌 모아 태산.
A penny saved is a penny earned.
한 푼의 절약은 한 푼의 이득. (티끌모아 태산)
A good beginning makes a good ending. 시작이 좋으면 끝도 좋다.
Where there is no beginning, there is no ending.
시작이 없으면 끝도 없다.
Better late than never. 늦더라도 안 하는 것보다 낫다.
A rolling stone gathers no moss.
1. 구르는 돌은 이끼가 끼지 않는다. 2. 직업을 자주 바꾸면 돈이 안 모인다.
Don't change horses in the middle of a stream.
계획을 중간에 변경하지 마라.
The early bird catches the worm. 일찍 일어나는 새가 벌레를 잡는다.
Little strokes fell great oaks. 열 번 찍어 안 넘어가는 나무는 없다.
A small leak will sink a great ship. 적은 물이 새어 큰 배를 가라앉힌다.
A watched pot never boils.
보고 있는 주전자는 결코 끓지 않는다. (서두른다고 일이 되는 것은 아니다.)
He who begins many things, finishes but few.
많은 일을 시작한 사람은 끝내는 일이 거의 없다.
Don't have too many irons in the fire.
(용광로) 불 속에 너무 많은 쇠를 넣지 마라. (한꺼번에 너무 많은 일을 하려 하지 마라.)

2. 기회와 때를 놓치지 마라.

Strike while the iron is hot.
쇠는 달구어졌을 때 두드려라. (기회가 왔을 때 잡아라.)
A stitch in time saves nine. 호미로 막을 것을 가래로 막지 마라.
Time and tide wait for no man. 시간과 조류는 사람을 기다리지 않는다.
Opportunity seldom knocks twice.
기회는 두 번 오지 않는다. (기회를 놓치지 마라.)
It's water under the bridge. 이미 지나간 일이다. 후회해도 소용없다.
Fix the hedge gate after you've been robbed. 도둑맞고 사립문 고친다.
The fish that got away looks bigger. 놓친 물고기가 더 커 보인다.
Prevention is better than cure. 예방이 치료보다 낫다. (유비무환)

3. 원인과 결과, 인과관계, 일의 순서

Nothing ventured, nothing gained.
호랑이를 잡으려면, 호랑이굴에 들어가야 한다.
You cannot make an omelet without breaking eggs.
달걀을 깨지 않고 오믈렛을 만들 수는 없다. → 희생 없이 목적을 달성할 수 없다.
Don't count your chickens before they hatch.
부화도 하기 전에 병아리 수부터 세지 마라. (김칫국부터 마시지 마라.)
There is no smoke without fire.
아니 땐 굴뚝에 연기 나랴. (모든 일에는 이유가 있다.)
= **Where there's smoke, there's fire.** 연기가 있는 곳에 불이 있기 마련.
Scratch my back and I'll scratch yours.
내 등을 긁어주면 나도 긁어 줄 것이다. (오는 정이 있어야 가는 정이 있다.)
As a man sows, so he shall reap. / You reap what you sow.
뿌린 대로 거둔다.
He got what he bargained for. 자업자득
Learn to say before you sing. 노래하기 전에 말하기부터 배워라.
What goes around comes around.
내게서 나간 것은 돌고 돌아 자기에게 돌아온다.
After the feast comes the reckoning. 잔치 뒤에는 계산서가 따른다.
An eye for an eye and a tooth for a tooth! 눈에는 눈, 이에는 이!
Let sleeping dogs lie. 잠자는 개는 그대로 두어라. (긁어 부스럼 만들지 마라.)

4. 매사에 신중해라.

Look before you leap. 돌다리도 두드려 보고 건너라.
Second thoughts are best. 다시 생각하면 좋은 생각이 떠오른다.
A danger foreseen is half avoided.
미리 예견한 위험은 반쯤은 피한 것이나 다름없다.
Forewarned is forearmed. 경계가 곧 경비이다.[유비무환]
Don't whistle until you are out of the wood. 마지막까지 방심하지 마라.
Go to vintage without baskets.
바구니는 두고 포도밭에 가라. (의심 받을 짓은 애초에 하지 마라.)
One swallow does not make a summer.
제비 한 마리가 왔다고 해서 여름이 온 것이 아니다. (성급한 판단은 금물)

5. 지나친 것은 좋지 못하다 [욕심]

Don't bite off more than you can chew.
씹을 수 없을 만큼 물지는 마라. (송충이는 솔잎을 먹어야 한다.)
Your eyes are bigger than your stomach. 너의 눈이 위장보다 더 크다.
* 다 먹지도 못할 양을 가지고 왔을 때 쓰는 표현
You can't eat your cake and have it too. 얻는 것이 있으면 잃는 것도 있는 법
Cut your coat according to your cloth.
옷에 맞추어서 코트를 잘라라. (자기 분수에 맞게 살아라.)
Covetousness is always filling a bottomless vessel.
탐욕은 항상 밑 빠진 그릇 채우기이다. (욕심은 끝이 없다.)
Don't kill the goose that lays the golden eggs. 황금알을 낳는 거위를
죽이지 마라. (눈앞의 이익에 어두워 미래의 이익을 망치지 마라.)
When the well is full, it will run over. 우물도 차면 넘친다. 그릇도 차면 넘친다.
Easy come, easy go. 쉽게 얻은 것은 쉽게 나간다.
Curiosity killed the cat. 지나친 호기심은 화를 부른다.
The grass is always greener on the other side of the fence.
울타리 저편의 잔디가 항상 더 푸르다. (남의 떡이 더 커 보인다.)
If the sky falls, we shall catch larks.
하늘이 무너지면 종달새를 잡을 것이다. (지레 걱정하지 마라.)
Don't make a mountain out of a molehill.
사소한 문제를 거창하게 말하지 마라. (침소봉대하지 마라.)
Killing a fly with a long spear. 모기 보고 칼 빼기.
build a castle in the air 공중에다 성을 건설하다. 사상누각을 짓다. 헛된 꿈을 꾸다.

6. 겉보다 실속이 중요하다

Don't judge a book by its cover. 겉표지로 책을 판단하지 마라.
A sly rogue is often in good dress. 교활한 악당은 종종 좋은 옷을 입는다.
Empty vessels make the most sound. 빈 깡통이 요란하다.
The beacon does not shine on its own base. 등잔 밑이 어둡다.
If it were a snake, it would bite you.
(바로 곁에 있는 물건을 찾지 못하고 헤맬 때) 업은 아기 삼년 찾는다.
The cobbler's children go barefoot. 구두 수선공의 아이들이 맨발로 다닌다.
To teach a fish how to swim.
물고기에게 헤엄치는 법을 가르친다. (번데기 앞에서 주름잡는다.)
Jack of all trades, and master of none.
무엇이든지 다 할 수 있는 사람은 뛰어난 재주가 없다.

7. 말과 행동에 관련된 속담들

Actions speak louder than words. 행동이 말보다 효과가 있다.
Easier said than done. 말보다 행동이 어렵다.
Practice what you preach. 언행을 일치시켜라.
A tree is known by its fruit.
나무는 그 열매를 보면 안다. (사람은 말보다 행동으로 판단되어진다.)
Speech is silver, but silence is gold. 웅변은 은이요, 침묵은 금이다.
Silence is the most perfect expression of scorn.
침묵은 경멸의 가장 완벽한 표현이다.
Walls have ears. 벽에도 귀가 있다. **Cf. talk to the wall.** 벽에다 말하기 (소귀에 경 읽기)
You could sell him the Brooklyn Bridge. 팥으로 메주를 쑨다 해도 믿는다.
Good words cost nothing. 고운 말에 미천 들지 않는다.
A soft answer turns away wrath.
부드러운 대답은 분노도 쫓아버린다. (웃는 낯에 침 뱉으랴.)
Speak of the devil (and he will appear). 호랑이도 제 말하면 온다.

DAY 10

속담 표현 [2]

8. 관습의 중요함과 습관(버릇)의 무서움

9. 가르침, 교육

10. 무리와 협동에 관한 속담

11. 친구, 사교의 법칙, 처세술

12. 금전과 경제적 지혜

13. 인간의 좋지 못한 습성, 본능, 어리석음

14. 인생의 법칙 [설상가상, 길흉화복, 새옹지마]

15. 기타 속담표현

01 다음 글의 빈칸에 들어갈 속담으로 가장 적절한 것은? [06.대구교행]
★

06.대구교행/02.법원직/99.행자부9급

> Before I left home, my father said to me, "Son, remember the ancient proverb which I have taught you. If you go to a land of one-eyed men, close one eye and join them. If you go to a land of one-legged men, limp with them; do not walk alone." This proverb has the same message as the English proverb _____ Since I have been in the United States, I have often remembered these words. It has often guided my behavior.

(A) Don't cry over spilt milk.

(B) Little by little one goes far.

(C) Birds of a feather flock together.

(D) The early bird catches the worm.

(E) When in Rome, do as the Romans do.

02 다음 밑줄 친 부분에 가장 가까운 한국 속담은? [01.명지대]

01.명지대

> Don't just take my word for it, but try it yourself. After all, <u>the proof of the pudding is in the eating</u>.

(A) 백문이 불여일견

(B) 일각이 여삼추

(C) 금강산도 식후경

(D) 내 코가 석자

03 다음 빈 칸에 들어갈 말로 적당한 것은? [97.행자부9급]
★

07.강원9급/06.서울시교행/97.행자부9급

> Many popular sayings are correct, even insightful, when applied to life's circumstances. But when proverbs are viewed without qualifications: they can cancel each other out. For instance, while it's often true that "_____," there are times when "two heads are better than one".

(A) too many cooks spoil the broth

(B) blood is thicker than water

(C) birds of a feather flock together

(D) faith will move mountains

04 다음 밑줄 친 칸에 들어갈 말로 가장 적당한 것은? [02.사법시험]

02.사법시험

> A: Hey, Bill! I haven't seen you with Judy these days, Where's she been hiding?
> B: She's been traveling overseas for the past two month. To tell you the truth, I never thought I'd miss her so much.
> A: Well, they say that _____.
> B: It sure seems true in my case. I didn't realize how much she meant to me until she was gone.

(A) after the feast comes the reckoning

(B) absence makes the heart grow fonder

(C) you can't teach an old dog new tricks

(D) the rain falls on the good and the bad

(E) you should never cross a black cat's path

01 (E)

> 내가 집을 떠나오기 전에 아버지께서는 내게 말씀하셨다. "아들아, 내가 너에게 가르쳤던 오래된 속담들을 기억해거라. 네가 만약 애꾸눈 사람들의 세상에 간다면 한 눈을 감고 그들과 어울려야 한다. 네가 외다리만 사는 세상에 가게 되면 혼자 걷지 말고 그들과 같이 절뚝거려라." 이 속담은 영어 속담인 "_____" 과 같은 메시지를 가지고 있다. 내가 미국에 있는 내내 종종 이 말들을 떠올리곤 했다. 그것은 종종 나의 행동을 이끌어주었다.

(A) 이미 지나간 일은 후회해도 소용없다.
(B) 조금씩 조금씩 가면 먼 길을 간다. 천 리 길도 한걸음부터.
(C) 유유상종
(D) 일찍 일어나는 새가 벌레를 잡는다.
(E) 로마에 있을 때는 로마 사람들이 하는 대로 하시오.

When in Rome, do as the Romans do.
로마에서는 로마법을 따르라.

02 (A)

> 내 말을 그대로 받아들이지 말고 너 스스로 해 봐. 결국 푸딩도 먹어봐야 아는 것이니까.

(B) Every minute seems like a thousand. 일각이 여삼추
(C) A loaf of bread is better than the song of many birds. 금강산도 식후경
(D) I have got myself into a hell of fix. 내 코가 석자

The proof of the pudding is in the eating.
푸딩이 맛있는지는 먹어 봐야 안다. (백문이 불여일견)
= **Hearing times is not like seeing once.**
 백문이 불여일견
= **One picture is worth a thousand words.**

03 (A)

> 많은 유명한 격언들은 삶의 상황들에 적용될 때 들어맞거나 심지어는 통찰력이 있기도 하다. 그러나 속담들은 아무 조건 없이 놓고 보면 서로를 상쇄시킬 수 있다. 예를 들어, "사공이 많으면 배가 산으로 올라간다."는 말이 종종 맞는 경우도 있지만, "백지장도 맞들면 낫다."라는 말이 맞는 경우도 있다. * cancel out 상쇄하다

(A) 사공이 많으면 배가 산으로 올라간다.
(B) 피는 물보다 진하다.
(C) 유유상종
(D) 신념은 산을 움직인다.

Too many cooks spoil the broth.
사공이 많으면 배가 산으로 올라간다.
cf. Two heads are better than one.
 머리 하나보다는 두 개가 낫다.

04 (B)

> A: 이봐, 빌! 요즘 네가 쥬디와 어울리는 걸 못 봤는데, 쥬디는 어디로 숨은 거야?
> B: 지난 두 달 동안 해외여행을 하고 있어. 솔직히 말하자면 그녀가 이렇게 그리울 줄은 생각도 못했어.
> A: 음, 흔히들 없으면 더 보고 싶다고들 하지.
> B: 내 경우에 딱 맞는 말인 것 같아. 떠나기 전에는 내게 얼마나 소중한 사람인지 깨닫지 못했어.

(A) 잔치 뒤에는 계산서가 따른다.
(B) 떨어져 있으면 더욱 그리운 법이다.
(C) 오래된 습관은 고치기 어렵다.
(D) 선한 쪽이나 나쁜 쪽이나 비는 내리기 마련이다.
(E) 검은 고양이를 피해라. * 서양에서 검은 고양이는 불길한 존재로 취급

Absence makes the heart grow fonder.
떨어져 있으면 더욱 그리운 법이다.

DAY-10

13.경찰2차/86법원직

05 다음 세 속담의 빈 칸에 들어갈 말로 가장 적절한 것은? [13.경찰2차]
★

A ____ⓐ____ in time saves nine.
A ____ⓑ____ in need is a friend indeed.
A ____ⓒ____ in the hand is worth two in the bush.

ⓐ	ⓑ	ⓒ
(A) bird	friend	stitch
(B) friend	bird	stitch
(C) stitch	friend	bird
(D) friend	stitch	bird

93.행자부7급

06 다음 우리말 속담과 그 뜻이 가장 가까운 것은? [93.행자부7급]

꿩 먹고 알 먹고

(A) Flattery will get you nowhere.

(B) Kill two birds with one stone.

(C) Put the cart before the horse.

(D) Sour grapes

06.건국대/한양대

07 다음 빈 칸에 들어갈 알맞은 표현은? [06.건국대]
★

A: Jim is always criticizing people who are stingy, yet he's terribly stingy himself.
B: Yes, well. _____
C: Exactly.

(A) never judge a book by its cover.

(B) when the cat's away, the mice will play.

(C) a bird in the hand is worth two in the bush.

(D) people who live in glass houses shouldn't throw stones.

(E) you can lead a horse to water, but you can't make it drink.

07.서울시9급

08 Pride goes before destruction, and a <u>haughty</u> spirit before a fall. [07.서울시9급]

(A) arrogant   (B) calm

(C) harsh   (D) holy

(E) humble

96.행자부9급

09 다음 빈 칸에 들어갈 말로 적당한 것은? [96.행자부9급]

"I don't like people who tell lies" said Peter.
"Meaning me?" demanded Paul.
Peter shrugged his shoulders and replied: "_____"

(A) Like knows like.

(B) If the cap fits, wear it.

(C) There is no smoke without fire.

(D) Hearsay is half lies.

05 (C)

> A stitch in time saves nine. 호미로 막을 것을 가래로 막지 마라.
> A friend in need is a friend indeed. 곤궁할 때의 친구가 정말 친구다.
> A bird in the hand is worth two in the bush. 손안의 한 마리 새가 덤불 속의 두 마리보다 낫다.

06 (B)

(A) 아부를 해도 소용없다.
(B) 일거양득이다.
(C) 본말을 전도하다. (마차를 말 앞에다 놓다.)
(D) 신포도

07 (D)

> A: 짐은 항상 인색한 사람을 비난하지만, 자기 자신도 아주 지나치게 인색해요.
> B: 네, 그래요. 자신의 흉을 모르고 남의 흉을 보아서는 안 되죠.
> C: 맞아요.

(A) 사람의 겉만 보고 판단하지 마라.
(B) 사자 없는 곳에 토끼가 왕이다.
(C) 손 안의 한 마리 새가 숲 속의 두 마리보다 낫다.
(D) 약점이 있는 사람은 다른 사람을 비난하면 안 된다.
(E) 평양감사도 자기 싫으면 그만.

08 (A)

> 교만한 자는 오래가지 못하며, 오만한 마음을 지닌 자는 이내 몰락한다. ＊ haughty 오만한

(A) arrogant 오만한　　　　　　　(B) calm 침착한
(C) harsh 가혹한　　　　　　　　(D) holy 성스러운
(E) humble 겸손한, 초라한

09 (B)

> "나는 거짓말하는 사람이 싫어."라고 피터가 말했다.
> "나한테 하는 말이야?" 폴이 다그쳤다.
> 피터는 어깨를 으쓱하며 "찔리면 너도 해당되는 거고."라고 대답했다.
> ＊ demand 다그치다, 묻다 shrug one's shoulders 어깨를 으쓱하다

(A) 초록은 동색. (동병상련)
(B) 그 말이 걸리면 자신에 대한 말인 줄 알아라.
(C) 아니 땐 굴뚝에 연기 나랴. (모든 일에는 이유가 있다.)
(D) 소문은 절반이 거짓말이다.

A bird in the hand is worth two in the bush.
손안의 한 마리 새가 덤불 속의 두 마리보다 낫다.

Kill two birds with one stone.
일거양득이다. 꿩 먹고 알 먹고.

People who live in glass houses shouldn't throw stones.
자신의 흉을 모르고 남의 흉을 보아서는 안 된다.
= **The pot calls the kettle black.**
똥 묻은 개가 겨 묻은 개를 나무란다

Pride goes before destruction, and a haughty spirit before a fall.
교만한 자는 오래가지 못하며, 오만한 마음을 지닌 자는 이내 몰락한다.

If the cap[shoe] fits, wear it.
모자가 맞으면 쓰라. (그 말이 타당하면 순순히 받아 들여라.)

10 다음 빈 칸에 들어갈 알맞은 표현은? [97지방고시]

> Bob: Hi, Alan. I guess we're in the same history class.
> Alan: Yes, I think our new teacher is really nice.
> Bob: Yes, but they say _____.
> Alan: Really? What is it?
> Bob: I'm not sure. But I heard he may be an alcoholic.
> Alan: That's too bad.

(A) he got what he bargained for

(B) he has a skeleton in his closet

(C) he bit off more than he can chew

(D) he's cried wolf to many times

(E) he could sell the Brooklyn Bridge

11 밑줄 친 부분에 들어갈 가장 적절한 것을 고르시오. [15.국가직7급]

> Laura: What's the matter, honey?
> Bill: Laura, I got fired today at work.
> Laura: Oh dear! How did it happen?
> Bill: The company has decided to downsize its workforce.
> Laura: Well, did you speak with your boss?
> Bill: Yes, I did. But no such luck.
> Laura: I thought you were Ted's right-hand man!
> Bill: Yeah, but _____.
> Laura: Keep your chin up. I think he is making a big mistake.

(A) he made it up to me

(B) he filed a lawsuit against me

(C) he stabbed me in the back

(D) he took my word for it

12 Every cloud has a silver _____. [97.고려대학원]

(A) inside   (B) interior

(C) center   (D) lining

13 다음 중 "헛물켜지 마라."라는 뜻을 가진 영어 속담은? [12.명지대]

(A) Don't burn the candle at both ends.

(B) Don't bark up the wrong tree.

(C) Don't bite off more than you can chew.

(D) Don't change horses in the stream.

14 다음 밑줄 친 부분에 가장 가까운 한국 속담은? [01.명지대]

> I can't believe Tom turned down the promotion. <u>You can lead a horse to water, but you can't make him drink</u>.

(A) 목마른 놈이 우물을 판다.

(B) 얌전한 고양이가 부뚜막에 먼저 올라간다.

(C) 못 오를 나무 쳐다보지도 마라.

(D) 평양감사도 자기 싫으면 그만.

10 (B)

> Bob: 안녕, 앨런. 우리 같이 역사수업을 듣는 것 같네.
> Alan: 그래, 새 선생님이 정말 근사한 것 같아.
> Bob: 그래, 그런데 선생님에게 말 못 할 비밀이 있대.
> Alan: 정말? 그게 뭔데?
> Bob: 확실하진 않아. 하지만 선생님이 알코올 중독자일지도 모른다는 말을 들었어.
> Alan: 정말 안됐다.

(A) 자업자득이다.
(B) 그가 말 못할 비밀을 가지고 있다. * skeleton in his closet 집안의 말 못 할 비밀
(C) 그는 다 먹지도 못하면서 음식 욕심을 부렸다.
　　* Don't bite off more than you can chew. 씹을 수 없는 만큼 물지는 말아라.
(D) 콩으로 메주를 쑨다 해도 안 믿는다. * cry wolf 거짓소동을 피우다
(E) 그는 브루클린 다리도 팔아먹을 수 있다. → 그 사람 말이라면 팥으로 메주를 쑨다 해도 믿는다.

Everyone has a skeleton in the closet.
모든 사람은 말 못 할 비밀이 있다.

11 (C)

> Laura: 자기, 무슨 일이야?
> Bill: 로라, 나 오늘 직장에서 해고됐어.
> Laura: 오 어머나. 어떻게 그런 일이 일어났지?
> Bill: 회사가 직원을 줄이기로 결정했어.
> Laura: 그래. 사장과 이야기는 해 봤어?
> Bill: 응, 했지. 하지만 내 운수가 그렇지 뭐.
> Laura: 네가 테드에게 중요한 사람이라고 생각했었는데.
> Bill: 그래, 하지만 _____.
> Laura: 기운 내. 내 생각엔 그가 큰 실수를 하고 있는 거야. * Keep your chin up. 기운내.

(A) 그가 내게 보상을 한 거지. * make it up to ~에게 손해를 보상하다
(B) 그가 나를 상대로 소송을 제기했어. * file a lawsuit against ~을 상대로 소송을 제기하다
(C) 그가 내 뒤통수를 친 거지. * stab sb in the back ~의 뒤통수를 치다
(D) 그는 내 말을 곧이곧대로 받아들였어. * take one's word for it ~의 말을 곧이곧대로 받아들이다

Stabbed in the back.
믿는 도끼에 발등 찍힌다.

12 (D) 쥐구멍에도 볕들 날이 있다.
　　* Every cloud has a silver lining. (모든 구름은 은색 선을 가지고 있다. 즉 구름 뒤에는 언제나 밝은
해가 비치고 있으므로 구름이 잠시 가리고 있어도 구름이 걷히면 밝은 해가 다시 비춘다는 표현)

Every cloud has a silver lining.
모든 구름은 하얀 선을 가지고 있다. (쥐구멍에도 볕들 날이 있다.)
= **Behind the clouds is the sun still shining.**
　구름 뒤편도 태양은 빛나고 있다.
= **Look on the bright side.**
　사물의 밝은 면을 보아라. (긍정적으로 생각해라.)
= **Every dog has his day.**
　쥐구멍에도 볕들 날이 있다.

13 (B) bark up the wrong tree 잘못 짚다
(A) burn the candle at both ends 밤낮으로 일하다, 몹시 지치다
(C) 송충이는 솔잎을 먹어야 한다.
(D) 결정적인 순간에는 지도자를 바꾸지 마라.

Don't bark up the wrong tree.
헛물켜지 마라.

14 (D)

> 탐이 승진을 거절했다는 것은 믿기지 않는다. 말을 물가까지는 끌고 갈수는 있어도, 먹이지
> 는 못한다더니. * turn down ~을 거절하다

You can lead a horse to water, but you can't make him drink.
평양감사도 자기 싫으면 그만.

8. 관습의 중요함과 습관(버릇)의 무서움

When in Rome, do as the Romans do. 로마에서는 로마법을 따르라.
Keep the common road, and you are safe.
사람들이 가는 길을 따라가면 안전할 것이다.
If you can't stand the heat, you must go out of the kitchen.
절이 싫으면 중이 떠나야 한다.
Manners are stronger than laws. 관습은 법률보다 강하다.
You can't teach an old dog new tricks. 오래된 습관은 고치기 어렵다.
Habit is (a) second nature. 습관은 제2의 천성
You can't put new wine in old bottles. 새 술은 새 부대에.
Once bitten twice shy.
한 번 물리면 두 번 조심한다. (자라 보고 놀란 가슴 솥뚜껑 보고 놀란다.)

9. 가르침, 교육

Spare the rod and spoil the child.
매를 아끼면 아이를 버린다. → 귀한 자식 매로 키워라.
Too many books make us ignorant.
너무 많은 책은 우리를 무지하게 만든다.
Asking costs nothing. 질문은 돈이 안 든다. (모르면 물어서라도 배워라.)
There is no royal road to learning. 학문에는 왕도가 없다.
All work and no play makes Jack a dull boy.
일만 하고 놀지 않으면 우둔한 사람이 된다.
See one and know ten. 하나를 보면, 열을 안다.
Honesty is the best policy. 정직은 최상의 정책이다.
A good medicine tastes bitter. 좋은 약은 입에 쓰기 마련이다.
A little learning is a dangerous thing. 선무당이 사람 잡는다.
A bad workman always blames his tools.
서툰 목수가 연장 나무란다. (선무당이 장고 탓한다.)
The proof of the pudding is in the eating.
푸딩이 맛있는지는 먹어 봐야 안다. (백문이 불여일견)
Practice makes perfect. 훈련이 완벽을 만든다.
The sparrow near a school sings the primer.
학교 근처에 사는 참새는 라틴어 입문서를 노래한다. (서당 개 3년이면 풍월을 읊는다.)
The fish always stinks from the head downwards.
윗물이 맑아야 아랫물이 맑다.
Where there's will, there's a way. 뜻이 있는 곳에 길이 있다.
A sound mind in a sound body. 건강한 신체에 건강한 정신이 깃든다.

10. 무리와 협동에 관한 속담

Too many cooks spoil the broth. 사공이 많으면 배가 산으로 올라간다.
Two heads are better than one. 머리 하나보다는 두 개가 낫다.
It takes two to tango.
탱고를 추려면 두 사람이 필요하다. (손뼉도 맞아야 소리가 난다.)
You cannot make bricks without straw. 짚 없이는 벽돌을 만들 수 없다.
In unity, there is strength. 뭉치면 살고 흩어지면 죽는다.
The more, the merrier. 모이는 사람이 많을수록 즐거움도 크다. (다다익선)
Two is company, three is a crowd. 두 명은 친구이지만, 셋이 되면 편이 갈린다.
Two of a trade seldom agree. 같은 장사끼리는 화합이 안 된다.
Dog does not eat dog. 개는 개를 먹지 않는다. (같은 패끼리는 죽이지 않는다.)
One rotten apple spoils the barrel. 한 개의 썩은 사과가 한 통의 사과를 망친다. (미꾸라지 한 마리가 온 웅덩이를 흐린다.)
A big fish must swim in deep waters. 큰 물고기는 큰물에서 놀아야 한다.
In the land of the blind, the one-eyed man is king.
눈 먼 사람들의 나라에서는 눈 하나 가진 사람이 왕이다.
When the cat's away, the mice will play. 사자 없는 곳에 토끼가 왕이다.
A cornered stone meets the mason's chisel. 모난 돌이 정 맞는다.

11. 친구, 사교의 법칙, 처세술

Absence makes the heart grow fonder. 떨어져 있으면 더욱 그리운 법이다.
A man is known by the company he keeps.
사귀는 친구를 보면 그 사람을 알 수 있다.
Birds of a feather flock together. 유유상종
Like knows like. 초록은 동색(同色) (같은 처지에 있는 사람이 서로 이해한다.)
A friend in need is a friend indeed. 곤궁할 때의 친구가 정말 친구다.

Prosperity makes friends, adversity tries them.
부유함은 친구를 만들고, 역경은 친구를 시험한다.
Friends and wines improve with age. 친구와 포도주는 오래될수록 좋아진다.
Friend to all is a friend to none. 모든 사람의 친구는 누구의 친구도 아니다.
Friendship that flames goes out in a flash.
쉽게 타오르는 우정은 쉽게 꺼진다.
Out of sight, out of mind. 멀어지면 잊히는 법이다.
Every Jack has his Gill. 짚신도 짝이 있다.
Beauty is in the eye of the beholder. 제 눈에 안경이다.
He that can make a fire well can end a quarrel.
불을 잘 피우는 사람은 싸움도 잘 말린다.
Near neighbor is better than a distant cousin.
멀리 있는 사촌보다 가까이 있는 이웃이 더 낫다.
= A good neighbor is better than a brother far off.
좋은 이웃은 떨어져 있는 형제보다 낫다.
Love me, love my dog. 마누라가 예쁘면 처갓집 말뚝 보고도 절한다.
Familiarity breeds contempt. 친해지면 무례해지기 쉽다.

12. 금전과 경제적 지혜

A bird in the hand is worth two in the bush.
손안의 한 마리 새가 덤불 속의 두 마리보다 낫다.
Kill two birds with one stone. 일거양득, 꿩 먹고 알 먹고.
Money makes the mare to go. 돈이면 귀신도 부릴 수 있다.
Penny-wise and Pound-foolish. 푼돈을 아끼려다 큰돈을 잃는다.
Don't put all your eggs in one basket.
모든 달걀을 한 바구니에 담지 마라. (투자 위험을 분산해라.)
Gift long waited for is sold, not given.
감질나도록 기다리게 한 뒤에 주는 것은 선물이 아니라, 파는 것이다.
One man's meat is another man's poison. 갑의 약이 을의 독이 된다.
A loaf of bread is better than the song of many birds. 금강산도 식후경.
Hunger is the best sauce. 시장함이 가장 좋은 양념[반찬]이다.
Beggars must not be choosers. 거지는 가리지 않는다.
Necessity is the mother of invention. 필요는 발명의 어머니
A drowning man will catch at a straw.
물에 빠진 사람은 지푸라기도 잡으려 한다.
Two dogs strive for a bone, and a third run away with it.
재주는 곰이 넘고 돈은 되놈이 받는다.
Giving a peck and getting a bushel. 되로 주고 말로 받는다.

13. 인간의 좋지 못한 습성, 본능, 어리석음

People who live in glass houses shouldn't throw stones.
자신의 흉을 모르고 남의 흉을 보아서는 안 된다.
Pride goes before destruction, and a haughty spirit before a fall.
교만한 자는 오래가지 못하며, 오만한 마음을 지닌 자는 이내 몰락한다.
Every miller draws water to his own mill.
모든 방앗간 주인은 자기 방앗간에 물을 댄다. (아전인수)
If the cap[shoe] fits, wear it.
모자가 맞으면 쓰라. (그 말이 옳다고 생각되거든 그대로 따라라.)
Everyone has a skeleton in the closet. 모든 사람은 말 못 할 비밀이 있다.
Go home and kick the dog. 종로에서 뺨 맞고 한강에서 눈 흘긴다.
Cut off your nose to spite your face. 누워서 침 뱉기.
Don't bite the hand that feed you. 먹여주는 손을 물지 마라. (배은망덕하지 마라.)
Stabbed in the back. 믿는 도끼에 발등 찍힌다.

14. 인생의 법칙 [설상가상, 길흉화복, 새옹지마]

It never rains but it pours. 비가 내렸다 하면 억수로 퍼 붓는다.
Lightning never strikes twice in the same place.
번개는 절대 같은 장소에 두 번 떨어지지 않는다.
Every cloud has a silver lining.
모든 구름은 하얀 선을 가지고 있다. (쥐구멍에도 볕 들 날이 있다.)
Sunny spots get darkened and dark spots get sunny.
양지가 음지되고 음지가 양지된다. (인생사 새옹지마)
After the storm comes the calm. 비 온 뒤에 땅이 굳어진다.
Leap[fall] out of the pan into the fire.
작은 난(難)을 피하려다 큰 난을 만난다. (늑대를 피하려다 호랑이를 만나다)

V I D I O M W
O T U R N A O
C A W A Y K R
A I N T O E K
B I B L E 4.0 B
U P A R T.2 O
L O
A K
R P H R A S E
Y T H I R D I
E D I T I O N

기본동사

구동사의 이해

1. 구동사의 형태와 원리

구동사는 동사를 포함하여 대부분 2~3개의 단어로 구성되며, 크게 동사+부사 또는 동사+전치사의 형태를 취한다. 여기서 다시 동사가 자동사냐, 타동사냐를 구분하므로, 이를 정리해보면 아래와 같다.

유형	목적어의 위치	역할	설명
A. 자동사+부사	X	하나의 자동사	목적어를 취하지 않는 자동사와 부사가 결합하여 마치 하나의 자동사와 같은 기능을 하는 경우이다.
ex) come in, sit down	Do you want to come in and sit down?		
B. 자동사+전치사	전치사 뒤	하나의 타동사	목적어를 취하지 않는 자동사와 목적어를 취하는 전치사가 결합하여 마치 하나의 타동사와 같은 기능을 하는 경우이다.
ex) look after	You should look after *the child*.		
C. 타동사+부사	동사 뒤 or 부사 뒤	하나의 타동사	목적어를 취하는 타동사와 목적어를 취하지 않는 부사가 결합하여 하나의 타동사 기능을 하지만, 특정 동사와 부사에 따라 목적어가 자유롭게 동사와 부사 사이에 올 수 있다.
ex) put off	He put off *the meeting*. (=He put *the meeting* off.)		
D. 타동사+전치사	동사 뒤 and 전치사 뒤		각각 목적어를 취하는 타동사와 전치사가 결합한 경우이다. 이 패턴은 각각 목적어를 취하므로 목적어의 이동이 없다.
ex) keep from	The noise kept *me* from *sleeping*.		
E. 자동사+부사+전치사	전치사 뒤	하나의 타동사	자동사와 부사는 목적어를 취할 수 없으므로 목적어는 전치사 뒤에만 온다
ex) put up with	I cannot put up with *such behavior*.		
F. 자동사+전치사+전치사	전치사 뒤	타동사+전치사	자동사와 전치사의 결합은 하나의 타동사 기능을 하므로 각 전치사 뒤에 목적어가 위치한다.
ex) think of ~ as ...	I don't think of *myself* as *a genius*.		
G. 타동사+부사+전치사	타동사 뒤 and 전치사 뒤		C패턴 뒤에 전치사가 결합한 형태이므로, C패턴과 설명이 같으며 추가로 전치사 뒤에 목적어가 따른다.
ex) keep away from	Keep *him* away from *my daughter*.		

C의 경우 특정 동사와 부사에 있어서 목적어의 위치가 자유롭다. 여기에 문법서에서 한번쯤은 봤음직한 두 가지 원칙만 추가적으로 알아두자.

a) 목적어가 대명사일 경우, 동사와 부사 사이에 목적어가 위치한다.

　● You always put it off. (O)　You always put off it. (X)

b) 목적어가 긴 경우 부사 뒤에 목적어가 위치한다.

　● She put off her plan to become a doctor.

즉, 목적어가 짧은 일반명사일 때는 동사 뒤 또는 부사 뒤에 자유롭게 올 수 있다.

2. 구동사가 어려운 이유

1) 동사 자체에 여러 뜻이 있기 때문에 같은 형태의 구동사일지라도, 여러 가지 의미를 나타낼 수 있으며, 그 의미에 따라 '패턴'이 달라진다. turn in 이란 구동사를 예로 들어보자. 무엇인가 제출한다는 의미로 쓰일 때 (내용상 연관된 목적어가 꼭 와야 함), C의 경우로서 turn in +목적어, 또는 turn 목적어+in 으로 쓰인다. 하지만 turn in이 '잠자리에 들다'란 의미로 쓰일 때 (연관된 목적어가 필요없음), A의 경우로서 하나의 자동사처럼 쓰인다.

즉, 각 구동사 마다는 물론이고 한 가지 형태의 구동사 안에서도 여러가지 패턴을 가지며 각기 패턴마다 그 의미를 달리하는 것이다.

2) 구동사를 형성하는 전치사나 부사 중에는 때로는 전치사로, 때로는 부사로 기능하는 것들도 있다. 다음 도표는 전치사로만 쓰이는 것, 부사로만 쓰이는 것, 그리고 전치사나 부사 공통으로 쓰이는 것들을 그림으로 나타낸 것이다.

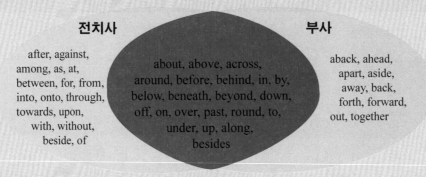

전치사

after, against, among, as, at, between, for, from, into, onto, through, towards, upon, with, without, beside, of

about, above, across, around, before, behind, in, by, below, beneath, beyond, down, off, on, over, past, round, to, under, up, along, besides

부사

aback, ahead, apart, aside, away, back, forth, forward, out, together

● Sit on the floor! 바닥에 앉아라! *vs.* Hold on! (전화)끊지 말고 기다려!

둘 다 on이 쓰였지만, 앞 문장은 꼭 목적어를 데려와야 하는 '전치사'로 쓰였고, hold on에선 목적어가 필요없는 '부사'로 쓰였다.

take

take의 기본의미는 '잡다, 취하다'이다.
get이나 have보다는 적극적으로 자신에게 가져오는 것이다.

1. (물건을) 취하다 → 물건을 받다, 보수를 얻다
2. (음식물을) 취하다 → 음식물·약을 먹다, 섭취하다
3. (자리를) 잡다 → 예약하다, 취임하다
4. (피해자를) 잡다 → 병에 걸리다, 재해가 덮치다
5. (시간을) 갖다 → 서두르지 않다
6. (자세를) 취하다 → 몸을 두다, 입장[견해]을 취하다
7. (충고·비난을) 받아들이다 → 감수하다, 참고 견디다
8. (뜻·의미를) 받아들이다 → 이해하다, 해석하다
9. (사람을) 잡고 있다 → 체포하다; 돌보다
10. (타인의 시선을) 잡다 → 마음을 사로잡다, 매료하다
11. (어느 것 중에 하나를) 잡다 → 고르다, 선택하다, 사다
12. (길을) 취하다 → 가다, 데리고 가다, 휴대하다

take

0370I You'd better _____ that presumptuous remark, or I will sue you for libel. [06.서울여대]

(A) hold forth   (B) take back

(C) make off   (D) lay down

06.서울여대/Teps

03702 My father, who is not easily surprised, was quite _____ when he heard the result of the election. [84.서울대학원]

(A) brought up   (B) put off

(C) turned on   (D) taken aback

84.서울대학원

03703 ★★ The central government collects and spends the lion's share of the citizen's tax dollar. [03.여자경찰]

(A) the largest portion   (B) all of the portion

(C) the smallest portion   (D) the average portion

12.경기대/04.공인회계사
03.여자경찰/홍익대/Teps

03704 ★ My father took no stock in the idea that our economy is now picking up. [99.세무사]

(A) did not propose   (B) did not praise

(C) did not know   (D) did not believe

(E) confused

99.세무사/행시/토플

03705 ★★★ Smith took _____ of the defender's mistake to score a goal. [07.인천시9급]

(A) account   (B) chance

(C) advantage   (D) turns

(E) use

16.홍익대/09.동국대/07.인천시9급
03.행자부9급/01.고려대
91.행정고시/외무고시/토익/토플/입사/Teps

03706 In order to enjoy fine wine, one should drink it slowly, a little at a time. [01.명지대]

(A) stir it   (B) sniff it

(C) spill it   (D) sip it

01.명지대/Teps

03707 다음 대화 중 어색한 것을 고르시오. [12.기상직9급]

(A) A: When should I take these pills?
    B: You must have it done three days.

(B) A: Where is this letter going, sir?
    B: To Australia, by regular mail, please.

(C) A: Where's the nearest souvenir shop?
    B: I'm not sure. Somewhere around here.

(D) A: Keep pedaling. You'll soon be able to ride by yourself.
    B: Wow, this is great fun. Don't let go.

12.기상직9급

03708 ★★ After her husband died, she _____ the company. [01.경찰]

(A) took over   (B) came into

(C) take in   (D) came down

17.국가직9급/11.서울시9급/01.경찰
01.성균관대/98.한양대/입사/Teps

0371 **(B)** 너는 그 건방진 말을 취소하는 게 좋을 거야. 그렇지 않으면, 너를 명예훼손죄로 고소할 거니까. * sue someone for ~로 소송을 제기하다. 고소하다 libel 모욕 (문서에 의한) 명예훼손
- (A) hold forth ~을 제시[공표]하다
- (B) take back 취소하다, 철회하다
- (C) make off 도망치다
- (D) lay down 밑에 (내려)놓다

0372 **(D)** 쉽게 놀라지 않는 아버지께서 선거결과를 듣고는 깜짝 놀라셨다.
- (A) bring up 제안하다 기르다
- (B) put off 연기하다
- (C) turn on (전깃불을) 켜다
- (D) take aback 깜짝 놀라게 하다

0373 **(A)** 중앙정부는 시민들의 세금에서 가장 큰 몫을 징수하고 지출한다.
- (A) 가장 큰 부분
- (B) 전부
- (C) 가장 작은 부분
- (D) 평균적 부분

0374 **(D)** 아버지는 우리 경제가 지금 호전되고 있다는 생각을 믿지 않았다.
- * pick up (상황 등이) 개선되다
- (A) propose 제의하다
- (B) praise 칭찬하다
- (E) confuse 혼동하다, 당황하게 하다

0375 **(C)** 스미스는 수비수의 실수를 이용해서 골을 넣었다.

0376 **(D)** 좋은 와인을 즐기기 위해서는, 한 번에 조금씩 와인을 천천히 음미해야 한다.
- (A) stir 휘젓다, 뒤섞다 선동하다
- (B) sniff 냄새를 맡다, 코로 들이쉬다
- (C) spill 엎지르다 비밀을 누설하다
- (D) sip 조금씩 마시다; 한 모금

0377 **(A)**
- (A) A: 언제 이 약을 먹어야 하나요?
  B: 당신은 3일 이내에 이것들을 끝내야 합니다. (x)
- (B) A: 이 편지가 어디로 갈 건가요, 선생님?
  B: 호주요. 보통우편으로 부탁드립니다.
- (C) A: 가장 가까운 기념품점이 어딘가요?
  B: 확실하지는 않는데, 이 근처 어디에요.
- (D) A: 페달을 계속 밟아. 넌 곧 혼자서 탈 수 있을 거야.
  B: 와, 이거 너무 재미있네요. (자전거 잡아 주는 손을) 놓지 마세요.

0378 **(A)** 남편이 죽은 후에 그녀가 회사를 물려받았다.
- (A) take over 인수하다
- (B) come into ~가 되다
- (C) take in 속이다
- (D) come down 내려오다, 무너지다

---

take * back sth
1. (물건을) 돌려받다; 반품하다
2. ~을 취소하다, 철회하다

be taken aback (by sb/sth**)**
기겁하다, 아연실색하다(=be struck dumb)

take the lion's share
가장 큰 몫을 가지다(=take the largest portion)
- the lion's share of sth ~의 가장 큰 몫 〈03.여자경찰〉
cf. shareholder 〈영〉 주주 **cf.** 〈미〉 **stockholder**
cf. share A with B B와 A를 공유하다, 같이 쓰다

take no stock in sb/sth
믿지 않다(=do not believe, distrust), 경시하다
↔ **take[put] stock in** sb/sth
 (회사)의 주식을 사다; ~을 중히 여기다, 신용하다

take advantage of sb/sth
1. [좋은 의미] (기회나 자원 등을) 이용하다(=exploit, utilize, employ, put sth to use, make use of, capitalize on, avail oneself of sth)
2. [나쁜 의미] (남의 호의·약점 등을) 이용하다(=exploit, impose on sb/sth)
= avail oneself of sth 〈96.경찰〉
= make use of sb/sth
= capitalize on sth

take a sip
조금씩 맛보다(=drink, taking only a little at a time into the front of the mouth)

take a pill
약을 먹다[복용하다]

take * over (sth**)**
1. ~을 인계받다, 떠맡다, 인수하다; 점거하다
2. (~보다) 우세하게 되다; (더 나은 것이 다른 것의 자리를) 이어받다, 대체하다

03709
★★★
밑줄 친 ⑦과 ⓒ에 공통으로 들어갈 가장 적절한 것은? [13.국가직9급]

> 1) In Korea, the eldest son tends to _____⑦_____ a lot of responsibility.
> 2) The same words _____ⓒ_____ different meaning when said in different ways.

(A) take over
(B) take down
(C) take on
(D) take off

[유제] The government <u>took on</u> the unions and won. [05.영남대]

(A) defeated
(B) persuaded
(C) fought
(D) suppressed

03710
★
Computers will never _____ the place of people as coaches, but they can help in many different ways. [아-2.한성대]

(A) function
(B) make
(C) take
(D) do

03711
★★
The newly appointed minister said, "No development can _____⑦_____ at the cost of people's rights because it is basic and fundamental. So any development will have to first _____ⓒ_____ the people's rights." [12.지방직9급]

⑦ / ⓒ

(A) take place / take after
(B) take place / take care of
(C) take down / take care of
(D) take down / take after

03712
★★
밑줄에 들어갈 적절한 표현을 고르시오. [입사]

> A: Well, I'm afraid that I've taken up too much of your time. I'd better be going now.
> B: Not at all. _____.

(A) Take your time. I've no rush
(B) Take my time. I'm no rush
(C) Take my time. I've no rush
(D) Take your time. I'm in no rush

03713
다음 대화 중 밑줄 친 곳에 가장 알맞은 것은? [87.법원직]

> A: Let's go for a walk.
> B: I'd like to, but I think I'm catching cold.
> A: That's too bad. The best cure for a cold is to take it _____. Be careful not to go from bad to worse.

(A) hard
(B) loose
(C) easy
(D) right

03714
After a slow start she took _____ and finished first. [00.세무사]

(A) the lead
(B) the last
(C) the front
(D) the speed
(E) the head

03715
You shouldn't <u>take it to heart</u>. [96.기술고시]

(A) complain severely
(B) endure trouble
(C) change your attitude
(D) create a disturbance
(E) consider seriously

03709 (C)

> 1) 한국에서 장남은 많은 책임을 떠맡는 경향이 있다. * take on ~을 떠맡다
> 2) 같은 단어들도 다른 방식으로 말할 때는 다른 의미를 갖는다.
>   * take on (형태·성질 따위 등을) 취하다

    (A) take over 인계받다   (B) take down 적어두다
    (C) take on 떠맡다, 취하다   (D) take off 이륙하다, 벗다

(C) 정부는 노조를 상대로 싸워서 승리했다.
    (A) defeat 패배하다   (B) persuade 설득하다
    (C) fought (fight 의 과거형)   (D) suppress 폭동 등을 진압하다

take on sb/sth
1. (일·역할을) 떠맡다(=undertake), 맡아서 경영하다
2. ~를 고용하다(=engage, hire)
3. (형태·성질·태도 따위 등을) 취하다, (형세를) 드러내다; ~인 체하다(=assume)
4. ~을 상대로 다투다, 싸우다(=fight)

03710 (C) 컴퓨터는 결코 코치로서 사람을 대신하지는 못할 것이지만, 다른 많은 면에서 도움을 줄 수는 있다. * take the place of ~를 대신하다

take the place of sb/sth
~를 대신하다, 대체하다(=replace)

03711 (B) 새로 임명된 수상은 다음과 같이 말했다. "어떤 발전도 국민의 권리를 희생하면서 ㉠일어나서는 안 됩니다. 그 이유는 국민의 권리가 기초적이고 토대를 이루는 것이기 때문입니다. 따라서, 어떤 발전도 우선적으로 국민의 권리를 ㉡돌보아야 할 것입니다."
    (A) take place 일어나다 take after 닮다
    (B) take care of 돌보다
    (C) take down 받아 적다, 헐다

take place
1. (사건 등이) 발생하다, 일어나다(=occur, happen)
2. (행사 등이) 개최되다, 열리다(=be held)

03712 (D) * be in a rush 서두르다 서둘러[성급히] 결정하다

A: 음. 당신의 시간을 너무 많이 빼앗은 건 아닌지 모르겠네요. 이제 그만 가는 것이 좋겠네요.
B: 전혀 그렇지 않습니다. 서두르지 마십시오, 저는 바쁘지 않습니다. * rush 바쁜, 급한

take one's time
천천히 하다, 서두르지 않다(=don't hurry)

03713 (C)

A: 산책하러 가자.
B: 그러고 싶은데, 감기 기운이 있는 것 같아.
A: 그것 참 안됐구나. 감기에 가장 좋은 것은 편히 쉬는 거야. 나빠지지 않도록 조심해라.

take it easy
대범하게 생각하다, 서두르지 않다, 마음을 편히 가지다

03714 (A) 늦게 출발한 후에 그녀는 선두를 잡고 일등으로 들어왔다.

take the lead
선두에 서다, 솔선하다; 주도권을 잡다
cf. lead off (with sth)/lead off sth (with sth) 〈00동아대〉 (모임이나 토론 등을)~로 시작하다, 개시하다(=start with sb/sth)
cf. get the lead out 서두르다(=hurry up sb/sth), 행동을 개시하다
cf. lead to sth ~에 이르게 하다, 초래하다

03715 (E) 그것에 대해서 심각하게 생각해서는 안 된다.
    (A) 심하게 불평하다 * complain 불평하다   (C) 태도를 바꾸다
    (D) 소란을 일으키다 * disturbance 소란, 소동 (E) 심각하게 고려하다

take * to heart sth
~을 마음에 새기다, 진지하게 생각하다
(=consider seriously)

03716 다음 빈칸에 공통으로 들어가기에 가장 적절한 것은? [11명지대]
★

> 1) She takes a poor _____ of her son's recent behaviour.
> 2) He wants to find work, but he has nothing particular in _____.
> 3) The camera gave us a bird's eye _____ of the golf course.

(A) term   (B) favor   (C) view   (D) retard

03717 다음 대화의 흐름으로 보아 밑줄 친 부분에 들어갈 가장 적절한 표현은? [09.지방직9급]
★★

> A: I got my paycheck today, and I didn't get the raise I expected to get.
> B: There is probably a good reason.
> C: You should _____ right away and talk to the boss about it.
> A: I don't know. He might still be mad about the finance report last week.

(A) take the bull by the horns

(B) let sleeping dogs lie

(C) give him the cold shoulder

(D) throw in the towel

03718 You must <u>take steps</u> to prevent it. [90.KATUSA]

(A) take measures   (B) make efforts

(C) walk fast   (D) keep alert

03719 다음 두 글의 빈 칸에 공통으로 들어갈 것을 고르시오. [16.한양대]

> 1) As you have disobeyed me, I will not drive your enemies out, and they will be thorns in
>   your _____.
> 2) It is our government's consistent policy not to take _____ in a civil war that breaks out in a neighboring nation.

(A) flesh   (B) eyes   (C) limbs   (D) sides

03720 We have taken all the _____ we can against the painting being stolen. [04-2.한성대]
★★

(A) causations   (B) cessations

(C) exhaustions   (D) precautions

03721 The new secretary was severely _____ for being late. [95.기술고시]
★

(A) taken to task   (B) taken after

(C) taken down to   (D) taken up with

(E) taken hold of

03722 If I take pains with something, I _____. 입사

(A) hurt myself   (B) enjoy doing it

(C) do it very carefully   (D) finish it

03723 Long journey <u>took it out of me</u>. [94.입법고시]

(A) made me happy   (B) took away my desire

(C) made me tired   (D) taught me a lot of things

(E) troubled me

03716 (C)

> 1) 그녀는 아들의 최근 행동들을 비관적으로 보고 있다.
>   * take a poor view of ~을 비관적으로 보다
> 2) 그는 일을 구하고 싶지만, 특별히 염두에 두고 있는 것은 없다.
>   * have ~ in view ~을 염두에 두다
> 3) 시베리는 돌프 코스의 신성을 보여주었나.
>   * a bird's eye view 조감도, 전경, 개관

take a dim[poor] view of sth
~을 비관적으로 보다 (=have little confidence)
cf. take a rosy view of 낙관적으로 보다
　　take a wide view of 대국적으로 보다

03717 (A)

> A: 오늘 월급을 받았는데, 내가 받기로 한 만큼 월급이 오르지 않았어.
> B: 아마도 그럴만한 이유가 있었을 거야.
> C: 너는 바로 적극적으로 대처해야 해. 가서 사장에게 말해 봐.
> A: 잘 모르겠어. 그는 여전히 지난주 경제동향보고에 미쳐 있을 거야.

(A) take the bull by the horns 용감하게 난국에 맞서다, 적극적으로 대처하다
(B) let sleeping dogs lie 잠자는 사자를 깨우지 마라 (긁어 부스럼 만들지 마라.)
(C) give him the cold shoulder 냉대하다, 쌀쌀맞게 굴다
(D) throw in the towel 패배를 인정하다, 항복하다

take the bull by the horns
용감하게 난국에 맞서다, 적극적으로 대처하다

03718 (A) 너는 그것을 방지하기 위해 조치를 취해야 한다.

(A) take measures 조치를 취하다　　(B) make efforts 노력하다, 애쓰다
(C) 빠르게 걷다　　(D) keep alert 경계를 유지하다

take steps / take measures
조치를 취하다, 절차를 밟다 (=begin to act)
↪ **take no steps** 아무런 수단도 강구하지 않다

03719 (D)

> 1) 너희가 나를 따르지 않았기 때문에 나는 너희의 적들을 내쫓지 않을 것이며, 그들은 너희에게 골칫거리가 될 것이다. * thorn in one's side[flesh] ~의 골칫거리, 걱정거리
> 2) 이웃 국가에서 발발하는 내전에서 편을 들지 않는 것이 우리 정부의 일관된 정책이다.
>   * take sides 편을 들다

(A) flesh 살, 고기　　(C) limb 팔, 다리

take sides
(논쟁이나 싸움에서) 편을 들다

03720 (D) 우리는 그 그림의 도난을 막기 위해 가능한 모든 예방책을 강구했다.

(A) causation 원인 작용, 인과관계　　(B) cessation 중지
(C) exhaustion 고갈; 기진맥진　　(D) take precautions against 예방책을 강구하다

take precaution(s) against sth
~에 대한 안전책을 강구하다, 미리 조심하다
(=take care of sth beforehand, take measures to avoid possible dangers)

03721 (A) 새 비서는 지각해서 심하게 질책을 받았다.

(A) be taken to task 질책을 받다　　(B) take after ~을 닮다
(C) take down 적어두다　　(D) take up with ~과 친해지다
(E) take hold of ~을 제어하다

take[call, bring] sb **to task (for** sth**)**
~를 꾸짖다, 책망하다 (=scold)

03722 (C) 내가 무엇인가에 애쓴다는 건, 그것을 매우 정성스럽게 하는 것이다.

take (much) pains
(매우) 수고하다, 애쓰다

03723 (C) 긴 여행으로 나는 지쳐 버렸다.

(A) make me happy 나를 행복하게 하다
(B) take away my desire 나의 열망을 제거하다
(C) make me tired 나를 피로하게 하다
(D) teach me a lot of things 나에게 많은 것들을 가르쳐주다
(E) trouble me 나를 괴롭히다

take it out of sb
1. ~를 지치게 하다 (=exhaust, wear sb out)
2. ~을 못살게 굴다 (=annoy, pick on sb/sth)
cf. take it out on sb ~에게 앙갚음을 하다

03724 I'd like to give him some advice, but I think he'd <u>take offence</u>. [96연세대학원]

(A) follow my advice   (B) do the opposite

(C) attack me   (D) be annoyed

03725 He <u>took exception</u> to his nickname. [입사]

(A) liked very much   (B) paid no attention to

(C) took seriously   (D) was much offended by

03726
★ Who can <u>take issue with</u> those who claim that better housing for the citizens depends entirely on the government? [91행정고시]

(A) agree with   (B) take hands with

(C) debate with   (D) deliberate over

(E) take for granted

03727
★ In the dark, I <u>took him for</u> George. [93.공인회계사/입사]

(A) cheated him for   (B) went to see

(C) introduced him to   (D) confused him with

03728
★ The other car didn't stop after the accident but luckily I was able to _____ its number. [99.사법시험]

(A) take down   (B) bring up

(C) try out   (D) call off

(E) see off

03729
★★ We must <u>take into account</u> the fact that she has a bad eyesight. [입사]

(A) consider   (B) depend on

(C) understand   (D) describe

03730
★★★ 빈칸에 공통으로 들어갈 말로 적당한 것은? [06.국가직9급]

1) Halfway through the chapter I stopped. I could not _____ a single word.
2) The people in the neighborhood of the university have difficulty to _____ students to add to the income.
3) It was really easy to _____ you. You should be less gullible.

(A) take in   (B) figure out

(C) pick up   (D) get through

[유제] 주어진 글의 밑줄 친 부분과 같은 뜻으로 사용된 것은? [98.경찰 변형]

In college he is expected to <u>take in</u> the whole of a long argument or exposition.

(A) I hope you weren't <u>taken in</u> by the advertisement.

(B) The United Kingdom <u>takes in</u> Scotland, Wales and Northern Ireland.

(C) She <u>takes in</u> laundry to earn a bit of extra money.

(D) She warned him about the danger, but he didn't <u>take</u> it <u>in</u>.

(E) I need to have this coat <u>taken in</u>.

O3724 **(D)** 그에게 약간의 충고를 하고 싶지만, 그가 기분 상해할 것이다.
    (A) 내 충고를 따르다
    (B) do the opposite 반대로 행하다

O3725 **(D)** 그는 그의 별명 때문에 화를 냈다.
    (B) pay attention to 주의를 기울이다
    (C) take seriously 진지하게 받아들이다
    (D) offend 감정을 상하게 하다

O3726 **(C)** 시민을 위한 보다 나은 주택건설이 전적으로 정부에게 달려있다고 주장하는 사람들과
누가 논쟁할 수 있겠는가?
    (A) agree with ~에 동의하다
    (C) debate with ~와 토론하다   (D) deliberate over ~에 대해 숙고하다
    (E) take for granted ~을 당연시하다

O3727 **(D)** 어둠 속에서, 나는 그를 조지로 착각했다.
    (A) (조지를 위해) 그를 속이다   (B) (조지를) 만나러 가다
    (C) (조지에게) 그를 소개하다   (D) (조지와) 그를 혼동하다

O3728 **(A)** 다른 차가 사고 후 멈추지 않았지만 나는 다행히도 그 차량번호를 적을 수 있었다.
    (A) take down 받아 적다   (B) bring up 양육하다, 문제를 제기하다
    (C) try out 시험해 보다   (D) call off 취소하다
    (E) see off 배웅하다

O3729 **(A)** 우리는 그녀의 시력이 나쁘다는 사실을 감안해야만 한다.
    (A) consider 고려하다, 숙고하다   (B) depend on ~에 의지하다
    (D) describe 묘사하다, 말로 설명하다

O3730 **(A)**

> 1) 그 장의 절반을 읽다가 그만두었다. 나는 한 단어도 이해할 수 없었다. * take in 이해하다
> 2) 대학의 인근에 있는 사람들이 그들의 수입을 늘리기 위해 학생들을 숙박시키는 것은 어렵다.
>   * take in 숙박시키다
> 3) 당신을 속이기는 정말 쉬웠어요. 남의 말을 너무 쉽게 믿어서는 안돼요. * take in 속이다

    (A) take in 이해하다, 숙박시키다, 속이다
    (B) figure out 계산하다, 이해하다
    (C) pick up 차를 태워 주다, 입수하다
    (D) get through 전화를 연결하다

(D)

> 대학에서 그는 긴 논증과 주해를 받아들일 것으로 기대된다. * take in (충고 등을) 받아들이다

    (A) 네가 광고에 의해 속지 않기를 바란다. * take in 속이다
    (B) 영국은 스코틀랜드, 웨일즈, 북아일랜드를 포괄한다. * take in 포괄하다
    (C) 그녀는 세탁물을 받아 약간의 부수입을 얻는다. * take in 세탁물을 삯을 받고 맡다
    (D) 그녀는 위험에 대해 경고했지만 그는 귀 기울이지 않았다. * take in (충고 등을) 받아들이다
    (E) 이 코트의 사이즈 좀 줄이려고 하는데요. * take in 옷을 줄이다

---

take offence (at sth)
(~에) 기분 상하다, 성내다(=be annoyed)

take exception
1. 이의를 제기하다(=take objection, raise an objection)
2. 성내다, 화를 내다(=take offense, be offended by sth)

take issue with sb
논쟁하다(=argue, debate);
(~의 의견 등에) 이의를 제기하다

take A for B
A를 B로 잘못 알다(=mistake A for B)
= **mistake A for B** A를 B로 오인하다
cf. bark up the wrong tree
    [보통 진행형] 헛물을 켜다, 잘못 짚다, 번지수가 틀리다

take * down sth
1. 받아 적다, 써 놓다(=record)
2. 집을 헐다, 분해하다(=tear down sth, break down sth)
= **put down** sth 적어 넣다(=write)
= **jot down** sth 적어두다(=write down sth)
= **write down** sth 써두다, 기록하다

take * into account[consideration] sth
셈에 넣다, 계산에 넣다, 고려하다(=consider)
→ do not take into account / take no account of sth
고려하지 않다(=discount), ~을 무시하다
= **allow for** sth 〈87법원직〉(사정 따위)를 참작[고려]하다(=consider)
= **reckon with** sb/sth ~을 고려에 넣다
= **factor in[into]** sth ~을 계산에 넣다, ~을 하나의 요인으로 포함하다

take in sb/sth
1. ~을 이해하다(=comprehend, understand)
2. ~에 귀를 기울이다, (충고 등을) 받아들이다
3. ~를 속이다(=deceive, delude, cheat)
4. 숙박시키다
5. (세탁·바느질 등을) 삯을 받고 맡다; 수입으로 얻다
6. (옷 등을) 줄이다
7. 포괄하다
8. 마시다, 흡수하다, 섭취하다
9. 구경하다, 방문하다
10. 체포하다(=arrest, round up sb/sth), 잡다
11. (신문·잡지를) 구독하다

03731 Democratic countries take it _____ granted that peace is normal. [83.고려대학원]
★★

(A) by   (B) in   (C) with   (D) for

17.산업기술대/16.서울시7급/88.행정고시
83.고려대학원/토익/Teps

03732 I know he sounds very convincing, but if I were you I'd take everything he says with a
★★ _____ of a salt. [99.경기대]

(A) pinch   (B) speck   (C) plow   (D) spell

10.중앙대/07.고려대/99.경기대
00.군무원/토플/Teps

03733 밑줄 친 부분 중 의미상 옳지 않은 것은? [17.국가직9급]
★★

(A) I'm going to take over his former position.

(B) I can't take on any more work at the moment.

(C) The plane couldn't take off because of the heavy fog.

(D) I can't go out because I have to take after my baby sister.

17.국가직9급/12.지방직9급/02.경찰
02-2.고려대/Teps

03734 Rachel takes after her mother rather than father. [15.경찰3차]
★★

(A) supports   (B) persuades

(C) resembles   (D) decides

17.국가직9급/16.홍익대/15.경찰3차
09.명지대/92.경성대/토플/입사/Teps

03735 He was quite taken with your sister.

(A) married to   (B) accompanied by

(C) captivated by   (D) hated

94.경찰/Teps

03736 The suit did not fit her well, but she bought it because it took her fancy. [97.행정고시]
★

(A) it appealed to her   (B) it was appreciating her

(C) she was appreciating it   (D) it exhilarated her

(E) it was so expensive for her

92.행정고시/92.인제대/83.법원사무관

03737 They didn't take to him at that time. [98.경찰]
★

(A) know   (B) make out

(C) like   (D) take after

98.경찰/86.행자부7급/Teps

03738 A good teacher should be able to take in his stride the innumerable petty irritations any
★ adult dealing with children has to endure. [02.성균관대/98.입법고시]

(A) deal calmly with   (B) be upset by

(C) participate in   (D) take into consideration

(E) perceive secretly

03.경기대/02.성균관대/98.입법고시/Teps

O3731 (D) 민주주의 국가들은 평화가 일반적인 것이라고 당연하게 생각한다.

take it for granted ~을 당연한 것으로 여기다
cf. This granted, what next?
　이것은 그렇다 치고, 다음은 어떤가
cf. take sth **lying down**
　(부당한 것을) 불평없이 받아들이다, 감수하다

O3732 (A) 그가 하는 말이 매우 설득력 있게 들리는 것은 알지만, 내가 너라면 그가 하는 모든 말을 에누리하여 받아늘일 것이다.

take sth **with a pinch[grain] of salt**
~을 에누리해서 듣다, 액면 그대로 믿지 않다
↔ **take sth at face value**
　~을 곧이곧대로 받아들이다

O3733 (D)
　(A) 나는 그의 이전 직위를 인계받을 것이다. * take over 인계받다
　(B) 나는 당분간 더 이상의 일을 맡을 수 없다. * take on 맡다
　(C) 비행기는 짙은 안개 때문에 이륙하지 못했다. * take off 이륙하다
　(D) 나는 아기인 내 여동생을 돌보아야 해서 나갈 수 없어.
　　* take after 닮다(X) → take care of 돌보다

take care of sb/sth
~을 돌보다
cf. care for sb/sth ~을 좋아하다; 돌보다
　care about sth ~에 관심을 가지다

O3734 (C) Rachel은 아빠보다 엄마를 더 닮았다.
　(A) support 지지하다　　　　　(B) persuade 설득하다
　(C) resemble 닮다　　　　　　(D) decide 결정하다

take after sb
~을 닮다(=resemble)

O3735 (C) 그가 너의 동생에게 홀딱 빠진 것 같아.
　(A) get married to ~와 결혼하다
　(B) be accompanied by ~이 수반되다
　(C) be captivated by ~에게 매혹되다

be taken with sb/sth
〈미구어〉 ~에게 매혹되다, 마음이 사로잡히다
(=be captivated by sb/sth)

O3736 (A) 그녀에게 잘 맞지 않았지만 그 옷이 마음에 들었기 때문에 그녀는 그 옷을 사버렸다.
　(A) appeal 마음에 들다 흥미를 끌다　　(B) appreciate 감사하다 감상하다
　(D) exhilarate 기분을 들뜨게 하다　　　(E) expensive 값비싼

take[catch, strike] the fancy of sb /
take sb**'s fancy**
~의 마음을 사로잡다, 마음에 들다(=attract or please),
기호에 맞다, 눈에 들다(=appeal to sb)

O3737 (C) 그들은 그 당시에는 그를 마음에 들어 하지 않았다.
　(D) take after 닮다

take to sb/sth
1. ~에 정들다(=begin to like sb/sth),
　~이 마음에 들다(=like)
2. ~의 뒤를 보살피다; ~에 가다; ~에 전념하다

O3738 (A) 훌륭한 교사는 아이들을 다루는 어른이라면 참아내야 할 많은 사소한 짜증나는 일들에 냉철하게 대처할 수 있어야 한다. * innumerable 셀 수 없이 많은 irritation 짜증
　(A) deal calmly with 냉철하게 다루다　　(B) be upset by 당황하다
　(C) participate in 참가하다　　　　　　(D) take into consideration 고려에 넣다
　(E) perceive 인식하다

take sth **in (one's) stride**
~에 냉철하게 대처하다(=deal calmly with sth);
(어려운 일을) 무난히 해결하다, (장애물을) 쉽게 뛰어넘다

DAY-11

15.광운대/14.상명대/01.공인회계사
97.고려대학원/93.상명대/Teps

03739 다음 빈칸에 공통으로 들어갈 적당한 말은? [01.공인회계사 변형]
★★

> 1) We have decided to take them _____ for dinner to a fancy restaurant and then go on to a show.
> 2) George went to the bank to take _____ some money.
> 3) I had to take _____ a number of words from my report because it was too long.

(A) on   (B) away   (C) off   (D) out

[유제] World Aid subscribed a _____ amount of money and food for the poor and needy in the nations in Africa, but the hidden intention of giving such an unconditional aid is actually to _____ the leaders who have been oppressing their citizens for decades. [15.광운대]

(A) gratuitous - take away

(B) notorious - take down

(C) superfluous - take off

(D) generous - take on

(E) tremendous - take out

13.지방직7급/99.경찰간부/94변리사
81.외무고시/Teps

03740 다음 빈칸에 공통으로 들어갈 적당한 말은? [13.지방직7급 변형]
★★

> 1) Computers in the 60's used to be so huge that they _____ a lot of space.
> 2) Mary is going to _____ psychology when she goes to college.

(A) take on   (B) take up

(C) take over   (D) take down

[유제] After a pause for questions and refreshment, William took _____ his story. [94.변리사]

(A) notice of   (B) turns in   (C) in   (D) up

17.국가직9급/09.명지대/07.강원소방직
96.경원대/토플/Teps

03741 다음 빈칸에 공통으로 들어갈 가장 적당한 것은? [기출문제종합]
★★

> 1) The plane couldn't take ____ because of the heavy fog. [17.국가직9급]
> 2) The boss said that I could take ____ at five o'clock. [09.명지대]
> 3) She took ____ her coat at the entrance. [경원대]

(A) in   (B) off   (C) out   (D) up

96.경기9급/93.수원대/토플

03742 The poor girl <u>took to her heels</u>. [93.수원대]
★

(A) fled   (B) arrived

(C) spoke   (D) commanded

12.지방직9급 하반기/12.사복직9급
09.경기대

03743• Americans already lost millions of dollars when the stock market _____, and that was even before the general financial crisis started. [12.지방직9급 하반기]
★

(A) took a nosedive   (B) hit the ceiling

(C) came in handy   (D) stood on their feet

O3739 **(D)**

> 1) 그들을 멋진 레스토랑에 데려가 저녁을 사주고 그 다음엔 쇼를 보러 가기로 결정했어.
> * take out (밖으로) 데리고 나가다
> 2) 조지는 약간의 돈을 인출하기 위해 은행으로 갔다. * take out 인출하다, 대출하다
> 3) 보고서가 너무 길었기 때문에 나는 많은 단어들을 삭제해야만 했다. * take out 삭제하다

take * out sth
1. 꺼내다, (돈을) 인출하다(=withdraw); (책을) 대출하다
2. (얼룩 등을) 지우다(=delete, remove), 발췌하다
3. (밖으로) 데리고 나가다
4. 〈속어〉 죽이다(=kill); (건물 등을) 파괴하다(=destroy)

(E) World Aid는 아프리카 국가들의 가난하고 궁핍한 사람들에게 엄청난 양의 돈과 음식을 기부했지만, 그와 같은 무조건적인 원조의 이면에 숨겨진 의도는 사실상 수십 년간 자신들의 국민들을 억압하여 온 지도자들을 없애는 것이다.
(A) gratuitous 무료의 take away 제거하다, 죽이다
(B) notorious 악명 높은 take down 허물다, 받아 적다
(C) superfluous 남아도는 take off 벗다, 이륙하다
(D) generous 관대한 take on 맡다
(E) tremendous 엄청난 take out 죽이다

O3740 **(B)**

> 1) 60년대에 컴퓨터들은 너무나 커서 많은 공간을 차지했다. * take up 차지하다
> 2) Mary는 대학에 입학하면 심리학을 시작할 예정이다. * take up 시작하다

(A) take on (일 등을) 맡다
(B) take up (공간 등을) 차지하다, 시작하다
(C) take over 인계받다
(D) take down 적다, 해체하다

take * up sth
1. (직장이나 일 등을) 시작하다, 착수하다
(=begin, commence, start); 계속하다
2. (시간이나 공간을) 차지하다
cf. **take up for** sb ~의 편을 들다

(D) 질문이나 재충전을 위해 잠시 쉰 후에 윌리엄은 그의 얘기를 계속했다.
(A) take notice of ~을 알아차리다
(B) take turns in 교대로 하다
(C) take in 섭취하다, 속이다
(D) take up 계속하다

O3741 **(B)**

> 1) 비행기는 짙은 안개 때문에 이륙하지 못했다. * take off 이륙하다
> 2) 사장님은 내가 5시에 출발해도 된다고 하셨다. * take off 출발하다, 떠나가다
> 3) 그녀는 입구에서 코트를 벗었다. * take off 벗다

take off sth
1. 이륙하다(=depart); 떠나가다, 출발하다
2. (옷 등을) 벗다(=undress, remove)
3. 〈구어〉흉내 내다, 흉내 내어 놀리다
cf. **take off from work** 휴가로 일을 쉬다

O3742 **(A)** 그 가난한 소녀는 도망쳤다.
(A) flee 달아나다, 도망치다
(D) command 명령하다

take to one's heels
도망가다(=run away, flee, take flight)

O3743* **(A)** 미국인들은 주식시장이 곤두박질쳤을 때 이미 수백만 달러를 잃었고, 그것은 심지어 전반적인 경제위기가 시작하기도 전이었다.
(A) take a nosedive 급감하다
(B) hit the ceiling 화가 나서 길길이 뛰다, 폭등하다
(C) come in handy 쓸모가 있다
(D) stand on one's feet 자립하다

take a nosedive / go into nosedive
급감하다, 폭락하다(=plummet)

보충이디엄

기본동사
take

Take it or leave it. 받아들이든지 아니면 관두든지 결정을 해!

take ⓢᵗʰ **away** 가져가다; 식탁을 치우다

take ⓢᵇ**'s breath away** ~을 (숨이 멈추도록) 놀래 주다

take the cake[biscuit] 상을 타다(=win the prize); 뛰어나다; (생각했던 것보다) 훨씬 나쁘다

take medicine 약을 먹다

take one's medicine 응당 받아야 할 벌이나 불운을 받아들이다

take[keep] diet 규정식을 먹다

take part in ~에 참석하다, 참여하다(=participate in)

take a back seat (to someone) 자리를 물려주다; 일선에서 물러나다

take the floor (토론에서) 발언하다

take the stand 증언대에 서다

take office 취임하다

take the initiative 주도권을 잡다, 주도하다, 솔선해서 하다

take the plunge 모험을 하다, 과감히 하다, 결혼하다

take[catch] 40(forty) winks 잠깐 눈을 붙이다(=take a nap)

take root 뿌리를 내리다, (이념 등이) 정착하다

take the Fifth 묵비권을 행사하다, 답변을 거부하다

take a bath (투자에서) 많은 돈을 잃다, 쫄딱 망하다

take a chance[risk] 운에 맡기고 해보다, 위험을 무릅쓰다

take ⓢᵇ **by surprise** 깜짝 놀라게 하다; 불시에 습격하다

take notice (of ⓢᵇ/ⓢᵗʰ**)** 주목 · 주의하다; 알아차리다

take wrong 오해하다

take (ⓢᵗʰ**) amiss** (모욕적인 것으로) 잘못 받아들이다

take ⓢᵇ **into custody** ~를 구금시키다

take hold (of) 잡다, 통제하다

take the starch out of 분위기를 부드럽게 하다; 거만한 콧대를 꺾다

take a hard line with (ⓢᵇ**)** 단호하다, 확고한 방침을 가지다

take a walk 산책 나가다, 어떤 장소를 떠나다

take leave of one's senses 정신 나가다, 미치다

get

get의 기본의미는 "얻다, 받다"이다.
take는 본인이 적극적으로 취하는 것인 반면, get은 본인의 의지와는 무관하게 주어지는 것이다.
다음에 배울 have는 주어진 상태에 중점이 있지만, get은 주어지는 과정에 중점이 있다.

1. (사물을) 얻다, 받다 → 얻다, 구하다, 가져오다, 획득하다
2. (사물을) 가지고 있다 → have의 의미
3. (사람·사물이) 상태를 받다 → ~ 상태로 되다[get +형용사]
4. (뜻·의미를) 얻다 → 이해하다, 알다
5. (병을) 얻다 → 병에 걸리다, 타격을 당하다
6. 가다, ~하기 시작하다
7. (어떤 장소·지위에) 이르다, 도착하다, 가다
8. [get+목적어+to R] 〈목적어와 목적보어의 관계가 능동〉 ~하게 하다
9. [get+목적어+과거분사] 〈목적어와 목적보어의 관계가 수동〉 ~되게 하다
10. [get+과거분사] ~되어지다

give

give 의 기본의미는 "가지게 하다 → 주다"이다.
주는 것의 목적물은 유형물에 그치지 않고 무형물에도 다양하게 쓰인다.

1. (사물을) 주다 → 증여하다, 건네주; (주의·노력을 자신에게) 주다 → 주의하다, 노력을 기울이다
2. (조언·인사말·명령을) 주다 → 명령하다, 안부인사하다
3. (생각·이유·증거 등을) 제시, 제출하다
4. (기분·감정·분위기 등을) 갖게 하다 → 대하다
5. (자연 또는 물리적 작용의 결과를) 갖게 하다 → 생기게 하다, 낳다

pay/cost

❶ pay 는 "어떤 가치가 있는 것을 주다"의 의미이다.
주는 것에는 임금, 보수, 부채 상환 등의 금전뿐만 아니라 "사람에 대한 경의, 주의, 주목, 구애"를
포함한다. 또한 어떤 것에 대한 대가로 "비용(고통)을 치르다"는 의미도 있다.

1. (보수·임금·비용·부채 상환 등을) 지불하다, 지출하다
2. (일이나 물건이) 이익을 주다, 수지맞다
3. (경의·주의·주목·구애 등을) 표시하다
4. (어떤 것의 대가로) 비용, 고통을 치르다

❷ cost 는 "무엇을 얻기 위해 얼마의 비용을 치르다"의 의미이다.
N. 비용; 원가, 경비; (상품 서비스에 대한) 대가, 값; 희생, 고통

DAY-12

03801 In a country where women still occupy few positions in the top level of business, they have often been the first to get <u>the axe</u> when restructuring starts. [02행정고시]

(A) the pink slip   (B) the pay raise

(C) the promotion   (D) the award

(E) the sword

03802 ★ Once you <u>get the hang of</u> sewing, you can become creative and make your own clothes. [05.고려대]

(A) get bored with   (B) are excited about

(C) get used to   (D) are tired of

03803 ★★ Tom does not seem very athletic at tennis, but if you are not careful, he will <u>get the better of</u> you. [10.경기대]

(A) defeat   (B) disappoint

(C) not play with   (D) cheat on

03804 Mary was always trying to <u>get the edge on</u> John. [02.성균관대]

(A) find damming evidence against   (B) gain favor with

(C) be irritated with   (D) get along with

(E) have a slight advantage over

03805 ★ It is not unusual that people <u>get cold feet</u> about taking a trip to the North Pole. [18.지방직9급]

(A) became ambitious   (B) become afraid

(C) feel exhausted   (D) feel saddened

03806 The child <u>got ants in his pants</u> while waiting for dinner to be served. [입사]

(A) stepped in an ant hill   (B) became impatient

(C) started crying   (D) played with his toys

03807 ★★ Jerry wants to <u>get even with</u> Bill. [05.광운대]

(A) assist   (B) imitate   (C) humiliate   (D) retaliate

03808 What I am saying is, I am extremely happy that you are _____. [04.강남대]

(A) to get marry   (B) to get marrying

(C) getting marrying   (D) getting married

03809 다음 빈 칸에 공통으로 들어갈 단어는? [01-2.한성대]

> 1) We all _____ old eventually.
> 2) Will you _____ the meal ready?
> 3) I'm trying to _____ a new car.

(A) buy   (B) get   (C) take   (D) have

03810 ★★ An insect's abdomen contains organs for digesting food, reproducing, and <u>getting rid of</u> waste products. [96.상지대]

(A) eliminating   (B) reducing

(C) accumulating   (D) breaking down

03801 (A) 여전히 최고 경영자 자리를 차지하는 여성의 비율이 낮은 나라에서는 구조조정이 시작되면 여성은 흔히 그 첫 해고대상이 되어왔다.
(A) get the pink slip 해고되다   (B) pay raise 임금인상
(C) promotion 승진   (D) award 상, 상금
(E) sword 칼, 검

get the ax(e)
해고당하다(=get dismissed)
= **get the pink slip**
= **get the sack**
= **get the boot**
= **get the gate**
= **get the air**

03802 (C) 일단 바느질 요령을 터득하기만 하면 넌 창작적이게 되어 네 옷을 손수 지을 수 있다.
(A) get bored with ～에 싫증나다   (B) are excited about ～에 흥분하다
(C) get used to ～에 익숙하다   (D) be tired of ～에 싫증나다, 물리다

get the hang of sth
～에 익숙하다; ～의 방법을 배우다,
요령을 알다
=get used to ~ing

03803 (A) 탐이 테니스를 잘할 것 같아 보이진 않지만, 주의하지 않으면 그가 널 이길 수 있어.
(A) defeat 패배시키다, 이기다   (B) disappoint 실망시키다
(D) cheat on 부정한 짓을 하다

get the better of / get the best of sb/sth
(경쟁에서) 이기다(=prevail over sb),
～를 누르다(=defeat)

03804 (E) 메리는 항상 존을 이기려고 애쓰고 있었다.
(C) irritate 화나게 하다
(D) get along with ～와 잘 지내다
(E) have a slight advantage over 조금 우세하다

get[have] an[the] edge on sb
～에 이기다, 조금 우세하다
(=have a slight advantage over sb)
= **get an[the] advantage of[over]** sb
～을 앞질러 가다, ～보다 우월한 지위를 차지하다
= **get[have] the upper hand of[over]** sb
～보다 우세하다(=prevail); ～을 이기다

03805 (B) 사람들이 북극을 여행하는 것에 대해 겁을 먹는 것은 드문 일이 아니다.
(A) became ambitious 야망적이 되다   (B) become afraid 겁을 먹다
(C) feel exhausted 피곤을 느끼다   (D) feel saddened 슬픔을 느끼다

get[have] cold feet
겁을 먹다(=be frightened, become afraid,
become timid);
낙담하다(=get discouraged)

03806 (B) 그 아이는 음식이 나오기를 기다리는 동안에 안달을 했다.
(A) 개미둑을 딛고 들어갔다 * step in 들어가다 끼어들다
(B) 안달하다 * impatient 참을성이 없는, 안달하는
(C) 울기 시작했다
(D) 장난감을 가지고 놀았다

get[have] ants in one's pants
불안해서 안절부절못하다(=become impatient)

03807 (D) 제리는 빌에게 복수하기를 원한다.
(A) assist 돕다   (B) imitate 흉내를 내다
(C) humiliate 창피를 주다   (D) retaliate 복수하다

get even (with sb**)**
보복하다(=retaliate, take revenge on, get back at,
pay back sb)

03808 (D) 그러니까 내 말은, 당신이 결혼을 한다니 매우 기쁘다는 겁니다.

get married / get hitched
결혼하다
cf. tie the knot 인연을 맺다, 결혼하다(=marry)

03809 (B)

1) 우린 모두 결국 늙게 된다.
2) 식사 준비를 하시려고요? * get ready 준비를 갖추다
3) 나는 새 차를 구입하려 하고 있다.

get old
나이를 먹다

03810 (A) 곤충의 복부는 소화시킨 음식과 번식 그리고 배설물을 배출하는 기관을 포함한다.
* abdomen 배, 복부
(A) eliminate 제거하다   (B) reduce 줄이다
(C) accumulate 축적하다   (D) break down 분류하다

get rid of
제거하다, 치우다
(=dispose of, do away with, eliminate)

O3811 Although he is recognized as one of the most brilliant scientists in his field, Professor White cannot seem to <u>make his ideas understood</u> in class. [90.경북대학원]

(A) get his ideas down (B) summarize his ideas

(C) recall his ideas (D) get his ideas across

O3812 다음 대화 중 밑줄 친 부분이 의미하는 것은? [97.행자부7급]

> A: I think we should take the train to the mountains.
> B: I'd rather drive.
> A: But there's going to be a lot of snow.
> B: I like snow.
> A: Do you like sitting in the car for hours, stuck in the snow?
> B: <u>You've got a point there.</u> Let's take the train.

(A) You think nothing of my words.

(B) I don't understand what you said.

(C) What you have said seems to be right.

(D) Let's stop quarreling.

O3813 Mark never tells you the whole story, but you always get the _____. [03-2.경기대]
★

(A) view (B) picture (C) map (D) form

O3814 다음 빈 칸에 공통으로 들어갈 말로 적당한 것은? [06.건국대/00.동아대 변형]
★

> 1) Although governments can control and manipulate what is in the papers and television, the net is just too big and too global for anyone to _____ it.
> 2) The salesman said. "These figures will help you _____ the efficiency of this car."

(A) get a grip on (B) come to grips with

(C) let go his or her grip (D) have a good grasp of

(E) take in his or her grasp of

O3815 He tried to <u>get a fix on</u> the young man's motives, but he couldn't understand him. [예상]

(A) criticize (B) understand

(C) scold (D) distort

O3816 The reporter soon <u>got wind of</u> the scandal. [99.사법시험 유형]

(A) discussed (B) aroused

(C) ignored (D) spoke about

(E) heard about

O3817 I am afraid that she will <u>get sore</u> and move away if she catches me watching her. [94.변리사]

(A) get angry (B) have a sore throat

(C) become frustrated (D) be sullen

(E) be flattered

03811 (D) 화이트 교수는 그 분야에서 가장 훌륭한 과학자들 중 하나로 인정받을지라도 수업에서는 그의 생각을 잘 전달하지 못하는 것처럼 보인다.

(A) get down 적어두다
(B) summarize 요약하다
(C) recall 회상하다
(D) get across 이해시키다

get * across sth
설명하다, 이해시키다
(=make oneself understood, make oneself clear)
= make oneself understood
자기의 말[생각]을 남에게 이해시키다

03812 (C)

A: 우리는 산으로 가는 기차를 타야한다고 생각해.
B: 차를 몰고 가는 게 더 좋은데.
A: 근데 거기에는 많은 눈이 쌓일 거야.
B: 난 눈을 좋아해.
A: 눈에 갇혀서 차에 몇 시간 동안 앉아 있는 게 좋아?
B: 맞는 말이야. 기차 타고 가자.

(A) 넌 내 말을 무시하는구나. * think nothing of 경시하다
(B) 네 말이 무슨 말인지 이해가 안 된다.
(C) 네가 한 말이 옳아 보인다.
(D) 그만 다투자.

**get a point / get the point /
get one's point**
논지를 파악하다, 요점을 이해하다; 일리가 있다

03813 (B) 마크가 네게 자초지종을 말하지 않아도 너는 항상 이해하는 구나.

get the picture
상황을 이해하다(=understand the situation)
cf. picture to oneself 상상하다(=imagine)

03814 (A)

1) 비록 정부가 신문과 텔레비전에 나오는 것은 통제하고 조작할 수는 있으나, 인터넷은 누군가가 그것을 통제하기에는 너무 방대하고 포괄적이다.
2) 그 판매사원은 "이 수치들은 이 차의 효율성을 파악하는데 당신에게 도움을 줄 것입니다." 라고 말했다.

(A) get a grip on 통제하다, 파악하다
(B) come to grips with 정면으로 대처하다
(C) 잡고 있던 것을 놔주다 * let go 풀어주다
(D) have a good grasp of 충분히 파악하다

get[have] a grip on sth
1. 이해하다, 파악하다(=understand, make out sth)
2. 감정을 자제하다; 통제하다
↔ **get a free hand** 자유재량을 부여받다, 완전히 마음대로 하다
cf. beyond one's grasp
이해할 수 없는 곳에; 손이 미치지 않는 곳에
cf. **come[get] to grips (with** sth**)**
맞붙잡고 싸우다; (문제 등에) 정면으로 대처하다

03815 (B) 그는 그 젊은이의 진의를 파악하려고 했으나, 이해할 수가 없었다.

(A) criticize 비난하다
(B) understand 이해하다
(C) scold 꾸짖다
(D) distort 왜곡하다

get a fix on sb/sth
정확한 위치를 알아내다, 확실히 이해하다(=understand)

03816 (E) 기자는 곧 그 추문의 냄새를 맡았다.

(A) discuss 토론하다
(B) arouse 불러일으키다
(C) ignore 무시하다
(D) speak about ～에 대해 말하다
(E) hear about ～에 관해서 듣다

get wind of sth
풍문으로 듣다(=hear about sb/sth), 알아채다

03817 (A) 만일 내가 자기를 감시한 것을 그녀가 알아차린다면 화를 내고 가버릴 것이다.

(A) get angry 화를 내다
(B) have a sore throat 목이 아프다
(C) become frustrated 실망하게 되다
(D) sullen 부루퉁한
(E) be flattered 우쭐해지다, 기뻐하다

get sore
화를 내다(=get angry)
cf. **a sore spot** 아픈 데, 급소, 약점

03818 I was able to <u>get a head start</u> on my reading during the holidays. [93.행정고시]

(A) get started   (B) get by

(C) get around   (D) start with no experience

(E) start earlier

93.행정고시

03819 ★ How are you <u>getting along</u>? [99.세무사]

(A) getting on   (B) getting about

(C) getting up   (D) getting off

(E) growing from

99.세무사/입사/Teps

03820 ★★ She is easy to get along with because she _____. [99.경원대]

(A) is hot-tempered   (B) is even-tempered

(C) is temperamental   (D) loses her temper

14.산업기술대/99.경찰/88.행자부9급
04.명지대/99.경원대/Teps

03821 Humans will work for a pittance, if necessary, to <u>get</u> by. [16.서강대]

(A) receive   (B) scrape

(C) confer   (D) bestow

16.서강대

03822 ★ As soon as you arrive in the United States, you can <u>get in touch with</u> me. [93.행자부9급]

(A) call on   (B) hear of

(C) communicate with   (D) look for

93.행자부9급/93.연세대학원/Teps

03823 다음 문장과 같은 의미는? [99-2.안양대]

> Paul got back from his trip last night.

(A) He stripped the paint off.

(B) He got a package in the mail.

(C) He returned last night.

(D) He tripped and hurt his back.

99-2.안양대/Teps

03824 ★ 밑줄 친 부분에 공통으로 들어갈 말로 가장 적절한 것은? [17.국가직9급(하) 변형]

> 1) She's disappointed about their final decision, but she'll _____ it eventually.
> 2) It took me a very long time to _____ the shock of her death.
> 3) I'll go back to work, when I _____ this sickness.

(A) get away   (B) get down

(C) get ahead   (D) get over

17.국가직9급(하)/97.홍익대/행정고시
입사/토플/토익/Teps

03825 다음 빈칸에 들어갈 말로 가장 적절한 것은? [12.지방직7급 변형]

> A: There's something really bothering me.
> B: Get it off your _____. It'll make you feel better.

(A) hand   (B) head   (C) heart   (D) chest

12.지방직7급

03826 ★★ Construction of the theme park finally <u>got off the ground</u>. [08.중앙대]

(A) became rushed   (B) got into trouble

(C) was expanding fast   (D) started to be successful

08.중앙대/01-2.대구대/98.강남대
94.명지대/Teps

O3818 (E) 나는 휴일 동안에 남들보다 먼저 독서를 시작할 수 있었다.

get a head start (on sb/sth)
먼저 출발하다(=start earlier), 기선을 제압하다
cf. get[have] one's start 첫 발을 내딛다
cf. get ahead 출세하다(=succeed), 돈을 왕창 벌다;
　　나아가다, 진보하다

O3819 (A) 어떻게 지내세요?
(A) get on 살아가다
(B) get about 여기저기 여행하다
(C) get up 일어나다
(D) get off 차에서 내리다, 출발하다

get along
살아가다(=get on)

O3820 (B) 그녀는 성격이 온화하기 때문에 사람들과 쉽게 잘 지낸다.
(A) hot-tempered 화를 잘 내는, 성급한
(B) even-tempered 성격이 온화한
(C) temperamental 신경질적인
(D) lose one's temper 화를 내다

get along with sb
1. ~와 잘 지내다
2. 해가다, 진행시키다
= get on with sb/sth 의좋게 지내다; ~을 계속하다
cf. get along without sth
　　~없이 살다(=manage without sth)

O3821 (B) 인간은 근근이 살아가기 위해 필요하다면 쥐꼬리만 한 박봉에도 기꺼이 일한 것이다.
(A) receive 받다　　　　　(B) scrape by ~으로 근근이 살아가다
(C) confer 수여하다　　　 (D) bestow 수여하다

get by (on/in/with sth)
(~으로) 그럭저럭 해 나가다,
(~으로) 근근이 살아 나가다(=scrape by)

O3822 (C) 네가 미국에 도착하자마자, 내게 연락할 수 있을 거야.
(A) call on 방문하다　　　　　(B) hear of ~에 관해 듣다
(C) communicate with 연락을 취하다　(D) look for 찾다

get in touch with sb/sth
~와 연락하다, 접촉하다(=communicate with sb/sth)
= get hold of sb ~와 연락하다
↔ get out of touch with sb/sth
　　~와 접촉을 끊다(=not in contact with sb/sth)

O3823 (C)

폴은 여행에서 어제 저녁에 돌아왔다.

(A) 그는 페인트를 벗겨 냈다. * strip off 옷을 벗다, ~을 벗겨내다
(B) 그는 우편으로 소포꾸러미를 받았다.
(C) 그는 어제 저녁에 돌아왔다.
(D) 그는 걸려 넘어졌고 그의 등뼈를 다쳤다. * trip 여행 걸려 넘어지다

get back
돌아오다(=return)
cf. get back at sb 앙갚음하다, 복수하다(=get even)

O3824 (D)

1) 그들의 최종 결정에 실망했지만, 그녀는 결국 그것을 극복할 것이다. * get over 극복하다
2) 내가 그녀의 죽음에 대한 충격에서 벗어나는 데에는 오랜 시간이 걸렸다.
　 * get over (좋지 않은 경험 등에서) 헤쳐 나오다
3) 병이 다 나으면 다시 일하러 오겠습니다.* get over (병에서) 회복하다

(A) get away 떠나다, 벗어나다　　(B) get down 적어두다
(C) get ahead 앞서다　　　　　　(D) get over 극복하다, (병에서) 회복하다

get over sth
1. (병에서) 회복하다(=recover from sth)
2. (어려움 등을) 극복하다 (=overcome);
　 (좋지 않은 경험 등에서) 헤쳐 나오다

O3825 (D)

A: 뭔가 나를 신경 쓰이게 하는 것이 있어요. * bother 신경 쓰이게 하다
B: 다 털어 놓으세요. 그럼 한층 기분이 좋아질 겁니다. * get it off one's chest 고민을 털어놓다

Get it off your chest.
감추지 말고 솔직하게 털어놔 봐.

O3826 (D) 테마파크의 건설이 마침내 실행에 옮겨졌다.
(A) 조급해졌다　　　　　(B) 말썽을 일으켰다
(C) 빠르게 확장했다　　　(D) 성공적으로 시작했다

get off the ground
1. 이륙하다(=take off)
2. 활동을 시작하다(=start), 행동으로 옮겨지다;
　 일을 진행시키다(=make progress)

O3827 다음 물음에 대한 대답으로 가장 적당한 것은? [07영남대]

07영남대/Teps

> Q : Which floor do you get off the elevator?

(A) Our building has 30 floors.

(B) I want to stop at the 5th floor.

(C) I think I can get off the elevator.

(D) I prefer wooden floors to carpeting.

O3828 다음 빈칸에 공통으로 들어갈 말로 가장 적절한 것은? [예상]

경찰승진/Teps

> 1) We can get _____ perfectly well without her.
> 2) You'll have to work hard if you want to get _____.
> 3) He helped an old man to get _____ the bus.

(A) off   (B) on   (C) down   (D) over

[유제] Do you know why he got on his high horse when he met us? [경찰승진]

(A) ran away   (B) took to flight

(C) became overbearing   (D) took to his heels

O3829 ★ Getting down to writing a paper for a scientific journal is like trying to start an old car on a frosty morning. [08지방직7급]

08.지방직7급/입사/Teps

(A) Submitting   (B) Researching

(C) Modifying writing   (D) Beginning to do writing seriously

O3830 다음 빈칸에 공통으로 들어갈 말로 가장 적절한 것은? [예상]

15산업기술대

> 1) Here, get my number _____. You can call me anytime you like.
> 2) He got _____ from the ladder.

(A) down   (B) on   (C) off   (D) over

O3831 ★★ As soon as I get _____ with this work, I will join you. [90서울대학원]

14동덕여대/98.홍익대/94.서울산업대 90.서울대학원/입사/토익/Teps

(A) away   (B) through   (C) along   (D) on

O3832 ★ They get _____ on bicycles, on foot (by hiking or trekking), or on the water (on a sailboat or river raft). [07동아대]

07.동아대/03.경기대/광운대

(A) over   (B) out   (C) away   (D) through   (E) around

O3833 ★★ The student may well become unpopular with his teacher if he is always trying to see how much he can _____. [입사]

08.전남대/07.한국외대 86.고려대학원/입사/Teps

(A) get in on   (B) get through to

(C) get under   (D) get away with

O3834 Most people are outraged that the corporation only got _____ after breaking so many regulations. [예상]

13.숭실대

(A) a slap on the back   (B) a slap on the wrist

(C) a slap in the face   (D) a slap in the eye

O3827 (B)

> Q : 몇 층에서 엘리베이터를 내리실 건가요? * get off ~에서 내리다
>
> (A) 우리 건물은 30층입니다.
> (B) 5층에서 내리고 싶어요.
> (C) 제 스스로 엘리베이터에서 내릴 수 있을 것 같아요.
> (D) 저는 양탄자보다는 나무 바닥이 더 좋아요.

O3828 (B)

> 1) 우리는 그녀 없이도 완벽하게 잘 해나갈 수 있다. * get on 헤쳐 나가다
> 2) 출세를 원한다면 열심히 일해야 한다. * get on 성공하다
> 3) 그는 노인이 버스에 타는 것을 도왔다. * get on 탑승하다

(C) 그가 우리와 만났을 때 왜 거만하게 굴었는지 너는 아니?
(A) run away 달아나다   (B) take to flight 냅다 도망치다
(C) overbearing 거만한   (D) take to one's heels 도망치다. 달아나다

O3829 (D) 과학 잡지에 논문을 진지하게 쓰기 시작하는 것은 서리가 내린 아침에 오래된 차에 시동을 거는 것과 같다.
(A) submit 제출하다   (B) research 연구하다   (C) modify 개작하다

O3830 (A)

> 1) 여기 제 전화번호를 적어두세요. 원하실 때 언제든 전화주세요. * get down 적어두다
> 2) 그는 사다리에서 내려왔다. * get down 내려오다

O3831 (B) 내가 이 일을 끝내자마자, 당신과 합류하겠다.
(A) get away with 처벌받지 않다. 도망치다
(C) get along with 사이좋게 지내다
(D) get on with 사이좋게 지내다

O3832 (E) 그들은 자전거를 타거나, 걸어서(하이킹이나 트레킹을 함으로써) 또는 수상으로(보트를 타거나 뗏목을 타고) 돌아다닌다.

O3833 (D) 학생이 항상 얼마나 처벌을 모면할 수 있는지 보기 위해 애를 쓴다면, 그 학생은 선생님의 눈 밖에 나게 되는 것도 당연하다. * may well R ~하는 것은 당연하다
(A) get in on 조직, 활동 따위에 참가하다
(B) get through to ~와 연락하다
(C) get under (남의) 밑에 들어가다

O3834 (B) 대부분의 사람들은 그 회사가 그 많은 법을 위반하고 난 후 오직 가벼운 처벌만을 받은 데 대해 분노했다.
(A) a slap on the back 칭찬, 찬사   (B) a slap on the wrist 가벼운 처벌
(C) (D) slap in the face[eye] 모욕. 면박

get * off
1. (차 · 말 · 비행기 등)에서 내리다
(=alight, dismount from sth) (↔ get on sth)
2. (벌 따위를) 면하다. 작은 처벌만 받다
(=get away with sth)
3. 출발하다; (장소에서) 떠나다(=begin a journey, leave)
4. (옷 등을) 벗다
5. (편지 등을) 우편으로 보내다

get on
1. 올라타다. 승차 · 승선하다. 탑승하다
2. ~을 입다(=put on sth), 쓰다
3. 앞으로 나아가다. 헤쳐 나가다; 일이 잘 되다 ,성공하다
4. 사이좋게 지내다; ~을 계속하다
5. 〈미속어〉 시작하다; 흥분하다
cf. get on one's high horse 거만하게 굴다

get down to sth
(일 등에) 진지하게 대처하다. 차분히 착수하다
- get down to brass tacks
핵심으로 들어가다; 사업 얘기를 시작하다
- get down to the nitty-gritty
사실을 직시하다; 중요한 문제를 토의하기 시작하다

get * down sb/sth
1. 내리다, 내려오다(=dismount, descend), 내려놓다
2. 적어두다(=jot down, write down)
3. 우울하게 만들다(=depress)

get through (with) sth
~을 끝내다(=finish, complete, put through sth)
cf. get through (to sb/sth)
~에 도착하다; ~와 연락하다; 이해시키다

get around
1. (법이나 규칙 등에서) 빠져 나갈 구멍을 찾다(=avoid)
2. 걸어 다니다, 여기저기를 여행하다(=get about)
3. ~할 시간[여유]이 나다(to sth)
cf. get about (여기저기를) 돌아다니다; (소문이) 퍼지다; 열심히 일하다

get away with sth
1. 처벌 받지 않고 지나가다
2. ~을 가지고 달아나다
3. 〈구어〉 (성격 또는 사회적 지위가 있어 다른 사람이 할 수 없는 것을) 할 수 있다
4. ~을 먹어 치우다
cf. get away from it all (일 등을 잊고) 푹 쉬다(=rest up)

get a slap on the wrist
가벼운 처벌만 받다, 가벼운 꾸지람을 듣다
cf. get off easy / get off lightly 아주 가벼운 처벌만 받고 지나가다

03835 I can get you <u>off the hook</u> once you are done with this process. [08.지방직9급]

(A) clean   (B) free   (C) involved   (D) exposed

03836 The angry crowd <u>got out of hand</u>. [98.동국대]

(A) become uncontrollable   (B) went out of the house

(C) arouse   (D) was encouraged

03837 The children <u>get in your hair</u>, but you should try not to let it upset you so much. [아-2.숙명여대]

(A) cripple you   (B) admire you

(C) bother you   (D) shampoo you

03838 The music is really <u>getting on my nerves</u>. [아-2.명지대]

(A) making me irritated   (B) making me happy

(C) making me excited   (D) making me sad

03839 The president <u>got his back up</u> when he heard that one of his top aides was involved in the bribery case. [04.성균관대]

(A) was disappointed   (B) stood up in defense of him

(C) became scornful   (D) remained obscure

(E) became enraged

03840 If you are _____ somewhere, you are making progress towards achieving something. [93.서울대학원]

(A) taking   (B) going   (C) making   (D) getting

03841 다음 빈 칸에 들어갈 말로 적당한 것은? [98.경찰]

> A: Excuse me, but I want to get to the Post Office. Is there the way to the Post Office?
> B: _____.
> A: How far is it from here?
> B: It's quite a distance from here. You'd better take a bus.
> A: Thank you for your kindness.

(A) With pleasure   (B) Here you are

(C) Yes, this is the right way   (D) I'm a stranger here

03842 Harry adores Sally, but he can't even _____ with her. She won't even speak to him.

(A) get to first base   (B) get away

(C) get through   (D) get even

03843 Although I followed carefully all he said, I could not see what he was <u>getting at</u>. [입사]

(A) denouncing   (B) criticizing

(C) reaching   (D) implying

(E) talking

O3835 (B) 일단 네가 이 학습과정만 끝내면 널 자유롭게 풀어 줄게.

get (sb) off the hook
(책임이나 의무에서) 자유롭게 하다, 해방되다

O3836 (A) 성난 군중은 통제 불능이 되었다.

get out of hand / get out of control
통제를 벗어나다, 감당할 수 없게 되다
(=become uncontrollable), 수습이 어려워지다

O3837 (C) 아이가 당신을 괴롭히더라도 지나치게 당신을 속상하게 만들 정도까지는 놔두려 해서는 안 된다.
 (A) cripple 병신으로 만들다   (B) admire 존경하다
 (C) bother 괴롭히다   (D) shampoo 샴푸로 감다

get in sb's hair
〈구어〉 ~을 괴롭히다, 안달나게 하다(=bother)
= **get under sb's skin** 〈07.충북9급〉
 ~를 화나게 하다, 괴롭히다(=annoy)
= **rub sb the wrong way**
 ~를 화나게 하다(=irritate, annoy), 기분 나쁘게 하다

O3838 (A) 그 음악은 정말 나를 짜증나게 한다.

get on sb's nerves
신경을 건드리다, 짜증나게 하다(=irritate)

O3839 (E) 대통령은 그의 수석 보좌관 중 한 사람이 뇌물사건에 연루되었다는 것을 듣고는 몹시 화를 냈다. * aide 보좌관
 (A) disappoint 실망하다   (B) in defense of ~을 옹호하기 위해
 (C) scornful 경멸하는   (D) obscure 애매한, 분명치 않은
 (E) enrage 몹시 성나게 하다

get[put, set] one's sb's back up
화를 내다(=became enraged), 짜증내다;
~을 화나게 하다
= **get hot under the collar**
 매우 화를 내다, 열받다

O3840 (D) 어떤 일이 되어간다는 것은 그 일을 완수하는 쪽으로 진전을 보인다는 말이다.

get somewhere
성공하다(=succeed, make good, come off)
일이 되어가다(=make progress)
= **get ahead** 출세하다(=succeed), 나아가다, 진보하다
= **get far** 먼 곳으로 가다; 사태가 발전하다; 성공하다, 출세하다
= **get on in life / get on in the world** 출세하다, 성공하다

get to sw
~에 도착하다(=reach, arrive at sth)

O3841 (C)

 A: 실례하지만 우체국에 가려고 하는데요. 우체국으로 가는 길이 있나요?
 B: _____
 A: 여기서 얼마나 멀죠?
 B: 여기서 꽤 멉니다. 버스를 타시는 게 좋아요.
 A: 친절함에 감사드려요.

 (A) 기꺼이, 좋고 말구요.   (B) 여기 있습니다. (물건 등을 건네 줄때)
 (C) 예. 이 길이 맞습니다.   (D) 저는 여기가 초행길입니다.

O3842 (A) 해리는 샐리를 사모하지만, 그는 샐리와 조금의 진전조차 없다. 그녀는 해리와 이야기조차 하지 않으려 한다. * adore 사모하다
 (A) get to first base 다소 진전하다   (B) get away with 처벌 받지 않고 지나가다
 (C) get through with ~을 끝내다   (D) get even with 복수하다

get to first base
〈주로 부정문, 의문문〉 다소 진전하다
(=have any success whatsoever)

O3843 (D) 나는 그가 말하는 것을 열심히 들었지만, 그가 의도하는 바를 이해할 수 없었다.
 (A) denounce 비난하다, 고발하다   (B) criticize 흠잡다, 비평하다
 (C) reach 도착하다, 도달하다   (D) imply 암시하다, 넌지시 비치다

get at sb/sth
1. 의미를 파악하다, 이해하다(=grasp); ~를 알다
2. 넌지시 나타내다, 암시하다(=imply)
3. ~에 도착하다(=get to, arrive at sw); 닿다(=reach)
4. ~에 착수하다(=start to work on sth)
5. 〈구어〉 (뇌물 등의) 부정한 수단을 쓰다
 (=bribe, influence by improper or illegal means)

DAY-12

03844 다음 물음에 대한 대답으로 가장 적당한 것은? [07.영남대]

> Q : Can we get together after work?

(A) Sorry, I was busy.

(B) Sorry, you can't get it.

(C) Yes, I like to do it together.

(D) I'd like to, but I have an appointment.

07.영남대/Teps

03845 ★★ She was getting _____ the way of my ambitions. [92.서울대학원 변형]

(A) in   (B) out   (C) at   (D) to

06.동국대/00.한성대 92.서울대학원/외무고시/Teps

03846 Once you <u>get into the swing of things</u>, you might start thinking that you should quit your job and take up eBay selling part time. [09.동국대]

(A) get familiar   (B) get tired

(C) get rich   (D) get angry

09.동국대

03901 ★★ The sewage will decay and the water will begin to <u>give off</u> odors. [02.감정평가사]

(A) deteriorate   (B) succumb to

(C) entice   (D) emit

(E) take hold of

07.대구대/02.감정평가사 86.사법시험/입사/토플/Teps

03902 ★★ Mr. Jackson wants to <u>give out</u> this news as soon as possible. [입사]

(A) deteriorate   (B) distribute

(C) surrender   (D) expect

03.행정고시/99.조선대 82.국회사무관/입사/토플/Teps

03903 ★★★ 다음 빈 칸에 공통으로 들어갈 말로 적당한 것은? [기출문제 종합]

> 1) They gave _____ looking for her when it grew dark.
> 2) The older women of Brighton Beach will probably never give _____ their Chanel sunglasses, false or real.
> 3) He refused to give _____ the publishing rights to his photographs.

(A) up   (B) in   (C) away   (D) out   (E) off

12.서울시9급/08.강남대/00.홍익대 99.단국대/93.서울대학원/92.행자부7급 86.사법시험/고려대학원/입사/Teps

---

03904 Guam, an island in the West Pacific, was <u>given over to</u> the United States. [05.삼육대]

(A) ceded to   (B) attacked by

(C) ruled by   (D) destroyed by

05.삼육대/토플

03905 ★★ 다음 빈 칸에 공통으로 들어갈 말로 적당한 것은? [96.세무사 외 종합]

> 1) The mayor refused to give _____ to the demand of the group.
> 2) The report must be given _____ by tomorrow.
> 3) The rioters at last gave _____.

(A) out   (B) off   (C) on   (D) in   (E) away

07.대구대/96.세무사/91.법원직 91.행정고시/83.경북대학원 입사/토익/Teps

O3844 (D)

> Q: 일 끝나고 우리 만날래? * get together 만나다, 데이트하다
>
> (A) 미안해, 바빴어. * 시제에 유의
> (B) 죄송합니다만, 그것은 구매하실 수 없어요.
> (C) 그래, 나는 함께 그것을 하고 싶어. * 〈유의〉 do it은 속어로 "성교하다"
> (D) 그러고 싶은데, 선약이 있어. * appointment 약속

get together
1. 만나다(=meet), (두 사람이) 데이트하다
2. 모으다, 합치다(=accumulate, gather), 사물을 잘 정리하다
3. 의견이 일치하다
4. 자신을 억제하다, 침착하게 굴다, 안정시키다
cf. gang up on sb/sth 〈93동덕여대〉
　　단결하여 대항하다(=get together against sb/sth)

O3845 (A) 그녀는 나의 야망을 가로막고 있었다.

get[be, stand] in the way (of sth)
〜의 앞길을 가로막다; 〜의 방해가 되다
(=be[stand] in sb's way, prevent)

O3846 (A) 일단 익숙해지기만 하면, 넌 네가 직장을 그만두고 이베이에서 시간제로 판매하는 일에 종사하는 것에 대한 생각을 시작할지도 모른다. * take up 종사하다
(A) get familiar 익숙해지다　　(B) get tired 지치다
(C) get rich 부자가 되다　　(D) get angry 화가 나다

get into the swing of things/sth
〜에 익숙해지다(=get familiar with sb/sth);
생활의 리듬을 타다

O3901 (D) 하수는 썩을 것이고 물은 악취를 풍기기 시작할 것이다. * sewage 오수, 하수
(A) deteriorate 질을 저하시키다　　(B) succumb to 굴복하다
(C) entice 유혹하다　　(D) emit 방출하다
(E) take hold of 〜을 잡다, 제어하다

give off sth
(증기를) 내뿜다, (냄새를) 풍기다, (열기를) 발하다(=emit)

O3902 (B) Jackson씨는 이 소식을 가능한 빨리 배포하고 싶어 한다.
(A) deteriorate 악화되다　　(B) distribute 배포하다
(C) surrender 항복하다　　(D) expect 기대하다

give * out sth
1. 배포하다, 나눠주다(=distribute, hand out sth)
2. 다 쓰다(=be used up)
cf. give away sb/sth
　　거저 주다; 분배하다; 밀고하다; 배반하다

O3903 (A)

> 1) 그들은 날이 어두워지자 그녀를 찾는 것을 포기했다. * give up 포기하다
> 2) 브라이튼 비치의 그 노부인들은 그들의 샤넬 선글라스가 진품이든 가짜이든 절대 버리지 않을 것이다. * give up 버리다
> 3) 그는 자기 사진의 출판권을 양도하기를 거부했다. * give up 양도하다

give * up (sth) (to sb)
1. (신앙·술·담배 등의 습관을) 버리다
　(=abandon, relinquish)
2. (계획·희망 등을) 포기하다
3. (재산·지위 등을) 양도하다(=relinquish, yield)
4. (범인을) 인도하다
5. [give oneself up] 〜에 헌신하다, 전념하다

O3904 (A) 서태평양 섬인 괌은 미국에 할양되었다.
(A) cede 양도하다, 할양하다

give over (to sb)
1. 내어주다, 양도하다[to](=cede)
2. (수입·이익 등을) 가져오다
3. (습관 등을) 버리다; (희망 등을) 포기하다; (〜하는 것을) 중지하다
4. 〜에 헌신하다, 바치다(=dedicate, devote, commit)

O3905 (D)

> 1) 시장은 그 집단의 요구에 굴복하기를 거부하였다. * give in to 〜에 굴복하다
> 2) 리포트를 내일까지 제출해야 한다. * give in 제출하다
> 3) 폭도들이 마침내 항복했다. * give in 굴복하다

(A) give out 나누어 주다　　(B) give off 발산하다
(C) give on 〜으로 통하다　　(D) give in 굴복하다
(E) give away 증여하다

give in (to sb/sth)
1. 굴복하다(=surrender), 양보하다(=yield to sb/sth)
= yield to sb/sth 양보하다, 굴복하다 〈00-2강남대〉
2. 제출하다

03906 In the early 20th century tramcars were an efficient and popular means of transport in Elderslie, before gradually <u>giving way to</u> buses and cars.

(A) hiding   (B) eliminated from

(C) restoring   (D) replaced by

11.지방직9급/토플/Teps

03907 다음 대화에서 밑줄 친 부분에 가장 적당한 것은? [01.덕성여대]

> A: Tom, can you give me a lift?
> B: _____

(A) Sorry, the lift is out of order.

(B) Sorry, I hope not.

(C) Sure. Get in.

(D) Sure, pick me up at six.

10.영남대/09.한성대/01.동덕여대/Teps

03908 다음 대화 중 빈칸에 들어갈 말로 적당한 것은? [13.국가직7급 변형]

> A: Honey! Can you _____ me a hand with groceries?
> B: Wow! Do you really need all this stuff?

(A) help   (B) assist   (C) give   (D) hold

13.국가직7급/12.국가직9급/09.서울시9급
08.건국대/07.세무직9급/04-2.계명대
02.행자부9급/01.전남대/99.한국외대
97.경찰/토익/Teps

03909 The orchestra and their conductor were given a _____ at the end of the concert. [04.건국대]

(A) prime-time   (B) final curtain

(C) standing ovation   (D) supporting role

(E) low-budget

10.경기대/04.건국대/Teps

03910 If we want this marriage to be successful, we both have to learn to _____. [예상]

(A) give the cold shoulder   (B) give a standing ovation

(C) give and take   (D) give or take

예상

03911 밑줄 친 부분에 들어갈 가장 알맞은 표현은? [12.지방직9급]

> A: Hello, Susan.
> B: Hello, David. Are you and Mary free this Saturday?
> A: Saturday? She would go shopping, but I'm not sure. Why do you ask?
> B: I thought I would invite you guys to dinner.
> A: Well, let me check again with her and give you a ring this evening.
> B: Sounds good. _____

(A) I'll be waiting for your call

(B) You should have made it on time.

(C) Thank you for having me, David.

(D) How could you stand me up like this?

12.지방직9급/99.단국대/97-2.단국대
92.경북산업대/입사/Teps

03912 In order to be issued a passport, one must either present legal documents or call a witness to <u>give evidence</u> concerning one's identity. [01.명지대]

(A) testify   (B) investigate

(C) falsify   (D) evaluate

01.명지대

03906 (D) 20세기 초에 Elderslie에서 시내전차는 점차적으로 버스와 자동차에 그 자리를 내주기 전까지만 해도 효율적이고 인기가 있었던 교통수단이었다. * tramcar 시내를 다니는 전차
- (A) hide 숨기다
- (B) be eliminated from ~에서 제거되다
- (C) restore 복구하다
- (D) be replaced by 대체되다

03907 (C)

A: 톰, 나를 태워 줄 수 있겠니?
B: _____

(A) 미안, 승강기가 고장 났어. * lift 〈영〉승강기 (미, elevator)
(B) 미안해. 그러지 않기를 바라.
(C) 그럼. 타. * get in (차를) 타다
(D) 물론, 6시에 나를 태우러 와.

03908 (C)

A: 자기야! 식료품 산 것들 좀 도와줄래?
B: 와우! 진짜 이것들이 다 필요한 거야?

03909 (C) 오케스트라와 지휘자는 콘서트의 마지막에 기립 박수를 받았다.
* conductor 지휘자, 지도자
(A) prime-time TV등의 황금시간대
(E) low-budget 저예산의

03910 (C) 우리가 이 결혼이 성공적이 되길 바란다면, 우리 둘 다 서로 양보하는 법을 배워야 한다.
(A) give the cold shoulder 쌀쌀하게 대하다
(B) give a standing ovation 기립박수를 쳐주다
(C) give and take 서로 양보하다
(D) give or take 약, 증감을 포함하여

03911 (A)

A: 안녕, 수잔
B: 안녕, 데이비드, 이번 토요일에 너와 메리 시간 있니?
A: 토요일? 메리가 쇼핑 간다던데, 난, 확실치 않고, 왜 물어?
B: 너희들을 저녁식사에 초대하려고 생각했거든.
A: 글쎄, 메리가 되는지 확인해 보고 오늘 저녁에 전화 줄게. * give ~ a ring 전화를 걸다
B: 좋아. _____

(A) 네 전화 기다릴게.
(B) 너는 정시에 도착했어야 했어. * make it 제 시간에 닿다 on time 정각에
(C) 초대해줘서 고마워, 데이비드. * have 모임을 열다, 손님을 맞다
(D) 넌 어떻게 나를 이처럼 바람맞힐 수 있니? * stand up 바람맞히다

03912 (A) 여권을 발급받기 위해서는 법적인 서류를 제출하거나 자신의 인적 사항에 대해 증언해 줄 수 있는 증인을 소환해야 한다.
* issue 발행하다 call a witness 증인을 소환하다 identity 신원, 신분증명서 동일함
(A) testify 증언하다
(B) investigate 조사하다
(C) falsify 위조하다
(D) evaluate 평가하다, 사정하다

give way to sb/sth
1. 항복(굴복)하다, ~에 양보하다 (=yield, surrender)
2. 물러가다 (=retreat, withdraw); ~에 의해 대체되다
3. (감정 등에) 못 이기다[무너지다]
= **give ground** 퇴각하다(=retreat); 양보하다
= **give place to** sb/sth ~에게 자리[지위]를 양보하다
cf. give away sb/sth 1. 거저 주다; 분배하다 2. 밀고하다; 배반하다
cf. give way (다리 등이) 무너지다(=collapse)

give sb a lift
~을 차로 태워주다
= **give** sb **a ride** 차로 태워주다 (=give a lift)

give (sb) a hand
1. 〈미 · 구어〉 돕다(=help, aid, assist)
2. 박수갈채하다

give a standing ovation
기립박수를 쳐주다
cf. get[receive] a standing ovation 기립박수를 받다

give and take
서로 양보하다; 공평한 거래를 하다; 의견을 교환하다
cf. give or take sth ~의 증감을 포함하여, 약(=more or less)

give sb a ring
전화를 걸다(=give sb a buzz, call up sb)
* I'll give you a ring later. 나중에 전화할게.
= I'll ring you up later.
= I'll give you a call later.
= I'll call you up later.
= I'll give you a buzz later.

give evidence
증언하다(=testify)

○3913 I was <u>given to understand that</u> he might help me to find employment. [00.단국대/94.기술고시]
★

(A) promised   (B) advised   (C) assured   (D) reminded   (E) proved

○3914 When Tom arrived three hours late for supper his mother really <u>gave him a piece of her mind.</u> [입사]

(A) blamed   (B) eulogized

(C) advised   (D) admonished

○3915 밑줄 친 빈칸에 적당한 말은? [입사]

> A: _____
> B: I just gave it to you straight.
> A: Well, then, give it to me so I can understand.

(A) Let me give it a try.

(B) Give it to me straight.

(C) Let me give you a hand.

(D) Give me a break.

○3916 At once, relieved and furious, she didn't know which emotion to <u>give vent to</u>. [11.명지대]
★★

(A) sieve   (B) redouble

(C) express   (D) curb

○3917 다음 대화의 밑줄 친 부분에 들어갈 가장 알맞은 표현을 고르시오. [03-2.숭실대]
★★

> A: Do you mean he rejected your requests for an appointment?
> B: Yes, three times he gave me the cold _____.

(A) stomach   (B) ankle   (C) shoulder   (D) forearm

○3918 To give the _____ his due, Peter is a very good father despite his drinking. [03.고려대]

(A) fairy   (B) devil   (C) cupid   (D) wizard

○3919 He resolved to <u>give a wide berth to</u> this lady. [99.경기대/입사]
★

(A) give a good chance to   (B) endear himself to

(C) avoid coming into contact with   (D) treat with utmost respect

○3920 Mother decided to give Nancy a _____, so she took her to the circus. [행정고시]

(A) mastiff   (B) stretch

(C) treat   (D) collapse

(E) sore

○3921 A popular aquarium fish, the guppy <u>gives birth to</u> live young. [토플]

(A) bears   (B) captures

(C) tolerates   (D) hunts

O3913 (C) 나는 그가 내 일자리 찾는 것을 도와줄 것이라는 말을 들었다.
(C) assure 확실히 ~이라고 말하다. 보증하다

give sb to understand that ~
~에게 (…이라는 사실을) 알리다(=inform),
~라고 말하다(=assure)

O3914 (A) 탐이 저녁식사에 3시간이나 늦게 도착하자 그의 어머니는 그를 나무랐다.
(A) blame 비난하다   (B) eulogize 칭찬하다
(C) advise 충고하다   (D) admonish 훈계하다

give (sb) a piece of one's mind
생각한 바를 거리낌 없이 말하다; 꾸짖다(=blame)
cf. give (sb) a rough idea 대강 알려주다
= **give (sb) a ballpark figure** 대충 알려주다

O3915 (B)

> A: 솔직히 말해라.
> B: 네게 있는 그대로 말했어.
> A: 좋아, 그럼 내가 이해할 수 있게 말해 봐.

(A) 내가 한 번 해볼게.
(B) 솔직히 말해라.
(C) 도와드릴게요.
(D) 한 번 더 기회를 주세요.

Give it to me straight.
솔직히 말해라.(=Tell me the truth.)

O3916 (C) 안도하면서도 동시에 몹시 화가 난 그녀는 어떤 감정을 표출해야 할지 몰랐다.
* relieved 안도하는 furious 몹시 화가 난
(A) sieve 체로 거르다   (B) redouble (노력을) 배가하다
(C) express 표현하다   (D) curb 억제하다

give vent to sth
(감정을) 표현하다(=express), (감정을) 쏟아내다,
(화를) 내다
cf. give voice to sth (감정을) 말로 나타내다. 토로하다
cf. vent one's spleen on sb
  ~에게 화풀이하다(=give vent to one's anger)

O3917 (C)

> A: 네 말은 만나자는 네 요청을 그가 거절했던 말이야?
> B: 그래, 세 번이나 날 무시했어.

give the cold shoulder (to sb)
~에게 쌀쌀하게 대하다
↔ **get the cold shoulder** 무시당하다, 퇴짜 맞다

O3918 (B) 공정하게 말해서, 피터는 술을 많이 마시긴 하지만 매우 훌륭한 아버지이다.
(A) fairy 요정   (B) devil 악마   (C) cupid 큐피드   (D) wizard 마법사

give the devil his due
공평하게 대하다,
싫은 사람이라도 인정할 것은 인정하다

O3919 (C) 그는 이 여성을 멀리하기로 결심하였다.
(B) endear 사랑받게 하다
(C) avoid coming into contact with ~와 접촉을 피하다

give sb/sth a wide berth /
give a wide berth to sb/sth
~을 피하다, 일정거리를 두다, 멀리하다
(=keep an adequate distance from sb/sth)

O3920 (C) 어머니는 낸시에게 한턱내기로 마음먹었고, 그래서 그녀를 서커스에 데려갔다.
(A) mastiff 머스티프(맹견의 일종)   (B) stretch 잡아 늘이다, 뻗다: 긴장
(C) treat 한턱, 대접: 다루다   (D) collapse 무너지다
(E) sore 아픈, 슬퍼하는, 속상한

give (sb) a treat
한턱을 내다

O3921 (A) 가장 대중적인 수족관 어종인 구피는 살아있는 새끼를 낳는다.
(A) bear 아이를 낳다. 출산하다   (B) capture 생포하다 사로잡다
(C) tolerate 참다, 견디다   (D) hunt 사냥하다

give birth to sb/sth
1. (아이를) 낳다(=bear)
2. (일이) ~을 일으키다, ~의 원인이 되다

03922 This piece of pure scientific work <u>gave rise to</u> the dynamo. [91연세대학원]

(A) denied
(B) evidenced
(C) returned
(D) caused

04001 The Great Depression of 1933 occurred because banks lent money to people who could not <u>pay back</u> their loans. [04.경찰]

(A) return
(B) purchase
(C) refine
(D) negotiate

04002 ★ Your clear knowledge of math <u>paid off</u> when you were interviewed for the bookkeeping job. [01.상명대]

(A) was useless
(B) gave you confidence
(C) caused you to fail
(D) was worthwhile

04003 Though I like my job very much, it does not _____ well. [01.전남대]

(A) earn
(B) pay
(C) produce
(D) grow

04004 The man tried every effort <u>to pay his way</u>. [입사]

(A) not to get into debt
(B) not to get in the way
(C) to deposit money
(D) to advance step by step

04005 ★ Please pay careful attention _____ the instructor during class. [04-2.계명대]

(A) for
(B) to
(C) at
(D) in

04006 ★ 다음 문장의 빈칸에 들어가기에 어울리지 않는 것은? [13.명지대 변형]

We have to pay _____ to her because she is an amazing artist.

(A) tribute
(B) respect
(C) honor
(D) homage
(E) price

04007 He <u>paid court to</u> her for at least two years before she agreed to marry him. [공인회계사]

(A) wooed
(B) visited
(C) was alert to
(D) reconciled

04008 In the long run, we all will <u>pay the price of</u> our follies. [입사]

(A) suffer from
(B) be ashamed of
(C) do away with
(D) get rid of

04009 My uncle always <u>pays through the nose</u> when he buys a new car. [입사]

(A) pays a lot of money
(B) pays well
(C) pays off
(D) pays his own way

91연세대학원

04.경찰/Teps

05.동국대/01.상명대
97.행자부9급/토플/Teps

01.전남대

입사

04-2.계명대/03.여자경찰/97-2.단국대/Teps

14.명지대/13.단국대/97-2.건국대/Teps

공인회계사

입사

입사/Teps

| 03922 | (D) 이 순수 과학 논문이 발전기의 원동력이 되었다. * dynamo 발전기, 정력가 |

give rise to sth
일으키다, 초래하다(=cause), 발생시키다

| 04001 | (A) 1933년의 대공황은 은행들이 상환능력이 없는 사람들에게 대출을 해 주었기 때문에 발생했다. |

(A) return 돌려주다, 반환하다   (B) purchase 사다, 구입하다, 획득하다
(C) refine 정제하다, 세련되게 하다   (D) negotiate 협상하다

pay * back sb/sth
상환하다(=return); 앙갚음하다(=get even with sb)
= **pay out** sth 지불하다; 앙갚음하다

| 04002 | (D) 명석한 너의 수학지식이 회계 일자리를 위한 면접을 볼 때 도움이 되었다. |

(A) 쓸모가 없었다   (B) 너에게 확신을 주었다
(C) 네가 실패하게 했다   (D) 가치가 있었다

pay off
1. 성과를 거두다, 이익을 가져오다(=be worthwhile)
2. (빚을) 전부 갚다, 마지막 할부금을 지불하다
cf. payoff (급료)지불, 뇌물 〈15국민대〉

| 04003 | (B) 나는 내 일을 매우 좋아하긴 하지만, 벌이가 좋지는 못하다. |

pay well
벌이가 좋다, 수지가 맞다(=be profitable)
cf. **well-paying** 보수가 좋은(=profitable)

| 04004 | (A) 그 사람은 빚지지 않고 살려고 온갖 노력을 다했다. |

(A) 빚에 빠지지 않다   (B) 방해되지 않다 * get in the way 방해되다
(C) 돈을 예치하다   (D) 차근차근 나아가다

pay one's (own) way
1. 빚지지 않고 생활하다
2. 자기의 경비를 지불하다

| 04005 | (B) 수업시간 동안에는 선생님에게 주의를 집중해 주세요. |

pay attention to sb/sth
~에 주의를 기울이다(=care)

| 04006 | (E) |

> 그녀는 매우 놀라운 예술가이기 때문에 우리는 그녀에게 경의를 표해야 한다.

(A) pay tribute to ~에게 경의를 표하다
= (B) pay respect to = (C) pay honor to = (D) pay homage to

pay tribute[homage/respect] to sb/sth
~에 경의를 표하다(=honor)

| 04007 | (A) 그가 적어도 2년간 그녀에게 구애하고 난 다음에서야 그녀는 그와 결혼하기로 동의했다. |

(A) woo 구애하다, 간청하다
(D) reconcile 화해시키다, (분쟁을) 중재하다

pay (one's) court to sb
여자에게 비위를 맞추다, 구애하다(=woo)

| 04008 | (A) 결국 우리 모두는 우리의 어리석은 짓들에 대한 대가를 치러야 할 것이다. |

* folly 어리석은 행동, 바보짓
(A) suffer from ~~을 겪다   (B) be ashamed of ~을 부끄러워하다
(C) do away with 그만두다, 없애다   (D) get rid of 제거하다

pay the price (of / for sth**)**
비용을 치르다; ~의 대가로 고통 등을 겪다

| 04009 | (A) 삼촌께서는 새 차를 사실 때마다 항상 엄청난 돈을 쓰신다. |

(A) pay a lot of money 많은 돈을 지불하다
(B) pay well 수지맞다
(C) pay off 전부 갚다
(D) pay his own way 자기 스스로 경비를 지불하다

pay through the nose
엄청난 돈을 쓰다, 바가지를 쓰다(=pay far too much)

04010 When you pay an arm and a leg for something, it is not _____ at all. [10.서울시9급]

(A) expensive

(B) precious

(C) refundable

(D) portable

(E) cheap

04011 다음 대화 중 여자가 한 말의 의미는? [02.행자부7급]

> Man: This television cost me fifty dollars.
> Woman: Fifty dollars? Mine cost a fortune.

(A) She paid more than the man.

(B) She had a good fortune when she bought the television.

(C) Fifty dollars is a fortune to her.

(D) Fifty dollars is too much to pay for a television.

04010 (E) 어떤 것에 엄청난 비용을 치른다는 것은, 그것이 결코 싸지 않다는 것이다.

(A) expensive 값비싼
(B) precious 귀중한
(C) refundable 반환할 수 있는
(D) portable 휴대용의
(E) cheap 값싼

04011 (A)

> M: 이 텔레비전을 50달러주고 샀어요.
> W: 50달러요? 난 톡톡히 비싸게 샀네요. * cost a fortune 비싼 값을 톡톡히 치르다

(A) 그녀는 남자보다 더 많이 지불했다.
(B) 그녀는 텔레비전을 샀을 때 운이 좋았다.
(C) 50달러는 그녀에게 거금이었다. * fortune 거금
(D) 50달러는 텔레비전을 사려고 지불하기에는 너무 많은 돈이다.

pay[cost] an arm and a leg
엄청난 비용을 치르다

cost (sb) a fortune
비싼 값을 톡톡히 치르다
= cost a pretty penny 많은 돈을 치르다
* It will cost you a fortune.
= It will cost you a pretty penny.
= It will cost you a bundle.
= It will cost you a mint.
= It will cost you an arm and a leg. 비용이 많이 들 것이다.

보충이디엄

기본동사 get

get a break 행운을 얻다
get a fair shake / get a square deal 공정한 대우를 받다
↔ **get a raw deal** 푸대접을 받다, 부당한 대우를 받다
↔ **get the short end of the stick** 불이익을 당하다
get the red carpet treatment 아주 특별한[최고의] 대우를 받다
Get a life! 도대체 왜 사니? 삶의 목적을 찾아봐라!
get the runaround 이런 저런 핑계를 듣다
get one's money's worth 본전을 뽑다, 최대한 이용하다
Got a light? 불 있으세요? * 독신자들이 술집에서 이성에게 하는 작업용 멘트
get one's head above water 곤경을 벗어나다, 한 숨 돌리다
get the blue 우울해지다, 슬퍼지다
get worked up 속상해하다, 흥분하다
get[have] the last laugh 최후의 승리를 얻다
get physical 체벌로 다루다; (이성의 몸을) 어루만지다
get it 이해하다; (의문문에서) 알겠니?
get (sb) **wrong** (누구를) 오해하다(=misunderstand someone)
get (sb) **straight** 똑바로 이해하다
get to the bottom of (sth) 속사정을 훤히 알다, 진상을 규명하다
get a cold 감기에 걸리다
get sick 아프게 되다; 토하다
get a black eye 부딪혀서 눈 주위가 멍이 들다; 명성이나 평판이 손상당하다
get a red face (당황해서) 얼굴이 빨개지다
get a Charley horse (긴장 때문에) 팔다리에 쥐가 나다
get a tongue-lashing 심하게 야단을 맞다
get it in the neck 심하게 질책을 받다, 혼나다
get one's fingers burned 나쁜 경험을 하다, 크게 봉변을 당하다
Let's get rolling! 출발하자!
Get a move on. 서둘러, 시작해.
get the ball rolling 진행시키다, 일을 벌려 놓다
get set / get ready 준비하다, 준비를 갖추다
Get with it. 정신을 바짝 차려라
get in on 조직, 활동 따위에 참가하다
get under (남의) 밑에 들어가다; (남을) 통제[지배]하다
get underway 출발하다, 시작하다

기본동사 give

give one's right arm for
대단히 귀중한 것을 내어주다, 큰 희생을 치르다
give (sb) **a line** 거짓말로 현혹시키다, 속이다; 꾀어 들이다
give an ear to (sth) 귀를 기울이다
give (sb) **directions** 길을 가르쳐주다(=show (sb) the way); 지시하다
give one's regards 안부를 전하다
Give my wishes to your brother. 네 형에게 안부 전하렴.
give an account of ~을 설명하다, ~의 전말을 밝히다
give an outline of ~의 개요를 말하다
give (sb) **a rundown** 개요를 말하다
give (sb) **the eye** 추파를 던지다
give (sb) **the shirt off one's back** 매우 자비롭다
give (sb) **a raw deal** ~에게 부당하게 대우하다
give one one's freedom 자유롭게 놓아주다; 이혼하다
give (sb) **a bad name** ~을 악평하다, ~의 평판을 나쁘게 하다
give (sb) **a black eye** 명성이나 평판을 멍들게 하다
give (sb) **a hard time** 불필요한 고생을 시키다, ~을 힘들게 하다

기본동사 pay/cost

pay lip service to ~에 입 발린 말을 하다
pay for (sth) ~에 대한 대금을 치르다; ~에 대한 벌을 받다
pay (sb) **a compliment** ~을 칭찬하다
pay in[into] (은행 등에) 돈을 예금하다
count the cost 비용을 견적하다; 앞일을 여러 모로 내다보다

keep
keep의 기본의미는 "그대로 가지고 있다, 유지하다"이다.

1. (사물을) 가지고 있다 → 지니다, 유지하다, 보관하다
2. (관계 · 연락 등을) 유지하다 → 사귀다, 교제하다
3. (위치 · 거리 · 방향 · 동작 · 상태 등을) 유지하다 → ~에 두다, 계속하게 하다
4. (약속 · 법 · 비밀 등을) 유지하다 → 약속을 지키다, 규칙을 지키다, 비밀을 지키다
5. (시선 · 기억 등을) 유지하다 → 감시하다; 명심하다
6. (감정을) 그대로 유지하다 → 참다
7. (~과 거리를) 유지하다 → 피하다, 금지하다

hold
hold의 기본의미는 "꽉 잡아서(grasp) 유지하다(keep), 붙잡다"이다.

1. 손에 쥐다, 잡다, 붙들다, 신념을 품다.
2. (어떤 상태를) 유지하다, 지속하다 → 견디다 → 효력을 가지다
3. (물건이 무게를) 지탱하다, 수용하다
4. (감정을) 억누르다, (행동을) 참다, 삼가다
5. (회의 등을) 개최하다, 열다

have
소유의 의미를 지니는 have 동사의 기본의미는 "주어가 가지고 있다"는 개념이다. 가지는 대상에 따라 "물건(소유하다, 지니다), 친구 · 가족(~이 있다), 성격 · 특징(~한 성격이다), 감정 · 생각 · 원한(감정을 품다), 행위(~을 행하다), 경험(~을 경험하다)" 등 다양하게 쓰인다.

1. (물건 등을) 소유하다, 가지고 있다, 지니다, 손에 넣다
2. (친구 · 가족 등 인간관계) ~이 있다
3. (성격 · 특징 등을) 가지고 있다
4. ~을 위치 · 상태로 두다
5. (경험 · 괴롭거나 즐거운 시간 등을) 겪다, ~을 보내다
6. (감정 · 생각 · 원한 등을) 품다
7. (행위 등을) 행하다, (음식 등을) 먹다, 마시다
8. (질병 등을) 앓다, ~에 걸리다
9. (손님 등을) 맞다, 대접하다, (모임 등을) 열다
10. (경기 · 토론에서) ~을 지게 하다, 패배시키다
11. (사람 · 사물을) ~하게 하다, 시키다 〈사역〉

DAY-13

04101 "거스름돈을 주세요."의 가장 정확한 표현은? [07.경찰]

(A) Give me the rest, please.

(B) Give me the remainder, please.

(C) Give me the change, please.

(D) Give me the exchange, please.

04102 ★ Mary asked Nancy to <u>keep her company</u>. [04.강남대/03.101단]

(A) watch her   (B) accompany her

(C) visit her company   (D) manage her company

04103 Be sure you _____, so I will know what information I'm supposed to present at the meeting. [02.여자경찰]

(A) keep the faith   (B) keep me posted

(C) keep your shirt on   (D) keep the ball rolling

04104 ★ I have been working at this ten hours a day for the last month. But I don't know how much longer I can _____. [82.행정고시]

(A) keep up with   (B) keep company with

(C) keep pace with   (D) keep it up

(E) keep out of

04105 ★★ 다음 빈칸에 공통으로 들어갈 가장 적당한 말은? [07.강남대]

> 1) The suspect was running so fast that the police couldn't _____ him.
> 2) I can't buy a fur coat, for my husband's salary is only about half of yours, so I just can't _____ you.

(A) get along with   (B) keep up with

(C) look up to   (D) put up with

04106 ★ Keep me _____ on the developments at the negotiations. [01.덕성여대]

(A) abreast   (B) out of date

(C) up to date   (D) up for the debate

04107 ★ I can't <u>keep pace with</u> him. [서울대학원]

(A) keep abreast with   (B) reconcile myself with

(C) get even with   (D) meet up with

04108 다음 빈칸에 알맞은 표현은? [01.여자경찰]

> A: Does your watch keep good time?
> B: _____

(A) Yes, my watch gains three minutes.

(B) No, my watch loses five minute a day.

(C) It's get five post ten.

(D) I'm sorry I'm late, I overslept.

04101 (C)
(A) rest 나머지
(B) remainder 나머지
(C) change 거스름돈
(D) exchange 교환, 환전

Keep the change.
잔돈은 가지세요.
cf. **Give me the change, please.**
   거스름돈을 주세요.
cf. **Could you break this bill for me, please.**
   이 지폐를 잔돈으로 바꾸어 주세요.

04102 (B) 메리는 낸시에게 동행할 것을 부탁했다.
(B) accompany 동행하다, 함께 가다, ~을 수반하다
(D) manage (사무를) 처리하다, (사업 따위를) 경영하다

keep one's company
~와 동행하다(=accompany), ~와 함께 있어주다
cf. **keep good[bad] company**
   좋은 [나쁜] 친구와 사귀다

04103 (B) 저에게 확실하게 계속 알려 주세요. 그럼 제가 회의에 제출해야하는 정보가 무엇인지 알 거에요.
(A) keep the faith 신념을 지키다 힘내라! 정신 차려라!
(C) keep one's shirt on 냉정을 유지하다
(D) keep the ball rolling 계속 추진시키다, 계속 진행하게 하다

keep sb posted
(일어나고 있는 일에 대해 계속 소식을) 알려주다
(=let sb know the news)

04104 (D) 전 지난달에 하루에 10시간씩 일해 왔습니다. 하지만 얼마나 더 계속해 나갈 수 있을지는 모르겠습니다.
(A) keep up with 따라가다
(B) keep company with ~와 데이트하다
(C) keep pace with 보조를 맞추다
(D) keep it up 지탱하다
(E) keep out of ~을 멀리하다, 피하다

keep * up sth
계속 지탱하다, (좋은 상태를) 유지하다
(=continue, maintain, keep on sth)

04105 (B)

> 1) 그 용의자가 너무 빨리 뛰어서 경찰은 따라 잡을 수가 없었다.
> 2) 남편 월급이 너의 반밖에 안 되기 때문에 나는 모피코트를 살 수 없어. 네 수준에 따라갈 수가 없어.

(A) get along with ~와 잘 지내다
(B) keep up with 따라잡다
(C) look up to ~를 존경하다
(D) put up with ~를 참다, 견디다

keep up with sb/sth
따라잡다; (시대의 흐름이나 정보 등에) 뒤지지 않다
(=keep abreast of sth)
= keep up with the Jones 남에게 뒤지지 않으려고 애쓰다 ⟨15아주대⟩
cf. **keep in touch (with sb)** 연락을 계속하다

04106 (A) 협상의 진행에 대해 상황을 잘 알려주십시오.
(A) keep sb abreast ~가 뒤지지 않고 잘 따라갈 수 있게 해주다
(B) out of date 시대에 뒤진
(C) up to date 최신식의
(D) up for the debate 논쟁의 화제로 떠오른

keep abreast (of /with sth)
(~와) 보조를 맞추다, 정보 등에 뒤떨어지지 않다
(=keep up with, keep pace with sb/sth)
cf. **keep sb abreast**
   ~가 뒤지지 않고 잘 따라갈 수 있게 해주다

04107 (A) 나는 그와 보조를 맞출 수 없다.
(A) keep abreast with ~와 보조를 맞추다
(B) reconcile 화해시키다
(C) get even with 앙갚음하다
(D) meet up with (우연히) 만나다

keep pace with sb/sth
~와 보조를 맞추다, ~에 따라가다(=keep abreast with)

04108 (B)

> A: 네 시계는 잘 맞니?
> B: _____

(A) 그래, 내 시계는 하루에 3분씩 빨리 가. * gain (시계가) 빨리 가다
(B) 아니, 내 시계는 하루에 5분씩 늦게 가. * lose (시계가) 느리게 가다
(D) 늦어서 미안해, 늦잠을 잤어.

keep good time
(시계가) 시간이 잘 맞다
cf. **My watch gains five minutes a day.**
   내 시계는 하루에 5분 빠르다.
   My watch loses five minutes a day.
   내 시계는 하루에 5분 늦다.

04109 Mr. Lee <u>was as good as his word</u>. [98.경찰] 98.경찰/Teps

(A) spoke very well   (B) was not so bad as his word

(C) was very gentle   (D) kept his promise

04110 You have to _____ the speed limit while you are driving. [인하대] 인하대

(A) put off   (B) keep to

(C) take off   (D) lead to

04111 밑줄 친 부분에 들어갈 표현으로 가장 적절한 것을 고르시오. [14.사회복지9급] 14.사회복지9급/토플

> A: I'll let you into a secret.
> B: What's that?
> A: I heard your boss will be fired soon.
> B: It can't be true. How is that happening?
> A: It's true. This is strictly between us. OK?
> B: All right. _____

(A) I'll spell it.

(B) I can't share that with you.

(C) I'll keep it to myself.

(D) I heard it through the grapevine.

[유제] Mr. Smith acts like a hermit he <u>keeps to himself</u> most of the time. [토플] 토플

(A) avoids talking to others

(B) stays away from others

(C) keeps secret from others

(D) likes to talk to himself

04112 He tried not to <u>be kept in the dark about</u> anything that was going on in his ward. [서울대학원] 서울대학원/Teps

(A) be ignorant   (B) conduct himself blindly

(C) put a stop   (D) keep constant watch on

04113 Because she wanted to take a walk, Mrs. Brown asked Babara to <u>keep an eye on the baby</u>. [95.변리사] 95.변리사/Teps

(A) bathe the baby   (B) walk the baby

(C) feed the baby   (D) make the baby happy

(E) take care of the baby

04114 ★ Young activists were <u>kept close tabs on</u> by FBI agents. [06.경찰/04.경기대/입사] 06-3.경찰/04-2.경기대/입사/Teps

(A) taken good care of   (B) kidnapped

(C) watched closely   (D) severely interrogated

04115 When you go swimming here, you should keep in _____ that the water is swift. [예상] 토익/Teps

(A) terms   (B) track   (C) way   (D) mind

04116 This house was full of smoke, but Mary kept her ____ and managed to put out the fire. [04.항공대] 04.한국항공대/Teps

(A) temper   (B) courage

(C) fire   (D) mind

04109 **(D)** 이씨는 약속을 잘 지켰다.
(A) 말을 잘했다
(B) 그의 말처럼 나쁘진 않았다
(C) 매우 완화했다
(D) 약속을 잘 지켰다

04110 **(B)** 나운전하는 동안 제한속도를 준수하셔야 합니다.
(A) put off 연기하다
(B) keep to (규정을) 지키다
(C) take off 옷을 벗다
(D) lead to ~로 이어지다

04111 **(C)**

> A: 비밀을 알려 줄게.
> B: 그게 뭔데?
> A: 네 상사가 곧 해고될 거야.
> B: 그럴 리가. 어떻게 그럴 수가 있지?
> A: 사실이야. 이건 우리끼리 비밀이야. 알았지? * strictly between us 우리끼리 비밀이지만
> B: 알았어. _____

(A) 내가 설명할게.
(B) 너와는 공유할 수 없어.
(C) 나만 알고 있을게.
(D) 소문으로 들었어. * hear it through the grapevine 소문으로 소식을 듣다

(B) 스미스씨는 마치 은둔자처럼 행동한다. 그는 대부분의 시간을 혼자서 지낸다.
* hermit 은둔자
(A) 다른 사람들에게 말하기를 피하다
(B) 다른 사람들로부터 떨어져 있다
(C) 다른 사람들로부터 비밀을 지키다
(D) 혼잣말하기를 좋아하다

04112 **(A)** 그는 자신의 병동에서 일어나는 어떤 일에 대해서도 비밀에 부쳐두지 않으려 했다.
(A) 모르고 있다
(B) 맹목적으로 행동하다
(C) 멈추게 하다
(D) 항상 그를 눈여겨보다

04113 **(E)** 산책을 하고 싶었기 때문에 브라운 여사는 바바라에게 아기를 봐 달라고 부탁했다.
(A) 아기를 목욕시키다
(B) 아기를 걸리다
(C) 아기를 먹이다
(D) 아기를 기쁘게 하다
(E) 아기를 돌보다

04114 **(C)** 젊은 운동가들은 FBI요원들에 의하여 밀착감시를 받았다.
(A) take good care of 잘 돌보다
(B) kidnap 유괴하다
(C) watch closely 밀착 감시하다
(D) severely interrogate 엄격하게 심문하다

04115 **(D)** 여기서 수영할 때는, 물살이 빠르다는 것을 명심해야 한다. * swift 빠른

04116 **(A)** 집이 연기로 가득 찼으나 메리는 침착함을 잃지 않고 용케 불을 껐다. * put out 불을 끄다

---

keep one's word / keep one's promise
약속을 지키다(=be as good as one's word)
= deliver on one's promises 약속을 이행하다
↦ break one's word 약속을 어기다
cf. as good as one's word 약속을 잘 지키는 〈98.경찰〉
cf. You have my word! 정말로 약속한다.(강한 약속표현)

keep to sth
(계획 · 규정 · 약속 등을) 지키다(=adhere to, abide by sth);
길이나 코스에서 이탈하지 않다

keep to oneself
1. 남과 어울리지 않다; 다른 사람과 그다지 접촉하지 않다
2. 남에게 알리지 않다, 비밀에 부쳐두다

keep sb/sth in the dark
(~을) 비밀로 하다(=keep sth secret),
알리지 않고 그냥 두다

keep an eye on sb/sth
~을 감시하다, ~에 유의하다; 돌보다(=take care of sb/sth)
cf. keep an eye out (for sb/sth) 〈08.한국외대〉
지켜보다, 살펴보다; 나타나는 것을 주의하여 보다
= keep one's eye on the ball
공에서 눈을 떼지 않다; 방심하지 않다(=be watchful and ready)
= keep one's eyes open[skinned]
눈을 크게 뜨고 살펴보다, 계속해서 경계하다

keep close tabs on sb/sth
~에서 눈을 떼지 않다(=watch closely); ~에 주의하다

keep[have, bear] in mind (sb/sth)
~을 마음에 간직하다, 기억하고 있다, 잊지 않다, 명심하다

keep one's temper
화를 참다, 침착함을 유지하다
↦ lose one's temper 화를 내다

173

DAY-13

04117 다음 빈 칸에 공통으로 들어갈 단어는? [06.서울시9급]

> 1) I'll finish using the computer in a minute. Just keep your _____ on, and you'll get your turn.
> 2) Jack invested a lot of money in stocks and lost his _____.
> 3) Mike is such a stuffed _____. He always wears a tie, and he even eats chicken with a knife and fork.

(A) hat   (B) shirt   (C) pants   (D) socks   (E) jacket

04118 He tried to <u>keep down</u> his anger. [93.행자부7급]

(A) explode   (B) stimulate

(C) amuse   (D) suppress

04119 ★ We tried to _____, but the scene was too ludicrous. [06.경기도9급]

(A) step out of line   (B) straighten up and fly right

(C) keep a straight face   (D) catch at a straw

04120 Diana has had so many job refusals but she is beginning to <u>keep her chin up</u> again. [7.서울대학원]

(A) lose heart   (B) defend herself

(C) blame herself   (D) take heart

04121 밑줄 친 부분의 의미와 가장 가까운 것은? [17.지방직9급]

> A: He thinks he can achieve anything.
> B: Yes, he needs to <u>keep his feet on the ground</u>.

(A) live in a world of his own

(B) relax and enjoy himself

(C) be brave and confident

(D) remain sensible and realistic about life

04122 He was <u>kept at arm's length</u> from the committee's decision. [92.외무고시]

(A) closed tightly   (B) denied access to

(C) broken with his arms   (D) welcomed with open hearts

(E) fold his arms

04123 Today, cosmetics companies dance around the truth in advertising to imply that creams and lotions can keep the years _____. [15.국민대]

(A) at bay   (B) on the go

(C) to the end   (D) with impurity

04124 ★★ During a thunder and lightning storm, one is fairly safe indoors. But since a chimney rises unprotected above the roof, it is more likely to be struck by the lightning than are other parts of the house. It is therefore wise to _____. [92.행자부7급]

(A) avoid open places   (B) stay outside all the time

(C) close all doors and windows   (D) keep away from open fire-places

(E) be indifferent to weather conditions

| O4117 | (B) |

1) 금방 컴퓨터 사용을 끝낼 거예요. 좀 참고 있으시면 당신 차례가 올 거 에요.
   * keep one's shirt on 침착성을 유지하다 one's turn 순번, 차례
2) 잭은 주식에 투자했는데 알거지가 되었어. * lose one's shirt 알거지가 되다
3) 마이크는 너무 젠체하는 사람이야. 언제나 넥타이를 매고 치킨을 먹을 때도 꼭 나이프랑 포크로 먹더라. * stuffed shirt 젠체하는 사람

keep one's shirt on
(성내지 않고) 침착성을 유지하다
cf. **put one's shirt on** sth 있는 돈 전부를 걸다
 - a stuffed shirt 엄전 빼는 사람; 유력자 〈06서울시9급〉
 - put on a hair shirt 힘든 길[삶]을 택하다
 lose one's shirt 알거지가 되다

| O4118 | (D) 그는 화를 삭이려고 노력했다. |

(A) explode 폭발하다
(B) stimulate 자극하다
(C) amuse 즐겁게 하다
(D) suppress 억누르다

keep down sb/sth
(감정을) 억누르다; 반란을 진압하다(=suppress)
= **bottle up** (감정을) 억누르다(=suppress) 〈10중앙대〉

| O4119 | (C) 우리는 웃음을 참으려 했지만 그 장면은 너무 우스꽝스러웠다. |

(A) step out of line 방침에 위배되는[예상을 벗어나는] 행동을 하다
(B) straighten up 착실하게 살아가다 fly right 바른 처신을 하다
(C) keep a straight face 웃음을 참다. 진지한 표정을 유지하다
(D) catch at a straw 지푸라기라도 잡으려 하다

keep a straight face
웃음을 참다, 진지한 표정을 유지하다
(=refrain from smiling, remain serious)

| O4120 | (D) Diana는 너무 많은 구직거절을 당했다. 그러나 다시금 기운을 내고 있다. |

(B) defend 방어하다
(D) take heart 용기를 내다

keep one's chin up
(난국에 맞서서) 의연한 자세를 유지하다, 용기를 잃지 않다, 기운을 내다

| O4121 | (D) |

A: 그는 자기가 뭐든 해낼 수 있다고 생각해.
B: 맞아, 그는 좀 현실적일 필요가 있어.

(A) 자기만의 세상에 살다
(B) 스스로 쉬고 즐기다
(C) 용감하고 자신감이 있다
(D) 삶에 대해 합리적이고 현실적으로 있다 * sensible 합리적인

keep one's feet on the ground
들떠 있지 않다, 현실적[실제적]이다

| O4122 | (B) 그는 위원회의 결정으로부터 배제되었다. |

(A) close tightly 단단하게 닫다
(B) deny access to 접근을 거부하다
(C) break with his arms 그의 팔을 부러뜨리다
(D) welcome with open hearts 열린 마음으로 환영하다
(E) fold his arms 팔짱을 끼다

keep sb **at arm's length**
가까이 못 오게 하다, 멀리하다
cf. **keep** (sb/sth) **off** sw
 ~에 접근시키지 않다, ~에 출입을 금지하다
 keep (sb/sth) **out** 들어오는 것을 막다, 안에 들이지 않다
cf. **keep[stay] out of** sth
 가담하지 않다, ~에 휘말리지 않다

| O4123 | (A) 오늘날, 화장품 회사들은 자신들의 크림이나 로션이 나이를 먹는 것을 막아준다고 암시하는 광고 속에서 진실을 회피하고 있다. * dance around 회피하다 |

(A) keep at bay 저지하다
(B) on the go 계속 일하여
(C) to the end 최후까지
(D) with impurity 불결하게

keep[hold] sb/sth **at bay**
접근을 막다, 저지하다; (문제의) 발생을 막다

| O4124 | (D) 천둥과 뇌우가 치는 동안에는 실내에 있는 것이 상당히 안전하다. 그러나 굴뚝은 무방비의 상태로 지붕 위에 솟아 있기 때문에 집의 다른 부분보다 번개에 맞을 확률이 높다. 그러므로 벽난로를 열어두는 것은 피하는 것이 좋다. |

(A) 개방적인 장소는 피하는 것이
(B) 항상 바깥에 머무르는 것이
(C) 모든 문과 창문을 닫는 것이
(D) keep away from 피하다 fire-place 벽난로
(E) 날씨의 상태에 무관심한 것이

keep * away (from sb/sth**)**
1. 피하다, 멀리하다, 거리를 두다(=avoid, shun, eschew)
2. 가까이 오지 못하게 하다, 물리치다(=ward off sb/sth)
= **keep one's distance (from** sb/sth**)**
 ~으로부터 일정한 거리를 유지하다
= **ward off** sb/sth (위험 · 타격 등을) 피하다

04125 Lighthouses are built on dangerous rocks in the sea. Lanterns in these houses throw light over the dark water to help sailors _____. [98.경찰]

10.국회속기직/99-2.한성대/98.경찰

(A) judge how high the waves are   (B) read their maps on dark nights

(C) regulate their speed   (D) keep their ships from being wrecked

04126 If you keep some information _____, you do not tell everything that you know about something. [입사]

입사/Teps

(A) off   (B) away   (C) back   (D) far

04201 She is determined to _____ both kinds of art. [92.사법시험]

06-2.가톨릭대/92.사법시험

(A) have fast to   (B) hold fast to

(C) give fast to   (D) keep fast to

(E) make fast to

04202 ★ The promise I made to you last week still <u>hold good</u>. [03.10단]

03.10단/99.97.경찰/01.행자부9급

(A) invoke   (B) require

(C) call for   (D) remain valid

04203 ★★ A thief ran off with hundreds of pounds yesterday after _____ a petrol station. [03-2.경기대]

07.동국대/03-2.경기대/98.경원대
85.서울대학원/토플/Teps

(A) carrying on   (B) tearing down

(C) holding up   (D) pending over

[유제] I'm sorry I'm late. I was _____ in the traffic. [85.서울대학원]

(A) held in   (B) held over

(C) held up   (D) held down

04204 ★ The city of Vicksburg <u>held out</u> for three months under siege. [98.한국외대]

12.단국대/98.한국외대/입사/토플/Teps

(A) kept quiet   (B) took pride in itself

(C) kept resisting   (D) remained motionless

(E) had the best chance of winning

04205 ★★ 다음 빈칸에 들어갈 내용으로 알맞은 것은? [97.경찰]

11.동덕여대/97.경찰/97-2.단국대
88.법원직/입사6회/토플/Teps

> A: Hello, this is Mr. Kim speaking. May I speak to Miss. Lee?
> B: _____. I'll see if she is in.

(A) Hold on, please.   (B) The line is busy.

(C) Hang up, please.   (D) You're wanted on the phone.

04206 The regular Wednesday meeting will be <u>held over</u> until next week. [96.인천시9급]

96.인천시9급

(A) opened   (B) postponed

(C) canceled   (D) dispersed

04207 The committee will _____ their decision until they receive the report. [입사]

입사

(A) hold on   (B) hold off

(C) hold up   (D) hold good

04125 (D) 등대는 바다에 위험한 바위들 위에 세워져 있다. 이 등대들에 있는 랜턴은 어부들이 그들의 배가 좌초되는 것을 막을 수 있도록 어두운 물속으로 빛을 쏜다.
(A) 파도가 얼마나 높은지 판단할 수 있도록
(B) 어두운 밤에 지도를 읽도록
(C) 자신들의 속도를 조절하도록
(D) 그들의 배가 좌초되는 것을 막을 수 있도록

keep (sb/sth) from ~ing
1. ~하지 못하게 막다, ~하는 것을 막다
2. 삼가다, 억제하다

04126 (C) 어떤 정보를 감추고 있다는 것은, 당신이 무언가에 대해 알고 있는 모든 것을 말하지 않는 것이다.

keep * back sth
1. (비밀·정보·감정 등을) 말하지 않다(= refuse to reveal)
2. (재해 등을) 막다, 방지하다(=hold sb/sth in check); 억제하다, 보류하다(=withhold)
= **keep[hold] sb/sth in check** 통제하에 두다, 억제하다

04201 (B) 그녀는 양쪽 분야의 예술 모두를 고수하기로 마음먹었다.
(B) hold fast to 들러붙다, 고수하다
(E) make fast to 고정시키다

hold fast (to sth)
단단히 붙들다, 집착·고수하다
(=cherish, cling to, stick to, adhere to sth)
= **cling to** sb/sth 달라붙다; 집착하다
= **stick to** sb/sth ~에 달라붙다; (결심·약속 등을) 지키다

04202 (D) 내가 지난 주 당신에게 한 약속은 여전히 유효하다.
(A) invoke 간절히 바라다, 호소하다
(B) require 요구하다
(C) call for 요청하다
(D) valid 유효한

hold good
유효하다(=remain valid)

04203 (C) 그 도둑은 어제 한 주유소를 털어서 수백 파운드의 돈을 훔쳐 달아났다.
* run off with ~을 가지고 도망치다 petrol station 주유소
(A) carry on 계속해서 하다, 속행하다
(B) tear down 헐다, 해체하다
(C) hold up 강도짓을 하다
(D) pend 매달리다, 의존하다

hold * up sb/sth
1. 강도짓을 하다(=mug, extort, stop forcibly and rob)
2. (길을) 막다; 진행을 늦추다(=delay)
3. 지탱하다, 견디다, 오랫동안 지속되다

(C) 늦어서 미안해, 교통 체증으로 오도 가도 못했어.
(A) hold in (감정을) 억누르다
(B) hold over 미루다
(C) hold up (길을) 막다
(D) hold down 억제하다

04204 (C) Vicksburg시는 포위 아래에서 3개월 동안 버텼다.
* under siege 포위 공격을 받고 있는
(A) keep quiet 침묵을 지키다
(B) take pride in ~을 자랑하다
(C) resist 저항하다, 견뎌내다
(D) 가만히 있었다
(E) 최고의 승리의 기회를 가졌다

hold out
견디다, 버티다, 참다(=resist); 지속하다
cf. **hold out for** sth ~을 강경히 요구하다
cf. **hold out hope** ~의 기대를 주다 〈12단국대〉

04205 (A)

A: 여보세요. 저는 미스터 김입니다. 미스 리와 통화할 수 있을까요?
B: _____, 그녀가 있나 알아볼게요.

(A) 끊지 말고 기다리세요.
(B) The line is busy. 통화 중이네요.
(C) 끊어주세요. * hang up 전화를 끊다
(D) You're wanted on the phone. 전화가 와 있습니다.

hold on
1. 계속하다, 지속하다, 매달리다
2. (전화를 끊지 않고) 기다리다(=wait, hold the line)
= **hold the line** 전화를 끊지 않고 기다리다(=hold on)
= **hang on** (전화를 끊지 않고) 기다리다(=hold on)
↔ **hang up** 전화를 끊다; (기차 등이 눈 등으로) 꼼짝 못하게 되다

04206 (B) 수요일 정기회의는 다음 주로 연기될 것입니다.

hold * over sth
연기하다, 보류하다
(=postpone, defer, delay, put off sth)

04207 (B) 위원회는 보고서를 받을 때까지 그들의 결정을 미룰 것이다.
(A) hold on 계속하다
(B) hold off 미루다, 연기하다
(C) hold up 강도짓을 하다
(D) hold good 유효하다

hold off
1. 연기하다, 지체시키다(=postpone, defer); 연기[지연]되다
2. (비 따위가) 내리지 않다
3. 피하다, 가까이 못 오게 하다(=keep sb at a distance); (공격 등을) 막다

입사

04208 The government was able to _____ the rate of inflation for many years. [예상]

(A) hold down   (B) hold up

(C) hold over   (D) hold out

04209 In most cases the notion that a new car will free its owner of auto headache will not
★ <u>hold water</u>. [98.입법고시]

(A) be logical   (B) keep in the mind

(C) give in   (D) make good

(E) influence the others

12.동국대/11.기상직9급/98.입법고시

04210 He does not <u>hold back</u> his sarcasm. [02.손해사정사]
★★★

(A) garnish   (B) ranch

(C) restrain   (D) realize

16.가천대/10.지방직9급/02.경기대
02.손해사정사/97.행자부7급/97.가톨릭대
97.성균관대/94.군법무관/입사/Teps

04211 다음 빈 칸에 공통으로 들어갈 것을 고르시오. [입사]
★★

> 1) The witness held her _____ about what she saw for fear of retaliation by the mob.
> 2) I wanted to say something, but I bit my _____.

(A) tongue   (B) lips

(C) mouth   (D) cheek

14.한양대/13.광운대
10.중앙대/덕성여대/입사/토플/Teps

04301 다음 빈 칸에 가장 알맞은 전치사는? [01.여자경찰]

> A: Do you have an alibi _____ that night?
> B: Oh, yes.
> A: For example, were you with someone or did anyone see you?
> B: Oh, yes. I talked to my landlady in front of the apartment.

(A) in   (B) for   (C) on   (D) about

01.여자경찰

04302 To have a voice in something means to _____ something. [입사]

(A) have the say in   (B) have words with

(C) be able to sing   (D) be able to talk

입사

04303 He wants to _____: he wants a well-paid secure job, but he doesn't want to
★ have to work evenings or weekends. In other words, two good things are impossible to do
or have at the same time. [07.전남9급/06.건국대]

(A) jump the gun   (B) twist the knife

(C) bite the bullet   (D) have egg on his face

(E) have his cake and eat it

07.전남9급/06.건국대

04304 The number of cabin crew <u>has nothing to do with</u> the quality of cabin service. [토플]

(A) is irrelevant to   (B) is proportional to

(C) is as important as   (D) is linked with

입사/토플/토익/Teps

04305 My father <u>has math at his finger's ends</u>. [98.행자부9급]

(A) hesitate to learn math   (B) is fond of math

(C) knows math very well   (D) has started to learn math

98.행자부9급

O4208 (A) 정부는 수년 동안 물가 상승률을 억제할 수 있었다.
(A) hold down (물가 등을) 억제하다 (B) hold up 강도짓을 하다
(C) hold over 연기하다 (D) hold out 견디다

hold ✻ down sb/sth
1. (자유 등을) 억누르다, (물가 등을) 억제하다
2. (직업 · 일 따위를) 계속 유지하다

O4209 (A) 대부분의 경우 새 차를 산다고 해서 자동차 때문에 골치 썩을 일이 없어진다는 생각은 이치에 맞지 않다.
(A) be logical 논리적이다 (B) keep in the mind 명심하다
(C) give in 항복(굴복)하다 (D) make good (on) 약속을 지키다
(E) influence the others 다른 사람들에게 영향을 미치다

hold water
합리적이다, 이치에 맞다
(=be logical, add up, make sense)

O4210 (C) 그는 그의 빈정거림을 자제하지 않았다. ✻ sarcasm 빈정거림
(A) garnish 장식하다 (B) ranch 목장을 경영하다
(C) restrain 자제하다 (D) realize 알아차리다

hold ✻ back sb/sth
1. (감정 등을) 억제하다, 자제하다
   (=abstain, suppress, restrain, control)
2. (비밀 · 정보 · 감정 등을) 감추다, 말하지 않다
cf. hold sb back 유급시키다 〈15.숭실대〉

O4211 (A)

1) 증인은 조직 폭력배에 의한 복수를 두려워하여 그녀가 본 것에 대하여 입을 다물었다.
   ✻ hold one's tongue 하고 싶은 말을 참다
2) 나는 무언가 말하고 싶었지만, 잠자코 있었다. ✻ bite one's tongue 잠자코 있다

hold[bite] one's tongue
잠자코 있다(=keep silent), 하고 싶은 말을 참다
✻ **Hold your tongue!** 입 다물어!
= **Shut up!** or **Shut your mouth!**
= **Button up!** or **Button your lip!**

O4301 (B) ✻ "〜동안"을 의미하는 전치사 for가 필요하다 ☞ for 참고

A: 그날 밤 알리바이(현장부재증명)가 있나요?
B: 그럼요. 있죠.
A: 예를 들자면, 어떤 사람과 있었다거나 누가 당신을 보았는지요?
B: 그럼요. 저는 아파트 앞에서 저희 집주인과 얘기했었어요.

have an alibi for sth
알리바이가 있다

O4302 (A) 어떤 것에 목소리를 낼 수 있다는 것은 발언권을 가지고 있다는 것을 의미한다.

have the say (in sth**) / have a voice in** sth
〜에 발언권[결정권]이 있다
(=have the power of acting or deciding)

O4303 (E) 그는 케이크를 먹기도 하고, 또한 가지고 있으려 한다. 그는 보수가 좋은 안정된 일자리를 갖기 원하지만 밤이나 주말에는 일하고 싶어 하지 않는다. 다시 말해서, 두 가지 좋은 것을 동시에 하거나 가질 수 없다는 것이다.
(A) jump the gun 부정출발을 하다, 성급하게 행동하다
(B) twist the knife 상황이 악화되도록 말하거나 행동하다
(C) bite the bullet 고통을 참다, 하기 싫은 일을 꾹 참고 하다
(D) have egg on his face 체면을 구기다, 창피를 당하다
(E) have his cake and eat it 케이크를 먹고 또한 가지고 있으려 하다

have one's cake and eat it too
함께 가질 수 없는 두 가지를 모두 원하다
cf. **have it both ways**
양다리를 걸치다, 가질 수 없는 두 가지를 다 원하다

O4304 (A) 객실 승무원의 수는 객실 서비스의 질과 아무런 관련이 없다.
(A) be irrelevant to 무관계하다
(B) be proportional to 비례하다
(C) be as important as 〜만큼 중요하다
(D) be linked with 연결되다

have nothing to do with sb/sth
〜와 관계가 없다(=be not related to sb/sth)
↔ **have much to do with** sb/sth
   〜과 밀접한 관계가 있다(=be greatly concerned with)
↔ **have something to do with** sb/sth
   〜과 (모종의) 관계가 있다.

O4305 (C) 아버지는 수학에 정통하시다.
(A) 수학을 배우는 것을 망설인다 (B) be fond of 〜을 좋아하다
(C) 수학을 매우 잘 안다 (D) 수학을 배우기 시작했다

have sth **at one's finger's ends**
〜에 정통하다(=know very well)

04306 He <u>has a way with</u> horses. [88.서울대학원]

(A) like horses

(B) has the ability to deal with horses

(C) is a man who likes horse-riding

(D) is interested in horse race

04307 다음 글을 읽고 물음에 답하시오. [1-2] [95.법원직]
★

> A: This information is confidential.
> B: Okay, I understand.
> A: So don't tell a soul.
> B: Don't worry. (1) <u>My lips are sealed</u>.
> A: I mean it. And whatever you do, don't let Sandy know.
> B : (2) _____. Everybody knows she's got a big mouth.

⑴ 밑줄 친 부분과 뜻이 같은 것은?

(A) I have a deep throat.

(B) I can keep a secret.

(C) I am very generous.

(D) I am all ears and eyes.

⑵ 대화의 빈칸에 들어갈 말로 알맞은 것은?

(A) No, I won't.

(B) Yes, I will.

(C) Yes, I do.

(D) No, I don't.

04308 Mr. Kim has a good _____ of the English language. [88.행자부7급]
★

(A) grades

(B) practice

(C) conversation

(D) command

04309 He <u>has a soft spot for</u> the Romantic composers, especially Schumann. [02.법원행시]

(A) likes to emphasize

(B) likes to play the music of

(C) grows sleepy when hearing

(D) reserves a place for

(E) is fond of

04310 Thanks, but I don't go in for cards very much. Besides, I <u>have my hands full</u> right now. [04.홍익대]
★

(A) have many things to carry

(B) am extremely busy

(C) get my thing organized

(D) have nothing to do

04311 In the war between bugs and man, the bugs have lately <u>had the upper hand</u>. [한국외대]

(A) lost the fight

(B) prevailed

(C) attacked

(D) been controlled

04312 다음 빈 칸에 공통으로 들어갈 말은? [예상]

> 1) We have a dinner party ____ for Friday.
> 2) She had her green shoes ____.

(A) in   (B) to   (C) on   (D) over

04306 (B) 그는 말을 잘 다룬다.
    (A) 그는 말을 좋아한다.
    (B) 그는 말을 잘 다루는 능력이 있다.
    (C) 그는 말타기를 좋아하는 사람이다.
    (D) 그는 경마에 관심이 있다

04307 1) (B)   2) (A)

> A: 이 정보는 기밀이야. * confidential 기밀의
> B: 응, 알았어.
> A: 귀신한테도 얘기하면 안 된다.
> B: 걱정 하지마. 입술에 지퍼 채울게.
> A: 진담이야. 그리고 네가 하는 건 뭐든 샌디에게 말하지 마.
> B: 알았어, 안 할게. 샌디가 입이 싸다는 것은 누구나 아는 걸.

    (A) 난 내부 정보원이 있어. * deep throat 내부고발자
    (C) 나는 관대하다.
    (D) 귀 기울여 듣고 있어. * be all ears and eyes 열심히 보고 듣다

04308 (D) 김씨는 영어를 잘 구사한다.

04309 (E) 그는 특히 슈만 같은 낭만적인 작곡가를 좋아한다.
    (A) 강조하기를 좋아한다   (B) ~ 음악을 연주하기를 좋아한다
    (C) 듣고 있자니 졸음이 쏟아진다   (D) ~ 를 위해 장소를 예약한다
    (E) be fond of ~을 좋아하다

04310 (B) 고맙지만 전 카드놀이를 그다지 즐기지 않아요. 게다가, 전 지금 매우 바쁘네요.
    * go in for ~를 즐기다 참가하다
    (A) 날라야 할 것이 많다   (B) 매우 바쁘다
    (D) have nothing to do (with) ~와 아무런 관련이 없다

04311 (B) 벌레와 인간 사이의 전쟁에서 벌레가 최근에는 보다 우세했다.

04312 (C)

> 1) 금요일에 디너파티가 예정되어 있다. * have ~ on (약속 등이) 예정되어 있다
> 2) 그녀는 푸른색 장갑을 끼고 있었다. * have ~ on ~을 입고 있다

---

have a way with sb/sth
~을 잘 다루다, ~에 요령이 있다
(=be experienced in sth, be familiar with sb/sth, know knack)
= **know[learn] the ropes** 요령(knack)을 잘 알다

have[get] a big mouth
말이 많다, 입이 가볍다, 수다스럽다; 허풍을 떨다(=talk big)
cf. **Don't tell anybody.** 아무에게도 말하지 마.
    = **Don't tell a soul.** 귀신한테도 말해선 안 돼.
    = **Not a soul must be told.** 귀신에게도 말해져선 안 돼.
    = **This is strictly between you and me.**
      철저히 너와 나 둘 사이의 이야기야.
    = **Don't breathe a word of it (to anyone).**
      말 한마디도 내뱉지 마.
    = **Don't let this get around.**
      이 말이 여기저기에 떠돌아다니게 하지마.
cf. **My lips are sealed.** 절대 말하지 않을게, 비밀 지킬게.
    = **I can keep a secret.**

have a good command of (language)
언어구사력이 좋다; (언어를) 자유자재로 구사하다

have a soft spot for sb/sth
~을 좋아하다(=be fond of sb/sth); ~을 귀여워하다

have one's hands full
몹시 바쁘다(=be extremely busy)

have[get] the upper hand (over sb) / have the edge (on sb/sth)
(~보다) 우세하다(=prevail); (~을) 이기다
cf. **the upper hand/the edge** 장점, 우위
    (=advantage, merit, virtue)

have sth on
1. (옷·모자·구두 등을) 걸치고 있다, 입고 있다
2. (약속·할 일 등이) 있다, (회합 등을) 예정하고 있다
3. (라디오·TV 등을) 켜 놓은 채로 두다
4. 〈영·구어〉 ~를 속이다, 놀리다

04313 Peterson was having _____ ten years ago. [03.경찰]
★
(A) plenty of time (B) so much money
(C) a big company (D) a terrific time

07.한성대/03.경찰

04314 A human resources manager was telling me _____ an employee that was having trouble _____ repetitive stress syndrome. [05-2.서울여대]
(A) on - of (B) for - of
(C) of - with (D) for - with

05-2.서울여대

04315 다음 보기 중 의미가 다른 하나는? [예상]
(A) I've had it. (B) I've had enough of it.
(C) Enough is enough. (D) I had it coming.

예상

04316 What do you have _____ for tonight? [90.행정고시]
★
(A) on mind (B) on head (C) in mind (D) in heart (E) about mind

03-2.경기대/90.행정고시/Teps

04317 Does the fellow <u>have an ax to grind</u>? [군법무관]
★
(A) trim with an ax (B) have a tool to chop trees
(C) have something to do (D) have a selfish end to gain
(E) refuse to take something profitable

행정고시/군법무관/토플/Teps

04318 She has <u>had it in for</u> him for a long time. [98.경찰/입사]
★
(A) waited for his return (B) waited for revenge on him
(C) seen little of him (D) been anxious to meet him

98.경찰/입사/Teps

04319 Legend _____ it that St. Patrick killed all the snakes in Ireland. [입사]
(A) plan (B) calls (C) makes (D) has

입사

04320 밑줄 친 부분에 알맞은 것은? [96.행자부7급]

I am at a loss which way to go as I am a stranger here.
= I have no _____ which way to go as I am a stranger here.

(A) time (B) idea (C) chance (D) talk

96.행자부9급/Teps

04321 He had a strong _____ regard the gardener as a thief. [02.경기대]
(A) reluctance to (B) feeling of reluctance
(C) attitude not to (D) negation

02-2.경기대

04322 I <u>had my heart in my mouth</u> when I went to ask the nurse for more water. [98.세무사]
(A) was delighted (B) spoke loudly
(C) felt anxious (D) get excited
(E) did not hesitate

98.세무사/토플

04323 My friend _____ about going to Mexico to teach.
(A) has her heart in her mouth (B) has a frog in her throat
(C) has a finger in the pie (D) has a bee in her bonnet

97.동덕여대

O4313 (D) Peterson은 10년 전에 멋진 시간을 보내고 있었다. * terrific 굉장한, 아주 멋진

have a time
시간을 보내다
cf. **Do you have the time?** 지금 몇 시에요?
Do you have time? 시간 좀 있나요?

O4314 (C) 인력부장은 반복적인 스트레스 증후군으로 어려움을 겪는 한 직원에 대해 나에게 얘기 중에 있었다.
* tell A of B B에 대해서 A에게 말하다 have trouble with ~으로 어려움을 겪다

have trouble[difficulty] (in) ~ing /
have trouble with sth
~하는데 어려움을 겪다, ~으로 애를 먹다

O4315 (D) I had it coming. 자업자득이다
(A) I've had it. 이제 신물이 난다.
= (B) I've had enough of it.
= (C) Enough is enough.

have had it [sth]
〈구어〉 진저리가 나다, 지긋지긋하다; 고물이 다 되다
= **have had enough of** sth ~에 질리다

O4316 (C) 오늘 저녁에 특별히 계획이 있나요?

have ＊ in mind sth
1. 계획하고 있다, 작정하다
2. 마음에 간직하다, 명심하다
(=bear[keep] in mind sb/sth)

O4317 (D) 저 녀석 딴 꿍꿍이가 있는 거지?
(A) trim with an ax 도끼로 자르다
(B) have a tool to chop trees 나무를 쳐낼 도구를 가지고 있다
(C) have something to do (with) ~것과 관련이 있다
(D) have a selfish end to gain 얻으려는 이기적인 목적을 가지고 있다
(E) refuse to take something profitable 이익이 되는 어떤 일을 취하는 것을 거절하다

have an ax(e) to grind
딴 속셈이 있다(=have hidden intention); 원한이 있다.
= **have a gripe against** sb ~에게 원한이 있다
= **hold a grudge against** sb ~에게 원한을 품다
cf. **have[get] a grip on** sth ~을 이해하다

O4318 (B) 그녀는 오랫동안 그에게 앙심을 품어왔다.
(A) 그가 돌아오기를 기다렸다.   (B) 그에게 복수하기를 기다려 왔다.
(C) 그를 거의 보지 못했다.   (D) 그를 만나기를 갈망해왔다.

have it in for sb
〈구어〉 ~에게 원한을 품다, 싫어하다; 트집을 잡다

O4319 (D) 전설에는 성 패트릭이 아일랜드에 있는 모든 뱀들을 죽였다라고 한다.
* Legend has it that ~ ~이라는 전설이다

have it that ~
1. ~라고 주장하다
2. (소문이나 전설 등에 따르면) ~라고 하다

O4320 (B)

> 나는 이곳이 처음이기 때문에 어디로 가야할지 당황스럽다.
> = 나는 이곳이 처음이기 때문에 어디로 가야할지 전혀 모르겠다.

(B) I have no idea. 전혀 모르겠다.

have no idea
~을 알지 못하다

O4321 (A) 그는 정원사를 도둑으로 여기는 것을 몹시 꺼렸다.
(D) negation 부정, 부인 무(無)

have a reluctance to R
~하기를 꺼려하다

O4322 (C) 나는 간호사에게 물을 조금 더 달라고 할 때 안절부절못했다.

have one's heart in one's mouth
안절부절못하다, 몹시 걱정하다(=feel anxious)

O4323 (D) 내 친구는 멕시코에서 선생을 할 생각이 머리에서 떠나지를 않고 있다.
(A) have one's heart in one's mouth 안절부절못하다
(B) have a frog in one's throat 목이 칼칼하다
(C) have a finger in the pie 관여하다, 참견하다
(D) have a bee in her bonnet 뭔가를 골똘히 생각하다

have a bee in one's bonnet
뭔가를 골똘히 생각하다 (=have a fixed idea about sth);
머리가 좀 이상해지다
cf. **put a bee in one's bonnet**
생각을 불어넣다, 생각이 들게 하다

DAY-13

04324 I have suspected him of lying for a long time, and today we are going to <u>have it out with him</u>. [90.행정고시]

(A) ask him about　　　　　　　(B) let it be

(C) accept it　　　　　　　　　(D) bring it to the open

(E) solve the problem

04325 We <u>had a scene</u> during the meeting. [06.울산시9급]

(A) saw a movie

(B) had a moving experience

(C) with a fascinating sight, took a picture

(D) quarreled violently

04326 To tell one he has another guess coming means that he _____. [입사]

(A) has one more chance　　　　(B) guess another time

(C) has another chance to guess　(D) guesses repeatedly

(E) is wrong

04327 The boss <u>had a go at</u> me for being late for work. [예상]

(A) told　　　(B) fired　　　(C) called　　　(D) criticized

04328 다음 대화 중 응답에 가장 알맞은 말은? [01.동덕여대]

> A: You look terrible! Do you have a cold or something?
> B: _____

(A) I don't feel cold at all.　　　(B) Yes, don't you feel cold, too?

(C) No, it's just my allergy.　　　(D) The flu is going around.

04329 I have an _____ to write after I have a fantastic experience. [07.경찰2차]

(A) empathy　　　　　　　　　(B) impact

(C) admiration　　　　　　　　(D) itch

04330 다음 대화 중 빈 칸에 들어갈 단어로 적당한 것은? [01.건국대]

> A: Please make yourself at home and have some tea.
> B: Thank you for having me _____.

(A) on　　　(B) out　　　(C) in　　　(D) with

04331 다음 빈칸에 가장 알맞은 것은? [99.법원직]

> 1) I've been having my hair _____ here for ten years.
> 2) I _____ it cut and colored every two months.

(A) to do - had　　　　　　　(B) do - have

(C) done - had　　　　　　　(D) done - have

O4324 (E) 난 오랫동안 그가 거짓말을 해왔다고 의심해 왔다. 그래서 오늘 그것에 대해서 그와 결말을 지으려 한다.
   (B) let it be 그냥 내버려두다
   (C) accept 받아들이다
   (E) solve the problem 문제를 해결하다

have it out (with sb)
거리낌 없이 토론하다, 토론으로 결말을 내다, 해결하다
(=settle a difficulty by talking freely and openly)

O4325 (D) 우리는 모임 동안에 대판 싸웠다.
   (A) 영화를 보았다. * scene 영화의 장면
   (B) 감동적인 경험을 했다 * moving 감동적인
   (C) 매혹적인 광경으로 사진에 담았다
   (D) 심하게 다투었다

have a scene / make a scene
(공공장소에서) 싸우다(=quarrel violently);
야단법석을 떨다
cf. make the scene (특수한 장소에) 나타나다,
   (참석하여) 존재를 나타내다; 성공하다, 인기를 모으다
cf. have a falling out 다투다
cf. fall out (with sb) 다투다

O4326 (E) 생각을 달리하는 것이 좋다고 누군가에게 말한다는 것은 그가 틀렸다는 것을 의미한다.

have another guess coming
생각을 달리하는 것이 좋다, 잘못 생각하고 있다

O4327 (D) 직장에 지각한 것을 이유로 사장은 나를 비난했다.

have a go at sb/sth
~을 해보다; 상연하다; 공격하다, 잔소리를 하다

O4328 (C)

> A: 안 좋아 보인다! 감기라도 걸렸니?
> B: _____
>
> (A) 전혀 감기기운이 없는데.
> (B) 응. 너도 감기기운이 느껴지지 않니?
> (C) 아니. 그냥 알레르기일 뿐이야.
> (D) 감기가 유행하고 있어. * go around 병 등이 퍼지다, 유행하다

have[get] a + 병명
(어떤) 병에 걸리다

O4329 (D) 환상적인 경험을 한 뒤에 나는 그것을 소설로 쓰고 싶어서 몸이 근질근질하다.

have an itch for sth / have an itch to R
~하고 싶어 몸이 근질근질 하다; ~하고 싶어 못 견디다

O4330 (C)

> A: 차 좀 들면서 마음 편하게 지내세요. * make oneself at home 편하게 있다
> B: 초대해 주셔서 감사합니다.

have sb in / have sb over
(사람을 집에) 초대하다(=invite), 맞아들이다

O4331 (D)

> 1) 난 여기서 10년 동안 머리를 잘라 왔다.
> 2) 나는 2절마다 머리를 자르고 염색한다.

have one's hair done
머리를 하다

보충이디엄

기본동사
keep

keep at sth (일을) 계속하다, 꾸준히 노력하다
keep one's head above water 빚지지 않고 있다, 살아남다
keep house 가계를 꾸려가다, 살림을 꾸려나가다
keep late[bad] hours 늦게 자고 늦게 일어나다
keep on ~ing 계속 ~하다
keep the ball rolling 계속 추진시키다, 계속 진행하게 하다
keep a low profile 저자세를 취하다, 세간의 이목을 피하다
keep (sb) **in line** 규칙을 지키(게 하)다; 통제하다(=control)
keep (sth) **under one's hat** 비밀로 하다; 자신의 마음속에 두다
keep (sth) **under wraps** 비밀로 하다
Keep the Faith! 힘을 내라! 정신 차려라!
keep (sb) **still** 비밀로 하다; 조용하게 하다; 가만히 있다
keep the lid on 억제하다; 입막음하다
keep one's nose clean 나쁜 일을 멀리하다
Keep out of this! 신경 꺼, 너 일에나 신경 써!

기본동사
hold

not hold with (sth) 찬성하지 않다
household 가족, 온 집안 식구; 가정의
cf. householder 가장, 세대주; 집주인
Hold it ! (준비가 안 되어 있으니) 가만있어, 잠깐 기다려!

기본동사
have

have[got] it made 모든 것을 다 가지다; 성공할 것이 확실하다
have pull with sb ~와 연줄이 닿아있다
have a thick skin 둔감하다 ↔ **have a thin skin** 민감하다
have a long head 선견지명이 있다
have a low boiling point 끓는점이 낮다 → 쉽사리 화를 낸다
have one's finger in the till 돈을 착복하다
have a sticky fingers 손버릇이 나쁘다, 잘 훔친다
have one foot in the grave 다 죽어가고 있다
have a lot on the ball 유능하다
have a ball 마음껏 즐기다, 즐거운 시간을 보내다
have a long day 고된 하루를 보내다
I had a big day. 오늘 중요한 일이 있었다.
I had a bad day. / I had a lousy day. 오늘은 엉망이었다.
have a bone to pick with sb ~에게 따질 일이 있다
have[get] a crush on ~에 반하다, ~에 홀리다, ~에 열중하다
have sb**'s number** ~의 의중, 속셈을 간파하다
have one's head in the cloud 몽상에 잠겨있다, 정신을 딴 데 팔다
have mixed feelings 착잡한 느낌을 가지다
have yet to 아직 ~하지 못하다

put

put은 "뭔가를 어떤 곳에 이동시켜 있게 하다"가 기본의미이다. 따라서 물건이면 "어디에 두다", 옷의 경우 "입다", 글의 경우에도 "기록하다"의 의미로 다양하게 쓰이게 된다.

1. (사물을) 이동해서 어디에 두다, 넣다
2. (사람의 신체를 어디에) 두다 → 상황에 처하게 하다
3. (옷 등을) 몸에 두다 → 입다, 착용하다(on)
4. (의견 · 제안 등을) 입 밖으로 꺼내다 → 말하다; (글 · 생각 등을) 옮기다 → 표현하다, 설명하다, 번역하다

set

동사 set의 의미는 "특정한 곳에 put하다"이다.
기본적으로는 put의 의미를 담고 있으나 set은 계획적인 배치에 가깝다.

1. (물건을) 놓다, 앉히다(put); 고정하다 → 보석을 박아넣다; 정돈하다
2. (사람을) 배치하다, 앉히다(seat); ~상태로 되게 하다
3. (기계 등을) 조정하다, (일정 등을) 맞추다
4. (출발 선상에 두다) → 출발하다, 착수하다, 시작하다
5. 해가 지다 • sunrise 일출 sunset 일몰

lay

* lay – laid – laid(타동사) cf. lie – lay– lain(자동사)
lay는 "목적에 적합하도록 올바른 장소에 put 하다"이다.

1. (물건을 어디에) 놓다, 눕히다; (설비 등을) 깔다, 설치하다
2. 넘어뜨리다, 쓰러뜨리다
3. (생각 · 문제 등을) 제시하다, 제출하다; 내기를 걸다
4. (알 등을) 낳다, 까다

put/set/lay

04401 You had better <u>put away</u> some of your money for good buy. [98.고려대학원]

98.고려대학원/Teps

(A) set aside   (B) spend   (C) deposit   (D) loan

04402 The Germans have always been regarded, and rightly so, as the _____ of people. Few Germans live beyond their means: they manage to put something _____ for a rainy day, or better still, add to or found a little family fortune. [07.한국외대]

13.가천대/07.한국외대/Teps

(A) thriftiest - aside   (B) stingiest - up

(C) most extravagant - away   (D) most prodigal - aside

(E) richest - up

04403 He put _____ a hundred dollars a month for his summer holidays. [93.고려대학원]

07.명지대/93.고려대학원/입사

(A) in   (B) by   (C) down   (D) forward

04404 This is simply <u>putting the issue on the back burner</u>. [91.서울대학원]

91.서울대학원

(A) securing the issue   (B) leaving the issue behind

(C) clouding the issue   (D) hiding the issue

04405 빈칸에 공통으로 들어갈 가장 적절한 표현은? [15.광운대]

15.광운대

> 1) Jane didn't have a destination in _____, but she knew that she wanted to be far away from the city.
> 2) He put what happened during the game to the back of his _____.

(A) head   (B) heart   (C) mind   (D) thought   (E) brain

04406 The cold weather has ____ the crops behind by a month. [입사]

입사/Teps

(A) put   (B) set   (C) lay   (D) take

04407 "What do the women want?"asked one confused male. We've set them up as wives and mothers, treated them with great respect, <u>even put them on a pedestal</u>. Isn't that enough? [02.국민대 변형]

02.국민대

(A) even admired them   (B) even protected them

(C) even let them represent us   (D) even allowed them to have a career

04408 밑줄 친 빈 칸에 알맞은 것을 고르시오. [97.단국대]

07.동덕여대/02.행자부9급/00.사법시험
97.서울시9급/96.법원직/97.단국대

> Kim: Hello? This is Richard Kim from Seoul.
>   Could you _____ Mr. Steve in charge of export trade, please?
> Operator: Yes, right away, sir. Please hold the line.

(A) connect with   (B) be put through to

(C) put me through to   (D) get through with

[유제] The harbor redevelopment was <u>put through</u> in record time. [00.사법시험]

(A) designed   (B) financed

(C) measured   (D) completed

(E) entertained

04409 She failed to <u>put</u> her ideas <u>across</u> at all. [99.세종대]

99.세종대/93.사법시험/입사/Teps

(A) convey   (B) pursue   (C) verify   (D) propose

04401 (A) 물건을 싸게 사기 위해서 네 돈 중 일부를 저축해 두는 것이 좋겠다.

* had better R ~하는 것이 낫다

(A) set aside 저축해두다   (B) spend 소비하다

(C) deposit 예금하다   (D) loan 돈을 빌려주다: 대부금

04402 (A) 독일인들은 항상 가장 검소한 민족으로 여겨져 왔으며, 사실 그렇다. 분수에 맞지 않는 생활을 하는 독일인들은 거의 없다. 그들은 어려울 때를 대비해서 저축을 하며, 아니면 더 낫게는 약간의 가족 유산을 늘리거나 마련한다. * and rightly so 사실 또한 그러하다 beyond one's means 수입을 초과해서 rainy day 궁할 때, 만일의 경우 still 더욱

(A) thrift 검소한   (B) stingy 인색한

(C) extravagant 사치스러운 가격이 터무니없는 put away 저축해두다

(D) prodigal 낭비하는, 방탕한

04403 (B) 그는 여름휴가철을 위하여 한 달에 100달러를 모아 두었다.

04404 (B) 이것은 단지 문제의 처리를 뒤로 미루는 것에 불과하다.

(A) secure 안전하게 하다, 지키다   (B) 문제를 뒤에 두다

(C) cloud 문제 등을 애매하게 하다   (D) 문제를 숨기다

04405 (C)

> 1) 제인은 마음에 둔 목적지가 있었던 것은 아니지만, 도시에서 멀리 떨어진 곳에 있고 싶었다는 것을 알고 있었다. * have ~ in mind 계획하고 있다, 작정하다
> 2) 그는 게임 동안에 있었던 일은 당장은 생각하지 않기로 했다.
>   * put sth to the back of one's mind (불쾌한 것을) 당장은 생각하지 않기로 하다

04406 (A) 추운 날씨로 그 농작물의 수확은 한 달 뒤로 미루어졌다.

04407 (A) "여성들은 무엇을 원하는가?" 혼란에 빠진 한 남자가 물었다. 우리는 그들을 아내로 그리고 어머니로 삼았고, 그들을 대단한 존경심으로 대했으며, 심지어는 그들을 받들기까지 했다. 그것으로 충분하지 않은가?

* set up ~을 위에 두다 권력을 잡게 하다 출세시키다

04408 (C) * 누구와 전화를 연결해 주세요라고 할 때에는 "put me through to 사람"의 형태를 취한다.

> kim: 여보세요, 저는 서울의 리처드 김입니다. 수출무역을 담당하고 계시는 스티브씨를 연결해 주시겠어요?
> 교환원: 네, 바로 해 드릴게요. 끊지 말고 기다리세요.

(D) 그 항구의 재개발은 기록적인 시간 내에 이루어졌다.

(A) design 고안하다   (B) finance 자금을 조달하다

(C) measure 측정하다   (D) complete 완성하다

(E) entertain 즐겁게 하다

04409 (A) 그녀는 자신의 생각을 전혀 전달하지 못했다.

(A) convey 전달하다   (B) pursue 추적하다

(C) verify 진실을 입증하다   (D) propose 제안하다

---

put * away sth
1. 저축해두다, 챙겨두다(=set aside sth)
2. 〈구어〉 (음식물을) 먹어치우다

put * aside sth
1. 한쪽으로 치우다, 제쳐 놓다
2. 저축하다; (후일을 위해) 따로 남기다
   (=put by, put away, set aside, lay aside, lay by, lay up, lay away)

put * by sth
간수하다, 저축해 두다(=save); 피하다
cf. put by for a rainy day 어려운 날을 대비해서 저축하다
    = save up for a rainy day

put sth on the back burner
(할 일 등을) 뒷전으로 미루다(=leave sth behind)
= put sth on ice

put sth to the back of one's mind
(불쾌한 것을) 당장은 생각하지 않기로 하다

put sth behind
1. (지난 일 따위를) 잊게 하다
2. (수확 등을) 뒤로 미루다

put[place, set] sb on a pedestal
존경하다(=admire), ~를 연장자로 모시다

put through
1. (전화를) 연결시키다(=connect)
2. (일 등을) 성취하다, 완수하다(=complete); (법안을) 통과시키다
3. 시험에 합격시키다
4. (시련 · 불쾌한 경험 등을) 겪게 하다

put * across sth
1. (생각이나 의견을) 이해시키다, 전달하다(=explain, convey)
2. (노래나 연주를) 훌륭히 해내다(=accomplish)
3. ~을 속이다 = put sth over 성공시키다, 해내다; 이해시키다

04410 At this company, we will not <u>put up with</u> such behavior. [17.국가직9급]

(A) modify   (B) record

(C) tolerate   (D) evaluate

17.국가직9급/11.기상직9급/09.광운대
07.세무직/05.건국대/03.경희대
02.행자부9급/99.한양대/88.서울대학원
86.행자부9급/85.법원직/외무고시
입사4회/Teps

04411 다음 빈칸에 공통으로 들어갈 단어는? [기출문제종합]

> 1) David put _____ a lot of money for the art gallery. [12.서울시9급]
> 2) They tried to put _____ several new buildings in that block. [02.행자부9급]

(A) down   (B) up   (C) over   (D) out

[유제] At last they found a motel to _____ for the night. [96.고려대학원]

(A) put up at   (B) feel at home

(C) accommodate   (D) spend

12.서울시9급/02.행자부9급
99.세종대/93.사법시험/입사/Teps

04412 다음 빈칸에 공통으로 들어갈 단어는? [02.행자부9급]

> 1) She was willing to _____ me through to the man in charge.
> 2) The boy took the radio apart but he was not able to _____ it together again.
> 3) I can't _____ up with his rude actions any longer.

(A) take   (B) put   (C) make   (D) get

02.행자부9급/Teps

04413 다음 괄호 안에 공통으로 들어갈 단어는? [07.인천시9급]

> 1) The meeting was called _____ because of the rain.
> 2) Never put ____ till tomorrow what you can do today.

(A) on   (B) out   (C) over   (D) off

12.한양대/10.국회속기직,경기대
07.인천시9급/07.부산시7급/03-2.명지대
01-2.경기대/91.서울시9급
82.경북대학원/토플/입사3회/Teps

04414 Choose the one which is similar to the meaning of the underlined part. [93.서울시7급]

> You see women on fire trucks going to <u>put out</u> a blaze.

(A) This company has <u>put out</u> this magazine for 15 years

(B) We drank tea rather than <u>put</u> our hostess <u>out</u> to make coffee too.

(C) Let's <u>put</u> the cat <u>out</u> and go to bed.

(D) <u>Put out</u> the light when you leave the room.

01.동덕여대/00.여자경찰/96.행자부9급
93.서울시7급/Teps

04415 It is up to the police to <u>put an end to</u> these robberies. [입사]

(A) lay stress on   (B) concern about

(C) deal with   (D) cause to cease

07.성신여대/입사/Teps

04416 One must think of others and _____ himself in their place, and consider what will please and what will wound them. [01.중앙대]

(A) pull   (B) push   (C) point   (D) put

[유제] I wouldn't <u>be in his shoes</u> if I were offered a million dollars. [91.행정고시]

(A) put on his shoes   (B) boast of his shoes

(C) put myself in his position   (D) put myself on his shoes

(E) pick up his shoes

12.경북교행/07.국민대/04.건국대
01.중앙대/Teps

04410 (C) 이 회사에서, 우리는 그런 행동을 용인하지 않을 것이다.

    (A) modify 수정하다, 조정하다   (B) record 기록하다
    (C) tolerate 용인하다, 참다   (D) evaluate 평가하다

put up with sb/sth
(싫은 것을) 불평 없이 받아들이다; 참다, 견디다
(=bear, endure, tolerate)

04411 (B)

> 1) 데이비드는 그 미술관을 위해서 많은 돈을 내놓았다. * put up 돈을 내놓다
> 2) 그들은 그 블록에 몇 개의 새로운 건물을 지으려 했다. * put up 건축물을 짓다

    (A) put down 내려놓다   (C) put over 성공시키다
    (D) put out 끄다, 출판하다

(A) 마침내 그들은 그날 밤 묵을 수 있는 모텔을 찾아냈다.

    (A) put up at ~에 숙박하다   (B) feel at home 편안하게 느끼다
    (C) accommodate 숙박시키다   (D) spend 소비하다

put * up sb/sth
1. (건축물 등을) 짓다, 세우다
2. 숙박시키다, 재워주다
3. 분투 · 저항하다
4. (벽 등에 액자나 포스트 등을) 걸다, 붙이다
5. (돈을) 내놓다[제공하다]
cf. put * up at ~에 숙박하다 〈96고려대학원〉

04412 (B)

> 1) 그녀는 기꺼이 나에게 책임자와 통화를 연결해 주려고 하였다.
>   * put~ through (전화를) 연결하다
> 2) 소년은 라디오를 분해했으나 그것을 다시 조립할 수는 없었다. * put together 조립하다
> 3) 나는 더 이상 그의 무례한 행동을 참을 수 없었다. * put up with 참다, 견디다

put * together sth
1. 조립하다(=assemble); (부분, 요소 등을) 모으다
2. (정보나 사실 등을) 종합하다
cf. put two and two together
(알고 있는 여러 정보 등을 모아서) 짜 맞추어 결론을 내리다

04413 (D)

> 1) 그 모임은 비 때문에 취소되었다. * call off 취소하다
> 2) 절대 오늘 할 일을 내일로 미루지 마라. * put off 연기하다

put * off sth
1. 연기하다, 미루다(=postpone, delay, procrastinate)
2. (옷 등을) 벗다(=take off sth ↔ put on sth);
~을 제거하다

04414 (D)

> 너는 불을 끄러 가고 있는 소방차 위의 여인들을 본다. * put out 불을 끄다

    (A) 이 회사는 15년째 이 잡지를 출간하고 있다. * put out 출간하다
    (B) 우리는 커피를 만드느라 여주인을 번거롭게 하기 보다는 (그냥) 차를 마셨다.
      * put out 번거롭게 하다
    (C) 고양이를 내보내고 그만 자자. * put out 내쫓다
    (D) 방을 나올 때는 불을 끄도록 해라. * put out 불을 끄다

put * out sth
1. (불을) 끄다(=extinguish),
   (전깃불을) 끄다(=turn out sth)
2. 출판하다(=publish); 산출하다, 생산하다
3. 내쫓다
4. (부가적인 일로 사람을) 번거롭게 하다
cf. put out of one's mind (일부러) 잊어버리다(=dismiss)

04415 (D) 이런 강도짓을 종식시키는 것은 경찰에 달려있다. * be up to ~에 달려있다

    (A) lay stress on ~을 강조하다   (B) concern about ~을 걱정하다
    (C) deal with ~을 다루다   (D) cause to cease 끝내게 하다

put an end to sb/sth
1. ~을 끝내다; 그만두게 하다(=cause to cease)
2. 자살하다

04416 (D) 사람은 다른 사람을 생각해야 하고 자신을 그들의 입장에 놓아 보아서 무엇이 그들을 기쁘게 하고 무엇이 그들에게 상처를 주는지에 대해 고려해야 한다.

(C) 100만 달러를 준다고 해도 난 그의 입장에 있고 싶지 않다.

    (A) 그의 신발을 신다   (B) 그의 신발을 자랑하다
    (C) 그의 입장에 있어보다   (E) 그의 신발을 집어 들다

put oneself in sb's **shoes[place]**
누구의 입장이 되어 생각하다, 입장을 바꾸어 보다
cf. in sb's shoes ~의 입장이라면 〈위행정고시〉
cf. fill sb's shoes / step into sb's shoes 〈99.행정고시〉
   다른 사람을 대신하다

O4417 You really <u>put your foot in it</u> when you asked Sue how her cat was. Didn't you know it got run over last week? [01.경기대]

(A) imposed (B) threatened

(C) murmured (D) blundered

O4418 다음 빈 칸에 들어갈 말로 적당한 것은? [99-2동덕여대]

> A: If you put your _____ into your work, you'll succeed.
> B: Is that possible? Then I'll try.

(A) flesh and blood (B) heart and soul

(C) bone and skin (D) head and heart

O4419 The thought of rescuing the boss's daughter didn't inspire many employees to <u>put their lives on the line</u>. [95.행정고시]

(A) lie down on electric wires (B) risk their lives

(C) quit their work and face starvation (D) switch their line of work

O4420 It was personal. Why did you have to <u>stick your nose in</u>? [16.국가직9급]

(A) hurry (B) interfere

(C) sniff (D) resign

[유제] Don't <u>put your nose into</u> other people's business. [99.학사경장]

(A) put your back into (B) put your oar in

(C) put your finger on (D) put your heart and soul into

O4421 다음 빈 칸에 공통으로 들어갈 말은? [기출문제 종합]

> 1) The lady wanted to put ____ the beautiful evening dress. [입사]
> 2) Mary claims to be ill but she isn't really ill; she's only putting it ____. [92.법원직]
> 3) Spring puts ____ its best face in May. [83.사법시험]

(A) into (B) on (C) off (D) out

[유제] Last year, I had a great opportunity to do this performance with the staff responsible for _____ art events at the theater. [16.지방직9급]

(A) turning into (B) doing without

(C) putting on (D) giving up

O4422 She has _____ on a lot of weight since last year. [01.경찰/입사2회/Teps]

(A) made (B) put (C) taken (D) gained

O4423 He's not really happy. He's just <u>putting on an act</u>. [01.덕성여대]

(A) making a behavior (B) believing it

(C) repining (D) pretending

04417 (D) 네가 Sue에게 고양이는 어떠냐고 물었던 것은 정말 실언한 거야. 넌 고양이가 지난주에 차에 치였다는 것을 몰랐니? * run over (사람 · 동물을) 치다
(A) impose (의무 등을) 부과하다　　　(B) threaten 위협하다, 협박하다
(C) murmur 중얼거리다, 투덜거리다　　(D) blunder 큰 실수를 하다

**put one's foot in it /
put one's foot in one's mouth**
1. 본의 아니게 실언하다, 남에게 상처를 주는 말을 하다
2. (부주의로 말미암아) 실수하다
　(=make a blunder, do the wrong thing)
= **botch up** sth 실수하여 망쳐버리다(=ruin sth by mistake)

04418 (B)

> A: 네 일에 심혈을 기울인다면, 넌 성공할 거야.
> B: 그게 가능할까요? 그렇다면 해 볼게요.

put one's heart and soul into sth
~에 심혈을 기울이다

04419 (B) 많은 고용인들은 사장의 딸의 목숨을 구하기 위해 자신의 목숨을 걸겠다는 마음이 생기지 않았다.
(A) 전선 위에 드러눕다　　　　　(B) 그들의 목숨을 걸다
(C) 일을 그만두고 굶주림에 직면하다　(D) 업무를 바꾸다

put one's life on the line
목숨을 걸고 하다(=risk one's life)
cf. on the line 위험에 처한(=jeopardized)

04420 (B) 다른 그건 사적인 일입니다. 당신이 왜 참견해야 했나요?
(A) hurry 서두르다　　　　　(B) interfere 간섭하다
(C) sniff 코를 킁킁거리다　　　(D) resign 사직하다

(B) 다른 사람의 일에 참견하지 마라.
(A) put one's back into ~에 혼신의 노력을 다하다
(B) put your oar in ~에 참견하다
(C) put your finger on ~을 지적하다
(D) put your heart and soul into ~에 심혈을 기울이다

**put[stick/poke/thrust] one's nose
into[in]** sth
~에 간섭하다(=interfere in, meddle in, intervene in sth)
= **put[stick] one's oar in** sth
↳ **keep one's nose out of** sth 간섭[참견]하지 않다

04421 (B)

> 1) 그 숙녀는 아름다운 이브닝드레스를 입기를 원했다. * put on 입다
> 2) 메리는 아프다고 했지만 진짜로 아프지는 않다. 그녀는 단지 아픈 체 하고 있을 뿐이다.
> 　* put on ~인 체 하다
> 3) 봄은 자기의 최고의 모습을 5월에 나타낸다. * put on 모습을 띠다

put * on sb/sth
1. 입다, 신다, 화장을 하다(↔ take off sth)
2. ~인 체하다(=pretend), (모습 등을) 띠다(=assume)
3. 공연하다
4. 〈구어〉 놀리다
cf. put it on 아픈 체하다, 허풍떨다; 엄청난 값을 부르다
cf. put-on ~인 체하는, 겉치레의, 가짜의(=phoney) 〈03국민대〉
cf. put on a garb of sb 〈07서울여대〉
　~의 옷을 걸치다(=assume), 외관을 하다

(C) 지난해, 저는 그 극장에서 예술 행사의 공연을 하고있는 스태프들과 이 연주를 할 좋은 기회를 가졌습니다.
(A) turn into ~으로 변하다　　　(B) do without ~없이 지내다
(C) put on 공연하다　　　　　　(D) give up 포기하다

04422 (B) 그녀는 작년 이래로 체중이 많이 늘었다.
(D) gain weight (체중이) 늘다 * on이 불필요

put on weight
살이 찌다, 몸무게가 늘다(=gain weight)
= **gain weight** 몸무게가 불다
↔ **lose weight** 살이 빠지다

04423 (D) 그는 사실은 행복하지 않다. 행복한 척 할 뿐이다.
(C) repine 불평하다, 푸념하다
(D) pretend ~인 체 하다, 가장하다

put on an act
~인 체하다, 시늉을 하다, 가장하다
(=pretend, make believe (that)~)
cf. put on airs 잘난 체하다, 으스대다
　put on the dog 부자인 체하다, 으스대다, 허세를 부리다
　give oneself airs 젠체하다, 점잔빼다

04424 If someone _____ the question, they assume something which supports their point of view, even though they have not proved this assumption. [93.서울대학원]

(A) withdraws   (B) debates

(C) asks   (D) begs

93.서울대학원/토플

04425 The government is now trying to _____ the uprising with the help of some outside forces. [12.지방직9급]
★★

(A) put down   (B) drop by

(C) fill up   (D) abide by

12.지방직9급/11.광운대
94.대전7급/입사/Teps

04426 That joke you just told <u>puts me in mind of</u> an experience I had last summer. [99.경원대]

(A) reminds me of   (B) deprives me of

(C) dissuades me from   (D) talk me out of

99.경원대

04427 Mary's parents agreed with her grandfather about most of the traditional ritual, but they absolutely _____ when he suggested she do the endurance ritual with no clothes on. [11.상명대]

(A) put their foot down

(B) set foot on it

(C) put their feet up

(D) got on the wrong foot

11.상명대

04428* Ms. Ziehler put _____ a transfer to another department but it was refused. [13.동덕여대]

(A) in for   (B) up with   (C) back in   (D) over to

13.동덕여대

04501 Congress has <u>earmarked</u> funds for research into alternative sources of energy. [01.대구가톨릭대]

(A) set aside   (B) increased

(C) turn down   (D) discussed

01.대구가톨릭대/Teps

04502 Try not to <u>set yourself apart</u> from everyone at the gathering. [97.고려대학원]

(A) declare   (B) maintain

(C) isolate   (D) deduct

97.고려대학원/Teps

04503 다음 빈 칸에 공통으로 들어갈 말은? [예상]

> 1) The committee set their findings _____ in a report.
> 2) The pilot set the plane _____ hard.

(A) apart   (B) down   (C) up   (D) off

12.성신여대

04504 The party at the embassy <u>set the seal on</u> the president's official visit. [00.사법시험]

(A) benefited from   (B) publicly denied

(C) found no sign of   (D) overtly prevented

(E) was a suitable way to end

00.사법시험

O4424 (D) 누군가 논점을 옳은 것으로 가정해 놓고 논의를 전개한다면, 입증도 하지 않은 채 자신의 관점을 뒷받침하는 어떤 것을 상정하는 것이다.
(A) withdraw 철수하다
(B) debate 토론하다
(C) ask 부탁하다
(D) beg the question 논점을 옳은 것으로 해 놓고 논의하다

put a question to sb
~에게 질문하다 (=ask sb a question)
cf. beg the question 〈93.서울대학원〉
논점을 옳은 것으로 해 놓고 논의하다. 논점을 교묘히 회피하다

O4425 (A) 정부는 외부세력의 도움으로 반란을 진압하려 하고 있다. * uprising 반란
(A) put down 진압하다
(B) drop by 잠깐 들르다
(C) fill up 가득 채우다
(D) abide by 고수하다

put * down sth
1. (전화번호, 주소 등을) 적어 놓다(=write down sth); (기부자 등으로) 이름을 올리다
2. (폭동 등을) 진압하다(=suppress); 억제시키다, 진정시키다
3. (물건 등을 아래로) 내려놓다
4. (사람을) 경시하다(=belittle); 비굴한 마음을 갖게 하다
5. ~의원인을~탓으로돌리다(=attribute to, ascribe in sth)
cf. put down in black and white 인쇄의 형태로 적다

O4426 (A) 방금 네가 한 농담은 지난여름에 내가 겪은 일을 떠올리게 한다.
(A) remind A of B A에게 B를 생각나게 하다
(B) deprive A of B A로부터 B를 빼앗다
(C) dissuade A from B A에게 B를 하지 않도록 설득하다
(D) talk A out of B A를 설득시켜 B를 하지 못하게 하다

put[keep] A in mind of B
A에게 B를 생각나게 하다, 상기시키다(=remind A of B)
= remind A of B A에게 B를 생각나게 하다

O4427 (A) 메리의 부모님은 그녀의 할아버지와 대부분은 전통적 의식에 대해 의견이 일치했지만, 그녀가 옷을 입지 않고 고난의식을 치른다고 제안했을 때는 단호히 반대했다.
(A) put one's foot down 반대하다. 단호한 태도를 취하다
(B) set foot on ~에 발을 들여놓다. 방문하다
(C) put one's feet up 누워서 쉬다. 긴장을 풀다
(D) got on the wrong foot 첫 단추를 잘못 끼우다

put[set] one's foot down
반대하다, 단호한 태도를 취하다

O4428* (A) Ziehler씨는 다른 부서로 전출을 요청했지만 거절당했다.
(A) put in for 요청하다
(B) put up with 참고 견디다

put in for sth
(정식으로) 요청[신청]하다, 청구하다

O4501 (A) 의회는 대체에너지의 연구를 위해 자금을 책정했다.
* earmark (자금 등을) 특정 용도에 배정하다.
(C) turn down 거절하다

set * aside sth
1. (특별한 목적을 위해) 따로 제쳐 두다(=earmark, separate and reserve for a special purpose); 저축하다
2. ~을 무시하다, ~을 거절하다; ~을 무효로 하다; ~을 파기하다(=annul)

O4502 (C) 모임에서 다른 사람들로부터 혼자 따로 떨어져 있지 않도록 해라.
(A) declare 선언하다
(B) maintain 유지하다
(C) isolate 고립되다
(D) deduct 빼다, 공제하다

set * apart sb/sth
1. 따로 떼어두다(=set aside sb/sth)
2. 눈에 띄게 하다(=distinguish)
cf. set oneself apart 혼자 따로 떨어져 있다. 고립되다

O4503 (B)

1) 위원회는 그들의 결론을 보고서에 적어두었다. * set down 적어두다
2) 비행사는 힘들게 비행기를 착륙시켰다. * set down 착륙시키다

set * down sb/sth
1. (규정을) 적어두다, (규칙으로) 정하다(=stipulate)
2. 내려놓다; 착륙하다

O4504 (E) 대사관에서의 연회로 대통령은 공식적인 방문을 마무리했다.
(A) benefit from ~로부터 이익을 얻다
(B) publicly deny 공개적으로 부인하다
(C) find no sign of 어떤 표시도 찾지 못하다
(D) overtly prevent 공개적으로 금지(제지)하다
(E) be a suitable way to end 끝내기에 적절한 방법이다.

set the seal on sth
~을 마무리하다, 마감시키다
cf. My lips are sealed. 비밀 지킬게.

00-2가톨릭대/93.기술고시/Teps

04505 ★ They intended to <u>set back</u> our plan but in vain. [93.기술고시]

(A) establish
(B) perform
(C) discover
(D) hinder
(E) help

14중앙대/06.경찰2차/96.외무고시

04506 ★ He <u>set store by</u> the advice that his teacher had given him. [06.경찰2차]

(A) saved
(B) recommended
(C) considered important
(D) kept in mind

96세무사/입사/토플

04507 ★ We cannot <u>set at naught</u> what the lady said about it. [96.세무사]

(A) tolerate
(B) ignore
(C) accept
(D) trust
(E) bring all for naught

80.행자부9급

04508 The war prisoners were <u>set free</u> after the armistice was signed. [80.행자부9급]

(A) killed
(B) caught
(C) imprisoned
(D) liberated

99.경찰승진/입사

04509 Susan's mother <u>set up for</u> dinner very quickly. [입사]

(A) prepared for
(B) waited for
(C) framed up
(D) cleared off

입사

04510 다음 대화 중 빈칸에 들어갈 말로 적당한 것은? [입사]

A: Did you see her?
B: She _____ her hair in curls.

(A) have
(B) wear
(C) set
(D) reserve

04.행자부9급/Teps

04511 다음 대화 중 빈칸에 들어갈 말로 적당한 것은? [04.행자부9급]

A: I'm on my way to the store. Is there anything you'd like me to get?
B: Yes. Could you stop at the bakery and pick up a chocolate cake?
A: A chocolate cake?
B: Yes, It's Marion's birthday. We're having a party.
A: Oh, I bet she'll be surprised. Did you invite everyone?
B: Yes, _____

(A) It's all set.
(B) They are finished.
(C) It's out of the question.
(D) I'm through with you.

97.고려대학원/92.청주대/
91.포항공대대학원/입사/토익/Teps

04512 ★★ 다음 빈 칸에 공통으로 들어갈 말은? [기출문제종합]

1) Citing an increasing demand for our products, the board of directors decided to _____ a few more branches. [91.포항공대대학원]
2) Shall we _____ next week's meeting?

(A) close up
(B) take up
(C) keep up
(D) set up

O4505 (D) 그들은 우리의 계획을 좌절시키러 했으나 헛수고였다. * in vain 헛되이
(A) establish 설립하다, 세우다   (B) perform 수행하다
(C) discover 발견하다   (D) hinder 방해하다

O4506 (C) 그는 그의 선생님이 해주신 충고를 중요하게 생각했다.
(B) recommend 추천하다, 충고하다
(C) consider 잘 생각하다, 숙고하다, 간주하다
(D) keep in mind 명심하다

O4507 (B) 그 여자가 그것에 관하여 말한 것을 우리는 무시할 수 없다.
(A) tolerate 참다   (B) ignore 무시하다
(C) accept 받아들이다   (D) trust 믿다
(E) bring all for naught 모두 망쳐놓다

O4508 (D) 전범들은 휴전협정이 조인되고 난 후 석방되었다. * armistice 휴전 협정
(C) imprison 감옥에 넣다   (D) liberate 해방하다

O4509 (A) 수잔의 어머니는 매우 빨리 저녁을 준비하셨다.
(A) prepare for ~을 준비하다   (B) waite for ~을 기다리다
(C) frame up 날조하다   (D) clear off 청산하다

O4510 (C)

> A: 그녀를 보셨어요?
> B: 그녀는 곱슬머리를 하고 있었어요

O4511 (A)

> A: 가게로 가는 중인데, 내가 뭐 사다줄 것 없어요?
> B: 예, 있습니다. 빵집 가서 초콜릿 케이크 하나 사다 주시겠어요?
> A: 초콜릿 케이크요?
> B: 예, 마리온 생일이에요. 우리는 파티를 열겁니다.
> A: 오, 그녀가 틀림없이 놀라겠네요. 모두들 초대했나요?
> B: 예, 모든 것이 다 준비되었어요.

(A) 모두 준비되었어요.   (B) 그들은 마쳤어요.
(C) 그것은 불가능해요.   (D) be through with ~와 관계를 끊다

O4512 (D)

> 1) 우리 제품에 대하여 증가하는 수요를 인용하면서, 이사회는 좀 더 많은 지점을 설립하기로 결정하였다. * set up 설립하다 a board of directors 이사회, 경영진 branch 지점, 분파
> 2) 다음 주 회의 계획을 세워 보지 않을래요? * set up 계획을 세우다

(A) close up 폐쇄하다   (B) take up 시작하다
(C) keep up 유지하다

---

set * back sb/sth
1. 좌절시키다, 퇴보시키다, 저지하다, 늦추다
  (=hinder, delay the progress)
2. 〈구어〉 ~에게 비용이 얼마가 들다
= **cook** sb's **goose** (기회 · 계획 · 희망을) 좌절시키다, 망치다

set[lay] store by sth
~을 중요시하다(=consider important, make much of sb/sth, value highly)
↪ **set no store by** sth ~을 경시하다, 업신여기다

set sth **at naught**
무시하다(=ignore), 경멸하다(=disdain)

set * free sb
석방하다(=release, liberate)

set up for sth
~을 준비하다(=prepare for sth)

set one's hair in curls
곱슬머리를 하다(만들다)

It's all set.
모두 준비되어 있습니다.

set * up sth
1. (건물 등을) 세우다(=construct, erect), 설립하다, 창설하다(=establish)
2. 짜 맞추다, 조립하다, 새로이 만들다; 계획을 세우다
  (=arrange)
3. 속임수로 (사람을 함정에) 빠뜨리다

00.행자부9급/행정고시/경찰간부/Teps

04513 Building a dam single-handed seemed an impossible task, but he _____ it with grim determination. [00.행자부9급/행정고시]
★

(A) put in for (B) set on

(C) put up with (D) got away with

(E) set about

01-2.한성대/97.고려대학원/96.입법고시
96.행자부7급/82.서울대학원/토익/Teps

04514 다음 빈 칸에 공통으로 들어갈 가장 적당한 말은? [기출문제종합]
★★

> 1) Maria _____ her own business in 1998. [01-2.한성대]
> 2) He set _____ on foot early the next morning for paris. [96.행자부7급]
> 3) Certain conditions were _____ in the contract. [85.서울대학원]

(A) set at (B) set by

(C) set down (D) set out

12.성신여대/06.동덕여대/98.경희대
97-2.한양대/93.외무고시/토플/Teps

04515 The flower bud of a water lily opens at sunset, since its opening is <u>set off</u> by the decreased light. [06.동덕여대]
★★

(A) regulated (B) triggered

(C) endured (D) alleviated

97.사법시험/Teps

04516 My duty tonight is to report on the state of the union, and to <u>set forth</u> our responsibilities to form a more perfect union. [97.사법시험]

(A) start (B) present

(C) perpetuate (D) illustrate

(E) communicate

97.사법시험

04517 During the conflict, protestors _____ the hotel, which burned for five hours before it was finally extinguished. [예상]

(A) opened fire on (B) put out the fire

(C) set fire to (D) added fuel to fire

93.서울대학원/입사

04601 You must <u>lay by</u> something for a rainy day. [입사]
★

(A) lay out (B) lay down

(C) lay aside (D) lay off

95.행자부9급

04602 They _____ a good supply of coal in the summer, when it was low. [95.행자부9급]

(A) let up (B) laid in

(C) laid off (D) let down

사법시험/토플

04603 But somebody must <u>lay out</u> the standard curriculum for the liberal art college. If the federal or the state governments do not do it, who does? [사법시험]

(A) let down (B) sturdy

(C) save (D) plan

O4513 (E) 혼자서 댐을 건설한다는 것이 불가능한 작업으로 보였다. 그러나 그는 단호한 의지로 그것을 시작했다. * single-handed 혼자, 단독으로 grim 엄한, 완강한

(A) put in for 신청하다, 지원하다　　　　　(B) set on 선동하다, 습격하다

(C) put up with 참다　　　　　　　　　　(D) get away with 처벌받지 않다

set about sb/sth
1. 착수하다, 시작하다(=begin, start, launch)
2. 공격하다(=attack)

O4514 (D)

> 1) 마리아는 1998년에 그녀 자신의 사업을 시작했다. * set out 착수하다
> 2) 그는 다음날 아침 일찍 도보로 파리를 향해 출발했다. * set out 출발하다
> 3) 약간의 조항들이 계약서에 설명되어 있다. * set out 자세하게 설명하다

(A) set at ～을 공격하다　　　　　　　(B) set by 저축하다

(C) set down 적어두다　　　　　　　　(D) set out 시작하다, 착수하다

set out
1. 출발하다, 여행길에 오르다(=start one's journey)
2. ～에 착수하다(on)
3. 자세하게 설명하다

O4515 (B) 햇빛이 줄어야 개화가 촉발되므로 수련의 꽃봉오리는 해 질 녘에 핀다.
* a flower bud 꽃눈, 꽃봉오리 water lily 수련 sunset 일몰, 해 질 녘

(A) regulate 조정하다

(B) trigger 일으키다, 유발하다

(C) endure 견디다

(D) alleviate 완화하다

set * off sth
1. (여행 등을) 시작하다, 출발하다(=start, depart)
2. 유발하다, 시작하게 하다, 폭발시키다(=trigger)
cf. set sb/sth **on** sb (개 등을 시켜) 공격하게 하다
cf. onset 착수, 개시, 습격, 공격 〈93부산공대〉
cf. set in (계절 등이) 시작되다, (좋지 않은 일이) 시작되다

O4516 (B) 오늘밤 저의 의무는 조합의 상태에 대해서 보고하고 보다 완벽한 조합을 만들기 위한 우리의 의무를 제시하는 것입니다.

(A) start 시작하다　　　　　　　　　(B) present 나타내다

(C) perpetuate 영속시키다　　　　　　(D) illustrate 예를 들어 설명하다

(E) communicate 의사소통을 하다

set * forth sth
1. 보이다(=present), 진열하다, 공개하다, 설명하다
2. (여행을) 시작하다, 출발하다(=start)

O4517 (C) 충돌 과정에 시위자들은 호텔에 불을 질렀고, 그 호텔은 불이 완전히 소화되기 전에 다섯 시간 동안 불탔다. * extinguish 끄다, 진화하다

(A) open fire on ～에 사격을 개시하다

(B) put out the fire 불을 끄다

(C) set fire to 불을 지르다

(D) add fuel to fire 불난 집에 부채질하다

set fire to sth /**set** (sth) **on fire**
1. ～에 불을 지르다, 불을 붙이다
(=cause sth to burn, ignite, inflame)
↔ **put out a fire** 불을 끄다
2. 흥분시키다(=arouse)
cf. set the world on fire 눈부신 성공을 거두다, 크게 출세하다
catch on fire/ catch fire 불붙다; 불붙듯이 유행하다

O4601 (C) 어려운 때를 대비하여 저축해야 한다.

(A) lay out 전시하다, 설계하다　　　　(B) lay down 규정하다

(C) lay aside 저축하다　　　　　　　　(D) lay off 해고하다

lay * by sth
저축하다, 비축하다
(=lay aside, put by, put aside, set aside sth, save)
= **lay aside** sth 저축하다, 저장하다

O4602 (B) 그들은 값이 쌀 때인 여름에 꽤 많은 물량의 석탄을 사들였다.

(A) let up (비 등이) 그치다　　　　　　(B) lay in 사들이다, 저장하다

(C) lay off 해고시키다　　　　　　　　(D) let down 실망시키다

lay * in sth
～을 사들이다, 사재기하다; 저장하다
(=store away sth for future use)

O4603 (D) 그러나 누군가는 교양학부를 위한 표준 커리큘럼을 설계해야 한다. 만일 주정부나 연방 정부가 하지 않는다면 누가 하겠는가?

lay * out sth
1. ～을 펼치다(=spread), 전시하다
2. (건물 · 도시 · 정원 등을) 설계 · 계획하다, 배열하다
(=arrange or plan, design)
3. 상세하게 설명하다(=explain sth very carefully)
4. ～에 (돈을) 대량으로 쓰다, 투자하다
5. (불시에) 때려눕히다

04604 Employment is traditionally seen as a lagging economic indicator, because companies
★★★ can be reluctant to _____ workers when demand first starts to slip. [10인천대]

(A) lay to   (B) lay by

(C) lay off   (D) lay up

[유제] In defence industries, sudden <u>layoffs</u> are common. [04덕성여대]

(A) bankruptcies   (B) redundancies

(C) innovations   (D) advances

04605 In the book he <u>lays bare</u> his social relationship. [91서울대학원]

(A) exposes   (B) deals with

(C) emphasizes   (D) discussed

04606 Stereotypes are a kind of gossip that makes us pre-judge people _____ we ever lay eyes
on them. [07.경원대]

(A) after   (B) ago

(C) for   (D) before

04607 Mr. Watkins is _____ with some sort of virus infection. [03.경기대]

(A) let down   (B) laid up

(C) fallen out   (D) brought on

04608 The purpose of the United Nations, as <u>laid down</u> in its Charter, is to maintain world peace
and security. [입사]

(A) founded   (B) prescribed

(C) gained   (D) investigated

04609 She must be losing her touch. She's _____ several eggs since her last best seller. [예상]

(A) cooked   (B) crushed

(C) boiled   (D) laid

10.인천대 /07.충북9급 /03-2가톨릭대
03.서울여대/01.서울산업대/01-2영남대
02.97.96.경찰 /00.한성대 /98.법원직
94.사법시험/토플/Teps

91.서울대학원/Teps

07.경원대/Teps

03.경기대

입사

12.지방직7급/Teps

04604 **(C)** 고용은 전통적으로 더딘 경제의 지표로 여겨지는데, 처음에 수요가 하락하기 시작할 때 회사는 직원을 해고하는 것을 꺼릴 수 있기 때문이다.

(A) lay to 표류하다   (B) lay by (습관을) 버리다

(C) lay off 해고하다   (D) lay up 저축하다, 몸져눕다

(B) 방위 산업체에서는 갑작스런 해고가 흔한 일이다.

(A) bankruptcy 파산   (B) redundancy 잉여, 해고

(C) innovation 쇄신, 기술혁신   (D) advance 진보, 승급

04605 **(A)** 그는 책에서 그의 사회적 관계(연고)를 드러낸다.

(A) expose 노출하다   (B) deal with 다루다

(C) emphasize 강조하다   (D) discuss 논의하다, 토론하다

04606 **(D)** 고정관념은 우리가 그들을 만나보기도 전에 사람을 미리 판단하게 만드는 험담의 일종이다.

* stereotypes 고정관념, 상투적인 문구 gossip 험담, 남의 뒷말, 가십 prejudge 미리 판단하다

04607 **(B)** 와킨스씨는 일종의 바이러스 감염으로 몸져누웠다.

(A) let down (명예 등을) 떨어뜨리다   (B) lay up (병으로) 눕다

(C) fall out 싸우다, 다투다   (D) bring on 가져오다, 일으키다

04608 **(B)** 유엔의 목적은 그 헌장에 규정되어 있는 것처럼 세계평화와 안전을 유지하는 것이다.

(A) found 설립하다   (B) prescribe 처방하다, 규정하다

(C) gain 얻다, 획득하다   (D) investigate 조사하다, 수사하다

04609 **(D)** 그녀는 솜씨가 무디어진 것 같아. 지난번 베스트셀러 이후 몇 번째 흥행에 실패하고 있어.

* lose one's touch 솜씨가 떨어지다

---

lay * off sb
(일시) 해고하다
(=fire, dismiss temporarily, discharge, give the sack to)
cf. layoff 일시적 해고(=redundancy); 강제 휴업 〈04덕성여대〉

lay * bare sth
밝히다, 드러내다(=expose, reveal)

lay eyes on / set eyes on sth
~을 처음으로 보다(=see), 발견하다

lay * up sb/sth
1. (병으로) 몸져눕다; 골치 아픈 일을 떠맡다
2. (장래를 위해) 쓰지 않고 모으다

lay * down sth
1. ~을 땅에 내려놓다; 무기 따위를 버리다, 항복하다;
(목숨을) 내던지다; (직위 · 직장 등을) 그만두다
2. (규칙 · 원칙 등을) 규정하다(=prescribe),
정하다; 단언하다(=assert)
cf. lay down the law 꾸짖다, 규칙 준수를 요구하다 〈아-2영남대〉

lay an egg
(새 등이) 알을 까다 → 나쁜 연기를 보여주다,
(흥행에) 실패하다
= cook sb's goose (기회 · 계획 · 희망을) 좌절시키다, 망치다
cf. crush in the egg 미연에[초기에] 방지하다.
= nip sth in the bud

보충이디엄

기본동사
put

put[lay] one's cards on the table 솔직하게 대하다, 아무것도 숨기지 않다
put the cart before the horse 본말을 전도하다, 일의 순서를 바꾸다, 비논리적이다
put (sb/sth) out of the way (무엇을) 통로에서 치우다; (사람을) 없애버리다
↔ **put (sth) in the way of** 방해하다, 장애를 두다
put (sb/sth) out to pasture 퇴직시키다; (노후품을) 처분하다
put (sb) to the test (사람을) 시험하다
put the blame on (사람이나 어떤 것을) 비난하다
put the bite on (sb) 돈을 뜯어내다, 억지로 요구하다
put (sw) on the map (어떤 곳을) 유명하게 만들다
put one's foot down (about (sth)) 확고한 태도를 취하다, 단호히 반대하다
put (sb) on the spot (현장에서 바로 대답 등을 요구하여) 입장을 난처하게 만들다
Put it there. 악수합시다. * 의견의 일치를 이루고 하는 말
put (sth) forward 어떤 생각을 말하다, 의견을 개진하다
put one's two cents in 의견을 첨가하다
put (sth) plainly 명백하게 말하다
put (sth) into practice 실천에 옮기다
Put your money where your mouth is. 말로만 하지 말고 실제 행동으로 옮겨 봐.
put in a good word for (sb) ~를 추천하다

기본동사
set

set the table 식탁을 차리다, 상을 차리다
be set in one's ways (특히 노인이) 자기 방식에 굳어져 있다
set the record straight 오해를 바로잡다
set in motion 기계 등을 움직이(게 하)다(=actuate)
set the schedule 스케줄을 정하다
set sail for (somewhere) / set sail 출항하다

기본동사
lay

lay on (sth) (음식 등을) 내놓다
lay (sth) on (sb) (골치 아픈 것을) ~에게 하게 하다
lay a guilt trip on (sb) ~에게 죄책감을 갖게 하다
lay back 긴장을 풀다, 마음을 편안하게 갖다
lay open 드러내다, 폭로하다
lay[levy] a tax on (sth) ~에 세금을 부과하다
lay over ~위를 덮어씌우다, 연기하다

stand

stand 의 기본 의미는 "어떤 위치에 서 있다"이다.
그래서 일어서서 있거나, 어떤 사람의 편을 들거나, 버티고 서서 저항하는 등의 의미를 지닌다.

1. (어떤 위치에) 서다, 서 있다, 위치하다; 기립하다
2. (어떠한 태도를) 취하다, ～의 편을 들다
3. (어떤 상태 · 입장에) 있다; (높이 · 값 · 정도가) ～이다
4. 멈추어 서다, 움직이지 않다, 정체되어 있다
5. 오래가다, 지속하다, 지탱하다, 참다; 고집하다, 대항하다

sit

동사 sit는 "(장소나 자리, 지위에) 앉다"가 기본의미이다.
자리에 앉는다는 의미에서 "(회의 등에) 참석하다, 멤버가 되다"라는 의미로도 쓰인다.

stay

stay는 "어떠한 상태가 지속되다"가 기본의미로서 "머무르다, 체류하다, 숙박하다"의 의미로 확장된다.

98.사법시험/94.서울여대/92.한성대/Teps

04701 밑줄 친 부분과 같은 의미로 쓴 것을 고르시오. [98.사법시험]
★

> A: Why is she in such a bad mood?
> B: Well, It seems <u>she's been stood up</u>.

(A) she has worked without pay

(B) someone has made her stand up

(C) someone has told her a lie

(D) someone made a pass at her

(E) someone has not shown up

02.변리사/96.외무고시/Teps

04702 다음 주어진 말의 영작으로 가장 적절한 것은? [96.외무고시]
★

> 네 혼자 힘으로 살아가야만 한다.

(A) You must defend yourself.　　(B) You must to live a sole life.

(C) You've got to stand on your feet.　　(D) You've got to be yourself.

03.공인노무사/86.서울대학원/토익/Teps

04703 A man's dog _____ him in prosperity as well as in poverty. [86.서울대학원]
★

(A) stands up to　　(B) stands by

(C) stands up for　　(D) stands in for

12.가천대/10.경북교행9급/01-2.계명대
99.홍익대/98.동국대
96.세종대/카투사/입사/Teps

04704 The stars in the American flag <u>stand for</u> the States. [99.홍익대]
★★

(A) represent　　(B) support

(C) replace　　(D) explain

15.지방직7급/06.전북9급/05.한양대
02.성균관대/94.행정고시
92.한국외대/토플/Teps

04705 He <u>stood up for</u> Kate when she was blamed for the mistake. [15.지방직7급]
★★

(A) criticized　　(B) observed

(C) neglected　　(D) supported

02.중앙대

04706 They say the hanged murderer <u>stood in a white sheet</u> just before his execution. [02.중앙대]

(A) infuriated　　(B) repented

(C) strode　　(D) menaced

10.지방직9급/97.단국대/97.법원직

04707 Do you think this team _____ winning the championship? [10.지방직9급]
★

(A) stands a chance of　　(B) stands by

(C) stands for　　(D) stands up for

03-2.경기대

04708 During the dangerous scenes, a stunt woman will _____ for the actress. [03-2.경기대]

(A) stand in　　(B) stand on

(C) stand out　　(D) stand over

97.사법시험

04709 The extra turn of speed which gives one individual an advantage over another in escaping from wolf or lion will also <u>stand</u> the whole species <u>in good stead</u>. [97.사법시험]

(A) put up with　　(B) be much helpful to

(C) bring up wholesomely　　(D) get rid of

(E) be supportive for

04701 (E)

> A: 그녀가 왜 그렇게 기분 나빠하는 걸까?
> B: 아마, 그녀가 바람맞아서 그런 것 같아.

(A) 그녀는 임금 없이 일했다.
(D) 누군가 그녀를 신나게 했다.
(C) 누군가 그녀에게 거짓말을 했다.
(D) 누군가 그녀에게 추파를 보냈다.
(E) 누군가 (약속장소에) 나타나지 않았다. * show up 나타나다

stand sb **up**
(이성과의 데이트에서) 상대방을 바람맞히다

04702 (C)
(A) 너는 스스로를 방어해야 한다.　　　(B) 너는 혼자의 삶을 살아야 한다.
(C) stand on one's feet 자립하다　　　(D) 너는 너 자신이 되어야 한다.

stand on one's own (two) feet
(경제적으로) 자립하다, 독립적으로 살아가다; 자급자족하다

04703 (B) 개는 사람이 번성할 때나 곤궁할 때나 그를 지킨다.
(A) stand up to 맞서다　　　(B) stand by 옆에 서 있다, 지지하다
(C) stand up for 지지하다　　　(D) stand in for 대신하다

stand by (sb/sth)
1. (사정이 안 좋을 때에도 계속) 지지하다, 편들다(=support)
2. 방관하다(=look on) 3. 대기하다, 준비하다(=be ready)
4. (약속 등을) 지키다, (생각 등을) 고수하다(=abide by, adhere to sth)
5. 옆에 서 있다, 근처에 있다

04704 (A) 미국 성조기의 별은 주(州)들을 상징한다.
(A) represent 나타내다, 상징하다　　　(B) support 지지하다
(C) replace 대체하다　　　(D) explain 설명하다

stand for sth
1. 상징하다(=symbolize), 의미하다(=mean), 나타내다(=represent)
2. 대리[대표]하다; 지지하다(=support)
3. (국회의원 등에) 입후보하다(=run for sth)

04705 (D) 그는 케이트가 이번 실수로 비난을 받았을 때 그녀를 지지했다.
(A) criticize 비판하다　　　(B) observe 준수하다
(C) neglect 방치하다　　　(D) support 지지하다

stand up for sb/sth
~을 옹호하다(=defend), 지지하다(=support)
= **stand behind** sb/sth 뒤에 서다; (행동 등을) 지지하다

04706 (B) 교수형에 처해진 살인자는 형 집행 바로 전에 죄를 뉘우쳤다고 한다.
　　* execution 사형집행
(A) infuriate 격노케 하다　　　(B) repent 후회하다, 뉘우치다
(C) stride 성큼성큼 걷다　　　(D) menace 위협하다, 협박하다

stand in a white sheet
유감으로 여기다, 죄를 뉘우치다(=repent)

04707 (A) 이 팀이 챔피언십에서 우승할 가능성이 있다고 생각하세요?
(A) stand a chance of ~할 가능성이 있다
(B) stand by 지지하다, 편들다
(C) stand for 상징하다, 의미하다
(D) stand up for 옹호하다, 지지하다

stand a chance (of ~ing)
~할 가망이 있다(=be likely to R), 가능성이 있다
cf. **Chances are (that)** ~ ~할 가능성이 높다
↔ **Chances are slim** ~ ~할 가능성이 적다

04708 (A) 위험한 장면에서는 대역 여성이 여배우를 대신하여 연기한다.
(A) stand in 대신하다　　　(B) stand on ~을 바탕으로 하다
(C) stand out 돌출하다　　　(D) stand over 감독하다, 연기되다

stand in (for sb**)**
대역을 하다, 대신하다
(=fill in for sb, substitute sb temporarily);
(내기 등에) 가담하다

04709 (B) 사자나 늑대에게서 달아날 때, 다른 동물을 능가하는 속도를 추가로 내는 것은 모든
　　종의 생물들에게 크게 도움이 될 것이다.
(A) put up with 참다　　　(B) be much helpful to 많은 도움이 되다
(C) bring up wholesomely 건강하게 기르다　　(D) get rid of 제거하다
(E) be supportive for 지원하다

stand sb **in good stead**
~에게 큰 도움이 되다(=be much helpful to sb)

04710 Garden spiders use a special silk that makes their intricate decorations _____ and experiments have shown that the decorated parts attract more insects. [16중앙대]
★★

16중앙대/93.한국외대/경기대
입사4회/Teps

(A) run off   (B) hole up

(C) stand out   (D) lay in

04711 It stands to reason that if a man works hard he will succeed. [입사]

입사/Teps

(A) It is obvious to everyone   (B) It makes no difference

(C) They used to say   (D) It is beyond description

04712 Like all new boys he was subjected to a certain amount of bullying, but I admired the way he _____ it. [외무고시]
★

09.서울시9급/97.지방행시/외무고시/Teps

(A) stood up to   (B) stood with

(C) stood in   (D) stood up for

04713 다음 대화자 A와 B가 서로 반대의견을 나타냈다. B의 표현으로 가장 알맞은 것은? [06.국가직7급]

06.국가직7급

A: I can't stand soap opera.
B: _____

(A) Neither can I.   (B) Me, neither.

(C) So can I.   (D) Really? I love them.

04801 Though he had no vote, the delegate from Hawaii was allowed to sit in on the conferences. [94.입법고시]

94.입법고시

(A) participate in   (B) interfere with

(C) contact with   (D) negotiate with

(E) break into

04802 No one from this district was invited to sit on the jury for the trial of the infamous kidnapper. [94.행정고시]

94.행정고시/Teps

(A) defend   (B) denounce

(C) speak for   (D) be a member of

04803 She is on the fence about going to see the Mona Lisa at the Louvre Museum. [17.지방직9급]
★

17.지방직9급/05.고려대
04-2.명지대/토플/Teps

(A) anguished   (B) enthusiastic

(C) apprehensive   (D) undecided

[유제] The Opposition cannot afford to sit on the fence in such an important matter. [04-2.명지대]

(A) sit uncomfortably   (B) make up their minds

(C) remain neutral   (D) look faraway

04804 If you want the boss to notice you, you can't just stay on _____ during these meetings. [예상]

15.중앙대

(A) top of things   (B) the sidelines

(C) your feet   (D) the tracks

04710 (C) 무당거미는 복잡한 장식들을 두드러지게 만드는 특별한 실을 사용하는데, 실험결과 장식된 부분들이 더 많은 벌레들을 유인하는 것으로 밝혀졌다.
    (A) run off 흘러넘치다   (B) hole up (장소에) 숨다
    (C) stand out 두드러지다   (D) lay in 비축하다

stand out
돌출하다; 눈에 띄다, 두드러지다
(=be outstanding, be prominent)
cf. outstand 눈에 띄다, 돌출하다
   outstanding 두드러진, 뛰어난

04711 (A) 만약 어떤 사람이 열심히 일한다면 그가 성공할 것이라는 것은 자명한 이치다.
    (A) 누구에게나 명백한 것이다.   (B) 별로 중요하지 않다.
    (C) 그들은 말하곤 했다.   (D) 형언할 수 없다.

stand to reason
이치에 맞다(=be logical, add up, make sense)

04712 (A) 모든 신입생들처럼 그는 많은 협박을 겪었지만 용감하게 맞서는 것에 나는 감탄했다.
    * be subjected to ~을 당하다, 겪다 bullying 괴롭힘, 왕따
    (A) stand up to 용감히 맞서다   (B) stand with 조화를 이루다, 찬성하다
    (C) stand in 대역을 하다   (D) stand up for ~를 옹호하다, 지지하다

stand up to sb/sth
(불공정한 대우 등에) 당당히 맞서다, 용감하게 대항하다

04713 (D)

> A: 난 연속극이 정말 싫어. * soap opera 드라마, 연속극
> B: 정말? 난 연속극 좋던데.

can't stand sb/sth
(싫은 것을) 참을 수 없다, 질색이다(=can't bear sb/sth)

04801 (A) 비록 투표권은 없지만 하와이에서 온 대표는 회의에 참관하도록 허락을 받았다.
    * delegate 대표, 사절, 대리인
    (A) participate in ~에 참여하다   (B) interfere with 간섭하다, 방해하다
    (C) contact with ~와 접촉하다   (D) negotiate with 협상하다
    (E) break into 침입하다

sit in (on) sth
~에 참관[방청]하다(=participate in sth), 구경하다

04802 (D) 이 지역 출신은 그 누구도 악명 높은 유괴범의 재판에 배심원의 일원으로 초대받지 못했다. * kidnapper 유괴범
    (A) defend 방어하다   (B) denounce 비난하다
    (C) speak for ~를 대변하다   (D) be a member of ~의 멤버이다

sit on sth
1. ~의 일원이다(=be a member of sth)
2. ~의 결정을 늦추다, 미루다

04803 (D) 그녀는 루브르 박물관에 있는 모나리자를 보러 갈지에 대해 아직 결심이 서지 않았다.
    (A) anguished 고뇌하는   (B) enthusiastic 열광적인
    (C) apprehensive 염려하는   (D) undecided 결심이 서지 않은

sit[be, stand] on the fence
중립을 지키다(=remain neutral), 형세를 관망하다
cf. on the fence 애매한 태도를 취하여

(C) 야당은 그렇게 중요한 문제의 형세를 관망할 여유가 없다.
    (A) sit uncomfortably 불편하게 앉다   (B) make up one's minds 마음을 결정하다
    (C) remain neutral 중립을 유지하다   (D) look faraway 멍하게 쳐다보다

04804 (B) 네가 사장님의 눈에 띄고 싶으면, 이런 회의에서 구경만 하고 있어서는 안 돼.
    (A) stay on top of things 매사에 훤히 알다   (B) stay on the sidelines 방관하다
    (C) stay on one's feet 계속해서 서있다

sit[stay] on the sidelines
방관하다, (관여하지 않고) 구경만 하다

04805 다음 대화 중 빈칸에 들어갈 가장 적당한 말은? [13.중앙대 변형]

13.중앙대

> A: I heard that Bob and Jane got a good price when they sold their house.
> B: Yes. they did. Now they're really sitting _____.

(A) on brood   (B) out

(C) pretty   (D) tight

04806 I am feeling rather tired today because I <u>stayed out of bed</u> later than usual night. [입사]

입사

(A) sat up   (B) sat back

(C) sat in   (D) sat out

04901 다음 빈칸에 알맞은 것은? [98.강남대]

98.강남대/Teps

> 실험실에 들어오지 마십시오.
> = Please _____ out of the laboratory.

(A) clear   (B) stay   (C) get   (D) leave

04902 She finally made up her mind to <u>stay at</u> her uncle's home. [입사]

입사

(A) tolerate   (B) call at

(C) put up at   (D) put up with

04805 (C)

A: 밥과 제인이 집을 팔았을 때 좋은 가격을 받았다고 들었어.
B: 응, 그랬지. 지금 그들은 정말로 유복하게 살고 있어.

(A) sit on brood 생각에 잠기다　　　　(B) sit out (연극을) 마지막까지 보다
(C) be sitting pretty 유복하게 살다　　　(D) sit tight 고집을 부리다

04806 (A) 나는 여느 때보다 늦게까지 자지 않고 있었기 때문에 오늘 꽤 피곤함을 느끼고 있다.
(A) sit up 밤늦게까지 깨어 있다　　　　(B) sit back 의자에 깊숙이 앉다
(C) sit in 참가하다　　　　　　　　　(D) sit out 참가하지 않다

04901 (B)

(A)(C) clear out, get out은 장소를 비우고 나간다는 말이다.
(D) leave는 타동사이므로 out이 불필요하다.

04902 (C) 그녀는 결국 그녀의 삼촌 댁에 묵기로 마음먹었다.
(A) tolerate 참다, 견디다　　　　　　(B) call at 방문하다
(C) put up at 숙박하다　　　　　　　(D) put up with 견디다

be sitting pretty
유리한 상황에 있다, 여유 있게[유복하게] 살다

sit up
1. 밤늦게까지 자지 않고 있다(=stay out of bed)
2. 깜짝 놀라서 갑자기 주목하다
cf. sit upright 반듯이 앉다

stay out
밖에 있다, 외박하다; 동맹파업을 하다
↔ stay in 집에 있다, 외출하지 않다

stay at sw
~에 머무르다, 숙박하다(=put up at sw)

보충이디엄

기본동사
stand

stand back 뒤로 물러나다; ~에서 손을 떼다
stand down (as) (후보에서) 물러나다, 사퇴하다(=step down)
stand off sb/sth ~을 멀리하다, 거리를 두다
stand still (움직이지 않고) 가만히 있다; 정체 상태에 있다
stand with sb/sth 조화를 이루다; ~에 찬성하다
stand on ceremony 격식을 차리다
stand guard (over sb**)** (~을) 감시하다, 보초서다
stand (sb**) to a treat** 한턱내다
I'll stand you a dinner. 저녁을 내가 살게.

기본동사
sit

sit[lie] at sb**'s feet** 충성을 다하다
sit down 앉다(=take a seat); 자리잡다; ~에 진을 치다
sit on one's hands / sit[stand] by 수수방관하다
sit tight 고집을 부리고 버티다, 꼼짝달싹 않고 있다

기본동사
stay

stay abroad 외국에 체류하다
stay off sth 삼가다, 멀리하다
stay away from sb/sth ~을 가까이하지 않다, ~에서 떨어져 있다
stay up 안자다, 깨어 있다

leave

leave는 "어떤 무엇(사람 · 장소 · 물건 · 일)으로부터 떠나다"이다.
떠나는 주체가 아닌 남아 있는 입장에서 보면 "버리고 가다, 남기다"의 의미가 된다. 또한 "남에게 일을 맡기거나 위임하다"의 뜻도 가진다.

1. 떠나다, 출발하다, 일을 그만두다
2. 남기다, 내버려 두다, 방치하다
3. 맡기다, 위임하다, 위탁하다
N. 허가; 휴가의 허가; 휴가; 작별

hang

hang은 "한쪽 끝에 단단히 고정시키다"의 의미로, 달리 말하면 "매달다, 매달리다"의 의미이다.
매다는 대상에 따라 "장식하다, 교수형에 처하다, 인내하다, 의존하다, 망설이다"의미로 발전한다.

join/tie

❶ join은 "서로 연결하다, 연결되다"의 의미이다.
회사와 연결되면 "입사하다", 이성과 연결되면 "결혼하다"이다. 다른 사람들이 있는 곳이나 단체에 연결된다는 것은 "참가하다"이다.
❷ 한편 tie는 "끈 같은 것으로 고정시키다"라는 기본의미에서 "구속하다, 제한하다"의 비유적 의미가 나온다. 명사로는 "(경기에서) 동점"이라는 의미로도 자주 쓰인다.

touch

touch는 무엇에 무엇을 "접촉시키다"는 의미이다.
"손을 대다"라는 것은 "간섭하다"라는 의미로, 땅이 서로 접촉하고 있다는 것은 "인접해 있다"를 의미한다.

1. 손을 대다, 만지다; 간섭하다; 인접하다
2. 감동시키다; 간단히 언급하다
N. 만짐, 손을 댐; 촉감; 필치; 접촉, 교섭; 약간, 기미, (병의) 가벼운 증상

05001 We <u>leave off</u> our winter underwear when spring sets in. [입사]

(A) no longer wear   (B) start

(C) omit   (D) stop

입사4회/Teps

05002 Before leaving _____ the day, tidy up your desk and make a short list of projects you will need to do the next day. [예상]

(A) for   (B) off   (C) behind   (D) out

토플

05003 ★★ To shorten the lecture, the professor <u>left out</u> the less important parts. [01.서울산업대]

(A) hurried   (B) rejected

(C) omitted   (D) hastened

17.이화여대/13.가천대/01.서울산업대
96.한양대/입사/토플/토익/Teps

05004 You're <u>leaving me in the lurch</u>. [예상]

(A) saving me   (B) hurting me

(C) deserting me   (D) quizzing me

00-2한성대/토플

05005 ★ Please leave a word _____ my secretary, if you know news. [01.경찰/96.단국대]

(A) with   (B) in   (C) to   (D) for

01.경찰/96.단국대

05006 ★ 다음 문장의 가장 적절한 영역은? [93.행정고시]

> 그의 작품은 나무랄 데가 없다.

(A) His work leaves nothing to be desired.

(B) His accomplishments annoyed us.

(C) His masterpiece has much to desire.

(D) His work has something to desire.

(E) Some people liked his masterpiece.

97.영남대/96.법원직/93.행정고시

05007 The police will leave _____ in looking for the bank robbers. [예상]

(A) the past behind   (B) in the lurch

(C) room for   (D) no stone unturned

토플

05008 As the civil war lurches into its sixth year, the poor peasants who are its principal victims want nothing more than <u>to be left alone</u>. [입사]

(A) to overcome their difficulties   (B) to be allowed to live by themselves

(C) to have their lives interrupted   (D) to go alone

입사/토플/Teps

05009 다음 빈칸에 공통으로 들어갈 가장 적당한 말은? [예상]

> 1) Let us all _____ the past behind and look forward.
> 2) What kind of bag did you _____ behind?

(A) stand   (B) stay   (C) lag   (D) leave

예상

05001 (A) 우리는 봄이 시작되면 겨울에 입던 내의를 벗어 버린다. * set in (계절이) 시작되다

leave off
1. ~을 그만두다, 그만하다(=stop ~ing)
2. (비 따위가) 그치다
3. (옷 따위를) 벗다(=take off sth), 버리다
4. (서류나 리스트 등에서 이름 등을) 빠뜨리다
   (=omit, leave out sb/sth)

05002 (A) 퇴근하기 전에 책상을 깨끗이 정리하고 다음날 해야 할 일의 간단한 목록을 만들어 두도록 해라. * tidy up 정리정돈하다

leave for the day
퇴근하다(=leave the office)
= **leave the office** 퇴근하다
cf. **leave (from) office** 사임하다

05003 (C) 강의를 단축하기 위해 교수는 보다 덜 중요한 부분을 생략했다.
(A) hurry 서두르다, 재촉하다　　(B) reject 거절하다, 퇴짜 놓다
(C) omit 생략하다, 빠뜨리다　　(D) hasten 서두르다, 재촉하다

leave * out sb/sth
빠뜨리다, 빼먹다, 생략하다(=omit); 배제하다(=exclude)
cf. **leave sth out of account** ~을 고려에 넣지 않다

05004 (C) 당신은 곤경에 빠진 나를 내버려 두고 있다.
(A) save 구해주다　　(B) hurt 상처를 주다
(C) desert 저버리다　　(D) quiz 질문하다, 조롱하다

leave sb in the lurch
곤경에 빠진 사람을 돕지 않고 내버려두다
(=desert, leave somebody alone and without help
in a place or time of difficulty)

05005 (A) 소식을 알게 되면 제 비서에게 알려주세요.

leave a word with sb
~에게 알려주다, 전갈을 남기다
cf. **leave a message** 메시지를 남기다

05006 (A)
(B) accomplishment 성과, 업적
(C)(E) masterpiece 걸작

leave nothing to be desired
더할 나위 없이 좋다, 완벽하다(=be perfect)

05007 (D) 경찰은 은행 강도들을 찾기 위해 백방의 노력을 다할 것이다.
(A) leave the past behind 과거를 묻어두다
(B) leave in the lurch 곤경에 빠진 사람을 내버려두다

leave no stone(s) unturned
백방으로 노력하다, 온갖 수단을 강구하다
(=use every means possible)

05008 (B) 남북전쟁이 6년째로 접어들고 있을 때, 전쟁의 가장 큰 희생자인 불쌍한 농부들은 그들을 그냥 내버려 두는 것 이상 더 바라지도 않았다.
* lurch into ~으로 접어들다 peasant 농부
(A) 그들의 역경을 극복하는 것　　(B) 그들 스스로 살아가도록 하는 것
(C) 그들의 삶이 방해받도록 하는 것　　(D) 혼자 가는 것

Leave me alone.
1. 혼자 있게 해 줘.
2. 귀찮게 하지 마라.(=Don't bother me!)
3. 상관하지 마라.(=Don't butt in.)

05009 (D)

1) 과거는 모두 잊어버리고 앞날을 생각하자. * leave the past behind 과거를 묻어두다
2) 잊고 두고 온 가방이 어떤 종류입니까? * leave behind 물건을 두고 오다

(A) stand behind 뒤에서 밀어주다, 후원하다
(B) stay behind 뒤에 남다, 잔류하다
(C) lag behind 뒤처지다, 낙후하다

leave behind sb/sth
1. (물건을 딴 장소에) 놓아 둔 채 잊고 오다
2. (발전이나 진행이) 뒤처지다
3. (사람·장소 등을 뒤로하고) 영원히 떠나다
cf. **leave the past behind** 과거를 묻어두다
cf. **stay behind** 뒤에 남다, 잔류하다

DAY-16

메모 M E M O

기출문제 Q U E S T I O N

05010 다음 밑줄 친 B가 한 말의 의미로 바른 것은? [01행정고시]

> A: How can we possibly let people hear the news?
> B: <u>Leave it to me</u>.

(A) I am leaving the people.　　　　(B) People are leaving me.

(C) I will take care of it.　　　　(D) People will take care of me.

(E) I will depart from my word.

05011 She was very sorry to <u>part from</u> her old friends. [입사]

(A) leave out　　　　(B) take notice of

(C) give up　　　　(D) take leave of

05101 ★ 다음 빈칸에 공통으로 들어갈 말로 적당한 것은? [07인천시9급 변형]

> 1) _____ around here.
> 2) We always _____ around together.

(A) spend　　　　(B) hang

(C) delay　　　　(D) ramble

(E) deserve

07인천시9급/02덕성여대 96행정고시/토플/Teps (memo)

05102 ★ There are many sports facilities and scenic spots all across the island. And if you are lazy, there are nice beaches to _____ at in the summer. [07광운대 변형]

(A) go　　　　(B) work

(C) hang out　　　　(D) make up

14한성대/10영남대/07광운대/Teps (memo)

05103 ★ With the drought being prolonged, many people's lives may <u>hang in the balance</u>. [00-2광운대]

(A) in jeopardy　　　　(B) justified

(C) treated equally　　　　(D) in equality

05104 ★ I must have _____ for ten minutes before the telephone operator put me through. [서울대학원]

(A) hung about　　　　(B) hung up

(C) hung on　　　　(D) hung out

97세종대/서울대학원/토플/Teps (memo)

05105 ★ 다음 대화 중 빈 칸에 들어갈 단어로 적당한 것은? [01-2한성대]

> A: Lisa, please pick up your things. They're all over the living room floor.
> B: In a minute, Mom. I'm on the phone.
> A: OK. But do it as soon as hang _____.
> B: Sure. No problem!

(A) on　　　　(B) down　　　　(C) up　　　　(D) by

01-2한성대/00세무직9급/Teps (memo)

05106 ★ 다음 빈 칸에 공통으로 들어갈 단어는? [예상]

> 1) Great trouble hangs _____ the little town because its only factory has closed down.
> 2) The committee took up the business that hung _____ from its last meeting.

(A) up　　　　(B) out　　　　(C) over　　　　(D) on

97세종대/서울대학원/토플/Teps (memo)

05010 (C)

> A: 사람들에게 과연 그 소식을 어떻게 전해줄 수 있을까요?
> B: 제게 맡겨주세요.

(C) take care of ~을 처리하다
(E) depart from one's word 약속을 어기다

Leave it to me.
내게 맡겨요.(=I'll take care of it.)
cf. leave A to B A를 B에 맡기다

05011 (D) 그녀는 오랜 친구들과 작별을 고하는 것이 매우 유감이었다.
(A) leave out 생략하다, 제외하다   (B) take notice of 주목하다
(C) give up 포기하다   (D) take leave of 작별을 고하다

take one's leave of ⓢⓑ / take leave of ⓢⓑ
~에게 작별을 고하다, 떠나다
(=say goodbye to, bid farewell to, part from ⓢⓑ)
= **part from** ⓢⓑ ~와 헤어지다

05101 (B)

> 1) 어디 가지 말고 여기 꼭 붙어 있어. * hang around ~에서 기다리다
> 2) 우리는 항상 같이 어울려 다닌다. * hang around ~와 어울려 다니다

hang around[about] ⓢⓦ
1. (~에서) 기다리다(=remain)
2. 어슬렁거리다(=loiter); ~에서 시간을 보내다
3. ~와 어울려 다니다
cf. goof around 게으름 부리다, 빈둥거리다

05102 (C) 섬 전체에 스포츠 시설도 많고, 경치 좋은 곳도 많아. 움직이는 게 싫다면, 여름에 한가
롭게 시간을 보낼 수 있는 멋진 해변들도 있어.
* scenic 경치의 무대의 spots 행락지, 관광지
(D) make up 화장하다, 구성하다

hang out
1. 특별한 목적 없이 여기저기를 서성거리며 시간을 보내다
2. ~와 어울려 시간을 보내다
3. (간판 · 기를) 걸다, (세탁물 등을) 밖에 널다
cf. hang out one's single 개업하다

05103 (A) 가뭄이 길어지면 많은 사람들의 삶이 위태로워질 수도 있다.
(A) in jeopardy 위험에 빠진

hang in the balance
미해결 · 불확정 · 위태로운 상태에 있다
(=be in a precarious state or condition)
= **hang by a hair/hang by a thread**
풍전등화 격이다, 위태롭거나 불확실한 입장에 처하다

05104 (C) 나는 교환원이 전화를 연결시켜 줄 때까지 10분은 기다렸을 것이다.
* put ~ through 전화를 연결하다
(A) hang about 빈둥거리다   (B) hang up 전화를 끊다
(C) hang on 기다리다   (D) hang out 밖에 매달아 놓다

hang on
1. (전화를 끊지 않고) 기다리다(=hold on, wait)(↔ hang up)
2. 버티다, 참다, 매달리다(=hold sth tightly); (병이) 오래가다
3. ~에 달려있다(=depend on ⓢⓑ/ⓢⓣⓗ)

05105 (C)

> A: 리사, 네 물건들 좀 치우려무나. 거실바닥에 온통 흩어져 있잖아. * pick up 정돈하다
> B: 좀 있다가요, 엄마. 지금 통화 중이거든요.
> A: 그래, 대신 전화 끊자마자 해야 한다.
> B: 물론이죠. 그러고 말고요.

(A) hang on 전화를 끊지 않고 기다리다
(B) hang down 늘어뜨리다
(C) hang up 전화를 끊다
(D) hang by a thread 위태롭다

hang up / hang * up ⓢⓣⓗ
1. 전화를 끊다(↔hang on)
2. (폭설 · 사고 등이 교통 등을) 꼼짝 못하게 하다
3. (일이나 활동 등을) 오랫동안 그만두다, 은퇴하다
4. (옷걸이 등에) 걸다, 매달다

05106 (C)

> 1) 큰 걱정거리가 작은 도시를 괴롭히고 있다. 왜냐하면 그 도시의 유일한 공장이 문을 닫았기
> 때문이다. * hang over (근심 등이) 괴롭히다 close down 문을 닫다
> 2) 위원회는 지난번 회의 때 미결인 채로 남아있던 의사일정을 처리하였다.
> * hang over 미결상태로 두다 take up 처리하다

hang over
1. (절망이나 근심이) 머리를 떠나지 않다, ~을 괴롭히다
2. 미결인 채로 있다
   (=remain to be unsettled, be postponed)
3. 숙취 상태에 있다

05201 The Ulsan strike of 1990 <u>tied up</u> transportation and was finally ended only by police intervention. [00.경찰]

(A) hindered   (B) motivated

(C) linked up   (D) obtained

05301 This story touches _____ the eternal theme of life and death. [93.서울시9급]

(A) after   (B) upon   (C) by   (D) with

05302 The arrest of their leader <u>touched off</u> a riot. [08.덕성여대]

(A) caused   (B) stopped   (C) controlled   (D) continued

05303 Bob turned out to have <u>the Midas touch</u>. [97.서울대학원]

(A) the ability to ruin everything

(B) the ability to make money

(C) the ability to restrain himself

(D) the ability to persuade others

05304 밑줄 친 곳에 공통으로 들어갈 단어로 가장 적절한 것은? [10.지방직9급]

> 1) She thought she just had a _____ of flu.
> 2) At university he wrote a bit, did a _____ of acting, and indulged in internal college politics.
> 3) The dishes he produces all have a personal _____.

(A) touch   (B) pain   (C) symptom   (D) case

05305 We haven't spoken or written to each other for a long time; we have been _____. [08.덕성여대]

(A) out of date   (B) out of touch

(C) out of our senses   (D) out of control

05306 밑줄 친 부분에 들어갈 말로 가장 적절한 것을 고르시오. [17.지방직9급]

> A: I just received a letter from one of my old high school buddies.
> B: That's nice!
> A: Well, actually it's been a long time since I heard from him.
> B: To be honest, I've been out of touch with most of my old friends.
> A: I know. It's really hard to maintain contact when people move around so much.
> B: You're right. _____.
>   But you're lucky to be back in touch with buddy again.

(A) The days are getting longer

(B) People just drift apart

(C) That's the funniest thing I've ever heard of

(D) I start fuming whenever I hear his name

05307 Despite his great age we realized that he'd not lost his _____ because he was still able to deliver a wonderful speech.

(A) feel   (B) feeling   (C) touch   (D) contact

0520 1 (A) 1990년 울산 파업은 운송을 중단시켰고 결국에는 경찰의 중재로 끝나게 되었다.
    (A) hinder 방해하다, 막다   (B) motivate 동기를 주다, 자극하다
    (C) link up 연결하다, 동맹하다   (D) obtain 획득하다

0530 1 (B) 이 이야기는 삶과 죽음의 영원한 주제를 살짝 언급한다.

0530 2 (A) 그들의 지도자를 체포한 것이 폭동을 촉발시켰다.

0530 3 (B) 밥이 돈을 버는 재주가 있음이 증명되었다.
    (A) ruin 파괴하다   (B) make money 돈을 벌다
    (C) restrain 절제하다   (D) persuade 설득하다

0530 4 (A)

> 1) 그녀는 단지 감기 기운이 있다고 생각했다. * a touch of +병명 (병의) 가벼운 증상
> 2) 대학에서 그는 약간의 저술을 했었고, 연출을 조금 했었으며, 대학 학내경영에 종사했다.
>   * a touch of 기미, 조금
> 3) 그가 만들어내고 있는 모든 요리에는 개인적인 솜씨가 있다. * touch 솜씨

0530 5 (B) 우리는 오랫동안 서로 대화하거나 편지를 주고받지 않았다. 즉, 연락이 끊겼다.
    (A) out of date 구식의   (B) out of touch 연락하지 않고
    (C) out of one's senses 제 정신을 잃고   (D) out of control 통제를 벗어나서

0530 6 (B)

> A: 내가 방금 예전 고등학교 친구들 중 한 명에게 편지를 한 통 받았어.
> B: 멋진데!
> A: 음, 사실 그 친구 소식을 못 들은 지 오래 됐어.
> B: 솔직히 말해서, 내 예전 친구들 대부분과 연락하지 않고 지내.
> A: 알아. 사람들이 여기저기 옮겨 다닐 때 연락을 유지하기가 정말 쉽지 않지.
> B: 네 말이 맞아. _____
>   그런데 네 친구와 다시 연락이 되다니 운이 좋네.

    (A) 낮이 점점 길어지고 있어.
    (B) 사람들은 그저 사이가 멀어지는 거지. * drift apart 사이가 멀어지다
    (C) 내가 들은 얘기 중 최고로 웃기는 얘기야.
    (D) 난 그의 이름을 들을 때면 항상 화가 나기 시작해. * fume (화가 나서) 씩씩대다

0530 7 (C) 그는 대단히 고령인데도 불구하고 우리는 그가 아직 녹슬지 않았다는 것을 깨달았다.
    왜냐하면 그는 여전히 환상적인 연설을 할 수 있었기 때문이다.
    * deliver a speech 연설하다

---

tie up sth
1. 묶다; 〈수동〉 (투자금 등이) 묶이다
2. 중단시키다, 방해하다(=hinder)
3. [be tied up] 바쁘다
  (=be busy, have one's hands full)
4. [be tied up in traffic] 교통정체로 막히다
cf. tie the knot 결혼하다(=marry)

touch on [upon] sth
간단히 언급하다, 암시하다

touch * off sth
(폭발물에) 점화하다; ~을 유발하다
(=trigger, set off sth, cause); (사람을) 화나게 하다

the Midas touch
돈을 버는 재주(=the ability to make money),
경제적인 능력(=the ability to be successful)

a touch of sth
일말의, 약간의; (병의) 가벼운 증상, 기운, 기미

lose touch with sb/sth
~와 (친분관계 등을) 관계를 잃다
(=lose one' friendship with others); ~와 연락이 끊기다
↔ **keep (in) touch with** sb/sth
  ~와 접촉[연락]을 지속하다, (시류 등에) 뒤떨어지지 않다
cf. Keep in touch. 〈구어〉 (또) 연락해요, 편지 주세요
- out of touch (with) sb/sth ~와 접촉[연락]하지 않고 〈08.덕성여대〉

out of touch (with sb/sth**)**
~와 접촉[연락]하지 않고
(=not in communication with sb/sth), ~와 멀어져서
cf. drift apart 사이가 멀어지다

lose one's touch
솜씨·기량이 떨어지다

보충이디엄

기본동사 leave

left over 남아 있는(=not used up)
leave room for ~의 여지를 남겨두다, ~의 여지가 있다
cf. leave the door open for ~의 가능성을 남겨두다
Leave it at that. (비평이나 행동에 대해) 그만큼만 해 두게.
leave it out! 거짓말하지 마라!
Take it or leave it. (내가 제시한 가격이나 조건대로) 받아들이든[사든] 말든 마음대로 해라.
absence without leave (군인의) 무단외출, 무단이탈[AWOL]
French leave 파티에서 주인에게 인사도 없이 자리를 뜨는 것
compassionate leave 특별 휴가, 위로휴가
sick leave 병가
maternity leave 산휴

기본동사 hang

hang loose 축 처지다, 늘어지다; 유유자적하다
hang tough 입장이 확고하다, 자신의 입장을 고수하다
hang back 주춤하다, 머뭇거리다
cliffhanger 마지막까지 결과를 알 수 없는 상황

기본동사 touch

not touch sth (음식물에) 입도 안대다, 일에 손도 안대다
touch-and-go 위험한, 아슬아슬한
touch one's heart-strings 심금을 울리다
touch-me-not 봉선화
touch ground (토론이) 본론에 들어가다; 현실 문제를 다루다
touch all bases (일을) 빈틈없이 하다

come

come의 기본의미는 "~을 향해 움직이다"이다.

go는 한 점에서 멀어지는 움직임인데 반해, come은 남이 나(말하는 사람)에게 다가오거나 (오다), 내(말하는 사람)가 상대에게 다가가는(가다) 움직임을 표현한다. 이러한 움직임의 개념은 자연현상, 일, 사고, 사물 등에 폭넓게 사용된다.

1. (말하는 사람 쪽으로) 오다, (상대방 쪽으로) 가다
2. (일 · 생각 · 병 등이) 나에게 오다 → 일어나다, 닥치다
3. (자연 현상이) 다가오다 → (해가) 나오다, 계절이 돌아오다
4. (어떤 상태로) 되다, 변하다, (결과에) 이르다
5. (~에서부터) 나오다 → 출생[출신]이다
6. (~이 원인이 되어) 일이 생기다, 일어나다

go

go 의 기본의미는 "~에서 멀어져 가다(move away from), 가다"이다. go는 여기에서 저기로 간다는 의미로 "가고 없다"는 의미가 강하고, 이는 "죽다, 효력을 잃다, 시간이 경과하다" 등의 다양한 개념으로 사용된다. 목적지가 없게 되면 계속 가는 것이고 이런 의미에서 "기계 등이 작동하다, 일이 잘 진척되다"는 의미로도 쓰이게 된다.

1. (사람이 어디로) 가다 → 출발하다, ~하러 가다(go+ing), ~에 다니다
2. (가서) ~에 이르다, 닿다, 달하다; (바람직하지 못한 상태로) 되다(go+형용사)
3. (사람 · 사물이) 가버리다 → 죽다, 효력을 잃다, 못쓰게 되다
4. (시간 · 돈이) 가버리다 → 시간이 가다, 돈이 충당되다
5. (기계가) 잘 가다 → 작동하다, (일이) 진척되다, 잘되다

pass

pass는 "통과하다, 지나가다(=go by)"이다.

내 위치를 기준으로 할 때 내 옆을 지나쳐서 저 멀리 갔다는 뉘앙스이다. 내게 있는 물건이 나를 지나쳐 저리로 갔다면 "건네주다"가 된다. 다른 사람이 내 옆을 지나간다면 "추월하다"의 뜻이 되고, 법안의 경우 "통과하다", 시험의 경우 "합격하다"로 더 이상 그것에 대해 신경쓰지 않아도 된다는 것이다. 지나가서 더 이상 보이지 않는다는 것은 "사라지다, 소멸하다, 죽다"의 개념으로 연결된다.

step

step은 한 걸음 한 걸음 발걸음을 내딛는 움직임이 기본 개념이다.

이에서 걸음 → 보조 → 단계의 개념으로 확대된다.

V. 걷다, 걸음을 내디디다, 나아가다; (~을) 밟다
N. 걸음, 걸음걸이, 보조; 발소리; 수단, 조치; 단계

11.사회복지직9급/입사

05401 Eventually they <u>came across</u> firefighters loaded with gear, trudging their way up to the stairs. [02.세무사]

(A) cheered   (B) volunteered

(C) avoided   (D) endured

(E) encountered

[유제] Your point on the controversial issues <u>came across</u> at the meeting. [11.사회복지직9급]

(A) made off   (B) was absurd

(C) raised a question   (D) was understood

02-2.서울여대/92.행정고시/Teps

05402 He <u>came upon</u> the telescope principle when he was looking over some spectacles. [02.서울여대]

(A) wrote down   (B) depended upon

(C) found unexpectedly   (D) invented

(E) bought

09.명지대/입사/Teps

05403 Don't rush Ned into a decision. I'm sure he'll <u>come around</u>. [입사]

(A) make up one's mind   (B) come to visit

(C) change his opinion   (D) meet by chance

01.서울산업대/97.경찰/99.경원대/95.강남대
94.행자부9급/88.법원직/풀/입사/Teps

05404 He was angry with his son, for he would not tell how he _____ his watch. [입사]

(A) came on   (B) came off

(C) came by   (D) came upon

13.가톨릭대

05405 Lawyers can't handle all their paperwork and legal work themselves. That's where the paralegal _____. [13.가톨릭대]

(A) comes in   (B) settles down

(C) steps up   (D) takes place

00.경기대/서울대학원/토플/Teps

05406 When My grandmother died, I _____ quite a lot of money. [00.경기대]

(A) called down   (B) came into

(C) came across   (D) brought out

06.성균관대/91.연세대학원
91.외무고시/Teps

05407 다음 빈 칸에 공통으로 들어갈 단어로 적당한 것은? [기출문제종합]

1) Hardly had the car turned the corner when one of the front wheels came _____. [06.성균관대]
2) The widely-publicized demonstration did not after all come _____. [91.연세대학원]
3) The plan which attempt to assassinate the president finally came _____. [외무고시]

(A) out   (B) off   (C) up   (D) around

Teps

05408 다음 빈 칸에 공통으로 들어갈 단어는?

1) The question of wage increases came ___ at the board meeting.
2) We saw a big black bear coming ____ on us from the woods.

(A) for   (B) up   (C) down   (D) from

O5401 (E) 결국에 그들은 장비를 장착하고 위층을 향해 터벅터벅 걸음을 옮기고 있는 소방관들을 마주쳤다.
(A) cheer 환호하다
(B) volunteer 자원봉사로 하다
(C) avoid 피하다
(D) endure 견디다
(E) encounter (뜻밖에) 마주치다

(D) 논쟁의 여지가 많은 문제에 대한 당신의 요점은 회의에서 이해되었습니다.
(A) make off 급히 도망가다
(B) absurd 어리석은
(C) raise a question 문제를 제기하다

O5402 (C) 그는 몇 개의 안경을 관찰하다가 망원경 원리를 우연히 발견했다.
* spectacles 안경
(A) write down 쓰다, 기록하다
(B) depend upon ~에 의존하다
(D) invent 발명하다

O5403 (C) 네드에게 결정을 재촉하지 마세요. 전 그가 생각을 바꿀 것이라고 확신해요.
(A) make up one's mind 결정하다
(B) come to visit 방문하게 되다
(C) 생각을 바꾸다
(D) meet by chance 우연히 만나다

O5404 (C) 그는 아들이 시계가 어디서 났는지 말하려 하지 않았기 때문에 아들에게 화가 났다.

O5405 (A) 그 변호사들이 모든 서류작업과 법률업무를 직접 처리할 수는 없다. 그 업무에는 변호사 보조원이 참여한다.
* paralegal 준법률가, 변호사 보조원
(A) come in 참여하다
(B) settle down 정착하다
(C) step up 강화하다
(D) take place 일어나다

O5406 (B) 할머니가 돌아가시고 나는 꽤 많은 돈을 물려받았다.
(A) call down 꾸짖다
(D) bring out 분명히 하다, 발표하다

O5407 (B)

1) 그 차가 모퉁이를 돌자마자, 앞바퀴 중 하나가 떨어져 나갔다. * come off 떨어지다
2) 널리 홍보된 시위운동이 결국 거행되지 않았다. * come off 행하여지다
3) 대통령의 암살을 시도하려는 계획은 결국 성공하였다. * come off 성공하다

O5408 (B)

1) 이사회에서 임금인상 문제가 불거져 나왔다. * come up 화제가 되다
2) 우리는 커다란 검은 곰 한 마리가 숲에서 나와 우리에게 다가오고 있는 것을 보았다.
* come up 다가오다

---

come across sb/sth
1. 마주치다(=encounter); 우연히 만나다
2. 우연히 발견하다(=find by chance)
3. 이해되다; (어떤) 인상을 주다
= run across sb/sth 우연히 만나다
= run into sb/sth (사람을) 우연히 만나다
= fall on[upon] sb/sth ~와 마주치다
= meet up with sb (특정장소에서) 만나다
= meet sb by chance (우연히) 만나다
= stumble upon sth 우연히 만나다, 우연히 발견하다
= bump into sth ~와 부딪치다; 마주치다

come upon sb/sth
1. 우연히 마주치다(=come across, run across sb/sth)
2. 우연히 발견하다(=find unexpectedly)
3. (감정이나 느낌이) 갑자기 밀려오다

come around[round]
1. (집이나 장소를) 들르다(=visit, come over)
2. (의견이나 생각을) 바꾸다(=change one's opinion), 결국 생각을 바꾸어 동의하다
3. (정기적인 행사가) 평소처럼 돌아오다(=happen regularly)
4. (의식 등이) 돌아오다

come by
1. (구하기 힘들거나 희귀한 것을) 얻다, 구하다, 획득하다(=obtain, get)
2. (가는 길에) 잠깐 들르다(=make a short visit to a place on your way to somewhere else)
3. ~을 타다

come in (on sth)
1. (사업 · 계획 따위에) 참여하다
2. (밀물이) 밀려오다, (상품이) 들어오다
cf. Come on in. 자 들어와요

come into sth
1. (재산을) 물려받다(=inherit)
2. ~에 들어가다(=enter); ~에 가입하다
3. 시야에 들어오다, 보이게 되다

come off
1. (단추 · 부품 등이) 떨어지다[떼어내다], (페인트가) 벗겨지다
2. (일 등이 예정대로) 일어나다, 행하여지다(=happen)
3. 잘되다, 성공하다(=succeed); 실현하다, 해내다
4. (약이나 술을) 끊다
cf. come off second best 둘째가 되다, 지다 〈99서울대학원〉

come up
1. (해 등이) 오르다(=rise) ↔ go down (해가) 지다(=set)
2. (일이나 사건 등이) 다가오다
3. 언급되다, 화제가 되다; 유행하다

05409 The Prime Minister <u>came up to</u> Nancy to ask her some questions. [04.공인회계사]

04.공인회계사/98.경찰/96법원직/Teps

(A) told   (B) counted on

(C) forced   (D) requested

(E) approached

[유제] Her work <u>comes up</u> to our expectation. [98.경찰]

(A) equals   (B) turns up

(C) returns   (D) takes up for

05410 다음 빈 칸에 들어갈 적당한 표현은? [07.경원대]
★★★

17.명지대/07.경원대/05.강남대/96.동덕여대
96.경원대/95.행시/93.사법시험
91.93.90.연세대학원/토익/Teps

> A: Mary _____ a great idea for solving the problem.
> B: Really? I am so relieved.

(A) came under   (B) came down with

(C) came up with   (D) came up against

[유제] 다음 빈 칸에 공통으로 들어갈 말로 적당한 것은? [기출문제종합]

> 1) Let's go slowly so that the others may _____ us.
> 2) If you don't _____ some money to invest in this venture, you'll be left out of a gold mine.

(A) come up to   (B) come up against

(C) come up with   (D) come down with

05411 Everytime this Pfc. had been recommended for promotion, he had been <u>come up against</u> a table of organization limitations. [00.단국대]

00.단국대/Teps

(A) 옮기다   (B) 수선하다   (C) 위반하다   (D) 가져오다   (E) 거부당하다

05412 I am disposed to think there are few classes of men who _____ the ordeal of a very tiresome calling better than bus conductors do. [공인회계사]

공인중개사/Teps

(A) come over   (B) come across

(C) come through   (D) come about

05413 His relationship with the KGB _____ scrutiny.

12.경기대

(A) came up to   (B) came under

(C) come down with   (D) come by

05414 Elizabeth _____ a cold when she was in New York. [07.동아대]
★★★

14.광운대/13.홍익대/09.07.동덕여대
07.동아대/05.한양대/03.사법시험/01.97.경찰
97.세종대/92.행시/토플/입사6회/Teps

(A) came by   (B) came into

(C) came off   (D) came up to

(E) came down with

05415 He will come _____ for a large fortune when his uncle dies. [입사]

입사

(A) in   (B) off   (C) at   (D) on

05416 I knew that restaurant was popular, but it didn't <u>cross my mind</u> to make reservations. [04.행자부7급]
★

04.행자부7급/98.경찰

(A) come into my thought   (B) waste my time

(C) alter my plan   (D) use my maximum

O54O9 (E) 수상은 몇 가지 질문을 하기 위해 Nancy에게 다가왔다.
- (B) count on 의존하다
- (C) force 강요하다
- (D) request 요청하다
- (E) approach ~에 가까이 가다

(A) 그의 일은 우리의 기대를 충족시켰다.
- (A) equal 맞먹다, 필적하다
- (B) turn up 나타나다
- (C) return 반납하다
- (D) take up for ~의 편을 들다

O541O (C)

> A: 메리가 그 문제를 해결하기 위한 기발한 생각을 내놓았어.
> B: 그래? 한숨 덜었군.

- (A) come under ~의 영향을 받다
- (B) come down with 병에 걸리다
- (C) come up with ~을 제안하다
- (D) come up against 의견이 충돌하다

(C)

> 1) 다른 사람들이 우리를 따라잡을 수 있도록 천천히 가자. * come up with ~에 따라잡다
> 2) 당신이 이 사업에 투자할 약간의 돈을 내놓지 않는다면, 당신은 많은 돈을 벌 수 있는 기회로부터 제외될 것입니다. * come up with 공급하다, 내놓다

- (A) come up to 다가오다, 부응하다
- (B) come up against (반대에) 직면하다
- (D) come down with 질병에 걸리다

O5411 (E) 이 Ptc(불공정 무역국 우선 협상 대상국)으로 승급을 추천할 때마다 그는 편성제한일람 표의 반대에 직면했다.
* table 일람표, 목록

O5412 (C) 나는 버스안내원만큼 매우 따분한 직업에서 오는 시련을 잘 이겨내는 사람들은 거의 없다고 생각한다.
* be disposed to R ~하려는 경향이 있다 ordeal 시련, 고난 calling 천직, 직업
conductor 차장, 안내원

O5413 (B) 그는 KGB와의 관계로 인해 집중감시하에 놓였다.
- (A) come up to ~에 부응하다
- (B) come under ~을 받다, ~하에 있다
- (C) come down with 병으로 드러눕다
- (D) come by 획득하다

O5414 (E) 엘리자베스는 뉴욕에 있을 때 감기에 걸렸다.
- (A) come by 얻다, 획득하다
- (B) come into (재산을) 물려받다
- (C) come off 떨어지다, 일어나다
- (D) come up to ~에 부응하다
- (E) come down with 병에 걸리다

O5415 (A) 그의 삼촌이 돌아가시면 그는 엄청난 재산을 상속받을 것이다.

O5416 (A) 나는 그 레스토랑이 인기가 있다는 것은 알고 있었지만 예약한다는 것은 미처 생각하 지 못했다.
- (A) come into one's thought 생각이 떠오르다
- (B) 시간을 낭비하다
- (C) 계획을 변경하다

come up to sb/sth
1. ~에게 말을 걸려고 다가오다(=approach), ~에 도달하다
2. ~에 부응하다(=equal to sb/sth), 필적하다
cf. **live up to** sth ~에 맞는 생활을 하다; 부끄럽지 않은 생활을 하다

come up with sth
1. (기발한 계획 등을) 생각해내다, 제안하다 (=present, suggest, propose)
2. ~에 따라잡다(=overtake, catch up with sb/sth)
3. (필요한 물건 등을) 공급하다(=supply); 산출하다, 내놓다(=produce)

come up against sb/sth
(곤란·반대에) 직면하다(=face, confront); (남과) 의견이 충돌하다

come through (sth)
1. (시련·어려움·고난 등을) 이겨내다, 해내다 (=get through (with) sth); (위기에서) 살아남다(=survive)
2. (정보·뉴스·공식문서 등이) 도착하다, 통지되다, 수신이 되다

come under sth
1. (공격·비난을) 받다
2. ~의 지배·통제·영향 아래에 있다
3. ~의 범주에 들다
cf. **come under fire** ⟨15서울시9급⟩ 맹비난을 받다(=catch flak)

come[go] down with sth
질병에 걸리다, 앓아눕다
(=contract, catch an infectious illness)
cf. **come down**
1. (가격 등이) 떨어지다
2. 바닥에 쓰러지다, 넘어지다
3. (관습·유산 등이) 내려오다, 대대로 전해지다
4. 마약 기운이 떨어지다

come in for sth
(비난·비평 등을) 받다; (재산 등을) 받다
(=receive, get, come into sth)

come into one's thought
생각이 떠오르다(=cross one's mind)
= **cross one's mind** 생각이 떠오르다(=occur to sb)

O5417 다음 빈 칸에 공통으로 들어갈 말로 적당한 것은? [기출문제종합]
★

> 1) Jim is so moody recently. What's come _____ him? [06.삼육대]
> 2) Won't you come _____ and have some tea? [91법원직]

(A) off   (B) on   (C) over   (D) up

O5418 Would you mind telling me how it <u>came about</u>? [입사]
★

(A) overcame   (B) succeeded

(C) ended   (D) happened

O5419 다음 중 의미가 다른 하나는? [예상]

(A) He asked for it.   (B) He had it coming to him.

(C) He got a raw deal.   (D) He got what´s coming to him.

O5420 The sense of an unfamiliar word is hard to _____. [예상]

(A) come across   (B) come at

(C) come about   (D) come home to

O5421 His sermon came _____ to my heart. [입사]

(A) natural   (B) home   (C) close   (D) true

O5422 Thankfully the editors caught some serious errors in the manuscript before it _____ in the final form. [이덕성여대]

(A) came up   (B) came out

(C) came to   (D) came across

O5423 The postwar era in international relations is coming to _____. [입사]
★

(A) ends   (B) end   (C) an end   (D) the end

O5424 If a man behaves in a normal way after behaving unreasonably, he comes to his _____. [입사]
★

(A) conclusion   (B) light   (C) senses   (D) force

O5425 다음 빈 칸에 들어갈 말로 적당한 것은? [사법시험]
★

> A: The committee is still discussing the problem.
> B: Obviously, it has not come _____ a conclusion.

(A) for   (B) to   (C) about   (D) by   (E) with

O5426 His mother passed away last year and he cannot come to _____ with her death. [02.감정평가사]
★★

(A) recognition   (B) refusal   (C) grip   (D) terms   (E) acceptance

O5427 He <u>came to the fore</u> in a rather lean time for British politics. [03.경기대]

(A) became prominent   (B) presided

(C) retired   (D) survived

O5417 (C)

> 1) 짐이 요즈음 매우 우울하던데, 도대체 그에게 무슨 일이 일어난 거니?
> * come over ~에게 일어나다
> 2) (우리 집에) 건너와서 차 한잔 하시겠어요? * come over 건너오다, 들르다

come over
1. ~에게 일어나다(=happen)
2. (어떤 상태·기분·느낌 등을) 일시적으로 경험하다, 엄습하다
3. (자기의 집에) 건너오다, 들르다, 방문하다
4. 전향하다; 마음을 바꾸다

O5418 (D) 그 일이 어떻게 일어났는지 저에게 말씀해 주시겠어요?.

come about
1. (계획하지 않은 일이) 발생하다(=take place, happen)
2. (배나 바람 등이) 방향을 바꾸다(=change direction)

O5419 (C) 그는 부당한 대우를 받았다.
* get a raw deal 부당한 대우를 받다
(A) (B) (D) 그것은 자업자득이다.(그가 자초한 것이다.)

have it coming
벌을 받아 마땅하다
cf. get what's coming to sb
(좋든 나쁘든) 당연히 받아야 할 것을 받다.

O5420 (B) 친숙하지 않은 단어의 의미는 접근하기가 쉽지 않다.
(A) come across 우연히 만나다 (B) come at 접근하다
(C) come about 발생하다 (D) come home to 큰 감동을 주다

come at sb/sth
1. ~에게 달려들다, 공격하다
(=move towards sb in a threatening way)
2. (특정한 방법으로 문제를) 다루거나 고려하다,
(문제에) 접근하다(=approach)

O5421 (B) 그의 설교는 내 마음에 큰 감동을 주었다.
* sermon 설교, 훈계

come home to sb
가슴에 사무치다, 큰 감동을 주다(=deeply impress)

O5422 (B) 고맙게도 교정자들이 원고가 최종형태로 출판되기 전에 원고안의 중대한 실수 몇 개를 찾아 주었다.
(A) come up 다가오다 (B) come out 출판되다
(C) come to 결국 ~가 되다 (D) come across 우연히 만나다

come out
1. 나타나다, 출현하다; 발간[출판]되다
2. (결과가) 나오다, 발표되다; (본성·비밀 등이) 드러나다, 밝혀지다

O5423 (C) 국제관계에서 전후시대는 끝나고 있다.
* come to an end ~로 끝나다

come to sth
결국 ~가 되다(=bring to sth), 결국 ~하게 되다,
합계가 ~에 이르다(=amount to sth)
- come to an end[a close] 끝나다
= boil down to sth 결국 ~이 되다(=amount to sth)

O5424 (C) 사람이 비합리적으로 행동한 후에 정상적으로 행동한다면, 그는 이성을 찾은 것이다.
(A) come to a conclusion 결론 내리다
(B) come to light 드러나다

come to (one's senses/oneself/life)
제정신으로 돌아오다, 이성을 찾다, 의식을 회복하다
(=regain consciousness)

O5425 (B)

> A: 위원회가 여전히 그 문제를 토의하고 있어.
> B: 분명히, 그것은 결론이 나지 않았어.

come to[reach] a conclusion
결론에 도달하다
cf. draw the conclusion 결론을 이끌어내다
cf. jump to a conclusion 너무 빨리 속단하다

O5426 (D) 그의 어머니는 작년에 죽었으며, 그는 그녀의 죽음을 받아들이지 못한다.
(A) recognition 인식 (B) refusal 거절
(C) come to grip with (×) → come to grips with 대처하다
(D) come to terms with 타협하다 (E) acceptance 수락(용인)

come to terms (with sth)
1. (사태 등을) 감수하다, 받아들이다(=accept)
2. 타협하다, 상담이 매듭지어지다
(=come to an agreement)

O5427 (A) 영국 정치가 다소 어렵던 시기에 그는 세상의 이목을 끌며 등장했다.
(A) prominent 유명한, 눈에 잘 띄는 (B) preside (회의를) 주재하다
(C) retire 은퇴하다 (D) survive 살아남다

come to the fore
표면화되다, 드러나다; 세상의 이목을 끌다
= **come to light** (사실 등이) 드러나다, (비밀 따위가) 알려지다

O5428 In the end, Mrs. Thatcher lost her job because she _____ the new economic realities. [행정고시]

(A) didn't come to grips   (B) could not come to grips with

(C) could have come   (D) would come to grip

(E) is able to come to grip with

O5429 All his schemes for making money seem to <u>come to grief</u>. [07국민대]

(A) end in total failure   (B) make him very rich

(C) strike a hard bargain   (D) make him risk his life

O5430 The tax cuts announced in the budget do not begin to come _____ until next year. [94변리사]

(A) to the boil   (B) to terms with

(C) into effect   (D) into power

O5431 Professor Johnson's lectures are interesting but long, and he never seems to _____. [86외무고시]

(A) come to the place   (B) get out of the way

(C) come to the point   (D) go to the place

(E) enter into the point

O5432 Bill didn't do well in his early science courses, but he <u>came into his own</u> when he could work independently. [04-2가톨릭대]

(A) became curious   (B) showed his abilities

(C) was able to pay attention   (D) made himself understood

O5433 Since several members of his family have been literary people, <u>writing comes natural to John</u>. [94입법고시]

(A) John chose writing first of all   (B) John is by nature a writer

(C) Writing is easy for John   (D) John can be a writer, if need be

(E) John is a born writer

O5434 ★ I don't worry much about my convertible because Jim who has been my mechanic since its purchase is second to none <u>when it comes to</u> fixing cars. [08지방직7급]

(A) by means of   (B) at the time of

(C) in the wake of   (D) with respect to

O5435 다음 밑줄 친 부분을 가장 한글로 잘 옮긴 것은? [95외무고시]

> Once upon a time, the story goes, cicadas were human beings, before the birth of the Muses. When the Muses were born and <u>song came into being</u>, some of these creatures were so struck by the pleasure of it that they sang, forgot to eat and drink, and died before they knew it.

(A) 노랫소리가 흘러 나왔을 때   (B) 노래가 생겨나자

(C) 노래의 의미가 알려지자   (D) 노래가 달라지게 되자

(E) 노래를 부르면서

O5428 (B) 결국 대처 여사는 새로운 경제현실을 잘 수습하지 못해서 직업을 잃어버렸다.

come[get] to grips with sb/sth
맞붙잡고 싸우다; [문제 등에] 정면 대처하다;
문제해결에 힘쓰다, 수습하다(=deal seriously with sth)

O5429 (A) 돈을 벌려는 그의 모든 계획이 실패로 끝날 것처럼 보인다.
　　(A) end in ~으로 끝나다
　　(C) strike a bargain 타협[협상]하다

come to grief
(계획 · 사업 따위가) 실패[파멸]하다,
불행에 빠지다, 실망을 맛보다

O5430 (C) 예산안에서 발표된 세금 감면조치는 내년에서야 실시될 것이다.

come[go] into effect
효력을 나타내다, 실시되다.

O5431 (C) 존슨 교수의 강의는 흥미롭기는 하지만 길고, 결코 핵심을 찌르지는 못하는 것으로 보인다.

come[get] to the point
핵심에 이르다, 정곡을 찌르다
cf. beside the point[mark] 핵심 · 논점을 벗어난

O5432 (B) 빌은 자신의 초기 과학 과정에서는 잘하지 못했지만, 독자적으로 연구했을 때에는 자신의 역량을 충분히 발휘했다.
　　(A) curious 호기심이 강한
　　(C) make oneself understood 자기의 생각을 남에게 이해시키다

come into one's own
자기역량을 충분히 발휘하다(=show one's ability),
명예를 얻다

O5433 (C) 그의 가족 구성원 중 몇몇은 문학가이기 때문에 작문이 존에게는 조금도 힘들지 않다.

come natural to sb
〈미 구어〉 ~에게는 조금도〈미 구어〉힘들지 않다; 아주 쉽다

O5434 (D) 난 내 컨버터블에 대해 많이 걱정하지는 않는다. 왜냐하면 그 차를 살 때부터 수리해 주었던 짐이 차를 고치는 것에 관해서는 둘째가라면 서러울 정도이기 때문이다.
　　* be second to none 어느 누구에도 뒤지지 않다
　　(A) by means of ~에 의하여　　　　(B) at the time of ~할 당시
　　(C) in the wake of ~의 결과로서　　(D) with respect to ~에 관한

When it comes to sth
~로 말하면, 화제가 ~에 이르면, ~에 관한 한
(=with respect to)

O5435 (B) 전해지는 얘기로는, 옛날 옛적 뮤즈 여신들이 태어나기 이전에는 매미(cicada)는 사람이었다고 한다. 뮤즈 여신이 태어나고 노래가 생겨나자 이 피조물들의 일부는 노래의 즐거움에 열중한 나머지 먹고 마시는 것도 잊은 채 노래를 부르고 또 부르다가 어느 샌가 죽었다고 한다.
　　* once upon a time 옛날에 Muse 음악을 주관하는 여신 be struck by ~에 매혹되다
　　creature 피조물, 생물

come into being
생기다, 태어나다

O5436 His illness <u>comes from</u> a traffic accident.

(A) stems from   (B) results in

(C) runs for   (D) suffers from

11.지방직7급/토익/토플/Teps

O5501 There is a rumor going _____ that you're going to divorce your wife. Is it true?

(A) by   (B) with   (C) off   (D) around

토플/Teps

O5502 She <u>went by</u> what he said in the meeting. [04.덕성여대]

(A) followed   (B) ignored   (C) rejected   (D) agreed

04-2/04.덕성여대/Teps

O5503 ★ Because Miss Bong is the kind of woman that is pretty firm, she never _____ back on a decision once it is made. [06.서울소방]

(A) catches   (B) lets   (C) finds   (D) goes

06.서울소방/97.행정고시/Teps

O5504 ★ How did you _____ selling cosmetics online? [14.지방직9급]

(A) go around   (B) go back

(C) go down   (D) go into

14.지방직9급/입사

O5505 ★ That was a form of amusement that was never <u>gone in for</u> by the working class. [00.단국대/94.기술고시]

(A) taken part in   (B) come up with

(C) put up with   (D) looked forward to

(E) run around with

04.홍익대/00.단국대/94.기술고시
98.고려대학원/Teps

O5506 ★ 다음 문장을 영어로 가장 잘 옮긴 것은? [93.사법시험]

> 생활비가 6개월간 계속 오르다가 9월에 와서 안정되었다.

(A) After going up for six months, the cost of living leveled off in September.

(B) After six months of increase, The cost of living stopped in September.

(C) Raising up for six months, the cost of living rested off in September.

(D) Raising up for six months at a stretch, the living cost was stalemated in September.

99-2.홍익대/93.사법시험

O5507 다음 빈 칸에 공통으로 들어갈 말로 적당한 것은? [기출문제종합]

> 1) The sun went _____ behind the hill.
> 2) If the supply of oil is greater than the demand for oil, then the price of oil would go _____.

(A) up   (B) down   (C) away   (D) by

09.경기대

O5508 ★ My father will be furious when he hears I have crashed his car, He will _____. [14.기상직9급]

(A) go through the roof

(B) be over the moon

(C) go up in the world

(D) go down the drain

[유제] The commercial went on the air, and the product <u>went through the roof</u>. [01.영남대]

(A) destroyed the house   (B) was thrown to the sky

(C) was a great success   (D) went to the next door

14.기상직9급/01-2.영남대

05436 (A) 그의 병은 교통사고로 인해 생긴 것이다.
- (A) stem from ~으로부터 유래하다
- (B) result in ~으로 끝나다
- (C) run for 출마하다
- (D) suffer from ~을 잃다

05501 (D) 팅신이 부민과 이혼힐거라는 소문이 떠놀고 있습니다. 사실인가요!
- * go around 소문이 돌다

05502 (A) 그녀는 그가 회의에서 말했던 것을 따랐다.

05503 (D) 미스 봉은 매우 확고한 사람이기 때문에 한번 했던 결정을 쉽게 되돌리지 않는다.

05504 (D) 넌 어떻게 온라인으로 화장품을 팔기 시작했니?
- (A) go around 가까운 곳에 들르다, 돌다
- (B) go back 되돌아오다
- (C) go down 하락하다
- (D) go into (직업에) 뛰어들다

05505 (A) 그것은 노동자계층이 결코 참가하지 않을 오락의 한 형태였다.
- (A) take part in 참여하다
- (B) come up with 생각해내다
- (C) put up with 참다, 견디다
- (D) look forward to 고대하다
- (E) run around with 돌아다니다, 바람피우다

05506 (A)
- (A) go up 오르다 level off 안정되다

05507 (B)

> 1) 해가 언덕 뒤로 졌다. * go down (해가) 지다
> 2) 석유의 공급이 수요보다 훨씬 많다면, 석유의 가격은 내려갈 것이다.
>   * go down (가격이) 내리다

05508 (A) 아버지께서는 내가 그의 차를 박살낸 것을 들으시면 격노하실 것이다. 그는 길길이 뛰실 것이다.
- (A) go through the roof 길길이 뛰다
- (B) be over the moon 매우 행복하다
- (C) go up in the world 출세하다
- (D) go down the drain 수포로 돌아가다, 파산하다

(C) 광고 방송이 나가자 그 제품의 판매는 최고에 달했다.
- * go[be] on the air 방송하다, 방송되다

---

come from sw
~으로부터 오다(=stem from), ~ 출신이다

go round[around]
1. 여기저기 걸어 다니다; 어울려 다니다
2. (음식 등이) 모두에게 돌아가다(=be enough for all)
3. (전염병 등이 ~에) 돌다; (이야기 · 소문 등이 ~에) 돌다

go by
1. (시간이) 흐르다(=go on), 지나가다, 간과되다
2. (~교통수단)으로 가다
3. ~에 따라 행동하다(=follow)

go back on sb/sth
1. (약속 등을) 어기다(=break), (결정 등을) 취소하다
2. 속이다(=cheat), 배반하다(=betray)

go into sth
1. (장소에) 들어가다; (어떤 직업에) 뛰어들다, 종사하다
2. 어떤 상태로 되다
3. 조사하다, 연구하다(=investigate)

go in for sth
1. 참가하다(=take part in sth); 열중하다, 즐기다; 종사하다
   = take part in / participate in sth 참가하다
2. 시험을 치르다

go up
(물건 값 등이) 오르다(=be raised)
↔ go down (물가 등이) 내리다, 줄다; (해 등이) 지다

go down
(물가 등이) 내리다, 줄다 2. (해 등이) 지다(↔ come up)
cf. bottom out (주가 등이) 바닥을 치다

go through the roof
1. (가격 · 판매가) 최고에 달하다(=be a great success), 폭등하다
2. 화가 치밀어 오르다, 길길이 뛰다
   (=hit the roof, hit the ceiling)
cf. shoot up (가격이) 급등하다, 폭등하다; (불길 등이) 치솟다

05509 John was a skillful debater, and his calculated sarcasm <u>went home</u>. His opponent flushed under the attack. [96.공인회계사]

(A) folded up   (B) went under

(C) hit the target   (D) flew off the handle

(E) was ambiguous

98.공인회계사/Teps

05510 ★ 다음 빈칸에 공통으로 들어갈 말로 가장 적당한 것은? [기출문제종합]

> 1) This tie doesn't go _____ that red shirt at all. [입사]
> 2) I'd go to the party if I had someone to go _____. [99.한성대]

(A) for   (B) on   (C) to   (D) with

99-2한성대/97.세무사/입사/Teps

05511 ★ The boy often had to <u>go without</u> supper. [입사]

(A) have   (B) endure the lack of

(C) go to bed without   (D) eat outside

96.법원직/입사/Teps

05512 ★ 다음 대화 중 빈칸에 들어갈 말로 적당한 것은? [03.경찰]

> A: Do you know who that woman over there is?
> B: Sure, she's the cinema door manager.
> A: She certainly has a nice smile. Is she going out with anyone?
> B: _____.

(A) I've already heard she graduated from Harvard last year.

(B) No, I don't think any one's watching her at the moment.

(C) She's talking to the customer behind us.

(D) Forget it, she's been engaged for two months now.

03.경찰/99.한국외대/Teps

05513 ★ When someone gets rich very quickly, we say that the person went _____. [97.단국대]

(A) into the jackpot   (B) bankrupt

(C) barefoot   (D) from rags to riches

(E) over the top

10.명지대/97-2.단국대

05514 ★ It had been addressed incorrectly and had gone _____. [입사]

(A) astray   (B) restless   (C) differently   (D) quit   (E) oddly

06.국가직7급/입사

05515 ★ Would you like to go _____ a ride? [86.사법시험]

(A) with   (B) on   (C) in   (D) alone   (E) for

95.한국외대/92.대구시7급
사법시험/토플/Teps

05516 ★ Desperate to conform to an ideal and impossible standard, many women <u>go to great lengths</u> to manipulate and change their faces and bodies. [04.아주대 변형]

(A) investigate   (B) endeavor

(C) explore   (D) denounce

13.서강대/10.가톨릭대/04.아주대

O5509 (C) 존은 토론에 능숙한 사람이었고, 그의 계산된 풍자는 정곡을 찔렀다. 상대는 그의 공격으로 얼굴이 붉어졌다.
* sarcasm 비꼼. 풍자 flush (얼굴이) 붉어지다
(A) fold up 망하다
(B) go under 망하다
(C) hit the target 정곡(핵심)을 찌르다
(D) fly off the handle 화내다
(E) ambiguous 모호한

go home
1. 정곡을 찌르다(=hit the target), 가슴 깊이 호소하다
  (=make sb clearly understand sth)
= hit the target 타겟을 정확히 명중시키다 → 정곡을 찌르다
2. 집에 돌아가다, 귀향하다

O5510 (D)

> 1) 이 넥타이는 저 빨간 셔츠와 전혀 어울리지 않는다. * go with ~와 어울리다
> 2) 누군가 같이 갈 사람만 있다면 파티에 갈 텐데. * go with 동행하다

go (together) with sb/sth
1. ~와 어울리다(=match), 조화되다
2. ~와 동행하다, 같이 가다; 〈속어〉 ~와 성관계를 가지다
3. ~에게 동의하다
cf. go along with sb/sth 동행하다; 찬성하다, 동의하다

O5511 (B) 소년은 종종 저녁식사 없이 견뎌야만 했었다.

go without sth
~ 없이 지내다(=do without sth); ~이 없다, ~을 갖지 않다
cf. It goes without saying (that) ~은 말할 나위도 없는 일이다.

O5512 (D)

> A: 저편에 있는 여성이 누구인지 아십니까?
> B: 그럼요, 그녀는 영화관 출입구 관리자에요.
> A: 정말 그녀는 아름다운 미소를 가지고 있네요. 혹시 누구와 사귀고 있나요?
> B: _____

(A) 난 그녀가 이미 작년에 하버드대학을 졸업했다고 들었습니다.
(B) 아니오. 지금 그녀를 보는 사람은 없는 것 같습니다.
(C) 그녀는 우리 뒤에 있는 손님과 얘기 중입니다.
(D) 잊으세요. 그녀는 약혼한 지 두 달이 되어 가는걸요.

go out with sb
(이성과) 사귀다, 놀러 다니다
cf. go steady with sb (정해진 이성 한 명과) 교제하다
↔ play the field 여러 이성과 교제하다
cf. go out 밖으로 나가다, 외출하다
cf. ask sb out ~에게 데이트 신청하다

O5513 (D) 누군가 매우 빠르게 부자가 되었을 때, 우리는 그 사람이 벼락부자가 되었다고 말한다.
(A) jackpot 횡재, 큰 성공
(B) go bankrupt 파산하다
(C) go barefoot 맨발로 걷다
(D) go from rags to riches 벼락부자가 되다
(E) go over the top 목표를 달성하다 * over the top 허풍으로, 과장하여

go from rags to riches
벼락부자가 되다(=get rich very quickly)
cf. upstart 벼락부자, 갑자기 출세한 사람

O5514 (A) 그것은 주소가 잘못 적혀져 있었고 그래서 길을 잃어 버렸다.

go astray
길을 잃다; 바른 길에서 벗어나다, 타락하다
cf. stray 길을 잃고 방황하다; 벗어나다, 일탈하다(=deviate)
〈06국가직7급〉

O5515 (E) 드라이브하러 가실래요?

go for
1. ~하러 가다; ~을 좋아하다(=like, favor)
2. ~에 적용할 수 있다(=be applicable to sb/sth)
3. ~을 목표로 삼다, 시도하다
  (=make an attempt at, try for sth)

O5516 (B) 이상과 불가능한 표준에 따르기에 필사적인 많은 여성들은 얼굴과 몸을 바꾸고 변화시키기 위해 무슨 짓이든 마다하지 않을 지경에 이르렀다.
(A) investigate 조사하다, 수사하다
(B) endeavor 노력하다
(C) explore 탐험하다, 조사하다
(D) denounce 비난하다

go to great lengths / go to any length
(필요한 것은) 무슨 짓이든지 하다(=endeavor)

11.09국가직7급/07한성대/00-2한성대
00-2광운대/94행정고시/Teps

05517 다음 빈 칸에 공통으로 들어갈 말로 적당한 것은? [기출문제종합]

> 1) I'm sorry I'm late. I overslept. If my alarm had gone ____, I would have been here on time. [00.한성대]
> 2) Meat and fish go ____ quickly in hot weather. [94.행정고시]
> 3) Wait for the security light to go ____ before opening the door.

(A) off   (B) out   (C) on   (D) up

01.중앙대/입사

05518 He goes off the deep end about the unexpected result. [01.중앙대]

(A) falls from the cliff   (B) feels disheartened deeply

(C) loses his self-restraint   (D) acts with consideration

00.경기대/91.서울대학원/Teps

05519 John can't come with us tonight after all. It seems he's _____ a cold. [00.경기대]

(A) given away to   (B) gotten at

(C) gone down with   (D) taken off

13.서울시9급/93.외무고시

05520 His company struggled to get out of financial crunch. But, at last it went _____. [93.외무고시]

(A) out   (B) down   (C) under   (D) off   (E) on

02.전남대/84행시/토플/Teps

05521 Before we came to the city, they had gone out of business. [84.행정고시]

(A) continued   (B) failed in

(C) established   (D) gone out of the city for

96.단국대

05522 The shop assistant went out of his way to find what he needed. [96.단국대]

(A) prevented   (B) collapsed

(C) made a special effort   (D) took away

01-2영남대/Teps

05523 Americans are not adventurous in the way they dress and prefer practical, comfortable clothes. Simple styles that do not quickly _____ are most popular. [01.영남대]

(A) go with fashion   (B) go in fashion

(C) go out of fashion   (D) go fashionable

07.강남대/입사/토익/Teps

05524 밑줄에 들어갈 적절한 표현을 고르시오. [입사]

> A: I'll pay for this lunch.
> B: Oh, no! You shouldn't do that. _____. We are both students after all.

(A) Let's go Dutch   (B) I'd like to

(C) That's good idea   (D) Yes, please

01-2영남대/여자경찰
01.서울산업대/00-2고신대
99.국민대/입사4회/토플/Teps

05525 They went over Mary's report again. [01.여자경찰]

(A) accepted   (B) overturned

(C) returned   (D) examined

13.숭실대

05526 We budgeted $600 for all our family and friends, and we stuck with that. It wasn't the right time to go over the top. [13.숭실대]

(A) overspend   (B) stand out

(C) take a stand   (D) climb the mountain

O5517 **(A)**

1) 늦어서 미안해. 늦잠을 잤어. 내 자명종이 울렸더라면 제 시간에 여기에 도착했을 텐데.
  * go off (자명종 등이) 울리다 oversleep 늦잠자다 on time 제 시간에
2) 육류와 어류는 더운 날씨에 빨리 상한다. * go off 음식이 상하다
3) 문을 열기 전에 보안등이 꺼질 때까지 기다리세요. * go off 불이 나가다

go off
1. (일 등이) 진행되다(=start to act)
2. 떠나가다
3. 폭발하다
4. (자명·경보기 등이) 울리다(=ring)
5. 작동을 멈추다, 불이 나가다(=go out)
6. (음식이) 상하다, 나빠지다(=become worse)

O5518 **(C)** 그는 예기치 않은 결과에 대해서는 자제력을 잃어버린다.

go[jump] off the deep end
자제력을 잃다(=lose one's self-restraint);
(자제력을 잃고) 무모하게 행동하다(=act rashly)

O5519 **(C)** 존은 결국 오늘 저녁에 우리와 함께 가지 못할 것 같다. 그가 감기로 앓아누운 것으로 보인다.
  (A) give away 줘서 보내다
  (B) get at 도달하다. 이해하다
  (C) go down with 병에 걸리다
  (D) take off 출발하다. 떼어내다

go[come] down with sth
병에 걸리다(=contract)
= come down with sth 병에 걸리다

O5520 **(C)** 그의 회사는 재정적 위기를 벗어나기 위하여 노력했다. 그러나 결국엔 그 회사는 망했다.
  (A) go out 밖으로 나가다
  (B) go down 아래로 가다
  (C) go under 망하다
  (D) go off 폭발하다. 상하다
  (E) go on 계속되다

go under
1. (사업 따위가) 실패하다(=fail in business),
   파산[도산]하다; 파멸하다
2. (배가) 침몰하다(=sink) 3. 굴복하다(=yield, give in, succumb)

O5521 **(B)** 우리가 그 도시에 오기 전에, 그들은 폐업을 했다.

go out of business
폐업하다; 파산하다(=go bankrupt)
= go into bankruptcy 파산하다(=go bankrupt)
= go broke 빈털터리가 되다, 파산하다

O5522 **(C)** 가게의 조수는 그가 원하는 것을 찾고자 각고의 노력을 하였다.
  (A) prevent 막다. 방해하다
  (B) collapse 붕괴하다. 무너지다
  (D) take away 제거하다. 치우다

go out of one's way
비상한 노력을 하다(=make a special effort), 일부러 ~하다
= go all out (for sth) (~을 얻기 위해) 전력을 다하다
= go after sb/sth 추적하다; 구하다, 얻으려고 노력하다

O5523 **(C)** 미국인들은 실용적이고 편한 옷을 입고 선호한다는 점에서 모험을 좋아하는 사람들이 아니다. 빨리 유행이 지나지 않는 간소한 스타일이 가장 인기가 있다.
  (B) go in fashion 한창 유행 중이다
  (D) fashionable 최신 유행의, 유행에 따른

go out of fashion
유행이 지나다
cf. out of fashion / out of vogue 유행이 지난, 한물간
↔ in fashion/in vogue 유행하고 있는
cf. all the rage 매우 유행되는 〈97인천9급〉

O5524 **(A)**

A: 이 점심값 내가 낼게.
B: 안 돼. 네가 그래서는 안 되지. 각자 지불하자. 결국 우리 둘 다 학생이잖아.

go Dutch
(비용을) 각자 부담하다(=pay expense individually)
= split the bill (비용 따위)를 각자 부담하다

O5525 **(D)** 그들은 메리의 보고서를 다시 검토했다.
  (B) overturn 뒤집다. 번복시키다

go over sth
1. 검토하다(=examine carefully), 복습하다(=review);
   시찰하다(=inspect)
2. (비용 등이) 초과하다
cf. go over with a fine-tooth comb 이 잡듯이 샅샅이 뒤지다

O5526 **(A)** 우리는 가족과 친구들을 위해 600달러의 예산을 세웠고 충실하게 유지했다. 한도를 초과할 적절한 시기는 아니었다.
  (A) overspend 초과지출하다
  (B) stand out 두드러지다
  (C) take a stand 태도를 취하다
  (D) climb the mountain 산을 오르다

go over the top
1. 할당액[목표]을 초과하다(=overspend)
2. 단호한 조치를 취하다, 돌격하다
cf. over the top 과장된, 지나친
  - be over the top 지나친 행동을 하다

05527 He <u>went on</u> with his own business. [입사]

07.영남대/입사/Teps

(A) finished (B) made

(C) continued (D) started

05528 Remember to <u>go through</u> the pockets before you put those trousers in the washing machine. [15.경찰1차]

16.국민대/15-2.경찰/13.기상직9급
00.경찰/입사/토익/Teps

(A) search (B) experience

(C) study (D) use

05529 He is determined to <u>go through with</u> the undertaking. [98.변리사]

98.변리사/입사/Teps

(A) inform (B) hide (C) make (D) start (E)complete

05530 After losing its first ten games, the team <u>went through the motions</u> for the rest of the season. [02.서강대]

02.서강대

(A) prepared carefully (B) worked harder

(C) played without effort (D) moved easily through

05601 When did your father <u>pass away</u>? [93.세종대]

12.국가직9급/06-2.해양경찰
93.세종대/토플/Teps

(A) reject (B) die (C) return (D) present

05602 The exhibitors at the trade fair _____ free samples to stimulate interest. [14.사회복지9급]

14.사회복지9급/06.삼육대/토플/Teps

(A) pull through (B) pass out

(C) put aside (D) pay for

[유제] Cindy didn't feel well while running today's marathon. She _____ immediately after crossing the finish line. [06.삼육대]

(A) passed up (B) set off

(C) set out (D) passed out

05603 Their old life styles were <u>passing out of existence</u>. [98.안양대]

98.안양대/90.경기7급/토플

(A) increasing (B) developing (C) disappearing (D) changing

05604 In this small village he passes _____ a learned man. [01.행자부9급 변형]

01.행자부9급/Teps

(A) away (B) out (C) up (D) for

05605 He stole one of the officer's uniforms and managed to escape by passing himself _____ as a guard. [96.교원대학원]

96.교원대학원

(A) by (B) out (C) through (D) off

05606 A police sergeant with 15 years of experience was dismayed after being _____ for promotion in favor of a young officer. [17.지방직9급(하)]

17.지방직9급(하)/07.경기대/06.경원대/Teps

(A) run over (B) asked out

(C) carried out (D) passed over

[유제] We decided that it was wiser to <u>pass over</u> his insulting remark rather than call further attention to it. [06.경원대]

(A) pass through (B) reject

(C) keep in mind (D) disregard

O5527 (C) 그는 그 자신만의 사업을 계속해 나갔다.

go on
1. 나아가다, 계속되다(=continue), 존속하다; 계속하다
2. (어떤 일이) 일어나다(=happen, take place)
3. 처신하다, 행동하다(=behave)

O5528 (A) 세탁기에 바지를 넣기 전에 주머니를 살펴보는 것을 기억해라.
  * go through에는 "살펴보다(=search)"와 "경험하다(=experience)"의 의미가 모두 있지만 문맥상
  (A) search만이 정답이다.

go through sth
1. (무엇을 찾기 위해) 살펴보다, 조사하다(=search)
2. 관통하다, 통과하다; 전 과정을 마치다
3. (고난 · 경험 등을) 거치다, 경험하다
cf. **go through channels** 적절한 순서를 밟아 일을 처리하다

O5529 (E) 그는 맡은 일을 해내려는 결의를 보이고 있다. * undertaking 사업, 기업 맡은 일
  (A) inform 알리다   (B) hide 숨기다
  (C) make ~로 되게 하다   (E) complete 완성하다

go through with sth
~을 해내다(=complete), 완수하다

O5530 (C) 처음에 열 경기를 지고 나서 그 팀은 남은 시즌을 하는 둥 마는 둥 했다.
  (A) 신중히 준비했다   (B) 보다 열심히 했다
  (C) 노력 없이 경기했다   (D) 쉽게 통과했다

go through the motions
마지못해 시늉만 해 보이다(=play without effort)

O5601 (B) 너의 아버지는 언제 돌아가셨니?

pass away
죽다(=die)

O5602 (B) 전시회 출품자는 무역전시회에서 관심을 불러일으키기 위해 무료 샘플을 나눠주고 있다.
  (A) pull through 해내다   (B) pass out 나누어주다
  (C) put aside 따로 떼어놓다   (D) pay for 지불하다

pass out
1. 나가다; 의식을 잃다
2. 나누어주다(=distribute)

(D) 신디는 오늘 마라톤을 하던 중에 몸의 상태가 좋지 않았다. 그녀는 결승선을 통과하고
바로 의식을 잃었다.
  (A) pass up 거절하다, 무시하다   (B) set off 돋보이게 하다, 출발하다
  (C) set out 출발하다, 착수하다   (D) pass out 의식을 잃다

O5603 (C) 그들의 해묵은 생활 방식은 사라져가고 있었다.
  (A) increase 증가[증대]하다   (B) develop 발전시키다, 개발하다
  (C) disappear 사라지다

pass out of existence
소멸하다, 사라지다(=disappear, vanish, fade)
cf. **put** sb/sth **out of existence** 전멸시키다, 죽이다

O5604 (D) 이 작은 동네에서 그는 학식 있는 사람으로 통한다.

pass for sb/sth
(사람이) ~로 통하다, ~으로 여겨지다
(=be accepted or considered as sb/sth)

O5605 (D) 그는 한 경관의 제복을 훔쳐서 경관인 양 행세를 함으로써 그럭저럭 빠져나갔다.
  (A) pass by 옆을 지나가다   (B) pass out 기절하다
  (C) pass through 경험하다
  (D) pass himself off (as a guard) 경관인 것처럼 행세하다

pass A off as B
A를 B인 것처럼 속이다

O5606 (D) 15년의 경력이 있는 경사 계급의 경찰관은 젊은 경찰관을 위해 그가 승진에서 제외된
이후 크게 실망했다.
  (A) run over (사람을) 치다   (B) ask out 데이트를 신청하다
  (C) carry out 수행하다   (D) pass over (승진에서) 제외하다

pass * over sb/sth
1. ~을 무시하다(=disregard); 간과하다(=overlook)
2. (승진 등에서) 제외되다

(D) 우리는 그의 모욕적인 말에 좀 더 신경 쓰기보다는 차라리 무시해버리는 게 더 현명한
것이라고 결정했다.
  (A) pass through 관통하다   (B) reject 거절하다
  (C) keep in mind 명심하다   (D) disregard 무시하다

05607 Parents often try to _____ to teachers when children misbehave in school.

97.동국대

(A) pass the buck　　　　　　　(B) kick the bucket

(C) have a buck at　　　　　　　(D) give the bucket

05608 The opportunity may not come again, so don't pass it _____. [95.경기대]

95.경기대/Teps

(A) away　　　(B) out　　　(C) through　　　(D) up

05609 No one knows for sure how the accident <u>came to pass</u>. [06.경원대]

06.경원대

(A) appeared　　　(B) occurred　　　(C) passed　　　(D) performed

05701 다음 대화 중 빈칸에 들어갈 말로 적당한 것은? [04.국민대]
★

04.국민대/03.기술고시

> A: May I speak to Mrs. McCormick?
> B: She is not here at the moment.
> A: Is she gone for the day?
> B: No. _____

(A) She's just stepped out.　　　　　　(B) She's just called it a day.

(C) She's just called it a night.　　　　　(D) She's just left for the night.

05702 아래 사전 뜻풀이 가운데 다음 문장에 사용된 step의 의미와 같은 것은? [06.경북9급]

06.경북9급

> However, he made a <u>step</u> toward success.

(A) act of stepping once distance covered by doing this
　　* He was walking with slow steps.

(B) sound made by somebody walking way of walking (as seen or heard)
　　* That's luck - I recognized her step.

(C) conform with other members of a group
　　* He's out of step with the rest of us.

(D) one action in series of actions with a view to affecting a purpose
　　* take steps to prevent the spread of influenza what's the next step

05703 If you step on an egg, it will _____. [03.명지대]

03-2.명지대/Teps

(A) break　　　(B) boil　　　(C) blow　　　(D) blast

05704 You walk too slowly. Let's <u>step on the gas</u> and get there on time. [98.단국대]

98.단국대/Teps

(A) intervene　　(B) resign　　(C) increase　　(D) hurry　　(E) approach

05705 Phones accelerated the pace of business activity which, ① <u>in turn</u>, ② <u>stepped up</u> the rate of economic development in the more technically advanced nations. [94.사법시험]

94.사법시험

(A) ① in consequence, ② cause to increase

(B) ① conversely, ② cause to cut

(C) ① in contrast, ② cause to effect

(D) ① similarly, ② cause to hold back

(E) ① ironically, ② cause to control

05706 Next May our company's president will <u>step down</u> and we will have to elect a new one at the next stockholder's meeting. [입사]

16.광운대/입사

(A) criticize　　　(B) apologize　　　(C) punish　　　(D) retire

05607 **(A)** 부모들은 아이들이 학교에서 비행을 저지른 경우에 선생들에게 책임을 전가하려 한다.
(A) pass the buck 책임을 전가하다　　(B) kick the bucket 죽다
(C) have a buck at 시험 삼아 해보다　　(D) give the bucket 해고하다

05608 **(D)** 기회는 다시 오지 않을 수도 있으니 그것을 놓치지 마라.

05609 **(B)** 그 사고가 어떻게 일어났는지 확실하게 아는 사람은 아무도 없다.
(A) appear 나타나다　　(B) occur 일어나다
(C) pass 통과하다　　(D) perform 수행하다

05701 **(A)**

> A: 맥코믹씨와 통화할 수 있습니까?
> B: 맥코믹씨는 지금 안 계신데요.
> A: 퇴근하셨나요?
> B: 아니오. _____ .

(A) 잠시 나가셨는데요. * step out 잠시 외출하다
(B) 방금 퇴근하셨어요. * call it a day 하루 일과를 마치다
(C) 방금 퇴근하셨어요. * call it a night 하루 일과를 마치다
(D) 방금 퇴근하셨어요.

05702 **(D)**

> 그러나 그는 성공으로 가기 위한 수단을 강구했다.

(A) 한번 내딛는 행위(한걸음) 천릿길도 한걸음부터
　　* 그는 느린 발걸음으로 걷는 중이다. * step 걸음
(B) 누군가 걸을 때 나는 소리(발자국 소리) 걷는 매무새
　　* 행운이었다. 난 그녀의 발걸음 소리를 알아차렸다. * step 걸음걸이
(C) 그룹의 다른 구성원들과 조화하다
　　* 그는 우리 나머지 사람들과는 조화되지 않는다. * out of step 조화되지 않는
(D) 어떠한 목적을 위해 취해지는 일련의 행동들 중 하나의 행위(조치)
　　* 다음 단계의 독감의 확산을 막기 위해 조치를 취함. * step 수단, 조치

05703 **(A)** 계란을 밟는다면 계란은 깨질 것이다.
(A) break 깨지다　　(B) boil 끓다
(C) blow 불다, 폭발하다　　(D) blast 폭파하다

05704 **(D)** 넌 너무 천천히 걷는다. 서둘러서 정시에 도착하도록 하자.
(A) intervene 사이에 끼어들다, 중재하다
(B) resign 사임하다
(E) approach 접근하다

05705 **(D)** 전화는 사업 활동의 속도를 빠르게 했고, 그 결과 사업 활동의 속도는 보다 기술적으로 진보한 국가에서 경제 발전의 수치를 강화시켰다. * in turn 순서대로, 교대로
(A) in consequence 그 결과　　(B) conversely 다른 한편으로는
(C) in contrast 대조적으로　　(D) similarly 유사하게
(E) ironically 반어적으로, 얄궂게도

05706 **(D)** 내년 5월에는 우리 회사의 사장님이 은퇴할 것이고 우리는 다음 주주총회에서 새로운 분을 선출해야 할 것이다.
(A) criticize 비판하다　　(B) apologize 사과하다
(C) punish 처벌하다　　(D) retire 은퇴하다

---

pass the buck to sb
~에게 책임을 전가하다

pass * up sth
거절하다(=reject, decline, turn down sb/sth),
무시하다, (기회 등을) 놓치다

come to pass
일어나다, 발생하다(=occur, happen)
cf. bring sth to pass ~을 실현[성취]시키다; 일어나게 하다

step out (of sth)
1. (특히) 장소를 잠깐 떠나다
　　(=leave a place for a short time), 눌러 나가다
↔ **step in** (명령형) 들어오시오; 간섭하다; 참가하다
2. 〈미·구어〉 사직하다, 은퇴하다
　　(=step down, step aside); (배우자를) 배신하다
= **step aside** 옆으로 비키다; 사직하다(=resign from a post)

out of step (with sb/sth)
보조를 맞추지 않고, 조화되지 않는
cf. step out of line
(정당 등의) 방침에 위배되는 행동을 하다;
↔ **in step with** sb/sth
~와 보조를 맞추어; 일치[조화]하여

step on sb/sth
~을 밟다; 억누르다; 〈구어〉 해치다; 꾸짖다

step on the gas / step on it
속력을 내다(=speed up, accelerate), 서두르다(=hurry)
= **gather pace** 빨리 가다, 속도를 올리다
cf. speeding 고속 진행, 속도위반

step * up sth
올라가다, 증대시키다; 촉진시키다

step down (from sth)
1. 은퇴하다, 사임하다(=retire, resign)
2. (전압 따위를) 내리다; 차 따위에서 내리다

보충이디엄

기본동사 come

come between sb ~사이에 끼어들다; 이간질하다
come apart at the seams 감정의 자제심을 잃다
come back 돌아오다, 다시 유행하다; (원상태로) 회복하다
come in a body 떼 지어 도착하다, 한꺼번에 도착하다
come out of nowhere 갑자기 나타나다
come out of the closet 동성연애자임을 드러내다
cf. coming-out 동성연애자임을 공공연히 밝힘
come before
(문제 따위가) ~에 제출되다; ~에서 논의되다; (사람이) 출두하다; ~보다 앞서다
Come on ! 〈회화〉 1. 제발, 자 2. 서둘러.
come to think of it (다시) 생각해보니
Come again? 1. 다시 한 번 말씀해 주실래요? 2. 또 오세요.
come and get it! (식사준비 다 되었으니) 와서 먹어라.
come clean with (sb) 정직하게 말하다
come of age 성년이 되다
come true 실현되다. (꿈이) 현실이 되다; (예언이) 적중하다
come hell or high water 어떤 일이 있더라도
come what may 무슨 일이 일어나더라도

기본동사 go

be going to R 막 ~하려는 참이다; ~할 예정이다
go to town 상경하다; 출세하다; (일을) 신나게[열심히] 하다
go places 출세하다, 성공하다
go-getter (사업 등의) 수완가; 적극적이고 야심이 많은 사람
go all the way (with sb**) / go to bed (with** sb**)**
성적인 관계를 가지다
go the limit 갈 데까지 가다; (여자가) 몸을 허락하다
go to the limit 할 수 있는 만큼 하다
go at 달려들다, 덤벼들다, (일 등에) 돌진하다
go bananas 미치다, 머리가 돌다
go ape (over sth**)** 〈속어〉 열광하다, 홀딱 빠지다; 매우 화가 나다
go easy (on sb/sth**)** 부드럽게 대하다; 아껴서 사용하다
go public (회사가) 기업을 공개하다; (비밀을) 공표하다
Gone With the Wind 바람과 함께 사라지다 〈영화〉
go down in history 역사적으로 중요한 것으로 기록되다, 역사에 남다
go downhill 내리막길을 걷다, 점점 나빠지다
go to Davy Jone's locker 바다에 빠져 죽다, 물고기 밥이 되다
go to the pot 파멸에 이르다, 파국으로 치닫다
go to the wall 궁지에 몰리다; 사업에 실패하다

go too far (행동이나 요구가) 너무 지나치다, 도를 넘다
go West 죽다 **cf. go South** 도망하다, 사라지다
go on a spending spree / go on a binge
돈을 흥청망청 써대다
go to the expense ~하는데 돈을 쓰다, 비용을 들이다
go to waste 낭비되다
keep going (일 따위를) 계속하다; 바쁘게 일하다

기본동사 pass

No passing. 〈게시물〉 추월금지.
Times passes quickly. 〈속담〉 시간은 화살같이 지나간다.
pass by sb/sth (들르지 않고) 지나치다, 못 본체 하다
pass muster 검열에 통과하다; (기준에) 합격하다
not pass one's lips 비밀 등을 얘기하지 않다
pass through sth 관통[통과]하다; 수료하다; 위기 등을 뚫고 나가다
pass the time 시간을 보내다, 소일하다
pass the time of the day (with sb**)** 가벼운 이야기를 나누다,
(지나가는 길에) 인사를 나누다

기본동사 step

Watch your step! 발을 조심해!
step inside (잠깐) 들어가다, 들르다 ↔ **step outside** 외출하다
step into sth (일 따위를) 시작하다; (역할 따위를) 인수하다
step in for ~ 대신에 의무를 다하다
step by step 한 걸음 한 걸음(=by degrees)

run

run의 기본 개념은 go와 거의 같지만, go보다 주체성이 있으며 "달리다"처럼 속도감 있는 움직임을 뜻한다.

1. (사람 등이) 달리다[달리게 하다], 달아나다; 운행하다
2. (다루는 범위가) ～에 미치다, 걸치다; (소문 등이) 퍼지다
3. (기계 등이) 돌아가다, 움직이다, 작동하다; (영화 등이) 계속 상영되다
4. (회사 등을) 경영하다; (선거 등에) 입후보하다
5. (위험 등을) 무릅쓰다, 목숨을 걸다
6. (액체가) 흐르다, 눈물, 콧물, 피가 흐르다; 열이 나다
N. 달리기, 운행, 장기 공연, 출마, 득점

walk

walk의 기본 의미는 "사람이 걷다"이지만 "처신하다"의 의미도 있다.

N. 보행, 산책; 처세, 세상살이; 활동 영역

jump

jump는 "공중으로 뛰어오르다(spring), 도약하다(leap)"이다.
이는 빠른 움직임을 내포하는 것이어서 비유적 의미로 "약동하다, 활기에 넘치다, 서두르다, 비약하다"의 의미로 발전한다.

fly

fly는 "(새나 곤충, 비행기 등이) 날다, 나는 듯이 빠르게 움직이다"의 의미의 동사이다.

stop

stop은 "어떤 동작을 더 이상 하지 않다"가 기본개념이다

1. 움직임을 멈추다 → 걸음을 멈추다, 일을 중단하다
2. 멈추게 하다, 방해하다, 저지하다(hinder), 구멍을 막다
3. 비 · 눈 등이 멈추다
4. 잠깐 들르다, 숙박하다

DAY-18

05801 When police arrived, the thieves ran _____. [입사]
★

(A) about   (B) away   (C) over   (D) through

05802 While he was looking on at the baseball game, he _____ an old classmate from his
★★ high school days. [00.세무직9급]

(A) ran over   (B) ran across

(C) broke in   (D) broke down

05803 Discretionary funds are included in most budgets to cover expenses that the contractor
★★ might <u>run into</u> during the work. [98.홍익대]

(A) forget to do   (B) meet unexpectedly

(C) pay for   (D) add on

05804 다음 빈칸에 공통으로 들어갈 것이 차례대로 된 것은? [00.법원직]

> 1) What if the sun ran _____ the earth?
> 2) The ship ran _____ during the storm.
> 3) I met _____ her on the street.
> 4) I will stand _____ you in the matter.

(A) into, aground, by, with   (B) into, aground, by, for

(C) into, aground, with, by   (D) into, at, with, on

05805 다음 빈 칸에 공통으로 들어갈 단어는?

> 1) I wanted to stop her and ask her something, but she just ran _____.
> 2) The lecture ran _____ and bored everyone to tears.

(A) into   (B) over   (C) out   (D) on

05806 다음 빈 칸에 공통으로 들어갈 말로 적당한 것은? [기출문제종합]

> 1) The truck went out of control and came close to _____ a pedestrian. [18.경찰1차]
> 2) Would you mind _____ the main points of your article again? [사법시험]

(A) running into   (B) running away

(C) running over   (D) running down

05807 He is always <u>running down</u> his friends. [입사]

(A) commending   (B) disparaging

(C) praising   (D) deserting

05808 다음 예문의 밑줄 친 부분과 같은 의미로 사용된 것은? [07.숭실대]

> Take the private Chinese-American International School in San Francisco, which <u>runs</u> from
> pre-kindergarten through eighth grade and offers instruction in all subjects-from math to
> music half in Mandarin and half in English.

(A) Bill's father <u>runs</u> an Internet company.

(B) Tonight's repertoire <u>runs</u> from tragedy to comedy.

(C) We <u>ran</u> through the whole symphony four times already.

(D) There's a train that <u>runs</u> from Singapore all the way up to Bangkok.

05801 (B) 경찰이 도착하자, 도둑들은 달아났다.

05802 (B) 그는 야구경기를 보는 동안에, 그의 고등학교 시절의 오래된 반 친구를 우연히 만났다.
(A) run over (자동차로) 치다   (B) run across 우연히 만나다
(C) break in 끼어들다 침입하다   (D) break down 고장 나다

05803 (B) 판공비는 그것이 운용되는 동안에 마주칠지 모르는 계약자들의 지출비용을 보상하기에 족한 모든 예산들을 계산에 넣는다.
     * discretionary fund 판공비

05804 (C)
1) 태양이 지구와 충돌하면 어떻게 될까? * run into 충돌하다
2) 그 배는 태풍이 치는 동안에 좌초되었다. * run aground 좌초하다
3) 나는 그녀를 거리에서 우연히 마주쳤다. * meet with 우연히 만나다
4) 나는 그 문제에 대해서 너를 지지할 것이다. * stand by 지지하다

05805 (D)
1) 그녀를 세워서 뭔가를 물어보려 했지만, 그녀는 계속 달렸다. * run on 계속 달리다
2) 강의는 장황하게 계속되었고 모든 이는 하품으로 눈물이 나도록 지루했다.
   * run on 계속 장황하게 이야기하다 bored to tears (하품으로 눈물이 나도록) 몹시 지루한

05806 (C)
1) 트럭이 제어할 수 없게 되어서 보행자를 거의 칠 뻔했다.
    * run over (차가) 사람을 치다 pedestrian 보행자
2) 당신의 논문의 요점을 다시 훑어보시겠어요? * run over 대충 훑어보다 복습하다

(A) run into 우연히 만나다   (B) run away 달아나다
(D) run down 헐뜯다

05807 (B) 그는 항상 그의 친구들을 헐뜯는다.
(A) commend 추천하다   (B) disparage 헐뜯다, 비난하다
(C) praise 칭찬하다   (D) desert 버리다

05808 (B)

샌프란시스코에 있는 사립 중국계 미국인 국제 학교를 예로 들면 유치원 이전 과정부터 8학년까지에 걸쳐있으며 수학에서 음악에 이르는 모든 과목을 절반은 만다린어로 절반은 영어로 가르친다.

(A) 빌의 아버지는 인터넷 회사를 경영하신다. * run 경영하다
(B) 오늘밤의 레퍼토리는 비극에서 코미디까지 걸쳐 있다. * run to ~에 달하다
(C) 우리는 네 번이나 교향곡 전체를 예행연습하였다. * run through 연습하다
(D) 싱가포르에서 방콕까지 여러 가지 노선으로 운행하는 기차가 있습니다. * run 운행하다

run away 달아나다, 도주하다(=escape, flee)
cf. run away[off] with sb/sth
1. (남녀가 눈이 맞아) 함께 달아나다(=elope with sb)
2. ~을 훔쳐서 도망치다(=abscond with sth)

run across sb/sth
우연히 만나다, 발견하다(=encounter, come across, come upon, run into, bump into sb, meet (sb) by chance)

run into sb/sth
1. 〈구어〉 ~와 우연히 만나다(=meet unexpectedly)
2. 곤란을 만나다, 어려움에 봉착하다
   (=run up against sb/sth)
3. 충돌하다
cf. run into a brick wall 〈구어〉 난관에 부딪히다

run aground
배가 좌초하다; (계획이) 좌절되다

run on
계속 달리다; 계속 장황하게 이야기하다(=talk volubly)

run over
1. (차가 사람 등을) 치다(=hit)
2. 대충 훑어보다; 복습하다(=review), 반복하다(=repeat)
3. 초과하다(=exceed, go beyond)
cf. hit and run (사람을 치고) 뺑소니치다

run down (sb/sth)
1. (몸이) 쇠약해지다; (전지가) 닳다; (시계가) 작동을 멈추다 2. 헐뜯다, 비방하다(=disparage) 3. 대충 읽어보다, 속독하다 4. 찾아내다; ~ 의 근원을 찾아내다; (사람을 추적하여) 잡다 5. (사람 등을) 치다(=run over) 6. (도시에서) 시골로 내려가다 7. ~로 서둘러 가다, 달려가다
cf. run-down 〈96한서대〉
(사람이) 지친, 병든; 낡아빠진(=squalid), 황폐한

run to sb/sth
1. (수량·크기 등이) ~에 달하다, 이르다
2. (구매할) 자력이 있다 (=afford)
3. 도움을 요청하다

05809 The rich man's son quickly _____ his money.

(A) ran up

(B) ran down

(C) ran over

(D) ran through

05810 We are _____ bread. I'll have to go the baker's to buy some more. [입사]
★★

(A) running away with

(B) running down

(C) running out of

(D) running over

05811 The rescuers have run _____ of food rations. [16.광운대 변형]

(A) short

(B) long

(C) wide

(D) narrow

05812 Boy, have I been in a real rut lately! Same old run-of-the-mill stuff day after day. [06.광운대]
★★

(A) difficult

(B) exciting

(C) boring

(D) humorous

05813 She is _____ for Parliament in the next election. [02.명지대]

(A) sitting

(B) driving

(C) walking

(D) running

05814 If the tourist had swum in the sea, they would have run the risk _____ ill. [성신여대]

(A) of falling

(B) to become

(C) for falling

(D) to becoming

05816 다음 대화 중 B의 적당한 대답을 고르시오. [01.동덕여대]

> A: Are you running a temperature?
> B: _____

(A) Yes, I feel a little warm.

(B) I don't have a thermometer.

(C) It's minus five degrees Celsius.

(D) It's lower than in Boston.

05816 The musical had a long _____ of seventy nights. [16.광운대 변형]

(A) time

(B) run

(C) line

(D) span

05901 Mr. Park walked out on his wife. [90.서울시7급]
★

(A) was ahead of

(B) deserted

(C) accompanied

(D) took a walk with

05902 When daughters react with annoyance or even anger at the smallest, seemingly innocent remarks, mothers get the feeling that talking to their daughters can be like _____: they have to watch every word. [15.사회복지9급]

(A) walking on air

(B) walking on a cloud

(C) walking on eggshells

(D) walking on the grass

05903 Role models for what one "ought to do" are important determining behavior in every walk of life. [93.행정고시]
★

(A) every direction

(B) all types of life style

(C) every way of living

(D) all kinds of people

(E) everyday life

05809 (D) 그 부자의 아들은 그의 돈을 매우 빨리 탕진했다.
　　(A) run up 급히 만들다　　　　　　(B) run down 헐뜯다
　　(C) run over 초과하다　　　　　　(D) run through 다 써버리다

05810 (C) 빵이 다 떨어져 가요. 빵집에 가서 좀 더 사야겠어요.
　　(A) run away with ~와 함께 도망치다　　(B) run down 쇠약해지다, 비방하다
　　(C) run out of ~이 떨어지다　　　　　(D) run over (차가) 사람을 치다

05811 (A) 구조대원들은 배급식량이 떨어졌다.

05812 (C) 최근에는 정말 지루한 일상의 반복이군! 매일 매일 낡고 평범한 것들로 채워져 있어.
　　* in a rut (생활이나 일의 상황이) 틀에 박혀 지루함을 느끼는

05813 (D) 그녀는 다음 국회의원 선거에 출마할 것이다.

05814 (A) 만일 여행객들이 바다에서 수영을 했었더라면, 그들은 앓아누울 위험을 무릅썼을 것이다.

05815 (A)

> A: 몸에 열이 나고 있나요?
> B: _____

　　(A) 네, 약간 더운 느낌이 있네요.
　　(B) 전 체온계(thermometer)가 없는데요.
　　(C) 섭씨 영하 5도네요. * minus five degrees 영하 5도/ Celsius 섭씨
　　(D) 보스턴보다는 기온이 낮네요.

05816 (B) 그 뮤지컬은 70일에 걸쳐 장기 흥행했다.

05901 (B) 박씨는 그의 아내를 저버렸다.
　　(A) ahead of ~에 앞서서　　　　　　(B) desert 버리다, 유기하다
　　(C) accompany 동행하다　　　　　　(D) take a walk with ~와 함께 산책하다

05902 (C) 딸들이 가장 사소하고 악의 없이 보이는 말에 짜증과 분노로 반응할 때, 엄마들은 딸에게 말을 거는 것이 살얼음을 걷는 것 같은 느낌을 받는다. 엄마들은 모든 말에 조심해야 한다.
　　(A) walk on air 들뜨다
　　(B) be walking on a cloud 구름 위에 붕 떠있는 기분이다
　　(C) walk on eggshells 눈치를 보며 조심조심하다
　　(D) walk on the grass 잔디 위를 걷다

05903 (D) 반드시 해야 하는 것에 대한 역할모델은 모든 종류의 사람들에 있어서 중요한 결정 작용이다.

---

run through sth
1. ~을 대충 훑어보다, 통독하다(=go through sth)
2. (연극 · 장면 등을) 연습하다, 리허설하다
3. (~을) 낭비하다; ~을 다 써버리다
= **run short (of sth)** 떨어지다, 바닥이 나다, 부족하다

run out of sth
(식량 · 연료 등이) 바닥나다, 고갈되다, 떨어지다
(=become used up, be exhausted)
cf. run out of gas 기름이 떨어지다

run short (of sth)
(…이) 부족하다; (…이) 떨어지다
cf. **run low** (자금 따위가) 고갈되다, (식량, 연료 등이) 떨어져 가다

run-of-the-mill
보통의, 평범한, 흔한
(=ordinary, commonplace, mediocre)

run for
~에 출마하다, 입후보하다

run[take] a risk (of ~ing)
~의 위험을 무릅쓰다

run a temperature /
run a fever /
have a temperature
(몸이 아파서) 열이 나다, 열이 있다, 정상보다 체온이 높다

have a long run
〈영화 · 연극이〉 장기 흥행되다(=run for a long time)

walk out on sb/sth
버리다(=desert), 떠나다(=leave)
cf. **walk out** 퇴장하다, 파업하다

walk on eggshells
(다른 사람의 눈치를 보며) 조심조심하다
(=be very careful not to upset somebody)
cf. **walk on eggs** 신중히 처리하다

every walk of life / all walks of life
각 계층의 사람들, 각계각층; 부문, 직업
cf. **walk of life** 직업(=occupation), 사회적 계급 〈02.건국대〉

06001 She would ask Granny for advice when one of the children <u>jumped the track</u>. [83.행정고시]

(A) had a serious illness   (B) got out of control

(C) ran away   (D) became tired and cross

(E) played hide and seek in the playground

06002 Mike <u>jumped on the bandwagon</u> since he was not sufficiently informed about the meeting
★ beforehand. [07.고려대]

(A) followed the majority   (B) voiced his perspective

(C) asserted his opinion   (D) dissented from the boss

06003 Before you jump to a _____ do enough research to avoid making a fool of yourself. [02.경찰]
★★

(A) conclusion   (B) inference   (C) confession   (D) high

06101 With troubles at home, flocks of Asian investors have <u>flown the coop</u> over the past year;
foreign-investment approvals fell more than 70% in the financial year that ended in
March. [10.동국대]

(A) curtailed   (B) diminished

(C) left   (D) retrenched

06102 A new "four-door convertible" fridge lets you select, <u>on the fly</u>, whether each of the two
bottom drawers is for chilling or freezing.

(A) spontaneously   (B) at your leisure

(C) decisively   (D) in person

06201 I want to stop them _____ watching television. [법원직]

(A) on   (B) to   (C) away   (D) off   (E) from

06202 Language is so much part of our lives that we seldom _____ about it.
★

(A) stop from thinking   (B) stop thinking

(C) stop at nothing to think   (D) stop to think

06203 I'll do a little shopping with my wife and <u>stop by</u> your office tomorrow. [98.단국대]

(A) drop in   (B) put off

(C) delay   (D) stay near

(E) pull over the car by

06001 **(B)** 그녀는 아이들 중 한 애가 탈선했을 때 할머니에게 조언을 구하곤 했다.
- (A) have a serious illness 심한 병에 걸리다
- (B) get out of control 통제를 벗어나다
- (C) run away 도망치다
- (D) become tired and cross 지치고 짜증나다
- (E) play hide and seek 숨바꼭질 놀이를 하다

06002 **(A)** 마이크는 사전에 회의에 대해 충분하게 정보를 받지 못했기 때문에 대세에 따랐다.
- (A) 다수를 따르다
- (B) 그의 관점을 표명하다 * perspective 관점
- (C) 그의 의견을 강력히 주장하다 * assert 강하게 주장하다
- (D) 상사와 의견을 달리하다 * dissent from ~와 의견이 다르다

06003 **(A)** 결론을 속단하기 전에 자신을 비웃음거리로 만들지 않으려면 충분히 조사해라.
- (A) conclusion 결론　　　(B) inference 추론　　　(C) confession 고백

06101 **(C)** 국내의 문제들 때문에 지난 한 해 동안 많은 아시아 투자자들이 떠났다. 그래서 해외 투자율이 3월에 끝난 회계연도에 70% 이상 떨어졌다.
- (A) curtail 줄이다, 단축하다　　　(B) diminish 줄이다
- (C) leave 떠나다　　　(D) retrench (비용을) 삭감하다

06102 **(A)** 신상품인 4도어 컨버터블 냉장고는 자동으로 두개의 하단 각각을 냉장 또는 냉각으로 쓸 것인지를 선택할 수 있습니다.
- (A) spontaneously 자발적으로　　　(B) at your leisure 한가할 때
- (C) decisively 결정적으로　　　(D) in person 직접, 몸소

06201 **(E)** 나는 그들이 텔레비전을 보지 못하게 하고 싶다.
- * stop/keep/prevent/prohibit/hinder/refrain + sb/sth + from ~ing

06202 **(D)** 언어는 우리의 삶에서 너무 많은 부분을 차지하기 때문에 우리는 거의 그것에 대해서 곰곰이 생각하는 법이 없다.

06203 **(A)** 아내와 쇼핑을 좀 하고 네 사무실에 잠시 들를게.
- (A) drop in 잠시 들르다　　　(B) put off 연기하다
- (C) delay 연기하다　　　(E) pull over 차를 길 한쪽에 대다

jump the track[rails]
(차량·사람이) 탈선하다(=derail, get out of control)
(계획 등이) 갑자기 변경되다

jump[get, hop, climb] on the bandwagon
시류에 편승하다, 우세한 쪽에 서다
(=join a popular cause or movement, follow the majority)
cf. on the wagon 술을 끊고
　　off the wagon 술을 또 다시 마시기 시작하여

jump to a conclusion
너무 빨리 속단하다
cf. come to a conclusion 결론에 도달하다

fly the coop
탈옥하다, 도망치다(=leave)

on the fly
1. (날듯이) 바삐, 빠르게, 서둘러
2. (컴퓨터 프로그램 등이) 자동으로, 작동 중에

stop sb/sth (from) ~ing
~하지 못하게 하다
cf. stop to R ~하기 위해 멈추다

stop to think
곰곰이 생각하다

stop by (sw) / stop by (at sw)
~에 잠시 들르다, 방문하다
(=stop off, stop in, drop in, drop by)
cf. stop off[in] (at sth) ~에 잠시 들르다(=drop in, drop by)

보충이디엄

기본동사 run

run an errand / run errands / go an errand 심부름가다
run at sb/sth ~에게 달려들다; (주문 따위가) ~에 달하다
run after sb/sth ~을 뒤쫓다; (유행 따위를) 쫓다(=pursue, chase)
get the runaround 이런 저런 핑계를 듣다
run scared 겁먹은 듯이 처신하다; 실패하지 않을까 두려워하다
run wild[riot] 함부로 날뛰다, 제 멋대로 행동하다
When the well is full, it will run over. 〈속담〉 우물도 차면 넘친다. 그릇도 차면 넘친다.
run dry (우물 등이) 마르다, 말라붙다
run in the family [blood] 집안 내림이다, 피는 못 속인다
run off at the mouth 말을 너무 많이 한다(=talk too much)

기본동사 walk

walk the floor 기다리는 동안에 초조해하다
walk around (문제 따위를) 다각적으로 검토하다; ~을 잘 빠져 나가다
walk off[away] with sth ~을 갖고 달아나다; ~을 쉽게 이기다
walk the beat 경찰이 관할 구역을 순찰하다
walk away (남을 내버려 두고) 떠나다; 사고를 당하고 별 부상 없이 살아나다
walk the chalk[line] 명령에 따르다
walk over (sb/sth) 독주하다; ~에 낙승하다; 모질게 다루다
walk tall 뻐기다, 스스로 긍지를 갖다

기본동사 jump

jump down sb**'s throat / jump all over** sb 심하게 꾸짖다
jump out of one's skin 간 떨어질 뻔하다, 펄쩍 뛰다
jump the gun 부정 출발하다; 성급하게 행동하다
jumper cable (배터리가 방전되었을 때 시동을 걸기 위한) 부스터 케이블
jump off 시작하다, 공격을 개시하다; 뛰어 내리다

기본동사 stop

stop at nothing 〈구어〉 무엇이든 다 하려들다
stop dead / stop short / stop in one's tracks / stop on a dime 갑자기 딱 멈추다
stop short of sth**/~ing** ~하는 것을 멈추다, ~까지는 이르지 않다
stop over (여행 중에) 잠시 묵다 **cf. stopover** 휴게지, 단기 체류지; 도중하차지
stop-and-go 서다 가다를 반복하는
one-stop 한 곳[창구]에서 모든 일을 처리하는

carry

carry는 "가진 상태로(have) 움직이다(move) → 나르다"이다.
단순히 물건을 소지하거나 나르는 것에 그치지 않고 "소식을 전하다", "일을 진행하다", "새끼를 배고 있다" 등도 나르고 있는 것의 일종이라 할 수 있다.

1. 소지하다, 휴대하다; 나르다, 운반하다; 소식 등을 전하다
2. 일을 추진하다, 진행시키다

bear

bear는 "어떤 것을 몸에 지닌 채로 있다"가 기본 의미이다.

1. ~을 (몸에) 지니다, 원한 등을 품다, 나르다(carry); 출산하다, 열매를 맺다
2. 지탱하다, 유지하다, 입증하다; 책임·부담을 지다, 고통을 견디다, 참다(stand)
3. (어떤 방향으로) 향하다, 나아가다
cf. bearing 태도, 관계; 영향; 방향, 상대적 위치 〈12 동국대〉

bring

bring은 "주어가 목적어와 함께 도달점에 이르다"이다.
흔히 "(목적어를) 데려오다, 가져오다"외에도 "어떠한 결과를 초래하다, 야기하다"로 많이 쓰인다.
cf. bring 가져오다, 데려오다 / fetch 가서 가져오다 / take 어떤 장소로 가져가다

06301 Although she has shown interest in fashion, particularly the work of young designers, her husband is clearly not <u>carried away</u> by it. [13.성균관대]

(A) charmed (B) disappointed

(C) worried (D) frustrated

(E) puzzled

13.성균관대/02.서강대/96.행시
95.기술고시/Teps

[유제] Mary was so <u>carried away</u> by John's remark on her new hairdo that she couldn't sleep at all. [95.기술고시]

(A) excited (B) annoyed (C) satisfied (D) influenced (E) humbled

06302 At the beginning of the American Civil War, many southerners believed their soldiers and statesmen would <u>carry</u> the day.

(A) enjoy (B) name (C) lose (D) win

07.경북9급

06303 By <u>carrying on</u> trade, the international business community exchanges ideas that influence world opinion. [토플]

(A) seeking (B) counting on

(C) engaging in (D) requesting

15.상명대/97.경찰간부/토플/Teps

06304 The scientists working in the government laboratory _____ the experiment. [04.서강대]

(A) lead to (B) carry out

(C) lead from (D) carry in

15.국회9급/04.서강대
96.청주대/입사/토플/토익/Teps

06305 Optimism is a good characteristic, but if <u>carried to an excess</u> it becomes foolishness. [02.성균관대 변형]

(A) 너무 지나치면 (B) 분명히 말하자면

(C) 너무 많은 압박을 받으면 (D) 만약 극단으로 몰리면

02.성균관대

06401 You must <u>bear</u> my advice <u>in mind</u>. [96.세종대]

(A) remember (B) write down

(C) recite (D) utilize

11.기상직9급/96.세종대
90.행정고시/토플/Teps

06402 다음 문장의 밑줄 친 부분에 알맞은 것은? [89.행자부9급]

> Even the slightest pain was too severe for him to bear.
> = He could not _____ the slightest pain.

(A) be endurable (B) allow

(C) stand (D) be impatient

(E) be unbearable.

08.서강대/89.행자부9급/86.행자부9급

06403 The juror wondered how that testimony <u>bore on</u> the case. [99.한성대]

(A) affected (B) expected

(C) put on (D) relied on

12.서강대/99-2.한성대

06301 **(A)** 비록 그녀가 패션, 특히 젊은 디자이너의 작품에 관심을 보이긴 했지만 그녀의 남편은 그것에 분명히 매료되지 않고 있다.

(A) be charmed 매료되다　　　　　　(B) be disappointed 실망하다

(C) be worried 걱정하다　　　　　　(D) be frustrated 좌절하다

(E) be puzzled 당황스러워하다

be carried away / get carried away
넋을 잃다, 무아지경이 되다, 몹시 흥분하다
(=become too excited, get fascinated, get enchanted)

(A) 메리는 존이 자기 머리모양에 대해서 한 말 때문에 흥분해서 잠을 이룰 수가 없었다. *
hairdo 머리모양, 헤어스타일

(A) excite 흥분시키다　　　　　　(B) annoy 화나게 하다

(C) satisfy 만족시키다　　　　　　(D) influence 영향을 끼치다

(E) humble 누추한, 겸손한

06302 **(D)** 남북전쟁의 초기에, 많은 남부사람들은 그들의 군인과 정치가들이 승리할 것으로 믿었다.

(B) name the day 날짜를 정하다　　(C) lose the day 패배하다

(D) win the day 승리하다

carry[win] the day
승리를 거두다(=win), (지지 등을 이끌어 내는 데) 성공하다

06303 **(C)** 무역을 진행하면서 국제적인 상업 공동체는 세계의 여론에 영향을 미치는 관념들을 교환한다.

(A) seek 찾다, 구하다　　　　　　(B) count on 의지하다

(C) engage in ～에 종사하다　　　(D) request 신청하다, 구하다

carry * on
1. 계속 진행하다, 속행하다(=continue, run on)
2. 경영하다, 처리하다(=transact, manage); 처신하다, 행동하다
3. (아이가) 무례하게 굴다; 징징거리다
cf. carry-on 기내 휴대 수하물

06304 **(B)** 국가연구소에서 일하고 있는 과학자들이 실험을 수행하고 있다.

carry * out sth
성취하다, 완성하다(=complete, accomplish);
실행하다(=execute, conduct)

06305 **(A)** 낙천주의는 좋은 특성이지만 너무 지나치면 어리석음이 된다.

carry (sth) **to excess /**
carry sth **too far**
(～의) 도를 넘다, 지나치게 ～하다

06401 **(A)** 너는 내 충고를 명심해야 한다.

(A) remember 기억하고 있다　　　(B) write down 받아 적다

(C) recite 암송하다　　　　　　　(D) utilize 이용하다

bear[keep, have] in mind sth **/ that~**
～을 기억하다, 명심하다(=remember)

06402 **(C)**

> 심지어 아주 가벼운 통증도 그에게 너무 힘들어서 그는 참을 수 없었다.
> = 그는 아주 가벼운 통증조차 참지 못했다.

(A) be endurable 견딜 수 있는

(B) allow 허락하다, 인정하다

(C) stand 참다, 견디다

(D) be impatient 참을성이 없다

(E) unbearable 참을 수 없는 * 이중 부정이 되므로 참을 수 있다는 뜻이 된다.

can't bear sth
～을 참을 수 없다
(=can't stand sth ↔ put up with sth, tolerate)

06403 **(A)** 배심원은 그 증언이 사건에 얼마나 영향을 미칠지 궁금해 했다.

(A) affect ～에 영향을 미치다　　(C) put on ～을 입다 ～인 체하다

(D) rely on 의존하다

bear on sth
1. ～에 영향을 미치다(=affect)
2. 관계가 있다(=relate to, have connection with sth)

06404 다음 빈칸에 공통적으로 들어갈 말로 적당한 것은? [07.강원도9급]

07.강원도9급

> 1) This report _____ out my theory.
> 2) This board is too tiny to _____ the weight.
> 3) I can't _____ being laughed at.

(A) turn   (B) keep

(C) hold   (D) bear

06405 The falcon was <u>bearing down on</u> a bird at a speed of twenty miles an hour. [입사]

13.중앙대/입사/Teps

(A) moving swiftly towards   (B) chasing fiercely

(C) holding down   (D) picking up

06406 Rachel had been <u>born out of wedlock</u>. Because her parents had never married, she had never met her biological father. [08.국가직9급 변형]

08.국가직9급/Teps

(A) rich   (B) illegitimate

(C) divorced   (D) handicapped

06501 What did the reconciliation between the parties _____ about? [입사]

96.청주대/입사/토플/Teps

(A) bring   (B) come   (C) set   (D) take

06502 다음 빈칸에 공통으로 들어갈 단어로 가장 적절한 것은? [기출문제종합]

01-2.세종대/98.강남대/입사/토플/Teps

> 1) The company will bring _____ a new car next year. [토플]
> 2) Close investigation will bring _____ his crime. [98.강남대]
> 3) Rudeness usually brings _____ the worst in people. [입사]

(A) in   (B) out   (C) forward   (D) up

06503 That documentary <u>brought to light</u> the problems of refugees. [04.국회직/00.단국대]

04.국회사무직/00.변리사
00.단국대/토플/Teps

(A) made known   (B) took to other countries

(C) made people happy with   (D) was made with powerful lights

(E) was filmed outside, under the sun

06504 The very existence of nuclear weapons confronts humanity with the most fateful choice in its history on earth. Step must be taken to prevent their use by irresponsible government to _____ the inevitable destruction of life on earth. [01.여자경찰/90.연세대 대학원]

01.여자경찰/94.경찰/90.연세대대학원/Teps

(A) come about   (B) bring about

(C) come to an end   (D) bring to an end

06505 My mother does not like sports. That's why she walks out of the room whenever my father _____ sports. [14.사회복지9급]

16.산업기술대/14.사회복지직9급/07.강남대
93.서울시9급/입사4회/토플/Teps

(A) turns down   (B) catches out

(C) brings up   (D) copes with

[유제] She <u>was badly brought up</u>. [93.서울시9급]

(A) was unhappy   (B) was spoiled

(C) was too selfish   (D) was too proud of herself

06404 (D)

> 1) 이 보고서는 내 이론을 뒷받침해 준다. * bear out 뒷받침하다
> 2) 이 널빤지는 너무 작아서 그 무게를 지탱할 수 없다. * bear 무게를 지탱하다
> 3) 나는 비웃음당하는 것을 참을 수가 없다. * bear 참다

(A) turn out 판명되다
(B) keep out 밖에 머무르다. 따로 두다 keep up 계속 지탱하다. 유지하다
(C) hold out 견디다. 참다. 지탱하다

bear * out sb/sth
(사람의 말·주장 등을) 뒷받침하다. 확증하다. 증거가 되다

06405 (A) 매는 시속 20마일의 속도로 새 한 마리 쪽을 향해 위협적으로 돌진하고 있었다.
(A) ~쪽으로 빠르게 움직이는 (B) 맹렬하게 뒤쫓는
(C) 내리 누르는 (D) 집어 올리는

bear down on sb/sth
~에게 위협적으로 돌진하다
(=move quickly towards sb/sth),
급습하다; 압박을 가하다

06406 (B) 레이첼은 사생아로 태어났다. 왜냐하면 그녀의 부모님들은 결혼하지 않았으며, 그녀는 생부를 본 적이 없다. * a biological father 생부(生父)
(A) rich 부유한 (B) illegitimate 사생아로 태어난
(C) divorced 이혼한 (D) handicapped 장애가 있는

born out of wedlock
사생아로 태어난(=illegitimate)

06501 (A) 정당 간의 조정으로 어떤 일이 초래되었는가? * reconciliation 조정. 화해

bring * about sth
초래하다, 야기하다
(=produce, cause, make sth happen)
= **bring on** sth (전쟁·질병 따위를) 초래하다. 야기하다

06502 (B)

> 1) 그 회사는 내년에 새 차를 출시할 것이다. * bring out 신제품을 내놓다
> 2) 정밀하게 수사하면 그의 범죄가 드러나게 될 것이다. * bring out 드러나게 하다
> 3) 무례함은 대개 사람이 가지고 있는 최악의 모습으로 드러난다. * bring out 드러나게 하다

bring * out sth
1. (성질을) 드러나게 하다(=reveal); (의미를) 분명히 하다
2. (신제품 따위를) 내놓다, 발표하다(=introduce), 출판하다
3. (물건 등을) 꺼내오다; ~을 입 밖에 내다. 말하다(=utter)

06503 (A) 그 기록 영화는 난민문제를 세상에 알렸다.

bring sth **to light**
~을 세상에 알리다. 폭로하다, 깨닫게 하다
(=make sth known)

06504 (D) 핵무기가 존재한다는 그 사실이 지구 역사상 인류가 가장 숙명적인 선택에 직면하도록 했다. 이 지구상에서 불가피한 생명의 파괴행위를 종식시키기 위하여 무책임한 정부에 의한 핵무기 사용을 막기 위한 조치들이 취해져야 한다.
* confront 직면하다 step 조치 inevitable 피할 수 없는
(A) come about 생기다. 일어나다 (B) bring about 초래하다
(C) come to an end 끝나다. 마감되다 (D) bring to an end ~를 끝내다

bring * to an end sth
~을 끝내다. 마치다

06505 (C) 어머니는 스포츠를 좋아하시지 않는다. 그것이 아버지가 스포츠 얘기를 꺼내실 때마다 어머니가 방에서 나가시는 이유이다.

bring * up sb/sth
1. 양육하다(=raise, nurse, rear)
2. (문제 따위를) 제기하다(=present, raise)
cf. be well brought up 바르게 자랐다
→ **be badly brought up**
버릇없이 자랐다(=be spoiled)

(B) 그녀는 버릇없이 자랐다. * be badly brought up 버릇없이 자랐다
(A) 불행했다
(B) 버릇없이 자랐다 * spoil 버릇없게 키우다
(C) 지나치게 이기적이었다 * selfish 이기적인
(D) 스스로를 너무 자랑스러워하다

06506 One of the committee members _____ an interesting point. [입사]

(A) brought on　　　　　　　　　(B) brought about

(C) brought to　　　　　　　　　(D) brought forward

06507 다음 빈 칸에 공통으로 들어갈 단어는? [예상]

> 1) My part-time job doesn't bring _____ much, but I enjoy it.
> 3) Please bring _____ several specialists to advise on this case.

(A) in　　　　　(B) about　　　　　(C) up　　　　　(D) out

06508 다음 빈 칸에 들어갈 적당한 단어는? [08.서울교행9급 변형]

> A: Who's the _____ in your family?
>
> B: My father brings home the bacon.

(A) homemaker　　　　　　　　　(B) white elephant

(C) breadwinner　　　　　　　　　(D) black sheep

06509 Mr. Brady has done something to <u>bring home to us</u> the terrible reality of war. [11.성균관대]

(A) familiarize ourselves with　　　(B) allow us to overcome

(C) encourage us to neglect　　　　(D) make us feel comfortable with

(E) lead us to realize

06506 **(D)** 그 위원회의 한 구성원은 흥미로운 점을 제시하였다.
- (A) bring on 초래하다
- (B) bring about 야기하다
- (C) bring to 의식을 차리게 하다
- (D) bring forward 제안하다

06507 **(A)**

> 1) 내 시간제 직장은 많은 수입은 안 되지만, 나는 그 일이 좋다. * bring in (이익을) 가져오다
> 3) 이 문제에 대해 조언해 줄 몇몇 전문가를 불러 주십시오. * bring in (사람을) 데려오다

06508 **(C)**

> A: 누가 너의 집 생계를 책임지니?
> B: 아버지가 생활비를 벌고 계세요.

- (A) homemaker 전업주부
- (B) white elephant 성가신 물건
- (C) breadwinner 밥벌이를 하는 사람
- (D) black sheep 말썽꾸러기

06509 **(E)** 브래디 씨는 우리가 전쟁의 지독한 실상을 깨닫게 하고자 어떤 일을 했다.
- (A) 우리가 ~에 익숙하게 하고자
- (B) 우리가 극복할 수 있도록 하고자
- (C) 우리가 무시하도록 권장하고자
- (D) 우리가 편안하게 느낄 수 있도록
- (E) 우리가 깨달을 수 있도록 유도하고자

bring forward sth
(안 · 문제 따위를) 제출하다, 제시하다(=present, submit)

bring * in sth
1. (새로운 법 · 제도 등을) 도입하다; (법률안 등을) 제출하다
2. (수입 · 이익 등을) 가져오다
3. (남을) 소개하다, (대화 속에) 끼워 넣다
4. (배심원이) 유 · 무죄 평결을 내리다

bring home the bacon
1. (가정의) 생활비를 벌다, 생계를 책임지다
2. (경주 등에서) 입상하다(=win the race), 성공하다
cf. breadwinner 집안에서 밥벌이를 하는 사람

bring sth **home to** sb
~에게 ~을 충분히 납득시키다, 확신시키다

보충이디엄

기본동사
carry

carry off sb/sth 유괴하다; (상품 등을) 쟁취하다; 어려운 일을 해내다
carry over sth 넘겨주다; 이월하다, 뒤로 미루다
carry weight (with sb**)** ~에 대해 영향력을 가지다
carry the ball 책임을 맡다(=bear the burden); 주도권을 잡다
carry a torch for (sb**)** 남몰래 짝사랑하다
carry into effect[execution, practice] 실행에 옮기다, 실시하다

기본동사
bear

bear a child 아이를 낳다(=give birth to a baby)
bear fruit 열매를 맺다, 효과를 내다
bear interest 이자가 붙다
bear the burden 부담을 견디다, 고생을 참다
bear a grudge (against sb**)** ~에게 앙심을 품다
bear watching 주목할 가치가 있다, 전도가 유망하다

기본동사
bring

bring along sb/sth (사람을) ~에 데리고 가다; (물건을) 가지고 가다
bring to life ~을 정신 들게 하다, 소생시키다(=revive)
bring to oneself 제정신이 들게 하다; 본심으로 돌아오게 하다
bring back sth ~을 기억나게 하다, 생각나게 하다
bring to mind sb/sth ~을 생각해 내다; (사물이) ~을 생각나게 하다
bring sth **to a halt** ~을 정지[중지, 중단]시키다
bring sth **to a head / come to a head** (사태를) 위기로 몰아넣다; 명확하게 하다; 기회가 무르익다
bring to a crisis 위기로 몰아넣다
bring sth **to naught** (계획 등을) 망쳐 놓다, 무효로 만들다
bring sth **to pass** ~을 실현[성취]시키다; 일어나게 하다
bring the curtain down on / ring down the curtain
(극장에서) 벨을 울려 막을 내리다, (프로그램을) 폐지하다

turn

turn은 "변화를 수반하는 움직임(돌리다, 바꾸다, 변하다)"을 나타내는 동사이다.

1. 돌리다, 회전시키다; (스위치를 돌려 전원을) 켜다(on)/끄다(off)
2. 방향을 바꾸다, (시선 · 얼굴을) 돌리다, 뒤집다
3. (사람 · 사물이) ~가 되다, ~으로 전환하다; 변하다
N. 회전, 전환, 차례; 교대시간

change

change는 "어떤 것을 다른 상태로 만들다"이다.
스스로의 모습을 바꾸는 것(변하다), 물건을 다른 것과 바꾸다(교환하다), "옷을 갈아입다" 등의
의미로 쓰인다.
명사로는 "전환, 교체; 거스름돈, 잔돈"의 의미를 가진다.

move

move는 "위치나 자리를 옮기다, 움직이다"의 뜻이다.
따라서 "이사가다, 마음이[을] 움직이게 하]다 → 감동하다, 감동시키다"의 뜻으로도 쓰인다.
생각을 옮긴다는 의미에서 "제의하다"라는 의미도 있다.

N. 움직임; 운동; 이사; 조처, 수단

roll

roll은 "회전을 통해서 앞으로 나아가다"가 기본개념이다. 우리말의 "구르다, 굴리다"에 해당된다.

1. 구르다, 굴리다; 차를 타고 나가다
2. (일을) 착수하다, 시작하다
3. 동그랗게 말다
N. 두루마리, 명부, 출석부

06601 빈칸에 들어갈 말로 적당한 표현을 고르시오. [01.101단]

11.동국대/01.101단/Teps

> A: Is there anything good on TV tonight?
> B: I don't know, _____ and see.

(A) Let's turn it.　　　　　　　(B) Let's try.

(C) Let's turn it on.　　　　　　(D) Let's turn it up.

06602 다음 빈 칸에 공통으로 들어갈 단어는? [01한성대 변형]

14.항공대/13.서울시7급/01-2한성대
01.인천시9급/Teps

> Here are some ways you can use less water. First, you should be sure you can turn _____ the faucets tightly. They should not drip in bathroom or kitchen sink. Second, you should not keep the water on for long time. You should turn it _____ while you are something else.

(A) in　　　　　(B) on　　　　　(C) off　　　　　(D) out

06603 Light rays are <u>turned aside</u> by the intense gravitational field surrounding a black hole. [06.동아대]

06.동아대/98.경찰간부/96.경기대/토플

(A) created　　　　　　　　(B) rotated

(C) deflected　　　　　　　(D) heightened

(E) reflected

06604 In October, Zambia _____ 18,000 tons of U.S. corn, even though 3 million of its citizens teeter on the brink of starvation. [03단국대 변형]

03-2단국대

(A) took in　　　　　　　　(B) got along with

(C) depended on　　　　　　(D) turned away

06605 Experts say the economy shows no signs of turning _____.

03-2단국대

(A) away　　　　　(B) in　　　　　(C) around　　　　　(D) up

06606 다음 대화의 밑줄 친 부분에 들어갈 가장 알맞은 표현은? [03.숭실대]

03-2.숭실대/토플/Teps

> A: Did the manager finally accept the workers' demands?
> B: No, once again he _____ a deaf ear to them.

(A) moved　　　　(B) pointed　　　　(C) opened　　　　(D) turned

06607 Teachers are <u>turning a blind eye to</u> pupils smoking at school, a report reveals today. [10.서울시9급]

16.한성대/10.서울시9급/97.고려대

(A) punishing hard　　　　　　(B) giving a serious warning to

(C) pretending not to notice　　　(D) making a report about

(E) trying to persuade

06608 Europe has for years <u>turned its nose up</u> at American products like corn, tomatoes and soy, which scientists have engineered to contain unnatural genes. [03단국대 변형]

17.중앙대/13.국가직7급/03-2단국대

(A) braced　　　　　　　　(B) ridiculed

(C) attacked　　　　　　　(D) confused

06609 My son doesn't talk back these days he must have <u>turned over a new leaf</u>. [고려대]

고려대/공사/Teps

(A) begun a new life　　　　　(B) been absorbed in games

(C) been listening to new music　(D) folded a leaf

06601 (C)

> A: 오늘밤 TV에 볼만한 게 있나?
> B: 글쎄, TV를 켜서 한번 보자.

06602 (C)

> 물 사용량을 줄일 수 있는 몇 가지 방법이 있다. 우선, 수도꼭지를 반드시 꽉 잠그도록 해야 한다. 욕실이나 싱크대의 수도꼭지에서 물이 똑똑 떨어지게 해서는 안 된다. 둘째로, 장시간 수돗물을 계속 틀어 두는 일이 없어야 한다. 다른 일을 하고 있는 동안에는 물을 잠가두어야 한다.

(B) turn on 수도 등을 틀다   (C) turn off 수도 등을 잠그다

06603 (C) 광선은 블랙홀을 둘러싼 강력한 중력장에 의해 옆으로 비켜나가게 된다.
(A) create 창조하다   (B) rotate 회전하다
(C) deflect 빗나가다   (D) heighten 높이다
(E) reflect 반사하다

06604 (D) 10월에 잠비아는 아사 직전의 위기에 놓인 국민들이 300만 명이 되면서도 미국의 옥수수 18,000톤을 거절하였다.
　* teeter on the brink of ~하느냐 마느냐의 사소를 타는, 중대한 위험 앞에 놓인 starvation 기아, 아사
(A) take in 섭취하다   (B) get along with ~와 잘 지내다
(C) depend on 의지하다   (D) turn away 외면하다

06605 (C) 경제가 회복될 기미가 전혀 보이지 않는다고 전문가들은 말한다.

06606 (D)

> A: 경영자가 결국 노동자들의 요구를 받아들였니?
> B: 아니, 역시 그는 그들의 말을 조금도 귀 기울여 듣지 않았어.

06607 (C) 선생님들은 학생들이 학교에서 흡연하는 것을 눈감아 주고 있다고, 오늘 한 보고서는 밝혔다.
(A) 심하게 벌하는   (B) 진지하게 경고하는
(C) 못 본 체하는   (D) ~에 대해 보고서를 만드는
(E) 설득하도록 노력하는

06608 (B) 유럽은 과학자들이 인위적인 유전자를 갖게 조작한 옥수수, 토마토, 콩 같은 미국의 농산품들을 수년간 조롱해 왔다.
(A) brace 떠받치다, 보강하다   (B) ridicule 비웃다, 조롱하다
(C) attack 공격하다   (D) confuse 혼란시키다

06609 (A) 내 아들은 요즘 들어서 말대꾸를 하지 않는다. 그는 아마도 새로 마음을 고쳐먹었음에 틀림없다.　* talk back 말대꾸하다
(A) begin a new life 새로운 삶을 시작하다   (B) be absorbed in 에 몰두하다
(D) fold a leaf 잎을 꺾다

---

turn on (sb/sth)
1. (가스 · 수도 등을) 틀다; (전등 · 라디오 등을) 켜다
   (↔ turn off sth)
2. (사람을) 흥분시키다(=cause sb to feel excited and very interested); 성적으로 자극하다
3. 공격하다(=attack); 사람을 갑자기 비난하다
   (=criticize sb suddenly)

turn off (sb/sth)
1. (가스 · 수도 등을) 잠그다; (전등 · 라디오 등을) 끄다
   (↔ turn on sth)
2. 해고하다(=dismiss, lay off sb)
3. (사람을) 불쾌하게 하다, 흥미를 잃게 하다
cf. turnoff (간선도로로 통하는) 지선 도로; (활동 등의) 중지; 분기점; 완성품

turn * aside (sb/sth)
옆으로 비키다(=deflect); (질문 · 공격 등을) 슬쩍 피하다
(=avert); 외면하다
cf. steer clear of sb/sth
~에 가까이 가지 않다. ~을 비키다. ~을 피하다(=avoid)

turn * away (sb)
쫓아버리다, 해고하다; 외면하다, 지원하지 않다
cf. turn away one's eyes[gaze] 시선을 돌리다
cf. turn away one's face 외면하다

turn around / turn round
1. 돌아다보다; 회전하다; (방향을) 돌리다; 변절하다
2. 회복 · 호전되다; 회복시키다
cf. turnaround (진로 · 태도 · 방침 등의) 180도 전환; 흑자전환
　　turnabout 방향 전환, 선회; (사상 등의) 전향; 급진론자
　　turncoat 변절자, 배반자

turn a deaf ear to sth
~에 조금도 귀 기울이지 않다, 듣고도 못 들은 척하다

turn a blind eye to sth
~을 못 본 체하다(=overlook), 눈감아 주다(=ignore)
= turn the Nelson's eye to

turn[thumb] one's nose up at sb/sth
~를 조롱하다, 비웃다(=ridicule)
= thumb one's nose at sb/sth 경멸하다

turn over a new leaf
마음을 고쳐먹다, 생활을 일신하다(=begin a new life)

DAY-20

06610 Neither his artistic success nor the invitation to go America <u>turned his head</u>, though in his country at that time both were something quite exceptional. [02.전남대]

(A) It led him to his reputation as an artist.

(B) It made him proud of himself.

(C) It made him wealthy.

(D) It led him to recognize his talent again.

06611 다음 문장의 의미와 가장 가까운 것을 고르시오. [98-2.광운대]
★

> At last the Yankees turned the table on the Dodgers at home.

(A) The Yankees lost the game again.

(B) The Yankees won the game after defeats.

(C) The Yankees won the game again.

(D) The Dodgers won the game after successive wins.

06612 The driver lost control of the car, hit a guard rail, and <u>turned over</u>. [입사]

(A) shipped   (B) tripped

(C) flipped   (D) skipped

06613 The students should <u>turn in</u> their term papers on Monday. [01.영남대]
★★

(A) pass   (B) submit

(C) choose   (D) discover

06614 다음 빈칸에 공통으로 들어갈 단어로 가장 적절한 것은? [기출문제종합]
★★

> 1) We waited till seven o'clock but he didn't turn _____ . [입사]
> 2) I turned _____ at the palace to meet the king. [입사]
> 3) Even though troubles pile up, good fortune will turn _____ occasionally. [85.사법시험]

(A) away   (B) in   (C) out   (D) up

06615 The offer was so impractical that the lawyer turned _____ the case. [03.행자부9급]
★★★

(A) up   (B) down   (C) in   (D) on

[유제] 다음 빈칸에 들어갈 말로 적절한 것은? [89.서울시9급]

> A: What do you want me to do?
> B: The radio is too loud, please turn it _____.

(A) down   (B) out   (C) up   (D) on

06616 The men <u>turned thumbs down on</u> a strike at that time. [92.변리사]

(A) didn't approve of   (B) appraised

(C) encouraged   (D) destroyed

(E) agreed

06617 If Mary depended on John, she had to turn _____ him for help. [98.사법시험]
★

(A) to   (B) of   (C) up   (D) on   (E) after

O6610 **(B)** 그의 예술적인 성공과 미국으로 가는 초대장은 그 당시 그의 나라에서는 둘 다 꽤 특별한 것이었음에도 불구하고 그는 우쭐대지 않았다.
(A) 그것은 그를 예술가로서의 평판을 가지게 했다.
(B) 그것은 그를 우쭐하게 했다.
(C) 그것은 그를 부유하게 만들었다.
(D) 그것은 그의 재능을 다시 알아보게 했다.

turn sb's head
사람이 성공하여 우쭐대게 하다
cf. have a swollen head 자만심이 가득하다, 잘난 체하다

O6611 **(B)**

> 마침내 양키스(미국 메이저리그팀)는 홈에서 다저스를 역전했다.

(A) 양키스는 또다시 경기를 졌다.
(B) 양키스는 여러 번 패배한 후에 게임을 이겼다.
(C) 양키스는 또다시 경기를 이겼다.
(D) 다저스는 연승 후에 경기를 이겼다.

turn the tables (on sb)
전세를 뒤집다, 형세를 역전시키다; 역습하다
= **turn the tide** 전세를 뒤집다, 여론을 반전시키다

O6612 **(C)** 운전자는 차를 제어할 수 없게 되었고, 가드레일을 들이받고는 전복되었다.
(A) ship 승선하다
(B) trip 걸려 넘어지다, 헛디디다
(C) flip 홱 뒤집(히)다
(D) skip 스치며 날다, 뛰어 넘다

turn over (sb/sth)
1. 뒤집어엎다(=capsize, turn upside down sth); 전복되다(=flip); 몸을 뒤척이다 2. 양도하다, 넘겨주다 (=transfer, give); (범인 등을) 경찰에 인도하다 3. 곰곰이 생각하다, 숙고하다(=consider, meditate)
cf. turnover 총 매상고; 회전율; 이직율; 재편성

O6613 **(B)** 학생들은 월요일에 학기말 리포트를 제출해야 한다. * term paper 학기말 리포트

turn in (sth)
1. 제출하다(=submit, hand in sth); (물건을) 반환하다 2. 〈구어〉 (일 · 계획 · 음주 등을) 그만두다; 잠자리에 들다 3. (사람을) 관공서 등에 신고하다

O6614 **(D)**

> 1) 우리는 7시까지 기다렸지만 그는 나타나지 않았다. * turn up 나타나다
> 2) 나는 왕을 만나러 궁전에 도착했다. * turn up 도착하다
> 3) 불행들이 쌓인다 할지라도 행운은 때때로 일어난다. * turn up 일어나다 pile up 쌓다

(A) turn away 쫓아버리다
(B) turn in 제출하다
(C) turn out 생산하다, 판명되다
(D) turn up 나타나다

turn up (sth)
1. 〈구어〉 (사람이 일 때문에) 모습을 나타내다 (=appear, show up), 도착하다(=arrive, reach) 2. 〈구어〉 (분실물이) 우연히 발견되다; 수색해서 찾아내다 3. 일이 뜻밖에 생기다, 일어나다(=happen) 4. (소리 · 불 등을) 높이다(↔ turn down sth)

O6615 **(B)** 그 제안은 너무 비현실적이어서 변호사는 그 사건을 거절했다.

turn down (sth)
1. 거절하다(=reject, refuse)
2. (소리 · 불 등을) 줄이다(↔ turn up sth)
3. 경기가 쇠퇴하다
cf. turndown (옷 등의) 접어 젖힌 부분(↔ turnup); 거절, 배척

(A)

> A: 내가 어쩌길 바라는데?
> B: 라디오가 너무 시끄러워. 제발 소리 좀 줄여 줘. * turn down (소리를) 줄이다

O6616 **(A)** 그 사람들은 그 당시에는 파업에 대해 거부의사를 나타냈었다.
(A) approve 승인하다
(B) appraise 평가하다
(C) encourage 격려하다
(D) destroy 부수다
(E) agree 동의하다

turn thumbs down on[to] sth
거부 의사를 나타내다(=not approve); 불만을 표시하다
↔ **turn thumbs up** 찬성하다

O6617 **(A)** 메리가 존에게 의지한다면 그녀는 그에게 도움을 구해야만 할 것이다.
* depend on 의존하다(=turn to)
(C) turn up 나타나다, 소리를 키우다
(D) turn on (전깃불을) 켜다

turn to (sb/sth)
1. ~에 의지하다(=depend on, rely on, count on sb/sth), (도움 · 충고 · 동정을) 구하다 2. ~쪽으로 향하다 3. ~으로 변하다, 바뀌다 4. (새로운 것이나 일에) 착수하다, 손을 대다, 새로운 주제를 토론하다

07.경기대/07.대구대/01.여자경찰/01.세종대
95.교원대학원/사법시험/Teps

06618 다음 빈칸에 공통으로 들어갈 단어로 가장 적절한 것은? [기출문제종합]
★★

> 1) As a prolific writer, he turned _____ three novels last year. [95.교원대학원]
> 2) The results showed that New Yorkers turned _____ to be the politest with 90 percent holding the door open. [07.대구대]
> 3) Not many people turned _____ for the final game last night. [01.세종대]

(A) away   (B) out   (C) off   (D) on

05-2.명지대/고려대학원/입사/Teps

06619 The danger of financial recessions is that they will <u>turn into</u> full fledged depressions. [05.명지대]
★

(A) become   (B) resemble

(C) disguise   (D) cause

04.국민대/95.행자부9급
91.서울시7급/토익/Teps

06620 Let's <u>take turns</u> at cooking. [91.서울시9급]
★

(A) alternate   (B) set out

(C) get ready   (D) help

(E) hinder

14.한양대/13.산업기술대
06.감정평가사/Teps

06621 The Senate has voted in favor of repealing the estate tax today. But the arguments for repeal are <u>by turns</u> wrong, muddled, and internally contradictory. [06.감정평가사]
★

(A) alternatively   (B) on the contrary

(C) on the other hand   (D) from time to time

(E) one after another

83.행정고시/토플

06701 다음 빈 칸에 공통으로 들어갈 단어는? [예상]

> 1) The authorities savagely tortured him but he did not _____ his mind.
> 2) We decided to _____ over from oil to gas heat.

(A) turn   (B) change   (C) lose   (D) keep

14.고려대

06702 In general, we decide how to use our time based on "money illusion", the belief that more money will make us happier. Because of this money illusion, we allocate an excessive amount of time to monetary goals, and _____ nonpecuniary ends such as family life and health. [14.고려대]

(A) consummate   (B) asseverate

(C) shortchange   (D) vouchsafe

94.입법고시

06801 He <u>moved heaven and earth</u> to please her, but she just did not want to stay there with him. [94.입법고시]

(A) showed evidence of action   (B) change his clothes everyday

(C) moved actively   (D) did everything possible

(E) took advantage of almost every chance

07.숭실대

06802 That is enough discussion on that point. Let's move _____. [예상]

(A) out   (B) on   (C) in   (D) up

O6618 (B)

> 1) 다작 작가로서, 그는 지난해에 세 편의 소설을 써냈다.
> * turn out 생산하다 prolific 다산의, 다작의
> 2) 그 결과는 90%가 문을 열어 붙잡아 주고 있는 뉴욕사람들이 가장 친절한 것으로 드러났음을 보여 주었다. * turn out to be 결국 ~임이 드러나다
> 3) 어젯밤 결승전 경기를 보기 위해 그리 많지 않은 사람들이 모였다. * turn out 모이다

turn out (sb/sth)
1. [turn out to be~] 결국 ~임이 드러나다; 결국 ~이 되다
2. (밖으로) 내쫓다; 해고하다
3. (가스 · 불 등을) 끄다(=switch off (sth))(↔ turn on sth)
4. 생산하다(=manufacture, produce); (사람을) 배출하다
5. (모임 · 행사 따위에) 참석하다(=take part in sth), 모이다(=assemble)
6. 〈구어〉 (잠자리에서) 일어나다 (↔ turn in)
cf. turn-out 참석자수; 생산액 〈96외무고시〉

O6619 (A) 금융 침체의 위험은 금융침체가 완전한 불황으로 전환될 수 있다는 것이다.
 * recession 일시적인 경기 후퇴 full fledged 완전히 성장한 depression 불경기, 불황기
(B) resemble 닮다　　(C) disguise 가장하다　　(D) cause 초래하다

turn (sb/sth) **into** (sth)
1. ~으로 변하다(=become), 전환하다; ~을 ~로 전환시키다
2. (어떤 장소로) 들어가다

O6620 (A) 교대로 식사준비를 하도록 하자.
(A) alternate 교대하다
(B) set out 착수하다, 출발하다, 진열하다
(C) get ready 준비하다
(E) hinder 방해하다, 지체하게 하다

take turns
교대로 하다(=alternate, rotate)

O6621 (E) 상원은 부동산법을 폐지하자는 쪽으로 가결했다. 그러나 폐지에 관한 주장은 계속해서 오류투성이에 뒤죽박죽 섞였고 내부적으로 모순에 빠져 있다.
 * repeal 폐지하다 muddle 혼란시키다 internally 내부로 contradictory 모순된, 자가당착의
(A) alternatively 양자택일로　　　　(B) on the contrary 그와는 반대로
(C) on the other hand 반면에　　　　(D) from time to time 때때로
(E) one after another 잇따라서, 차례로

in turn(s) / by turns
번갈아, 차례로(=one after another, alternately); 순서대로

O6701 (B)

> 1) 당국은 그를 잔인하게 고문했지만, 그는 생각을 바꾸지 않았다.
> * change one's mind 생각을 바꾸다
> 2) 우리는 기름난로에서 가스난로로 바꾸기로 마음먹었다.
> * change over from A to B A에서 B로 전환하다

change over (to sth)
(제도 등을) 바꾸다, 전환하다
(=switch over, go over, move over (to sb/sth))

O6702 (C) 일반적으로 우리는 "돈에 대한 환상", 즉 "돈이 더 많으면 더 행복할 것이라는 믿음"에 따라 우리의 시간을 어떻게 사용할지를 결정한다. 돈에 대한 이러한 환상으로 금전적인 목표에 대해 과다한 기간을 할애하고, 가족생활이나 건강 같은 비금전적인 목표는 소홀히 한다.
 * illusion 환상, 착각 allocate 할당하다 monetary 통화의, 금전의 nonpecuniary 금전적이지 않은
(A) consummate 완성하다　　　　　(B) asseverate 맹세코 단언하다
(C) shortchange 부당한 대우를 하다　　(D) vouchsafe (혜택을) 주다

shortchange
(고객에게 고의로) 거스름돈을 덜 주다, 부당한 대우를 하다

O6801 (D) 그는 그 여자를 즐겁게 해주느라 별짓을 다했지만, 그녀는 그저 그와 함께 있는 것을 원치 않았다.
(A) show evidence of ~의 혼적을 나타내다
(E) take advantage of ~을 이용하다, 속이다

move heaven and earth to R
(~하기 위해) 전력을 다하다(=do everything possible)

O6802 (B) 그 점에 대해서는 충분한 토론이 이루어졌습니다. 다음 주제로 넘어가죠.

move on
1. (다른 일을 하기 위해) 직장 등을 옮기다
2. 다음 주제로 넘어가다
3. (시대의 흐름에 맞추어) 발전하다, 향상하다
  (=progress, improve)
cf. on the move 여기서 저기로 옮겨 다니는; 진행되고 있는

06803 I was put on the fast-track and was moving ____ the ladder fast. [12상명대 변형]

12상명대

(A) out　　　　　(B) in　　　　　(C) up　　　　　(D) on

06804 밑줄 친 부분에 들어갈 표현으로 가장 적절한 것을 고르시오. [14사회복지9급]

14사회복지9급

> A: It's so hot in here! Do you have air-conditioning in your apartment?
> B: You see that air-conditioning over there? But the problem is, it's not powerful enough.
> A: I see.
> B: But I don't care, cause I'm going to move out anyway.
> A: _____
> B: Well, I had to wait until the lease expired.

(A) You should've moved out a long time ago.

(B) You should've turned it on.

(C) You should've bought another one.

(D) You should've asked the landlord to buy one.

06901 다음 빈 칸에 공통으로 들어갈 말로 가장 적당한 것은? [예상]

입사

> 1) The company will roll ____ several new products next year.
> 2) They rolled ____ the red carpet for me. I didn't expect to get the red-carpet treatment.

(A) in　　　　　(B) out　　　　　(C) up　　　　　(D) off

06902 밑줄 친 부분에 들어갈 가장 적절한 것을 고르시오. [08지방직7급]

08지방직7급

> A: No one wants to play with me on the playground. I tried to join in with a soccer game, but no one would let me play. I want to go home.
> B: You have to learn to _____ a little bit. Just because a few kids said no, does not mean they all will say no. You must try again.
> A: I'm too shy.
> B: There are a lot of other children who have the same problem as you have. You just have to keep trying. Once you make a few friends, then you will be much happier.

(A) roll with the punches　　　　　(B) beat a dead horse

(C) make the fur fly　　　　　(D) live on borrowed time

06803 (C) 나는 출세가도에 올랐고, 빠르게 승진했다.
* fast-track (출세 등의 목표를 달성하는) 빠른 길 move up the ladder 승진하다

06804 (A)

A: 여기 너무 덥다. 네 아파트에 에어컨 있니?
B: 저기에 에어컨 있는 것 보이지? 그런데 문제가 있는데 충분히 세질 않아.
A: 그렇군.
B: 그런데 상관없어. 어쨌든 이사 갈 예정이야.
A: _____
B: 음, 임대기간이 만료될 때까지 기다려야 해.

(A) 오래전에 이사를 갔었어야지.
(B) 그것을 켰었어야지.
(C) 다른 것을 샀었어야지.
(D) 집주인에게 하나 사라고 요청했었어야지.

06901 (B)

1) 회사는 내년에 여러 신제품을 출시할 예정이다. * roll out 신제품을 출시하다
2) 그들은 나를 극진하게 맞아주었다. 내가 이런 환대를 받으리라곤 기대하지 않았다.
* roll out the red carpet 정중히 맞이하다

(A) roll in 잠자리에 들다
(C) roll up 모습을 드러내다   (D) roll off 굴러 떨어지다

06902 (A)

A: 아무도 운동장에서 나랑 같이 놀려고 하지 않아요. 축구경기를 같이 하려고 했으나, 아무도
   나와 하려 하지 않아요. 집에 갈래요.
B: 조금은 유연하게 대처하는 법을 배워야 해. 몇 명의 애들이 안 놀아준다고 해서 모든 애들
   이 그런다는 것을 의미하는 것은 아니야. 다시 시도해야 해.
A: 난 많이 부끄러움을 타요.
B: 너와 같은 문제를 가지고 있는 아이들이 많이 있어. 넌 계속 노력해야해. 일단 몇 명의 친구
   라도 사귀게 되면, 보다 행복하게 될 거야.

(A) roll with the punches 유연하게 대처하다
(B) beat a dead horse 다 끝난 문제를 논하다
(C) make the fur fly 큰 싸움을 벌이다
(D) live on borrowed time 기적적으로 살아남다

move sb/sth up / move up in the world
1. 승진[출세]하다, 승진시키다(=advance, promote)
2. 상승하다
cf. move up the ladder 승진하다

move out
(살던 집에서) 이사를 나가다
→ move in 이사를 들어오다

roll out sth
1. (신제품을) 출시하다, 대량생산하다
2. (침대에서) 굴러서 나오다
cf. roll out the red carpet 정중히 맞이하다

roll with a[the] punch
(상대의 공격을) 피하다; (역경 등에) 유연하게 대처하다

보충이디엄

기본동사 turn

turn one's back (on sb) 무시하다; 등을 돌리다
turn tail (and run) 겁이 나서 달아나다; 꽁무니를 빼다; 변절하다
turn the other cheek 모욕을 받고 가만히 있다; 모욕 등을 감수하다
turn up one's toe 죽다
turn sth upside down 거꾸로 하다; 뒤집다; 혼란케 하다
turn the corner 모퉁이를 돌다; 고비를 넘기다
turn[put] the clock back 〈주로 부정〉 좋았던 시절로 시간을 되돌리다; 제도 등이 과거로 돌아가다
He has not yet turned sixty. 그는 아직 60을 넘기 않았다.
turn sth color (red/blue/white etc) 색깔이 ～색으로 변하다
turn red 얼굴이 빨개지다
turn pale 창백해지다
turn the trick / do the trick 목적을 달성하다; 뜻을 이루다
around the turn of the century 세기말 세기 초에
take a turn for the better 호전되다; 좋아지다
↔ take a turn for the worse 악화되다; 나빠지다

기본동사 change

change one's mind 의견이나 생각 등을 바꾸다
change-up 1. 고속기어로 바꾸기 ↔ change-down 저속기어로 바꾸기
　　　　　　2. 체인지업(투수가 타자를 속이기 위해 빠른 공을 던지는 동작으로 느린 공을 던지는 것)
change sth into sth ～을 ～으로 교환하다(특히 환전)

기본동사 move

Get moving! / Get a move on! / Move it! 서둘러!
make a move 움직이다; 떠나다; 행동하다; 수단을 취하다
make no move 아무것도 하지 않다(=do nothing)

기본동사 roll

roll back sth (물가를) 어느 수준까지 도로 내리다
roll around (웃음을 참지 못해) 데굴데굴 구르다; (현상 등이) 반복해서 일어나다

make

make의 기본의미는 "무(無)의 상태를 어떤 결과나 유(有)의 상태가 되게 하다"이다. 단순히 "만들다"의 의미를 넘어 "행위 등을 하다, 돈을 벌다, 이해하다, 사람이 ∼이 되다" 등 다양한 의미로도 쓰인다.

1. (사물을) 만들다 → 약속을 하다, 문제를 일으키다
2. (사람이) 행위 · 동작을 하다 [make + a + 명사]
3. ∼하게 하다 [make + 형용사]
4. (사람이) 돈을 벌다, 명성을 얻다, ∼를 해내다
5. 모르는 상태에서 알게 되다 → 이해하다
6. (사람이) (어떤 방향으로) 나아가다, 향하다
7. (침대 · 식사 등을) 준비하다, 정돈하다
8. (사람이 장래에) ∼이 되다(become 보다 적극적인 의지)

DAY-21

07001 다음 빈 칸에 공통으로 들어갈 표현으로 적당한 것은? [16, 10.경찰1차 변형]
★★★

> 1) Female police officers _____ 13 percent of the police force.
> 2) I'd like to talk about some ways to _____ with your families after an argument.
> 3) He used to _____ humorous story when young.

(A) make up   (B) make over

(C) make do   (D) make out

16.경찰1차/14.경찰2차/13.서울시7급
10.경찰1차/10동국대/09.대구대
07.제주7급/07.강남대/06.경기대
03.가톨릭대/02.감정평가사
01.덕성여대,Teps/

07002 He may be sorry but that won't make _____ the damage he has done. [96.지방고시]
★★★

(A) up for   (B) out of

(C) in with   (D) on to

[유제] After all the delays, we were anxious to <u>make up for</u> lost time. [06.선관위]

(A) rule out   (B) turn down

(C) compensate for   (D) speed up

15.산업기술대/06.선관위/00.법원직
00.경찰/97행자부7급/96.지방고시
95.행자부9급/86.사법시험/토익,입사,Teps

07003 다음 빈 칸에 공통으로 들어갈 표현으로 적당한 것은? [기출문제종합]
★

> 1) To avoid death duty, the man _____ the greater part of his property to his only son as soon as he retired. [11.국가직9급]
> 2) You had better _____ all your old clothes to wear for a year or so. [입사]

(A) made up   (B) made over

(C) made out   (D) made up for

11.국가직9급/입사/토플

07004 It does not <u>make any difference</u> which college you choose. [04.강남대/01.강남대/입사2회]
★★

(A) prove   (B) matter

(C) wonder   (D) explain

04.강남대/01.강남대/00.행자부9급
99.경찰/입사2회/토플/Teps

07005 Americans in general do not <u>make a point of</u> their personal honor. [11.사회복지직9급]
★

(A) put in mind

(B) regard as important

(C) express with unnecessary delicacy

(D) make a concession or exception of

11.사회복지9급/86.행자부9급,Teps

07006 The press _____ too much of his stupid remark. He was only joking. [96.서울대학원]

(A) took   (B) happened

(C) treated   (D) made

96.서울대학원/입사,Teps

07007 I usually <u>make light of</u> my problems, and that makes me feel better. [17.국가직9급(하)]
★

(A) consider something as serious   (B) treat something as unimportant

(C) make an effort to solve a problem (D) seek an acceptable solution

17.국가직9급(하)/12.성균관대

07008 The company had high customer satisfaction rates and was in a great position to <u>capitalize on</u> the dissatisfaction of customers who are signed up with its competitors. [04.서울여대]
★

(A) make the most of   (B) cut back

(C) tone down   (D) turn down

04.서울여대/00.명지대

07001 (A)

> 1) 여성 경찰관이 경찰력의 13%를 구성한다. * make up 구성하다
> 2) 나는 말다툼 이후 당신의 가족들과 화해하는 방법에 관해 말하고 싶다. * make up 화해하다
> 3) 그는 젊었을 때 우스운 이야기를 지어내곤 했다. * make up 지어내다

(A) make up 구성하다, 화해하다, 지어내다　　　(B) make over 고쳐서 만들다
(C) make do 임시변통하다　　　(D) make out 이해하다

make up
1. (여러 가지 것으로) 구성하다(=constitute, form, compose)
2. 날조하다, (말 등을) 지어내다, 꾸며내다(=invent, fabricate)
3. (약을) 조제하다, (음식을) 섞어서 만들다
4. 화장하다; 분장하다, 분장시키다
5. 화해하다(=become reconcile, settle)
6. (시험이나 일 등에 빠진 것을) 보충하다
7. 작성하다(=draw up sth)
8. (이부자리 등을) 정돈하다
9. [make up one's mind] 마음을 정하다(=decide)
cf. makeup 화장, 메이크업; 재시험 〈13중앙대〉

07002 (A) 그는 미안해할지는 모르지만 그것이 그가 입힌 손해를 보상해주지는 않는다.

make up for sth
1. 보상하다(=compensate for sth)
2. ~을 메우다, 보충하다
= compensate (sb) for sth 보상하다, 벌충하다

(C) 모든 것들이 지연된 후에 우리는 허비된 시간을 몹시 보충하고 싶었다.
(A) rule out 제외하다　　　(B) turn down 거절하다
(C) compensate for 보충하다　　　(D) speed up 속도를 높이다

07003 (B)

> 1) 상속세를 피하기 위해, 그 남자는 은퇴하자마자 재산의 많은 부분을 그의 외아들에게 양도
> 하였다. * make over 양도하다
> 2) 1년 동안 입기 위해 당신의 낡은 옷을 고쳐 만드는 게 좋을 것 같네요.
> 　* make over 고쳐 만들다

(A) make up 구성하다　　　(B) make over 양도하다
(C) make out 이해하다　　　(D) make up for 보상하다

make * over sb/sth
1. ~을 고쳐 만들다, 개조하다(=remodel)
2. (재산을) 양도하다

07004 (B) 당신이 어떤 대학을 선택하는가는 전혀 중요하지 않다.
(A) prove 증명하다　　　(B) matter 중요하다; 문제가 되다

make any difference
중요하다(=be significant)
〈주로 부정어와 함께 쓰여 "중요하지 않다"로 쓰임〉
↪ make no difference 차이가 없다, 중요하지 않다 〈99-2세종대〉

07005 (B) 일반 미국인들은 개인의 명예를 중시하지 않는다.
(A) put sb in mind of~ ~에게 ~을 생각나게 하다
(B) 중요한 것으로 여기다
(C) 불필요할 정도로 섬세하게 표현하다 * delicacy 섬세한
(D) 양보하거나 예외로 하다 * make a concession 양보하다

make a point of ~ing / sth
1. 반드시 ~하다
2. ~을 중시하다, 강조하다(=value highly, set store by)
= count for nothing 전혀 중요하지 않다 〈95사법시험〉

07006 (D) 언론은 그의 생각 없는 말을 너무 중요하게 다루었다. 그는 농담을 하고 있을 뿐이었다.

make much of sb/sth
1. ~을 중히 여기다, 중시하다, 중요하게 다루다
(=set store by, place value on sth)
2. ~을 잘 이해하다
↪ make light of sb/sth ~을 경시하다, 얕보다, 깔보다
↪ make little of sth 우습게 여기다, 경시하다
cf. make nothing of sth ~을 아무렇지 않게 여기다

07007 (B) 나는 대개 내 문제들을 가볍게 생각하고, 그것이 내 기분이 좋아지게 한다.
(A) 심각한 것으로 간주하다　　　(B) 중요하지 않은 것으로 다루다
(C) 문제를 해결하기 위해 노력을 하다　　　(D) 받아들여지는 해결책을 구하다

make light[little] of sb/sth
~을 경시하다, 얕보다, 깔보다
cf. make nothing of sth ~을 아무렇지 않게 여기다

07008 (A) 그 회사는 소비자 만족도가 높았고 경쟁사들의 제품을 구입했던 소비자들의 불만족을
최대한 이용할 수 있었다.
(B) cut back 줄이다
(C) tone down 부드럽게 하다
(D) turn down 거절하다

make the most of sth /oneself
~을 최대한 활용하다(=capitalize on sth); 가장 중시하다
= make capital (out) of sb/sth ~을 이용하다
= capitalize on sth ~을 이용하다

07009 다음 빈 칸에 공통으로 들어갈 표현으로 적당한 것은? [예상]

02.서강대,Teps

> 1) The girl did not like to wash dishes but she made the _____ of it.
> 2) Every man should have a fair opportunity to make the _____ of himself.

(A) right　　　　(B) much　　　　(C) best　　　　(D) nothing

07010 ★ One is always making good _____ of one's time when engaged with a subject that forces one to make advances in self-culture. [85.공인회계사]

00.행자부9급/85.공인회계사,Teps

(A) use　　　　(B) deed　　　　(C) point　　　　(D) turn　　　　(E) life

07011 ★ If you make fun of someone, you _____. [입사]

14.한양대/입사,Teps

(A) laugh at or ridicule him　　　　(B) call him down

(C) praise him　　　　(D) tell him a joke

(E) make him funny

07012 You happen to witness someone mistreating a stray cat. You're an animal lover so naturally you become furious. "That kind of cruelty really makes your blood _____." [숭실대]

숭실대

(A) cook　　　　(B) boil　　　　(C) stream　　　　(D) roast

07013 When someone makes waves, he _____. [토플]

토플,Teps

(A) draws pictures of waves　　　　(B) upsets an orderly discussion

(C) transmits radio signals　　　　(D) swims making waves

(E) makes hair like waves

07014 ★ When one is unfamiliar with the customs, it is easy to make a blunder. [93.기술고시]

00-2.명지대/93.기술고시

(A) mistake　　　　(B) parley

(C) merit　　　　(D) forte

(E) feat

07015 I like going there because they always make such a fuss of me. [83.사법시험]

83.사법시험,Teps

(A) have great fun　　　　(B) treat my disease

(C) make such a scene for me　　　　(D) treat me very well

(E) entertain me with some refreshments

07016 ★★ He made a face when he saw the amount of homework he had to. [19.서울사회복지9급]

19.서울사회복지9급/14.국가직9급
94.입법고시/입사,Teps

(A) cried　　　　(B) smiled　　　　(C) felt cheerful　　　　(D) frowned

07017 He _____ a bet that he would reach the top of the mountain before any of the others. [94.입법고시]

94.입법고시

(A) made　　　　(B) gave　　　　(C) did　　　　(D) took　　　　(E) had

07018 ★ In dealing with Tom's behavior, you must make allowances for his stained relationship with his parents. [02.행자부7급]

02.행자부7급/01.중앙대/입사2회

(A) forgive and forget　　　　(B) look the other way

(C) see eye to eye　　　　(D) take into account

07009 (C)

1) 그 소녀는 설거지하는 것을 좋아하지는 않았지만 꾸역꾸역 설거지를 해냈다.
* make the best of 그럭저럭 견뎌나가다
2) 누구나 자기의 역량을 충분히 발휘할 기회가 공평하게 주어져야 한다.
* make the best of ~을 최대한 이용하다

make the best of sth /oneself
~을 최대한 이용하다; 그럭저럭 견뎌 나가다; 감수하다

07010 (A) 사람은 자기 단련에 있어 사람을 발전하도록 강요하는 주제에 관련되면 항상 자신의 시간을 잘 이용한다. * self-culture 자기 수양
(C) make good point of 습관(규칙)적으로 하다

make use of sb/sth
(기회 등을) 이용하다
= take advantage of sb/sth 이용하다
= avail oneself of sth
= impose (sth) on[upon] sb
= cash in on sth

07011 (A) 누군가를 비웃는 것은, 그를 조롱하는 것이다.
(A) laugh at / ridicule 조롱하다   (B) call down 꾸짖다
(C) praise 칭찬하다   (D) tell a joke 농담하다
(E) make him funny 그를 재미있게 해주다

make fun of sb/sth
~을 놀려대다(=ridicule, laugh at sb/sth)
cf. **make cracks about** sb/sth ~을 웃음거리로 만들다
    = **poke fun at** sb/sth
    = **make an ass[fool] of** sb

07012 (B) 당신이 우연히 누군가 길 잃은 고양이를 학대하는 광경을 목격한다. 당신은 동물 애호가이므로 당연히 격분하게 된다. "그런 종류의 잔혹행위는 정말 당신을 격분하게 만든다."

make sb's **blood boil**
~를 화나게 하다, 격분케 하다(=infuriate, enrage)
cf. **have a low boiling point** 쉽게 화를 낸다

07013 (B) 누군가 풍파를 일으킨다는 것은 그가 질서정연한 토론을 뒤집어엎는다는 것이다.
(A) 파도 그림을 그린다   (B) 질서정연한 토론을 뒤집어엎는다
(C) 라디오 신호를 전송한다   (D) 물결을 일으키며 수영한다
(E) 물결처럼 머리를 한다

make waves
풍파를 일으키다, 소동을 일으키다
= **rock the boat** (쓸데없는) 풍파를 일으키다

07014 (A) 사람이 관습에 익숙하지 않을 때에는 실수하기 쉽다.
(A) mistake 실수   (B) parley 협상, 교섭, 담판
(C) merit 장점, 공적   (D) forte 장점, 특기
(E) feat 위업, 업적, 공훈

make a blunder
실수하다(=make a mistake)
cf. **make a mess (of** sth) ~을 망쳐놓다, 엉망으로 만들다

07015 (D) 나는 그들이 나를 치켜세워 주기 때문에 그곳에 가는 것을 좋아한다.
(A) 엄청 재미있게 놀다   (B) 내 질병을 치료하다
(C) 나를 위해 그런 해프닝을 벌이다   (D) 나를 매우 대우해주다
(E) 다과로 나를 즐겁게 하다

make a fuss of[over] sb/sth
~을 야단스럽게 치켜세우다, 좋아서 호들갑을 떨다

07016 (C) 그는 그가 해야 할 숙제의 양을 보고는 얼굴을 찌푸렸다.

make[pull] a face
1. 얼굴을 찌푸리다
   (=frown, show an expression of disgust, grimace)
2. (그만두라는 신호로) 눈짓을 보내다
cf. **pull[have, make, wear] a long face** 우울한 얼굴을 하다

07017 (A) 그는 누구보다도 먼저 그가 산 정상에 도달할 것이라는 데에 내기를 걸었다.

make a bet
내기하다

07018 (D) Tom의 행위를 다룰 때, 그의 부모와의 훼손된 관계를 고려해야만 한다.
(A) forgive and forget 용서하고 잊다
(B) look the other way 외면하다
(C) see eye to eye 견해가 완전 일치하다
(D) take into account 고려하다

make allowances for sb/sth
~을 참작하다, 고려하다
(=consider, take into consideration, take into account sth)
↦ **do not take into account** sth 고려하지 않다(=discount)
    = **leave** sth **out of account** ~을 고려하지 않다

07019 Will you <u>see to it that</u> this letter gets posted today? [03.10기단]

(A) make   (B) make sure that   (C) subject   (D) order

03.10기단/토익,Teps

07020 ★ Since the air-conditioners are being repaired now, the office workers have to _____ electric fans for the day. [18.지방직9급]

(A) get rid of

(B) let go of

(C) make do with

(D) break up with

18.지방직9급/09.국가직7급/05.서울여대

07021 ★ A hobby is anything to which a person chooses to give time and energy regularly as a matter of personal interest rather than as means of _____ . [94.대전시7급]

(A) spending one's time

(B) self-improvement

(C) successful life

(D) earning a living

97.법원직/94.대전시7급/외무고시,Teps

07022 ★★ I hate having to scrape and save so as to <u>make both ends meet</u>. [06.선관위9급/98.경찰]

(A) to make friends with each other

(B) to achieve my ends

(C) to have just enough money for the things I need

(D) to finish my tasks

17.경찰1차/15.사회복지9급/11.명지대
06.선관위9급/04.여자경찰
98.경찰/성균관대/입사,Teps

07023 He made a _____ but lived a simple life. [동의대]

(A) fortune   (B) luck   (C) money   (D) coin

[유제] I am not <u>made of money</u>, you know! [15.지방직9급]

(A) needy

(B) thrifty

(C) wealthy

(D) stingy

동의대

07024 ★★ 다음 빈 칸에 들어갈 말로 적당한 것은? [06.동덕여대]

> A: Can you make it to the meeting this Friday?
> B: _____

(A) I'm afraid I have to work late on Friday.

(B) OK. I'll do it.

(C) I don't think we need it for the meeting.

(D) I like to make it.

12.국민대/06.동덕여대/아-2.인천대
97.법원직/입사,Teps

07025 Susan will certainly <u>make short work of</u> her next two opponents. [97.변리사]

(A) defeat

(B) unburden

(C) reprove

(D) emulate

97.변리사/토플,Teps

07026 If you want to <u>make something of yourself</u>, you need hard work and more discipline. [04.성균관대]

(A) change your course of action

(B) get on in the world

(C) find out where your talent is

(D) develop your hidden talent

(E) realize your dream

04.성균관대

07019 (B) 이 편지를 오늘 꼭 부쳐 주실 거죠?

make sure (that) ~
~을 확실히 하다(=see to it that ~)

07020 (C) 에어컨이 수리중이기 때문에 사무실 직원들은 그날 하루 선풍기로 그럭저럭 때워야 한다.
    (A) get rid of 제거하다
    (B) let go of (잡고 있던 것을) 놓다
    (C) make do with 그럭저럭 때우다
    (D) break up with ~와 결별하다

make do (with sth) / make shift with sth
~으로 대신하다, 그럭저럭 때우다, 임시변통하다;
꾸려나가다(=manage with sth)
= manage with sth 그럭저럭 꾸려나가다
cf. **make-do** 변동의(물건), 대용의(물건)
(=makeshift, stopgap, lash-up)

07021 (D) 취미라는 것은 생계비를 버는 수단이라기보다는 개인적인 관심사항의 하나로서 시간과 에너지를 주기적으로 쏟을 것을 선택하는 것이다.
    (A) 시간을 소비하기
    (B) self-improvement 자기수양
    (C) 성공적인 삶
    (D) 생계수단

make one's living / earn a living
생활비를 벌다, 생계를 꾸리다

07022 (C) 난 빚지지 않고 살려고 돈을 긁어모으고 저축해야 하는 것이 지긋지긋하다.
    (A) 서로 친구가 되기 위해
    (B) 나의 목표를 달성하기 위해
    (C) 내가 필요한 것들을 구하기 위한 만큼의 돈을 갖기 위해
    (D) 내 일을 끝내기 위해

make (both) ends meet
빚지지 않고 살다(=live within one's earnings),
수지타산을 맞추다

07023 (A) 그는 큰 재산을 모았으나 소박하게 살았다.

(C) 너도 알다시피 내가 갑부는 아냐.
    (A) needy 곤궁한
    (B) thrifty 절약하는
    (C) wealthy 부유한
    (D) stingy 인색한

make[amass] a fortune
큰 재산을 모으다(=earn a lot of money), 축적하다
cf. **make a bundle[file]** 떼돈을 벌다
    make a fast buck 손쉽게 돈을 벌다
cf. **made of money** 아주 부자인(=wealthy) 〈15지방직9급〉

07024 (A)

> A: 이번 주 금요일 모임에 제시간에 오실 수 있나요?
> B: _____.

    (A) 금요일에 야근을 해야 할 것 같아요.
    (B) 좋아요. 제가 할게요.

make it
1. 해내다, 성공하다
2. (제시간에 장소에) 닿다, 도착하다
cf. **make it big** (일 따위에서) 크게 성공하다; 출세하다
    make a hit 호평을 받다, 대성공을 거두다
    make a splash (일시적으로) 평판이 자자해지다
cf. **make-or-break / sink-or-swim**
    성공이냐 실패냐를 결정하는, 운명을 좌우하는
cf. **have[got] it made** 모든 것을 가지다

07025 (A) Susan은 그녀의 다음 두 상대들을 쉽게 처리할 것이다.
    (A) defeat 패배시키다
    (B) unburden 부담을 덜다
    (C) reprove 비난하다(꾸짖다)
    (D) emulate 모방하다

make short work of sth
재빨리 해치우다(=finish rapidly), 일을 척척 해내다
cf. **to make a long story short** 간단하게 말하자면

07026 (B) 당신이 성공하길 원한다면, 열심히 일해야 하고 더 많이 훈련해야 합니다.
    (B) get on in the world 출세하다

make something of oneself[one's life]
출세하다, 성공하다(=get on in the world)
cf. **make something of** sth
    ~을 싸움의 구실로 삼다, ~을 부정적으로 받아들이다
↔ **make nothing of** sth ~을 아무렇지 않게 여기다

DAY-21

07027 He <u>made good</u> in everything he has done. [입사]

(A) did his best　　　　　　　(B) was absorbed in

(C) indulged in　　　　　　　(D) succeeded

행시/토플.Teps

07028 It is the story of a woman writer making her _____ in life, balancing work and love.

(A) living　　(B) line　　(C) work　　(D) way

토플

07029 ★★★ 다음 빈 칸에 공통으로 들어갈 말로 가장 적당한 것은? [12.경찰2차 변형]

> A) My grandparent's wedding picture was so old that I could barely make ____ their faces.
> B) I couldn't make ____ what she said.
> C) To whom do I make ____ the check?

(A) up　　(B) for　　(C) out　　(D) off

13.서울시7급/13.단국대/12.경찰2차
02.전남대/01.건국대/99.경찰
98.경원대/98.성신여대/93.행정고시
91.서울시9급/90.법원직/88.행자부9급
입사4회.Teps

07030 Her husband <u>made a case for</u> staying at home on weekends. [입사]

(A) made a point of　　　　　(B) gave argument in favor of

(C) argued against　　　　　(D) experimented in

입사

07031 ★ I can't <u>make head or tail of</u> these instructions the packet. [01.사법시험]

(A) simulate　　　　　　　(B) attribute

(C) transpire　　　　　　　(D) dissemble

(E) understand

06.경북9급/01.사법시험.Teps

07032 ★ Although he is recognized as one of the most brilliant scientists in his field, Professor White cannot seem to <u>make his ideas understood</u> in class. [입사]

(A) get his ideas down　　　　(B) summarize his ideas

(C) recall his ideas　　　　　(D) get his ideas across

98.행자부9급/입사

07033 You had better <u>make a clean breast of</u> what you have done. [93.용인대]

(A) forget　　(B) remember　　(C) understand　　(D) confess

93.용인대

07034 ★★ All this information doesn't <u>make sense</u>. [04.여자경찰/96.입법고시]

(A) add up　　　　　　　(B) get up

(C) let on　　　　　　　(D) go round

(E) come about

11.기상직9급,성균관대/04.여자경찰
96.입법고시/92.행자부9급/90.KATUSA.Teps

07035 ★★ Jack <u>made believe</u> that he had nothing to do with the incident. [02.성균관대]

(A) acknowledged　　　　　(B) confided

(C) pretended　　　　　　(D) was convinced

(E) claimed

02.성균관대/96.인천시9급/96.서울산업대
90.법원직/토플.Teps

07036 After school, I had picked up Nick and Ted and _____ the rounds of the dry cleaner and the grocery store. [03-2.경기대]

(A) made　　(B) took　　(C) got　　(D) kept

03-2.경기대

07027 (D) 그가 한 일은 무엇이든 성공했다.
(A) do one's best 최선을 다하다 　　(B) be absorbed in ~에 열중하다
(C) indulge in ~에 빠지다 　　(D) succeed 성공하다

make good
성공하다(=succeed, come off); 실행하다, 성취하다
cf. make good as ~로서 성공하다
　　make good on sth 빌린 돈 등을 갚다; 약속을 지키다

07028 (D) 이것은 일과 사랑에 균형을 맞추면서 인생에서 성공한 한 여성작가에 대한 이야기이다.

make one's way
1. 나아가다(=progress, advance)
2. 출세하다(=come up in the world), 성공하다
= make one's mark 성공하다, 유명해지다
= make the grade (for sth) 성공[합격]하다

07029 (C)

A) 나의 조부모님의 결혼사진은 너무 오래되어서 나는 그분들의 얼굴을 거의 알아볼 수가 없었다.
* make out 알아보다
B) 나는 그가 하는 한 말을 이해할 수가 없었다. * make out 이해하다
C) 이 수표를 수취인을 누구로 하여 끊어 드릴까요?
* make out (수표, 영수증, 주문서 등을) 작성하다

make out
1. 이해하다(=understand, comprehend); 알아보다, 파악하다
2. ~ 인 체하다(=pretend)
3. (수표, 영수증, 주문서 등을) 작성하다, 시험답안을 쓰다
4. 〈속어〉 여자와 애무하다; 성관계를 가지다

07030 (B) 그녀의 남편은 주말에는 반드시 집에서 쉬어야 하는 것처럼 말했다.
(A) make a point of 반드시 ~하다 　　(B) ~에 유리하게 의견을 주장하다
(C) ~에 대해 다투다 　　(D) experiment 실험하다

make (out) a case for sth
~을 옹호하듯 말하다, 반드시 해야만 하는 이유를 들다
↔ make a case against sth 반대론을 펴다

07031 (E) 패킷에 있는 이 사용설명서들을 이해할 수가 없다.
(A) simulate 흉내 내다, 가장하다 　　(B) attribute 원인을 ~에 돌리다
(C) transpire 땀 등을 배출하다 　　(D) dissemble 시치미 떼다

make head(s) or tail(s) of sb/sth
〈주로 부정문에서〉 이해하다(=understand)

07032 (D) White 교수는 그의 분야에서 가장 뛰어난 과학자 중의 한 사람으로 인식되고 있음에도 불구하고, 그는 수업에서 그의 생각을 이해시키지 못하는 것처럼 보인다.
(A) get down 적어두다 　　(B) summarize 요약하다
(C) recall 회상하다 　　(D) get across 이해시키다

make oneself understood /
make one's ideas understood
남에게 자기의 생각을 이해시키다(=get across sth)
= get sth across 설명하다, 이해시키다
cf. make the point (that) ~라고 주장하다; 강조하다

07033 (D) 네가 한 짓을 몽땅 털어놓고 이야기하는 것이 좋겠다.

make a clean breast of
모조리 자백하다, 고백하다

07034 (A) 이 모든 정보가 앞뒤가 딱딱 맞지 않는다.
(A) add up 이야기의 앞뒤가 맞다 　　(B) get up 일어나다
(C) let on 비밀을 누설하다 　　(D) go round 여기저기 돌아다니다
(E) come about 발생하다

make sense (of sth)
이치에 닿다, 뜻이 통하다(=add up);
이해할 수 있다(=understand)

07035 (C) 잭은 자신이 그 사건과 아무 관계가 없는 체했다.
(A) acknowledge 인정하다 　　(B) confide 신뢰하다
(C) pretend ~인 체하다 　　(D) convince 확신시키다
(E) claim 요구하다, 주장하다

make believe (that~)
~인 체하다(=pretend, feign, put on sth)

07036 (A) 방과 후에 난 닉과 테드를 데리러 갔고 세탁소와 식료품점을 돌았다.

make the rounds
순시하다, 일정한 코스를 돌다; 소문이 퍼지다

07037 He <u>made for</u> the light he saws in the distance. [99.경찰/87법원직]

(A) looked at   (B) found out

(C) went toward   (D) switched on

99.경찰/97.경기대
87법원직/행정고시/토플,Teps

07038 We <u>made good time</u> to Inchon this morning in order to attend a party at Songdo. [83.행정고시]

(A) went fast   (B) went on an excursion

(C) enjoyed the trip   (D) enjoyed ourselves on our way

(E) drive at a steady speed

83.행정고시,Teps

07039 He <u>made off with</u> his master's money. [이경찰/입사2회]

(A) stole   (B) lost   (C) guarded   (D) arrested

이경찰/94.기술고시/입사2회

07040 Simon got his black belt in Taekwondo quicker than anyone else in his class. He made rapid _____. [07.세종대]

(A) notice   (B) progress   (C) course   (D) product

07.세종대

07041 밑줄 친 표현을 가장 잘 번역한 것은? [아-2.광운대]

> A: Would anyone care for coffee or tea?
> B: I'll have a cup of coffee, please.
> C: <u>Make that two.</u>

(A) 나도 그걸로 주세요.   (B) 한 잔을 두 잔으로 만들어 주세요.

(C) 아무거나 주세요.   (D) 둘 다 주세요.

아-2.광운대

07042 He resigned to _____ younger men. [예상]

(A) make fun of   (B) make off with

(C) make a case for   (D) make room for

96.서울산업대

07043 If you are inviting your guest to feel comfortable and to do in your house the things that they would do in their own, you would say to him or her, _____.
[03.행자부9급/이.전남대]

(A) Make yourself at home.

(B) That is your home.

(C) Isn't it nice for you to be comfortable with everything here?

(D) Why don't you feel comfortable?

03.행자부9급/이.전남대

07044 다음 빈 칸에 공통으로 들어갈 단어로 적당한 것은? [99-2.한성대]

> A: What would you have done if you hadn't become a teacher?
> B: I'd probably have _____ the army.
> A: Oh, you'd have _____ a good soldier.
> B: Do you really think so?
> C: Yes, of course.

(A) discharge from - become   (B) gone into - joined

(C) joined - made   (D) joined - taught

99-2.한성대/95.행자부9급

07037 (C) 그는 먼 곳에서 보이는 불빛을 향하여 나아갔다.

(A) look at 보다   (B) find out 발견하다
(C) go toward ~을 향하여 가다   (D) switch on (전깃불을) 켜다

make for sth
1. ~로 향하다(=go in the direction of sth)
2. ~에 이바지하다(=be conducive to)

07038 (A) 우리는 송도에서 개최되는 모임에 참석하기 위하여 오늘 아침에 인천에 빨리 갔다.

make good time
빨리 하다, 빨리 가다(go fast)

07039 (A) 그는 주인의 돈을 훔쳐서 달아났다.

make off (with sth**)**
급히 떠나다, 도망치다(=depart suddenly),
~을 가지고 달아나다

07040 (B) 사이먼은 학급에서 누구보다도 빠르게 태권도 검정 띠를 땄다. 그는 빠르게 발전했다.

make progress
진행하다, 전진하다, 진보하다, 향상하다
= **make headway** 진척을 보이다
cf. **make a pass at** sb ~를 (성적으로) 유혹하다
   = **make advances to** sb (여자)에게 접근하다, 구애하다

07041 (A)

A: 누구 커피나 차 마실 분 계세요?
B: 전 커피 한 잔 부탁해요.
C: 저도 같은 걸로요.

Make that two.
〈회화〉 (음식 주문시) 저도 같은 것으로 주세요.

07042 (D) 그 정치인은 보다 젊은 세대들에게 길을 터주기 위해 용퇴했다.

(A) make fun of ~을 놀리다
(B) make off with ~와 달아나다
(C) make a case for ~을 옹호하듯 말하다
(D) make room for ~에게 자리를 내주다

make room for sb
~을 위하여 자리를 마련하다(=arrange space for sb)

07043 (A) 만약 당신이 손님들을 안락하고 편안하게 하고 싶은 대로 하도록 초대하고 있다면, 당신은 그녀 또는 그에게 "마음 편하게 있으세요."라고 말할 것이다.

(A) 편하게 있으세요.
(B) 저 집은 당신 집입니다.
(C) 당신은 이곳에 있는 모든 것에 대해 부담 갖지 않는 것이 좋지 않을까요?
(D) 마음 편히 하시지 그래요?

make oneself at home
마음을 편하게 먹다

07044• (C)

A: 당신은 교사가 아니었다면 무슨 일을 했을 것 같습니까?
B: 아마 군에 입대했을 겁니다.
A: 아, 당신은 훌륭한 군인이 되었을 거예요.
B: 정말 그렇게 생각하세요?
A: 그럼요, 물론이죠.

(A) discharge from 제대하다, 면제하다
(B) go into (직업에) 들어가다
(C) join the army 육군에 입대하다, 군인이 되다

make an excellent lawyer
우수한 변호사가 되다
- **make a good teacher** 훌륭한 선생이 되다
- **make a good soldier** 훌륭한 군인이 되다

보충이디엄

make

make (sth) to order ~을 주문을 받아 만들다 **cf. ready-made** 기성품. 기성복; 기성품의

make hamburger out of (sb) ~을 늘씬하게 두들겨 패다

make arrangements (with (sb)) 계획을 세우다; 타협하다
cf. make arrangements for 준비를 하다. 주선하다

make friends (with (sb)) 사귀다

That makes two of us. 그건 나도 마찬가지다, 나도 그렇게 생각한다.

Make my day! 1. 〈속어〉 좋아, 할 테면 해봐! 자, 덤벼봐!
　　　　　　　　2. (사람을) 매우 기쁘게 하다

Don't make a big deal about it. 너무 호들갑 떨지 마라. (과장하지 마라.)
　= **Don't make a federal case out of it.**
　= **Don't make a mountain out of a molehill.**

make a practice (of) ~을 습관으로 하다

That makes two of us. 그건 나도 마찬가지다, 나도 그렇게 생각한다.

make a guess 추측을 해보다 * **Why don't you make a guess?** 한번 추측해 보시죠.

make an ass[fool] of (sb) ~을 웃음거리로 만들다

make an example of (sb) ~을 본보기로 벌주다

make an exception (for (sb)) (~을) 예외로 하다, 특별 취급을 하다

make ((sb)**) the scapegoat for (**(sth)**)** ~를 ~의 희생양으로 만들다

make an impression (on (sb)) ~에게 인상을 주다, 감동시키다

make a note of 적어두다, 메모하다

make a nuisance of oneself 남에게 폐를 끼치다; 성가신 존재가 되다

make love 애정행위를 하다; 육체적인 관계를 갖다

make ((sth)**) talk** 시간을 때우려고 얘기하다; ~을 잘 연주하다

What makes him tick? 왜 그는 그런 식으로 행동하는가?

make oneself scarce 슬쩍 빠져 나가다, 떠나다(=abscond)

make someone's mouth water 군침이 돌게 하다

make a comeback 재기하다, (이전의 직업 등으로) 복귀하다

make a name (for oneself) 유명해지다

Did you make the bed? 이부자리를 정리했니?

do

do는 "어떤 것(일 · 행동 등)을 하다"의 개념이다.

1. 하다, 처신하다, 종사하다, 생활에 필요한 일(요리 · 청소 · 머리)을 하다
2. (은혜 등을) 베풀다, 부탁을 들어주다
3. (이익 · 손해 등을) 주다, 입히다, 〈구어〉 속이다; 쓸모가 있다, 도움이 되다, 충분하다

drive

drive는 "무엇을 몰아가다"가 기본개념이다.
주로 "차를 몰다"로 쓰기도 하지만 그 외에도 "~을 억지로 하게 하다(compel), 못 등을 박다"의
뜻으로도 쓰인다. 명사로는 "모금운동(campaign)"의 뜻도 있다.

push

push는 "힘을 가해서 움직이다"의 의미로서 주로 "밀다, 강요하다, 독촉하다"의 의미로 쓰인다.

work

work는 "어떠한 목적이나 결과를 위해 ~ 하다 → 일하다" 의미의 동사이다. 일반적으로 "노동하
다(labor), 일하다" 외에 "기계가 작동하다, 약이 듣다, 영향을 미치다" 뜻으로도 자주 쓰인다. 또
한 일을 한 결과로 "사물을 만들어내다, 노력한 결과를 얻다"의 의미도 있다.

play

play는 "즐거움을 위해(오락적으로) ~하다(do)"이다.
단순히 "놀다, 장난하다"의 의미를 넘어서 악기를 연주하거나, 스포츠 등의 경기를 하거나, 연극
배역을 하는 것도 모두 play를 쓴다.

try

try는 "노력하다(to make an effort), 시도하다"이다.
"평가를 위해서 실제로 한번 해 보다(시험하다)"는 의미와 "재판하다 〈16.서울시9급〉"의 의미도 있
으며, 명사형은 trial(재판, 시련)이다.

DAY-22

07101 다음 빈 칸에 들어갈 말로 알맞은 것은? [07.동덕여대]

> A: Can't you do any better?
> B: _____.

(A) Yes, I always do.

(B) You can say that again.

(C) I can't agree with you more.

(D) Sorry, I'll do my best.

13.중앙대/07.동덕여대/90.행자부7급,Teps

07102 This should make quite a comfortable and attactive house if it's <u>done up</u> a bit. [96.행자부9급]

(A) swept   (B) cleared

(C) repaired   (D) produced

08.강남대/03.공인회계사/98.경찰간부
96.행자부9급/85.외시

07103 Choose the answer that best completes the conversation. [01.인천대]

> A: You've done a great job!
> B: _____.

(A) Good jobs are hard to come by.

(B) You're quite welcome.

(C) Sorry, no job is available.

(D) Thanks, that's flattering.

14.동덕여대/01-2.인천대

07104 Students with an interest in science may decide to _____ a degree in Information Technology. [07.동덕여대]

(A) be   (B) do   (C) go   (D) give

12.서울여대/07.동덕여대

07105 There are some things that are essential and others that can be _____ without. [00.건국대]

(A) taken   (B) made   (C) done   (D) used   (E) held

03.여자경찰/01.경원대/00.건국대
98.중앙대/토익,Teps

07106 다음 빈 칸에 공통으로 들어갈 적당한 표현은? [예상]

> 1) I can't do _____ his rude manner.
> 2) You look as if you could do _____ a good night's sleep.

(A) with   (B) without   (C) away   (D) for

Teps

07107 다음 빈 칸에 공통으로 들어갈 적당한 표현은? [기출문제종합]

> 1) The government did _____ slavery in the 19th century. [10.경북교행]
> 2) I am going to do _____ these clothes. [95.변리사]
> 3) The man did _____ himself. [82.국회사무관]

(A) in   (B) away   (C) away with   (D) for

10.경북교행/07.경원대/01.행자부9급
98.숙명여대/97.경찰/95.변리사/93.행시
93.서울시9급/94.92.고려대학원/93.연세대학원
91.90.KATUSA/82.국회사무관/입사5회,Teps

07108 When you want your teacher to do something for you, you say, "_____." [93.행자부9급]

(A) Are you fond of helping with my work?

(B) What can I do for you, sir?

(C) May I help you, sir?

(D) Will you do me a favor, sir?

04-2.계명대/93.서울시7급,Teps

07101 (D)

A: 좀 더 잘 할 수 없니?
B: 죄송해요. 앞으로 최선을 다 할게요.

(A) 물론. 난 항상 그렇게 해.
(B) You can say that again. 내 말이 그 말이야.
(C) I can't agree with you more. 전적으로 동감이야.
(D) do one's best 최선을 다하다

do[play] one's best
최선을 다하다, 온 힘을 기울이다(=do one's utmost)
cf. do or die 죽을 각오로 하다
cf. do one's duty 의무를 다하다
↪ **shirk one's duty** 농땡이 부리다

07102 (C) 조금만 수리하면 아주 편안하고 아름다운 집이 될 것이다.

(A) sweep 청소하다   (B) clear 명백하게 하다
(C) repair 수리하다   (D) produce 생산하다

do * up sth
1. 수리하다, 고치다(=repair, mend, fix up sth)
2. 단단히 묶거나 고정하다(=fasten)
3. (물품을) 포장하다(=pack, wrap)
4. 화장하다, 차려입다; 장식하다, 단장하다(=decorate)
5. 지치게 하다, 녹초로 만들다
= **fix up** sth 수리하다, 수선하다; 약속을 정하다,
      방을 청소하다, 식사를 준비하다

07103 (D)

A: 참 잘 해냈구나!
B: (겸손의 표현이 적당)

(A) 좋은 일자리는 구하기가 어렵지.
(B) 천만에. * 감사인사에 대한 대답
(C) 죄송합니다. 일자리가 없네요.
(D) 고마워. 너무 띄우지 마. * 겸손한 표현으로 정답

do a great job
(일 등을) 아주 잘해내다
cf. Good job! 〈구어〉 잘했어, 애썼어!

07104 (B) 과학에 관심이 있는 학생들은 정보기술 전공 학위를 취득하기로 결정할 것이다.

do a degree 〈영〉 / **take[get] a degree** 〈미〉
학위를 취득하다
cf. a bachelor's degree 학사 학위
      a master's degree 석사 학위
      a doctor's degree 박사 학위

07105 (C) 어떤 것들은 없어서는 안 될 것이고 다른 것들은 없어도 좋은 것들이다.

do without sth
~ 없이 지내다(=dispense with sth, go without sth),
~이 없어도 좋다, 필요없다
= dispense with sth / go without sth ~없이 지내다

07106 (A)

1) 그의 무례한 태도는 참을 수 없다. * can't do with 참을 수 없다
2) 너는 밤에 푹 자야 할 것처럼 보인다. * could do with ~할 필요가 있다

do with
1. (어떻게) 때를 보내다
2. ~을 다루다, 처리하다(=deal with sb/sth), 처분하다
3. ~을 바라다, 필요로 하다
4. [부정어와 함께] 참을 수 없다
5. ~과 관련이[관계가] 있다
cf. could do with ~할 필요가 있다. ~하고 싶다

07107 (C)

1) 정부는 19세기에 노예제도를 폐지했다. * do away with 폐지하다
2) 나는 이 옷들을 버려 버릴 예정이다. * do away with (물건 등을) 버리다
3) 그 남자는 자살했다. * do away with (사람 등을) 죽이다

(A) do in 녹초가 되게 하다, 속이다
(D) do for 아쉬운 대로 쓸 만하다, 충분하다

do away with sb/sth
1. (규칙 · 규제 · 제도 · 부서 등을) 폐지하다(=abolish)
2. (물건 등을) 버리다(=throw away sth, discard)
3. (사람 등을) 죽이다, 제거하다
   (=kill, eliminate, get rid of)

07108 (D) 네가 너의 선생님에게 무언가를 해 주길 원할 때, 너는 "부탁 좀 들어 주시겠어요?"
라고 말한다.
(A)(C) "(어떻게) 도와 드릴까요"라는 의미이다.

do a favor for sb / **do** sb **a favor**
~의 청을 들어주다, ~에게 은혜를 베풀다

DAY-22

07109 대화의 흐름상 빈 칸에 알맞은 말은? [입사]

> A: Why is he stopping the car?
> B: He says it will _____ to get out to stretch our legs.

(A) do us well　　　　　　　　(B) do us good

(C) be better of us　　　　　　(D) be fine of us

07110 다음 빈 칸에 공통으로 들어갈 단어로 적절한 것은? [97.행자부9급]

> 1) I'll _____ the cleaning.
> 2) The photograph didn't _____ her justice.
> 3) The medicine will _____ you good.

(A) do　　　　(B) ask　　　　(C) keep　　　　(D) have

07111 It is no wonder that natural disasters can <u>do us in</u>. [83.사법시험]

(A) drive us out　　　　　　　(B) ruin us

(C) make us comfortable　　　　(D) surround us

(E) force us to be thoughtful

07112 You know I wouldn't do a _____ job on you! I'm telling the truth. [01-2.고려대]

(A) fog　　　　(B) snow　　　　(C) mist　　　　(D) rain

07113 He has a Danish women who <u>does for</u> him for a week. [입사]

(A) makes the beds for　　　　(B) does the house work for

(C) prepares meals for　　　　(D) provides money for

07114 Choose the answer that best completes the conversation. [07.한국외대]

> A: My feet are freezing, and I can't stand the cold any longer.
> B: Would you like to turn on the heater?
> A: I'd like to, but I can't find the right switch.
> B: I believe this one in the front will _____.

(A) do the trick　　　　　　　(B) get me in

(C) fit that lock　　　　　　　(D) manage to adjust

(E) have room for that

07115 다음 대화의 밑줄에 알맞은 것은? [04.경찰]

> Ted: How about taking the kids a movie tomorrow?
> Wendy: No problem, I have the afternoon off.
> Ted: What do you think they'd like to see?
> Wendy: _____.

(A) I'm not sure if it's such a good idea.

(B) Don't expect too much from me.

(C) They'll be excited to hear the news.

(D) Anything with Jackie Chan will do.

97.행자부9급/92.행자부9급.Teps.입사

07109 (B)

A: 왜 차를 세우는 거지?
B: 그는 우리가 차 밖에 나가서 다리를 좀 뻗으면 좋을 거라고 말하는데.

07110 (A)

1) 나는 청소를 할 것이다. * do the cleaning 청소하다
2) 그 사진은 그녀의 실물보다 못하다. * do sb justice 사진이 실물대로 나오다
3) 그 약은 너에게 효능이 있을 것이다. * do good 효력이 있다

07111 (B) 자연 재해들이 우리를 파멸시킬 수 있는 것은 당연하다.
* It is no wonder that ~은 당연하다
(A) 우리를 밖으로 몰아내다   (B) 우리를 파멸시키다
(C) 우리를 편안하게 하다   (D) 우리를 둘러싸다

07112 (B) 너를 속이려는 게 아니야! 난 사실을 말하고 있어.

07113 (B) 그에게는 한 주 동안 집안일을 대신해 줄 한 덴마크 여성이 있다.
(A) ~를 위해 잠자리를 마련하다   (B) ~를 위해 집안일을 하다
(C) ~를 위해 식사를 준비하다   (D) ~을 위해 돈을 제공하다

07114 (A)

A: 발이 언다. 추워서 더 이상 못 참겠어.
B: 히터를 틀지 그러니?
A: 나도 그러고 싶은데 스위치를 못 찾겠네.
B: 앞쪽에 있는 것을 켜면 될 것 같은데.

07115 (D)

Ted: 내일 아이들에게 영화를 보여주는 게 어떨까?
Wendy: 괜찮아. 오후에는 쉬거든.
Ted: 아이들이 무슨 영화를 보고 싶어 할까?
Wendy:_____.

(A) 그것이 좋은 생각인지 잘 모르겠어.
(B) 나한테 너무 많은 걸 기대하지는 마.
(C) 아이들이 이 소식을 들으면 기뻐할 거야.
(D) 성룡(Jackie Chan)이 출연한 영화라면 어느 것이든 괜찮을 거야.

do (sb) good
(~에게) 효력이 있다; 도움이 되다; 착한 일을 하다
↔ do (sb) harm/ do (sb) damage 해를 끼치다, 손해를 입히다

do sb/sth justice / do justice to sb/sth
1. 수완을 충분히 발휘하다;
2. (사진이) 실물을 그대로 나타내다
3. 해를 끼치다, 손해를 입히다

do sb in
1. 녹초가 되게 하다
2. 속이다(=cheat, swindle)
3. (사람을) 죽이다(=kill, murder)
cf. be all in 완전히 지치다, 기진맥진하다

do a snow job on sb / give sb a snow job
감언이설로 속이다
cf. do a job on sb/sth ~을 때려 부수다(=destroy completely),
   못쓰게 만들다; ~을 (감언이설 따위로) 속이다

do for sb/sth
1. 아쉬운 대로 쓸 만하다, 충분하다
2. (주부 등의) 대역을 하다, 가사 따위를 돌보다
3. 망치다, 파멸시키다(=ruin, destroy); ~을 죽이다

do[turn] the trick
목적을 달성하다, 뜻을 이루다, 일이 잘 되다

That will do.
그것이면 돼. 그만해 둬.
cf. That does it! 이제 그만하면 됐어! 더는 못 참겠어!

DAY·22

07201 ★ Hard-liners see attacking Iraq as more necessary than ever, if only to <u>drive home</u> the point that America will not stand down. [03.한국외대]

(A) make clear
(B) make obscure
(C) make with great force
(D) make easy
(E) make a way home

03.한국외대/84.행정고시/토플

07202 ★ Students who click their ball-point pens in class <u>drive me up the wall</u>. [15.사회복지9급/02.공인회계사]

(A) enrage me
(B) enervate me
(C) make me laugh
(D) make me diffident
(E) make me enthusiastic

15.사회복지9급/02.공인회계사

07203 Purchasing highly technological equipment will eventually _____ expenditures and accelerate the manufacturing of out products. [예상]

(A) drive up
(B) drive down
(C) drive out
(D) drive away

07.숭실대

07204 Making money is the _____ force behind most businesses. [예상]

(A) task
(B) driving
(C) work
(D) centripetal

16.산업기술대

07301 He _____ his way through a crowd. [예상]

(A) drove
(B) stood
(C) pulled
(D) pushed

13.동국대

07302 They are hip-hop performers who <u>push the envelope</u>. [09.경기대]

(A) spend a lot of money
(B) complain in an annoying voice
(C) are affected by the latest fashion
(D) go beyond the limits of what is allowed

09.경기대

07401 ★★ 다음 빈칸에 들어갈 말로 가장 적절한 것은? [10.지방직9급]

> A: I am afraid I will fail in the exam tomorrow.
> B: Cheer up. _____.

(A) I hope so.
(B) Things will work out for the best.
(C) You should regret about the result.
(D) You should be in a flap about the result.

10.지방직9급/06.동국대/03.행자부9급
94.연세대학원 /91.KATUSA.Teps

07402 Inventors are now working ____ cars powered by turbine, steam, or electricity. [91.포항공대학원]

(A) at
(B) on
(C) off
(D) of

91.포항공대학원.Teps

07403 She didn't get <u>worked up</u> if I happened to be late for one of our meeting. [17.가천대]

(A) charmed
(B) distracted
(C) irritated
(D) exhausted

17.가천대

07501 ★★ John decided to _____ when he went out for his interview. [03.행자부9급 변형]

(A) play down
(B) play it by ear
(C) play fast and loose
(D) play hide and seek

14.지방직7급/06.동국대/03.행자부9급
94.연세대학원/91.KATUSA.Teps

0720l (A) 강경론자(hard-liner)들은 단지 미국이 순순히 물러나지 않을 것임을 분명히 하기 위해서라도 이라크를 공격하는 것이 더더욱 필수적이라고 생각한다.
* stand down 물러나다, 경비 태세를 풀다
(A) make clear 분명하게 하다
(B) make obscure 모호하게 하다

drive sth home
납득시키다 (=make sth unmistakably clear);
(못 등을) 단단히 박다

0720²2 (A) 교실에서 볼펜을 딸깍거리는 학생들은 나를 화나게 만든다.
(A) enrage 몹시 화나게 하다   (B) enervate 기운을 빼앗다
(C) 나를 웃게 만든다   (D) diffident 자신이 없는, 수줍은
(E) 나를 열광하게 만든다 * enthusiastic 열광적인, 열렬한

drive sb up the wall
~를 화나게 하다(=enrage, annoy)
= drive sb crazy
= drive sb mad
= drive sb nuts

0720³ (B) 고도의 기술 장비를 구입하는 것이 결국 비용도 줄여주고 우리의 제품의 생산을 가속화해 줄 것이다.
(A) drive up (비용을) 올리다   (B) drive down (비용을) 내리다
(C) drive out 쫓아내다   (D) drive away 쫓아내다

drive down sth
(가격 · 이율 · 비용 등을) 내리다, 억제하다

0720⁴ (B) 돈을 버는 것은 대부분 사업의 원동력이다.
(A) task force 대책위원회   (B) driving force 원동력
(C) work force 전 총업원   (D) centripetal force 구심력

driving force (behind sth)
추진력, 원동력

0730l (D) 그는 군중들을 밀치고 나아갔다.

push[force, elbow] one's way (through)
1. 밀치고 나아가다
2. [push one's way (in the world)] 출세하다

0730²2 (D) 그들은 한계를 초월하는 힙합가수들이다.
(A) 많은 돈을 쓰는   (B) 짜증난 목소리로 불평하는
(C) 최신의 패션에 영향을 받는   (D) 허용되는 한계를 넘어서는

push the envelope
(어떤 분야에서) 인간 위업의 한계를 넓히다,
한계에 도전하다

0740l (B)

> A: 내일 시험에 떨어질 것 같아 걱정이야. * fail 시험에 떨어지다
> B: 힘내. 다 잘 될 거야. * cheer up 힘내라

(A) I hope so. 나도 그러길 바라.
(B) 다 잘 될 거야. * work out 잘 되어가다
(C) 그 결과에 대해 후회하게 될 거야.
(D) 넌 그 결과에 안절부절못하게 될 거야. * in a flap 안절부절못하여

work out
1. (애써서) 성취하다, (문제를) 해결하다
  (=resolve, solve, settle)
2. 잘 되어가다, (일이) 잘 풀리다
3. 연습하다, 훈련하다, 운동하다
cf. workout 운동, 연습; 기업의 가치 회생 작업
    walkout 동맹파업
cf. work out for the best 결국은 잘 되다 〈10지방직9급〉

0740²2 (B) 발명가들은 이제 증기나 스팀, 전기로 가는 자동차를 연구 중에 있다.

work on sb/sth
1. ~에 종사하다, 일을 계속하다
2. (약이) ~에 효험이 있다
3. 애써 설득하다; (사람의 마음을) 움직이다

0740³ (C) 그녀는 우리가 만날 때 내가 늦는 일이 있어도 화를 내지 않았다.
(A) charmed 매혹된   (B) distracted 산만해진
(C) irritated 짜증이 난   (D) exhausted 지친

worked up
몹시 화가 난(=irritated), 흥분한
cf. work sth up 북돋우다, ~을 불러일으키다
cf. get worked up (over sth) ~에 대해 흥분하다, 소동을 부리다

0750l (B) 그존은 인터뷰를 하러 갔을 때 임기응변으로 대처하기로 결정했다.
(A) play down 경시하다
(B) play it by ear 임기응변으로 처리하다
(C) play fast and loose 믿지 못하게 행동하다
(D) play hide and seek 숨바꼭질 놀이를 하다

play (sth) by ear
1. (사전에 준비 없이) 즉흥적으로 처리하다,
  임기응변으로 처리하다(=improvise, extemporize)
2. 악보 없이 (들은 기억에 의해) 연주하다
  (=play without dependence on written music)

283

07502 Jane had no intention of <u>playing second fiddle to</u> Betty. [토플]

(A) joining the orchestra with   (B) agreeing with

(C) taking a less important position   (D) accompanying

07503 They agreed that they would _____ if they saw the boys again. [입사]

(A) play coolly   (B) play it cool

(C) take coolly   (D) take it cool

07504 They always <u>play fast and loose</u>. [93.기술고시]

(A) find fault with   (B) use flattery

(C) behave nicely   (D) study hard

(E) act in an irresponsible manner

07505 ★ Technology will play a key role in _____ future life styles. [00.경찰]

(A) to shape   (B) shaping   (C) shape of   (D) shaped

07506 The election campaign <u>played on</u> the population's fear of change. [01.행정고시]

(A) convinced   (B) exploited

(C) fortified   (D) validated

07507 On April Fools' Day people, newspapers, radio programs, etc., _____ tricks on people by making them believe something that is not true. [01.사법시험]

(A) set   (B) play   (C) take   (D) stand   (E) invent

07508 The reporter <u>played up</u> the sensational aspects of the story. [00.사법시험]

(A) pleased   (B) reduced

(C) repeated   (D) lacerated

(E) exaggerated

07509 Management always wanted to <u>play down</u> the situation. [96.경희대학원]

(A) exaggerate   (B) joke about   (C) minimize   (D) emphasize

07510 ★★ She liked the garden and the fields, the green lane and the hedgerows. She even liked the rabbits that kept <u>playing havoc with</u> the lawn. [19.서울시사회복지9급]

(A) to cause a great deal of damage or confusion to

(B) to use something as food

(C) to bustle in and out

(D) to be on the move

07511 Everyone supported welfare reform, so the smart candidate used it as <u>a trump card</u> to the last election. [02.덕성여대]

(A) something that offers him inspirations in the election.

(B) something that encourages him to be aggressive in the election.

(C) something that stimulates him to be brave.

(D) something that gives him an advantage in the election.

O75O2 (C) 제인은 베티 밑에서 일할 생각이 전혀 없었다.
(A) ~와 오케스트라에 합류할
(B) ~에 동의할
(C) 덜 중요한 위치를 차지할
(D) accompany 동행하다

play second fiddle (to sb/sth)
보조 역할을 하다, 낮은 지위에 있다, 남의 밑에서 일하다
(=take a less important position)

O75O3 (B) 그들이 그 아이들을 다시 본다면 침착하게 행동하기로 동의했다.
(C) take coolly 침착하다 cf. cooly / coolie 저임금 미숙련 노동자

play (it) cool
침착하게 행동하다, 여유 있는 태도를 취하다;
관심이 없는 척 행동하다

O75O4 (E) 그들은 항상 무책임하게 행동한다.
(A) find fault with ~의 흠을 잡다, 비난하다
(B) use flattery 아부를 사용하다
(E) act in an irresponsible manner 무책임한 태도로 행동하다

play fast and loose
태도가 확고하지 못해 믿을 수 없다, 무책임하게 행동하다
(=act in an irresponsible manner)

O75O5 (B) 기술은 미래의 삶의 방식을 형성하는 데 핵심적인 역할을 할 것이다.
(B) in은 전치사이므로 명사 상당어구가 와야 한다.

**play a key role in /
play an important part in sth**
중요한 역할을 하다

O75O6 (B) 그 선거운동은 사람들의 변화에 대한 공포를 이용했다.
* election campaign 선거 운동 the population 주민, 사람들
(A) convince 확신시키다
(B) exploit ~을 (부당하게) 이용하다
(C) fortify 강화하다
(D) validate 정당성을 입증하다

play on sth
이용[악용]하다(=exploit, take advantage of sb/sth,
impose on sb/sth); 부추기다, 조종하다

O75O7 (B) 만우절에는 사람들이나 신문이나 라디오 프로그램 등등이 사실이 아닌 것을 믿게 만드는 것으로 사람들에게 장난을 친다.

play a trick on sb / play sb a trick
~에게 장난을 치다, 속이다
cf. **Trick or treat!** 사탕 안 주면 장난칠 거야!
* Halloween 날 어린이들이 이웃집 앞에 서 외치는 소리

O75O8 (E) 기자는 그 이야기의 선정적 측면을 부풀렸다.
(A) please 기쁘게 하다
(B) reduce 감소하다
(C) repeat 반복하다
(D) lacerate 찢다
(E) exaggerate 과장하다

play * up
1. 과장하다, 크게 취급하다(=exaggerate)
(↔ play down sth); 광고하다
2. 장난치다; 괴롭히다
cf. **play up to sb** ~에게 아부하다, 알랑거리다(=flatter)

O75O9 (C) 경영자측은 항상 사태를 축소하고자 했다.
(A) exaggerate 과장하다
(B) joke 농담을 하다
(C) minimize 최소로 하다
(D) emphasize 강조하다

play * down sth
~을 경시하다(=belittle);
~을 중요하지 않은 것처럼 축소하여 다루다 (↔ play up sth)
cf. **downplay** 경시하다

O75O10 (A) 그녀는 정원과 들판, 산길과 생울타리를 좋아했다. 그녀는 심지어 잔디밭을 계속 엉망으로 만드는 토끼들을 좋아했다. * hedgerow 생울타리
(A) 엄청난 피해나 혼란을 일으키는
(B) 어떤 것을 먹이로 사용하는
(C) bustle in and out 사방으로 싸다니다
(D) on the move 이리저리 움직이는

**play[work, create] havoc with/
wreak[wreck] havoc on /
make havoc of sth**
~을 파괴하다(=ruin, destroy, raze);
~을 엉망으로 만들다

O75O11 (D) 모든 사람들이 복지 개혁을 지지했고, 그래서 영리한 그 후보자는 지난 선거에서 그것을 비장의 카드로 활용했다.
(A) inspiration 영감
(B) aggressive 침략적인, 공격적인
(C) stimulate 자극하다, 격려하다
(D) advantage 유리한 점, 이점

play[use] one's trump card
으뜸패를 내놓다; 비장의 카드를 꺼내다, 최후 수단을 쓰다
cf. **a trump card** 으뜸패, 비장의 수단

07601 I have <u>tried for</u> several jobs, but they have all fallen through. [99.경원대]

(A) got   (B) examined throughly

(C) selected   (D) made every effort to get

07602 다음 빈칸에 가장 알맞은 것은? [06.서울시7급]
★

> Rose: There's so much to choose from. Everything looks gorgeous.
> Sam: That necklace seems out of this world. You go ahead and give it a _____.

(A) doubt   (B) change

(C) jump   (D) try

(E) discount

07601 **(D)** 나는 몇 군데 일자리를 구해 보았지만, 모두 실패하고 말았다.
   * fall through (계획 등이) 실패하다

07602 **(D)**

> Rose: 물건들이 너무 많네. 전부 너무 멋져 보인다.
> Sam: 저 목걸이는 이 세상 물건이 아닌 것 같다. 당신이 한번 해봐.
>   * out of this world 매우 훌륭한, 탁월한

try for sth
~하려 노력하다(=make an effort to R);
~을 얻으려고 하다; ~을 지원하다
cf. try out (for sth**)** 시험해 보다; (선발 심사에) 나가보다

give it a try
시도해 보다, 입어 보다
cf. Go for it! 한번 시도해 봐!
   try on sth 시험해보다; (사기 전에) 입어[신어] 보다

보충이디엄

기본동사
do

do the dishes 그릇을 닦다 / **do the laundry** 세탁하다
do the cleaning 청소하다 / **do the lawn** 잔디를 깎다
do the flowers 꽃꽂이를 하다
do one's hair 머리를 하다 / **do one's face** 화장하다
do lunch 점심을 먹다 / **do a movie** 영화를 보러 가다
do the business 1. 일을 해내다, 적절한 조치를 취하다 2. 〈속어〉 성관계를 하다
do out 방을 예쁘게 치장하다, 찬장 등을 속속들이 청소하다
dolittle 게으름뱅이
do-nothing (특히 정치에서) 아무 일도 안하는; 게으름뱅이
do sb **out of** sth 남에게서 ~을 빼앗다
do a number on sb/sth 일을 해치우다; 속이다; 신랄하게 비판하다

기본동사
drive

drive-in 드라이브인 * 차에 탄 채 이용할 수 있는 영화관·은행·상점·간이식당
drive away 몰아내다, 쫓아내다; 차를 몰고 가버리다
in a drive 단숨에, 일거에

기본동사
work

work from home 재택근무를 하다
work like horse 매우 열심히 일하다
work one's fingers to the bone 뼈 빠지게 일하다
work through the channels 절차를 밟아서 일하다
work up 준비하다(=prepare); 서서히 만들어내다(=elaborate); (열의 등을) 북돋우다, 부추기다; 흥분시키다
work against the clock 기일에 맞추려고 서두르다
working girl (독신의) 직장여성; 〈속어〉 매춘부

기본동사
play

play around with sb (이성과) 놀아나다, ~을 가지고 놀다
play into someone's hands ~의 손아귀에서 놀아나다
play ball 행동을 개시하다; 함께 일하다, 협력하다(=cooperate)
play cat and mouse with (연인끼리) 실랑이를 하다, (경찰이 범인을) 잡았다 놓아 주다를 반복하다
play hard to get (이성에게) 감질나게 행동하다
play with fire 불장난하다; 위험한 문제를 가볍게 다루다
play hooky 학교를 빼먹다, 꾀부려 쉬다
play off one against another 서로 싸움을 붙여 어부지리를 얻다

look

look은 "~에 시선을 두다 → 보다, 보이다"가 기본개념이다.
다분히 의도적으로 주의를 기울여 본다는 의미가 강하다. 안(in)을 들여다보는 것은 "조사하다"가
되고, 위로(up) 올려다보는 것은 "존경하다", 내려다(down) 보는 것은 "경멸하다"가 된다.

1. 보다, 바라보다, 시선을 돌리다; 주목하다; (건물이) ~으로 향하다
2. 살피다, 조사하다, 확인하다
3. (얼굴이) ~으로 보이다, ~처럼 보이다(appear);
   (감정을) 눈짓이나 표정으로 나타내다

see

see는 일반적으로 "눈으로 보다, 보이다"로 번역하지만 look처럼 의도적이기 보다는 "관광하다,
신문 등을 보다"에서처럼 눈에 들어오는 것을 그냥 본다는 의미가 강하다. 또한 마음의 눈으로
본다는 의미에서 "알다, 이해하다"의 의미로도 많이 쓰인다.

1. 보다, 보이다; 관광하다, 신문 등을 보다
2. 살펴보다, 확인하다, 조사하다
3. 만나다, 면회하다; 배웅해 주다
4. 알다, 이해하다
5. 일을 잘 처리하다, 일 따위를 맡다

watch

watch는 일정기간 동안 계속 주의를 기울여서 움직이는 것이나 일어나는 일들을 보는 것을 의미
한다. 이에 해당되는 예로는 "감시하다, 관찰하다, 돌보다" 등이다.

hear/listen

hear는 "귀에 들려와서 그냥 듣다"이고, listen은 "일부러 주의해서 듣다"이다.

show/appear

show는 "모습을 보여주다"이다. 사람이 모습을 보여주는 것은 "나타나다"이고, 물건을 보여주는
것은 "전시 · 진열 · 공연하다"이다. appear는 "시야에 들어오다"가 기본 의미로 "나타나다, 출현
하다"의 의미를 갖는다.

DAY-23

기출문제
QUESTION

메모
MEMO

07701 아래 질문의 답변으로 가장 적절한 것은? [00.10단]

> A: What can I do for you?
> B: _____.

(A) Oh, excuse me.   (B) That's too bad.

(C) I'm sorry.   (D) I'm just looking around.

07702 This window <u>looks out upon</u> a lovely garden. [98.경찰]

(A) faces   (B) gains

(C) executes   (D) recollects

07703 Don't look down _____ others because they are humble in their social position. [91.포항공대대학원]

(A) to   (B) with

(C) upon   (D) of

02.삼육대/97.공인회계사/92.서경대
91.포항공대대학원,Teps

07704 He once played in a national league. So all of us kids who were crazy about tennis naturally _____ him as some kind of hero. [92.사법시험]

(A) look down to   (B) look up at

(C) look up to   (D) look at

(E) look down on

94.용인대/92.86.사법시험/89.서울시9급
86.법원직,토플,Teps

07705 In order to look _____ a sick friend, the visitor looked _____ the obscure hospital for hours without success. [고려대학원]

(A) in on - for   (B) for - for

(C) at - around   (D) to - out

00.단국대/98.성신여대,고려대학원,Teps

07706 If you provide me with evidence, I will have it _____ urgently. [13.지방직9급]

(A) look up   (B) look after

(C) looked into   (D) looked up to

13.지방직9급/07.국민대
02-2.광운대,토플,토익,입사,Teps

07707 You must <u>look over</u> the contract before you sign it. [92.행자부7급]

(A) glance at   (B) cancel

(C) neglect   (D) examine

(E) pass over

98.고려대학원/97.세종대/92.행자부7급
83.행정고시,토익,입사,Teps

07708 If you want to make a call and do not know the number, look _____ the number in the telephone directory. [성신여대]

(A) at   (B) after   (C) up   (D) for

07709 다음 빈칸에 공통으로 들어갈 알맞은 말은? [기출문제종합]

> 1) One of the things they will be looking _____ is whether or not you are a team player. [07.삼육대]
> 2) Long ago men spent most of their time looking _____ food. [88.서울시9급]
> 3) I am looking _____ my brother. Have you seen him? [83.법원사무관]

(A) in   (B) into   (C) for   (D) after

07.삼육대/88.서울시9급
83.법원사무관,Teps

07701 (D)

> A: 무엇을 도와 드릴까요?
> B: _____.

    (B) That's too bad. 그것 참 안됐네요.
    (D) 그냥 이리저리 둘러보고 있는 중이에요.

look around (sth)
1. (~를) 둘러보다
2. ~을 찾아 돌아다니다

07702 (A) 창문은 아름다운 정원을 향해 있다.
    (A) face (건물 등이) ~으로 향해 있다
    (C) execute 실행하다   (D) recollect 생각해내다, 회상하다

look out on[upon] (sth)
~을 향하다, ~을 마주 보다(=face)

07703 (C) 사회적 지위가 비천하다고 해서 타인을 깔보지 마라.

look down on[upon] sb/sth /
look down one's nose at sb/sth
낮추어 보다, 깔보다, 경멸하다(=despise, disdain)
cf. look sb **up and down** 남을 위아래로 자세히 훑어보다

07704 (C) 그는 한때 내셔널리그에서 뛰었다. 우리들 같은 테니스에 푹 빠진 아이들은 당연하게 그를 영웅 같은 존재로 존경했다.
    (B) look up at ~을 쳐다보다   (C) look up to 존경하다
    (D) look at ~을 보다   (E) look down on 경멸하다

look up to sb
존경하다(=respect, admire, esteem, venerate, revere)

07705 (A) 아픈 친구를 잠깐 문병하기 위해 그 문병객은 잘 알려지지 않은 병원을 찾느라고 여러 시간 헤맸으나 허사였다. * obscure 분명치 않은, 세상에 알려지지 않은
    (A) look in on 잠깐 들르다 look for ~을 찾다

look in on sb/sth
~을 방문하다, 잠깐 들르다

07706 (C) 만약 제게 증거를 제시한다면, 긴급히 조사할 것입니다.
    (A) look up 찾아보다   (B) look after 돌보다
    (C) look into 조사하다   (D) look up to 존경하다

look into sth
1. 조사하다(=inquire into sth, investigate, examine)
2. ~의 속을 들여다보다
= probe into sth ~을 조사하다 = delve into sth
= check up on sb/sth = sift through sth
cf. comb through sth 구석구석 철저히 찾다 〈14승실대〉

07707 (D) 당신은 서명하기 전에 계약서를 점검해야 한다.
    (A) glance at 얼핏 보다   (B) cancel 취소하다
    (C) neglect 게을리 하다, 간과하다   (E) pass over 지나가다; 승진 등에서 제외되다

look * over sb/sth
조사하다(=examine, look into sth);
~을 훑어보다(=examine sth quickly)
cf. overlook 보고도 못 본 체하다, 눈감아 주다

07708 (C) 만일 당신이 통화를 하기를 원하는데 전화번호를 모른다면 전화번호부에서 번호를 찾아봐라.

look up sth
1. (사전 등으로) 찾다(=search for sb/sth)
2. (사정·경기 따위가) 좋아지다(=pick up),
   향상되다(=improve)

07709 (C)

> 1) 그들이 알아보려고 하는 것들 중의 하나는 네가 팀플레이를 잘하는 사람인지 아닌지 여부
>   이다. * look for 알아보다
> 2) 오래 전에 사람은 그들의 대부분의 시간을 식량을 구하는데 소비했다. * look for 구하다
> 3) 내 동생을 찾고 있는데 그를 보신 적이 있나요? * look for 찾다 * cheer up 힘내라

look for sb/sth
1. ~을 찾다(=search for sb/sth)
2. (해결책이나 방법을) 구하다(=seek),
   (~인지 여부를) 알아보다
cf. look for high and low 샅샅이 찾다, 구석구석 살펴보다
   look for trouble 화를 자초하다, 사서 고생하다

07710 When a child is sick, his mother will _____ him. [입사]

(A) look out for (B) see

(C) look after (D) watch

06.강원도소방직/97.경찰/93.행자부9급
85.법원직/82.사법시험.입사.Teps

07711 There were signs warning people to <u>look out for</u> falling rocks. [공인회계사/입사]

(A) examine (B) search

(C) look outside of (D) be on guard against

00-2.한성대/98.경찰/98.가톨릭대
95.경기대/공인회계사/입사.Teps

07712 빈칸에 가장 적절한 것은? [99.법원직]

> A: Hey, You look pale. What's the matter?
> B: I couldn't sleep at all last night.
> A: Why?
> B: Because I worried _____ in the exam.

(A) it's likely to rain (B) what if I should fail

(C) I have a bad headache. (D) I'm anxious

99.법원직/86.행자부9급

07713 다음 대화 중 빈칸에 적당한 말은? [예상]

> A: How was your date last night?
> B: I had a really good time with her.
> A: What did she _____?
> B: Pretty.

(A) look after (B) look for (C) look like (D) look at

Teps

07714 We will look _____ to seeing you in Miami. [01.경찰]

(A) out (B) into (C) around (D) forward

01.00.경찰/01-2.강남대
86.행자부9급.토익.Teps

07715 We <u>look to</u> younger generation for national prosperity. [91.서울시9급]

(A) bring forth (B) search for (C) watch out (D) rely on (E) take after

91.서울시9급

07716 We _____ him as our own leader. [85.행정고시]

(A) look on (B) look up to

(C) look down on (D) look into

(E) look like

94.법원직/행정고시2회

07801 Most people see the problem of love primarily ____ that of being loved, rather than that of loving. [04.상명대]

(A) as (B) for (C) before (D) from

04.상명대

07802 The two countries do not seem to <u>see eye to eye</u> on the speed of Korea's financial market-opening. [01.행자부9급]

(A) convert (B) avert

(C) hinder (D) agree

12.중앙대/01.행자부9급/95.행정고시
93.중앙대.Teps

07710 **(C)** 아이가 아프면, 그의 엄마는 그를 돌볼 것이다.
- (A) look out for 경계하다
- (B) see 보다
- (C) look after 돌보다
- (D) watch 보다

look after sb/sth
~을 보살피다[돌보다](=take care of sb/sth)
cf. fend for oneself 혼자 힘으로 꾸려가다 《03중앙대》

07711 **(D)** 낙석에 주의하라는 경고 표지판이 있었다.
- (D) be on guard against ~을 조심하다, 경계하다

look out (for sb/sth**)**
1. 경계하다, 주의하다(=watch over sb/sth)
2. (사람에게) 관심을 가져주다, ~을 걱정하다

07712 **(B)**

> A: 이봐. 너 창백해 보여. 무슨 일 있어?
> B: 어제 밤새 잠을 못 잤어.
> A: 왜?
> B: 시험에 떨어지지는 않을까 걱정이 되었거든.

look pale
안색이 나쁘다

07713 **(C)**

> A: 어젯밤 데이트 어땠어?
> B: 그녀와 정말 좋은 시간을 보냈지.
> A: 그 여자 어떻게 생겼는데?
> B: 예뻤지.

look like sb/sth
1. ~할 것 같다
2. ~인 것처럼 보이다
3. ~를 닮다
cf. look like the cat that swallowed the canary
매우 흐뭇해하다; 기고만장해 보이다
look (like) oneself 여느 때처럼 건강한 모습이다

07714 **(D)** 우리는 마이애미에서 당신을 만나기를 고대하고 있어요.

look forward to ~ing
~을 기대하다(=expect); 고대하다

07715 **(D)** 우리는 국가의 번영에 있어서 젊은 세대에게 의존한다.
- (A) bring forth 앞으로 가져오다
- (B) search for ~를 찾다
- (C) watch out 경계하다
- (D) rely on 의존하다
- (E) take after 닮다

look to sb/sth
1. 의지하다, 의존하다(=rely on, count on sb/sth);
   기대를 가지고 바라보다
2. 주의하다, 유의하다(=pay attention to sb/sth); 보살피다

07716 **(A)** 우리는 그를 리더로 여기고 있다.
- (A) look on A as B A를 B로 간주하다
- (B) look up to 존경하다
- (C) look down on 경멸하다
- (D) look into 조사하다
- (E) look like ~할 것 같다, ~인 것처럼 보이다

look on[upon] A as B
A를 B로 간주하다
(=regard A as B, see A as B, think of A as B)

07801 **(A)** 대부분의 사람들은 사랑의 문제를 주로 사랑하는 문제라기보다는 사랑받는 문제로
간주한다.

see A as B
A를 B로 간주하다

07802 **(D)** 두 국가는 한국의 금융시장 개방의 속도에 대하여 의견 접근을 보지 못한 것처럼
보인다.
- (A) convert 전환하다
- (B) avert 피하다, 외면하다
- (C) hinder 방해하다
- (D) agree 의견이 일치하다

see eye to eye (on sth**)**
견해가 완전히 일치하다(=agree)
= **agree on** sth ~에 동의하다, 의견을 같이하다

07803 빈 칸에 들어갈 말로 적당한 것은? [02.행자부7급]

02.행자부7급

> A: I have a coupon here. Could you see if I can use this?
> B: _____

(A) Of course. I can't wait to show you around.

(B) OK. I'll have it delivered within half an hour.

(C) Let me see. Well, sorry but it's good only for weekend.

(D) Excellent. I think we have the best pizza in the neighborhood.

07804 Before we embark on developing a new product, we need to do some research to see how the _____ lies. [고려대]

고려대

(A) log   (B) sea   (C) land   (D) lake

07805 다음을 바르게 영작한 것은? [98.경찰]

98.경찰.Teps

> 무슨 일로 그분을 만나려 하시나요?

(A) What do you want to do be seeing him about?

(B) What for you like to see him?

(C) What do you want to see him about?

(D) What are you going to have him do when see?

07806 다음 문장의 밑줄 친 부분에 공통적으로 들어갈 말을 고르시오. [입사]

입사.Teps

> 1) She turned _____ the electric light.
> 2) The plane took _____ from Kimpo airport at 10 a.m.
> 3) We went to the airport to see him _____.
> 4) We decided to put _____ our departure.

(A) up   (B) to   (C) out   (D) off

07807 다음 빈 칸에 들어갈 알맞은 말은? [91.서울시9급]

91.서울시9급

> Jane: It's nice to see you.
> Tom: _____. How's your brother?
> Jane: He's fine.

(A) I guess it is   (B) Don't mention it

(C) That's all   (D) That's right

(E) Same here

07808 ★ 다음 중 영작이 잘못된 것은 ? [86.행자부9급]

10.계명대/86.행자부9급

(A) 그는 시인이라기보다는 학자이다. = He is not so much a poet as a scholar.

(B) 당신이 편리한 때에 찾아오세요. = Please come to see me when you are convenient.

(C) 그녀가 그 불쌍한 소년을 돌봐주었다고 한다. = She is said to have taken care of the poor boy.

(D) 안개 때문에 그 사고가 났다. = The accident was due to the fog.

(E) 그는 결코 그런 짓을 할 사람이 아니다. = He knows better than to do such a thing.

07809 ★ Will you <u>see to it that</u> this letter gets posted today? [03.101단]

03.101단/01.세무직9급/98.숙명여대.Teps

(A) make   (B) make sure that

(C) subject   (D) order

07803 (C)

> A: 쿠폰이 하나 있는데 사용할 수 있습니까?
> B: _____

(A) 물론이죠. 빨리 당신에게 여기저기 보여드리고 싶어요.
(B) 네. 반 시간 내에 배달해 드리겠습니다.
(C) 어디 볼까요. 죄송하지만 이 쿠폰은 주말에만 유효합니다.
(D) 훌륭해요. 이 근처에서 제일 맛있는 피자라고 생각해요.

07804 (C) 신상품 개발을 시작하기 전에, 우리는 시장 상황을 살피기 위해 조사를 해 볼 필요가 있다.

07805 (C)

07806 (D)

> 1) 그녀는 전등을 껐다. * turn off (전깃불을) 끄다
> 2) 비행기가 오전 10시에 김포공항에서 이륙하였다. * take off 쉬다. 벗다. 이륙하다
> 3) 우리는 그를 배웅하기 위해서 공항으로 갔다. * see off 배웅하다
> 4) 우리는 출발을 연기하기로 결정하였다. * put off 연기하다

07807 (E)

> Jane: 만나서 반가워요.
> Tom: _____. 형은 잘 지내요?
> Jane: 잘 지내요.

(A) 아마 저도 그럴 거예요.
(B) Don't mention it. (감사 인사에 대해) 별말씀.
(C) That's all. 그것뿐이다. 그것으로 끝이다.
(D) That's right. 그래 맞아. 옳아.
(E) Same here. (상대방의 말에 동의를 나타내어) 나도 마찬가지야.

07808 (B)

(A) not so much A as B A라기 보다는 B이다
(B) convenient는 사람을 주어로 쓸 수 없는 형용사이다.
  → Please come to see me when it is convenient for you.
(C) take care of 돌보다
(D) due to ~ 때문에
(E) know better (than~) (~할 정도로) 어리석지 않다

07809 (B) 이 편지를 오늘 꼭 부쳐 주시겠어요?

Let me see.
어디 보자. 글쎄.

see how the land lies
(미리) 형세를 살피다. 정세를 가늠하다

see sb about sth
어떤 문제를 논의하기 위해 누구를 만나다
(=see sb to discuss sth)
cf. see a man about a dog 잠시 볼일을 보러 자리를 떠나다
  * 주로 화장실 갈 때 쓰는 표현

see sb off
배웅하다. 환송하다
(=go with sb to their point of departure)
cf. see sb home (누구를) 집에 바래다주다

Nice to see you. / Nice to meet you.
〈회화〉 만나서 반가워요.
cf. See you soon. 곧 만나요.
  = See you later.
  = See you in a while.
  = See you in a bit.
  = I'll see you!
  = I'll be seeing you!

Come to see me if you should ever come this way.
〈회화〉 이곳으로 오시는 경우에는 들러 주십시오.

see (to it) that~
~을 확실히 하다. 꼭~하도록 보내다 (=make sure that ~)

07901 Can you <u>watch over</u> a whole production line? [예상]

(A) circumvent   (B) circumscribe

(C) supersede   (D) supervise

07902 밑줄 친 부분에 들어갈 가장 알맞은 표현은? [12.지방직9급]

> A: The first thing you should consider when buying a used car is the mileage.
> B: That's what I've heard. _____.
> A: Yes. You should always look at the amount of rust it has.
> B: That's good to know.

(A) How can you tell if it is a used one?

(B) Do you know how long the engine will last?

(C) How much mileage do I need?

(D) Is there anything else I should watch out for?

08001 다음 빈칸에 들어갈 말로 적당한 것은? [17.중앙대 변형]

> A: There were plenty of new faces that showed up in the meeting last night.
> B: I think they heard through _____ that the event was worth attending.

(A) sour grape   (B) the grapevine

(C) grape wine   (D) grapefruit

08101 Most of the people we invited to the party <u>didn't show up</u>. [입사]

(A) were poorly dressed   (B) arrived too late

(C) didn't come   (D) didn't show off

08102 This test will give you the perfect chance to <u>display</u> your English proficiency. [입사]

(A) show up   (B) show off

(C) show out   (D) show across

08103 You may find him charming at the moment, but he will <u>show his true colors</u> soon enough. [93.명지대]

(A) have a change of heart

(B) reveal his real nature

(C) get very angry and agitated

(D) become remorseful and confess everything

08104 다음 우리말을 가장 적절하게 영작한 것은? [87.행자부9급]

> 그는 친절하게도 나에게 우체국에 가는 길을 가르쳐 주었다.

(A) He had the kindness to teach me the way to the post office.

(B) He had kindness to show me the way to the post office.

(C) He was kind enough to show me the way to the post office.

(D) He kindly taught me the way to the post office.

(E) He was kindness to tell me the way to the post office.

07901 (D) 전체적인 생산라인을 감독할 수 있겠어요?
  (A) circumvent 회피하다
  (B) circumscribe 제한하다
  (C) supersede 대신하다
  (D) supervise 감독하다

watch over sb/sth
감독하다, 감시하다(=supervise, oversee), 돌보다
cf. watch out 주의하다

07902 (D)

> A: 중고차를 살 때 가장 먼저 고려해야 할 점은 주행거리야.
> B: 그건 들은 적이 있어. _____?
> A: 응, 항상 차에 녹이 얼마나 슬었나를 살펴봐야 해.
> B: 좋은 설명이야.

  (A) 중고차인지 어떻게 구분하지?
  (B) 엔진이 얼마나 오래가는지 아니?
  (C) 내가 필요한 주행거리는 얼마일까?
  (D) 그 다음으로 주의해야 할 점은 뭐야?

watch out for sb/sth
(나쁜 일이 생기지 않도록) 주의하다; ~을 경계하다

08001 (B)

> A: 어제 밤 모임에 새로운 사람들이 많이 나타났던데. * show up 나타나다
> B: 그 행사가 참석할만한 가치가 있다는 소문을 들은 것 같아.

  (A) sour grape 신포도
  (B) grapevine 포도덩굴
  (C) grape wine 포도주
  (D) grapefruit 자몽

hear through the grapevine
소문으로 소식을 듣다
cf. hear of sb/sth ~의 존재를 알다, ~에 대해 듣다
cf. Listen up! 잘 들어!, 주목!

08101 (C) 우리가 파티에 초대한 대부분의 사람들이 참석하지 않았다.
  (A) 초라한 행색이었다
  (B) 지나치게 늦게 도착했다
  (C) 오지 않았다
  (D) 자랑하지 않았다 * show off 자랑하다

show up
(모임 등에) 나타나다(=appear), 참석하다

08102 (B) 그 시험은 너의 영어 실력을 과시할 수 있는 절호의 찬스를 줄 것이다.

show * off sb/sth
자랑하다, 과시하다(=display)

08103 (B) 너는 지금은 그가 매력적이라고 알지 모르지만, 그는 곧 자신의 본색을 드러낼 것이다.
  (A) 마음을 바꾸다, 변심하다
  (B) 그의 본성을 드러내다
  (C) 매우 화나고 흥분하다
  (D) 후회하고 모든 것을 고백하게 되다 * remorseful 후회하는

show one's (true) colors
태도를 분명히 하다; 본색을 드러내다

08104 (C) [tip] "길을 가르쳐주다"란 표현은 'teach'가 아닌 'show'를 관용적으로 쓴다. 'have+the 추상명사 (kindness)+to R'는 "(친절)하게도 ~하다"란 뜻으로 'be kind enough to R'과 같다. 이 때 the는 생략 불가

show sb **the way**
길을 가르쳐 주다

보충이디엄

기본동사
look

look at sth ～을 보다; (잘못 된 것이 있나) 점검하다

look on the bright side (of things) / look on the sunny side of things
사물의 밝은 면을 보다, 낙관적으로 생각하다

look back on sth (기억을) 되돌아 보다

never look back 진보하다

look on (at) 방관하다, 지켜보다, (남의 일인 양) 구경하다

look-see 죽 훑어 봄, 검사, 감찰, 조사; 시찰

Look before you leap. 〈속담〉 돌다리도 두드려 보고 건너라.

look as if butter wouldn't melt in one's mouth 찔러도 피 한 방울 안 나올 것처럼 보이다, 차갑게 보이다

look daggers at sb 째려보다

기본동사
see

see red 격노하다(=become angry)

see double (술에 취해) 물건이 둘로 보이다

see stars 별을 보다, (무엇과 부딪혀서) 눈에 불이 번쩍하다

see things 헛것을 보다, 환각을 일으키다

see the things through rose-colored glasses 사물을 낙관적으로 보다(=be too optimistic)

see the light 이해하다, (～이 사실이라는 것을) 깨닫다

see the light of day (작품 등이) 세상에 나오다, 햇빛을 보다

see the light at the end of the tunnel (고생 끝에) 마침 내 빛이 보이다

see the sights 명소를 관광하다 cf. **sightseeing bus** 관광버스

Seeing is believing. 백문이 불여일견이다.

see into sth ～을 들여다보다; ～을 살피다, 조사하다(=look into)

see the color of (sb **'s) money** (다른 사람의) 지불능력을 확인하다

See to the fire. 불조심

Do you see what I mean? 제 말 뜻을 아시겠습니까?

Yes, now I see. 네. 이제 알겠어요.

So I see. (상대의 말을 받아) 아마 그러겠지요, 알 만합니다.

see to sth 주의하다, 배려하다, 돌보다; 준비하다, 조치하다

see sth **through** 1. 일을 끝까지 해내다 2. 꿰뚫어보다, 간파하다

cf. **see-through, see-thru** 비치는 옷, 시스루

기본동사
watch

watch out 조심하다, 주의하다

Watch your mouth! 너 말 조심해!

Watch your step! 발밑을 조심해!

keep watch and ward 끊임없이 감시하다

기본동사
show

show (sb **) around** 어떤 사람에게 어떤 장소를 한 바퀴 구경시켜 주다

showdown (포커에서)손에 든 패를 전부 보임 → 〈구어〉 최후의 대결; 결판 → (계획 등의) 발표, 공개, 폭로

Show me the money. (말로만 준다고 하지 말고) 직접 돈을 내 놓아봐라

say

say는 "Say yes.(찬성하다)"처럼 주로 의견이 담긴 말을 나타낸다. 또한 누군가가 했던 말을 인용할 때에도 주로 쓰인다. say는 3형식 타동사로서 4형식으로 쓸 수 없다.

talk

기본적으로는 speak와 같지만 speak 보다 편한 대화(잡담)나 토론을 할 때 주로 사용한다.

N. 이야기, 좌담; 소문, 이야깃거리

tell

tell은 주로 누구로부터 전해들은 말을 얘기할 때 사용한다.
따라서 "알리다, 가르쳐 주다", "(거짓말 · 비밀을) 말하다"의 의미와 can 등과 함께 쓰여 "알다, 분간하다, 식별하다"의 의미로도 쓰인다.

speak

speak는 "말하다"이다. "연설하다, 강연하다"처럼 talk 보다 격식을 갖추어 말을 하는 경우에도 쓰인다. 또한 "Can you speak English?"처럼 언어능력을 말할 때는 talk는 쓰지 않으며 speak를 쓴다.

say/talk/tell/speak

0820**1** You certainly said a <u>mouthful</u> when you remarked that Williams is not worth half the salary we are paying him. [94입법고시]

94입법고시

(A) with mouth full of food   (B) without thinking

(C) nonsense   (D) something unbelievable

(E) something significant

0820**2**
★★ 다음 대화 중 빈칸에 들어갈 말로 가장 적당한 것은? [10.국민대 오후]

10.국민대 오후/09.한국외대/06.충북9급
이.동덕여대/00-2.광운대

> A: What should we do to save the earth?
> B: We should preserves rain forests.
> A: That's right. Another suggestion?
> B: We should cut emissions of the carbon dioxide.
> A: _____.

(A) Who knows?   (B) No, not at all.

(C) Have it your own way.   (D) You can say that again!

0820**3**
★ 다음 중 나머지 3개와 뜻이 다른 것은? [00.법원직]

03.행자부7급/00.법원직/98.사법시험

(A) You can say that again.   (B) You're quite right.

(C) You said it.   (D) Let's call it a day.

0820**4**
★ <u>It is needless to say</u> that nothing is more important than to promote the development of foreign trade for independence of Korea. [88.행자부9급]

90.행자부7급/88.행자부9급

(A) We must not say   (B) It is an important matter to say

(C) It isn't a foreign trade   (D) We have to promote

(E) It goes without saying

0820**5**
★ 다음 문장 중 맞는 것은? [91.행자부9급]

95.행자부9급/91.행자부9급/89.행자부9급

(A) You must stop to think before you act.

(B) I don't feel like to go for a walk now.

(C) The heavy rain prevented him to attend the meeting.

(D) What do you say to go for a walk?

0820**6**
★ '내일 어떤 일이 일어날지 알 수 없다'의 올바른 영작은? [01.경찰]

01.경찰

(A) It is impossible to say what happens tomorrow.

(B) There is no saying what will happen tomorrow.

(C) It is an impossible saying that what will happen tomorrow.

(D) Nobody know what will be happening tomorrow.

0820**7**
★ 다음 문장과 의미가 가장 가까운 것은? [예상]

90.행자부9급/89.행자부9급

> People say that he was a notorious assassin.

(A) He is said to be a notorious assassin.

(B) They are said to have been a notorious assassin.

(C) It is said that he was a notorious assassin.

(D) They are said that he was a notorious assassin.

08201 (E) 윌리엄은 우리가 주는 월급의 반값도 못 미치게 일한다고 언급했을 때 너는 확실히 중요한 말을 했다.
(A) 음식을 잔뜩 입에 넣고서
(B) 생각 없이
(C) nonsense 헛소리
(D) unbelievable 믿을 수 없는, 비상한
(E) significant 중요한, 상당한

say a mouthful
중요한 말을 하다, 적절한 말을 하다

08202 (D)

> A: 우리가 지구를 구하기 위해 무엇을 해야 할까요?
> B: 열대우림을 보존해야 합니다. * preserve 보존하다
> A: 맞아요. 다른 제안은요?
> B: 이산화탄소 배출을 줄여야 합니다.
> A: _____.

(A) Who knows? 어쩌면.
(B) No, not at all. 아니, 전혀.
(C) Have it your own way! 네 마음대로 해!
(D) You can say that again! 동감이에요.

You can say that again.
〈회화〉 네 말이 맞아! 동감이에요
= I'm with you.
= You said it.

08203 (D) Let's call it a day. 오늘은 그만 끝내
(A) (B) (C) 내 말이 그 말이야.

You said it.
〈회화〉 내 말이 그 말이야!
=I quite agree with you.
= You're quite right.
= You can say that again.

08204 (E) 한국의 독립을 위해서 외국 무역의 성장을 증진하는 것보다 더 중요한 것은 없다는 것은 말할 필요도 없다.

It goes without saying that ~
~은 말할 나위도 없다.
= It is needless to say that ~
= It needs scarcely[hardly] to be said that ~
= It is a matter of course that ~

08205 (A)
(A) 행동하기 전에 먼저 곰곰이 생각해라.
(B) feel like ~ing ~하고 싶은 심정이다 (to go → going)
(C) prevent A from ~ing A가 ~하지 못하게 하다 (to attend → from attending)
(D) What do you say to ~ing ~하는 게 어때 (to go → to going)

What do you say to ~ing?
〈구어〉 ~은 어떨까요?, ~하면 어떨까요?

08206 (B)
(A) 명사절에서는 미래형을 그대로 써야 한다.
(B) There is no saying~ (~은) 알 수 없다
(C) an 삭제
(D) happen은 진행형이 불가능

There is no saying ~ / No one can say ~
(~은) 알 수 없다
cf. that is to say 바꿔 말하면(=in other words), 즉

08207 (C)

> 그는 악명 높은 암살자였다고 한다. * notorious (나쁜 의미로) 유명한 assassin 자객, 암살자

(A) to be → to have been
(B) They are → He is
(D) They are → It is

It is said that ~ / They say (that) ~
(소문으로는) ~이라고들 한다.

08301 I hate listening to people who <u>talk shop</u> at parties. [97.인천시9급]

★

(A) gossip about famous people   (B) make comparisons between shops

(C) talk about shopping   (D) talk about their jobs

08302 다음 해석 중 틀린 것을 골라라. [07.경원대]

(A) It's a rip-off! : 완전 바가지네.

(B) Are you serious? : 너 진심이니?

(C) Now you are talking. : 넌 지금 너무 말을 많이 한다.

(D) Why are you pulling my leg? : 왜 날 놀리고 있니?

08303 Don't <u>talk down</u> to them, when you give a lecture. [02.덕성여대]

(A) speak too simply   (B) look at the floor

(C) speak in a quiet voice   (D) speak in an impolite manner

08304 "Well, I hope you are not <u>talking through your hat</u> this time."she said derisively. [고려대]

(A) talking nonsense   (B) playing a joke on me

(C) threatening me   (D) making an excuse

08305 The students <u>talk out of both sides of their mouths</u>. They say they want nutrition and variety for dining-hall foods, but they gravitate to their favorites. [04.세무사]

(A) talk while they are eating   (B) support each other

(C) have good appetites   (D) say one thing but do another

(E) keep their mouths shut

08306 다음 대화 중 빈칸에 들어갈 말로 적당한 것은? [04-2.한성대 변형]

> A: You look truly lovely in that! Is this the same girl that I saw yesterday?
> B: Come on. _____ But thanks, anyway. You're a sweet talker.

(A) Are you dreaming?   (B) Should I buy you lunch?

(C) It's really a miracle.   (D) You're flattering too much.

08307 다음 빈 칸에 들어갈 말의 적당한 순서는? [00.행자부9급]

> 1) He can _____ French well.
> 2) We may _____ about the matter this afternoon.
> 3) Science does not _____ us everything about the moon.

(A) speak - say - talk   (B) speak - talk - tell

(C) talk - speak - talk   (D) tell - tell - say

08401 다음 대화 중 빈 칸에 들어갈 말로 가장 적당한 것은? [06.경찰2차]

> A: I'm sick and tired of our boss's arrogance.
> B: _____.

(A) He's sick to death   (B) Let me help him then

(C) Yeah. Tell me about it.   (D) I can't take it too seriously

0831 (D) 나는 파티에서 일 얘기를 하는 사람들에게 귀 기울이는 것을 싫어한다.
  (A) 유명인에 대해 잡담하다 * gossip about 잡담하다
  (B) * make a comparison between ~을 비교하다
  (C) 쇼핑에 대해 얘기하다
  (D) 그들의 일에 대해 얘기하다

talk shop
사업[일 · 전문분야] 이야기를 하다
(=talk about things in one's work or trade)
cf. talk turkey 까놓고 솔직하고 진지하게 얘기하다

0832 (C)
  (C) Now you are talking. → 이제야 얘기가 통하는군, 바로 그거야

Now you're talking.
〈회화〉 그렇다면 얘기가 통하는군.
cf. be like talking to a brick[stone] wall
  소귀에 경 읽기다, 말이 안 통한다

0833 (D) 강의할 때에는 너무 그들을 무시하는 투로 말하지 마라.
  (A) 너무 간단하게 말하다   (B) 마룻바닥을 바라보다
  (C) 조용한 목소리로 말하다   (D) 무시하는 투로 얘기하다

talk[speak] down to sb
무시하는 투로 말하다(=speak in an impolite manner)

0834 (A) "좋아, 이번에는 헛소리가 아니길 바라." 그녀는 조소하듯 말했다. * derisively 조소적으로
  (A) talk nonsense 헛소리 하다   (B) play a joke on ~을 놀리다
  (C) threaten 위협하다, 협박하다   (D) make an excuse 변명을 하다

talk through one's hat
〈영 · 구어〉 터무니없는 소리를 하다, 헛소리하다
(=talk nonsense), 허풍을 떨다(=bluff)
cf. talk big 잘난 체하며 떠들다(=brag), 허풍을 떨다

0835 (D) 그 학생들은 한 입으로 두 말한다. 그들은 그들이 영양분과 큰 식당의 다양한 음식들을 원한다고 말한다. 그러나, 그들은 그들이 좋아하는 음식들에 자연히 끌린다.
  * dining-hall 큰 식당 gravitate to ~에 자연히 끌리다
  (A) talk while they are eating 그들이 먹고 있는 동안에 말하다
  (B) support each other 서로를 지지하다
  (C) have good appetites 좋은 식욕을 가지다
  (D) say one thing but do another 말과 행동이 다르다
  (E) keep their mouths shut 그들의 입을 닫고 있다

talk out of both sides of one's mouth
한 입으로 두 말하다, 말과 행동이 틀리다
(=say one thing but do another)

0836 (D)
  A: 그 옷을 입으니 정말 예뻐 보이는데. 내가 어제 본 그 아가씨 맞아?
  B: 제발, 너무 비행기 태우지 마세요. 어쨌든 고마워요. 아부를 너무 잘 하시네요.

  (A) 꿈꾸고 계시나요?   (B) 제가 점심을 사드려야 하나요?
  (C) 그건 정말 기적이에요.   (D) 너무 치켜세우시는군요.

sweet talk
감언(=flattery); 아첨쟁이(=flatterer)
cf. smooth talker 말솜씨가 능란한 사람
cf. double-talk 〈구어〉 앞뒤가 안 맞는 이야기

0837 (B)
  1) 그는 불어를 능숙하게 말한다. * 언어능력에는 speak
  2) 우리는 오늘 오후에 그 문제에 관해 의논할지 모른다. * talk about ~을 논하다
  3) 과학이 달에 대해 모든 것을 가르쳐 주지는 않는다. * tell A B A에게 B를 말하다

talk about sb/sth
~에 대해 이야기하다
cf. talk out sth 문제를 해결하기 위해 철저하게 토론하다
  talk back 말대꾸하다
  talk over sth 상담하다; 설득하다

0841 (C)
  A: 나는 정말 우리 사장의 오만에 넌더리가 나. * sick and tired 지긋지긋한
  B: _____.

  (A) be sick to death / be sick and tired of 넌더리나다, 지긋지긋하다
  (C) 응, 내 말이 그 말이야!

Tell me about it.
〈회화〉 (맞장구 칠 때 하는 말) 내 말이 그 말이야!
두말하면 잔소리죠, 누가 아니래. (=You said it.)

0840₂ 다음 대화의 흐름으로 보아 밑줄 친 부분에 들어갈 가장 적절한 표현은? [10.지방직9급]

10.지방직9급

> A: As beginners, we just have to take it on the chins and move on.
> B: _____

(A) Don't talk around.

(B) You make no sense.

(C) Oh, it's on the tip of my tongue.

(D) You are telling me.

0840₃ 다음 주어진 글과 내용이 가장 가까운 것을 골라라. [87.법원직]

87.법원직

> It's impossible to tell if he is trustworthy.

(A) We have no way of knowing if we can trust him.

(B) He cannot say if we are worthy of trust.

(C) He cannot trust us if we don't tell him.

(D) Even if he is trustworthy, it's possible that we can't tell him.

(E) We cannot say that he is trustworthy.

0840₄ Can you <u>tell</u> Americans from English? [92.법원직]
★

04.행자부7급/99.행자부9급/92.법원직,Teps

(A) speak   (B) talk   (C) dissuade   (D) distinguish   (E) mention

0840₅ 짝지어진 문장의 의미가 서로 같은 것은? [01.행자부9급]

01.행자부9급/토플,Teps

(A) You can take your time doing the work.
   = You have to hurry up with the work.

(B) The current situation began to tell on her.
   = The current situation began not to have any significant effect on her.

(C) In this small village he passes for a learned man.
   = In this small village he enjoys special privilege.

(D) This contract holds good for two years.
   = This contract remains valid for two years.

0840₆ 다음 빈 칸에 들어갈 단어가 다른 하나는? [09.서울시9급 변형]
★

13.동국대/09.서울시9급

> 1) Could you please __ⓐ__ me the time?
> 2) What time does the clock __ⓑ__?
> 3) You should __ⓒ__ good jokes when you meet people.
> 4) She is too honest to __ⓓ__ a lie.

A) ⓐ   (B) ⓑ   (C) ⓒ   (D) ⓓ

0850₁ He never _____ ill of others. [93.전북7급/입사]

93.전북7급/입사,Teps

(A) says   (B) tells   (C) speaks   (D) talks   (E) states

0850₂ She is a person who always <u>speaks her mind</u>. [입사]

입사

(A) talks too much   (B) reads her mind

(C) gives her frank opinion   (D) speaks without thinking

08402 (D)

A: 처음 시작하는 우리로서는, 오로지 꿋꿋이 참고 발전해 나가야 한다.
　* take it on the chin (실패 등을) 묵묵히 참고 견디다 move on 발전하다, 향상하다
B: 맞았어, 바로 그거야.

(A) talk around 빙빙 돌려 말하다
(C) on the tip of my tongue 기억에 날듯 말듯하다
(D) You are telling me. 내 말이 그 말이야.

You're telling me!
내 말이 바로 그 말이에요! 그렇고 말고요.

08403 (A)

그가 믿을만한 사람인지 분간하기는 불가능하다.
* trustworthy 믿을 수 있는 no way 절대 ∼하지 않는다

You never can tell.
There is no telling.
There's no way to tell.
(장차 무슨 일이 일어날지) 아무도 모른다,
무어라고 할 수 없다

08404 (D) 미국인과 영국인을 구별하실 수 있겠어요?
(C) dissuade 단념시키다　　　　　(D) distinguish 구별하다
(E) mention 언급하다

---

tell A from B
A와 B를 구별하다
= **tell** sb/sth **apart** 구별하다(=distinguish)

08405 (D)

(A) 너는 일을 함에 있어 여유를 가지고 해도 된다. * take one's time 천천히 하다
　≠ 너는 일을 서둘러서 해야 한다.
(B) 현재의 상황은 그녀에게 영향을 미치기 시작했다. * tell on 영향을 미치다
　≠ 현재의 상황은 그녀에게 어떠한 중요한 영향도 미치지 아니한다.
　* have effect on ∼에 영향을 미치다
(C) 이 작은 마을에서는 그가 유식한 사람으로 통한다. * pass for ∼으로 통하다
　≠ 이 작은 마을에서 그는 특권을 누린다.
(D) 이 계약은 2년간 유효하다 * hold good 유효하다
　= remain valid 유효하다

---

tell on sb/sth
1. (나쁜) 영향을 미치다(=have a bad effect on sb/sth)
2. 일러 바치다, 비밀을 누설하다(=let on, reveal, disclose)

08406 (B)

1) 지금 몇 시인지 알려주시겠어요? * tell 동사는 3,4형식에 모두 쓰인다.
2) 시계가 몇 시를 가리키나요? * say (시계 등이) 시간을 나타내다
3) 사람들을 만날 때에는 좋은 농담을 하여야 한다. * tell a joke 농담을 하다
4) 그녀는 너무 정직해서 거짓말을 하지 못한다. * tell a lie 거짓말을 하다

---

tell a lie 거짓말하다
tell a joke 농담하다

08501 (C) 그는 절대 다른 사람들의 험담을 하지 않는다.

---

speak ill of sb
∼를 나쁘게 말하다, 흉보다(=say sth bad about sb)
↔ **speak well of / speak highly of** sb ∼을 좋게 말하다

08502 (C) 그녀는 항상 솔직하게 얘기하는 사람이다.

---

speak one's mind
솔직하게 이야기하다
(=speak frankly, give one's frank opinion)
cf. speak the same language 남과 생각이 일치하다, 서로 통하다

O85O3 He always <u>declares his opinions</u> about everything. 입사]

(A) speaks out   (B) speaks to

(C) speaks at   (D) speaks for

O85O4 You don't grumble out for no reason, but you do speak _____ when you feel wronged. [14.광운대변형]

(A) off   (B) up   (C) at   (D) over

O85O5 Actions _____ louder than words. [07.인천시기술직9급]

(A) speak   (B) tell   (C) say   (D) order

08503 (A) 그는 항상 모든 것에 대해 그의 의견들을 대놓고 말한다.

(A) speak out 거리낌 없이 말하다 (B) speak to ~에게 말을 걸다

(C) speak at ~에 빗대어 말하다 (D) speak for ~을 대변하다, 변호하다

08504 (B) 너는 아무 이유도 없이 불평해서는 안 되지만, 부당하다고 느꼈을 때에는 소리 높여 이야기해야 한다. * grumble 투덜거리다

08505 (A) 〈속담〉 말보다 행동이 더 중요하다.

speak out
거리낌 없이 말하다(=declare one's opinion),
자유롭게 말하다
cf. speak up 큰 소리로 말하다, 터놓고 얘기하다
speak up for 강력히 변호하다

speak up (for sb/sth)
더 크게 말하다; (지지 · 옹호 · 의견을) 거리낌 없이 밝히다

Actions speak louder than words.
〈속담〉 말보다 행동이 더 중요하다.

보충이디엄

기본동사
say

say boo to a goose 위협하다; 우롱하다
say sth **in a roundabout way** 완곡하게 말하다, 둘러서 말하다
say[speak] one's piece 말하고 싶은 바를 말하다
say[speak, talk] sth **under one's breath** 속삭이다, 소곤소곤 이야기하다
(just) say the word 신호를 하다; (원하는 것을) 얘기하다
say uncle 졌다고 말하다, 항복하다(=surrender, give in)
say yes 승낙하다, 찬동하다(=consent) ↔ **say no** 동의하지 않다
Who can say? (미래의 일은) 아무도 예측할 수 없다.
Say when. (남에게 술 등을 따를 때) 적당할 때 그만이라고 하세요.
Say cheese! (사진 등을 찍을 때 웃으라고 하는 말) 김치~!
Say what? (잘 듣지 못했거나 믿기 어려울 때) 뭐라고?, 다시 말해 봐

기본동사
tell

tell it like it is 솔직하게 말하다, 입바른 소리를 하다
tell sb **to his[her] face** 남에게 직설적으로 얘기하다
tell sb **a thing or two** 남을 꾸짖다, 남에게 싫은 소리를 하다 cf. **a thing or two** 솔직한 충고; 상당한 지식
tell (sb**) off** ~을 야단치다; (~하도록) 지시하다, 명령하다(to do) cf. **telling-off** 〈영·구어〉 꾸지람, 질책
I couldn't tell you ~ 〈구어〉 (진짜 몰라서) 잘 모르겠는데, ~
I can't tell you ~〈구어〉 (비밀이어서 말하기 곤란하거나 복잡한 심정을 말로 표현하기가 힘들 때) 말할 수 없어!
Somebody tells me (that) 누가 말하기를..., 누군가 그러는데
Don't tell me ~ (핑계를 대려는 상대방의 말문을 막을 때) 너 또 ~이라고 하려고 그러지, 설마 ~란 말은 아니겠지

기본동사
talk

talk out sth (문제를 해결하기 위해) 철저하게 토론하다
talk sb **out of** sth 설득해서 ~하지 않도록 하다
talk sb **into ~ing** ~를 설득해서 ~하게 하다(=persuade)
talk back 말대꾸하다
talk over sth 상담하다; 설득하다
talk a blue streak / talk nineteen to the dozen 매우 빠르고 계속적으로 지껄이다
talk sb**'s ear off** (귀가 먹도록) 말을 많이 하다
talk until one is blue in the face (새파랗게 질릴 때까지) 장황하게 말하다
talk in circles 혼란스럽게 빙 둘러서 말하다
talk in riddles 수수께끼 같은 말을 하다
What are you talking about? 도대체 무슨 소리를 하는 거야?
I'm talking to you! 〈구어〉 (얘기 중에 상대방이 딴 짓을 할 때) 네게 얘기 중이잖아!
You can talk. 〈구어〉 자네라면 그렇게 말할 수 있지.
You can't talk. 〈구어〉 자네는 할 말 없어. (넌 그런 말을 할 자격이 없어.)

기본동사
speak

so to speak 〈구어〉 말하자면
nothing to speak of 말할 필요조차 없는, 사소한
not to speak of ~은 말할 것도 없이(=not to mention)
generally[honestly/roughly/strictly] speaking 일반적으로[정직하게/대충/엄밀히] 말하자면
speak at sth ~에 빗대어 말하다
speak to sb ~에게 말을 걸다, ~와 이야기하다
speak for sb/sth ~을 대변[변호]하다; 증명하다; 표시하다; 신청하다
speak with a forked tongue 거짓말을 하다, 겉과 속이 다른 말을 하다

write

write는 "글자를 쓰다, 편지를 쓰다[보내다]"을 의미하는 기본 단어이다.

read

read는 "글이나 기호를 읽다"를 의미하는 기본 동사이다.

word

word는 "단어, 낱말"을 의미하는 명사로서 "이야기, 말" 그리고 "약속"이란 의미도 갖는다.

name

name은 "사람이나 사물의 이름"을 의미하는 기본 단어이다.
"평판, 명성"을 의미하기도 하지만, 복수형으로 names는 "오명, 욕설"을 의미하기도 한다.
동사로는 "이름을 붙이다, 지명[임명]하다"라는 의미와 "가격을 제시하다"라는 의미로도 쓰인다.

call

call은 "어떠한 신호를 보내다 → 부르다"이다.

1. 큰 소리로 부르다; 출석을 부르다; 이름을 ~라고 부르다
2. 전화하다; (사람 · 경찰 · 의사 등을) 부르다
3. 회의를 소집하다; 요청하다, 요구하다
4. (장소 · 사람을) 방문하다
N. 전화, 신호, 호각, 호출; 요청

ask

ask는 크게 "어떤 것을 묻다"라는 의미와 "어떤 것을 부탁[요구]하다"라는 두 가지 의미가 핵심
이다.

answer

answer는 "~에 응해서 행동하다"가 기본 의미이다.
비유적으로 "요구를 충족시키다, 목적을 달성하다"의 의미도 갖는다.

08601 The result is that consumers pay higher fuel prices while the oil companies <u>write off</u> an estimated $3 billion in U.S. income taxes. [행정고시/입사]

98.경찰간부/행정고시/토플.Teps

(A) write fluently
(B) take off the books
(C) deny the worth of
(D) reduce the value of

08602 다음 빈 칸에 들어갈 단어로 적절하지 않은 것은? [예상]

98.한국외대

> He spoke so quickly that it was difficult to _____ down what he was saying.

(A) jot
(B) write
(C) read
(D) put

08701 If you want to understand poetry, you have to learn to read between the _____. [예상]

15.기상직9급

(A) words
(B) letters
(C) lines
(D) lanes

08801 They <u>had words</u> last night, so they are not speaking today. [97법원직]

01-2.한성대/97.법원직/97-2.단국대
95.외무고시.토플.Teps

(A) had a quarrel
(B) had a discussion
(C) talked a lot
(D) made a promise

08802 Colds are contagious. _____, the germs can travel from person to person. [예상]

16.한양대

(A) In other words
(B) In the long run
(C) In this wise
(C) In a sense

08901 At my last school, they <u>called me names</u> because I was so slow. [07.국가직9급]

07.국가직9급/06.광운대/03.입법고시
02.경찰/00-2.단국대/92.행자부7급

(A) abused me
(B) deceived me
(C) called the roll
(D) finished with me

08902 The Asian countries would persuade the International Monetary Fund to put aside its usual prescriptions for fiscal belt-tightening and high interest rates, since these will only reinforce the contradictory force of the financial panic. <u>The name of the game</u> should be confidence-mending, not orthodox austerity. The crisis came from the private markets and not government budget. [02.행자부7급]

02.행자부7급

(A) The crucial remedy
(B) The essential element of the game
(C) The most virtual aspect
(D) The best name of the crisis

09001 Surgeons were forced to <u>call it a day</u> because they couldn't find the right tools for the job. [18.서울시9급]

18.서울시9급/11.지방직7급/07.국가직9급
04.국민대/03.행자부9급/03.경찰
94.대전시7급.Teps

(A) initiate
(B) finish
(C) wait
(D) cancel

09002 He is the kind of person who always <u>calls a spade a spade</u>. [93.기술고시]

99.경기대/99.소방간부/93.기술고시

(A) has no common sense
(B) speaks plainly
(C) talks about small things
(D) gossips about others
(E) knows everything

09003 The teacher <u>called down</u> Amy in front of everybody. [예상]

96.인천시9급

(A) reprimanded
(B) praised
(C) insulted
(D) flattered

08601 (D) 그 결과는 소비자들이 보다 높은 연료비를 지불하는 반면 석유회사들은 미 소득세액에서 평가액으로 30억 달러를 감가상각하고 있다.
(A) fluently 유창하게
(B) take sb off the books 명부에서 이름을 삭제하다, 탈퇴시키다

08602 (C)

> 그는 너무 빠르게 말을 해서 그가 하는 말을 받아 적기가 힘들었다.

(A) jot down = (B) write down = (D) put down 받아 적다

08701 (C) 네가 시를 이해하고 싶으면, 행간을 읽어내는 법을 배워야 한다.

08801 (A) 그들은 지난밤에 말싸움했었다. 그래서 그들은 오늘 말하지 않고 있다.
(B) have a discussion 토론을 하다
(D) make a promise 약속을 하다

08802 (A) 감기는 전염성이 있다. 다시 말해, 감기를 일으키는 세균은 한 사람에서 다른 사람으로 옮겨 갈 수 있다.
(A) In other words 다시 말해서
(B) In the long run 결국에는
(C) In this wise 이런 방법으로
(C) In a sense 어떤 면에서는

08901 (A) 지난 학교에서는, 내가 너무 둔하다고 그들이 나를 욕했다.
(A) abuse 욕하다
(B) deceive 속이다
(C) call the roll 출석을 부르다

08902 (A) 아시아 국가들은 국제통화기금으로 하여금 긴축재정과 높은 이자율에 대한 평소의 처방을 그만둘 것을 설득하려 할 것이다. 왜냐하면 이것들은 재정적인 공황이라는 반대되는 힘을 강화할 뿐일 것이기 때문이다. 본질은 신용을 개선하는 것이지 정통적인 긴축이 되어서는 안 된다. 위기는 사적인 시장에서 온 것이지 정부의 예산으로부터 온 것이 아니다. * put aside 제쳐놓다, 그만두다: 저축하다 belt-tightening 내핍, 절약 orthodox 전통적인 austerity 엄격 긴축
(A) 결정적인 구제책 * crucial 결정적인 remedy 구제책
(B) 게임의 본질적 요소
(C) 가장 사실상의 관점
(D) 위기의 가장 좋은 이름

09001 (B) 외과 의사들은 일을 하는데 있어 적당한 도구를 찾을 수 없어 어쩔 수 없이 일을 끝내야 했다.

09002 (B) 그는 언제나 솔직하게 말하는 사람이다.
(A) common sense 상식
(B) 꾸밈없이(plainly) 말하다
(C) 사소한 것들을 이야기하다
(D) gossip 잡담, 잡담하다

09003 (A) 선생님은 모두 앞에서 에이미를 꾸짖었다.
(A) reprimand 꾸짖다
(B) praise 추켜세우다
(C) insult 모욕하다
(D) flatter 아부하다

---

write * off sth
1. (빚 등을) 장부에서 지우다, 감가상각하다; 술술 막힘없이 써 내리다
2. A를 B로 치부하다 〈write off A as B〉

write * down sth
1. (기억을 위해) 적어두다
= jot * down sth
= take * down sth
= put * down sth
2. 감가상각하다

read between the lines
글[말] 속의 숨은 뜻을 알아내다
(=read hidden meanings)

have words (with sb**)**
~와 말다툼하다(=quarrel, fall out with sb)
= have a falling out 다투다
cf. have the last[final] word 논쟁에서 이기다
cf. have a word with sb 한두 마디 나누다(=talk briefly)
cf. You have my word! 내 말 믿어! 약속해!

in other words
달리 말하면, 다시 말해서

call sb **names**
비난하다, 욕하다(=abuse, curse)

the name of the game
본질, 가장 중요한 것
cf. ball game 〈미·구어〉 상황, 사태, 경쟁

call it a day
하루 일을 마치다(=stop working); 단념하다
= call it a night (그날 밤의 일을) 끝내다(=call it quits); 활동을 중지하다
= call it quits 무승부로 하다; 그만두다, 중단하다
cf. call a halt (to sth) 끝내다, 중지를 명하다

call a spade a spade
사실대로 말하다, 꾸미지 않고 똑바로 말하다
(=be outspoken, speak plainly)

call sb **down**
꾸짖다(=scold, chide, reproach, reprehend)
cf. call sb on the carpet 꾸짖다, 불러 호통을 치다
cf. call to account 해명을 요구하다; 꾸짖다

09004 I'll call you _____ at 8:30 and give you a lift to work. [91.건국대학원]

(A) in   (B) for   (C) at   (D) up

09005 ★★ The argument <u>calls for</u> future negotiations. [01-2.광운대]

(A) postpones   (B) requires

(C) cancels   (D) refuses

09006 ★★★ Tomorrow's match has been called _____ because of the icy weather. [01-2.한성대]

(A) on   (B) in   (C) off   (D) for

09007 Many enjoy calling _____ their friends at Christmas time. [입사]

(A) on   (B) of   (C) off   (D) to

09008 밑줄 친 부분에 들어갈 가장 알맞은 표현은? [12.지방직9급]

> A: Hello, Susan.
> B: Hello, David. Are you and Mary free this Saturday?
> A: Saturday? She would go shopping, but I'm not sure. Why do you ask?
> B: I thought I would invite you guys to dinner.
> A: Well, let me check again with her and give you a ring this evening.
> B: Sounds good. _____

(A) I'll be waiting for your call

(B) You should have made it on time.

(C) Thank you for having me, David.

(D) How could you stand me up like this?

09009 ★ 다음 대화의 흐름상 빈칸에 들어갈 가장 적합한 단어는? [00.공인회계사]

> A: What's up? You look quite upset.
> B: A car nearly hit me. It was a close _____.
> A: Did you get hurt?
> B: No. I just got startled.

(A) prevention   (B) call

(C) cure   (D) attention

(E) collusion

09101 다음 빈칸에 들어갈 말로 어울리지 않은 것은? [15.기상직9급]

> A: You look so excited. What's the occasion?
> B: _____ Jane asked me out!

(A) Believe it or not,

(B) You cannot be surprised, but

(C) You might be surprised, but

(D) You may not believe this, but

09004 **(D)** 네게 8시 30분에 전화하고 너를 직장까지 데려다 줄게. * give sb a lift ~를 태워주다
(A) call in 잠깐 들르다 (B) call for 요구하다
(C) call at (장소) 방문하다

09005 **(B)** 그 논쟁은 장차 협상이 필요하다.
(A) postpone 연기하다 (B) require 필요로 하다
(C) cancel 취소하다 (D) refuse 거절하다

09006 **(C)** 내일 시합은 추운 날씨 때문에 취소되었다.
(A) call on 방문하다 (B) call in 불러들이다
(C) call off 취소하다 (D) call for 요청하다

09007 **(A)** 많은 사람들은 크리스마스 때 자신들의 친구를 방문하는 것을 즐긴다.

09008 **(A)**

A: 안녕, 수잔
B: 안녕, 데이비드. 이번 토요일에 너와 메리 시간 있니?
A: 토요일? 메리가 쇼핑 간다던데, 난, 확실치 않고. 왜 물어?
B: 너희를 저녁식사에 초대하려고 생각했거든.
A: 글쎄, 메리가 되는지 확인해 보고 오늘 저녁 전화 줄게.
B: 좋아. _____

(A) 네 전화 기다릴게.
(B) 너는 정시에 도착했어야 했어. * make it 제 시간에 닿다 on time 정각에
(C) 초대해줘서 고마워, 데이비드. * have 모임을 열다. 손님을 맞다
(D) 넌 어떻게 나를 이처럼 바람맞힐 수 있니? * stand up 바람맞히다

09009 **(B)**

A: 무슨 일이야? 안 좋아 보이는구나.
B: 차에 치일 뻔했어. 위기일발이었어.
A: 다쳤니?
B: 아니, 단지 놀랐을 뿐이야. * startled 깜짝 놀란

(A) prevention 예방 (B) a close call 위기일발
(D) attention 주의 (E) collusion 음모

09101 **(B)**

A: 너 굉장히 신이 나 보이네. 무슨 일이야?
B: _____ 제인이 내게 데이트를 신청 했어!

(A) 믿거나 말거나 (B) 네가 놀랄 리 없겠지만
(C) 네가 놀랄 수도 있겠지만 (D) 네가 이것을 믿지 않을 수도 있겠지만

call * up sb
1. 〈미〉 ~에게 전화를 걸다; ~을 전화로 깨우다
   = 〈영〉 ring up sb/sth
2. 〈영〉 군대를 소집하다 〈미〉 draft
   cf. call sb collect (~에게) 수신자 부담 전화를 하다
      (=the receiver pays for the call)
      - call in sick 전화로 병가를 내다
      - call back 사람의 전화에 응답하다; 나중에 다시 전화하다
   cf. call out 큰 소리로 외치다; 군대를 소집하다; 파업을 지령하다

call for sb/sth
1. ~을 요청하다, 요구하다(=request)
2. ~을 필요로 하다(=require, demand, need)

call * off sb/sth
1. (약속 · 모임 · 계획 등을) 취소하다(=cancel)
2. 주의를 딴 곳으로 돌리다(=distract)

call on sb
1. (사람을) 방문하다(=visit)
2. 요구하다, 부탁하다; 지명하다
   cf. call at sw (장소를) 방문하다(=visit)

wait for a call
전화를 기다리다
cf. make a call 전화를 하다
   - take the call 전화를 받다
   - Give me a call. 전화주세요.

a close call[shave/escape] / a narrow squeak[escape]
위기일발, 아슬아슬한 순간

ask sb out
(누구에게) 데이트를 신청하다

313

보충이디엄

기본동사
write

write back (to sb) ~에게 답장을 보내다
write out sth (긴 내용을) 세세하게 작성하다
- write out a cheque 수표를 작성하다
write for ~에 기고하다

기본동사
read

read sb's mind[thoughts] ~의 의중을 읽다, 마음을 헤아리다
read sb's face ~의 표정을 살피다
read proof 교정을 보다 cf. proof reading 교정
read a meter 미터기를 읽다

기본동사
word

mince (one's) words 삼가서 말하다, 완곡하게 말하다
weigh one's words 말을 신중하게 하다
by word of mouth 구두로(=verbally), 입소문으로
as good as one's word 약속을 잘 지키는
eat[swallow] one's word (어쩔 수 없이) 앞서 한 말을 취소하다

기본동사
call

call the roll 출석을 부르다
call the shot 주도권을 쥐다, 결정권을 갖다
call a meeting 회의를 소집하다
cf. call a meeting to order 공식적으로 개회를 선언하다
call (sth) into question 문제 삼다, 이의[의문]을 제기하다
call of nature 자연적 본능, 대소변이 마려운 것

기본동사
ask

ask for sb/sth (누구를 만나기 위해) ~를 찾다, (어디를 가기 위해) ~에 대해 묻다
ask about[after] ~에 대해 묻다, 안부를 묻다
ask for trouble 화를 자초하다
ask[cry] for the moon 달을 따다 달라고 하다, 힘들거나 불가능한 일을 요구하다
a big ask 만만찮은 일

기본동사
answer

answer for sth ~의 책임을 지다
answer the[one's] purpose 목적에 부합하다
answer to sb ~에게 해명하다, ~에 회답하다
answer back (sb)/ (at[to] sb) (윗사람에게) 말대꾸하다

cut

cut는 "자르다, 베다, 절단하다"가 기본개념이다.
잘라낸다고 해서 "줄이다, 단축하다"의 의미가 나오며, 부탁을 단호하게 잘라 거절한다는 뉘앙스
에서 "모른 체 하다" 뜻도 나온다.

1. 베다, 자르다, 절단하다; (조각 등을) 깎아 다듬다
2. (비용 등을) 줄이다, 삭감하다, 단축하다; 길을 내다, 가로지르다
3. 중단하다; (관계를) 끊다, 모른 체하다, 무시하다; 상처를 주다

tear

tear[tɛəər]는 "찢다, 잡아 째다(rip)"가 기본 의미이다.
찢어지는 것은 유형물(찢다)일 수도 있고 사람의 마음(사이가 벌어지다; 마음을 갈기갈기 찢다)
일 수도 있다. 또한 "눈물, 눈물을 흘리다"의 tear[tiər]는 기원이 전혀 다른 단어이다.

break

break는 "사물의 완전함을 깨뜨리다, 시간의 연속성을 끊다"가 기본 개념이다.

1. (사물의) 완전함을 깨뜨리다 → 부수다, 고장 내다; 기록을 깨다;
   약속·규칙을 어기다; 파산하다; 평화로움을 깨다; 뉴스가 전해지다; 갑자기 시작하다
2. (시간의) 연속성을 끊다 → 나쁜 버릇을 끊다, 중단해[되]다, 휴식하다, 관계를 끊다, 방해하다;
   갑자기 시작하다
N. 분열, 파괴, 중단, 단절; 짧은 휴식; 실언; 기회, 행운

crack

1. 금가게 하다, 부수다, 깨다
2. 농담 등을 하다(crack a joke)
3. 어려운 문제를 풀다, 암호를 풀다

09301 His arguments cut no _____ with me. They are not impressive at all. [03.광운대]

(A) ice (B) choice

(C) place (D) water

09.동국대/03.광운대.토플.입사

09302 Korean students are <u>cutting a fine figure</u> at the finest schools in the United States of America. [02.경찰/95.외무고시]

(A) living with no difficulty (B) cutting the shortest way

(C) having their tests with ease (D) getting good results in their studies

(E) making themselves changed differently

02.경찰/95.외무고시.토플

09303 The traditional goal of science has been to discover how things are, not how they ought to be, but can a <u>clean-cut</u> distinction between fact and value in the interaction of science and society be sustained any longer? [96.외무고시]

(A) sanitary (B) violent

(C) sharp (D) theoretical

(E) understandable

96.외무고시

09304 The government made a <u>previously-decided</u> decision about the subway. [예상]

(A) cut-and-run (B) clean-cut

(C) cutting-edge (D) cut-and-dried

토플

09305 다음 빈 칸에 들어갈 알맞은 말은? [07.여자기동대]

A: This new sound system is at the _____ technology.
B: Yes, it's most advanced of its kind.

(A) outbreak (B) expense

(C) cutting edge (D) side effect

15.한양대/07.여자기동대
04.동국대.Teps

09306 He is <u>cut out for a sailor</u>. [입사]

(A) cut and severely injured by a sailor

(B) dismissed from his post of a sailor

(C) naturally suited for a sailor

(D) prejudiced against a sailor

13.국가직7급/02.감정평가사
군법무관.입사.Teps

09307 The remark cut him <u>to the quick</u>. [92.외무고시]

(A) deeply (B) sensationally

(C) quickly (D) fast

92.서울대학원/92.외무고시

09308 Churchill had the habit of blithely cutting <u>Gordian knots</u> in a manner which often upsets experts, but he was not a frivolous man. [92.사법시험]

(A) unanswerable answers (B) foes

(C) difficult problems (D) enemies

92.사법시험

09309 I think you had better start _____ on expenses. [입사]

(A) saving up (B) cutting up

(C) cutting down (D) decreasing

97.서울시9급/95.공인회계사
토플/입사.Teps

09301 (A) 그의 주장들은 나에게 아무런 영향을 주지 않는다. 그것들은 전혀 인상적이지 못하다.

cut no ice
아무런 효과가 없다, 아무 영향도 주지 못하다
(=have no effect)
↦ **cut ice** 효과가 있다(=have effect)
cf. cut the mustard 기대에 부응하다
↦ **can't cut the mustard** 〈13.중앙대〉
기대에 부응하지 못하다

09302 (D) 한국 학생들은 미국에서 가장 훌륭한 학교에서 두각을 나타내고 있다.
(A) 아무런 어려움이 없이 살고 있는   (B) 지름길로 가는
(C) 시험을 쉽게 치르고 있는   (D) 학업에서 좋은 결과를 내고 있는
(E) 그들 자신을 다르게 변화시키고 있는

cut a fine figure
(모습 등이) 이채를 띠다; (능력 등이) 두각을 나타내다

09303 (C) 과학의 전통적인 목적은 사물의 존재의 당위성이 아니라 사물이 어떻게 존재하나를 발견하는 것이다. 그러나 과학과 사회가 서로 상호작용을 하는 상황에서 사실과 가치 사이의 명확한 구별이 더 이상 유지가 가능할까?
(A) sanitary 위생의, 위생적인   (B) violent 폭력적인
(C) sharp 예리한, 선명한, 뚜렷한   (D) theoretical 이론상의
(E) understandable 이해할 수 있는, 알 만한

clean-cut
(외모 등이) 단정한; (의미가) 명확한(=sharp, definite)

09304 (D) 정부는 지하철에 관해서 미리 정해놓은 결정을 했다.
(A) cut-and-run 몹시 허둥대는   (B) clean-cut 명확한
(C) cutting-edge 최첨단의   (D) cut-and-dried 미리 결정된

cut-and-dried
1. 미리 준비된, 미리 결정된
(=already settled and unlikely to be changed)
2. 신선함이 없는, 진부한(=banal, cliché, stereotyped)

09305 (C)

> A: 이 새 음향 시스템은 최첨단 기술입니다.
> B: 맞아요, 그것은 그 분야에서 가장 첨단의 것이죠.

(A) outbreak 발발, 격증   (B) expense 지출, 비용
(C) cutting edge 최첨단   (D) side effect 부작용

cutting-edge
(기술이나 제품 등이) 최첨단의(=most advanced)
cf. top-of-the-line 최고급품의, 최신식의

09306 (C) 그는 타고난 뱃사람이다.
(A) 뱃사람에게 칼로 베이고 심하게 상처를 입은
(B) 선원의 지위에서 해고된
(C) 천성적으로 뱃사람에 적합한
(D) 뱃사람에 대해 선입견을 가진

be cut out for sth / be cut out to be sth
(직업 등을 위해 필요한) 자질을 갖추다,
일이 체질에 맞다(=naturally well-suited for sth)
cf. cut one's eyeteeth on sth 세상 물정을 알게 되다, 철이 들다
cf. cut teeth (아이의) 이가 나다

09307 (A) 그 말은 그에게 마음 속 깊이 상처를 주었다.
(A) deeply 깊숙이   (B) sensationally 선풍적으로
(C) quickly 빨리, 서둘러서   (D) fast 빨리, 급속히

cut sb to the quick
감정을 심하게 다치게 하다(=hurt one's feelings deeply),
~에게 깊은 상처를 주다
- to the quick 절실히, 뼈에 사무치게(=deeply)
cf. to the bone 최대한으로; 철저히(=thoroughly)

09308 (C) 처칠은 종종 전문가조차도 당황하게 하는 방법으로 어려운 문제를 유쾌하게 해결해 버리는 습관이 있었으나 결코 경솔한 사람은 아니었다.
* blithely 즐겁게, 유쾌하게 frivolous 천박한, 경박한
(A) 반박할 수 없는 답변들   (B) foe 적, 반대자
(C) 어려운 문제들   (D) enemy 적

cut the Gordian knots
어려운 문제를 해결하다

09309 (C) 난 네가 지출을 줄이기 시작하는 것이 좋겠다고 생각한다.
(A) save up 돈을 모으다, 저축하다   (B) cut up 자르다, 분할하다
(C) cut down 줄이다   (D) decrease 줄(이)다, 감소하다
      * on 때문에 정답 X

cut * down (sth) / cut down (on sth)
줄이다(=reduce, lower, lessen, cut back (sth))
= **trim down (sth)** 삭감하다, 줄이다, 작게 하다

DAY-26

O9310 A majority of industries started to <u>cut back on</u> labor cost in the wake of the energy shortage. [92법원직]

92법원직,Teps

(A) cut short   (B) reduce

(C) yield   (D) increase

(E) cut into halves

O9311 I would like to buy a new car so I have begun to <u>economize</u> on my daily expenses. [예상]

토플,Teps

(A) come clean   (B) chime in

(C) cast around   (D) cut corners

O9312 When there is violence and vengeance, it <u>cuts across</u> family, tribe, religion, and class. [06.공인회계사]

06.공인회계사

(A) affects   (B) kills   (C) unites   (D) dispels   (E) removes

O9313 They cut out _____ it. [02.경찰]

02.경찰,Teps

(A) double of   (B) all both

(C) half of   (D) two-thirds

O9314 ★ The New York State Electric and Gas Corporation cut _____ gas because he did not pay the bill. [01.동덕여대]

07.대구교행9급/01.동덕여대
93.기술고시/법원사무관,Teps

(A) out   (B) off   (C) about   (D) with

O9315 ★ Amy <u>cut me dead</u> when she saw me in the park. [08.세무직9급 변형]

10.경북교행9급/08.세무직9급
95.고려대/토플

(A) greeted me with smile   (B) deliberately ignored me

(C) cut me to the quick   (D) hurt me deeply

O9401 In the 1960's the upper level of Pennsylvania Station in New York City was <u>torn down</u> and replaced by Madison Square Garden. [03.공인회계사]

15.성균관대/03.공인회계사

(A) detracted   (B) demoted

(C) distended   (D) dismantled

(E) duplicated

O9501 ★★ 다음 빈칸에 공통으로 들어갈 가장 적절한 표현은? [기출문제종합]

15.경찰2차/00.한성대/98.공인회계사
93.연세대대학원/90.행정고시
90.서울대학원,입사4회,Teps

> 1) If you weren't so careless, the machine wouldn't _____ so easily. [15.경찰2차]
> 2) You say that 10,000 people use this library. Could you _____ that _____ into age groups? [90.행정고시]

(A) break in   (B) break down

(C) settle down   (D) kick in

O9502 Late in 1973, probably near Rogersville Tenn, the Atomic Energy Commission planned to <u>break ground for</u> a new kind of nuclear power plant. [85.서울대학원]

85.서울대학원

(A) dig   (B) expose

(C) start in   (D) arrange

O931O (B) 대부분의 산업체들이 에너지 부족 이후에 인건비를 줄이기 시작했다.
- (A) cut short 빨리 끝내다
- (B) reduce 줄이다
- (C) yield 양보하다, 생산하다
- (D) increase 증가하다
- (E) cut into halves 절반으로 자르다

O9311 (D) 나는 새 차를 사고 싶었고 그래서 내 일상적인 지출들을 절약하기 시작했다.
- (A) come clean 털어놓다
- (B) chime in 대화에 끼어들다
- (C) cast around for ~을 찾아[생각해] 내려고 애쓰다

O9312 (A) 언제나 폭력과 복수가 있을 때는, 그것은 가족, 부족, 종교와 계층에 영향을 미친다.
- (A) affect ~에 영향을 미치다
- (C) unite 결합하다, 통합하다
- (D) dispel 쫓아버리다
- (E) remove 제거하다

O9313 (C) 그들은 그것의 절반을 잘라냈다.
- (A) double of → double
- (B) all both → all
- (D) two-thirds → two-third of * it이 단수이므로

O9314 (B) 뉴욕주 전기가스 공사는 그가 요금을 지불하지 않았기 때문에 가스를 끊었다.

O9315 (B) 에이미는 공원에서 나를 보았을 때 일부러 못 본 체했다.

O94O1 (D) 1960년대에 뉴욕에 있는 펜실베이니아 역의 상층부는 헐렸고 매디슨스퀘어가든으로 대체되었다.
- (A) detract 주의를 딴 데로 돌리다
- (B) demote 강등시키다
- (C) distend 넓히다
- (D) dismantle 분해하다, 해체하다
- (E) duplicate 복제하다, 복사하다

O95O1 (B)

> 1) 당신이 너무 부주의하지만 않는다면, 그 기계는 그렇게 쉽게 고장 나지 않을 것입니다.
> * break down 고장 나다
> 2) 당신은 1만 명의 사람들이 이 도서관을 이용한다고 하시는데요, 이용자들을 연령대별로 분류하실 수 있으세요? * break down 분류하다

- (A) break in 길들이다
- (B) break down 고장 나다, 분류하다
- (C) settle down 정착하다
- (D) kick in 효과가 나타나기 시작하다

O95O2 (C) 1973년 후반, 아마도 테네시주 로저빌 근처에서, 원자력에너지위원회는 새로운 종류의 원자력 발전소를 착공할 것을 계획했다.
- (A) dig 땅을 파다
- (B) expose 노출시키다
- (C) start in 시작하다
- (D) arrange 정돈하다

---

cut * back (sth) / cut back (on sth)
(비용 등을) 줄이다, 절감하다(=reduce, curtail)

cut corners
지름길로 가다(=take a shorter way); (돈 · 시간 · 노력을) 절약하려고 일을 불완전하게 하다(=economize)
cf. shortcut 지름길, 손쉬운 방법, (방법이) 손쉬운
cf. cut short sth (계획했던 것보다) 일찍 중단하다, 빨리 끝내다
  cut sb **short** 남의 말을 가로막다

cut across sth
1. ~에 영향을 미치다(=affect)
2. ~을 질러가다
3. ~을 넘다, 초월하다

cut out (sth)
1. 제거하다, 베어내다(=remove, weed out, get rid of sb/sth, eliminate); 기사 등에서 잘라내다(=omit)
2. 〈구어〉 그만둬, 닥쳐(=cut the crap)
3. (자리 등에서) 떠나다

cut * off sb/sth
1. (공급 등을) 중단하다, 끊다; 고립시키다(=isolate), 떼어놓다
2. (통화 등을) 중단하다(=stop speaking), 끊다 (=disconnect); (통화 등을) 가로막다

cut sb **dead**
보고도 보지 못한 체하다
(=refuse to recognize sb you know in order to be rude)

tear * down sth
(건물 등을) 헐다(=demolish),
(기계 따위를) 해체하다(=dismantle); 비난하다
= tear apart sb/sth
  허물다; 분열시키다, (남의 마음을) 갈기갈기 찢어놓다
cf. tear up sth 갈가리 찢다;
  계약이나 협정 등을 파기하다(=rip up sth)

break down (sth)
1. 고장 나다(=be out of order)
2. (협상 등이) 깨지다, 결렬되다, 실패하다
3. 분류하다(=subdivide, classify)
4. (사람이) 울며 주저앉다 (=cannot control one's feelings)
5. 파괴하다
6. 건강이 쇠약해지다
cf. breakdown 〈11덕성여대/04단국대/99명지대〉
  명세, 내역(=details); 분류, 고장, 몰락(=collapse)

break ground (for sth)
공사를 시작하다(=start in), 착공하다, 새 사업을 시작하다
cf. pave the way for sb/sth 〈08전남대/입사〉
  ~의 길을 열다, ~을 가능케 하다(=prepare)

09503 The jet engine was a major <u>breakthrough</u> in air transport. [01.세종대]

(A) most crucial situation   (B) most significant advance

(C) most abrupt invention   (D) most serious problem

토플,Teps

09504 By the time the war <u>broke out</u>, most of the people had already left. [입사]

(A) began   (B) spoiled the country

(C) intervened   (D) became less widespread

08.강남대,토플,Teps

09505 ★ When are you going to <u>break</u> the news to your family? [01.홍익대/95.한신대]

(A) leave   (B) destroy   (C) find   (D) tell

이.홍익대/95.한신대,Teps

09506 ★★ Nobody said anything at the meeting, so I plucked up my courage and <u>broke the ice</u>. [03.고려대]

(A) started to speak   (B) worsen the situation

(C) closed the meeting   (D) ruined the atmosphere

03.고려대/01.입법고시/98.경찰간부
92.외무고시,입사,Teps

09507 ★★ 다음 빈칸에 공통으로 들어갈 가장 적절한 단어는? [기출문제종합]

> 1) The clerk had to break _____ the conversation in order to wait on a customer. [92.법원직/행정고시]
> 2) Is it true that he has broken _____ his engagement to Jane? [입사2회]

(A) off   (B) in   (C) down   (D) out

92.법원직/85.성균관대학원
85.토플,행정고시,입사2회,Teps

09508 ★ As President Regan's car appeared, the waiting crowds _____ loud cheers. [입사]

(A) blew out   (B) blew up

(C) broke into   (D) broke out

15.상명대,입사,Teps

09509 ★★ With the process of evolution, man <u>broke in</u> some cattle to labor. [04.서울시9급]

(A) raised   (B) beat   (C) fed   (D) interfered   (E) tamed

[유제] If you have any questions while I'm talking, feel free to _____. [96.입법고시]

(A) look on   (B) come up

(C) break in   (D) pay attention to

13.산업기술대/04.서울시9급
96.입법고시/93.행정고시,Teps

09510 ★ He lost his job and his marriage broke _____.

(A) in   (B) up   (C) out   (D) down

[유제] Guerilla warfare <u>broke with</u> tradition by using surprise attacks by small groups instead of large cavalry charges. [10.동덕여대]

(A) abandoned   (B) betrayed   (C) renounced   (D) withheld

12.경북교행/10.동덕여대
86.행정고시,토플,입사,Teps

09511 ★ 밑줄 친 부분에 들어갈 가장 적절한 것은? [15.사회복지9급]

> A: What do you say we take a break now?
> B: _____
> A: Great! I'll meet you in the lobby in five minutes.

(A) Okay, let's keep working.   (B) That sounds good.

(C) I'm already broke.   (D) It will take one hour.

15.사회복지9급/00.한성대,Teps

O9503 (B) 제트엔진은 항공수송에 있어서 하나의 주요한 획기적 진전이었다.
(A) 가장 중대한 시점 * critical 중대한
(B) 가장 중요한 진전 * significant 중요한, 상당한 advance 진전
(C) 가장 뜻밖의 발견 * abrupt 갑작스러운, 뜻밖의
(D) 가장 심각한 문제

O9504 (A) 전쟁이 발발했을 때에는, 이미 대부분의 사람들이 떠난 후였다

O9505 (D) 가족들에게 언제 소식을 알릴 예정입니까?

O9506 (A) 모임에서 아무도 말을 하지 않아서 나는 용기를 내어 대화의 물꼬를 텄다.
* pluck up one's courage 용기·기운을 내다
(A) 대화를 시작했다 (B) 상황을 악화시켰다
(C) 회의를 마쳤다 (D) 분위기를 망쳤다

O9507 (A)

| 1) 그 점원은 고객을 응대하기 위하여 대화를 중단해야 했다. * break off 중단하다 |
| 2) 그가 제인과의 약혼을 파기했다는 것이 사실인가? * break off 관계를 끝내다 |

(A) break off 중단하다, 관계를 끝내다 (B) break in 길들이다
(C) break down 파괴하다 (D) break out 발생하다

O9508 (C) 레이건 대통령의 차가 나타나자, 기다리던 군중들은 갑자기 큰 환호성을 터트렸다.
(A) blow out (불꽃이) 꺼지다, 불어 끄다 (B) blow up 폭파하다
(C) break into 갑자기 ~하다 (D) break out 발생하다

O9509 (E) 진화가 계속되면서, 인간은 일을 시키기 위해 몇몇 가축을 길들여왔다.
(D) interfere 간섭하다, 말참견하다, 훼방 놓다
(E) tame 길들이다

(C) 내가 말하는 동안 어떠한 질문이라도 가지고 있다면, 자유롭게 끼어들어라.
(A) look on 구경하다 (B) come up 다가오다
(C) break in 끼어들다 (D) pay attention to 주의를 기울이다

O9510 (B) 그는 직장을 잃었고 결혼생활도 끝장이 났다.

(C) 게릴라전은 대규모 기병대의 습격 대신에 소수 집단의 기습공격을 사용함으로써 전통과 결별했다.
(A) abandon 그만두다 (B) betray 배반하다
(C) renounce 관계를 끊다 (D) withhold 보류하다

O9511 (B)

| A: 우리 이제 좀 쉬는 것이 어때? |
| B: _____ |
| A: 좋아! 5분 후에 로비에서 보자. |

(A) 좋아, 계속 일하자. (B) 좋은 생각이야.
(C) 난 벌써 빈털터리야. (D) 그건 한 시간이 걸릴 거야.

break through (sth)
강행 돌파하다; 장애 등을 극복하다
cf. breakthrough 〈이.세종대 외 다수〉
(과학 분야 등에서) 획기적인 발견, 약진; 돌파구, 타개책

break out
1. (전쟁·화재·질병 등이) 발생하다(=begin)
2. (여드름, 뾰루지 등이) 나다
3. 탈출하다, 도망치다
cf. outbreak 〈13숙명여대〉
(전쟁·질병 등의) 발발; 격증, 급증; 폭동

break the news to sb
~에게 중요한 소식(대개 나쁜 소식)을 전하다
cf. breaking news (CBS 등 외국 방송의) 긴급속보

break the ice
1. (가벼운 대화 등으로) 어색한 분위기를 깨뜨리다;
(낯선 사람과) 말을 시작하다(=start to speak)
2. 어려운 일의 돌파구를 찾다
(=make a start by overcoming initial difficulties)
cf. icebreaker 어색한 분위기를 바꾸는 데 사용되는 것(춤이나 게임 등)

break off
1. (갑자기 말 등을) 중단하다, 멈추다
(=stop abruptly, halt, come to an end)
2. 부러지다, 깨지다; 부러뜨리다
3. (협상이) 결렬되다
4. (약혼 관계 등을) 끝내다

break into sth
1. 갑자기 ~하다(=burst into sth)
2. 새 일자리를 얻다; 새로운 분야로 사업을 진출하다
3. ~에 침입하다, 밀고 들어가다
cf. break (out) into tears / break out in tears 갑자기 울기 시작하다

break * in
1. (동물 등을) 길들이다, 훈련시키다(=tame);
(새 신발 또는 옷을) 써서 길들이다
2. 침입하다(=invade)
3. [break in on sth]끼어들다, 말참견하다
(=cut[butt] in (on sb/sth), interfere (with sb/sth))
방해하다(=interrupt)

break up (sth)
1. (결혼·약혼 등을) 끝내다(=to put an end to sth)
cf. break (up) with sb/sth 〈10동덕여대〉
관계를 끊다(=discontinue an association); 헤어지다
2. (학교가) 방학에 들어가다
3. 분리하다; 해산시키다, 해체하다(=disband, dismiss)
cf. Break it up! (싸우는 두 사람에게) 그만둬!
4. (사람을) 웃게 하다, 배꼽이 빠지도록 웃게 하다

take a break
잠시 휴식을 가지다, 쉬다
- coffee break 차 등을 마시며 갖는 휴식시간
- lunch break 점심 휴게시간
- without a break 쉬지 않고, 계속해서
- at break (time) (학교에서 수업과 수업사이의) 쉬는 시간에

O9512 Small thinkers don't get the big <u>breaks</u>. If you want to get richer, think bigger first. [06.광운대]

(A) parts (B) deals

(C) profits (D) opportunities

O9513 다음 빈칸에 들어갈 가장 적절한 표현은? [11.지방직7급 변형]

> A: I have butterflies in my stomach. I'm not sure whether I can walk out onto the stage.
> B: Don't be nervous. _____

(A) Take a Break! (B) Give me a break!

(C) Break it up! (D) Break a leg!

O9514 다음 빈칸에 들어갈 가장 적절한 표현은? [13.중앙대 변형]

> A: The contract is ready. Just put your John Hancock on the dotted line.
> B: _____. Let me sleep on it and get back to you later.

(A) Take a Break! (B) Break a leg!

(C) Give me a break! (D) Break it up!

O9515 I wish I could dine out tonight, But <u>I am completely broke</u>. [01.고려대]

(A) I am awfully busy. (B) I have a stomachache.

(C) I have no money. (D) I have another appointment.

O96O1
★ The police <u>cracked down on</u> the selling of liquors to minors. [99.사법시험]

(A) broke ground (B) did a double take

(C) did good (D) hit and ran

(E) enforced laws

O96O2 다음 대화를 읽고 문항에 답하시오. [98.서울시립대]

> Matt: I can't find precisely why business is bad. It's (a)_____ .
> Shelly: Are you reckless when you buy merchandise?
> Matt: Sometimes I get influenced by strong emotions. But I usually buy (b)_____.
> Shelly: Let's try to pinpoint it. Is your rent too high?
> Matt: What I pay would frighten you.
> Shelly: If that's the problem, maybe you should move to another location.

1. 빈칸 (a)에 들어갈 말로 적당한 것은?

(A) a hard nut to crack (B) holding you up

(C) making sense (D) takeover

2. 빈칸 (b)에 들어갈 말로 적당한 것은?

(A) at odds (B) in a rush

(C) within reason (D) off and on

O96O3 Every time Tom _____, his buddies broke up laughing. [예상]

(A) cracked a record (B) cracked a nut

(C) cracked the code (D) cracked a joke

O9512 (D) 생각이 좁은 사람은 큰 기회를 얻지 못한다. 당신이 보다 부자가 되고자 한다면 우선 보다 크게 생각해라.

(A) part 부분
(B) deal 거래, 계약
(C) profit 이윤
(D) opportunity 기회

get the big break (성공할 수 있는) 큰 기회를 얻다
cf. Give me a break! (한 번 더) 기회를 줘!
　이제 그만(괴롭혀라)! 그만 해뒤!
Break a leg! 행운을 빈다!
lucky break 행운 ↔ **tough break** 불운
bad break 실언, 실책, 불운(=bad luck)

O9513 (D)

A: 나는 조마조마해. 무대로 걸어갈 수 있을지도 모르겠어.
　* have butterflies in one's stomach 마음이 조마조마하다
B: 긴장하지 말고, 행운을 빌어! * nervous 긴장한

(A) Take a Break! 잠시 쉬자!
(B) Give me a break! 한 번 더 기회를 줘!
(C) Break it up! 싸우지 말고 떨어져!
(D) Break a leg! 행운을 빌어!

Break a leg!
행운을 빈다!

O9514 (C)

A: 계약서가 준비되었습니다. 점선 부분에 단지 서명만 하시면 됩니다.
　* John Hancock 서명
B: ＿＿＿＿＿＿＿＿. 좀 더 생각해보고 나중에 답변 드릴게요.
　* sleep on ~에 대해 하룻밤 자면서 생각해 보다

(A) Take a Break! 잠시 쉬자. (B) Break a leg! 행운을 빌어.
(C) Give me a break! 한 번 더 기회를 줘. (D) Break it up! 싸우지 말고 떨어져.

Give me a break!
1. (한 번 더) 기회를 줘!
2. 그만 좀 해!

O9515 (C) 나는 오늘 저녁에 외식하고 싶지만, 돈이 한 푼도 없다.

(A) 너무 바쁘다.
(B) 배가 아프다.
(C) 가진 돈이 없다.
(D) 다른 약속이 있다

**be dead broke / be flat broke /
be stone broke / be stony broke**
완전히 파산이다, 무일푼이다

O96O1 (E) 경찰은 미성년자들에게 주류를 판매하는 것을 단속했다.

(A) break ground 시작하다
(B) do a double take 놀라서 두 번 보다
(C) do good 이익이 되다
(D) hit and run 뺑소니치고 달아나다
(E) enforce laws 법을 집행하다

crack down on sb/sth
단속하다(=enforce law); 엄벌에 처하다
(=take strong and severe action to deal with sth bad)

O96O2

Matt: 사업이 잘 안되는 이유를 모르겠어. (a) 정말 풀기 어려운 문제야.
Shelly: 너는 상품을 구매할 때 신중하지 못하지?
Matt: 때때로 충동에 이끌리기도 하지만, 보통은 (b) 이성적으로 구입하지.
Shelly: 문제를 정확히 짚어 보자. 임대료가 너무 비싸지 않니?
Matt: 내가 지불하는 금액을 알면 놀랠 걸.
Shelly: 그게 문제라면, 다른 곳으로 이전하는 것이 좋을 것 같다.

1. (A)
(A) a hard nut to crack 어려운 문제
(B) hold up 강도짓을 하다
(C) make sense 이치에 맞다
(D) takeover 기업 인수

2. (C)
(A) at odds 불화 중인, 다투는
(B) in a rush 서둘러, 성급히
(C) within reason 합당한 범위에서
(D) off and on 이따금씩 일어나는

a hard[tough] nut to crack
어려운 문제[사람], 다루기 어려운 것[사람]
(=a difficult question or person to deal with)
= **hot potato** 뜨거운 감자 → 곤란한 문제, 어려운 문제

O96O3 (D) 톰이 농담을 하기만 하면, 그의 친구들은 우스워서 자지러졌다.
　* break up 배꼽이 빠지도록 웃게 하다

(A) crack a record 기록을 깨다
(B) crack a nut 호두를 깨다
(C) crack the code 암호를 풀다
(D) crack a joke 농담하다

crack a joke / break a joke / tell a joke
농담하다(=tell a humorous story)

보충이디엄

기본동사 cut

cut[rip, tear] sb/sth **to pieces** 난도질하다; 혹평하다
cut up (sth) 자르다; 신랄하게 비판하다; 차가 불쑥 끼어들다; (아이들이) 요란스럽게 굴다
cut both ways 양날의 검이다(좋은 결과를 줄 수도 있으나 한편으로는 나쁜 결과를 줄 수도 있다)
cut away 도망치다
cut and run 황급히 도망치다
cut loose (from sb) ~로부터 도망치다; ~와의 관계를 끊다
cut class 수업에 빠지다
cut in (on sb/sth) ~사이에 끼어들다; 남의 말을 자르다
cut the throat of ~의 목을 자르다; (계획 등을) 못 쓰게 만들다
cut and paste 잘라 붙이다

기본동사 tear

tear around (흥분하여) 떠들며 돌아다니다; 방종한 생활을 하다
tear into sb/sth 맹렬히 공격하다, 비난하다; ~에 대들다
rip and tear 미친 듯이 날뛰다
be torn between ~사이에서 망설이다
tear one's hair (out) 슬프거나 노여워서 머리털을 잡아 뜯다
cf. tear[tiə.ːr] 눈물
burst into tears 와락 울음을 터뜨리다
shed tears 눈물을 흘리다
shed[weep] crocodile tears 거짓 눈물을 흘리다

기본동사 break

break one's heart ~의 마음을 아프게 하다
cf. heartbreaker 애간장을 녹이는 이성, 무정한 미인
break away 벗어나다, 이탈하다
break loose 도망치다; (속박을) 벗어나다
break sth **to pieces** 산산 조각내다
break wind 방귀뀌다
break a habit 습관을 끊다
break a strike (정부가 나서서) 파업을 깨다
break the rule[raw] 규칙을 어기다, 법을 위반하다
break a promise / break one's word 약속을 어기다
break a record 기록을 깨다
at a break of dawn 새벽녘에
at (the) break of day 동틀 녘에
make-or-break 성공이냐 실패냐를 좌우하는

기본동사 crack

get cracking (일을) 신속하게 시작하다; 서두르다
crack out ~ing 갑자기 ~하다[하기 시작하다]
crack up (사람을) 웃기다
at the crack of dawn 새벽에(=at a break of dawn)

hit

hit는 "치다, 때리다"의 의미이다(후술하는 strike와 의미적으로 유사). "한 번에 힘을 모아서 친다"는 의미에서 반복해서 치는 beat와 조금 다르다.

1. 치다, 때리다; 덮치다; 부딪히다; (과녁에) 명중하다; 죽이다
2. 시작하다; 움직이다, 작동하다
3. 생각이 갑자기 떠오르다, 인상을 주다
4. (장소에) 도착하다; (물가 등이) ~에 이르다
N. 강타, 타격; 대인기, 히트

strike

strike는 "치다, 때리다(hit), 세게 부딪치다" 의미의 동사이다.

1. 치다, 때리다, 공격하다(attack); 충돌하다
2. 갑자기 시작하다
3. 충격을 주다 → 마음에 떠오르다, 생각나다; 인상을 주다
N. 공격; 동맹파업, 노동쟁의; (금광의) 발견, 대성공

beat

beat는 "반복해서 치다, 두들기다(strike)"의 의미이다.
여러 번 두들겨서 상대방을 "이기다"의 의미와, 많이 맞게 되면 지치게 되므로 "지친"이란 형용사적 의미도 가진다.
N. 박자, 심장의 박동; 순찰 구역

knock

knock는 흔히 "노크하다"처럼 "~을 두드리다, 치다"의 의미이다.

kick

kick은 "발로 걷어차다"의 의미이다.
걷어차 버린다는 의미에서 "마약이나 악습을 끊다", "구혼자를 차버리다, 거절하다, 해고하다" 등의 의미로 발전한다. 명사로는 "자극, 흥분, 스릴, 즐거운 경험" 등의 의미로도 쓰인다. 또 "the kick"은 해고라는 뜻이다.

bite

bite는 "이로 무엇을 물다, 물어 뜯다"이다.
개나 모기 등의 곤충이 무는 것은 물론, 사람이 손톱을 물어 뜯는 모습에서 "(걱정 등이) 괴롭히다"라는 뜻도 나온다.
cf. crunch 으드득 깨물다 / **gnaw** 앞니로 갉다 / **chew** 어금니로 씹다

09701 He started to <u>hit back</u> at claims he was a Russian spy. [예상]

(A) strike back　　　　　　　(B) roll back

(C) knock back　　　　　　　(D) beat back

16.한양대

09702
★★ I believe <u>he has hit the nail on the head</u>. [92.사법시험]

(A) what he has said is to the point　(B) he has unexpectedly gone mad

(C) what he has done is disgusting　(D) he happened to succeed

(E) he happened to meet a friend

99.고려대/98.한국외대/95.기술고시
92.사법시험.Teps

09703 The professor criticized the <u>hit-or-miss</u> quality of our research. [15.한국외대]

(A) lucrative　　　　　　　(B) attentive

(C) targeted　　　　　　　　(D) careless

15.한국외대

09704
★ 다음 각 항목의 빈칸을 채울 때 들어가지 않는 단어는? [00.경찰변형]

> 1) 음주운전 : driving while _____
> 2) 안전벨트를 착용하시오. : Please _____ up.
> 3) 속도위반으로 면허정지를 당했다. : I had my license _____ for _____.
> 4) 뺑소니 사고 : a _____ accident

(A) intoxicated　　(B) suspended　　(C) jaywalk　　(D) buckle　　(E) hit-and-run

00.94.경찰

09705 다음 중 관용표현이 잘못 설명된 것은? [06.경북9급]

(A) Baker's dozen : thirteen of anything for the price of twelve

(B) hit the bottle : to swallow a drink in one gulp

(C) call it a day : to stop work for the day

(D) easy as pie : requiring practically no effect.

06.경북9급.Teps

09706
★ What does the woman mean? [06.삼육대]

> Man: How was your blind date last night?
> Woman: We <u>hit it off</u> right away.

(A) She and her date got along well.

(B) She and her date left quickly.

(C) She and her date knocked something down.

(D) She had a quarrel with her date.

10.국민대/06.삼육대/99.고려대.Teps

09707 When Jack's wife left him, he felt a desire to travel, so he _____. [예상]

(A) hit the ceiling　　　　　(B) hit the road

(C) hit and run　　　　　　　(D) hit the sack

Teps

09708
★ Back in the mid-1970s, an American computer scientist called John Holland _____
the idea of using the theory of evolution to solve notoriously difficult problems in
science. [15.국가직9급]

(A) took on　　　　　　　　(B) got on

(C) put upon　　　　　　　　(D) hit upon

15.국가직9급/97.인천시9급.입사.Teps

09701 (A) 그는 그가 러시아 스파이였다는 주장에 반격하기 시작했다.
(A) strike back 반격하다   (B) roll back 이전 상태로 낮추다
(C) knock back 일에 지장을 주다   (D) beat back 격퇴하다

hit[strike] back (at sb/sth**)**
(공격 · 비판에) 되받아치다, 반격하다

09702 (A) 그가 핵심을 찔러 말했네.
(A) 그가 말한 것은 적절하다
(B) 그는 갑자기 화를 냈다
(C) 그가 한 짓이 역겹다
(D) 그는 우연히 성공했다
(E) 그는 우연히 친구를 만났다

hit the nail on the head
바로 알아맞히다(=arrive at the correct answer),
핵심을 찌르다(=say exactly the right thing)
= **go home** 홈런을 치다, 정곡을 찌르다
= **hit home / strike home** 아픈 데를 찌르다, 정곡을 찌르다
= **hit the bull's eye** 명중시키다; 정곡을 찌르다
cf. **wide of the mark** 〈02.경찰/92행정고시/토플〉
　　적절치 못한, 요점에서 벗어난

hit-or-miss / hit-and-miss
부주의한(=careless), 되는 대로의

09703 (D) 그 교수는 우리의 연구의 질이 주먹구구식이라고 비판했다.
(A) lucrative 수지맞는   (B) attentive 주의를 기울이는
(C) targeted 목표가 된   (D) careless 부주의한

09704 (C)

> 1) 음주운전 : driving while intoxicated   * intoxicated 술에 취한
> 2) 안전벨트를 착용하시오. : Please buckle up. * buckle up 안전벨트를 매다
> 3) 속도위반으로 면허정지를 당했다. : I had my license suspended for speeding.
>   * suspended 일시 정지된 speeding 속도위반
> 4) 뺑소니 사고 : a hit-and-run accident * hit-and-run 뺑소니

(C) jaywalk 무단횡단하다

hit and run
(사람을 치고) 뺑소니치다; [야구] 히트앤드런을 하다
cf. **hit-and-run** 뺑소니 〈00.경찰〉

09705 (B)

(A) Baker's dozen : 12개 값으로 13개를 의미하는 관용표현
(B) hit the bottle : to begin drinking alcohol heavily often because one is depressed,
grieving, under stress, etc
   * in one gulp 한 입에, 단숨에
(C) call it a day : 하루 일을 마치다
(D) easy as pie : 아주 간단한, 식은 죽 먹기

hit the bottle
(매우 힘든 상황을 잊어버리기 위해) 과음하다
= **hit the booze** 술을 마시다, 술에 취하다
cf. **Bottoms up! / Let's toast! / Cheers!** 건배

09706 (A)

> 남자: 어젯밤에 맞선 보신 것 어땠어요? * blind date 소개로 만나는 만남
> 여자: 우리는 바로 마음이 잘 통했어요. * right away 곧, 지체하지 않고

(A) get along 잘 지내다, 호흡이 맞다
(C) knock down 때려눕히다, 패배시키다
(D) have a quarrel with ~와 말다툼하다 * date 〈구어〉 데이트 상대

hit it off (with sb**)**
~와 빨리 친해지다, 성격이 잘 맞다; ~와 타협하다

09707 (B) 잭의 부인이 떠났을 때, 그는 여행을 떠나고 싶은 욕망이 들었고, 그래서 여행길에
나섰다.
(A) hit the ceiling 몹시 화나다   (B) hit the road 여행을 떠나다
(C) hit and run 뺑소니치다   (D) hit the sack 잠자리에 들다

hit the road
출발하다, 여행을 떠나다

09708 (D) 1970년대 중반으로 돌아가서, John Holland라 불리는 미국의 컴퓨터 과학자는 과학
에서 악명 높게 어려운 문제를 해결하기 위해 진화이론을 사용하는 아이디어를 우연
히 생각해냈다.
(A) take on 고용하다, 떠맡다   (B) get on 타다, 잘 지내다
(C) put upon 착용하다, ~인 체하다   (D) hit upon ~를 (우연히) 생각해 내다

hit on[upon] sth
(묘안 등을) 생각해 내다;
생각이 떠오르다(=come upon sth)

O9709 다음 대화의 밑줄 친 부분에 들어갈 가장 알맞은 표현은? [03.숭실대]
★★

> A: What did your father do when you came back home late last night?
> B: He almost hit the _____.

(A) floor   (B) furniture   (C) ceiling   (D) wall

O9710 Mrs. Blair's image as an angel of justice took a _____ when the port contractor claimed he had given her a bribe. [13.성균관대]

(A) turn for the better   (B) boost

(C) shape   (D) hit

O98O1 The last scene of the horror movie was so terrorizing that I was _____ dumb. [07.세무사]

(A) put   (B) hit

(C) felt   (D) struck

(E) caught

O98O2 Mary was an affable girl; she could strike up a pleasant conversation with almost anyone. [02.국민대]

(A) end   (B) begin   (C) stop   (D) finish

O98O3 Unionized hospital workers went _____ strike for a second day yesterday, aggravating inconvenience to patients. [예상]
★

(A) at   (B) on   (C) in   (D) out of

O99O1 The prisoner beat about for a way to escape. [03-2.경기대]

(A) gave up his hope   (B) broke the wall

(C) sought anxiously   (D) dug a tunnel

O99O2 다음 빈칸에 들어갈 말로 가장 적절한 것은? [09.국가직9급]
★★

> A: Are you ready to go to the party, Amy?
> B: I don't know whether I can go. I'm feeling a little sick, and my dress is really not that nice. Maybe you should just go without me.
> A: Come on, Amy. Stop _____. I know you too well. You're not sick. What is the real root of the problem?

(A) shaking a leg   (B) hitting the ceiling

(C) holding your horses   (D) beating around the bush

O99O3 The United States might be delinquent in its payment of dues to the United Nations, said Helms, but it was not "a deadbeat nation". [00.단국대]

(A) 채무 불이행 국가   (B) 녹초가 된 국민

(C) 참패한 국가   (D) 유랑국가

(E) 게으른 국민성

O99O4 My uncle drove a beat-up old Chevrolet that belched black smoke into the air. [05-2.고려대]

(A) a rundown   (B) a stout

(C) an expensive   (D) an annoying

09709 (C)

> A: 네가 어젯밤에 늦게 들어갔을 때 아버지께서 어떻게 하셨어?
> B: 노발대발하셨어.

hit the ceiling[roof]
1. 몹시 화나다(=become angry)
2. (주가 등이) 최고에 달하다
= go through the roof
= fly off the handle
= lose one's temper

09710 (D) 정의의 천사라는 블레어 여사의 이미지는 항만 도급업자가 그녀에게 뇌물을 주었다고 주장했을 때 타격을 입었다.
    (A) turn for the better 호조를 보이다   (B) boost 경기부양, 후원

take a hit
타격을 입다

09801 (D) 그 공포영화의 마지막 장면은 너무나 무서웠고 난 두려움에 말을 잃었다.

strike sb **dumb / be struck dumb with** sth
(분노·놀람·공포 등으로) 말문이 막히게 하다, 말문이 막히다

09802 (B) 메리는 붙임성이 있는 소녀였다. 그래서 그녀는 어느 누구와도 유쾌한 대화를 시작할 수 있었다. * affable 상냥한, 붙임성 있는

strike up (sth)
1. (대화·연주를) 시작하다(=begin, start)
2. 우정을 쌓다; 협정을 맺다

09803 (B) 병원노조는 어제 이틀째 파업을 계속하여 환자들의 불편을 가중시켰다.

go on strike
파업 중이다

09901 (C) 그 죄수는 이리저리 탈출할 방법을 찾았다.
    (B) break the wall 벽을 허물다
    (C) 애타게 찾다 * seek-sought-sought
    (D) dig a tunnel 터널을 파다

beat about
이리저리 찾다(=seek anxiously)

09902 (D)

> A: 에이미, 파티 갈 준비 되었니?
> B: 갈 수 있을지 모르겠어. 약간 몸이 아프고, (입고 갈) 드레스가 좋지도 않아. 그냥 나 없이 가야 할 것 같아.
> A: 제발, 에이미. 빙빙 둘러말하지 마. 난 널 잘 알아. 넌 아프지 않아. 진짜 문제가 뭐야?

    (A) shake a leg 서두르다
    (B) hit the ceiling 몹시 화나다, (주가 등이) 최고에 달하다
    (C) hold one's horses 이성을 유지하다
    (D) beat around the bush 빙빙 둘러말하다

beat around[about] the bush
빙빙 둘러 말하다, 요점을 피하다
(=refuse to come to the point, talk around the point)
→ come to the point 핵심을 찌르다, 요점으로 들어가다
cf. beat the bushes 샅샅이 조사하다

09903 (A) Helm씨는 미국이 국가 연합에 분담금을 체납하게 될지도 모르지만, "채무 불이행 국가"는 아니라고 말했다.
    * delinquent in ~을 체납한 dues 세금, 부과금

deadbeat nation
채무 불이행 국가

09904 (A) 나의 삼촌은 시커먼 매연을 내뿜는 낡아빠진 구형 쉐보레를 몰고 다녔다.
    * belch 연기 등을 내뿜다
    (A) rundown 지친, 낡은   (B) stout 뚱뚱한, 살찐
    (C) expensive 값비싼   (D) annoying 성가신, 귀찮은

beat-up
(물건 등이) 오래 써서 낡은, 닳은
(=worn, rundown); 지쳐 빠진

09905 다음 빈칸에 들어갈 가장 적절한 표현은? [15한성대]

> A: Do you happen to know where I put my textbook?
> B: _____, I haven't seen it.

(A) Beats me   (B) Count me on   (C) Never mind   (D) You bet

10101 After months of preparation and heightened publicity, the World Cup _____ into high gear with the opening ceremonies. [99서울대학원]

(A) ran   (B) raced   (C) changed   (D) kicked

10102 Stop nagging me. If I <u>kick the bucket</u> right now, I bet you'll miss me. [06강원도소방직]

(A) leave home   (B) die   (C) drop by   (D) fail

10103 다음 대화들 중 어색한 것은? [12명지대]

(A) A: Can you come to my office to pick up the copies?
     B: Sure. I can be there around 11:00, if that's okay with you.

(B) A: How much does it cost to take a plane to Chicago?
     B: It depends on the time of year.

(C) A: You shouldn't have made that comment about her bad hair style.
     B: But if you had been in my shoes, you would have said the same thing.

(D) A: You have every right to kick me out after what I've done.
     B: Yes, you definitely deserve a promotion.

10104 This book is just the kind you like and you'll get a _____ out of it. [예상]

(A) touch   (B) kick   (C) hit   (D) beat

10201 Decisions have to be taken, and as director you have to <u>bite the bullet</u>. [00.행정고시]

(A) turn against someone who helps you

(B) receive a pleasant surprise that you don't expect

(C) take on a task that is more than you can accomplish

(D) bravely accept something unpleasant

(E) be ashamed of what you have said

10202 다음 빈칸에 공통으로 들어갈 표현은? [예상]

> 1) My old car finally bit the _____.
> 2) Quite a few restaurants have bitten the _____ recently.

(A) bullet   (B) dust   (C) nails   (D) tongue

10203 다음 대화들 중 가장 어색한 것은? [14지방직7급]

(A) A: I might have to give my dad a ride to the train station, but I don't know the exact time yet.
     B: Let's play it by ear then. Just call me when you find out for sure.

(B) A: I was at a party last night, and I saw Jake play the guitar in front of an audience.
     B: Speak of the devil. Jake is right there.

(C) A: Did he apologize to you for the accident?
     B: Yes, but I don't buy it.

(D) A: I hear your son wants to go on spring vacation with that girl, Sally.
     B: I told him to grab a bite.

09905 (A)

> A: 내가 교과서를 어디다 두었는지 아니?
> B: _____ 못 봤어.

(A) 전혀 모르겠는데. (B) 내게 의지해. * count on 의지하다
(C) 걱정하지 마라. (D) 틀림없어.

10101 (D) 몇 달간의 준비와 많은 선전 후, 월드컵은 개막식 행사와 더불어 본격적으로 시작되었다.

10102 (B) 그만 좀 징징거려. 내가 콱 죽어버리면 넌 아마 날 그리워할 걸.
* nag 성가시게 잔소리하다

10103 (D)
(A) A: 복사물을 가지러 제 사무실로 와주실 수 있어요? * pick up 얻다
B: 물론이죠. 괜찮으시다면 11시쯤에 갈게요.
(B) A: 비행기로 시카고까지 가려면 비용이 얼마나 들죠?
B: 연중 어느 때냐에 따라 달라요. * depend on ~에 달려있다
(C) A: 그녀의 엉망인 머리스타일에 대해 넌 그런 말을 해서는 안 되었는데.
B: 하지만 네가 만일 내 입장이었다면, 너도 똑같이 말했을 거야.
* be in one's shoes ~의 입장에 처하다
(D) A: 제가 한 행동으로 인해 당신이 저를 해고하는 것은 당연합니다.
* kick out 해고하다 have every right to V ~하는 것은 당연하다
B: (X) 맞아요, 당신은 확실히 승진할 만해요. * deserve ~을 받을 만하다

10104 (B) 이 책은 네가 좋아하는 바로 그런 책이어서 넌 그것에서 활력을 얻을 수 있을 거야.

10201 (D) 결정은 이루어져야 하고, 당신은 이사로서 어려움을 감내해야만 합니다.
(C) 당신이 성취할 수 있는 것 이상의 일을 맡다
(D) 불쾌한 것을 용감하게 받아들이다

10202 (B)

> 1) 내 낡은 차가 결국 작동을 멈췄다. * bite the dust 죽다
> 2) 상당수의 레스토랑이 최근에 실패했다. * bite the dust 실패하다

(A) bite the bullet 어려움을 감내하다
(C) bite one's nails 분개하다
(D) bite one's tongue 꾹 참고 말하지 않다

10203 (D)
(A) A: 아빠를 기차역까지 모셔다 드려야 할 것 같아. 하지만 정확한 시간은 아직 몰라.
B: 그때 봐서 결정하자. 확실해지면 전화해줘. * play it by ear 그때그때 상황을 봐서 처리하다
(B) A: 간밤에 그 파티에 있었는데 제이크가 사람들 앞에서 기타를 치는 것을 봤어.
B: 호랑이도 제 말하면 온다더니. 제이크가 저기 오네.
* Speak of the devil. 호랑이도 제 말하면 온다.
(C) A: 이번 사고에 대해 그가 사과했니?
B: 그래, 그런데 나는 사과를 믿지 않아. * buy (특히 사실 같지 않은 것을) 믿다
(D) A: 당신 아들이 저기 저 여자애 샐리랑 봄 휴가를 가기를 원한다고 들었는데.
B: 난 아들에게 간단히 요기나 하라고 말했어. * grab a bite 간단히 먹다

DIOM & EXPRESSION

(It) Beats me!
전혀 모르겠다.

kick[go] into high gear
최고 속도로 움직이다, 본격적으로 시작되다

kick the bucket
〈속어〉 죽다(=die)

kick * out sb
쫓아내다, 해고하다

get a kick out of sth
~으로 큰 기쁨[활력, 흥분]을 얻다
cf. **get the kick** 해고당하다

bite the bullet
어려움을 감내하다, 고통을 참다
(=bravely accept sth unpleasant)

bite the dust
죽다, 패배하다, 실패하다; 굴욕을 맛보다

grab a bite (to eat)
간단히 먹다

보충이디엄

기본동사 hit

hit[strike] back (at sb/sth**)** (공격 · 비판에) 응수하다[되받아치다]
hit the jackpot 대성공하다(=come off, have a big success)
hit[strike] pay dirt 진귀한 것을 발견하다
cf. **hit the dirt** (위험을 피해) 땅에 엎드리다
hit the spot 〈구어〉 만족시키다
hit man 암살자, 살인청부업자
hit the road 출발하다, 여행을 떠나다
hit the book 열심히 공부하다(=study hard, bone up on)
hit the ball 척척 진행하다(=go well)
hit the hay[sack] 잠자리에 들다(=turn in)
hit a snag 뜻하지 않은 장애에 부딪히다

기본동사 strike

It strikes me that... 내게는 ~이라는 생각이 든다.
strike twelve 전력을 다하다, 대성공하다
strike it rich 갑자기 부자가 되다, 돈벼락을 맞다
within striking distance 아주 가까운 곳에
cf. **striking distance** 공격 유효 거리, 사정거리
strike home 정곡을 찌르다; 강한 인상을 주다
strike[hit] upon (an idea) (어떤 생각이) 떠오르다
strike out (야구) 삼진시키다 → 실패하다; 삭제하다; 고안하다

기본동사 beat

beat the pants off 심하게 때리다, 때려눕히다
beat down sb/sth 때려눕히다, 압도하다; 〈구어〉 값을 깎다
beat the[a] drum 야단스럽게 선전하다
beat a dead horse 헛수고하다; 이미 결론이 난 것에 계속 딴 주장을 하다
beat one's head against the wall
(가망 없는 일에 매달려) 시간을 허비하다
beat one's brains (out) 머리를 짜내다
beat the gun 출발 신호 전에 출발하다; 결혼 전에 임신하다
cf. **jump the gun** 부정 출발을 하다; 성급히 행동하다
beat the clock 마감 시간 안에 끝내다
beat the rap 용케 벌을 면하다
be in one's beat 〈구어〉 자기 분야다
↔ **be out of one's beat** 내 분야가 아니다
Beat it! 꺼져!

기본동사 knock

knock up sb/sth (급히) 만들다; 녹초가 되게 하다; 〈속어〉 임신시키다
knock around[about] (sth**)** 어슬렁거리다
knock about sb 마구 때리다, 난타하다; 성적으로 관계하다
knock down sb/sth ~을 때려눕히다; 자동차가 사람을 치어 넘어뜨리다
knock out sb/sth (권투에서) 녹아웃시키다, 실신시키다
knockout 〈구어〉 매혹적인 여성; 히트한 상품

기본동사 kick

kick around 학대하다; (쓰이지 않고) 여기 저기 뒹굴다
kick out 쫓아내다, 해고하다 cf. **kickout** 해고
kick in (some money or sth**)**
(어떤 목적을 위해) 돈을 내다, 기부하다(=contribute); 시작하다
kick the habit (담배나 마약 등의) 나쁜 습관을 끊다
kick one's heels 〈영〉 오래 기다리다
a kickback 리베이트, 상납, 삥땅
kickup (무용에서) 발을 차올리기 → 댄스파티 → 소동

기본동사 bite

Don't bite the hand that feed you. 배은망덕하지 마라.
bite off more than one can chew 힘에 겨운 일을 계획하다
bite one's tongue 할 말을 꾹 참다
bite one's nail 초조해 하거나 걱정하다; 분해서 손톱을 깨물다
once bitten, twice shy 한번 물리고 나면 다음번엔 더 조심한다
biting wind 살을 에는 듯한 찬바람

throw

throw는 "(손과 팔을 사용하여) 내던지다"의 의미이다.
던지는 대상은 사물뿐만 아니라 시선 · 의심 · 새끼 등 다양하다.

1. (사물을) 던지다 → 던지다, 투척하다, (총알을) 발사하다, 빛을 쏘다, 새끼를 낳다
2. (시선을) 던지다; (말을) 던지다; (의심을) 두다
3. (몸을) 던지다 → (옷을) 급하게 입다(옷에 몸을 던져넣다); (댄스파티 등의) 모임을 열다

cast

cast는 throw와 마찬가지로 "어떤 것을 던지다"인데 던지는 대상이 유형물도 있지만, 주로 시선,
미소, 빛, 의심, 배역 등의 무형물에 많이 쓴다.

1. (시선 · 미소 등을) 던지다[보내다], (그림자를) 드리우다
2. (의심을) 불러일으키다
3. (표)를 던지다; 배역을 맡기다, 캐스팅을 하다

fall

fall은 "높은 곳에서 아래로 떨어지다"가 기본개념이다.
떨어지는 것은 가치 · 질 · 가격 등도 포함되고, 건물의 경우 "붕괴하다", 사람의 경우 "죽다"의 의
미로 확장된다.

1. (아래로) 떨어지다, (눈 · 비가) 내리다, (가치 · 질 · 가격 등이) 하락하다.
   (온도가) 내려가다(drop) ↔ rise
2. (사람이) 쓰러지다, 죽다; (건물이) 무너지다, 붕괴되다;
   (도시가) 함락되다, (정부가) 전복되다
3. (졸음 등이) 덮치다, (재난 등이) 닥치다;
   〈보어와 함께〉 어떤 상태로 되다(become)

drop

drop은 "갑자기 떨어지다(fall), 떨어뜨리다"가 기본개념이다. fall 보다는 순간적이고 돌발적이다.

1. 물건을 떨어뜨리다; 방울져 떨어지다, (땀 · 눈물을) 흘리다; 엎지르다; 쓰러지다
2. (수 · 양 등을) 줄이다, 낮추다; 줄다
3. (승객을) 차에서 내려주다; 우연히 들르다
N. 물방울; 소량; 급강하, 공중낙하; (주식 가격 등의) 하락

shed

shed는 "(무엇을) 아래로 떨어뜨리다"가 기본의미이다.
"피 · 눈물을 흘리다; 빛을 발산하다" 등의 의미로 확장된다.

10301 Why do you want to <u>throw away</u> those books? [입사]

87.행자부7급.입사.Teps

(A) imitate   (B) discuss

(C) extract   (D) discard

10302 "TV has a value. If you ban it entirely from your child's life, it's like _____ _____," says the author of TV-proof Your Kids. [06.건국대]

06.건국대

(A) throwing out the baby with the bath water

(B) sending a person on a fool's errand

(C) being a cat on a hot tin roof

(D) betting one's bottom dollar

(E) playing the fox

10303 A good therapist might be able to figure out why she is so eager to <u>throw in the towel</u> at the first sign of trouble. [01.경기대]

01-2.경기대.입사

(A) admit defeat   (B) wash her hands

(C) camouflage herself   (D) run away with

10304 In the end, Republicans who were opposed to imposing economic sanctions against South Africa simply <u>threw up their hands</u>. [입사]

입사

(A) scored a big win   (B) suffered a heavy damage

(C) protested   (D) surrendered

10305 My boss <u>threw the book at</u> me when he discovered that I had been using company time for personal business. [11.동국대]

11.동국대

(A) transferred   (B) punished

(C) fired   (D) complimented

10306 She <u>threw a fit</u> when the TV broke. [01.상명대]

02.단국대/01.상명대.Teps

(A) played a game   (B) felt happy

(C) became upset   (D) became moody

10401 빈칸에 공통으로 들어갈 가장 적절한 표현은? [15.광운대]

15.광운대

> 1) About ninety-five percent of those who _____ their votes approve the new constitution.
> 2) The plaster _____ is very light and it gives his arm full protection for any knocks that he might take.

(A) press   (B) tap   (C) cast   (D) throw   (E) hit

10402 Top criminal psychologists <u>cast</u> doubt on the theory that juvenile delinquency is related to hate crime. [15.광운대 변형]

15.광운대

(A) drop   (B) throw   (C) fall   (D) fling

10403 The killing of a pro-democracy leader in Moscow has <u>cast a chill over</u> Russian dissidents. [16.성균관대]

16.성균관대

(A) angered   (B) saddened   (C) dismissed   (D) mobilized   (E) frightened

10301 (D) 그 책들을 왜 버리려고 하니?
(A) imitate 흉내 내다
(B) discuss 토론하다
(C) extract 추출하다, 뽑다
(D) discard 버리다

throw * away / throw aside sth
버리다, 팽개치다 (=discard, throw out, do away with sth)

10302 (A) "TV는 가치가 있다. 만약 당신이 자녀의 삶에서 텔레비전을 전적으로 추방한다면, 그
것은 사소한 것 때문에 소중한 것까지 버리는 것과 같다"고 "당신의 자녀를 TV로부터
보호하라"의 저자가 주장한다.
(A) 사소한 것과 함께 중요한 것을 버리다
(B) send a person on a fool's errand ~에게 헛걸음을 시키다
(C) like a cat on a hot tin roof 안절부절못하여
(D) bet one's bottom dollar 가진 것을 몽땅 걸다, 확신하다
(E) play the fox 교활하게 굴다, 꾀부리다

throw out the baby with the bathwater
중요한[좋은] 것을 쓸데없는[나쁜] 것과 함께 버리다
cf. throw out / cast out sb/sth
버리다; (직장이나 조직에서) 내쫓다

10303 (A) 좋은 치료사는 그녀가 왜 병의 첫 징후에 굴복하려 했는지에 대해서 이해할 수 있을
것이다. * therapist 치료사 figure out ~을 이해하다
(A) 패배를 인정하다
(B) wash one's hands (일에서) 손을 떼다
(C) camouflage 위장하다
(D) run away with ~을 가지고 도망가다

throw in the towel[sponge]
패배를 인정하다 (=admit defeat), 항복하다 (=surrender)

10304 (D) 남아프리카에 경제적 제재를 부과하는 것을 반대하였던 공화당은 결국에는 간단하
게 두 손을 들었다.
* oppose 반대하다 impose 부과하다 economic sanctions 경제적 제재
(A) 크게 이기다
(B) 큰 손해를 입다
(C) protest 항의하다
(D) surrender 항복하다

throw up one's hands (in defeat)
두 손 들다, 굴복하다, 단념하다 (=surrender)
cf. throw up sth
1. ~을 토하다 2. ~을 두드러지게 하다
3. ~을 서둘러 짓다 4. 직장을 때려치우다

10305 (B) 사장님은 업무시간에 개인적인 용무를 했다는 것을 알고서 나를 호되게 나무랐다.
(A) transfer 전근하다
(B) punish 벌하다, 혼내다
(C) fire 해고하다
(D) compliment 칭찬하다

throw the book at sb
~를 엄하게 처벌하다, 호되게 나무라다

10306 (C) 그녀는 TV가 고장 나자 매우 신경질을 냈다.
(A) 게임을 했다
(B) 행복했다
(C) 속이 상하다 * upset 속상한
(D) moody 침울한

throw[have] a fit[tantrum]
신경질적으로 반응하다, 매우 화가 나다
(=become upset, be very angry)
cf. shed crocodile tears
거짓 눈물을 흘리다 (=pretend grief)

10401 (C)

1) 투표하는 사람들 중 95퍼센트가 새 헌법을 찬성한다. * cast one's vote 투표하다
2) 그 깁스는 매우 가볍고 그가 입을 수 있는 어떤 타격으로부터도 팔을 완전하게
보호해준다. * plaster cast 깁스

cast one's vote[ballot](for sb/sth)
(~에게) 투표하다

10402 (B) 최고의 범죄 심리학자들은 청소년 비행이 증오범죄와 관련이 있다는 이론에 대해 의
구심을 표시한다.

cast[throw] doubt on sth
~을 의심하다

10403 (E) 모스크바에서의 민주화 지도자의 살해는 러시아의 반체제인사들을 두려움에 떨게 했다.
(A) anger 화나게 하다
(B) sadden 슬프게 하다
(C) dismiss 해산하다
(D) mobilize 동원하다
(E) frighten 겁먹게 만들다

cast[throw] a chill over[on]
오싹하게 만들다 (=frighten),
~에 찬물을 끼얹다, ~의 판을 깨다

10501 He's also shown that warts can be cured through hypnosis, by having the patient imagine that the warts are falling _____. [00.행자부9급 변형]

(A) on　　　　　(B) into　　　　　(C) through　　　　　(D) off

10502 A man was on his way from Jerusalem down to Jericho when he <u>fell in with</u> robbers. [입사2회]

(A) yielded　　　　　　　　　　(B) agreed with

(C) met by chance　　　　　　　(D) keep up with

10503 ★★★ Harry and Sally have <u>fallen out</u> over the education of their children. [02.세종대]

(A) blustered　　　　　　　　(B) quarrelled

(C) worried　　　　　　　　　(D) retreated

[유제] Years ago her father had <u>fallen out</u> with them over the estate of the old lady. [95.사법시험/02.세종대]

(A) quarreled　　　　　　　(B) encountered

(C) dealed　　　　　　　　　(D) conferred

(E) negotiated

10504 After all his efforts, the deal <u>fell through</u>. [입사]

(A) paid off　　　　　　　　(B) was finalized

(C) materialized　　　　　　(D) came to nothing

10505 ★★★ In an emergency, we can always <u>fall back on</u> our savings. [02.10단/87.행자부9급/외무고시/입사4회]

(A) mobilize　　　　　　　　(B) rely on

(C) use up　　　　　　　　　(D) squander

10506 다음 빈칸에 공통으로 들어갈 적절한 표현은? [기출문제종합]

> 1) It _____ Smith as an only child to support his mother as his father died. [95.외무고시]
> 2) The enemy _____ them suddenly from the rear.

(A) drew upon　　　　　　　(B) fell upon

(C) insisted upon　　　　　　(D) pulled on

10507 ★ A considerable amount of money _____ into his hands. [07.한양대]

(A) worked　　　　(B) fell　　　　(C) turned　　　　(D) went

[유제] We must never allow our nation to <u>fall into servitude</u>. [01.경찰/93.행자부9급]

(A) fail in service　　　　　(B) fall into ruin

(C) fall in altitude　　　　　(D) become enslaved

10508 Today's democracies have <u>fallen a prey to</u> technological euphoria. [94.입법고시]

(A) become the victims of　　　(B) taken advantage of

(C) run short of　　　　　　　(D) died of

(E) become a friend of

10509 The whistle was the signal for the men to <u>fall to</u> their work. [입사]

(A) leave　　　　　　　　(B) start

(C) abandon　　　　　　　(D) delay

10501 (D) 그는 또한 환자에게 사마귀가 저절로 떨어져 나가는 것을 상상하게 함으로써, 최면을 통해 사마귀를 치료할 수 있다는 것을 보여주었다. * wart 사마귀

fall off
1. (분리되어) 떨어지다
2. (양·정도·사이즈가) 줄다, 감퇴되다
   (=decrease, drop off)

10502 (C) 그가 강도들을 우연히 만나게 된 것은 예루살렘으로부터 제리코로 내려오던 길에서였다.
(A) yield 굴복하다, 양보하다　　(B) agree with 의견이 일치하다
(C) meet by chance 우연히 만나다　　(D) keep up with 뒤떨어지지 않다

fall in with sb/sth
1. (특히 우연히 만나) 친한 사이가 되다
2. (의견이나 계획에) 동조하다(=agree with sth)

10503 (B) 해리와 샐리는 아이들 교육 문제로 다퉜다.
(A) bluster 거세게 몰아치다, 고함치다
(B) quarrel 다투다
(C) worry 걱정하다
(D) retreat 후퇴하다, 물러가다
(A) 몇 년 전 그녀의 아버지는 노부인의 부동산을 두고 그들과 싸웠다.

fall out
1. [with sb] ~와 다투다, 싸우다
   (=quarrel with sb, brawl, bicker, altercate)
2. [over sth] (~을 이유로) 다투다
3. (치아·머리카락 따위가) 빠지다
4. 대열에서 이탈하다; 중퇴하다, 탈락하다

10504 (D) 그의 온갖 노력에도 불구하고, 그 거래는 수포로 돌아갔다.
(A) pay off 청산하다, 복수하다　　(B) finalize 결말을 짓다, 완성하다
(C) materialize 구체화하다　　(D) come to nothing 실패로 돌아가다

fall through
수포로 돌아가다(=come to nothing), 실패하다
= fall down on the job 〈00법원직〉
　 제대로 일을 안 하다, 실패하다(=fail to do something properly)
cf. fall down 쓰러지다, 병으로 눕다
　　fall flat (on one's face) 꼴사납게 넘어지다; 완전히 실패하다

10505 (B) 비상시에 우리는 항상 저축해 놓은 돈에 의지할 수 있다.
(A) mobilize 군대에 동원하다　　(B) rely on 의지하다
(C) use up 다 써버리다　　(D) squander 낭비하다

fall back on sb/sth
의지하다, 의존하다(=rely on, depend on, count on)
= count on sb/sth 〈97강남대/98광운대/96경원대/96경기대/94입법고시〉
　 의지하다, 믿다
= rely on sb/sth ~에 의지하다, 신뢰하다, 〈인사〉
= depend on sb/sth ~에 의존하다, ~에 달려 있다
= bank on sb/sth 의지하다(=rely on sb/sth), 믿다

10506 (B)
1) 아버지가 돌아가셨을 때, 스미스는 외아들로서 어머니를 부양하지 않으면 안 될 처지가 되었다. * fall on ~의 의무가 되다
2) 적들이 갑자기 배후에서 그들을 공격했다. * fall on 공격하다 * bite the dust 실패하다
(A) draw upon 시간 등이 다가오다　　(B) fall upon ~의 의무가 되다
(C) insist upon 고집하다　　(D) pull on ~을 뽑다

fall on[upon] sb/sth
1. ~의 의무가 되다(=be obligation of sb/sth)
2. 습격하다, 공격하다(=attack)
3. 불행 등이 닥치다
4. 우연히 마주치다, (생각이) 갑자기 떠오르다
   (=come upon sb/sth)
5. (일 등에) 달려들다, ~을 시작하다(=fall to sth)

10507 (B) 상당한 양의 돈이 그의 몫으로 떨어졌다.

(D) 우리는 국가가 노예상태가 되는 것을 결코 용납해서는 안 된다.
(A) fail in service 서비스에 게을리 하다　　(B) fall into ruin 멸망하다
(C) fall in altitude 고도가 떨어지다　　(D) become enslaved 노예가 되다

fall into sth
1. ~에 빠지다, ~ 상태로 되다
2. ~으로 나뉘다, 분류되다
3. (이야기 등을) 시작하다
cf. fall into servitude 노예상태로 되다 〈여경찰/93행자부9급〉

10508 (A) 오늘날의 민주주의는 기술적인 도취감의 희생양이 되었다. * euphoria 행복감, 만족감
(A) victim 희생자, 피해자　　(B) take advantage of ~을 이용하다
(C) run short of 부족하다, 부족하게 되다　　(D) die of (병 등으로) 죽다

fall (a) prey to sb/sth
~의 희생양이 되다(=become the victim of sb/sth),
(흉계 따위에) 넘어가다

10509 (B) 그 휘슬은 그 사람들에게 일을 시작하라는 신호였다.
(A) leave 떠나다　　(B) start 시작하다
(C) abandon 버리다　　(D) delay 늦추다, 미루다

fall to sth
1. (일·의논·싸움 따위를) 시작하다(=start);
   먹기 시작하다(=fall on sth)
2. 정복당하다, 함락되다

기출문제 QUESTION	메모 MEMO

10510 When his reputation _____ pieces, all his friends desert him. [86.서울대학원]

(A) fall into   (B) is shattered

(C) fall to   (D) is broken

10511 ★ The book fell _____ of my expectations. [입사]

(A) short   (B) small   (C) little   (D) meager

10601 Matthew really <u>dropped the ball</u> on this project by letting Susan to be a part of the project team. [13.중앙대]

(A) solved a problem   (B) exerted little influence

(C) shunned his responsibility   (D) made a significant mistake

10602 다음 밑줄 친 부분에 들어갈 말로 적당한 것은? [99.동국대]

> Bill: I haven't seen you on campus for a long time.
> John: Right. I took off for a year. In fact, I'm headed for the admission office now.
> Bill: _____ I'm going that way.
> John: Yes, thanks. I'd appreciate the lift.

(A) Drop me a line.   (B) I goofed up.

(C) Far from it.   (D) Can I drop you off?

10603 Jack said he signed up for a history course but _____ because he couldn't keep up with the other students in the class. [00-2.한성대]

(A) got out   (B) dropped out

(C) drawn out   (D) kept out

10604 ★★★ I wish he wouldn't <u>drop in on</u> me so often. [92.변리사]

(A) disturb   (B) irritate

(C) speak ill of   (D) visit

(E) invite

10605 ★ If you have time, <u>drop me a line</u> now and then while you are abroad. [01.행자부9급]

(A) get in touch with me by telephone

(B) call me briefly

(C) write briefly to me

(D) remember me

10606 The company cannot expect me to move my home and family <u>at the drop of a hat</u>. [15.국가직9급]

(A) immediately   (B) punctually

(C) hesitantly   (D) periodically

10607 What we were paid for our work was a drop in the <u>bucket</u> compared to what the company earned. [예상]

(A) basin   (B) plate   (C) bowl   (D) ocean

10510 (C) 명성이 산산이 부서지면, 그 사람의 모든 친구들은 그를 저버린다.
- (A) fall into ~상태로 되다
- (B) shatter 부수다, 부서지다
- (C) fall to pieces 산산이 부서지다

fall to pieces / fall to bits
산산이 부서지다; (계획이) 좌절되다,
(조직 등이) 엉망이 되다(=fall apart)
= fall apart / fall apart at the seams
1. 부서지다, 조각나다, 고장나다; (심리적으로) 동요하다
2. (조직 등이) 와해되다; 부부가 헤어지다

10511 (A) 그 책은 우리의 기대에 미치지 못했다.
- (D) meager 메마른, 빈약한

fall[drop] short of sth
(기대 등에) 미치지 못하다, 부족하다, 모자라다
= be shy of sth
~이 부족하다, (기대 등에) 미치지 못하다

10601 (D) 매튜는 수잔을 이 프로젝트팀의 일원으로 넣는 중대한 실수를 했다.
- (A) 문제를 해결했다
- (B) 영향을 미치다 * exert 영향력을 가하다
- (C) 의무를 회피하다 * shun 피하다
- (D) 중대한 실수를 하다

drop the ball
일을 망치다, 실수하다(=make a mistake)

10602 (D)

> Bill: 오랜만에 학교에서 널 보는구나.
> John: 맞아. 1년 동안 휴학했었어. 사실 나는 입학과로 가는 중이야.
> * take off 휴가를 내다, 쉬다
> Bill: 태워다 줄까? 나도 그 길로 가는 중이야.
> John: 그래, 고마워. 태워줘서 고맙다.

- (A) 내게 편지 보내.
- (B) (시험을) 망쳤어. * goof up 실수로 망쳐 버리다
- (C) Far from it. 그런 일은 절대로 없다, 어림도 없다.
- (D) 태워다 줄까?

drop * off (sb/sth)
1. (차로 가는 길에) 태워주다; 하차하다[하차시키다]
2. (단추 등이) 떨어지다
3. (어느새) 잠들다; 쇠약해지다; (갑자기) 죽다
4. 차츰 없어지다[줄다]; 사라져 가다

10603 (B) 잭은 전에 역사과목을 수강신청을 했지만 그 반의 다른 학생들을 따라 잡을 수가 없어서 중도 포기했다고 말했다.
- * sign up for ~에 응모 · 참가하다, 가입하다 keep up with ~을 따라잡다
- (A) get out 나가다
- (B) drop out 중도포기하다, 중퇴하다
- (C) draw out 문서를 작성하다, 뽑아내다
- (D) keep out ~안에 들이지 않다

drop out
떠나다; 사라지다; 낙오하다, 중퇴하다

10604 (D) 나는 그가 너무 자주 나를 찾아오지 않기를 바란다.
- (A) disturb 방해하다
- (B) irritate (짜증나게) 괴롭히다
- (C) speak ill of 비난하다
- (E) invite 초대하다

drop in (on sb **/ at** sth**) / drop by (**sth**)**
잠깐 들르다, 방문하다(=visit)

10605 (C) 해외에 나가 있는 동안에 시간이 나시면 이따금 편지 주세요. * now and then 때때로
- (A) 전화로 연락주세요. * get in touch with 연락하다
- (B) 짧게 전화 주세요.
- (C) 짧게라도 편지주세요.
- (D) 저를 기억해 주세요.

drop sb **a line**
(~에게) 편지 쓰다,
몇 자 적어 보내다(=write a short letter)

10606 (A) 내가 집과 가족을 즉시 옮겨갈 것을 회사가 요구할 수는 없다.

at the drop of a hat
즉각, 주저하지 않고(=immediately)

10607 (D) 회사가 버는 것에 비하면 우리가 일한 대가로 받는 것은 새 발의 피였다.
- * a drop in the bucket = a drop in the ocean 새 발의 피

a drop in the bucket[ocean]
아주 적은 양, 새 발의 피

10.경원대/08.명지대/06.한양대
99.세무사/92.한성대

10701 다음 빈 칸에 공통으로 들어갈 말로 적당한 것은? [08.명지대]
★★

> 1) Some of the trees are already beginning to _____ their leaves.
> 2) They will _____ a few tears at their daughter's wedding.
> 3) A new approach offers an answer, and may _____ light on an even bigger question.

(A) gain   (B) produce   (C) shed   (D) take

13.국회사서9급

10702 다음 세 문장의 밑줄 친 부분에 들어갈 말이 순서대로 짝지어진 것은? [13.국회사서9급]

> 1) The girl _____ a poor figure in her old jacket.
> 2) The house _____ a fine view of the sea.
> 3) She _____ tears at the sad news.

(A) looks - commands - shed

(B) looks - commands - tore

(C) looks - observes - shed

(D) cuts - observes - tore

(E) cuts - commands - shed

10701 (C)

1) 몇몇 나무들은 벌써 그 잎들을 떨어뜨리고 있다. * shed leaves 잎을 떨어뜨리다
2) 그들은 딸의 결혼식에서 약간의 눈물을 흘릴 것이다. * shed tears 눈물을 흘리다
3) 새로운 접근방식은 대답을 제시할뿐더러 훨씬 더 큰 문제를 설명할 수도 있을 것이다.
   * shed light on 설명하다

10702 (E)

1) 그 소녀는 낡은 재킷을 입고 있어 초라하게 보인다.
   * cut a poor figure 초라한 인상을 주다
2) 그 집은 바다 전망이 좋다. * command a fine view 전망이 좋다
3) 그녀는 슬픈 소식에 눈물을 흘렸다. * shed tears 눈물을 흘리다

shed[throw] light on sth
설명하다, 밝히다(=elucidate, explain, clarify)

shed tears
눈물을 흘리다

보충이디엄

기본동사
throw

throw (someone) a curve 커브를 던지다; 의표를 찌르다
throw the book at (sb) 사람에게 중한 벌을 내리다
throw a (monkey) wrench 방해하다, 망치다
throw cold water on (sth) 찬 물을 끼얹다; (계획 등을) 낙담시키다
throw good money after bad 손실을 회복하려다 점점 더 손해보다
throw oneself into (sth) ~에 몸을 던지다; ~에 적극성을 띠다
throw oneself into the arms of ~의 아내[첩]가 되다
throw oneself at someone's feet 남의 발밑에 무릎을 꿇다; 남에게 애원하다
throw (sth) together 음식을 매우 급하게 먹다
cf. **throw (sb) together** 사람을 우연히 만나게 하다
throw in / throw into the bargain 덤으로 보태주다
throw in a remark 생각 없이 불쑥 말하다, 말을 내뱉다
throw (sb) a look/glance/smile 사람에게 시선/흘낏 봄/미소를 던지다
throw one's eyes 흘긋 보다
throw a party (for sb) (~을 위해) 파티를 열다
throw back (생각 · 이야기 따위를) 거슬러 올라가다; 되던지다; 퇴보시키다
throw up 토하다(=vomit); (직장 · 집을) 떠나다; (건물을) 급히 짓다

기본동사
fall

fall behind (sb/sth) ~에 뒤지다, (경쟁 따위에서) ~에게 뒤떨어지다
fall over 쓰러지다, 넘어지다; ~에 걸려 넘어지다
fall flat (농담 · 이야기 등이) 아무런 호응을 못 얻다

기본동사
drop

Drop it! 그만둬! 잊어버려! 마음 쓰지 마!
drop in one's tracks 지쳐서 쓰러지다
drop names / name-drop (유명인) 이름을 친구인 양 팔고 다니다
drop a bombshell 폭탄선언을 하다

기본동사
shed

shed blood 피를 흘리다; (특히 전쟁이나 싸움에서) 살해하다(=kill)
shed tears 눈물을 흘리다, 울다(=cry)
shed crocodile tears 거짓 눈물을 흘리다(=pretend grief)

pull
pull은 "잡아당기다, 잡아끌다"가 기본개념이다.
보통 말하는 사람 쪽으로 잡아끄는 것을 말한다. 총 등을 뽑거나 털이나 치아를 뽑는 경우도 마찬가지이다. 비유적으로 "손님을 끌다; 표정을 짓다; (사기·범죄를) 저지르다; 사명을 완수하다"의 의미로도 쓰인다.

draw
draw는 "잡아당기다"라는 의미에서 pull과 비슷하지만 "부드럽게 잡아당긴다"는 뉘앙스이다. "서랍을 열다", "결론을 끌어내다", "남의 이목을 끌다"등의 의미가 그것이다. 또한 "문서를 작성하다, 그림을 그리다, 어음을 발행하다"의 의미와 "승부가 비기다"는 뜻도 있다.

pick
pick는 "뾰족한 것으로 어떤 것을 집다"가 기본개념이다.
비유적인 의미로 "고르다(choose), 과일을 따다, 소매치기하다" 등으로 쓰인다. "고르다"는 의미에서 "선택", "따다"는 의미에서 "수확량"이란 명사적 의미로도 쓰인다.

let
let은 "~하는 것을 허용하다(allow), ~시키다, ~하게 하다"이다. 세를 주거나 임대하는 것(임대하다)도 사용하는 것을 허용하는 것이며, 감정을 터트리는 것도(탄식하다) 마찬가지로 감정을 억제하지 않고 터트리도록 내버려 두는 것이다.

1. ~하는 것을 허용하다(allow sb/sth to R), ~시키다, ~하게 하다; 세놓다
2. (액체·공기를) 새게 하다 → (감정·말 등을) 밖으로 내뱉다

catch
catch는 "움직이는 것을 잡아서 hold하다"는 의미이다.
그 움직이는 대상에 따라 "사람을 붙잡다, 공을 잡다, 기차를 잡다, 병에 걸리다, 말을 이해하다" 등 다양하게 쓰인다.

follow
follow는 "~의 뒤를 따라가다"가 기본개념이다.

1. 사람을 따르다, 충고·선례를 따르다, 일 등이 잇달아 일어나다
2. 이야기를 주의해서 듣다, 사람의 말을 이해하다

close/shut ↔ open
close는 "어떤 것을 닫다"의 의미로서 문, 가게, 눈, 입 등 그 대상은 다양하다. 또한 "일 등을 끝내다"의 의미도 중요하다.
한편 shut는 "꼭 닫다"로서 close보다 의미가 강해서 폐쇄에 가깝다. 상점을 닫거나, 흐름을 막아 가두는 느낌이다.
open은 close와 반대로 "닫힌 것을 열다"의 의미로서 그 대상이 눈, 책, 봉투, 상점 등 다양하다. "(일을) 개시하다"의 의미도 있다.

DAY-29

10801 ★ She _____ the price tag so that her mother would not know how expensive the blouse was. [07.세종대]

(A) got off   (B) pulled off

(C) payed off   (D) showed off

10802 ★ If you _____ when you are driving, it means that you stop. [13.기상직9급]

(A) go through   (B) put off

(C) pull over   (D) get over

[유제] 다음 영작이 옳게 된 것은? [02.여자경찰]

> "교통경찰관이 그에게 차를 한쪽으로 대라고 신호했다."

(A) The policeman pull him out of the car.

(B) The police push the car.

(C) The police order him to move side of the road.

(D) The policeman signaled him to pull over.

10803 ★ He <u>pulled up</u> on the path on the slope above, and stood staring. [99.서울대학원]

(A) ran   (B) stopped   (C) cried   (D) replied

10804 다음 빈칸에 공통으로 들어갈 가장 적당한 표현은? [예상]

> 1) After the crash many investors _____ of the market.
> 2) The ship _____ of the harbor.

(A) pulled through   (B) pulled out

(C) pulled over   (D) pulled down

10805 They <u>pulled down</u> part of the wall. [입사]

(A) destroyed   (B) weakened

(C) reduced   (D) forced

10806 If he recovers from his sickness, he pulls _____. [입사]

(A) out   (B) up   (C) through   (D) for

10807 ★ After being startled, Kate paused and <u>pulled herself together</u>. [93.상명대]

(A) pulled in her arms and legs   (B) got control of her emotions

(C) pulled on her clothes   (D) continued doing her work

10808 When Jane was hospitalized, her husband told each child to <u>pull his own weight</u>. [98.한양대]

(A) do his own part   (B) do as usual

(C) study very hard   (D) lose his own weight

(E) lift weights

10801 (B) 그녀는 그 블라우스가 얼마나 비싼지 엄마가 모르게 하려고 가격표를 떼어 버렸다.
(A) get off 하차하다, 떨어지다 　　(B) pull off 떼어내다
(C) pay off (빚을) 전부 갚다, 보복하다 　(D) show off 과시하다

10802 (C) 당신이 운전할 때 차를 세운다는 것은 멈춘다는 것을 의미한다.
(A) go through 조사하다 　　(B) put off 미루다
(C) pull over 정차하다 　　(D) get over 극복하다

(D)
(A) 경찰관이 그를 차 밖으로 끌어냈다. * pull out 뽑다, 빼내다
(B) 경찰이 차를 밀었다.
(C) 경찰이 길가로 움직이라고 명령했다.
(D) signal 신호하다, pull over 차를 길가에 세우다

10803 (B) 그는 위쪽 비탈길에 멈추었다. 그리고 응시한 채 서 있었다.

10804 (B)

> 1) 주식 폭락 이후에 많은 투자자들이 주식시장에서 발을 뺐다.
> ＊ pull out of ~에서 빠지다 crash 폭락
> 2) 배가 항구를 빠져나갔다. ＊ pull out of ~에서 빠져나가다

(A) pull through 회복하다, 해내다 　(B) pull out 빠져나가다
(C) pull over 정차하다 　　(D) pull down 허물다

10805 (A) 그들은 벽의 일부를 허물었다.
(A) destroy 파괴하다, 허물다
(B) weaken 약화시키다
(C) reduce 줄이다
(D) force 억지로 ~시키다

10806 (C) 그가 병에서 회복한다는 것은 병을 극복하는 것이다.

10807 (B) 화들짝 놀란 후에, 케이트는 한숨을 돌리고는 마음을 가라앉혔다.

10808 (A) 제인이 입원했을 때, 그녀의 남편은 아이들 각자에게 자신의 역할을 다하라고 말했다.
(A) 맡은 부분을 하다 　　(B) 평상시대로 하다
(C) 열심히 공부하다 　　(D) 그의 몸무게가 줄다
(E) 역기를 들다

---

pull ＊ off sth
1. (과일 등 붙어 있는 것을) 따다, 떼어 내다
2. 어려운 일을 해내다, 경기에 이기다
   (=succeed, perform in spite of difficulties or obstacles)
3. 차를 정차하다

pull ＊ over (sb/sth)
정차하다, 차를 길가에 세우다

pull ＊ up (sb/sth)
1. 멈추다(=stop), 세우다(=draw up)
2. 뿌리째 뽑다(=root out sth); 근절하다(=eradicate)

pull out (of sth)
1. ~을 뽑다, 빼내다;
   (기차, 배가 역이나 항구에서) 빠져나가다
2. (계약이나 대회, 조직 등에서) 빠지다, 손을 떼다;
   손을 떼게 하다
3. (경기 침체 등에서) 빠져나오게 하다

pull ＊ down sth
1. (집 · 건물 등을) 허물다, 헐다
   (=destroy, demolish, tear down sth)
2. (지위 등을) 끌어내리다; (가치 등을) 하락시키다

pull (sth**) through**
(병 · 곤란 따위를) 극복하다, 회복하다(=get over sth),
난국을 타개하다

pull oneself together
정신 차리다, 냉정을 찾다
(=become calm, get control of one's emotions);
기운 차리다
cf. pull together 협력하여 일하다(=cooperate) 〈입사〉

pull one's weight
자신의 역할을 다하다
(=do one's full share of work or part)

10809
★★

밑줄 친 부분에 가장 적절한 것은? [14.국가직9급]

18.지방직7급/14.국가직9급/12.경찰3차
03.성균관대/99.행자부7급/97.동국대,Teps

> A: Did you see Steve this morning?
> B: Yes. But why does he _____?
> A: I don't have the slightest idea.
> B: I thought he'd be happy.
> A: Me too. Especially since he got promoted to sales manager last week.
> B: He may have some problem with his girlfriend.

(A) have such a long face

(B) step into my shoes

(C) jump on the bandwagon

(D) play a good hand

10810
★★

다음 빈칸에 들어갈 알맞은 표현은? [06.서울시교행]

14.지방교행/09.경찰/06.서울교행
96.강남대,토플,Teps

> A: I got a degree in oxford university.
> B: Really? Don't _____.

(A) pull my leg   (B) hit the ceiling

(C) pass the buck   (D) beat around bush

[유제] 다음 중 의미가 다른 하나는?

(A) Are you pulling my leg?

(B) Are you kidding me?

(C) Are you having me on?

(D) Are you stalking me?

10811

He often <u>pulls the wool over my eyes</u>, but I know that he has no ill will. [98.서울대학원]

98.서울대학원,Teps

(A) plays his own game   (B) deceives me

(C) makes fun of me   (D) boasts himself

10901

As the time for her speech _____, she became more and more nervous. [예상]

13.동국대

(A) drew near   (B) drew forth

(C) drew aside   (D) drew on

10902
★

The army interpreter tried to <u>draw forth</u> information from the captured soldier. [01.경찰/97.한양대학원]

01.경찰/97.한양대학원

(A) exclude   (B) eradicate

(C) expire   (D) elicit

10903

He should ideally have a wide range of experience and personal anecdotes to <u>draw upon</u>. [92.연세대학원]

92.연세대학원

(A) make use of   (B) describe

(C) bring out   (D) keep in mind

10904
★

Farmers can _____ a contract with the mill to lock in a certain price in order to be protected against falling prices. [03.경기대]

03.경기대/99.서울대학원,Teps

(A) draw in   (B) draw on

(C) draw out   (D) draw up

10809 (A)

A: 오늘 아침에 스티브 봤니?
B: 응. 하지만 왜 그가 그렇게 시무룩한 얼굴을 하고 있는지 모르겠어.
A: 나도 전혀 모르겠어.
B: 나는 그가 행복해 할 거라고 생각했는데.
A: 나도 그랬어. 지난주 영업부장으로 승진한 후에는 특히.
B: 그는 아마도 여자 친구와 문제가 있는 것 같아.

(A) have a long face 우울한 얼굴을 하다
(B) step into one's shoes ~의 후임자가 되다
(C) jump on the bandwagon 시류에 편승하다
(D) play a good hand 멋진 수를 쓰다

pull[have] a long face
우울한 얼굴을 하다(=make a gloomy expression)
cf. long face 시무룩한 얼굴, 우울한 얼굴

10810 (A)

A: 옥스퍼드 대학에서 학위를 받았어.
B: 진짜? 놀리지 마라.

(A) pull one's leg 놀리다　　(B) hit the ceiling 노발대발하다
(C) pass the buck 책임을 전가하다　(D) beat around bush 말을 빙빙 돌리다

(D) * (A) (B) (C)는 "장난하니, 날 놀리는 거니?"의 의미이며 (D)는 "나를 스토킹하는 거야?"이다.

pull sb**'s leg**
놀리다, 속이다(=kid, have sb on, tease)
cf. You've got to be kidding. 〈이상명대/97법원직〉
〈회화〉 설마, 농담하지마!
= **No kidding!** (못 믿어서) 정말? 설마?
cf. **No kidding!** (동의하며) 동감이야.
= **You must be joking!**
= **You can't be serious.**

10811 (B) 그는 종종 나를 속이지만, 그에게 나쁜 뜻은 없다는 것을 알고 있다.
(B) deceive 속이다, 기만하다
(C) make fun of 놀리다
(D) boast 과시하다

pull[draw] the wool over sb**'s eyes**
〈구어〉 남의 눈을 속이다
(=deceive sb, trick sb by hiding the facts)

10901 (A) 그녀의 연설시간이 다가왔고, 그녀는 점점 긴장했다.
(A) draw near 다가오다　　(B) draw forth 이끌어내다
(C) draw aside 비켜서다　　(D) draw on (시간이) 지나가다

draw near
다가오다, 접근하다

10902 (D) 군 통역사는 포로로부터 정보를 얻어내고자 했다.
(A) exclude 제외하다　　(B) eradicate 뿌리를 뽑다, 근절하다
(C) expire 만기가 되다　　(D) elicit 이끌어내다, 유도하다

draw * forth sth
~을 앞으로 끄집어 내보이다;
(대답 등을) 이끌어 내다, 유도해 내다(=elicit)

10903 (A) 이상적으로 보면 그는 자료로 활용할 만한 다방면의 경험과 개인적인 일화들을 가져야 한다.
(A) make use of ~를 이용하다　　(B) describe 묘사하다
(C) bring out 드러내다　　(D) keep in mind 명심하다

draw on[upon] sth
~을 이용하다(=make use of sb/sth); ~에 의지하다

10904 (D) 농부들은 가격 하락으로부터 보호받기 위해 제분소와 일정 가격을 고정화하는 계약을 맺었다.
(A) draw in (비용을) 삭감하다　　(B) draw on (장갑, 구두 등을) 신다
(C) draw out 뽑아내다　　(D) draw up (문서를) 작성하다

draw * up sth
1. 문서를 작성하다, (계약서를) 작성하다
2. 바로 앉다, 벌떡 일어서다(=stand straight)

11001
★★ Why do you <u>pick on</u> your little brother? [96.고려대/입사]

(A) feel for (B) help

(C) accompany (D) annoy

13.동국대/09.국가직9급/09.한양대
96.고려대/입사

11002
★★ 다음 빈칸에 공통으로 들어갈 가장 알맞은 단어는? [기출문제종합]

> 1) Fred needs to pick _____ his car from the garage. [입사]
> 2) The victim picked his attacker _____ of the lineup. [16.산업기술대]
> 3) He was so tall, it was easy to pick him _____ in the crowd.

(A) out (B) up (C) on (D) off.

16산업기술대/12.성신여대
93.행자부9급/입사,Teps

11003 Nobody wants to go out for dinner with Sam, because he doesn't enjoy eating, nor does he <u>pick up</u> the tab. [94.기술고시]

(A) serve (B) ask for (C) drink (D) order (E) pay for

94.기술고시,Teps

11004
★ 다음 빈칸에 공통으로 들어갈 가장 알맞은 단어는? [기출문제종합]

> 1) The bus only stops here to pick _____ passenger.
> 2) They try to pick _____ any signals coming to Earth on radar and radio waves.
> 3) The economy is finally beginning to pick _____ again.
> 4) We can pick _____ where we left off tomorrow. [12.서울시9급]

(A) out (B) up (C) on (D) off

12.서울시9급/04.경기대/토플.토익,Teps

11005
★ 빈 칸에 들어갈 말로 가장 적당한 것은? [10.영남대/이-2.인천대]

> A: What would you like? Take your pick.
> B: _____

(A) Come on. You're being too picky.

(B) Why don't you choose for me? I'm easy to please.

(C) Please let me off at the next stop.

(D) Would it be possible for you to pick me up at five?

10.영남대/이-2.인천대

11101
★ 다음 밑줄 친 곳에 알맞은 것은? [97.경찰]

> She lets me do the work by myself.
> = I _____ do the work by myself.

(A) am allowed to (B) am let (C) was let to (D) let

이-2.인천대/97.경찰/95.법원직

11102
★ The foolish dog took his own shadow on the lake for another dog with a piece of meat larger than his own, and <u>let go of</u> his own meat so that he could attack the other dog and get his meat from him. Of course he lost his own meat by this, for it sank to the bottom and he was not able to get it back. [04.행자부9급]

(A) ignored (B) clutched

(C) released (D) grasped

12.기상직9급/04.85.행자부9급,Teps

11103
★★ She can speak German, <u>let alone</u> English. [01.인천시9급]

(A) in addition to (B) except for

(C) not to mention (D) as regards

(E) above all

07.경기대/01.인천시9급/90.연세대학원
88.행자부9급,Teps

11001 (D) 왜 네 동생을 괴롭히느냐?
    (A) feel for 동정하다   (C) accompany 동행하다
    (D) annoy 괴롭히다

11002 (A)

> 1) 프레드는 차고에서 그의 차를 꺼내야 한다. * pick out 빼내다
> 2) 피해자는 정렬한 사람들 중에서 자신을 공격한 사람을 지목했다. * pick out 선택하다
> 3) 그는 키가 커서 군중 속에서 그를 식별하기는 쉬웠다. * pick out 식별하다

    (B) pick up 태워주다
    (C) pick on 괴롭히다   (D) pick off 떼어내다

11003 (E) 샘과 저녁을 먹으러 가고 싶어 하는 사람은 아무도 없다. 그는 먹는 걸 즐기지 않을 뿐만 아니라 계산도 하지 않기 때문이다.

11004 (B)

> 1) 버스는 승객을 태우기 위해 여기에서만 선다. * pick up 태워주다
> 2) 그들은 레이더나 라디오 전파를 통해 지구로 오는 어떤 신호라도 포착하려고 노력했다. * pick up 신호를 포착하다
> 3) 경제 상황이 마침내 다시 나아지기 시작한다. * pick up 개선되다
> 4) 내일 우리는 중단된 부분부터 다시 다룰 수 있어요. * pick up (중단되었던 주제로) 다시 돌아가다

    (A) pick out 선택하다, 식별하다
    (C) pick on 괴롭히다   (D) pick off 떼어내다

11005 (B)

> A: 뭘 갖고 싶니? 마음대로 골라봐.
> B: _____

    (A) 제발. 너는 너무 까다로워. * picky 까다로운
    (B) 날 위해 하나 골라 줄래? 난 까다롭지 않아.
    (C) 다음 정거장에서 날 내려 줘. * let ~ off 차에서 내려주다
    (D) 다섯 시에 날 태우러 와줄 수 있겠니? * pick up 자동차를 태워주다

11101 (A)

> 그녀는 내가 그 일을 혼자 하게 했다. * by oneself 혼자

11102 (C) 그 어리석은 개는 호수에 비친 자신의 그림자를 자기 것보다 더 큰 고기를 물고 있는 다른 개로 착각했다. 그리고는 그 개를 공격하고 고기를 빼앗기 위해 자신의 고기를 내뱉어버렸다. 물론 개는 이로 인해 자신의 고기를 잃었다. 고기가 바닥에 가라앉아서 꺼내 올 수 없게 되었기 때문이다. * take A for B A를 B로 잘못 알다
    (A) ignore 무시하다   (B) clutch 단단히 쥐다, 붙들다
    (C) release 해방하다, 풀어주다   (D) grasp 붙잡다, 움켜쥐다

11103 (C) 그녀는 영어는 물론이고, 독일어도 할 수 있다.
    (A) in addition to ~에 더하여   (B) except for ~을 제외하고
    (C) not to mention ~은 말할 것도 없이   (D) as regards ~에 관해서는
    (E) above all 무엇보다도

---

pick on sb
괴롭히다(=annoy), 흠을 찾아내다(=find fault with sb/sth), 혹평하다(=criticize severely)
= find fault with sb/sth 흠을 찾아내다, 비난하다
cf. pick at (someone) ~에게 잔소리하다, 볶아대다(=nag)

pick * out sb/sth
1. ~을 선택하다(=choose, select); 뽑아내다, 빼내다
2. 식별하다, 분간하다; 〈수동〉 돋보이다
cf. pick over sth 신중하게 고르다, 엄선하다; 자세히 검토하다

pick up the tab[bill]
셈을 치르다, (음식 값 등을) 지불하다(=pay for sth)
cf. It's on the house 서비스로 드리는 겁니다.
cf. Let's go Dutch. 각자 냅시다
    = Let's split the bill.
    = Let me share the bill.

pick * up (sb/sth)
1. (자동차를) 태워주다, (차로) 마중 나가다, (도중에서) 태우다
2. (물건이나 사람 등을) 집어 들다, 들어 올리다(=lift)
3. (집어) 고르다, 선택하다(=select, pick out sb/sth, choose); (물건을) 사다; 상을 타다
4. (정보 등을) 우연히 들어 알다, 들어서 익히다(=learn by chance), 입수하다; (신호 등을) 포착하다
5. (도망자 등을) 붙잡다, 검거하다(=arrest, apprehend)
6. (방 등을) 정돈하다(=tidy up sth)
7. (상황 등이) 개선되다(=improve); (속도 등을) 올리다
8. 병에 걸리다(=get an illness)
9. (중단되었던 주제로) 다시 돌아가다

take one's pick
마음에 드는 것을 골라잡다

Let me ~. / Let sb/sth R
내가 ~할 수 있도록 해주세요, ~할게요.
(=allow sb/sth to R])
- **Let me see.** 〈회화〉 어디 보자.
- **Let me know.** 〈회화〉 내게 알려 줘.

let go (of sb/sth) / let sb/sth go
1. 쥐었던 것을 놓다; 해방하다(=release); 해고하다
2. 나쁜 일에 처벌하지 않고 넘어가다, 더 이상 언급을 않다, 더 이상 문제 삼지 않다
cf. let oneself go 완전히 긴장을 풀고 마음껏 즐기다
    = let down one's hair
    긴장을 풀다, 자연스럽게 행동하다

let alone
~은 말할 것도 없이, ~은 물론이고(=not to mention)
= still less ~은 말할 것도 없고(부정문)
= much more ~은 말할 것도 없고(긍정문)
= not to mention sth = to say nothing of sth
= not to speak of sth
cf. It is needless to say that~ ~은 말할 필요도 없이

11104
★★
다음 빈칸에 공통으로 들어갈 가장 알맞은 단어는? [기출문제종합]

> 1) The rain didn't look like it was going to let _____ anytime. [14.광운대]
> 2) The attacks began three weeks ago and have not let _____ since. [12.중앙대]

(A) down   (B) up

(C) in   (D) on

14.광운대/12.중앙대/07.경북교행
06.동국대/02-2단국대/95.한국외대
토플/ Teps

11105
★
다음 빈칸에 공통으로 들어가기에 가장 적합한 것은? [07.경남9급]

> 1) By quitting school, I _____ my parents.
> 2) My trousers shrank in the wash, so I will ____ them ____.
> 3) Please _____ a rope so that I can climb up.

(A) let down   (B) put down

(C) come down   (D) go down

13.동국대/07.경남9급
03.영남대/입사.토플

11106
다음 빈 칸에 들어갈 말로 적당한 것은? [06.경북9급]

> A: You look so angry. What happened?
> B: Nothing. I'd rather not talk about it. Just don't ask.
> A: Come on. I think you need to let _____ some steam.
>   Besides, you shouldn't keep your feelings pent up.
>   That'll eat you alive. So, talk to me.

(A) on   (B) out   (C) off   (D) down

06.경북9급.Teps

11107
In the course of his speech, the lawyer <u>let go with</u> a vicious attack on the tactics of his opponent. [98.경원대]

(A) released the grasp   (B) spoke violently

(C) let down   (D) played on words

98.경원대

11108
He knew the truth but he didn't let _____. [입사]

(A) off   (B) down   (C) up   (D) on

입사4회.토플.Teps

11109
★
다음 빈칸에 공통으로 들어갈 가장 알맞은 단어는? [기출문제종합]

> 1) To _____ a dress means to make it large. [95.경원대/입사]
> 2) To allow a secret to be known is to _____. [84.행정고시]

(A) put out   (B) come about

(C) let up   (D) let out

14.한양대/84.행정고시
95.경원대.입사.Teps

11110
★
다음 대화의 빈 칸에 들어갈 말로 적당한 것은? [07.법원직]

> A: What's in the box, Ralph? I'm so curious.
> B: A necklace. Well, you know tomorrow is Cindy's birthday.
>   I've planned a special surprise for her. Please don't _____.

(A) judge by appearances   (B) cry over the spilt milk

(C) say curiosity killed the cat   (D) let the cat out of the bag

15.건국대/07.법원직/03.숭실대.Teps

11201
He was caught _____ handed by the police while committing a crime. [04.단국대]

(A) blue   (B) black   (C) yellow   (D) red

04.단국대

11104 (B)

1) 비가 언제든 잠잠해질 것 같지는 않다. * let up 잠잠해지다
2) 공격은 3주전에 시작되었고 그 이후 멈추지 않았다. * let up 멈추다

(A) let down 기대를 저버리다
(C) let in 들어오게 하다　　　　　　(D) let on (to) 비밀을 털어놓다

let up
(비나 눈이) 멈추다, 잠잠해지다(=stop), 약해지다
(=lessen); (일을) 그만두다
- without letup 중단 없이, 쉬지 않고

11105 (A)

1) 학교를 그만둠으로써, 나는 부모님을 실망시켰다. * let down 실망시키다
2) 바지가 세탁하면서 줄어들어서, 늘일 예정이다. * let down 옷 따위를 늘리다
3) 내가 오를 수 있도록 로프를 내려 주세요. * let down 물건을 아래로 내리다

(B) put down 적어놓다, 내려놓다, 진압하다
(C) come down 유산 등이 내려오다, 넘어지다, 가격을 내리다
(D) go down 물가 등이 내리다, 해가 지다

let * down sb/sth
1. (사람을) 실망시키다(=disappoint)
2. (물건을) 아래로 내리다; (지위 등을) 낮추다
3. (옷 따위를) 풀다, 늘리다(=make sth longer)
cf. letdown 실망, 허탈; 감소 〈끼의화여대〉

11106 (C)

A: 매우 화나 보이네. 무슨 일 있었니?
B: 아무것도 아냐. 별로 말하고 싶지 않으니 묻지 마.
A: 에이! 그냥 속 시원하게 털어버리는 게 나을 것 같은데. 게다가, 네 감정을 가두어
두면 안 돼. 그것이 결국 너를 괴롭힐 거야. 자, 내게 털어놔 봐!
* pent up 갇힌, 억압된 eat ~ alive ~를 못살게 굴다

let[blow] off steam
〈구어〉 울분을 토하다, 감정을 속 시원하게 쏟아내다

11107 (B) 변론 과정에서 그 변호사는 상대편의 술책에 대해서 맹렬한 공격을 퍼부었다.
(A) grasp 통제를 풀어주다 * grasp 통제
(B) violently 맹렬하게, 난폭하게
(C) let down 실망시키다
(D) play on words 음이 비슷한 말을 이용한 말장난(을 하다)

let go with sth
~을 격렬하게 소리 내거나 표현하다(=speak violently),
(고함이나 비명을) 지르다

11108 (D) 그는 진실을 알고 있었지만 그는 내색하지 않았다.

let on (that ~) / let sb **in on** sth
드러내다, 밀고하다, 누설하다
(=reveal, disclose, divulge)

11109 (D)

1) 옷을 늘린다는 것은 그것을 크게 하는 것을 의미한다. * let out 옷을 늘리다
2) 비밀을 알려지게 둔다는 것은 누설하는 것이다. * let out 누설하다

(A) put out 불을 끄다, 생산하다
(B) come about 일어나다
(C) let up 멈추다

let * out sth
1. (비밀 따위를) 무심코 누설하다, 입 밖에 내다
(=allow a secret to be known)
2. (옷 등을) 늘리다(=make large)
↔ take in sth 옷을 줄이다
3. ~을 밖으로 내보내다; 해방하다; 해고하다
↔ let sb/sth in 들이다, 안으로 들여보내다
4. (학교·집회·연극 등이) 끝나다, 파하다
(=end, come to a close), 해산하다(=dismiss)

let the cat out of the bag
(무심결에) 비밀을 누설하다(=divulge a secret)
= spill the beans 〈여1한양대〉
(무심코) 비밀을 누설하다
= let slip sth / let (it) slip that
(무심코) ~을 입 밖에 내다; 누설하다

11110 (D)

A : 박스 안에 뭐가 들었어? 몹시 궁금하네.
B : 목걸이야. 흠, 너 내일 신디 생일인거 알지. 내가 그녀에게 깜짝 선물을 준비했거든.
무심결에 얘기하지 마.

(A) Don't judge by appearances. 겉모습만 보고 판단하지 마라.
(B) Don't cry over the spilt milk. 지난 일은 후회해도 소용없다.
(C) Curiosity killed the cat. 과도한 호기심은 위험하다.
(D) let the cat out of the bag 무심결에 비밀을 누설하다

11201 (D) 그는 범행을 저지르는 동안에 경찰에게 현행범으로 붙잡혔다.

catch sb **red handed**
현행범으로 붙잡다
= catch sb with sb's pants down 현장에서 붙잡다
= catch sb in the act (of ~ing) 현장에서 붙잡다

11202 ★★ When I return from holiday, I shall have to _____ with a lot of work. [03.여자경찰]

(A) catch on   (B) catch up

(C) make do   (D) take up

12국가직9급/07.숭실대/03.여자경찰
92.90.법원직/99.건국대.입사.Teps

11203 ★★ The hair-style has <u>caught on</u> with the girl students. [02.선관위9급]

(A) been charmed   (B) become popular

(C) become familiar   (D) been satisfied

[유제] His teacher says he <u>catches on</u> quickly in Math class. [00-2.영남대]

(A) appears   (B) speaks   (C) reviews   (D) understands

05.국민대/03.공인회계사/03.경찰
02.선관위9급/03.경기대/00-2.영남대
98.국민대.토플.입사.Teps

11204 ★ When you see something for a very short time, you only catch _____. [99.고려대]

(A) a sight of it   (B) a look of it

(C) a peep of it   (D) a glimpse of it

04.세종대/99.고려대.Teps

11205 As Audrey walked into her apartment, <u>her eye caught</u> something on the table. She was surprised because she thought she cleaned off the table before she left the apartment that morning. [08.서강대]

(A) she held onto   (B) she stopped the motion of

(C) she noticed suddenly   (D) she grabbed

08.서강대

11206 She played a <u>catchy</u> song on the piano. [04.중앙대]

(A) melancholic   (B) pleasant

(C) melodious   (D) gloomy

04.중앙대

11301 ★ In 1991, South Africa became the first country to legally protect white sharks in its 200-mile Economic Exclusive Zone. As a result, Namibia, Australia, the United States, and Malta have _____ suit with similar legislation. [12.국민대]

(A) worn   (B) filed   (C) followed   (D) enforced

15.한국외대/12.국민대/09.가톨릭대.Teps

11302 ★ 다음 빈칸에 들어갈 말로 적당한 것은? [11.사회복지직9급]

> A: Excuse me. Could you tell me the way to City Hall?
> B: Sure, take this road until you pass the wedding hall on your left. Just after passing it, turn right. Continue down the road for about 10 minutes. When you see a bank, turn right and ..... _____
> A: Sorry, can you say that again?

(A) Are you following me?

(B) Are you rooting for me?

(C) Can you just pick one now?

(D) Are you up and about sooner or late?

16.경찰1차/11.사회복지9급/09.가톨릭대

11401 다음 글의 빈칸에 들어갈 말로 가장 적절한 것은? [17.경찰1차]

> 1) There used to be a shop at the end of the street; it closed (㉠) a few years ago.
> 2) Helen was going away. We went to the station with her to see her (㉡).

	㉠	㉡			㉠	㉡
(A)	off	on		(B)	down	off
(C)	on	off		(D)	out	in

17.경찰1차

1120 2 (B) 휴가에서 돌아왔을 때 많은 일들을 따라잡아야 할 것이다.
(A) catch on 인기를 끌다   (B) catch up with 따라잡다
(C) make do with ~으로 때우다   (D) take up with 친해지다

catch up with sb
따라잡다(=overtake, keep up with sb/sth)

1120 3 (B) 그 헤어스타일은 여학생들에게 유행하였다.
(A) charmed 매혹된   (B) popular 인기 있는, 대중적인
(C) familiar 잘 알려진, 정통한   (D) satisfied 만족한, 흡족한

(D) 그의 선생님은 그가 수학수업을 빨리 이해한다고 말씀하신다.

catch on
1. 인기를 얻다, 유행하다(=become popular, in vogue)
2. ~을 이해하다, 깨닫다(=understand), 터득하다
3. ~에 걸리다
cf. **catch on fire / catch fire**
(갑자기) 불나다(=burn); 불붙듯이 유행하다, 흥분하다

1120 4 (D) 당신이 무엇을 매우 짧은 순간에 본다는 것은 그것을 흘끗 보는 것이다.
(A) catch sight of ~을 힐끗 보다 (a 삭제해야 함)
(D) catch a glimpse of ~을 얼핏 보다

catch a glimpse of sb/sth
~을 얼핏 보다, 흘끗 보다
cf. **catch sight of** sb/sth
(찾던 것이나 보고 싶었던 것을) 발견하다; 언뜻 눈에 띄다

1120 5 (C) Audrey가 그녀의 아파트로 들어갈 때 테이블 위에 있는 무언가가 그녀의 시선을 사로잡았다. 그녀는 그날 아침에 아파트를 나오기 전에 테이블 위를 깨끗이 치웠다고 생각했기 때문에 놀랐다.
* eye catches something 눈으로 뭔가를 보다

catch sb's **eye**
시선을 사로잡다, 눈길을 끌다

1120 6 (B) 그녀는 피아노로 사람의 마음을 끄는 곡을 연주했다.
* catchy 마음을 끄는, 〈곡조가〉 재미있어 외우기 쉬운
(A) melancholic 우울한   (B) pleasant 즐거운, 마음을 끄는
(C) melodious 곡조가 아름다운   (D) gloomy 우울한, 음침한

a catchy song[tune]
마음을 끌거나 외기 쉬운 노래[곡조]

1130 1 (C) 1991년, 남아프리카는 200마일의 배타적 경제수역에서 백상어를 법적으로 보호하는 첫 나라가 되었다. 그 결과, 나미비아, 오스트레일리아, 미국, 몰타는 유사한 법률을 따라 만들었다.

follow suit
선례를 따르다, 따라하다
cf. **follow in** sb's **footsteps**
~의 뒤를 따라가다; ~의 선례를 따르다
follow the crowd 대세에 따르다

1130 2 (A)

> A: 실례합니다. 시청으로 가는 길 좀 알려 주실 수 있나요?
> B: 그럼요, 왼쪽에 있는 웨딩홀까지 이 길을 따라가세요. 그곳을 지난 직후, 우회전하세요. 약 10분 동안 이 길을 계속 따라가세요. 은행이 보이면 우회전을 하시고……
>
> _____
> A: 미안하지만, 다시 한 번 말씀해 주시겠어요?

(A) 제 말 이해하고 계세요?
(B) 저를 응원하시나요? * root for 응원하다
(C) 지금 하나만 고르실 수 있나요? * pick 고르다
(D) 조만간 병이 호전될까요? * be up and about (환자가) 호전되다

Are you following me?
제 말 이해하시겠어요?(=Are you with me?)

1140 1 (B)

> 1) 거리의 끝에 가게가 하나 있었다. 그 가게는 몇 년 전에 문을 닫았다.
> * close down 문을 닫다, 폐쇄시키다
> 2) 헬렌은 떠나고 있었다. 우리는 그녀를 배웅하러 그녀와 함께 역에 갔다.
> * see off 배웅하다

close down sth
(가게나 회사의 문을) 닫다, 폐쇄시키다,
(방송 프로그램을) 종영하다

11402 다음 빈칸에 공통으로 들어갈 것으로 가장 적절한 것을 고르시오. [12서울시9급]

> 1) We can pick _____ where we left off tomorrow.
> 2) New opportunities have opened _____ and they must not be neglected.
> 3) David put _____ a lot of money for the art gallery.

(A) down   (B) up   (C) over   (D) for   (E) out

11402 (B)

> 1) 내일 우리는 중단했던 부분부터 다시 다룰 수 있어요.
>   * pick up (중단된 주제 · 상황으로) 다시 돌아가다
> 2) 새로운 기회가 열렸으며 그 기회들은 소홀히 다뤄져선 안 된다. * open up (기회가) 열리다
> 3) David는 그 화랑에 많은 돈을 제공했다. * put up (돈을) 제공하다

open * up sth
1. (기회 등이) 열리다, (이용이) 가능해지다
2. (문, 잠긴 것을) 열다

보충이디엄

기본동사 pull

pull sb/sth **apart** 싸움을 떼어놓다; 사이를 갈라놓다; ~을 잡아 찢다; ~을 분석하다
pull back (군대가) 후퇴하다, (시장 등에서) 철수하다; (약속 등을) 철회하다
pull (sth) out of a hat (요술처럼) 마음대로 만들어내다
pull (some) strings 연줄을 이용하다; 배후에서 조종하다
pull the plug 일에서 손을 떼다; 생명유지장치를 떼다
cf. pull the plug on (sb/sth) ~의 비밀을 폭로하다
pull one's punches 권투선수가 일부러 펀치에 힘을 빼고 치다
→ 절제하여 비난하다
Pull the other one, (it's got bells on).
거짓말이다. 그건 함정이야.

기본동사 draw

draw a blank 허탕을 치다, 실패하다; 생각이 안 나다
draw straws (for sth) (~을 두고) 제비뽑기를 하다
cf. draw the short straw 남들이 꺼려하는 일에 뽑히다
draw a line 줄을 긋다
be quick on the draw[trigger] 상황 판단이 빠르다

기본동사 pick

pick and choose 신중히 고르다; 까다롭게 가리다
pick one's pocket 소매치기하다
pick a lock (열쇠 없이) 문이나 잠금장치를 열다
pick a bone with sb ~와 다투다, 논쟁하다
pick a quarrel (with sb) ~에게 싸움을 걸다, 시비를 걸다

기본동사 let

Let bygones be bygones. 〈속담〉 과거는 과거일 뿐이다.
Let sleeping dogs lie. 〈속담〉 괜히 문제를 일으키지 마라.
Let it be. 〈회화〉 내버려 두어라. 그냥 돌아가는 대로 놔 두어라.
let (sth) slide ~을 내버려 두다, ~을 소홀히 하다
let (sth) slip by (중요한 약속 등을) 잊다; (시간을) 허비하다
let grass grow under one's feet 아무것도 하지 않다
Rooms to let [광고] 방 있음

기본동사 catch

catch cold 감기 걸리다

catch it 단단히 혼나다, 야단맞다
catch one's breath 숨을 고르다; 깜짝 놀라서 일시적으로 숨을 멈추다
catch oneself 하던 일이나 말을 잠시 멈추다
Catch-22 부조리한 상황, 모순되는 규칙에서 꼼짝 못하는 상황

기본동사 follow

follow up (on sth) 정보를 확인하다; ~에 덧붙이다
cf. follow-up 후속편, 후속 조치
follow the crowd 대세에 따르다
follow through (with sth) (~을 노력하여) 끝내다
cf. follow-through (골프 등의) 타구 후의 마무리 동작; 완수, 결말

기본동사 close

close[shut] one's eyes to sth ~을 눈감아 주다, 모르는 체하다
cf. close one's eyes 눈을 감다; 죽다
close the books (on sth)
(성공 가능성이나 해결책이 없어) 일을 종결짓다; 결산하다
close out sth (업무를) 마감하다; (재고를) 헐값 처분하다
close up sth (가게나 건물을 일정 기간) 폐쇄하다
close[shut] up shop 일정기간 동안 또는 영원히 일을 그만두다
close in (on sb) (적이) 포위해 오다; (어둠이나 악천후가) 밀려오다

기본동사 shut

shut your mouth! / shut your gob! / shut it! 입 다물어!
shut up (sb/sth) 입 다물게 하다; (문 · 뚜껑을) 닫다, 잠그다
shut sb/sth **up in** sw ~에 가두다, 감금하다
shut down (sth) (공장 · 기계의) 가동을 중지하다, 폐쇄하다
shut out sb/sth (사람을) 내쫓다, 배제하다 cf. shut out sb (상대팀을) 영패시키다

기본동사 open

open fire (on sb) 사격을 개시하다; (질문의) 포문을 열다
open an account 은행계좌를 개설하다
open the door[way] to sb/sth 문호를 개방하다, ~할 기회를 주다
open one's heart (to sb) (~에게) 속마음을 털어놓다
open one's mind (to sth)
(새로운 생각 등을) 받아들일 준비를 하다, 열린 마음을 가지다
open Pandora's box
판도라의 상자를 열다, 수습하기 힘든 문제를 들추어내다
open a can of worms 긁어 부스럼을 만들다

know/learn

know는 "어떤 것을 알고 있다"는 상태를 의미하고, learn은 "배우거나 익히다" 또는 그래서 "알고 있다"는 의미이다.

find

find는 "우연히 발견하다", 또는 "찾아서 발견하다" 두 가지 의미로 다 쓰인다. 또한 "생각하다"라는 의미도 있다.

1. 우연히 발견하다. (찾고 있던 것을) 찾다. 연구해서 알아내다
2. ~라고 여기다. 생각하다

feel

feel은 "접촉을 통해 느끼다"가 기본개념이다.
신체적인 것(손)을 통한 것(더듬다)일 수도 있고, 감정적인 것(느끼다. ~한 기분이 들다; 육감)일 수도 있다

think

think는 "사고나 판단을 위해 머리를 사용하다 → 생각하다"가 기본개념이다.
여러 이론적인 근거나 사실 등을 종합적으로 판단하여 생각하는 것으로 숙고의 의미이다

11501 When Mr. Jones was a cub reporter, he had to learn the _____ to make his way in that career field. [예상]

(A) bonds   (B) strings   (C) ropes   (D) chairs

Teps

11502 다음 밑줄 친 부분을 대체했을 경우 그 의미가 달라지는 경우는? [예상]

> You really know your <u>stuff</u>, and you do obviously love the genre, as I do.

(A) business   (B) onions   (C) place   (D) oats

Teps

11503 ★ 다음 대화 중 어색한 것은? [11.국가직 7급]

(A) A: Do you have a minute?
    B: Sure, what do you need?

(B) A: Do you know Mr. Green, our neighbor?
    B: Not that I know of.

(C) A: Can I come to your office this afternoon?
    B: I'm booked but I'll squeeze you in.

(D) A: How is it going?
    B: I'm out of steam.

11.국가직7급/08.지방직7급

11601 I've <u>found out</u> what the problem is with the exam. [13.서울시7급변형]

(A) discovered   (B) checked   (C) considered   (D) searched

13.서울시7급

11602 He is always looking for something to <u>find fault with</u>. [입사]

(A) correct   (B) create

(C) criticize   (D) encourage

87.법원직/입사

11701 ★ She has a way of making the guests <u>feel at home</u>. [97.서울시9급]

(A) feel comfortable   (B) become well-informed

(C) feel angry   (D) feel assured

91.서울시9급,Teps

11702 She deeply <u>feels for</u> him who has suddenly come to grief. [외무고시]

(A) loves   (B) agrees with

(C) thinks of   (D) sympathizes with

외무고시,입사,Teps

11703 다음 밑줄 친 부분에 들어갈 말로 알맞은 것은? [01.여자경찰]

> A: I have a pain in my arm. It's very sore and it feels _____ .
> B: Well, there's nothing broken, but you've bruised your shoulder.

(A) ticklish   (B) touchy   (C) unconscious   (D) stiff

01.여자경찰

11704 다음 빈 칸에 공통으로 들어갈 단어는? [입사]

> 1) Please feel _____ to call me.
> 2) The prisoners were pardoned and set _____.

(A) free   (B) blue   (C) stiff   (D) fit

입사2회,Teps

11501 (C) Jones씨가 수습기자일 때에, 그는 그 분야에서 성공하기 위하여 요령을 익혀야만 했다.
＊ a cub reporter 신참기자
	know[learn] the ropes
	요령(knack)을 잘 알다(=be experienced, know knack)
	cf. know the score 사정[내막]을 알고 있다
	    know the world 세상 물정에 밝다
	    know all the angles 단맛 쓴맛을 다 알다

11502 (C)

> 넌 정말 능란하구나. 그리고 나처럼 그 분야를 정말 좋아하는구나.

(A) (B) (D) know one's stuff[business/onions/oats] 전문 분야에 능하다
(C) know one's place 자기 분수를 알다

know one's stuff
능란하다, 수완이 있다
cf. know one's oats 세상 물정에 밝다, 유능하다
    know one's onions 자기 전문에 능하다, 유능하다
    know one's business 자신의 분야에 대해 잘 알고 있다
    know one's distance[place] 제 분수를 알다
    know one's way around[about] ～에 정통하다

11503 (B)

(A) A: 잠시 시간 있니?
　　 B: 그럼, 필요한 게 뭔데?
(B) A: 우리 이웃인 그린씨 알지?
　　 B: 내가 알기론 아닌데.
(C) A: 오늘 오후 네 사무실에 가도 돼?
　　 B: 오늘 바쁘지만, 잠시 짬을 내 볼게.
　　　 ＊ squeeze in (스케줄에) ～을 간신히 끼워 넣다
(D) A: 어떻게 지내?
　　 B: 완전 기진맥진이야.

Not that I know of.
내가 알기로는 아닌데.

11601 (A) 나는 시험에 무슨 문제가 있었는지 알아냈다.	**find out (about** sb/sth**)** (조사하여) 알아내다, (해답을) 얻어내다

11602 (C) 그는 항상 무언가 흠잡을 것이 없나를 찾고 있다.

(A) correct 바로잡다　　　　　　(B) create 생성하다
(C) criticize 비난하다　　　　　(D) encourage 격려하다

find fault with sb/sth
～의 흠을 찾다, ～을 비난하다(=criticize)

11701 (A) 그녀는 손님들을 편안하게 하는 재주가 있다. ＊ have a way of ~ing ～하는 버릇이 있다, ～을 잘한다	**feel at home** 편안하다(=feel comfortable) **cf. make** sb **feel at home** 사람을 편안하게 만들다

11702 (D) 그녀는 갑자기 불행에 빠진 그를 깊이 동정하고 있다. ＊ come to grief 불행에 빠지다	**feel for** sb 동정하다(=sympathize with sb) **cf. feel pity for** sb ～을 불쌍하게 여기다 **= feel sorry for** sb ～을 안됐다고 여기다

11703 (D)

A: 팔에 통증이 있어. 조금만 닿아도 아프고 뻐근해.
B: 글쎄, 부러진 데는 없고, 어깨에 타박상을 입었네.

(A) ticklish 간지럼을 타는, 신경질적인　　(B) touchy 화를 잘 내는
(C) unconscious 의식을 잃은　　　　　　 (D) feel stiff 뻐근하다

feel stiff (in one's shoulders)
(어깨가) 뻐근하다(=have a stiff shoulder)
cf. feel + 형용사 ～함을 느끼다, ～하다
  - **feel blue** 우울하다(=be depressed)
  - **feel cold** 춥다
cf. feel the cold 추위를 타다
  - **feel hungry** 시장기가 느껴지다
  - **feel fit** 몸 상태가 매우 좋다
cf. as fit as a fiddle 매우 건강한

11704 (A)

1) 부담가지지 마시고 전화주세요.
2) 그 죄수는 사면을 받아 풀려났다. ＊ set free 석방하다

feel free to R
자유롭게 ～해라, 부담없이 ～해라, ～해도 좋다

입사

11705 After school I <u>felt like a wet rag</u>. [입사]

(A) felt disappointed   (B) felt very satisfied

(C) felt very tired   (D) felt angry

83.행정고시.Teps

11706 I don't feel like _____ it right now. [83.행정고시]

(A) to have done   (B) doing   (C) to do   (D) to be done

07.서울시9급

11801 다음 대화의 빈칸에 가장 알맞은 것은? [07.서울시9급]

> A: Are you getting along well with the new manager?
> B: Sure. He is competent and modest. How about you?
> A: Can't complain. I think the world of him.
> B: _____.

(A) I can't make it even.

(B) I'll ask him to reconsider.

(C) It's important to think ahead.

(D) It's lucky to have him with us.

(E) I'm sorry you didn't like him.

99.동국대.Teps

11802 다음 빈 칸에 들어갈 말로 적당한 말은? [99.동국대]

> John: Did you wear my tie to the dance, Bill?
> Bill: Yes, but I'm afraid I had a little accident.
> John: What happened?
> Bill: I spilled beer on it. I'm really sorry.
> John: That's O.K. _____.

(A) You name it.   (B) Don't get me wrong.

(C) Think nothing of it.   (D) Take your time.

입사.Teps

11803 I <u>thought over</u> his advice. [입사]

(A) persuaded carefully   (B) considered carefully

(C) watched carefully   (D) remembered carefully

11705 (C) 방과 후에 나는 몹시 피곤했다.

(A) 실망감을 느꼈다   (B) 매우 만족하였다

(C) 몹시 피곤했다   (D) 화가 났다

11706 (B) 지금 당장 그것을 하고 싶지는 않다.

(B) * feel like 다음에는 동명사가 온다.

11801 (D)

A: 신임 매니저와 잘 지내고 있나요? * get along with ~와 사이좋게 지내다
B: 그럼요. 그는 유능하고 겸손하잖아요. 당신은 어때요?
A: 불만이 없네요. 저도 그를 매우 높게 평가해요.
B: _____.

(A) 공정하게 만들 수가 없네요.
(B) 전 그가 재고하도록 요구할 겁니다.
(C) 미리 생각하는 것은 중요하죠.
(D) 그가 우리와 함께 일하게 되어 행운이네요.
(E) 그를 좋아하지 않았다니 유감이네요.

11802 (C)

John: 빌, 댄스파티에 내 넥타이를 매고 갔었니?
Bill: 응, 그런데 미안하게도 약간의 사고가 있었어.
John: 무슨 일이 있었는데?
Bill: 타이에 맥주를 엎질렀지 뭐야. 정말 미안해.
John: 괜찮아. _____.

(A) You name it. (가게에서 손님에게) 찾는 게 무엇인지 말씀하세요.
(B) Don't get me wrong. 오해하지 마.
(C) Think nothing of it. 신경 쓰지 마.
(D) Take your time. 천천히 하세요. (서두르지 마세요.)

11803 (B) 나는 그의 충고를 숙고했다.

(A) 조심스럽게 설득했다   (B) 신중하게 고려했다
(C) 주의 깊게 지켜보았다   (D) 신중하게 회상했다

---

feel like a (wet) rag
몹시 피곤하다, 매우 지치다(=feel very tired)

feel like ~ing
~을 하고 싶다; 어쩐지 ~할 것 같다

think the world of sb/sth
~를 매우 높이 평가하다, ~를 매우 존경하다,
~을 매우 좋아하다
= **think highly of** sb/sth ~을 높이 평가하다
= **think much of** sb/sth
= **think a lot of** sb/sth
= **set store by** sth
= **make much of** sb/sth
↔ **think little of** sb/sth 경시하다
↔ **think nothing of** sth
↔ **make light of** sth
↔ **make nothing of** sth

Think nothing of it.
1. 〈사례에 대해〉 아무것도 아닌 것으로 생각하세요.
 → 별말씀을.
2. 〈사과에 대해〉 신경 쓰지 마세요.
 (=Don't bother. / Just ignore it. / Never mind.)

think * over sth
~을 고려하다, 숙고하다(=consider carefully)
cf. think about sb/sth ~에 대해 숙고하다
 = **think out** sth 곰곰이 생각하다, 생각해내다
  cf. well-thought-out 심사숙고한
cf. think twice (before doing sth)
 어떤 일을 하기 전에 다시 한 번 생각해보다
 think better of sb/sth
 ~을 고쳐 생각하다; (다른 사람을) 다시 보다

보충이디엄

기본동사
know

know the score 사정[내막]을 알고 있다
know the world 세상 물정에 밝다
know all the angles 단맛 쓴맛을 다 알다
know one's distance[place] 제 분수를 알다
know one's way around[about sb/sth**]** ~의 지리에 밝다, ~에 정통하다

기본동사
find

find one's tongue (깜짝 놀란 다음에) 겨우 말문이 열리다
↔ **lose one's tongue** 말문이 막히다
find sb **guilty/not guilty (of** sth**)** ~에게 유죄/ 무죄 판결을 내리다
find oneself 자신의 적성을 발견하다
find one's feet 새로운 직장이나 장소에 익숙해지다
How did you find your dinner? 저녁 식사 어땠어?

기본동사
feel

feel like a new person (새 옷을 갈아입고서) 상쾌한 느낌을 가지다
feel like a million dollars 매우 기분이 좋다
= **feel on top of the world** 기분이 매우 좋다
feel like nothing on earth 몹시 불쾌해지다; 당황하다
feel like a fool 어이없는 꼴을 당하다, 바보가 된 기분이다
= **feel put upon** 속았거나 이용당한 기분이 들다

기본동사
think

think out sth **~을 (신중하게) 생각[고려]하다**

lose

lose는 "더 이상 가지고 있지 않다 → 잃다"이다. 잃는 것은 돈 등의 유형물일 수도 있고 목숨, 건강, 길, 체면, 인내심, 기회 등 무형물일 수도 있다. 또한 시계가 시간을 잃는다는 것은 "시계가 늦게 간다"는 것이다.

add

add는 "더하다, 보태다"의 의미이다. 더하게 되면 증가하므로 "늘어나다" 뜻으로 쓰이기도 한다.

fill

fill은 "비어 있는 것을 채우다"의 의미이다.
비어 있는 것은 자동차의 주유탱크(채우다), 빈자리일 수도 있으며(대신하다), 수요나 요구일 수도 있다 (충족시키다).

cf. fill하면 full하게 된다. full은 빈 곳을 가득 채운 것이므로 "가득 찬" 뜻이고, 빈 곳이 없다는 것은 "완전한"이 된다.

cover

cover는 "무엇을 감싸듯이 덮다"가 기본개념이다.
덮다라는 개념에서 "보호하다, 감싸주다"의 의미와, 덮어서 가린다는 의미에서 "감추다, 은닉하다", 그리고 어떠한 부분을 "포함하다, 범위가 미치다" 뜻이 나온다.

wear

wear는 "몸에 지니고 있다(입거나 신거나 휴대하다); 닳다"의 의미이다.

1. 몸에 지니다 → 입다, 신다, 휴대하다, (화장이나 향수를) 바르다, (미소나 표정을) 띠다
2. 닳다, 닳게 하다; 피곤하게 하다, 지치다

dress

옷이나 의상은 그 사람을 나타내는 권위이기도 하고 사람의 자존심이기도 하다.

1. 옷을 입다[입히다], 정장을 입다; 옷을 제공하다
2. 붕대를 감다, 상처를 치료하다 〈16.한국외대〉 (음식을) 만들다
cf. shirt(주로 남자용 셔츠), **vest**(옷 안에 입는 속옷, 조끼), **linen**(아마포, 리넨)

feed

feed는 "(사람이나 동물에게 음식이나 먹이를) 먹이다[먹다]"이다. 우리말의 "먹여 살리다"처럼 "부양하다"의 의미를 갖는다.

1. 먹이를 주다, 부양하다, 양육하다; 먹이를 먹다, ~을 먹이로 하다(on); 연료 등을 공급하다
2. 즐겁게 하다, 만족시키다(gratify)

eat

eat는 "씹어서 삼키다, 먹다"이다.
비유적으로 "해충이 갉아먹다, 침식·부식하다, 병이 건강을 좀먹다"의 의미로도 쓰인다.

swallow

swallow의 기본 의미는 "꿀꺽 삼키다"이다. 전혀 기원이 다른 어휘로 "제비"의 의미도 있다.

1. (꿀꺽 삼킨다는 것은 가려서 먹지 않고 단숨에 들이켠다는 의미이므로)
   "남의 얘기를 곧이곧대로 믿다, 앞서 한말을 취소하다"
2. (조금씩 아껴서 먹지 않고 한 번에 삼킨다는 의미에서) "낭비하다, 다 써버리다"
3. (어떤 것이 다른 것을 집어 삼킨다는 의미에서) (수동태로 어둠 등이 사람의 모습을)
   "완전히 가리다, 집어삼키다"
4. (감정을 밖으로 표출하지 않고 안으로 삼켜버린다는 의미에서) "모욕 등을 감내하다, 웃음 등을 참다"

DAY-31

11901 No one who has seen the film can ever forget Chaplin vainly trying to keep pace with the fast-moving conveyor belt, almost <u>losing his mind</u>. [05.동아대]

(A) getting fired   (B) doing his job

(C) going insane   (D) falling behind

(E) forgetting

11902 ★★ When I called him names, he <u>lost his temper</u>. [94.행자부9급]

(A) answered quickly   (B) got angry

(C) lost his sight   (D) became cool

11903 When the fire broke out, he <u>lost his head</u> and forget to ring the alarm. [입사]

(A) lost his consciousness   (B) came to faint away

(C) ceased to exit   (D) got confused

11904 밑줄 친 곳에 들어갈 알맞은 단어를 고르시오. [98.공인회계사]

> 1) She has no _____ with people who are always grumbling.
> 2) I've lost all _____ with you and your excuses.
> 3) His behavior would try the _____ of Job.

(A) patience   (B) peace

(C) identity   (D) gluttony

(E) hypostasis

11905 He would always <u>lose his tongue</u> when he was introduced to new people. [02.손해사정사]

(A) be exuberant   (B) be unable to talk

(C) become talkative   (D) exaggerate

11906 You must not _____ sight of your main objective. [입사]

(A) keep   (B) lose   (C) set   (D) take

11907 ★ Companies sometimes <u>lost track of</u> how many computers they had. [90.행정고시]

(A) remembered   (B) miscalculated

(C) followed   (D) computed

(E) forgot

11908 Expository writing requires language to express far more complex <u>trains of thought</u> than it was biologically designed to do. [04-2.삼육대]

(A) ways of thinking   (B) connected ideas

(C) continuous concepts   (D) logical thinking

11909 ★ He <u>lost his heart</u> when he had failed to win the game. [93.행자부9급]

(A) was surprised   (B) went mad

(C) was discouraged   (D) were sad

11901 (C) 그 영화를 본 사람은 누구나 빠르게 움직이는 컨베이어 벨트의 속도에 뒤처지지 않으려고 거의 미친 것처럼 쓸데없이 애쓰는 채플린의 모습을 결코 잊을 수 없을 것이다.
* vainly 헛되이

(A) get fired 해고되다
(B) doing one's job 임무를 수행하다
(C) go insane 미치다
(D) fall behind ~에 뒤처지다
* insane 제정신이 아닌

lose one's mind[wits]
미치다(=become crazy, go crazy, go mad, go insane)
= **lose one's marbles**
= **lose one's sanity**

11902 (B) 내가 그를 욕했을 때, 그는 이성을 잃었다. * call sb's name 욕하다

(A) 바로 대답했다
(B) 화가 났다
(C) 시력을 잃었다
(D) 차분해졌다

lose one's temper / lose one's cool
화를 내다(=become angry); 이성을 잃다
= **hit the ceiling** 격노하다
= **fly off the handle** (느닷없이) 화를 내다
= **blow one's fuse** 몹시 화내다
↬ **keep one's temper / keep one's cool /
keep a cool head / keep cool** 화를 참다

11903 (D) 화재가 발생했을 때, 그는 이성을 잃었고 경보기를 울리는 것을 잊어버렸다.
* break out (화재 · 전쟁 등이) 발생하다

(A) 그의 의식을 잃었다
(B) 기절하게 되었다 * faint away 기절하다
(D) get confused 당황하게 되다

lose one's head
1. 당황하다, 어쩔 줄 모르다(=become confused);
냉정을 잃다, 흥분하다(=very excited)
↬ **keep one's head** 냉정을 유지하다
2. ~에 푹 빠지다, ~에 몰두하다
= **lose oneself (in** sth) (~에) 푹 빠지다, (~에서) 길을 잃다

11904 (A)

1) 그녀는 항상 불평하는 사람들을 참을 수가 없었다. * have no patience with ~을 참을 수 없다
2) 나는 당신과 당신이 늘어놓는 변명들을 더 이상은 참을 수가 없어요.
* lose one's patience with ~을 더는 참을 수 없게 되다
3) 그의 행동은 욥과 같은 대단한 인내심을 시험하는 것이었다.
* the patience of Job 성서에 나오는 욥과 같은 인내심

(A) patience 참을성
(B) peace 평화, 화목
(C) identity 동일함, 정체, 신분증명서
(D) gluttony 대식, 폭식
(E) hypostasis 근본, 본질, 혈액침체

lose one's patience with sb/sth
~을 더는 참을 수 없게 되다
cf. **have no patience with** sb/sth ~을 참을 수 없다
the patience of Job 성서에 나오는 욥과 같은 인내심

11905 (B) 그는 새로운 사람들을 소개받을 때면 항상 말문이 막히곤 한다.

(A) exuberant 원기 완성한
(C) talkative 말이 많은
(D) exaggerate 과장하다

lose one's tongue
(일시적으로) 말을 못하다, 말문이 막히다
(=be unable to talk)
↬ **find one's tongue**(크게 놀라 말문이 막힌 뒤에)
겨우 말문이 열리다, 평정을 찾다

11906 (B) 너의 주된 목표를 잊어서는 안 된다.

lose sight of sb/sth
1. (중요한 사실 등을) 잊다
(=forget an important fact about a situation)
2. ~을 시야에서 놓치다
↬ **catch sight of** ~을 발견하다, 눈에 들어오다
cf. **lose one's eyes** 실명하다, 눈이 멀다

11907 (E) 회사들은 종종 그들이 컴퓨터를 몇 대나 가지고 있는지를 잊어버린다.

(A) remember 기억하다, 회상하다
(B) miscalculate 오산하다
(C) follow 따르다, 이해하다
(D) compute 계산하다

lose track of sb/sth
상황을 도중에 모르게 되다; ~을 잊어버리다(=forget)
↬ **keep track of** sb/sth 추적하다; ~의 소식을 알고 있다
cf. **track[hunt] down** sb/sth 추적해서 잡다

11908 (C) 설명적 작문을 위해서는 생물학적으로 하게 되어 있는 것보다 훨씬 복잡한 생각의 흐름을 언어로 표현할 수 있어야 한다. * expository writing 설명문

lose one's train of thought
(하던 말의) 줄거리를 잊어버리다
cf. **a train of thought** 전개해 나가려는 일련의 생각들

11909 (C) 그는 게임을 이기지 못하자 낙담하였다.

lose (one's) heart
용기를 잃다, 낙담하다(=become discouraged)
↬ **keep one's chin up**
용기를 잃지 않다, 기운을 내다(=take heart)
cf. **lose one's heart to** sb ~에게 마음을 뺏기다, 사랑에 빠지다

11910 He <u>lost his shirt</u> at the horse races.

(A) lost his patience   (B) lost all of his money

(C) lost his temper   (D) lost his heart

11911 It's hard to _____ in Chicago because most of the streets are numbered and laid out in a grid pattern. [07.세종대]

(A) drive   (B) walk   (C) get lost   (D) get away

11912 Her good advice <u>is lost on</u> him. [08.덕성여대]

(A) emphasized   (B) loses

(C) doesn't belong to   (D) doesn't influence

11913 She <u>was lost in</u> deep thoughts of her mother's death for a few minutes. [95.청주대]

(A) went away with   (B) was absorbed in

(C) despaired of   (D) gave up

12001 ★ 다음 빈 칸에 공통으로 들어갈 말로 적당한 것은? [08.명지대]

> 1) If people add fuel to the fire, _____.
> 2) When people add insult to injury, _____.
> 3) When people aggravate a situation, _____.

(A) they hope for a positive outcome

(B) they make a bad situation worse

(C) they make a situation desirable

(D) they offer a solution to problem

12002 ★ All this information doesn't <u>make sense</u>. [04.여자경찰/96입법고시]

(A) add up   (B) get up

(C) let on   (D) go round

(E) come about

12101 ★ 다음 대화 중 빈칸에 알맞은 것은? [입사]

> A: What do I have to do with the application?
> B: You have to fill it _____.

(A) up   (B) at   (C) out   (D) of

12102 다음 대화의 빈 칸에 가장 알맞은 것을 고르시오. [07.서울시9급]

> A: David, you didn't attend the board meeting this morning.
> B: I couldn't make it. I called in sick, in fact.
> A: Important agendas were decided.
> B: _____

(A) Could you fill me in?   (B) Let's make it together.

(C) Let me attend instead.   (D) I haven't decided yet.

(E) Did you see the doctor?

11910 (B) 그는 경마에서 돈을 모두 잃었다.
(A) lose one's patience 인내심을 잃다
(B) lose all of his money 돈을 모두 잃다
(C) lose one's temper 화를 내다
(D) lose one's heart 용기를 잃다

lose one's shirt
알거지가 되다, 완전히 빈털터리가 되다

11911 (C) 시카고에서는 대부분의 거리에 번호가 매겨져 있고 바둑판 모양으로 배열되어 있기 때문에 길을 잃을 일이 없다.
(D) get away 떠나다, 탈출하다

get lost
길을 잃다(=lose[miss] one's way)
= **lose one's way** 길을 잃다(=become lost)

11912 (D) 그녀의 좋은 충고는 그에게 씨알도 안 먹힌다.
(A) emphasize 강조하다

be lost on[upon] sb
~에 효과가 없다, (농담이나 충고 등이) 전혀 안 통하다
(=do not influence)

11913 (B) 그녀는 잠시 동안 어머니의 죽음에 대한 깊은 생각에 빠져 있었다.
(A) go away with ~를 가지고 달아나다   (B) be absorbed in ~에 몰두하다
(C) despair of ~할 가망이 없다   (D) give up 포기하다

be[get] lost in sth
~에 몰두하다(=be absorbed in), (생각에) 잠기다

12001 (B)

> 1) * add fuel to the fire 불난 집에 기름을 붓다
> 2) * add insult to injury 혼내주고 모욕까지 주다
> 3) * aggravate 악화시키다

(A) 그들은 긍정적인 결과를 기대한다
(B) 그들은 나쁜 상황을 더욱 악화시킨다
(C) 그들은 상황을 바람직하게 만든다
(D) 그들은 문제의 해결책을 제의한다

add fuel to the fire
불에 기름을 붓다, 더욱 화를 돋우다,
상황을 더욱 악화시키다(=aggravate)
cf. add insult to injury
혼내주고 모욕까지 하다; 엎친 데 덮치기로 곤욕을 치르게 하다

12002 (A) 이 모든 정보의 전부가 앞뒤가 딱딱 맞지 않는다.
(A) add up 이야기의 앞뒤가 맞다   (B) get up 일어나다
(C) let on 비밀을 누설하다   (D) go round 돌아다니다
(E) come about 발생하다

add up
1. 합계하다
2. 계산이 맞다; 〈구어〉 이해가 되다(=make sense)

12101 (C)

> A: 지원서를 제가 어떻게 해야 하나요?
> B: 빈칸을 채우시면 됩니다.

(A) fill up (기름 등을) 가득 채우다   (C) fill out (서류의) 빈 곳을 채우다

fill * out sth
(신청서 등의) 빈 곳을 채우다, 써넣다, 작성하다
= **fill in** sth (서류 등의 빈 곳을) 채워 넣다

12102 (A)

> A: David, 당신 오늘 임원회의에 참석하지 않으셨죠.
> B: 그럴 수가 없었어요. 사실, 몸이 아파 결근하겠다고 전화를 했었어요.
> * make it 해내다, 성공하다, 장소에 도착하다 call in sick 병으로 결근(결석)하겠다고 알리다
> A: 중요한 의제가 결정되었어요. * agenda (회의 등의) 협의 사항, 의제
> B: 저에게 자세한 내용을 알려 줄 수 있나요?

(A) * fill in for (~을 대신하다)와 혼돈 유의
(B) 함께 해보도록 해요. * 무엇을 같이 한다는 말인지 말이 안 됨
(C) 제가 대신 참석하도록 하죠. * 이미 이사회는 아침에 있었음
(D) 전 아직 결정하지 않았는데요. * 이미 결정된 의제를 어쩌자는 말인가?
(E) 의사의 진찰을 받아 봤나요? * 대화 속의 "call in sick"으로 판 함정

fill * in sb (on sth)
~에게 자세히 알려주다

12103 John is sick, I am going to _____ in for him at work. [94.대전시7급]
★

(A) fill　　　　　　(B) help　　　　　(C) cure　　　　　(D) serve

12104 다음 대화의 흐름상 빈 칸에 들어갈 말은? [03.행자부7급]
★★

> A: Can I help you?
> B: Yes. _____ with regular, please.
> A: Sure thing. Would you like me to check the oil?
> B: Please. And could you check the tires, too?
> A: Sure. Be glad to.

(A) Leaded or unleaded　　　　　(B) Self-service pumps

(C) Fill it up　　　　　　　　　(D) Give me a ball park

12105 With society <u>awash in</u> personal data that is bought and sold daily, those who would use it
★ as a weapon have few barriers. [07.경희대]

(A) concerned with　　　　　(B) interested in

(C) filled with　　　　　　　(D) depending on

12201 He committed murders <u>under cover of</u> patriotism. [입사]

(A) under pretence of　　　　(B) not revealing

(C) keeping in secret　　　　(D) for the purpose of

12202 The FBI began a criminal investigation into the possibility of a <u>cover-up</u>. [96.공인회계사 변형]

(A) evil conspiracy　　　　　(B) adverse effect

(C) misdemeanor　　　　　　(D) miscalculation

(E) trick for concealment

12301 Some people love him and some people hate him, but my brother always lets you know
how he feels because he <u>wears his heart on his sleeve</u>. [05.고려대]

(A) shows his emotions　　　　(B) is always in love

(C) hides his feelings　　　　　(D) get angry easily

12302 At the beginning of a disaster, we usually try to be brave and strong but then, after a
while, we can get discouraged and our good cheer <u>wears a bit thin</u>. [00.한성대]

(A) runs in　　　　　　　(B) runs on

(C) runs away　　　　　　(D) runs out

12303 다음 대화의 빈칸에 들어갈 말로 가장 적절한 것은? [18.소방공무원 하반기]
★★

> A: I am totally drained.
> B: What do you mean? You drank too much water?
> A: No, I mean I am exhausted.
> B: You are quite tired today.
> A: Much more than that. I am totally worn out.
> B: Okay. Then you should _____ .

(A) keep your promise

(B) find the door and leave

(C) take a rest and get some sleep

(D) work out at a gym and go hiking

12103 (A) John이 아프다. 내가 그를 대신해 일할 것이다.

12104 (C)

> A: 뭘 도와드릴까요?
> B: 네, 일반 휘발유로 가득 넣어주세요.
> * regular gasoline 일반 휘발유 cf. 무연 휘발유 unleaded[lead-free] gasoline
> A: 그러겠습니다. 엔진오일 좀 봐드릴까요?
> B: 그래주세요. 그리고 타이어도 봐 주시겠어요?
> A: 그러죠, 기꺼이요.

(A) * leaded 유연휘발유, unleaded 무연휘발유
(C) Fill it up. 가득 채워주세요.

12105 (C) 일상적으로 사고파는 개인정보로 가득 차 있는 사회에서는 그 자료를 무기로 사용하려는 사람들에게 장애물은 거의 없다.
(A) be concerned with ~에 관계가 있다. ~에 관심이 있다
(B) be interested in ~에 관심이 있다
(C) filled with ~으로 가득한
(D) depending on ~에 의지하는

12201 (A) 그는 애국심을 빙자하여 살인을 저질렀다. * patriotism 애국심
(A) pretence 가장, 겉치레   (B) not revealing 드러내지 않고
(C) 비밀을 지키면서   (D) for the purpose of ~할 목적으로

12202 (E) FBI는 사건의 은폐 가능성에 대한 범죄조사를 시작했다.
(A) conspiracy 공모   (B) adverse effect 부작용
(C) misdemeanor 경범죄   (D) miscalculation 오산, 잘못된
(E) trick for concealment 은닉을 위한 속임수

12301 (A) 어떤 사람들은 그를 좋아하고 어떤 사람들은 그를 싫어하지만, 내 동생은 자신의 감정을 감추지 않고 드러내기 때문에 늘 그의 마음을 네가 알게 될 것이다.
(A) show his emotions 그의 감정을 보여주다
(C) hide his feelings 그의 감정을 숨기다

12302 (D) 재난 초에는 우리는 대개 용감해지고 강해지려 노력하지만, 잠시 후에는 좌절하게 되고 원기는 약해지고 만다.
(A) run in 뛰어들다   (B) run on 계속되다, 계속 얘기하다
(C) run away 도망치다   (D) run out 바닥나다, 다 써버리다

12303 (C)

> A: 나 완전히 진이 빠졌어. * drained 진이 빠진
> B: 무슨 말이야? 물을 너무 많이 마셨다고?
> A: 아니, 내 말은 내가 지쳤다고. * exhausted 지친
> B: 너 오늘 많이 지쳤구나.
> A: 그것보다는 훨씬 더 해. 완전히 지쳤어. * worn out 기진맥진한
> B: 그래, 그럼 좀 쉬고 잠을 자야겠구나.

(A) * keep one's promise 약속을 지키다
(B) 문을 찾아서 나가라
(C) * take a rest 휴식하다
(D) 체육관에서 운동을 하고 하이킹을 가라

---

fill in (for sb**)** ~의 대리의 역할을 하다;
~을 대신하다(=substitute, replace)
= **fill** sb**'s shoes** ~을 대신하다
cf. fill-in 〈영 구어〉 빈자리를 메우는 사람

fill it up / fill her up
〈주로 주유소에서 기름을〉 가득 채우다
cf. fill up with sth ~로 가득 채우다

be filled with sth
(장소가) ~으로 가득하다(=be awash in sth);
(감정 등이) 충만해지다; ~이 따르다(=be fraught with sth)
= **be teeming with** sb/sth ~으로 가득 차 있다, ~으로 우글우글하다
= **be crowded with** sb/sth ~으로 북적거리다
= **be swarm with** sb/sth ~이 충만하다, 가득하다
= **be rife with** sth ~로 가득 차 있다, ~투성이다
= **be full of** sb/sth ~투성이다, ~이 많다
= **be awash in** sth (장소가) ~으로 가득하다(=be filled with sth)
cf. be laden with sth (위험 등을) 가지고 있다, 위험이 따르다
= **be fraught with** sth ~으로 가득하다, (위험·어려움 등이) 따르다

under (the) cover of sth
~을 핑계 삼아, ~를 빙자하여(=under pretence of ~ing);
~의 엄호 아래, (어둠 따위)를 틈타서
cf. under cover 은밀하게, 비밀리에
= **under the guise of** sb/sth ~을 빙자하여

cover * up sth **/ cover (up) for** sb
싸서 감추다, (잘못 등을) 은폐하다
cf. cover-up (진실 등의) 숨김, 은폐

wear one's heart on one's sleeve
감정을 감추지 않고 드러내다(=show one's emotions),
생각하는 바를 숨김없이 말하다
cf. get sth up one's sleeve 어떤 것을 비밀리에 갖다, 딴 속셈을 가지다
cf. pour out one's heart 털어놓다

wear (a bit) thin
닳아서 얇아지다(=run out); 낡다, 퇴락하다

wear * out (sth**)**
1. 낡게 하다, 닳아 없어지게 하다; 마멸하다, 해지다
2. 지치게 하다(=exhaust); 지치다
cf. worn out 완전히 지친, 기진맥진한
cf. wear off 닳아 없어지게 하다; 닳아서 없어지다;
  차츰 없어지다, 소멸하다
  = **wear down** (sb/sth)
  닳아 없어지게[하다]; 지치다; 굴복시키다, ~에 이기다(=overcome)

12304 Abrasives are sharp, hard materials used to <u>wear away</u> the surface of softer, less resistant materials. [15.상명대]

(A) eradicate   (B) erode

(C) fortify   (D) provide a glass on

(E) add roughness to

15.상명대

12401 If you neglect what you are to do, you will be <u>dressed down</u>. [96.외무고시]

(A) sent to the dress section   (B) asked to leave your post

(C) ask to sell dress   (D) deprived of your dress

(E) reproached

96.외무고시

12402 You must <u>dress up</u> for the party. [예상]

(A) stand up   (B) wear a casual jacket

(C) put a nice dressing   (D) put on nice clothes

01-2.영남대/토플,Teps

12403 I don't know how she can afford to do it but every night she goes out, <u>dressed to kill</u>. [95.행자부7급]

(A) dressed to commit suicide   (B) dressed like a killer

(C) dressed poorly   (D) dressed to attract attention

95.행자부7급

12404 When the authority of a management was <u>vested in</u> him, he did all he could to enlarge it. [00.행자부7급]

(A) invested in   (B) given to

(C) forced upon   (D) denied to

00.행자부7급

12405 When I started to complain about my wife at a party, my friend told me not to wash my dirty _____ in public. [예상]

(A) shirt   (B) socks   (C) boots   (D) linen

01.고려대

12501 Tanagers are birds that are six to eight inches long and are usually found in the forests, where they <u>feed on</u> insects, fruits, and flowers. [토플]

(A) hunt   (B) eat   (C) keep   (D) see

토플

12502 I'm <u>fed up with</u> her actions. [94.서울여대]

(A) happy about   (B) tired of

(C) interested in   (D) worried about

10.경북교행9급/01,98.사법시험
94.서울여대,Teps

12601 What Paul said turned out to be untrue. He had to <u>eat his words</u>. [01-2.고려대]

(A) prove it   (B) put up with his word

(C) insist on saying   (D) withdraw his statement

16.중앙대/08.고려대/01-2.고려대/입사,Teps

12602 Ocean waves are gradually <u>eating away</u> the coastal rocks. [예상]

(A) eroding   (B) heaping up

(C) erupting   (D) preserving

15.가천대

1230 4 (B) 연마제는 보다 부드럽고 저항력이 약한 물질의 표면을 마모시키기 위해 사용되는 날 카롭고 단단한 물질이다. * abrasive 연마제

(A) eradicate 근절하다   (B) erode 침식시키다

(C) fortify 강화하다

wear * away (sth)
(사용해서) 차츰 닳다, 닳게 만들다(=erode)
cf. wear and tear (일상적인 사용에 의한) 마모 〈13한국외대〉

1240 1 (E) 해야 할 일을 게을리한다면, 너는 질책을 당할 것이다.

(A) 의상부서로 보내버렸다   (B) 사임을 요구했다

(C) 옷을 팔기를 요청했다   (D) deprive 빼앗다

(E) reproach 비난하다, 꾸짖다

dress * down sb
꾸짖다(=reproach), 매질하다

1240 2 (D) 파티에 반드시 잘 차려 입고 와야 해.

(A) stand up 기립하다   (B) 캐주얼 재킷(평상복 상의)을 입다

(C) 맛있는 드레싱(소스)을 얹다   (D) 좋은 옷을 입다

dress up
1. 잘 차려입다(=put on nice clothes)
2. 정장하다(=put on formal clothes)
cf. dress code(직장이나 파티의) 복장 규칙

1240 3 (D) 그녀가 어떻게 그럴만한 여유가 있는지 모르겠지만, 그녀는 매일 밤 홀딱 반할 정도의 옷차림을 하고 외출한다.

(be) dressed to kill
〈구어〉 홀딱 반할만한 옷차림을 하고 (있다)
(=be dressed to attract attention)

1240 4 (B) 그에게 관리 권한이 주어졌을 때, 그것을 확대하기 위하여 할 수 있는 모든 것을 했다.

(A) invest in 투자하다, 맡기다

be vested in sb/sth
(권리나 의무로서) 주어지다(=be given to sb/sth)
cf. vest in sb/sth 권리를 주다, 부여하다; 재산이 귀속하다

1240 5 (D) 내가 파티에서 아내에 대한 불평을 늘어놓자, 내 친구는 나에게 집안의 수치를 남에 게 드러내지 말라고 했다.

wash one's dirty linen in public
집안의 수치스러운 비밀을 외부에 드러내다
↔ wash one's dirty linen at home
집안의 수치를 외부에 드러내지 않다

1250 1 (B) 풍금조는 길이가 6~8인치 정도 되며 그들이 곤충과 과일, 꽃을 먹고 사는 숲에서 볼 수 있는 새이다. * tanager 풍금조

feed on sth
~을 먹이로 하다(=eat), 주식으로 하다(=live on sth)

1250 2 (B) 나는 그녀의 행동에 진절머리가 난다.

(A) be happy about ~에 대해 기뻐하다   (B) be tired of ~에 싫증이 나다

(C) be interested in ~에 흥미를 가지다   (D) be worried about ~을 걱정하다

be fed up with sb/sth
물리다, 싫증나다, 넌더리나다
(=be bored with, be (sick and) tired of sb/sth)

1260 1 (D) 폴이 했던 말이 거짓으로 드러났다. 그는 그의 말을 주워 담았다.
* turn out to be 결국 ~임이 드러나다

(A) prove 증명하다   (B) put up with ~을 참다

(C) insist on ~을 고집하다   (D) 그의 말을 철회하다

eat[swallow] one's words
(어쩔 수 없이) 앞서 한 말을 취소하다
(=withdraw one's statement, recant one's words)

1260 2 (A) 해양의 파도는 해안의 파도를 점차 침식하고 있다.

(A) erode 침식하다   (B) heap up 쌓아 올리다

(C) erupt 분출하다   (D) preserve 보존하다

eat away (at sb/sth**)**
~을 조금씩 침식시키다, 걱정거리가 괴롭히다

12603 다음 빈칸에 들어갈 가장 적절한 표현은? [12중앙대 변형]

> A: I bet he will get the best records at the final exam.
> B: If it happens, I will _____.

(A) eat like a horse

(B) eat like a bird

(C) eat my hat

(D) eat crow

12701 The president <u>swallowed his pride</u> and tried to put the Time article behind him. [입사]

(A) got angry

(B) became proud of himself

(C) drank everything

(D) tried to ignore his own ego

12702 She walked down the street, and the crowd just swallowed her _____. [예상]

(A) over   (B) up   (C) into   (D) in

12603 (C)

> A: 그가 기말시험에서 최고의 성적을 낼 거라고 생각해.
> B: 그런 일이 일어난다면 내 손에 장을 지지겠다.

(A) eat like a horse 많이 먹다　　　　　(B) eat like a bird 매우 적게 먹다
(C) I'll eat my hat. 손에 장을 지지겠다.　　(D) eat crow 굴욕을 참다

12701 (D) 대통령은 자존심을 억누르며 그 타임지 기사를 외면하려 애를 썼다.
(A) 화가 났다　　　　　　　　　　　(B) 자만하게 되었다
(C) 모두 마셨다　　　　　　　　　　(D) 자기 자존심을 무시하려 했다* ego 자존심

12702 (B) 그녀는 거리를 걸어 내려갔고, 군중 속에 완전히 파묻혀버렸다.

swallow one's pride
자존심을 억누르다(=try to ignore his own ego)
cf. swallow (down) an insult 모욕을 참다

swallow * up sb/sth
1. (큰 회사 등이 작은 회사를) 집어 삼켜 버리다
2. (어떤 것이 다른 무엇을) 보이지 않게 하다, 뒤덮어버리다
3. 낭비하다, 다 써버리다

보충이디엄

기본동사
lose

lose one's breath 숨이 차다(=be short of breath) **cf. out of breath** 숨을 헐떡이며, 숨이 차서
lose one's grip 통제력을 잃다(=lose control of a situation)
lose color 혈색이 나빠지다 ↔ **gain color** 혈색이 좋아지다
lose out to (sb/sth**)** (~와의) 경쟁에서 지다
lose sleep over (sb/sth**)** ~이 걱정이 되어 잠을 못 이루다
lose time 시계가 늦다; 우물쭈물하다, 시간을 낭비하다 ↔ **gain time** 시계가 빠르다; 시간을 벌다

기본동사
add

add on sth ~을 덧붙이다, 보태다
value-added tax 부가가치세 〈약〉 VAT

기본동사
fill

fill a need / fill a demand 수요, 요구를 충족시키다
fill the gap 구멍을 메우다
fill the niche 틈새시장을 공략하다

기본동사
cover

cover for sb (사람을) 대신하다
take cover (지형 · 지물 등을 이용하여) 숨다, 몸을 보호하다
cover oneself up (몸을) 가리다
cover the waterfront[territory] (모든 각도에서) 문제를 충분히 논의하다
cover a lot of ground 먼 거리를 여행하다; 넓은 지역을 조사하다

기본동사
wear

wear on sb ~을 성가시게 하다, 괴롭히다(=annoy)
wear more than one hat / wear two hats 한 가지 이상[두 가지]의 직책을 맡다
wear the trousers 여자가 입김이 더 세다

기본동사
feed

feed back 어떤 것에 대해 충고나 비판을 해주다, 피드백하다
cf. feedback (정보 · 질문 · 서비스 등을 받는 측의) 반응, 의견
chicken feed 닭 모이; 푼돈; 하찮은 것
Feed a cold and starve a fever. 〈속담〉 감기에는 먹고 열병에는 굶는 게 좋다.

기본동사
eat

eat like a horse 말처럼 많이 먹다 ↔ **eat like a bird** (새처럼) 매우 적게 먹다(=eat very little)
I could eat a horse. 배가 몹시 고프다.
eat one's cake and have it too 함께 가질 수 없는 두 가지를 모두 원하다
eat crow / eat humble pie 굴욕을 참다; 잘못을 마지못해 시인하다
eat away at sb/sth 갉아 먹어 들어가다; 근심이 ~을 파먹어 들어가다
eat up (sb/sth**)** ~을 먹어 없애다; (돈 · 시간 따위를) 소비하다; ~에 열중[케]하다(=absorb)
- be eaten up with sth (질투, 분노, 호기심 등)에 사로잡히다
eat out 외식하다(=dine out)
What's eating you? 무슨 걱정이라도 있어?

기본동사
swallow

swallow at a gulp 단숨에 삼키다
swallow a laugh 웃음을 참다
swallow[eat] one's words (어쩔 수 없이) 앞서 한말을 취소하다

be/live

be

be 동사는 일반동사와 조금 다른 변칙 동사이다.

1. 연결동사로서 뒤에 나오는 보어를 연결하여 주어의 상태 · 존재를 나타낸다. [be+보어]
2. 조동사의 기능으로서 타동사로 수동형을 만들어 "~되다, ~되어있다" 뜻으로 쓰인다.
   [be+과거분사+전치사]

live

live는 "살다" 이다.

1. 살다, 살아남다, 살아가다; 생계를 이어가다; 인생을 즐기다; ~한 생활을 하다
2. A. 살아있는, 생생한; 녹화가 아니고 생중계인

12801 You will <u>answer for</u> your wrong-doing some day. [입사]

(A) be remembered for

(B) be excused from

(C) be accused of

(D) be responsible for

입사/토익,Teps

12802 He looked as if he <u>was dying for a cigarette</u>: he gave up smoking two years ago when his secretary got lung cancer. [15.숭실대]

(A) was getting sick because of smoking

(B) very much wanted to smoke

(C) was about to die from smoking

(D) was seriously opposed to smoking

15.숭실대

12803 You need to <u>be out for</u> a good grade this semester. [입사]

(A) try to take   (B) throw away

(C) be uneasy about   (D) set at naught

입사

12804 The speaker was <u>noted</u> for his eloquence. [서울대학원]

(A) famous   (B) notorious

(C) remembered   (D) blamed

서울대학원

12805 As he was <u>unaware</u> of the new limit, he was warned for speeding. [입사]
★★

(A) obstinate   (B) ignorant

(C) intricate   (D) adjacent

99.경찰/88.행자부9급/04명지대
99.경원대/입사

12806 You can be <u>dismissive</u> of people who are different. [91.사법시험]

(A) contemptuous   (B) appreciative

(C) inquisitive   (D) conscious

91.사법시험

12807 Strange to say, the professor is <u>destitute</u> of common sense. [입사]

(A) abundant   (B) ahead

(C) plenty   (D) devoid

입사,Teps

12808 The retired old general _____ his son's great accomplishment in the field of nuclear science. [예상]

(A) is pride in   (B) is proud of

(C) has the pride for   (D) is proud at

(E) has a pride within

88.행자부7급,Teps

12809 If one aids and abets a criminal, he is also considered <u>guilty</u> of the crime. [경기대]

(A) suspicious   (B) daring

(C) culpable   (D) ruthless

경기대/입사,Teps

12801 (D) 너는 언젠가 네 비행에 대해 책임져야 할 것이다.
- (A) be remembered for ~으로 기억되다
- (B) be excused from ~으로부터 면하다
- (C) be accused of ~으로 기소되다
- (D) be responsible for ~에 책임을 지다

be responsible for sth
~에 책임을 지다(=answer for, be liable for sth)
= answer for sth 책임을 지다
  cf. answer back 말대꾸하다(=talk back)
= be liable for sth ~에 대해 책임이 있다
= **be to blame** ~에게 책임이 있다

12802 (B) 그는 담배를 피우고 싶어 못 견디는 것처럼 보였다. 그는 2년 전 자신의 비서가 폐암에 걸렸을 때 담배를 끊었다. * give up 그만두다
- (A) 흡연으로 인해 병에 걸렸었다
- (B) 몹시 담배 피우는 것을 원했다
- (C) 흡연으로 인해 사망하다 * die from ~으로 죽다
- (D) 흡연에 대해 진지하게 반대했다 * be opposed to ~에 반대하다

be dying for sth
~하고 싶어 못 견디다

12803 (A) 넌 이번 학기에 좋은 점수를 얻으려고 노력할 필요가 있어.
- (A) try to take 얻으려고 노력하다
- (B) throw away 버리다
- (C) be uneasy about ~에 대해 걱정하다
- (D) set at naught 무시하다, 경멸하다

be[go] out for sth
~을 얻으려고 애쓰다
cf. stick out for sth ~을 끝까지 요구하다
  = **hold out for** sth ~을 강경히 요구하다
  = **cry out for** sth 아주 필요로 하다, 요구하다

12804 (A) 그 연사는 화술로 유명했다. * eloquence 능변, 유창함, 화술
- (A) be famous for ~으로 유명하다
- (B) be notorious for ~으로 악명이 높다
- (C) be remembered for ~으로 기억되다
- (D) be blamed for ~으로 비난받다

be noted for sth
~로 유명하다(=be famous for sth)
= be notorious for sth
⋯ be infamous for sth ~으로 악명높다

12805 (B) 그는 새 속도제한에 대해서 몰랐기 때문에, 과속에 대해 경고를 받았다.
- (A) obstinate 완고한, 고집 센
- (B) ignorant 무지한, ~을 모르는
- (C) intricate 얽힌, 복잡한
- (D) adjacent 이웃의, 인접한

be unaware of sth / **be unaware that~**
~을 알지 못하다(=be ignorant of sth), 눈치를 채지 못하다
⋯ **be aware of** sb/sth 알고 있다, 깨닫고 있다
= **be cautious of / be careful of** sb/sth

12806 (A) 당신은 당신과 다른 사람들을 무시할 때가 있다.
- (A) contemptuous 경멸하는
- (B) be appreciative of 감사하고 있다
- (C) inquisitive 알고 싶어 하는
- (D) conscious 깨닫고 있는

be dismissive of sb/sth
~을 경멸하다(=be contemptuous of sb/sth), 무시하다,
무관심하다(=be indifferent to sb/sth)
= be contemptuous of sb/sth ~을 경멸하다

12807 (D) 이상한 이야기이지만, 그 교수는 상식이 결여되어 있다.
- (A) abundant in 풍부한
- (B) ahead of ~의 전방에
- (C) plenty of 많은
- (D) devoid of ~이 없는, 결여된

be devoid of sth
~이 없다, 결여되어 있다
(=be destitute of, be devoid of, be empty of sth)

12808 (B) 퇴역한 장군은 그의 아들의 핵과학 분야에서의 위대한 업적을 자랑스럽게 여긴다.

be proud of sb/sth
~을 자랑스럽게 여기다
cf. take (a) pride in / have (a) pride in sth
  ~을 자랑하다, ~에 긍지를 가지다

12809 (C) 만일 범죄자를 돕거나 사주한다면, 그 또한 그 범죄에 대해 유죄로 간주된다.
* abet 사주하다 be considered ~로 간주되다
- (A) suspicious of 의심하는
- (B) daring 대담한
- (C) culpable 죄 있는, 과실 있는
- (D) ruthless 무자비한

be guilty of sth
~에 대해 죄를 짓다, 유죄이다
⋯ **be innocent of** sth
  ~에 대해 무죄이다, 결백하다(=be not guilty of sth)

08.한국외대/토익/토플.Teps

12810 다음 빈칸에 들어갈 가장 적절한 말은? [08.한국외대]

> A: You look down, What's up?
> B: Oh, nothing serious. _____ But thanks for asking.
> A: I know what you mean. How about going to a movie?

(A) I'm not raising a finger.

(B) I'm really crazy about my job.

(C) I'm in the mood for a horror film.

(D) I'm not feeling down in the dumps.

(E) I'm just tired of the same old grind.

02.10단/99.경찰.Teps

12811
★ We think that Mary <u>is equal to</u> the needs of the job. [02.10단/99.경찰]

(A) has the responsibility for (B) has the ability to handle

(C) needs to become aware of (D) is as important as

입사

12812 After a thorough search, the district attorney unearthed evidence that was <u>pertinent</u> to the case. [입사]

(A) favorable (B) related

(C) conclusive (D) irrelevant

03.행자부9급/01.국민대/99.동덕여대.Teps

12813
★ 다음 문장과 뜻이 유사한 문장을 고르시오.

> I'm addicted to chocolate.

(A) I don't like chocolate.

(B) I very often eat chocolate.

(C) I have an abhorrence of chocolate.

(D) I'm nauseated by the smell of chocolate.

입사

12814 Brought up under a weak mother, she <u>is partial to</u> sweets. [입사]

(A) has a strong liking for (B) has hardly developed a taste for

(C) has never sufficiently been given (D) is extremely prejudiced against

14.경찰1차

12815 다음 두 문장의 빈 칸에 공통으로 들어갈 말로 가장 적절한 것은? [14.경찰1차]

> 1) He was sentenced _____ three years in prison.
> 2) When polite requests failed, he resorted _____ threats.

(A) in (B) on (C) to (D) for

02.세종대/01.삼육대/95.기술고시
토플.Teps

12816
★ The president seemed <u>apathetic about</u> the question. [01.삼육대]

(A) amused by (B) indifferent to

(C) interested in (D) concerned with

11.광운대/07.인천시9급/06.가톨릭대
04.숭실대/03.10단.Teps

12817
★★ Young people are <u>vulnerable to</u> the influences of radio and TV. [03.10단]

(A) persuaded by

(B) susceptible to

(C) appeased by

(D) programmed to

12810 (E)

A: 안 좋아 보인다. 무슨 일이니? * look down 우울해 보이다
B: 응, 별거 아냐. _____ 물어 줘서 고마워.
A: 무슨 말인지 알겠다. 영화나 보러 가는 게 어때?

(A) * not lift[raise] a finger 손가락 하나 까딱하지 않다, 조금도 노력하지 않다
(B) 나는 정말 내 일에 푹 빠져 있다. * crazy about ~에 푹 빠지다
(C) 난 공포영화를 보고 싶어. * in the mood for ~할 기분이 나서
(D) 나는 우울하지 않아. * feel down in the dumps 우울하다
(E) 난 단지 똑같은 일상이 지겨울 뿐이야. * grind 고되고 단조로운 일

be[get] tired of sb/sth
~에 싫증나다(=be fed up with, be bored of sb/sth),
지치다(=be all in, be worn out)
cf. be all in 완전히 지치다, 기진맥진하다
= be worn out 지치다

12811 (B) 우리는 메리가 그 일에 필요한 능력을 갖추고 있다고 생각한다.
(A) have the responsibility for ~의 책임을 지다
(B) have the ability to handle 다룰 능력을 가지고 있다

be equal to sth
~에 합당하다, ~을 다룰 능력을 갖추다
(=have the ability to handle sth)
= be capable of 〈04-2계명대 / 이. 여자경찰〉
~할 능력이 있다(=be able to, be equal to)

12812 (B) 철저한 조사가 있은 후, 그 지방검사는 그 사건에 관련이 있는 증거를 발견했다.
* thorough 철저한, 완전한 unearth 발굴하다
(A) favorable to ~에 호의적인　　　　(B) be related to ~에 관계가 있다
(C) conclusive 결정적인, 단호한　　　(D) irrelevant to 부적절한, 무관계한

be related to sb/sth
~와 관계가 있다(=be pertinent to sth); ~에 적절하다
= be pertinent to sth ~에 관계가 있다 ↔ be impertinent to sth
= be relevant to sb/sth ~에 관련되다; 적절하다
↔ be irrelevant to sb/sth
= be appropriate to sb/sth ~에 적합하다
↔ be inappropriate to sb/sth
= be germane to 적절하다 sth 〈99.공인회계사〉
↔ be foreign to sb/sth

12813 (B)

난 초콜릿 중독이야. * be addicted to ~에 중독되다

(A) 난 초콜릿을 좋아하지 않는다.
(B) 난 초콜릿을 매우 자주 먹는다.
(C) 난 초콜릿을 매우 혐오한다. * abhorrence 혐오, 증오
(D) 난 초콜릿 냄새 때문에 속이 니글거린다. * nauseate 구역질나다

be addicted to sth
~에 빠지다, 중독되다

12814 (A) 엄하지 못한 어머니 밑에서 양육된 그녀는 단 것들을 무척 좋아한다.

be partial to sb/sth
~을 편애하다, ~를 몹시 좋아하다
(=have a strong liking for sb/sth)
= have[show] a penchant for sth
= have a predilection for sb/sth
= have a liking for sb/sth

12815 (C)

1) 그는 3년형을 선고받았다. * be sentenced to ~ 형을 선고받다
2) 공손히 요구했는데 뜻대로 안되자, 그는 협박을 동원했다. * resort to ~에 의지하다, 호소하다

be sentenced to sth
(형을) 선고받다

12816 (B) 대통령은 그 현안에 대해 무관심해 보였다.
(A) be amused by ~에 즐거워하다
(C) be interested in ~에 관심이 있다
(D) be concerned with ~에 관심이 있다

be indifferent to sb/sth
~에 무관심하다(=be not interested in)
= be apathetic about[to] sth ~에 대해 무관심하다
↔ be interested in sth ~에 관심이 있다

12817 (B) 젊은이들은 라디오나 텔레비전의 영향에 취약하다.
(A) be persuaded by ~에 설득되다
(B) be susceptible to ~에 영향을 받다
(C) appease 달래다
(D) program 프로그램을 짜다

be vulnerable to sth
~에 걸리기 쉽다; 취약하다(=be susceptible to sth)
= be susceptible to sth ~에 영향을 받기 쉽다; 병 등에 걸리기 쉽다
= be subject to sth ~을 받기 쉽다, ~에 걸리기 쉽다
= be prone to R/sth
= be open to sth
= be sensitive to sth ~에 대해 민감하다

12818 What he said was <u>contrary</u> to what we expected. [00가톨릭대]

00가톨릭대/토플.입사,Teps

(A) ironic　　　　　　　　　　(B) innate

(C) opposite　　　　　　　　　(D) circumspect

12819 ★ I certainly got something <u>analogous to</u> religious satisfaction out of it. [92연세대대학원]

07.성균관대/92연세대대학원

(A) different from　　　　　　(B) similar to

(C) suggestive of　　　　　　(D) contrary to

12820 ★ Fresh air <u>is conducive to</u> health. [토플]

04.숭실대/03.101단/토플,Teps

(A) contributes to　　　　　　(B) conducts

(C) take place　　　　　　　(D) consists of

12821 This change in policy has been largely <u>credited</u> to President Hu Jintao. [예상]

토플

(A) inclined　　(B) ascribed　　(C) supposed　　(D) disposed

12822 ★★ Graduate students who have completed at least one semester are _____ to apply for the assistantship. [03.입법고시]

07가톨릭대/05-2동아대/04단국대
02-2숙명여대/03입법고시,동아대,광운대
대신대,Teps

(A) affordable　　　　　　　(B) eligible

(C) estimated　　　　　　　(D) qualification

(E) capable

12823 If you say that something is _____ to be done, you mean that it should be done because of a law, rule, or custom. [93.서울대대학원]

93.서울대대학원,Teps

(A) enabled　　　　　　　　(B) entitled

(C) ought　　　　　　　　　(D) supposed

12824 John is <u>inclined</u> to get tired easily. [서울대 대학원]

서울대학원,토익,Teps

(A) supposed　　　　　　　(B) likely

(C) bound　　　　　　　　(D) eager

12825 The company is <u>anxious</u> to improve its image. [예상]

토익/토플,Teps

(A) exposed to　　(B) unwilling to　　(C) bound to　　(D) impatient to

12826 I <u>am booked up</u> for the whole week. [99.세종대]

99세종대/토익,토플,Teps

(A) am surrounded with books　　(B) am indulged in reading books

(C) have books registered　　　(D) am engaged with the tight schedule

12827 ★ I will <u>be engrossed in</u> studying English in order to pass the examination. [예상]

01.중앙대/98.경기대.토플

(A) admit　　　　　　　　　(B) be absorbed in

(C) understand　　　　　　　(D) take delight in

12828 He has been <u>instrumental</u> in encouraging the government to decentralize its economy. [90.법원행정고시]

04-2동아대

(A) harmful　　　　　　　　(B) obstructive

(C) informative　　　　　　(D) helpful

12818 (C) 그가 한 말은 우리가 기대하는 것과는 어긋나는 것이었다.
(A) ironic 반어적인, 비꼬는　　　　(B) innate 타고난, 고유의
(C) opposite 정반대의, 상반되는　　(D) circumspect 용의주도한

be contrary to sth
~에 반대되다, 반하다, 거역하다(=be opposite to sb/sth)
cf. on the contrary 반대로(=conversely)

12819 (B) 나는 확실히 그것으로부터 종교적인 만족감과 유사한 무엇인가를 얻었다.
(A) different from ~과는 다른　　　(B) similar to ~과 유사한
(C) suggestive of ~을 암시하는　　(D) contrary to ~에 반하는

be analogous to sth
~과 유사하다, 비슷하다(=be similar to sth)
= **be similar to** sth ~과 유사하다
= **be akin to** sth ~과 유사하다
= **be comparable to** sth ~에 필적하다, 유사하다

12820 (A) 신선한 공기는 건강에 도움이 된다.
(A) contribute to ~에 기여하다　　(B) conduct 행동하다, 지휘하다
(C) take place 일어나다, 개최되다　(D) consists of ~으로 구성되다

be conducive to sth
~에 도움이 되다, ~에 기여하다
(=be contributive to, contribute to sth)

12821 (B) 이 정책적인 변화는 주로 후진타오 주석의 공으로 돌려져 왔다.

be credited to sb
~덕분(덕택)이다, ~의 공으로 돌려지다
(=be ascribed to sb)

12822 (B) 최소한 한 학기를 마친 대학원생들은 조교 자리에 신청할 자격이 있다.
* assistantship 조수직, 조교직
(A) affordable 입수할 수 있는　　　(B) be eligible to ~할 자격이 있다
(C) be estimated to R ~인 것으로 추정되다　(D) qualification 자격
(E) capable of ~할 자격이 있는

be eligible to R / be eligible for sth
1. ~할 자격이 있다(=be entitled to R)
2. ~에 적격이다(=be entitled to sth)
= **be entitled to R / sth**
~을 받을 자격이 있다(=be eligible to, have a right to R)

12823 (D) 만일 당신이 무엇을 하여야 하는 것으로 되어 있다고 말한다면, 그 일이 법이나 규칙 또는 관습 때문에 마땅히 해야 함을 의미한다.
(A) enable to R ~ 할 수 있게 하다　　(B) be entitled to R ~을 받을 자격이 있다
(C) ought to R ~해야 한다　　　　　　(D) be supposed to R ~하기로 되어 있다

be supposed to R
~할 것으로 예상되다, ~하기로 되어있다, (관습상) 요구되다
↔ be not supposed to R ~해서는 안 된다.
cf. **be bound to R** ~하지 않을 수 없다
= **be obligated to R** ~하지 않을 수 없다

12824 (B) 존은 쉽게 지치는 경향이 있다.
(A) be supposed to R ~가 요구되다　　(B) be likely to R ~하기 쉽다
(C) be bound to R 꼭 ~하게 되어 있다　(D) be eager to R 간절히 ~하고 싶어 하다

be inclined to R
~하는 경향이 있다(=be likely to R), ~하기 쉽다,
~하고 싶다
= **tend to R = be likely to R**
= **be liable to R = be disposed to R**
↔ **be disinclined to R** ~하고 싶지 않다

12825 (D) 그 회사는 회사의 이미지가 개선되기를 갈망하고 있다.
(D) impatient to R 몹시 ~하고 싶어 하는, 갈망하는

be anxious to R
~하기를 갈망하다
(=be impatient to R, be eager for, be keen on sth)

12826 (D) 나는 일주일 내내 스케줄이 꽉 차 있다. * be booked up 예매표가 매진되다, 선약이 있다
(A) 책으로 둘러 싸여 있다　　　(B) 독서에 푹 빠져있다
(C) 등록된 책들을 가지고 있다　(D) 꽉 찬 일정으로 바쁘다

be engaged in sth
~에 종사하다(=be occupied with sth)
cf. **be engaged with** sb/sth ~으로 바쁘다 〈99세종대〉
= **be booked up** 선약이 있다, 예약이 끝나다

12827 (B) 나는 시험에 합격하기 위해 영어 공부에 전념할 것이다.
(B) be absorbed in ~에 몰두해 있다
(D) take delight in ~을 즐기다, ~을 재미로 삼다

be engrossed in sth
~에 열중하다, ~에 빠지다(=be absorbed in, be lost in)
= **be indulged in** sth ~에 빠지다
= **be absorbed in** sth ~에 몰두해 있다
= **be lost in** sth
= **be rapt in** sth
= **be involved in** sth

12828 (D) 그는 정부가 경제를 지방분권화 하게끔 북돋아 주는 데 도움이 되어 왔다.
(A) harmful 해로운　　　　　　　(B) obstructive 장애가 되는
(C) informative 정보를 주는, 유익한　(D) helpful 도움이 되는

be instrumental in ~ing
~에 도움이 되다, 유효하다(=be helpful to sb/sth)

12829 His replies <u>were inconsistent with</u> his previous testimony. [04.동아대]

(A) contradicted   (B) enhanced

(C) incorporated   (D) responded

(E) revealed

04.동아대,Teps

12830 The discussion <u>has much to do with</u> the problem. [예상]

(A) must consider   (B) can much to solve

(C) seems to deal with   (D) is greatly concerned with

97.경원대

12831 The nation <u>faced with</u> famine is expected to invoke the help of its more fortunate neighbors. [97-2안양대]

(A) contracted with   (B) confronted with

(C) concentrated on   (D) confined to

97-2안양대

12832 다음 문장을 영어로 제대로 옮긴 것은? [04.강남대]

친구를 보면 그 사람을 알 수 있다.

(A) A man may be known by the friends he keeps.

(B) A man shows his friends best.

(C) A man can be known for his friends he has kept.

(D) A man may be known as his friends.

04.강남대

12833 Unfortunately he died after ten years of struggle against a disease. He is _____ by his wife and two sons. [94.사법시험]

(A) succeeded   (B) remained   (C) deceased   (D) survived   (E) followed

94.사법시험

12834 I've been <u>snowed under</u> with reports from over twenty organizations. [98.행자부7급]

(A) inundated   (B) satisfied

(C) interrupted   (D) acquainted

98.행자부7급

12835 ★ The fabric of modern society is not <u>immune</u> from decay. [92.사법시험]

(A) safe   (B) vexed   (C) alive   (D) mute

01.고려대학원/92.사법시험

12836 John is very <u>particular</u> about his food. [서울대학원]

(A) fastidious   (B) abnormal   (C) frisky   (D) delirious

서울대학원

12837 ★ Other European winds <u>are hard on</u> people in their paths. [행정고시]

(A) bother   (B) be deligent   (C) be eager on   (D) blow

01.조선대,행시,입사,Teps

12838 The bus was late, and the driver <u>was bent upon reaching the school</u> on time. [04.행자부7급]

(A) 제 시간에 학교에 도착하기 위해 몸을 구부려 운전했다.

(B) 제 시간에 학교에 도착하기로 결심했다.

(C) 제 시간에 학교에 도착하자마자 허리가 휘었다.

(D) 제 시간에 학교에 도착하는 경향이 강했다

04.행자부7급,Teps

12829	(A) 그의 답변들은 이전의 증언과 일치하지 않았다.

(A) contradict 모순되다
(B) enhance 강화하다, 올리다
(C) incorporate 법인으로 만들다
(D) respond 응답하다
(E) reveal 폭로하다, 드러내다

be inconsistent with sth
〜와 일치하지 않는다, 모순된다(=contradict)

12830	(D) 그 논의는 그 문제와 많은 관련이 있다.

be concerned with sb/sth
〜에 관계가 있다; 〜에 관심을 갖다
(=be interested in sth)

12831	(B) 기근에 직면한 나라는 더 형편이 나은 이웃 나라들의 도움을 간절히 바라기 마련이다.

(B) be confronted with 〜에 직면하다
(D) be confined to 〜에 틀어박혀 있다

be faced with sth
〜에 직면하다(=be confronted with sth)

12832	(A) * be known by 〜으로 알 수 있다

(C) be known for 〜로 알려져 있다
(D) be known as 〜로 알려져 있다

be known by sb/sth
〜으로 알 수 있다
cf. **be known to** sb 〜에게 잘 알려져 있다.

12833	(D) 불행하게도 그는 10년의 투병생활 끝에 세상을 떠났다. 그는 아내와 두 아들을 남겨두고 죽었다.

be survived by sb
〜보다 먼저 죽다

12834	(A) 나는 20여 개가 넘는 기관이 제출한 보고서들에 압도되었다.

(A) inundate 범람시키다, 충만하게 하다
(C) interrupt 방해하다
(D) acquaint 숙지시키다, 〜을 소개하다

be snowed under (with sth**)**
〈미〉 수량으로 압도당하다
(=be overwhelmed, be inundated)

12835	(A) 현대사회의 구조는 부패로부터 안전하지 못하다.

(B) vexed 짜증나는, 말썽 많은
(D) mute 무언의, 벙어리의

be immune from sth
〜에 대해 면역성이 있다; 면제되다;
〜으로부터 안전하다(=safe)
= **be exempt from** sth (세금 등에서) 면제되다

12836	(A) 존은 그의 음식에 대해서는 매우 까다롭다.

(A) fastidious 까다로운
(B) abnormal 비정상의
(C) frisky 까부는
(D) delirious 흥분한, 미쳐 날뛰는

be particular about sb/sth
〜에 대해 까다롭게 굴다(=be fastidious about sb/sth)

12837	(A) 유럽의 다른 바람들은 그들이 지나가는 길에 사는 사람들을 못살게 군다.

be hard on sb
〜에게 모질게 굴다(=bother)
cf. **be hard up for** sth (돈 따위에) 쪼들리다

12838	(B) 버스가 늦었고, 운전사는 학교에 제시간에 도착할 것을 단단히 마음먹었다.

be bent on[upon] ~ing
1. 〜하기를 단단히 결심하고 있다
   (=completely determined to R)
2. 〜에 열심이다

DAY-32

12839
★★ 다음 대화의 빈 칸에 알맞은 것은? [93.서울시9급]

> A: Hey, I like this tune. Come on. Let's have a dance.
> B: All right, but I'm not very good at it.
> A: Never mind! _____!

(A) So am I   (B) So do I

(C) Neither am I   (D) Neither do I

12840 It had been a hard day, and by night he <u>was played out</u>. [예상]

(A) be exhausted   (B) called it a night

(C) stayed up late   (D) took a break

12841 다음 빈 칸에 알맞은 말은? [02.동국대]

> A: How old is she?
> B: She _____ my age.

(A) has the same   (B) is same as

(C) has   (D) is

12842
★ He is quite <u>at home in</u> French literature. [입사]

(A) content with

(B) fond of

(C) ignorant of

(D) familiar with

12843
★ I don't know how well this young lawyer performs in court, but at least he <u>is well grounded in</u> the principles of such cases. [97.세무사]

(A) knows thoroughly   (B) in ready for

(C) is not allowed by   (D) ignores entirely

(E) makes up

12901 He lives _____ his brother's money. [88.서울대학원]

(A) with   (B) by   (C) on   (D) for

12902
★ 다음 문장과 의미가 가장 가까운 것은? [97.행자부7급]

> It is often difficult for a son to <u>live up to</u> expectations of his parents

(A) A son cannot hope his parents to live forever.

(B) A son cannot expect to live as long as his parents lived.

(C) It is often difficult for a son to do or to be what his parents wish to him.

(D) It is often difficult for a son to live near his parents' home.

12903 The young people don't seem to understand the problem. They just want to <u>live it up</u>. [00.한성대]

(A) make a name for themselves   (B) live affluently

(C) stick to the problem   (D) enjoy life

12839 (C)

> A: 야. 난 이 곡이 좋더라. 자. 춤추자.
> B: 좋아. 하지만 난 춤을 잘 못 추는데.
> A: 염려 매 나도 마찬가지야!

be good at sth
~에 능숙하다, 잘하다(=be proficient in[at] sth,
do well, be clever or skillful at sth)
↔ **be poor at** sth ~에 서투르다(=be not good at sth)

12840 (A) 힘든 하루였다. 그는 밤이 되어서는 완전히 녹초가 되었다.
    (A) 지쳤다   (B) 일을 마쳤다
    (C) 늦게까지 자지 않고 있다   (D) 휴식을 취했다

be played out
기진맥진하다, 녹초가 되다
(=be exhausted, be worn out)

12841 (D)

> A: 그녀는 몇 살이니?
> B: 나와 동갑이야.

be (of) sb's **age**
~와 동갑이다
cf. look one's age 나이에 맞게 보이다

12842 (D) 그는 프랑스 문학에 매우 정통하다.
    (A) be content with ~에 만족하다
    (B) be fond of ~을 좋아하다
    (C) be ignorant of ~을 모르다
    (D) be familiar with ~에 정통하다

be at home in sth
~에 정통해 있다, ~에 익숙하다
(=be familiar with sb/sth)
= be familiar with sb/sth ~에 친숙하다, 정통하다
= be acquainted with sb/sth (사람과) 아는 사이가 되다
= be versed in sth ~에 정통하다
= be accustomed to ~ing ~에 익숙하다
= be used to ~ing ~에 익숙하다
= be wont to R ~하는 것이 익숙하다

12843 (A) 이 젊은 변호사가 법정에서 얼마나 변호를 잘하는지 나는 모른다. 하지만 그는 적어도 그런 사건의 원칙들에 대해서는 기초가 탄탄하다.

be well-grounded in sth
기초가 탄탄하다(=know thoroughly)
cf. be grounded in ~에 기초하다, 근거하다

12901 (C) 그는 형의 돈에 의지해서 산다.

live on sth
(장소)에서 살다; ~을 먹고 살다(=feed on sth);
~을 의지하여 살다

12902 (C)

> 아들에게 있어 부모의 기대에 부응한다는 것은 종종 어렵다.

>   (A) 아들은 항상 부모가 영원히 사는 것을 바랄 수는 없다.
>   (B) 아들은 그의 부모가 살았던 만큼 오래 살기를 기대할 수 없다.
>   (C) 아들은 자신의 부모가 바라는 바대로 행동하거나 되기가 힘이 들 때가 많다.
>   (D) 아들이 부모의 집 근처에 살기란 힘들 때가 많다.

live up to sth
~에 맞는 생활을 하다; 부끄럽지 않은 행동을 하다.
기대에 부응하다(=fulfill)
cf. live from hand to mouth 하루 벌어 하루 먹고 살다
    live within one's means 분수에 맞게 살다
cf. live down sth (오명을) 씻다. (슬픔을) 세월과 함께 잊다
    live through 견디다. 살아남다

12903 (D) 젊은 사람들은 문제점을 이해하지 못하고 있는 것처럼 보인다. 그들은 단지 즐겁게 살기를 바랄 뿐이다.

live it up
〈구어〉 인생을 즐기다(=enjoy life);
(돈을 펑펑 쓰면서) 방탕하게 지내다
= **live off the fat of the land** 호사스러운 생활을 하다
↔ **live low on the hog** 검소하게 살다

보충이디엄

기본동사
live

live with sb/sth ~와 함께 살다, 동거하다; 받아들이다, 참다

live together / live in sin (결혼하지 않고) 동거하다

live under ~의 직원이다; ~의 지배를 받다

Live and learn. 1. 〈속담〉 살면서 배우다, 실수를 통해서 깨닫다
2. 오래 살다 보니 별 꼴을 다 보는군.

live and let live 〈속담〉 모두 제각기 살아가다

live for sb/sth ~을 위해 살다, (좋은 날을) 바라보며 살다

meet

meet는 "서로 얼굴을 맞대다, 만나다"가 기본개념이다.
사람이 만나는 것뿐만 아니라 길이나 강이 합류하는 경우도 meet이다. 또한 누가 요구하는 것을 맞춘다는 의미에 서 나온 "필요·요구 등을 충족시키다" 의미도 중요하다.
명사로서 "회합, 모임, 대회"의 의미도 있다. ex) an athletic meet (운동회)

use

use는 "(~을 도구로) 사용[이용]하다, 소비하다"이다.
"언어를 사용하다(말을 하다)"라는 의미도 있고 부정적인 의미로 "이용해 먹다"의 뜻으로 쓰이기도 한다.

serve

serve는 "섬기다, 봉사하다"가 기본 의미이다.
"봉사하다"라는 기본의미에서 "복무하다, 시중을 들다(attend), 도움이 되다"라는 의미로 확장되어 쓰인다.

blow

blow는 "공기를 통해 빠르게 움직이다"이다.
"바람이 불다, 숨을 몰아쉬다, 폭발하다, 허풍을 떨다, 기회를 날려버리다"가 그것이다. 명사로 "강타, 구타"의 의미로도 쓰인다.

기타동사

boil, burn, die, kill, grow, raise/rise, reach, stick

13001 The presidents are ready to <u>meet us halfway</u> in the matter of price. [01.광운대]

(A) argue with us   (B) share equally with us

(C) break off with us   (D) compromise with us

10.국민대/04.성균관대/01-2.광운대
입사.Teps

13002 Poker seems like a simple game but <u>there is more than meets the eye</u>. [94.입법고시]

(A) there is something more than the simple game

(B) there is something to enjoy

(C) there remains something unsatisfactory

(D) there is something to be thought seriously

(E) there is nothing above the game

94.입법고시

13003 Scientists and engineers often say that our efforts to protect that earth's environment don't yet <u>meet the mark</u>. [04.중앙대]

(A) try hard enough   (B) make a profit

(C) achieve the goal   (D) understand the need

04.중앙대

13004 다음 빈칸에 들어갈 말로 가장 적절한 것은? [13.동덕여대]

> A: Were you able to meet the deadline?
> B: _____

(A) Sure, you may take your time.

(B) I can access my computer with this card.

(C) Yes, I turned it in yesterday.

(D) Yes, we will surely meet.

[유제] Their new model of car is so popular that they had to open a new factory to <u>meet the demand</u>. [01.사법시험]

(A) raise   (B) rebut   (C) create   (D) cancel   (E) satisfy

13.동덕여대/07.한성대.토익.Teps

13101 A government's economic resources must not be <u>used up</u>. [03.경기대]

(A) denounced   (B) depleted   (C) deposited   (D) devoured

05.삼육대/03.경기대/02.동아대
96.연세대학원.토플.Teps

13201 I haven't got a can opener, but this knife will <u>serve my turn</u>. [94.서울대학원]

(A) take the place of me   (B) suit my purpose

(C) help my turning   (D) protect me

94.서울대학원

13202 There are rare instances when justice almost ceases to be an abstract conception. Reward or punishment are given quite independent of human interference. At such times, justice acts like a living force. When we use a phrase like "_____," we are, in part, admitting that a certain set of circumstances has enabled justice to act of itself. [98.법원직]

(A) It serves him right.   (B) No pains, no gains.

(C) The end justifies the means.   (D) A rolling stone gathers no moss.

07.인천시9급/98.법원직.Teps

13301 When you write your personal statement for a job, don't hesitate to <u>blow your own horn</u>. [00.행정고시]

(A) be explicit about your weakness   (B) hide your private matters

(C) do a great job in the show   (D) be honest about yourself

(E) brag about your achievements

11.명지대/09.경찰/06.경북9급
01.계명대/00.행.외.지시/93.기술고시

13001 (D) 사장들은 가격문제에 있어 우리와 타협할 준비가 되어 있다.
- (A) argue with ~와 다투다
- (B) share with ~와 나누다
- (C) break off with ~와 절교하다
- (D) compromise with ~와 타협하다

meet (sb) halfway
타협하다(=compromise with sb)
cf. all-or-nothing 〈07 동국대〉
전부가 아니면 전무(全無)와, 타협의 여지가 없는

13002 (A) 포커게임에는 단순한 게임 이상의 그 무엇이 있다.
- (A) 단순한 게임 이상의 어떤 것이 있다
- (B) 즐길만한 어떤 것이 있다
- (C) 불만족한 어떤 것이 남아 있다
- (D) 심각하게 생각할만한 어떤 것이 있다
- (E) 게임 이상의 어떤 것도 없다

There is more than meets the eye.
눈에 보이는 것 이상의 것이 있다.
숨겨진 것[깊은 사연]이 있다.

13003 (C) 과학자와 공학자들은 지구의 환경을 지키려는 우리의 노력들이 아직 목표를 달성하지 못했다고 종종 말하곤 한다.

meet the mark[goal/target]
목표에 도달하다(=achieve the goal), 목표를 달성하다

13004 (C)

> A: 마감기한을 맞출 수 있었어요? * meet the deadline 마감기한에 맞추다
> B: _____

- (A) 물론이죠. 천천히 하세요. * take your time 천천히 하다
- (B) 이 카드로 내 컴퓨터에 접속할 수 있습니다.
- (C) 네. 어제 제출했어요. * turn in 제출하다
- (D) 네. 확실히 맞출 겁니다. * 질문이 과거형이므로 답이 안 됨

meet the deadline
마감기한에 맞추다
cf. meet the demand[needs] 요구를 충족시키다 〈이사법시험〉

(E) 그들의 신형 모델의 차는 매우 인기가 있어서 그들은 수요를 맞추기 위해서 새 공장을 열어야 했다. * meet the demand[needs] 요구를 충족시키다
- (A) raise 올리다, 인상하다
- (B) rebut 반박하다
- (E) satisfy 만족시키다

13101 (B) 정부의 경제 자원은 고갈되어서는 안 된다.
- (A) denounce 공공연히 비난하다
- (B) deplete 고갈시키다
- (C) deposit 두다
- (D) devour 게걸스럽게 먹다

use * up sth
소모하다(=consume); 고갈되다(=deplete);
지치게 하다; 죽이다

13201 (B) 나는 깡통따개를 가지고 있지 않지만, 이 칼이면 될 것이다.

serve one's turn
도움이 되다, 목적에 적합하다(=suit one's purpose)

13202 (A) 정의가 거의 추상적인 관념에 그치는 드문 사례들이 있다. 보상과 처벌은 인간의 참견과는 완전히 독립적으로 주어진다. 그럴 때에는 정의는 살아 있는 힘과 같이 작용한다. 우리가 "꼴좋다" 같은 관용구를 쓸 때에는, 우리는 어떤 일련의 상황들이 정의가 저절로 실행되게 하는 것을 가능하게 했다는 것을 부분적으로 인정하는 것이다.
* in part 부분적으로 of itself 저절로

**It serves you right. /
Serve you right.**
〈회화〉 아이, 고소하다; 그것 참 쌤통이다; 꼴좋다

13301 (E) 일자리를 구하기 위한 자기 소개서를 쓸 때에는, 자기 자랑하는 것을 주저하지 마라.
- (A) 당신의 약점에 대해 분명히 하다
- (B) 당신의 사적인 문제들을 숨기다
- (C) 쇼에서 대단히 잘해내다.
- (D) 당신 스스로에 정직하다
- (E) 당신의 업적을 자랑하다 * brag about ~을 자랑하다

blow[toot] sb's own horn[trumpet]
자랑하다(=brag about sb/sth), 떠벌리고 다니다
= blow one's own trumpet 자화자찬하다(=boasted of one's work)
= toot one's own horn 허풍을 떨다
= brag about sb/sth 자랑하다
= plume oneself on(upon) sth ~을 자랑하다
= pride oneself on sth 자랑하다
= take pride in sth ~을 자랑하다, 긍지를 가지다

보충이디엄

기본동사 meet

meet up with sb/sth ~와 만나다
meet one's Waterloo 오랜 기간 승리 후에 마침내 패배하다
meet one's death[end] 죽다, 최후를 맞이하다
meet with opposition[disapproval] 반대 등에 부딪치다
meet with an accident 사고를 당하다

기본동사 use

use one's head[bean/noodle/noggin] 머리를 쓰다
use strong language 불온한 언사를 하다, 욕을 하다
be of no use 쓸모가 없다, 보람이 없다 ↔ **be of use** 쓸모가 있다, 유용하다

기본동사 serve

serve notice 발표하다, 통지하다 **serve up** 음식을 제공하다
serve one's time 근무 연한을 치르다, 재직하다; 복역하다

기본동사 blow

blow the lid off (sth) (추문 · 부정 등을) 폭로하다(=reveal)
blow one's cover 신원 · 정체 등을 폭로하다
blow the whistle (on sb) ~을 밀고하다, 고자질하다 cf. whistle-blower 내부고발자
blow a fuse 몹시 화내다 **blow[let] off steam** 울분을 토하다, 감정을 발산시키다
blow up 폭파하다, 파열하다; 노하다; (소문 등을) 과장하여 말하다
blow hot and cold (칭찬했다가 비난하는 등) 변덕스럽다
blow one's chances 기회를 날려버리다
Blow it! 제기랄! * 실수로 인해 안 좋은 결과가 나왔을 때 뱉는 말

기본동사 boil

boil down to sth 결국 ~이 되다, 요약되다; 졸이다
boil up (sth) (음식이나 물을) 끓이다; 화가 치밀어 오르다
boil over (물 등이) 끓어 넘치다; 노발대발하다
have a low boiling point 끓는점이 낮다, 쉽게 화를 낸다
make sb's **blood boil** ~를 매우 화나게 하다

기본동사 burn

be burning with rage[desire] 분노[욕망]으로 불타다
be burning to R 몹시 ~하고 싶어 하다
be[get] burned (~에 의해) 감정을 상하다
burn one's fingers / get one's fingers burned
(특히 사업에서 겁 없이 덤비다가) 혼쭐이 나다
burn sb **in effigy** (시위 등에서) 독재자 등을 모형으로 만들어 화형에 처하다
burn sb **at the stake** 화형에 처하다
burn the candle at both ends 밤낮으로 혹사하다
burn the midnight oil 밤늦게까지 공부하다[일하다]
burn out (st) / **burn oneself out** 다 타버리다; (연료가) 떨어지다; 정력을 다 소진하다
burn up sb/sth 잿더미로 만들다; ~을 매우 화나게 하다

기본동사 die

die laughing 우스워 죽다, 포복절도하다 **die hard** 끝까지 저항하다
die a natural death 자연사하다 **die of + 병명** ~으로 죽다
die of boredom 매우 지루해하다, 지루해 죽다
die out[away, off] 차차 소멸하다, 죽어 없어지다
die young 요절하다

기본동사 kill

kill time 시간을 죽이다, 소일하다 cf. kill-time 심심풀이 오락 time killer 심심풀이
kill two birds with one stone 일석이조하다
kill oneself to R ~하려고 필사적인 노력을 하다
kill to R 매우 ~하고 싶어하다
be dressed to kill 홀딱 반할 만한 옷차림을 하고 있다
kill oneself laughing 우스워 죽다, 포복절도 하다
kill the engine 엔진을 끄다

기본동사 grow

grow up 다 자라다, 성인이 되다
- **grown-up** 성인, 어른; 성인용의(=adult) - **Grow up!** 나잇값을 해라!
grow out of sth 너무 커서 옷 등이 맞지 않게 되다(=outgorw)
(~의 결과로) 생겨나다, 비롯되다
grow on sb 점점 좋아하게 되다; 점점 자라다 * 사물이 주어

기본동사 raise

raise an objection to sb/sth ~에 반대하다, 이의를 제기하다
raise one's voice (to sb) 목소리를 높이다, 이의를 제기하다
raise one's hand 손을 들어 올리다
raise one's head 얼굴을 들다(출석했음을 알리다), 나타나다
raise one's eyebrows (놀라서) 눈썹을 치켜 올리다
raise funds[money] (for charity) (자선) 기금을 모집하다
raise hell / raise the devil 소동을 일으키다, 소란을 피우다

기본동사 rise

rise (up) against sb/sth ~에 대항해 반란을 일으키다
rise to the occasion 난국이나 위기에 잘 대처하다
rise in life / rise in the world 출세하다
give rise to sth ~을 발생시키다, ~의 근원이다
on the rise (물가 등이) 오름세에 있는 **sunrise** 일출 ↔ **sunset** 일몰

기본동사 reach

reach an agreement with sb ~와 합의에 도달하다
How can I reach you? 당신과 어떻게 연락하면 되나요?
reach breaking point 한계에 이르다
reach the boiling point 비등점에 달하다
beyond reach 손이나 힘이 미치지 않는 곳에 ↔ **in reach** 손이 닿는 곳에
reach for the stars 이룰 수 없는 일을 바라다
reach[hit] one's stride 혼신을 다하다

기본동사 stick

stick around (한 장소에서) 떠나지 않고 기다리고 있다
stick to sth ~에 달라붙다, 집착하다
stick to one's guns 입장을 고수하다
stick with[by] sb/sth ~에 충실하다, 유지 · 고수하다
stick together 똘똘 뭉치다, 단결하다
stick out 돌출하다; 불쑥 나오다; 눈에 띄다
stick out like a sore thumb 매우 눈에 띄다
stick[hold] out for sth (임금 인상 등을) 끝까지 요구하다
stick one's neck out 위험을 자초하다
be stuck on sb ~에게 반하다, 홀딱 빠지다
be stuck for sth ~이 부족하다

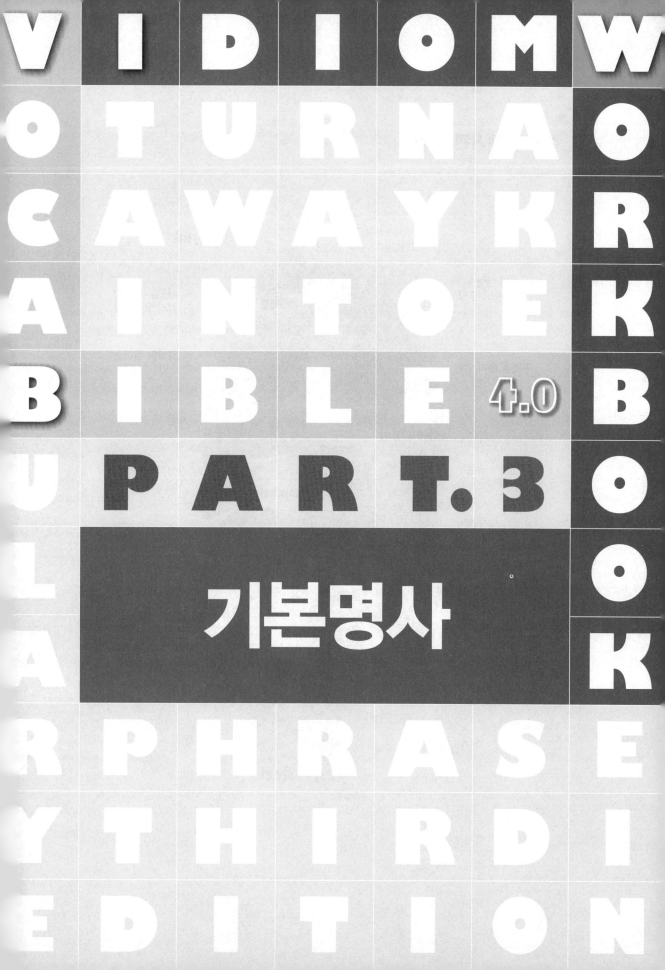

주요 신체기관 설명

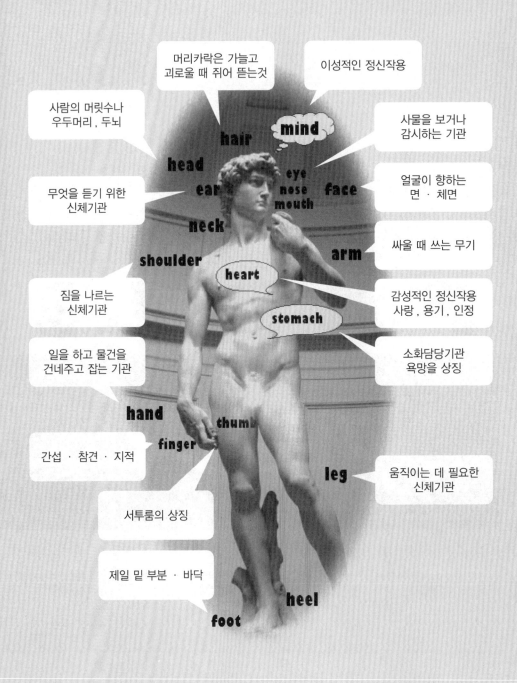

머리카락은 가늘고
괴로울 때 쥐어 뜯는것

이성적인 정신작용

사람의 머릿수나
우두머리 , 두뇌

사물을 보거나
감시하는 기관

얼굴이 향하는
면 · 체면

무엇을 듣기 위한
신체기관

싸울 때 쓰는 무기

짐을 나르는
신체기관

감성적인 정신작용
사랑 , 용기 , 인정

일을 하고 물건을
건네주고 잡는 기관

소화담당기관
욕망을 상징

간섭 · 참견 · 지적

움직이는 데 필요한
신체기관

서투룸의 상징

제일 밑 부분 · 바닥

hair
mind
head
eye
nose
mouth
face
ear
neck
arm
shoulder
heart
stomach
hand
thumb
finger
leg
foot
heel

head/brain/hair
N. 머리 → 두뇌 → 이해력; 머리 → 우두머리 → 첫머리, 선두
V. 선두에 서다, 전진하다, ~쪽으로 향하다
cf. brain 두뇌, 지능; 똑똑한 사람
cf. hair 머리털, 체모; 털끝만한 것

face
face에는 우리말의 "얼굴을 못 들겠다"에서처럼 "체면"의 의미가 있고 "面(낯 면)"의 의미가 그대로 있다.

N. 얼굴, (pl.) 찌푸린 얼굴 → 표면, 겉모양 → 체면(體面)
V. (~쪽으로) 향하다, 문제 등에 직면(直面)하다

기타 신체부분
* tongue : 혀 → 말 → 언어 → 말주변, 언변
* tooth[pl. teeth] : 이 → 사람에게는 음식을 씹는 신체기관이지만 동물에게는 무기이기도 하다.
* throat : 목구멍, 목소리
* neck : 목, 목부분
* ear : 귀 → 청각 → 경청
* eye : 눈 → 시력 → 관찰력 → 감시의 눈
* nose : 코 → 직감 → 참견

hand
hand는 물건을 주고받고 일을 하며, 물건을 쥐는 신체의 구성 부분이다.
1. (일을 하는 손) → 일손, 일꾼, 돕기 〈16사회복지9급〉
2. (물건을 쥐는 손) → 관리, 지배; 소유; 참견, 관여;
   (시계 등의) 바늘
3. V. 건네주다, 넘겨주다
* palm: 손바닥으로서 주로 뇌물을 받거나 남을 속이는 부분이다.
* finger: 손가락 → 만지작거리다 → 삿대질 → 모욕 → 참견
* nail: 손톱, 발톱; 못; 못을 박다, 명중시키다
* thumb : 엄지손가락 → (뭉툭함에서) 서투름
* shoulder : 어깨 → 책임을 지는 능력

foot
foot : 발; 걸음, 도보; 산의 기슭, 최하부; 지불하다
* heel : "뒤꿈치"라는 의미에서 "뒤를 쫓다"라는 의미가 생성된다.

back
1. N. 등 → (1) 짐을 지는 수고 → (2) 뒷면 → 배후
   V.후원하다, 지지하다; 후진시키다, 뒤로 물러서다
2. A. 뒤의, 배후의, 외딴; 되돌아가는, 거꾸로의
   Ad. 뒤로, 후방의, 돌려주어

13501 He came down <u>topsy-turvy</u> and received a bump on the head. 입사]

(A) to a great extent   (B) in advance

(C) head over heels   (D) in private

13502 다음 대화 중 빈칸에 들어갈 말로 적당한 것은? [07.광운대]

> A: This book on computers is way over my head.
> B: _____.

(A) Over your head? It should be in front of your desk!

(B) Here, try this book. It's more difficult.

(C) OK! I'll return the book to the local library.

(D) Why don't you start with an easier book?

13503 We are in a difficult situation, let's settle back and <u>put our heads together</u>. 입사]

(A) rack our brains   (B) count our heads

(C) get the whole picture   (D) rush forward with efforts

13504 Less than two decades after the U.S. Congress outlawed job discrimination on the basis of race, sex, national origin, religion and age, discrimination in hiring is raising its ugly _____ again. Today's new targets are smokers. [16.가천대]

(A) head   (B) outlaw

(C) smoke   (D) paycheck

13505 ★ Where you _____ for obviously depends on your tastes and the kind of vacation you want. [07.국민대]

(A) take   (B) head

(C) work   (D) send

13506 ★★ <u>To head off</u> trouble, Carter invited Senator Jackson to a White House breakfast. [94.군법무관]

(A) to reduce   (B) to discuss

(C) to block   (D) to forget

(E) to ignore

13507 밑줄 친 부분에 들어갈 말로 가장 적절한 것을 고르시오. [17.지방직9급]

> A: What are you getting Ted for his birthday? I'm getting him a couple of baseball caps.
> B: I've been _____ trying to think of just the right gift. I don't have an inkling of what he needs.
> A: Why don't you get him an album? He has a lot of photos.
> B: That sounds perfect! Why didn't I think of that? Thanks for the suggestion!

(A) contacted by him   (B) sleeping all day

(C) racking my brain   (D) collecting photo albums

13601 ★★ You'll _____, if you don't keep the promise with your friends. [99-2.한성대]

(A) lose face   (B) make a long face

(C) put a new face   (D) save face

13501 (C) 그는 거꾸로 떨어졌고 머리에 혹이 났다. * bump 혹
    (A) to a great extent 상당한 정도까지
    (B) in advance 미리
    (C) head over heels 거꾸로
    (D) in private 사적으로

13502 (D)

> A: 이 컴퓨터에 관한 책은 내게 너무 어렵다. * way 〈강조〉 훨씬 너무
> B: _____

    (A) 네 머리 위에? 그건 네 책상 앞에 있을 거야!
    (B) 자, 이 책으로 해 봐. 이건 더 어려워.
    (C) 좋아! 난 그 책을 지역도서관에 반환할거야.
    (D) 좀 더 쉬운 책으로 시작하는 게 어때?

13503 (A) 우리는 어려운 상황에 있다. 따라서 느긋이 하고 머리를 짜내보자.
    (A) rack one's brains 머리를 짜내다
    (B) count heads 머릿수를 세다
    (C) get the whole picture 완전히 이해하다

13504 (A) 당 미국 의회가 인종, 성, 국적, 종교, 그리고 나이를 근거로 차별을 금지한 지 20년이 채 지나지 않은 지금, 고용에 있어서 차별은 다시금 추악한 얼굴을 들고 있다. 오늘의 새로운 대상은 흡연자들이다. * outlaw 금하다, 불법화하다 discrimination 차별

13505 (B) 당신이 어디로 가는가는 명백히 당신의 취향과 원하는 종류의 휴가에 달려있다.

13506 (C) 문제를 미연에 방지하기 위하여, 카터는 잭슨 상원의원을 백악관 조찬에 초대했다.
    (A) reduce 감소하다   (B) discuss 토론하다
    (C) block 막다   (D) forget 잊다
    (E) ignore 무시하다

13507 (C)

> A: Ted에게 생일선물로 뭘 줄거니? 난 그에게 모자 몇 개를 줄 거야.
> B: 나는 적당한 선물이 뭘 지에 대해 머리를 쥐어짰어. 그가 필요한 것이 뭔지 모르겠어.
>   * have[get] an inkling of 짐작하다, 알아채다
> A: 그에게 앨범을 사주는 게 어때? 그는 사진이 많잖아.
> B: 멋진 생각인데 나는 왜 그걸 생각 못 했을까? 제안 고마워.

    (A) 그로부터 연락을 받다   (B) 하루 종일 잤다
    (C) racking my brain 머리를 짜내다   (D) 앨범을 모으다

13601 (A) 친구들과의 약속을 지키지 않는다면, 당신은 체면을 잃게 될 것이다.
    (A) lose face 체면을 잃다
    (B) make a long face 얼굴을 찌푸리다
    (C) put a new face 국면을 새롭게 하다
    (D) save face 체면을 지키다

---

head over heels
1. 거꾸로(=upside down, topsy-turvy)
2. 충동적으로, 무턱대고(=impulsively; carelessly)
3. 사랑에 깊이 빠져
cf. fall head over heels in love 사랑에 빠지다

over one's head
~에게 이해가 되지 않는(=above one's head)
cf. go over one's head
    1. ~에게 너무 어렵다
    2. ~의 윗사람[상사]에게로 가다

put one's heads together
머리를 맞대고 의논하다, 머리를 짜내다
= rack[cudgel/drag/beat] one's brains
  머리를 짜내다, 궁리하다
cf. use one's head 머리를 쓰다, 생각하다

raise[rear] its[one's] (ugly) head
(나쁜 것이) 고개를 쳐들다, 다시 나타나다

head (for 장소) / be headed for 장소
~으로 향하게 하다; ~로 향하다

head * off sb/sth
1. ~을 막다, 가로막다, 저지하다
  (=forestall, block off sb/sth)
2. (방침·방향 등을) 바꾸다; 떠나다(=leave)

rack one's brain(s) (over sth)
생각해 내려고 머리를 쥐어짜다

lose (one's) face
창피를 당하다, 체면을 잃다(=be humiliated in front of others)
= have egg on one's face 체면을 구기다; 창피를 당하다
  ↔ save one's face 체면을 지키다, 체면을 세우다

13602 The proposal to introduce I.D. cards <u>flies in the face of</u> the British political traditions. [입사]

(A) goes against   (B) agrees with

(C) causes trouble to   (D) disturbs

입사.토플

13603 ★ 다음 빈칸에 공통으로 들어갈 적절한 표현은? [기출문제종합]

> 1) Clients should know better than to take the advice of a wholesaler at face _____ . [15한양대]
> 2) The letter, if we take it at face _____, suggests that Richard is quite happy in his job. [96서울대학원]

(A) psychology   (B) example

(C) value   (D) attitude

15한양대, 96서울대학원

13604 We must <u>face up to</u> the fact that there is a great deal we cannot know. [03사법시험]

(A) deny   (B) avoid

(C) accept   (D) decline

(E) conceal

03사법시험

13605 The new government did an _____ in its foreign policy. [예상]

(A) Left-face   (B) Right-face

(C) face-off   (D) about-face

13고려대

13701 ★ An ambitious young teacher talked a lot about the new subject area of General Thinking Skills, <u>with tongue in cheek</u>, but never actually got around to teaching it. [95기술고시]

(A) roughly   (B) ashamedly

(C) insincerely   (D) passionately

(E) disinterestedly

14한양대/95기술고시

13801 다음 빈칸에 들어갈 말로 적당한 것은? [06서울시소방직]

> A: What are your symptoms?
> B: I have a headache, a _____ throat, a slight fever.

(A) sore   (B) stuffed   (C) stiff   (D) sick

06서울시소방직

13802 ★ His voice came out in a hoarse whisper and he _____ his throat. [예상]

(A) cut   (B) cleared   (C) choked   (D) jumped down

95.고려대/88.경북7급/토플

13803 다음 빈칸에 들어갈 가장 알맞은 표현은? [13동덕여대 변형]

> A: The race was _____ from beginning to end.
> B: It must have been exciting.

(A) cheek to cheek   (B) neck and neck

(C) tooth for tooth   (D) shoulder to shoulder

13동덕여대

13901 When she heard her name mentioned, she was <u>all ears</u>. [토플]

(A) surprised   (B) glad   (C) disappointed   (D) attentive

토플.Teps

13602 (A) 신분증명카드를 도입하려는 그 제안은 영국의 정치적 전통을 거스르는 것이다.

(A) go against ～에 거스르다   (B) agree with 동의하다
(C) cause trouble to 말썽을 일으키다   (D) disturb 방해하다

fly in the face of sb/sth
(공공연히) 반대하다(=go against sth), 대놓고 거역하다

13603 (C)

> 1) 고객들은 도매업자의 조언을 액면 그대로 받아들일 만큼 어리석어서는 안 된다.
>   * know better than to do ～할 정도로 어리석지 않다
> 2) 우리가 그 편지를 액면 그대로 받아들이자면, Richard는 그의 직업에 매우 행복해하고 있다.

(A) psychology 심리학   (B) example 실례
(C) value 값, 가치   (D) attitude 태도

take sth **at face value**
～을 액면 그대로 받아들이다, 곧이곧대로 믿다

13604 (C) 우리는 우리가 알지 못하는 많은 것이 있다는 사실을 받아들여야 한다.

(A) deny 부정하다, 거절하다   (B) avoid 피하다
(C) accept 받아들이다   (D) decline 거절하다
(E) conceal 숨기다, 감추다

face up to sth
(정면으로) 맞서다, ～을 인정하고 받아들이다(=accept)
cf. **face the music** 당당히 벌을 받다, 잘못을 인정하다
   - **face the fact** (나쁜) 사실을 받아들이다
   - **(Let's) face it.** 사실을 직시하자, 터놓고 보자.
   - **face it out** (비난, 혹평 등을) 아무렇지 않게 여기다

13605 (D) 새로 들어선 정부는 외교정책에 있어서 급선회했다.

(A) Left-face 좌향좌   (B) Right-face 우향우
(C) face-off 대결   (D) about-face 180도 전환

about-face
뒤로 돌기, (태도 등의) 180도 전환

13701 (C) 한 야망에 찬 젊은 교사가 일반적인 사고기술이란 새로운 분야에 관하여 많은 이야기를 했지만 성의가 없었다. 사실 그 선생은 그것을 가르칠 만한 여유가 없었다.
   * get around to sth ～할 시간을 내다, ～할 여유가 생기다

(A) roughly 대략적으로   (B) ashamedly 부끄러워서
(C) insincerely 성의 없이   (D) passionately 열정적으로
(E) disinterestedly 공평하게, 무관심하게

with tongue in cheek
성의 없이, 진지하지 않게, 농담조로(=insincerely)

13801 (A)

> A: 증상이 어떠세요?
> B: 두통이 있어요, 목이 따끔거리고 약간의 열이 있어요.

have a sore throat
목이 아프다

13802 (B) 목소리가 쇳소리가 나기 시작해서 그는 목청을 가다듬었다.

clear one's throat
(말을 시작하기 전에) 헛기침을 하다,
목청을 가다듬다

13803 (B)

> A: 그 경주는 시작부터 끝까지 막상막하였어.
> B: 재미있었겠다.

(A) cheek to cheek 뺨에 뺨을 맞대고   (B) neck and neck 막상막하로
(C) tooth for tooth 이에는 이   (D) shoulder to shoulder 협력하여

neck and neck
막상막하로, 대등하게

13901 (D) 그녀는 자신의 이름이 언급되는 것을 들었을 때 열심히 귀 기울였다.

be all ears
열심히 귀 기울이다(=listen, give all one's attention)
↔ **turn a deaf ear to** sb/sth
   ～에 조금도 귀 기울이지 않다, 듣고도 못 들은척하다

13902 She was sorry to tell her husband that she couldn't keep the appointment. She was <u>up to her eyes in</u> work at that moment. [13.지방직9급]

(A) interested in   (B) prepared for

(C) released from   (D) preoccupied with

13903 다음 빈칸에 알맞은 속담표현은? [06.경기교행]

> A: Isn't this a beautiful house? Your mother-in-law is a great decorator.
> B: Yes, But I think the colors are too dark and gloomy, like her personality.
> A: Shhh! Be careful. You think she's in the other room. Someone may hear you.
> B: You're right. _____

(A) The early bird catches the worm.

(B) Nothing ventured, nothing gained.

(C) A tree is known by its fruit.

(D) Walls have ears.

14001 She <u>has an eye for</u> music. [99.경찰]

(A) has only one ear for   (B) has the ability of appreciating

(C) knows or nothing of   (D) is hard of hearing

14002 Almost everyone <u>has an eye to</u> his own advantage. [입사]

(A) pays attention to   (B) searches the hob for

(C) makes an effort for   (D) arranges the business for

14003 The young girl <u>gets starry-eyed</u> whenever she mentions the young man's name. [01.경기대]

(A) looks sad   (B) becomes visionary

(C) feels drowsy   (D) closes her eyes

14004 Keep me as <u>the apple of the eye</u>, hide me under the shadow of thy wing. [03.101단]

(A) cause of contention   (B) something precious

(C) the lord to one   (D) your slave

14101 다음 빈 칸에 들어갈 말로 적당한 것은? [08.서울시 세무직9급]

> A: Can you tell me the way to the post office?
> B: Yes, go straight down the street, just follow your _____.

(A) legs   (B) eyes   (C) head   (D) nose   (E) line

14201 다음 대화 중 빈 칸에 들어갈 말로 적당한 것은? [01.번리사]

> A: I've been waiting for an hour almost.
> B: We are sorry, but _____
> A: Why don't you hire some more cashiers then?
> B: I'm afraid I can't do anything about it.

(A) don't cut in line.   (B) we are in line.

(C) we are shorthanded.   (D) line in busy.

(E) hold the line.

13902 (D) 그녀는 약속을 지키지 못할 것을 남편에게 말하게 되어 미안했다. 그녀는 그때 일에 파묻혔었다.

(A) be interested in ~에 관심이 많다　　(B) be prepared for 대비하고 있다
(C) be released from ~에서 풀려나다　　(D) be preoccupied with ~에 집착하다

be up to one's ear [eye/eyeball/neck] in sth
~에 바쁘다(=be busy);
~에 파묻히다(=be preoccupied with)

13903 (D)

A: 집이 참 아름답지 않니? 네 시어머님은 대단한 장식가야.
B: 그래, 그러나 그녀의 성격처럼 색조가 너무 어둡고 우울하다고 생각해.
　* gloomy 우울한 personality 성격, 개성
A: 쉿 조심해. 그녀가 다른 방에 있다는 걸 명심해. 누군가 네 말을 들을지 몰라.
B: 맞아. 벽에도 귀가 있으니까.

(A) 일찍 일어나는 새가 벌레를 잡는다.
(B) 모험이 없으면 얻는 것도 없다. 호랑이 굴에 가야 호랑이를 잡는다.
(C) 나무는 그 열매로써 알려진다. 사람은 말보다 행동으로 판단된다.
(D) 벽에도 귀가 있다 or 밤 말은 쥐가 듣고 낮말은 새가 듣는다.

The walls have ears.
〈속담〉 세상에 비밀은 없는 법이다.
누군가 들을지 모르니 말조심해라.

14001 (B) 그녀는 음악에 조예가 깊다.

(B) appreciate 감상하다, 진가를 알다

have an eye for sth
~을 보는 눈이 있다(=have good judgement for sth);
기호나 취향을 가지다
cf. have an ear for sth ~를 듣는 귀가 있다, ~에 조예가 깊다

14002 (A) 거의 모든 사람들은 자신의 이익에 주안점을 둔다.

(A) pay attention to ~에 주목하다　　(B) hob 선반, 요리판
(C) make an effort 노력하다

have an eye to sb/sth
1. ~에 눈독을 들이다; ~에 주안점을 두다
　(=pay attention to)
2. 주의하다(=keep an eye on sb/sth), ~을 돌보다

14003 (B) 어린 소녀는 그 젊은 청년의 이름을 들먹일 때마다 몽상에 찬 눈빛이다.

(B) visionary 환영의, 공상적인　　(C) drowsy 졸리는

starry-eyed
몽상에 찬 눈빛의; 비실제적인

14004 (B) 나를 소중히 여겨 주시어 당신의 그늘 아래 숨겨주소서.

the apple of the[one's] eye
눈에 넣어도 안 아픈 것, 매우 소중한 사람[것]
(=something precious)

14101 (D)

A: 우체국으로 가는 길 좀 알려 주실 수 있나요?
B: 예, 거리를 따라 죽 내려 가셔서 똑바로 가시면 되요.

follow one's nose
똑바로 가다(=go straight on); 본능적으로 행동하다

14201 (C)

A: 나는 거의 한 시간이나 기다렸어요.
B: 죄송합니다만, 일손이 부족해서요.
A: 왜 당신들은 출납원을 좀 더 고용하지 않아요?
B: 그 부분은 제가 아무것도 할 수 없어서 유감입니다.

(A) don't cut in line. 새치기하지 마세요.
(B) we are in line. 줄 서있는 중입니다.
(C) we are shorthanded. 우리는 일손이 부족해요.
(D) line is busy. 통화 중이네요.
(E) hold the line. (전화를) 끊지 말고 기다리세요.

shorthanded
일손이 부족한, 인원이 부족한
cf. shorthand 속기; 속기하다

14202 다음 빈 칸에 들어갈 말로 적당한 것은? [99-2동덕여대]

> A: John is an _____ at plumbing.
> B: Do you know where he lives now?

(A) elder man   (B) old craft

(C) old hand   (D) few talk

14203 다음 글의 제목으로 알맞은 것은? [98.경찰]

> The habit of shaking hands goes back to the old days. When you met someone on the road, it became customary to extend your hands to show that you were carrying no weapons. This gradually developed into the handshake.

(A) The origin of shaking hands   (B) How to shake hands

(C) How to carry weapons   (D) Weapons and shaking hands

14204 다음 빈 칸에 들어갈 가장 알맞은 것을 고르시오. [04.여자경찰]

> M: Do you like to watch TV?
> W: Yes, I enjoy it very much. It's actually my favorite way to relax.
> M: How about sewing?
> W: _____

(A) I'm not very good with my hands.   (B) I don't like this song.

(C) I missed the show.   (D) I also listen to music.

14205 Please, _____ your hand if you want to ask the teacher a question. [02.계명대]

(A) rise   (B) push   (C) raise   (D) elevate

14206 You may succeed or fail in doing something. If you fail, who is to blame? It is you that is to blame. On the other _____, if you succeed, you are the very person who deserves to be praised for it. [예상]

(A) side   (B) part   (C) hand   (D) foot

14207 I heard the news <u>at first hand</u> from him. [사법시험]

(A) for the first time   (B) directly

(C) by whispering   (D) in the face of

(E) by gesture

14208 I gave him a difficult problem in algebra and he did it <u>off-hand</u>. [05-2명지대]
★
(A) at all   (B) at once

(C) by and by   (D) on and off

14209 You have to pay for this radio <u>beforehand</u>. [00.여자경찰]

(A) in advance   (B) in cash

(C) on credit   (D) later

14210 When the gods take a _____ the matter, it is pardonable to observe the result with complacency. [경원대]

(A) hand over   (B) hand down   (C) hand in   (D) hand out

14202 (C) A: 존은 배관 쪽에서는 숙련공이야. B: 그가 어디 사는지 아니?	**an old hand** 노련한 사람, 숙련자, ~통 (=a person who is very experienced)

14203 (A)

악수를 하는 습관은 과거로 거슬러 올라간다. 사람이 길에서 누군가를 만났을 때, 자기가 무기를 가지고 있지 않음을 보여주기 위해 손을 뻗는 것이 관습이 되었다. 이것이 점진적으로 발전하여 악수가 되었다.

(A) 악수하는 것의 기원   (B) 악수하는 방법
(C) 무기를 휴대하는 방법   (D) 무기와 악수

shake hands
악수를 하다
cf. hand가 필요적 복수명사를 취하는 경우
- **rub one's hands** 사과하다, 부탁하다
- **put one's hands up** 〈영·구어〉항복하다
- **clap one's hands** 손뼉을 치다
- **have one's hands full** 매우 바쁘다
→ **have one's hands free** 할 일이 없다
cf. handshake 악수

14204 (A)

M: TV 보는 것을 좋아하세요?
W: 예, 매우 즐겨요. 긴장을 푸는 데 제가 가장 좋아하는 방법입니다.
M: 바느질은 어떠세요?
W: _____.

(A) 전 손재주가 없어요.   (B) 이 노래를 싫어해요.
(C) 쇼를 놓쳤네요.   (D) 저 또한 음악을 들어요.

be good[clever] with one's hands
손재주가 좋다

14205 (C) 여러분들이 선생님께 질문하기를 원한다면 손을 들어주세요.
(A) rise 오르다, 일어서다   (C) raise 올리다. 일으키다

raise one's hand
손을 들다
cf. raise an objection 이의를 제기하다(=take exception)
cf. lift one's hand 맹세하다, 선서하다

14206 (C) 당신은 어떤 일을 함에 있어 성공할 수도 실패할 수도 있다. 만약 실패한다면 누구의 책임인가? 비난받아야 할 사람은 당신이다. 반면에. 당신이 성공한다면 칭찬받아 마땅한 사람도 바로 당신이다.

on the other hand
한편으로는, 반면에

14207 (B) 나는 그 소식을 그로부터 직접 들었다.
(A) for the first time 처음으로   (B) directly 직접
(C) by whispering 속삭임으로   (D) in the face of 면전에서
(E) by gesture 몸짓 손짓으로

at first hand
(이야기나 경험을) 직접, 바로(=directly)
↔ **at second hand** 간접적으로(=indirectly)

14208 (B) 나는 그에게 대수학에서 어려운 문제를 하나 냈는데 그는 그것을 즉시 풀어버렸다.
   * algebra 대수(학)
(A) at all 〈부정문〉 전혀   (B) at once 즉시
(C) by and by 이윽고, 곧   (D) on and off 이따금씩

offhand / off-hand
즉시(=at once, immediately), 그 자리에서, 즉석에서;
즉흥적인(=impromptu, ad-lib)
cf. on hand 가까이에, 눈앞에, (가지고 있거나 바로 옆에 있어) 이용 가능한
cf. at hand 가까이에, 가까운 곳에
cf. hands-off 불간섭의

14209 (A) 이 라디오를 사기 위해서는 미리 지불해야 한다.
(A) in advance 미리   (B) in cash 현금으로
(C) on credit 외상으로   (D) later 나중에

beforehand
이전에, 미리(=in advance)

14210 (C) 신들이 그 문제에 관여할 때에 만족에 겨워하면서 그 결과를 관찰하는 것은 용서가 된다.
(A) hand over 넘겨주다   (B) hand down (후세에) 전하다
(C) take a hand in 관여하다   (D) hand out 나누어주다, 배포하다

take a hand in sth
~에 참가하다, ~에 관여하다
(=take part in, participate in sth)
↔ **wash one's hands of** sb/sth ~에서 손을 떼다

14211 두 사람의 대화 내용 중 가장 어색한 것은? [16.사회복지9급]

(A) A: I don't think I can finish this project by the deadline.
B: Take your time. I'm sure you can make it.

(B) A: Mom, what do you want to get for Mother's Day?
B: I don't need anything. I just feel blessed to have a son like you.

(C) A: I think something's wrong with this cake. This is not sweet at all!
B: I agree. It just tastes like a chunk of salt.

(D) A: Would you carry this for me? I don't have enough hands.
B: Sure, I'll hand it over to you right away.

14212 They began to bet on the games and he was losing money _____. [입사]

(A) tooth and nail (B) hand and glove

(C) neck and neck (D) hand over fist

14213 빈 칸에 공통으로 들어 갈 단어로 적당한 것은? [98.강남대]

> 1) The _____ of the clock show the time.
> 2) The house has changed _____.
> 3) Father has hired some new _____ on the farm.

(A) sticks (B) hands

(C) workers (D) sets

14214 She was annoyed by the manager's <u>high-handed</u> attitude. [예상]

(A) genteel (B) overbearing

(C) sarcastic (D) kind

14215 Mr. Duffy had a distaste for <u>underhand</u> ways and, finding that they were compelled to meet stealthy, he forced her to invite him to her house. [14.가천대]

(A) straightforward (B) devious

(C) ordinary (D) conventional

14216 ★ The elaborate bridal costumes of the coastal Indians are _____ from mother to daughter. [04.건국대]

(A) taken after (B) put by

(C) parted with (D) put on

(E) handed down

14217 ★★ The students were asked to <u>hand in</u> their papers till the next week. [04-2.영남대]

(A) submit (B) keep

(C) correct (D) give up

14218 He was standing at the door of the theater <u>handing out</u> leaflets. [93.행정고시]

(A) collecting (B) displaying

(C) distributing (D) wearing

(E) performing

14211 **(D)**
(A) A: 마감기한까지 이 프로젝트를 끝낼 수 있을 것 같지 않아.
B: 천천히 해. 넌 분명 해낼 수 있을 거야. * make it 성공하다. 해내다
(B) A: 엄마, 어머니의 날에 받고 싶은 것 있으세요?
B: 필요한 것 없어. 난 너 같은 아들이 있다는 것만으로 축복받았다고 생각해.
(C) A: 이 케이크가 뭔가 문제가 있는 것 같아. 전혀 달지가 않아. * not at all 전혀
B: 네 말이 맞아. 그냥 소금덩어리 맛이야. * chunk 덩어리
(D) A: 이것을 좀 들어주시겠어요? 제가 손이 모자라서요.
B: 그럼요. 제가 바로 넘겨드리도록 하겠습니다.(X) * hand over 넘겨주다

hand * over sb/sth
~을 넘겨주다, 양도하다

14212 **(D)** 그들은 게임에 돈을 걸기 시작했고, 그는 돈을 매우 많이씩 잃고 있었다.
(A) tooth and nail 필사적으로 　　　　(B) hand and glove 절친한
(C) neck and neck 막상막하로 　　　　(D) hand over fist 매우 많이씩

hand over fist[hand]
성큼성큼, 매우 많이씩
(=very quickly and in large amounts)

14213 **(B)**

1) 시계의 바늘은 시간을 보여준다. * hand (시계의) 바늘
2) 그 집의 주인이 바뀌었다. * change hands 소유주가 바뀌다
3) 아버지는 농장의 새 일꾼을 고용했다. * hand 일손, 일꾼, 고용인

change hands
소유주가 바뀌다

14214 **(B)** 그녀는 매니저의 고압적인 태도에 화가 났다.
(A) genteel 고상한 　　　　　　　(B) overbearing 고압적인
(C) sarcastic 빈정대는 　　　　　　(D) kind 친절한

high-handed
고압적인, 독단적인
cf. **heavy-handed** 가혹한, 냉정한 〈16서강대〉

14215 **(B)** Duffy씨는 부정한 방식에 대한 반감을 갖고 있는데 그들이 어쩔 수 없이 비밀리에 만난
다는 것을 알고서는 그녀가 그를 자기 집에 초대하도록 강요했다.
* be compelled to 할 수 없이 …하다 stealthy 은밀한
(A) straightforward 솔직한 　　　　(B) devious 부정직한
(C) ordinary 평범한 　　　　　　　(D) conventional 관습적인

underhand
비밀의, 부정직한(=devious), 야비한

14216 **(E)** 근해의 인디언들의 공들여 만든 혼례 의상은 어머니가 딸에게 물려주는 것이다.
(A) take after ~을 닮다 　　　　　(B) put by 비축하다
(C) part with ~을 내주다 　　　　　(D) put on 입다, ~인 체하다
(E) hand down (후세에) 전하다

hand * down sth
(문화 · 풍습 등을 후세에) 전하다(=bequeath);
(판결을) 선고하다
cf. **hand-me-down(s)** 물림옷, 헌 옷; 헌 옷의

14217 **(A)** 학생들은 다음 주까지 논문을 제출하도록 요청받았다.
(A) submit 제출하다 　　　　　　　(C) correct 정정하다
(D) give up 포기하다

hand * in sth
제출하다(=submit)

14218 **(C)** 그는 전단지들을 나누어 주면서 극장의 문에 서 있었다.
(A) collect 수집하다 　　　　　　　(B) display 전시하다, 진열하다
(C) distribute 배포하다 　　　　　　(D) wear 입고 있다, 휴대하다
(E) perform 공연하다

hand * out sth
1. (전단지 등을) 나누어주다(=give out sth)
2. 분배하다(=distribute)
cf. **handout** 광고 전단; (가난한 사람에게 주는) 동냥

14219 다음 대화의 밑줄 친 부분에 들어갈 알맞은 말은? [03.숭실대]

> A: Do you think Smith will be re-elected mayor of Chicago?
> B: He's already _____ so many _____, I'm sure he will.

(A) greased - palms
(B) oiled - hands
(C) smoothed - fingers
(D) shined - feet

14220 The jeweler <u>palmed off</u> a fake diamond on a customer. [05.경기대]

(A) bugged off
(B) foisted off
(C) ran off
(D) ticked off

14301 I'm getting my final exam results tomorrow. _____ for me! [06.건국대]
★

(A) Give a free hand
(B) Keep your fingers crossed
(C) Have a soft spot
(D) Find out how the land lies
(E) Come down to earth with a bang

14302 The director wants that report by midnight tonight: tell the writers to <u>pull their fingers out</u> and get working! [05.성균관대]

(A) stop being lazy
(B) push the doors
(C) get their pens ready
(D) quit complaining
(E) filling up the car

14303 The girls fought tooth and _____ like wild cats. [03-2.경기대]

(A) lip
(B) nail
(C) nose
(D) teeth

14401 밑줄 친 부분에 들어갈 표현으로 가장 적절한 것을 고르시오. [13.지방직9급]
★★

> A: Are you finished with your coffee? Let's go do the window display.
> B: I did it earlier. Let's go see it.
> A: Are you trying to bring customers in and scare them away?
> B: That bad? You know, _____ when it comes to matching colors.
> A: Don't you know navy blue never goes with black?
> B: Really? I didn't know that.

(A) I'm all thumbs
(B) every minute counts
(C) failure is not an option
(D) I jump on the bandwagon

14402 The man has _____ and has a very beautiful garden. [예상]

(A) a green thumb
(B) a rule of thumb
(C) a green hand
(D) a sticky fingers

14403 In contrast to an official rule or an exact measurement, _____ is a general principle or a rough estimate that has been shown by experience to work. [02.건국대]

(A) a rule of thumb
(B) sleight of hand
(C) a rod of iron
(D) measure for measure
(E) the law of the jungle

03.숭실대

05.경기대

05.성균관대

05.성균관대

03-2.경기대

13.지방직9급/03.고려대/01-2.한성대
00.공인회계사/00.세무사/97.경찰간부.Teps

07.서울시9급.Teps

02.건국대

14219 **(A)**

> A: 스미스가 시카고의 시장으로 재선될 거라고 생각하니?
> B: 그는 이미 많은 뇌물을 뿌렸어. 그가 될 거라고 확신해.

grease ⓢ's palm
~에게 뇌물을 건네다
= **gild ⓢ's palm** ~에게 뇌물을 주다
= **oil ⓢ's palm**
= **tickle ⓢ's palm**

14220 **(B)** 그 보석상은 한 고객에게 가짜 다이아몬드를 속여 팔아먹었다.
   (A) bug off 꺼져　　　　　　(B) foist off ~에게 속여 팔다
   (C) run off 황급히 떠나다　　　(D) tick off 꾸짖다

palm * off ⓢ (on ⓢ)
(~에게) 속여서 (가짜를) 팔아먹다(=foist off)

14301 **(B)** 내일 기말고사 결과가 나올 거야. 내게 행운을 빌어줘!
   (A) give a free hand 행동의 자유를 주다
   (B) keep one's fingers crossed 행운을 빌어주다
   (C) have a soft spot ~을 좋아하다
   (D) find out how the land lies (미리) 형세를 살피다
   (E) come down to earth with a bang 갑자기 현실세계로 돌아오다

keep one's fingers crossed
행운을 빌다(=hope for good luck)

14302 **(A)** (편집) 국장이 오늘밤 자정까지 그 기사를 원하고 있어. 기자들에게 그만 게으름 피우
고 일을 시작하라고 해!
   (A) 게으름 피우기를 그만두다　　(B) 문을 밀다
   (C) 그들의 펜을 대기시키다　　　(D) 불평하기를 그만두다
   (E) 자동차 탱크에 기름을 가득 채우다

pull one's finger out
〈속어〉 (다시 한번) 열심히 일하기 시작하다, 분발하다
(=stop being lazy)
cf. not lift[raise] a finger (to R)
   (~하는 데) 손가락 하나 까딱 않으려 하)다

14303 **(B)** 그 소녀들은 들고양이처럼 필사적으로 싸웠다.

tooth and nail
전력을 다하여, 필사적으로

14401 **(A)**

> A: 커피 다 마셨니? 가서 창문 진열한 것 좀 보자.
> B: 커피는 아까 다 마셨어. 가서 보자.
> A: 너 손님을 데리고 와서 겁줘 쫓으려고 그러니?
> B: 안 좋아? 너도 알다시피, 나는 색상을 맞추는 것에 대해서는 서투르잖아.
> A: 감청색이 블랙과 절대 안 어울린다는 거 모르니? * go with ~와 어울리다
> B: 정말? 나는 몰랐어.

   (A) 난 손재주가 없어. * be all thumbs 손재주가 없다. 서투르다
   (B) * every minute counts 시간은 대단히 소중하다
   (C) * failure is not an option 반드시 성공할 거야
   (D) * jump on the bandwagon 시류에 편승하다

all thumbs
손재주가 없는, 서투른(=clumsy, awkward)
* **He's all thumbs.** 그는 손재주가 없다.
   = **All his fingers are thumbs.** 그는 손가락이 모두 엄지다.
   = **He has two left hands.** 그는 왼손만 두개다.
cf. be clumsy at ⓢ ~에 서투르다, 솜씨가 없다
   ↔ **be adept at ⓢ** ~에 능숙하다

14402 **(A)** 그는 원예의 재능이 있어서 매우 아름다운 정원을 가지고 있다.
   (A) a green thumb 원예의 재능
   (B) a rule of thumb 손대중
   (C) a green hand 풋내기
   (D) have a sticky fingers 손버릇이 나쁘다

a green thumb
원예의 재능, 식물을 잘 기르는 재주(=a green fingers)

14403 **(A)** 공식적인 표준이나 정확한 치수와는 대조적으로, 눈대중은 그 효과가 경험에 의해 입
증된 일반적인 원칙이나 대략적인 측정이다.
   (A) a rule of thumb 눈대중, 손대중
   (B) sleight of hand 재빠른 손재주, 요술
   (C) a rod of iron 압제 * rod 회초리 iron 쇠
   (D) measure for measure 앙갚음, 보복
   (E) the law of the jungle 정글의 법칙, 약육강식

a rule of thumb
손대중, 주먹구구식 방법

14404 The board gave our proposal <u>a thumbs down</u>. [예상]

(A) a sign of approval (B) a sign of disapproval

(C) the green light (D) a red ink

14501 She spoke <u>straight from the shoulder</u> when she told me what she thought. [01-2.계명대/95.외무고시]

(A) clearly (B) naturally

(C) generously (D) commonly

(E) frankly

14502 밑줄 친 부분에 들어갈 가장 적절한 것을 고르시오. [14.지방직9급]

> A: How did you find your day at school today, Ben?
> B: I can't complain. Actually, I gave a presentation on drug abuse in my psychology class, and the professor _____.
> A: What exact words did he use?
> B: He said my presentation was head and shoulders above the others.
> A: Way to go!

(A) made some headway (B) made a splash

(C) paid me a compliment (D) passed a wrong judgment

14601 다음의 빈칸에 들어갈 가장 적절한 말은? [16.한성대]

> A: I haven't had a date since I broke up with my girlfriend last year. What can I do?
> B: How about taking a dance class? That's how my friend met his wife.
> A: I don't think that's a very good idea. Have you ever seen me dance? _____

(A) I'm down with that. (B) I have two left feet.

(C) I'm looking forward to it. (D) I don't take care of it.

14602 다음의 빈칸에 공통으로 들어갈 가장 적절한 것은? [07.명지대]

> 1) My cottage is located at the _____ of the mountain.
> 2) The station is about ten minutes from here on _____.
> 3) Tom volunteered to _____ the bill.

(A) head (B) foot (C) hand (D) knee

14603 Everyone in the group is <u>on a more or less equal footing</u>. [96.경희대학원]

(A) of approximately the same status

(B) of approximately the same size

(C) standing with their weight evenly distributed on each foot

(D) having equal opportunities

14404 (B) 이사회는 우리의 제안을 거절했다.
- (A) 찬성의 표시
- (B) 거절의 표시
- (C) a green light 청신호, 허가
- (D) a red ink 적자

give sth **the thumbs down**
~에 대해 반대표시[거절]를 하다
↔ **give** sth **the thumbs up** ~에 대해 찬성표시[승인]를 하다
cf. get the thumbs down from sb ~로부터 불승인[거절] 당하다
↔ **get the thumbs up from** sb ~로부터 승인[찬성]을 얻다

14501 (E) 그녀가 자신의 생각을 나에게 말했을 때 솔직하게 말했다.
- (A) clearly 명확하게
- (B) naturally 자연스럽게
- (C) generously 관대하게
- (D) commonly 일반적으로
- (E) frankly 솔직하게

straight from the shoulder
솔직히(=frankly), 정면으로, 단도직입적으로
cf. hit straight from the shoulder 당당하게 맞서다

14502 (C)

> A: 벤, 오늘 하루 학교에서 어땠어?
> B: 더 없이 좋아요. 사실 심리학 수업에서 약물 중독에 관한 내용을 발표했는데 교수님이 칭찬을 해줬어요.
> A: 정확히 뭐라고 했는데?
> B: 내 발표가 다른 사람들보다 월등히 좋았대요.
> * be head and shoulders above ~보다 월등히 낫다, 단연 뛰어나다
> A: 좋았어! * Way to go! 그거다, 좋아

- (A) make headway 진척하다
- (B) make a splash 세상을 깜짝 놀라게 하다
- (C) pay ~ a compliment 칭찬을 하다
- (D) pass a wrong judgment 잘못된 판결을 내리다

be head and shoulders above sb / sth
~보다 월등히 낫다, 단연 뛰어나다

14601 (B)

> A: 작년에 여자친구와 헤어진 이후로 데이트를 못 해 봤어. 어떻게 해야 하지?
> * break up with ~와 헤어지다
> B: 댄스수업을 받아 보는 게 어때? 내 친구가 부인을 그렇게 만났거든.
> A: 별로 좋은 생각 같지는 않아. 내가 춤추는 것 본 적 있니? 나는 춤을 못 춰.

- (A) 그것에 찬성하다.
- (B) 왼발만 둘이다 → 춤을 못 춘다.
- (C) 그것을 고대하고 있어.
- (D) 난 그걸 처리하지 않아.

have two left feet
동작이 아주 어색하다, 춤을 못 춘다

14602 (B)

> 1) 내 별장은 산기슭에 자리 잡고 있다. * foot 산기슭
> 2) 역은 여기서부터 도보로 10분 거리이다. * on foot 도보로
> 3) 탐은 자기가 계산할 것을 자청했다. * foot the bill 지불하다

foot the bill
〈구어〉 (남을 위해) 지불하다, 계산을 치르다(=pay)
cf. foot up to sth (계산이) 합계 ~이 되다

14603 (A) 그 집단의 모든 사람들은 대체로 동등한 지위에 있다.

equal footing
대등한 입장[기반, 지위, 신분]

14604• 밑줄 친 부분에 들어갈 말로 가장 적절한 것은? [18.국가직9급]

A: Do you know to drive?
B: Of course, I'm a great driver.
A: Could you teach me how to drive?
B: Do you have a learner's permit?
A: Yes, I got it just last week.
B: Have you been behind the steering wheel yet?
A: No, but I can't wait to _____

(A) take a rain check

(B) get my feet wet

(C) get an oil change

(D) change a flat tire

14701 We <u>cooled our heels</u> for an hour before the judge summoned us. [입사]

(A) got some rest (B) remained relaxed

(C) had to wait (D) felt cold

14801 I'm _____ with this flu. I haven't been out of bed in days!

(A) get off my back (B) break one's back

(C) flat on my back (D) flat on my ass

14802 She could not provide any document to _____ up her claim that dinosaurs had once lived in these areas. [07.성균관대]

(A) fill (B) back (C) steal (D) add (E) end

14803 Everything was set up. Then, mysteriously, he <u>backed out</u>. [01.세종대]

(A) had words with (B) held on to

(C) pulled out (D) paved the way for

14804 다음 중 의미하는 바가 나머지 셋과 다른 것은? [09.경찰 2차]

(A) Stop bugging me! (B) Get off my back!

(C) I have your back! (D) Enough is enough!

14805 It has not yet risen to an organized consumer movement, but there are unmistakable signs of a <u>backlash</u> against the 75 million handheld communications devices now on the American scene. [06.단국대]

(A) negative reaction (B) physical violence

(C) political controversy (D) religious discrimination

14806 The river rests in the heart of the gorge, set against a <u>backdrop</u> of snow-capped peaks. [13.홍익대]

(A) slope (B) scene (C) perspective (D) tint

1460 4· (B)

> A: 운전할 줄 알아?
> B: 물론이지, 나 운전 엄청 잘해.
> A: 운전하는 법을 좀 가르쳐 줄래?
> B: 연습면허증 가지고 있어? * learner's permit 연습면허
> A: 응, 지난주에 받았어.
> B: 운전대 잡아 본 적은 있어? * sit[be] behind the steering wheel 운전하다
> A: 아니, 하지만 일단은 시작해보고 싶어. * get one's feet wet 처음해보다, 시작하다

(A) take a rain check (약속을) 뒤로 미루다 　(B) get one's feet wet 시작하다
(C) get an oil change 오일을 교체하다 　(D) change a flat tire 펑크 난 타이어를 갈다

get one's feet wet
처음해보다, 시작하다

1470 1 (C) 판사가 우리를 소환하기 전에 우리는 한 시간 동안이나 기다렸다.

cool one's heels / kick one's heels
〈영〉 오랫동안 기다리다(=wait long)

1480 1 (C) 나는 감기로 몸져 누워있다. 며칠 동안 침대 밖을 벗어나지 않았다.
(A) get off one's back 더 이상 괴롭히지 않다 　(B) break one's back 등골이 빠지게 일하다
(C) flat on one's back 병으로 누워있기만 하는 　(D) flat on one's ass 녹초가 되어

flat on one's back
(병으로) 누워 있기만 하는

1480 2 (B) 그녀는 공룡이 한때 이 지역에서 살았다는 그녀의 주장을 뒷받침하는 어떤 문서도 내놓지 못했다.

back * up sb/sth
1. 후원하다, 지지하다, 뒷받침하다(=support)
= prop * up sth 지지하다, 보강하다
= beef * up sth 〈15국가직7급〉
= bolster * up sb/sth
2. 컴퓨터를 백업하다
3. 교통이 정체하다

back out (of sth)
1. 벗어나다, (사업 따위에서) 손을 떼다(=pull out)
2. (약속을) 파기하다, 번복하다

1480 3 (C) 모든 것이 준비되었다. 이해할 수 없게도, 그때 그가 (일에서) 손을 떼었다.
(A) have words with ~와 말다툼하다
(B) hold on to ~를 꼭 잡고 있다, ~에 의지하다
(C) pull out (계약 등에서) 빠지다, 손을 떼다
(D) pave the way for ~의 길을 닦다, ~을 가능하게 하다

1480 4 (C) (A)(B)(D)는 "그만 좀 괴롭혀, 이제 그만 좀 해."의 의미이다.
(A) Stop bugging me! 그만 좀 괴롭혀! * bug 귀찮게 굴다, 괴롭히다
(B) Get off my back! 그만 좀 괴롭혀!
(D) Enough is enough! 그만 좀 해라!

get off one's back 더 이상 괴롭히지 않다
* Get off my back! 그만 좀 괴롭혀.
= Stop bugging me!
= Enough is enough!

1480 5 (A) 아직 조직적인 소비자 운동으로까지 발전하지는 않았지만, 오늘날 미국에는 7,500만대나 되는 휴대용 통신장비에 대한 반발의 기미가 있다는 데에는 의심의 여지가 없다.

backlash (against sb/sth)
역회전; (개혁에 대한) 격렬한 반발, 반동
(=negative reaction); 반발하다

1480 6 (B) 그 강은 눈 덮인 산꼭대기를 배경으로 삼아 협곡의 중심에 위치하고 있다.
* rest 위치하다 in the heart of ~의 중심에 gorge 협곡
(A) slope 경사면 　(B) scene 풍경, 배경
(C) perspective 전망 　(D) tint 색조

backdrop
(무대의) 배경(=scene), (사건의) 배경
cf. against a backdrop of ~을 배경으로

보충이디엄

기본명사 head

have one's head in the clouds 공상에 잠기다, 비현실적이다
off the top of one's head 깊이 생각하지 않고, 준비 없이, 즉석에서

기본명사 hair

get in sb**'s hair** 〈구어〉 ~을 괴롭히다, 안달 나게 하다(=bother)
tear one's hair (out) (슬프거나 노여워서) 머리털을 잡아 뜯다
blow sb**'s hair / make a person's hair curl**
(공포로) 머리털이 곤두서게 하다, 오싹하게 하다
have one's hair done 머리를 하다
set one's hair in curls 곱슬머리를 하다(만들다)
by a hairbreadth 가까스로, 아슬아슬하게
to a hairbreadth 한 치도 틀림없이 **within a hairbreadth** 하마터면
split hairs (토론 등에서) 사소한 일을 꼬치꼬치 따지고 들다

기본명사 face

a slap in the face 대놓고 하는 모욕[비난]
face to face 얼굴을 맞대고, 마주보고, ~에 직면하여
two-faced 딴 마음을 가진, 표리부동한 **red-faced** 얼굴을 붉힌, 부끄러운
a blank face 무표정한 얼굴 **put a new face on** 국면을 새롭게 하다
feed one's face 게걸스레 먹다
face-off 〈미.구어〉 대결, 싸움 **cf. face off** 대결하다
face east 동향(向)이다

기본명사 tongue

a slip of the tongue 말실수 **ready-tongue** 구변이 좋은
mother tongue / native tongue 모국어
tongue twister 발음하기가 까다로운 말
speak with a forked tongue 약속을 깨다, 거짓말하다
have a long tongue 말이 많다, 수다쟁이다
trip off the tongue / roll off the tongue (말이) 술술 잘 나오다

기본명사 tooth(pl.teeth)

a false[an artificial] tooth 의치 **to the (very) teeth** 빈틈없이, 완전히
between one's teeth 목소리를 죽이고, 나지막한 목소리로
by the skin of one's teeth 가까스로, 간신히
as scarce as hen's teeth 매우 드문
in the teeth of sb/sth~임에도 불구하고, 거역하여
long in the tooth 늙은, 나이 든, 중년을 지난 **cut a tooth** 이가 나다
cut one's teeth on sth 세상 물정을 알게 되다, (학문·기술 등을) 처음으로 배우다
have a sweet tooth 단것을 좋아하다
show one's teeth (이를 드러내어) 적의를 보이다, 위협하다
armed to the teeth (with sth) (~로) 완전 무장하여
pull sb**'s teeth** ~의 무기를 빼앗다; ~을 무력하게 하다

기본명사 throat

have a frog in one's throat 목이 쉬다
jump down sb**'s throat** ~를 심하게 야단치다
deep throat 내부고발자

기본명사 neck

a pain in the neck 두통거리, 골칫거리
rubberneck (무언가 궁금해서) 목을 길게 빼고 보려는 사람
be out on one's neck / be out on your ear
(잘못을 하여) 쫓겨나다, 해고되다
stick one's neck out 모험을 하다

기본명사 eye

with the naked eye 육안으로, 맨눈으로(안경이나 망원경 등을 이용하지 않고)
with an eye[view] to ~할 목적으로(=with a view to)
an eyesore 눈에 거슬리는 것, 눈엣가시 **eyewash** 안약, 엉터리, 넌센스
eye-witness 목격자 **an eye-opener** 놀라운 일, 경이로운 일
catch someone's eye 시선을 사로잡다, 눈길을 끌다
cf. eye-catcher 타인의 시선을 끄는 것
raise one's eyebrows 놀라게 하다 **clap eyes on** ~를 우연히 만나다
look at a person cross-eyed 의심하는 눈으로 사람을 보다
give (sb**) the eye** 추파를 던지다

기본명사 mouth

bad-mouth 욕을 잘하는 사람
by word of mouth 구두로(=verbally), 입소문으로
shoot off one's mouth 입을 함부로 놀리다; 과장하다

기본명사 hand

high-handed 고압적인 **hand and glove** 절친한, 단짝인
get a free hand with sth 자유재량을 부여받다
win[beat] hands down 힘들이지 않고 수월하게 이기다
hand back (to) (본래의 소유자에게) 돌려주다, 반환하다

기본명사 finger

**have[get] a finger in the pie / put one's finger into
another's[every] pie** 관여하다, 참견하다(=interfere, barge in)
put one's finger on sth (원인 등을) 지적하다, 밝혀내다
point a[the] finger at sb ~를 비난하다, ~에게 책임을 탓하다
put the finger on sb (범인을) 밀고하다
get one's fingers burned 나쁜 경험을 하다, 크게 봉변을 당하다
have sticky fingers 손버릇이 나쁘다, 잘 훔친다
a butter-fingers 물건을 잘 떨어뜨리는 사람
have sth **at one's finger(s') ends** ~에 정통하다

기본명사 thumb

be under someone's thumb ~로부터 완전히 통제를 받다
stick[stand] out like a sore thumb 〈구어〉 일목요연하다, 눈에 잘 띄다
thumb a ride 히치하이크하다

기본명사 shoulder

give the cold shoulder (to sb**)** ~에게 쌀쌀하게 대하다
↔ **get the cold shoulder** 무시당하다, 퇴짜 맞다
feel stiff (in one's shoulders) (어깨가) 뻐근하다
with a chip on one's shoulder 싸울 기세로
shoulder to shoulder 협력하여

기본명사 back

have one's back to the wall 궁지에 몰리다
break one's back 뼈 빠지게 일하다, 열심히 노력하다
cf. back breaker 몹시 힘든 일
to the back[backbone] 골수까지, 철저히
I've got your back. 〈미·구어〉 내가 밀어줄게, 도와줄게.
back-to-back 연이은
back and forth 앞뒤로; 이리저리(=to and fro)
back water 역류하다, 후진시키다

heart

* heart : 심장 → (속)마음 → 기분 → 애정 → 인정 → 용기

heart는 원 뜻이 심장이고 심장은 1. 열정, 용기의 원천이며 2. 사랑, 인정의 원천이기도 하다. 3. 또한 인간의 감정도 심장에서 나오는 것이라 하여 감정이나 기분을 뜻하기도 한다. mind가 약간은 이성적인 정신작용임에 비해, heart는 약간은 감성적인 정신작용이라 하겠다.

mind/soul/spirit

mind는 body와 대비하여 "마음, 정신"의 뜻이다. 마음이란 의미는 하고 싶은 생각 즉, "의견"이란 의미로 확장되며 "기억"이란 의미로 쓰이기도 한다. 또한 사람이 정신이 없다는 것은 곧 미친 것을 의미할 수도 있다. heart가 감성적임에 비해 mind는 이성적인 정신작용에 가깝다.

stomach

* stomach : 위, 복부, 아랫배 → 욕망, 기호, 마음

인간의 욕망 중 그 으뜸은 단연 식욕이다. 인체에서 소화를 담당하는 기관인 만큼 위가 "욕망"의 상징이 되는 것은 당연하다.

사람에 대한 은유적 표현

사람의 성격이나 특징을 빗대어 나타내는 은유적인 표현들은 무수히 많다. 여기서는 시험에 출제되었거나 기타 중요한 표현들을 다루니 특히 유심히 봐 두도록 하자.

97-2.광운대,Teps

14901 I bet you haven't got the <u>guts</u> to ask for what you want. [97-2.광운대]

(A) money   (B) skill

(C) courage   (D) intelligence

05.명지대/98.동국대

14902 다음 빈 칸에 공통으로 들어갈 단어로 적당한 것은? [05.명지대]

> 1) Baseball fans can learn every score for the whole season by _____.
> 2) I ate boiled lobster to my _____'s content.
> 3) I have my _____ set on a new pair of skates for my birthday.

(A) heart   (B) chance   (C) sight   (D) number

05.명지대/토플

14903 His wife <u>has her heart set on</u> a fur coat for christmas. [토플]

(A) is fond of   (B) is going to make

(C) is willing to buy   (D) wants very much

10.명지대/09.상명대/07.국가직9급

14904 다음 빈칸에 공통으로 들어가기에 가장 적절한 것은? [10.명지대]

> 1) New reforms stroke at the _____ of the capitalist system.
> 2) Your uncle helped a lot of people: he had a _____ of gold.
> 3) The children have set their _____s on going to the zoo, so we can't disappoint them.

(A) sense   (B) term   (C) point   (D) heart

05.명지대,Teps

15001 다음 빈 칸에 공통으로 들어갈 단어로 적당한 것은? [05.명지대]

> 1) I knew that restaurant was popular, but it didn't cross my _____ to make reservations.
> 2) My son's graduation brought to _____ my own school days.
> 3) When you go swimming here, you should keep in ____ that the water is swift.

(A) terms   (B) track   (C) way   (D) mind

15.경찰2차/14.산업기술대

15002 다음 대화에서 빈칸에 들어갈 말로 가장 적절한 것은? [15.경찰2차]

> A: So what do you think about this car?
> B: I don't know. _____
>   I think I need something bigger.
> A: No problem. Just think about it.

(A) I'll go for it.

(B) I'm of two minds about it.

(C) I can't afford buying this car.

(D) This car is second to none.

11.지방직7급/08.고려대
03.숭실대,광운대/99.고려대
97.동덕여대,Teps

15101
★★ 다음 빈칸에 들어가기에 적절한 표현이 아닌 것은? [11.지방직7급 변형]

> I _____. I'm not sure whether I can walk out onto the stage.

(A) have a bee in my bonnet

(B) have my heart in my boots

(C) have ants in my pants

(D) have butterflies in my stomach

1490 1 (C) 네가 원하는 걸 요구할 용기가 없다고 나는 단언한다.

1490 2 (A)

> 1) 야구팬들은 전체 시즌의 모든 스코어를 암기할 수도 있다. * know by heart 암기하다
> 2) 나는 바다가재 찜을 마음껏 먹었다. * to one's heart's content 실컷
> 3) 나는 생일선물로 새 스케이트 한 켤레를 받을 작정을 하고 있다.
>   * have one's heart set on ~을 몹시 바라다

1490 3 (D) 그의 아내는 크리스마스에 입을 모피코트를 몹시 원한다.
> (A) be fond of ~을 좋아하다 　　　(B) 만들 예정이다
> (C) 사려고 한다 　　　(D) 몹시 갖고 싶어 한다

1490 4 (D)

> 1) 새로운 개혁이 자본주의 체제의 핵심을 뒤흔들었다.
>   * strike at the heart of ~의 핵심을 뒤흔들다[강타하다]
> 2) 네 삼촌은 많은 사람을 도왔다. 그는 인정이 많았다.
>   * have a heart of gold 마음씨가 곱다, 인정이 많다
> 3) 아이들이 동물원에 너무나 가고 싶어 해서 우리는 그들을 실망시킬 수 없다.
>   * set one's heart on ~을 간절히 바라다; ~하려고 마음먹다

1500 1 (D)

> 1) 그 식당이 인기 있다는 사실은 알았지만, 예약을 해야 한다는 생각을 미처 하지 못했다.
>   * cross one's mind 생각이 떠오르다
> 2) 우리 아들의 졸업식이 나의 학창시절을 떠올리게 했다.
>   * bring to mind ~을 생각나게 하다
> 3) 여기서 수영할 때는, 물살이 빠르다는 것을 명심해야 한다.
>   * keep in mind 명심하다

1500 2 (B)

> A: 그래서 이 차에 대해서는 어떻게 생각해?
> B: 잘 모르겠어. _____
>   내 생각에 좀 더 큰 차가 필요할 것 같아.
> A: 괜찮아, 잘 생각해 봐.
>
> (A) 한번 해 볼게요.
> (B) 아직 망설이는 중이야.
> (C) 나는 이 차를 살 여유가 없어.
> (D) 이 차가 최고야. * second to none 최고의

1510 1 (A)

> 나는 조마조마해. 무대로 걸어갈 수 있을지도 모르겠어.
>
> (A) have a bee in one's bonnet 머리가 좀 이상해져 있다
> (B) have one's heart in one's boots 조마조마하다
>   = (C) have ants in my pants
>   = (D) have butterflies in my stomach

---

have a heart[guts] to R
〈주로 부정문에서〉 ~할 용기가 있다
= **have the nerve to R** ~할 용기가 있다, 뻔뻔스럽게 ~하다
cf. lose one's heart 용기를 잃다, 낙담하다
cf. pluck up one's heart 용기를 내다, 분발하다

know[learn] sth by heart
암기하다, 외우다

have one's heart set on sth /
set one's heart on sth
~을 간절히 바라다, ~을 몹시 원하다(=want very much);
~하려고 마음먹다

heart of gold
남을 생각하는 선량한 마음
cf. have a heart of gold
   마음씨가 아름답다(=be kind-hearted)
↔ **heart of stone** 무정하고 자비심이 없는 마음

bring sb/sth to (one's) mind
~을 생각해 내다; (사물이) ~을 생각나게 하다
= **ring a bell** 〈구어〉 들어 본 적이 있는 것 같다, 생각나다
cf. **cross sb's mind** 생각이 떠오르다(=occur to sb) 〈05명지대〉

be of two minds
망설이고 있다

have butterflies in one's stomach
〈구어〉 (걱정으로) 마음이 두근거리다[조마조마하다]
(=feel very nervous before doing something)
* **He's got butterflies in his stomach.**
= He has ants in his pants.
= He has his heart in his boots[mouth].
= He's on pins and needles.
= He's on tenterhooks.
= He is antsy.

15102 다음 대화의 빈 칸에 들어갈 말로 적당한 것은? [04-2명지대]

A: You don't look very well. What's the matter?
B: _____
A: I'm not surprised.
B: Come on, Susan, we need to pig out once in a while. Besides, we are at a picnic. Aren't we supposed to have a good time?
A: As long as you feel alright. But look at you! You can hardly stand up.
B: I know. I think I shouldn't have eaten that last hot dog.

(A) I have a stomachache.

(B) I'm coming down with a cold.

(C) This milk went sour.

(D) I've sprained my ankle.

15201 다음 중 big fish와 small fish의 관용적 의미를 가장 적절하게 영어로 옮긴 것은? [06국가직7급]

(A) You may hear 'big fish' and 'small fish' defining those according to who are important as compared with other people in the same group.

(B) It would be defined that 'big fish 'and 'small fish' are describing someone who are important comparing other peoples in the same group.

(C) 'Big fish' and 'small fish' may be heard defining as those who are rarely important comparing others in the same group.

(D) You may hear people described as 'big fish' or 'small fish' according to how important they are compared with other people in the same group.

15202 다음 대화의 밑줄 친 부분에 들어갈 가장 알맞은 표현을 고르시오. [03-2숭실대]

A: What bothers you the most about your mother-in-law?
B: Well, for one thing she's a back-seat _____.

(A) driver   (B) passenger   (C) observer   (D) director

15203 In many ways, Einstein was what we call a late bloomer. [99-2한성대]

(A) a person who wakes up late

(B) a person who grows trees blooming late

(C) a person who develops his potential later than other people do

(D) a person who becomes an adult later than other people do

15204 다음 빈칸에 들어가기에 알맞지 않은 것을 고르시오. [98한성대]
★

Lisa: What does Jack Craig do?
Meg: He's a Jack-of-all-trades.
Lisa: What do you mean?
Meg: _____

(A) I mean, he's mediocre.

(B) Well, he does everything.

(C) Well, he's very versatile.

(D) He's an all-around tradesman.

15102 (A)

> A: 너 안 좋아 보여. 무슨 일 있니?
> B: 배가 아파.
> A: (그렇게 먹어댔으니) 놀랄 일도 아니네.
> B: 제발. 수잔 때때로 갈신들리게 먹어야 한다고. 게다가, 우리는 소풍을 온 거잖아. 즐거운 시간을 가져야 하지 않겠니? * pig out 과식하다, 게걸스레 먹다
> A: 네가 괜찮다고 느끼는 동안은 그렇겠지. 하지만 너 자신을 좀 봐! 겨우 서 있잖아.
> B: 나도 알아. 그 마지막 핫도그를 먹지 말았어야 했어.

(A) 배가 아프다
(B) 감기에 걸렸다. * come down with 질병에 걸리다
(C) 우유가 쉬었다. * go sour 쉬다, 맛이 가다
(D) 발목을 삐었다. * sprain one's ankle 발목을 삐다

I have a stomachache.
= My stomach hurts.
= My stomach pains me.
배가 아파. 배탈이 났어.

15201 (D) 같은 집단 내에서 다른 사람들과 비교하여 얼마나 중요한 사람인지에 따라 '큰 물고기(거물)'나 '작은 물고기'라고 표현하는 것을 들을 수 있다.

a big fish
거물, 중요인물(=important person), 권위자
= big wheel
= big wig
= big gun
= big bug

15202 (A)

> A: 장모님에 대해 가장 고민스러운 것이 뭐니?
> B: 글쎄, 우선 첫째로 지나치게 참견하신다는 거야.

a back-seat driver
참견을 잘하는 사람

15203 (C) 여러 면에서 아인슈타인은 세칭 대기만성형의 사람이다.
(A) 늦게 일어나는 사람
(B) 늦게 개화하는 나무들을 재배하는 사람
(C) 다른 사람들보다 늦게 그의 잠재력을 발현시키는 사람
(D) 다른 사람들보다 늦게 어른이 되는 사람

a late bloomer
대기만성형의 사람

15204 (A)

> Lisa: 잭 크레이그는 뭐하는 사람이니?
> Meg: 그는 만물박사야. * a Jack-of-all-trades 만물박사
> Lisa: 그게 뭐야?
> Meg: _____

(A) 그는 평범하다는 말이야. * mediocre 보통의, 평범한
(B) 음, 그는 무엇이든 다 해.
(C) 음, 그는 매우 다재다능해. * versatile 다재다능한, 다방면의
(D) 그는 다방면의 기술자야. * all-around 다방면의 tradesman 기술자, 장인

a jack-of-all-trades
만물박사, 팔방미인
(깊이는 없으나 무엇이든지 할 수 있는 사람)
cf. Jack of all trades, and master of none.
〈속담〉 무엇이든지 다 할 수 있는 사람은 뛰어난 재주가 없다.

15205 다음 대화의 밑줄 친 부분에 들어갈 가장 알맞은 표현을 고르시오. [07.한국외대]

> A: What are you doing with these documents? Isn't that project due today?
> B: Yeah, but Tom is in a real bind, and he asked me to help him out.
>   I guess I have a hard time saying no.
> A: _____, you know.

(A) He's really ticked off at you.

(B) You're really a pushover.

(C) You should keep an eye on my things.

(D) I'm glad you like my work ethic.

(E) You're too sarcastic.

15206 The democratic party took a middle-of-the-road stance on educational issues. [05.고려대]

(A) a backward   (B) an extreme

(C) a futuristic   (D) a moderate

15207 다음 대화의 밑줄 친 부분에 들어갈 가장 알맞은 표현을 고르시오. [03-2.숭실대]

> A: So, what's your opinion of your new neighbors?
> B: Well, they seem to be the salt of the _____.

(A) ground   (B) earth   (C) land   (D) planet

15208 We used to have corner stores and plazas, but now we have wholesale warehouses selling to the general public and huge shopping malls doubling as entertainment centers. [04-2.단국대]

(A) ordinary people who are not members of a particular group or organization

(B) a group of people who share a common interest or who are involved in the general activity

(C) particular people in society in general

(D) a large number of general stores in shopping malls

15209
★★

다음 문장의 의미는? [02.101단/87.행자부7급]

> He is the last man to tell a lie.

(A) He will tell a lie at last.   (B) He will like to tell a lie.

(C) He will never tell a lie.   (D) He seems to tell a lie.

(E) He lies only when inevitable.

15210 다음 밑줄 친 문장의 의미는? [09.국가직9급]

> A: Why do you have to be so stubborn?
> B: I don't know. That's just the way I am. I guess I'm just a chip off the old block.

(A) I'm just like my father.   (B) I'm just in a bad mood.

(C) I just have confidence in my intuition.   (D) I just like to have fun with old friends.

15211 Sports play an important part in American life. Professional baseball and football games attract large crowds, and many people watch games on television. Although many parents complain about their children being _____, there are sports sessions at school for all ages. [05.국민대]

(A) couch potatoes   (B) road hogs

(C) ball-park figures   (D) whistle blowers

15205 (B)

> A: 그 문서를 가지고 무얼 하고 있니? 그 사업계획은 오늘까지 마감 아냐?
> B: 그래, 하지만 톰이 정말로 곤경에 빠져서 내게 도와달라고 하네. 난 거절을 잘 못해서.
> A: 너 알지, _____.

(A) 그는 정말 너 때문에 화났어. * tick off 〈속어〉 화나게 하다
(B) 네가 정말 봉이라는 거. * a pushover 물렁한 사람, 〈속칭〉봉
(C) 넌 내 물건들을 잘 지켜야 해. * keep an eye on 감시하다
(D) 난 네가 내 직업의식을 좋아하니 기뻐. * work ethic 노동관, 직업의식
(E) 너는 너무 빈정대는구나. * sarcastic 빈정대는

a pushover
1. 만만한 사람, 물렁한 사람(=somebody who is easily defeated or outwitted), 잘 속는 사람
2. 매우 쉬운 일, 식은 죽 먹기
   (=a task that is easily accomplished)

15206 (D) 민주당은 교육 문제에 대해 온건한 입장을 취했다.
(A) backward 뒤쪽의, 진보가 늦은   (B) extreme 극단적인
(C) futuristic 미래의, 선진적인   (D) moderate 온건한

middle-of-the-road
온건한(=moderate); 무난한, 대중적인
cf. ginger group
(조직 내) 소수 혁신파, 급진파(=the radicals), 강경파
cf. the left wing 좌파, 좌익(左翼)
the right wing 우익(右翼), 보수파

15207 (B)

> A: 그래, 새로운 이웃들은 어때?
> B: 글쎄, 정직하고 좋은 사람들 같아.

the salt of the earth
평범하지만 정직하고 선량한 사람,
세상을 이끌어 갈 인격이 뛰어난 사람들

15208 (A) 옛날에는 길모퉁이 가게와 쇼핑센터가 있었지만 지금은 일반대중에게 물건을 파는 도매점과 연예 행사의 중심 장소로 사용되는 대형 쇼핑몰이 있다.
(A) 특별한 단체나 조직의 회원이 아닌 평범한 사람들
(B) 공동의 이익을 나누거나 일반적인 활동에 관여하고 있는 사람들의 모임
(C) 일반적으로 사회에서 특별한 사람들
(D) 쇼핑몰에 있는 수많은 잡화점들

the general public
일반대중(=ordinary people who are not members of a particular group or organization)
cf. the rank and file 평사원, 병졸; 일반 서민

15209 (C)

> 그는 결코 거짓말을 할 사람이 아니다.

(A) 그는 결국에는 거짓말을 할 것이다.
(B) 그는 거짓말을 좋아할 것이다.
(C) 그는 결코 거짓말을 하지 않을 것이다.
(D) 그는 거짓말을 할 것으로 보인다.
(E) 그는 부득이한 경우에만 거짓말을 한다.

He is the last man to do so.
〈회화〉 그는 결코 그럴 사람이 아니다.
(=He will never do so.)
cf. the last person 가장 ~하지 않을 것 같은 사람
cf. the last thing 가장 ~하지 않은 것

15210 (A)

> A: 너는 왜 이리 고집이 세니?
> B: 나도 몰라. 난 원래 이래. 아마 부모님을 꼭 닮았나봐.

a chip off[of] the old block
(기질 등이) 부모를 꼭 닮은 자식
cf. carbon copy / spitting image / dead ringer
똑같이 닮은 사람

15211 (A) 스포츠는 미국인의 생활에서 중요한 역할을 한다. 프로농구와 축구는 많은 관중들을 끌어들이고 많은 사람들이 TV로 경기를 시청한다. 많은 부모들은 자식들이 하루 종일 TV만 본다고 불평을 하지만 학교에는 모든 연령층을 위한 스포츠 프로그램이 운영되고 있다.
(A) couch potato 하루 종일 소파에 앉아 텔레비전을 보는 (게으른) 사람
(B) road hog 난폭한 운전자
(C) ball-park figure 대충, 어림짐작으로
(D) whistle blower 내부고발자

a couch potato
하루 종일 소파에 앉아 텔레비전을 보는 (게으른) 사람
(=a person who spends a lot of time sitting and watching television)

15212 He was desperate for money and he ended up borrowing money from a <u>loan shark</u>. [예상]

(A) debtor   (B) usurer

(C) benefactor   (D) sponsor

14.명지대

15213 My son is always like _____, so I'm worried about taking him to the museum.

(A) a busy body   (B) a whistle-blower

(C) a late bloomer   (D) a bull in a china shop

14.한성대

15214 A _____ is a person who enjoys doing dangerous things, in a way that other people may think is stupid. [예상]

(A) eager-beaver   (B) big brother

(C) daredevil   (D) brass hat

13.세종대

15215 She used her husband as a _____ to try her new baked chicken recipe. [예상]

(A) good mixer   (B) guinea pig

(C) road hog   (D) couch potato

14.항공대

15216 After dealing for so long with a conservatives boss, I'm happy to report that our new supervisor is _____. [17.경기대]

(A) a breath of fresh air   (B) a drop in the ocean

(C) as clear as mud   (D) up in the air

17.경기대

15212 (B) 그는 돈이 절실했고 결국 고리대금업자에게 돈을 빌리게 되었다.
 * desperate 절실한 loan shark 고리대금업자
 (A) debtor 채무자 (B) usurer 고리대금업자
 (C) benefactor 자선가 (D) sponsor 후원자

a loan shark
고리대금업자(=a person who lends money at very high rates of interest)

15213 (D) 내 아들은 항상 고삐 풀린 망아지처럼 덜렁거려서 그를 박물관에 데려가는 것이 걱정된다.
 (A) busy body 참견하기 좋아하는 사람 (B) whistle-blower 내부고발자
 (C) late bloomer 대기만성형의 사람 (D) bull in a china shop 거칠게 덜렁대는 사람

a bull in a china shop
거칠게 덜렁대는 사람
(=a person who is careless, or who moves or acts in a rough or awkward way, in a place or situation where skill and care are needed)

15214 (C) 저돌적인 사람은 다른 사람이 어리석다고 생각할 수도 있는 방법으로 위험한 일을 하는 것을 즐기는 사람이다.
 (A) eager-beaver 정력적으로 일하는 사람 (B) big brother 독재국가
 (C) daredevil 저돌적인 사람 (D) brass hat 유력한 사람

daredevil
저돌적인[무모한] 사람
(=a person who enjoys doing dangerous things, in a way that other people may think is stupid)

15215 (B) 내 그녀는 자신이 새로 시도하는 구운 치킨 요리를 위해 남편을 실험대상으로 삼았다.
 (A) good mixer 사교술이 좋은 사람 (B) guinea pig 실험대상
 (C) road hog 난폭 운전자 (D) couch potato 게으른 사람

guinea pig
기니피그, 실험대상(=experimental subject)

15216 (A) 매우 오랜 기간 동안 보수적인 상사와 일한 후에, 새로 오신 우리 관리자님이 청량제 같이 신선한 분이란 것을 알리게 되어 기쁩니다.
 (A) a breath of fresh air 청량제 같이 신선한 사람 (B) a drop in the ocean 새 발의 피
 (C) as clear as mud 매우 분명치 않은 (D) up in the air 아직 미정인

a breath of fresh air
청량제 같이 신선한 사람[것]; 신선한 공기

보충이디엄

기본명사 heart

have a heart-to-heart talk 터놓고 솔직하게 얘기하다
one's heart goes out to (someone) ～을 가엾게 생각하다
have a change of heart (좋은 방향으로) 의견[마음]을 바꾸다
from (the bottom of) one's heart 마음(속)으로부터, 충심으로
My heart stood still. 아이고, 깜짝이야. (놀래서 심장이 멎었잖아.)
eat one's heart out 1. 부러워하다 2. 비탄에 잠기다
search the heart 의중[마음속]을 떠보다

기본명사 mind

slip one's mind 깜빡하다, 잊다(=forget something)
be of your mind 너와 같은 의견이다
Never mind ! 〈사과에 대해〉 염려 마!, 신경 쓰지 마!
(=Don't bother. Just ignore it.)
Mind your own business. 참견 마라, 네 일이나 잘 해라.

기본명사 soul/spirit

keep body and soul together 겨우 살아 나가다
put one's heart and soul into sth ～에 심혈을 기울이다
a moving spirit 주동자, 중심인물
in spirits 활기 있게; 의기양양하게
out of spirits 기가 죽어, 맥없이
break sb's **spirits** ～의 용기를 꺾다

기본명사 stomach

turn sb's **stomach** 역겹게 하다, ～의 기분을 상하게 하다
Your eyes were bigger than your stomach.
〈회화〉 네 위보다 눈이 더 크네. * 혼자 다 먹지도 못할 음식을 많이 챙길 때 쓰는 표현
have no stomach for ～은 마음 내키지 않다

사람에 대한 표현

baby kisser 선거운동 중에 대중의 인기에 영합하는 정치가
bad sailor 뱃멀미를 잘하는 사람
bench warmer 후보선수
big brother 독재자; 독재 국가 * G. Orwell의 소설(1984)에서 유래
block bully 골목대장
book worm 책벌레, 공부벌레
brass hat 고급 장교, 높은 사람, 유력한 사람
brown bagger 도시락을 싸가지고 다니는 사람
busy body 남의 일에 참견하는 사람

chain-smoker 줄담배를 피는 사람, 골초
cheap skate 인색한 사람
cliff-dweller 고층 아파트 입주자
clotheshorse 옷 자랑하는 사람, 멋쟁이
country bumpkin 촌놈, 시골뜨기
cream puff 슈크림; 패기 없는 남자
dark horse 다크호스, 의외의 강력한 경쟁 상대
dutiful son / dutiful daughter 효자/ 효녀
eager-beaver 정력적으로 일하는 사람
egg-head 지식인
everybody's friend 팔방미인
fair-haired child(boy) 귀염둥이
fair-weather friend 형편이 어려울 때 등 돌리는 친구
fall guy 남의 죄를 뒤집어쓰는 사람, 봉
fence sitter 형세를 보는 기회주의자
fender-bender 가벼운 접촉사고(를 일으킨 사람)
flag-waver 극단적인 애국주의자, 선동자
forty-niner 일확천금을 꿈꾸는 사람 * 1849년에 금광의 붐으로 California에 밀어 닥친 사람
gold digger 남자의 돈을 보고 사귀는 여자
good mixer 사교술이 좋은 사람
good provider 돈벌이 잘하는 남편
high-brow 지식이나 교양이 높은 사람 반
low brow 저질인(사람), 교양이나 지성이 낮은 (사람)
higher-ups 고관, 상사
home-body 가정적인 사람
wheeler-dealer 권모술수에 능한 사람, 수완가
hot shot 수완가, 성공자 **hot stuff** 정력가
human sponge 인간 기생충
Indian giver 보답을 바라고 주는 사람, 준 것을 되찾는 사람
jail bird 죄수, 전과자
Jekyll and Hyde 이중인격자 * 지킬박사와 하이드에서 유래
Johnny-come-lately 신입사원, 신참자
Johnny-on-the-spot 기다렸다는 듯이 뭐든지 즉석에서 대처할 수 있는 사람
kingpin 볼링에서 5번 판; 중심인물
lame duck (재선에 실패한) 임기 말의 국회의원 또는 대통령
land shark 토지거래로 부당한 이득을 얻는 사람
line shooter 자랑꾼
man Friday 충실한 하인
* 로빈슨 크루소가 하인을 금요일에 만났다고 해서 지어 준 이름에서 유래

girl Friday (무슨 일이든지 충실히 해주는) 여사무원, 여비서
moon-lighter 밤에 아르바이트를 하는 사람
a nobody 보잘것없는 사람
nobody's fool 만만치 않은 사람, 빈틈이 없는 사람
pot boiler 돈벌이를 위한 저속한 작품 또는 화가
road hog 난폭한 운전자, 두 차선에 걸쳐서 가는 사람
Sunday driver 미숙한 운전자 * 차가 없는 일요일에만 차를 몰고 나오는 사람
scarecrow 허수아비; 갈비씨
smooth operator 〈특히 여성〉 언변이 좋은 사람, 요령이 있는 사람
snake in the grass 안심할 수 없는 인물
the little woman 마누라, 아내
wet blanket 흥을 깨뜨리는 사람
whistle-blower 내부고발자, 밀고자

time
1. 시간, 때, 여가 시간
2. 표준시(standard time)
3. (형기 · 병역 등의) 기간; (영업 · 근무시간)
4. (종종 pl.) 시대; 현대(the time)
5. (정해진) 기일
6. 곱, 배, 번

day/date
1. 하루, 낮, 근로일
2. 기념일, 기일, 특정한 날
3. (종종 pl.) 시대(epoch), 시절; 그 시대, 당시(the day)
4. (사람의) 전성기
5. 승리, 승부
cf. date: 날짜 · 연월일; (특히 이성과의) 만날 약속 · 데이트; 날짜를 기입하다; 날짜를 기산하다

way
n. 길 → 코스, 진로 → 방향 → 가는 도중(길 위);
  [pl.] 습관, 풍습, ～식; 방법, 수단; 경험의 폭
ad. 아주 멀리, 훨씬

DAY-36

15301 "지금 몇 시입니까"라는 표현으로 어색한 것은? [95.행자부9급]

(A) What time is it now?　　　　(B) What's the time now?

(C) Do you have the time?　　　(D) Do you have time?

15302 With the addition of computers in the office, many jobs that once took hours to finish are now being done in <u>record time</u>. [예상]

(A) pitch　　　　　　　　　　(B) hassle

(C) the shortest time　　　　　(D) the effective manner

15303 Psychological experiments report that animals are not smart, but they are in fact just extremely sensitive to changes taking place in immediate circumstances including sounds and motions. So the fact is that animals can _____ understand human language. [17.광운대 변형]

(A) at no time　　　　　　　　(B) in no time

(C) for a time　　　　　　　　(D) all the time

(E) of all time

15304 So far, everything had worked <u>like clockwork</u>.

(A) very regularly　　　　　　(B) very smoothly

(C) very slowly　　　　　　　(D) very simply

15401 대화의 응답이 자연스럽지 못한 것은? [93.법원직]

(A) A: Would you mind if I smoke here ?
　　B: No, certainly not.

(B) A: What day is it today ?
　　B: It's March 23.

(C) A: May I use your phone?
　　B: Yes, go right ahead.

(D) A: Can't you speak English ?
　　B: No, I can't.

(E) A: Help yourself to the food.
　　B: No, thank you. I've had enough.

15402 I get tired of doing the same things <u>day in and day out</u>. [01.여자경찰]

(A) dead broke　　　　　　　(B) light-fingered

(C) all in　　　　　　　　　　(D) continually

15403 This equipment is <u>out of date</u>. [동국대 편입 변형]
★★

(A) easy to handle　　　　　　(B) obsolete

(C) highly valuable　　　　　　(D) complicated

15404 The Colosseum in Rome is an Italian icon and a relic that _____ to the first century
★ A.D. [14.국회8급 변형]

(A) dates back　　　　　　　(B) adheres

(C) belongs　　　　　　　　(D) pertains

1530I (D) Do you have time? 잠시 시간 좀 있나요?
(A) What time is it now? 지금 몇 시입니까?
= (B) What's the time now?
= (C) Do you have the time?

1530Z (C) 사무실에 컴퓨터를 추가로 들여서, 한때는 끝내는 데 몇 시간이나 잡아먹었던 많은 일들이 지금은 최단시간 내에 완료되고 있다.
(A) pitch 정도; 음의 고저; 노 젓는 속도   (B) hassle 혼란; 싸움, 말다

1530З (A) 심리학 실험들은 동물들은 똑똑하지 않으며, 실제로는 소리와 움직임을 포함한 인근 환경에서 일어나는 변화에 대단히 민감하게 반응하고 있을 뿐이라고 전한다. 따라서 사실은 동물들이 인간의 언어를 결코 이해할 수 없다는 것이다.
(A) at no time 결코 ~하지 않다   (B) in no time 곧, 아주 빨리
(C) for a time 당분간, 잠시   (D) all the time 항상
(E) of all time 역대, 지금껏

15304 (A) 여태까지는 만사가 척척 이루어졌다.

1540I (B)
(A) A: 여기서 담배를 피워도 되겠습니까?
B: 네, 물론이죠.
(B) A: 오늘이 무슨 요일이니?
B: 3월 23일이야. (X)
(C) A: 전화기 좀 써도 될까요?
B: 그럼요, 쓰세요.
(D) A: 영어를 못 하시나요?
B: 네, 못합니다.
(E) A: 많이 드세요.
B: 감사합니다만, 많이 먹었습니다.

1540Z (D) 나는 허구한 날 같은 일을 하는 데 진절머리가 났다.
(A) dead broke 완전히 파산한
(B) light-fingered 손재주가 있는
(C) all in 기진맥진하여 cf. all-in 모든 것을 포함한

1540З (B) 그 장비는 구식이다.
(A) 다루기 쉬운   (B) obsolete 시대에 뒤진
(C) 대단히 귀중한 ≠ valuable 값비싼   (D) complicated 복잡한

15404 (A) 로마의 콜로세움은 이탈리아의 아이콘이자 서기 1세기로 거슬러 올라가는 유물이다.
(A) date back (시간, 날짜가) ~로 거슬러 올라가다

What time is it now?
〈회화〉지금 몇 시입니까?
= Do you have the time? 몇 시입니까?
cf. Do you have time (to R)? (~할) 시간 있으세요

in record time
최단 시간에(=in the shortest time, very quickly)

at no time
결코 (~하지 않다), 한 번도 (~하지 않다)

like clockwork
규칙적으로(=very regularly), 정확히, 순조롭게

What day (of the week) is it today?
오늘 무슨 요일이니? (=What's today?)
cf. What day of the month is it (today)? 오늘이 며칠이니?
= What is the date (today)?

day in and day out
언제나(=continually)
= through thick and thin 언제나 변함없이, 시종일관

out of date
구식의, 시대에 뒤떨어진
(=obsolete, outdated, old-fashioned)
↔ **up to date** 최신식의
cf. dated 구식의(=old-fashioned) 〈15국민대〉
out-dated 구식인(=archaic) 〈99행자부7급〉

date back (to 시간)
(시간·날짜가) ~로 거슬러 올라가다, ~으로 소급하다

1550l In a sexual encounter, wolves become playful and frisky, "like puppies," said Dr. Givens, "so they can accept closeness." The next step is a mutual show of submission, all of which <u>paves the way for</u> physical intimacy. [14.숭실대]

(A) destroys   (B) necessitates

(C) prepares for   (D) totally blocks

15502 밑줄 친 부분에 공통으로 들어갈 표현으로 가장 적절한 것은? [11.지방직 9급]

1) At the funeral, family members gave _____ to their emotions and cried openly.
2) The result should in no _____ be seen as a defeat for the government.
3) European companies are putting their money into Asia in a big _____.

(A) way   (B) hand   (C) sense   (D) view

15503 빈칸에 공통으로 들어갈 가장 적절한 표현은? [14.광운대]

1) I'm _____ over my budget this month.
2) I thought it was _____ too early, but there were already strawberries in the market.

(A) up   (B) flat   (C) right   (D) sharp   (E) way

15504 다음 대화 속에 들어갈 적당한 표현은? [03.경찰]

A: How was your vacation?
B: Terrible. I had to work on my dissertation.
A: That's too bad. Have you finished it?
B: _____

(A) Well, There's one thing I realize.

(B) No, I don't think he's done it.

(C) No, I still have a long way to go.

(D) Yes, I can complete end of my dissertation.

155O1 (C) 성적 만남에 있어, 늑대들은 "강아지처럼" 장난치고 까불며 논다고 Givens 박사는 말했다. "그래서 그들은 친밀감을 받아들인다." 다음 단계는 상호간에 순종의 모습을 보여주는데 이 모든 것은 육체적인 성행위를 위해 준비하는 것이다.
* encounter 만남, 조우 frisky 까부는 mutual 상호의 submission 굴복, 순종 physical 육체적인 intimacy 친밀, 성관계

(A) destroy 파괴하다
(B) necessitate 필요하게 만들다
(C) prepare for ~을 준비하다
(D) totally block 철저히 막다

155O2 (A)

1) 장례식에서 가족들은 그들의 감정을 이기지 못하고 드러내 놓고 울었다.
* give way to (특히 감정에 못 이기대무너지다]
2) 결과는 결코 현 정부에게 패배처럼 보일 것 같지는 않다.
* in no way 결코 ~않다
3) 유럽 국가들은 그들의 자금을 대규모로 아시아에 투자하고 있다.
* in a big way 대규모로

155O3 (E)

1) 나는 이번 달에 예산을 훨씬 초과했다. * way 훨씬
2) 나는 너무 빠르다고 생각했지만, 이미 시장에는 딸기가 나왔다.
* be way too+형 너무 ~하다

155O4 (C)

A: 휴가 어땠어?
B: 끔찍했어. 난 박사논문을 써야 했거든. * dissertation 박사논문
A: 그것 참 안됐다. 그래 다 썼니?
B: _____

(A) 글쎄, 한 가지는 깨달았어.
(B) 아니, 그가 마쳤다고 생각하지 않아.
(C) 아니, 아직 갈 길이 멀어.
(D) 맞아, 난 박사논문을 끝낼 수 있어.

pave the way for sth
~을 위해 길을 열다, ~에 대해 준비하다(=prepare for)

in no way
결코 ~않다
cf. No way! 천만의 말씀, 말도 안돼
- There's no way~ 도저히 ~않다.

be way too+형용사
너무 ~하다

have a long way to go.
아직 갈 길이 멀다, 앞일이 요원하다
cf. come a long way 장족의 발전을 보이다, 계속 출세하다

보충이디엄

기본명사 time

1. 시간, 때, 여가 시간

all the time 항상(=always, continuously)
at any time 언제라도
at times / from time to time 때때로, 이따금
between times 때때로, 틈틈이
at a time 동시에; 단번에 cf. at the same time 동시에
for the time being 당분간, 한동안
get one's time 〈속어〉 내쫓기다, 해고당하다
in one's spare time 한가할 때에(=at one' leisure)
kill time 하는 일 없이 시간을 보내다
Take your time. 서두를 것 없어.
be pressed for time 시간에 쫓기다

2. 표준시(standard time)

What time is it? 지금 몇 시지요?
keep good time 시계가 꼭 맞다 ↔ **lose time** 시계가 늦다

3. (형기·병역 등의) 기간; (영업·근무시간)

full time 전시간 노동 ↔ **part time** 시간제 노동
serve one's time 근무 연한을 치르다; 복역하다

4. (종종 pl.) 시대; 현대(the time)

once upon a time 옛날 옛적에
hard times 불경기
have a hard time 힘든 시간을 보내다
behind the times 시대에 뒤떨어진; 구식의, 노후한
↔ **before the times** 시대에 앞서서

5. (정해진) 기일

in time 때맞추어, 제 시간에 cf. in the nick of time 정각에
Time is up. 시간이 다 되었다. ＊ 정해진 시간(time)이 다가왔다(up)

6. 곱, 배, 번

ten times as large as ～의 10배나 큰
for the first time 처음으로
time after time / time and again 몇 번이고

기본명사 day

1. 하루, 낮, 근로일

Have a nice day! 〈인사말〉 좋은 하루(를 보내)!
all day long / all the day 하루 종일, 진종일
by the day 하루 단위로 (일하다, 돈을 받다)
day and night / night and day 밤낮으로, 자지도 쉬지도 않고
day by day 매일매일 cf. day after day 매일, 끝이 없이

day about 하루걸러, 격일로
daybreak 새벽(=dawn)
have a day off 근로자가 하루 쉬다 cf. off day 재수 없는 날
Let's call it a day. 오늘은 이것으로 그만 하자.
leave for the day 퇴근하다

2. 기념일, 기일, 특정한 날

black-letter day 재수 없는 날
red-letter day 축제일, 경축일; 기념일 ＊ 달력의 빨간날

3. (종종 pl.) 시대(epoch), 시절; 그 시대, 당시(the day)

(in) these days 오늘날(=nowadays)
in those days 그 당시[시대]에는
end one's days 죽다
⒮ⓑ**'s days are numbered.** 수명이 다하다

4. (사람의) 전성기

Every dog has his day. 쥐구멍에도 볕 들 날 있다.
in one's prime 전성기에, 한창 때에(=in one' best days)
have one's day 전성기가 있다
Those were the days. 옛날이 좋았지.
salad days 경험 없는 풋내기 시절, 젊고 활기있는 시대
That will be the day.
절대 그런 일은 없을 걸. 꿈 깨라.(=Not on your life.)

5. 승리, 승부

carry the day 승리를 거두다
win the day 싸움에서 이기다 ↔ **lose the day** 패배하다

기본명사 way

any way 여하간, 여하튼
by the way 도중에, 말이 난 김에
get in the way 방해가 되다
↔ **get (sth) out of the way** 피하다, 비키다; 치우다, 제거하다
stand[be] in the way of ⒮ⓣⓗ ～의 방해가 되다, ～의 앞길을 가로막다
give way 무너지다; 양보하다; 풀이 죽다
in one way or another 어떻게라도 해서
one way or another / one way or the other 어떻게 해서든지
in a big way 대대적으로, 대규모로 ↔ **in a small way** 소규모로
in this way 이렇게, 이런 식으로
have no way out 이도 저도 할 수 없다, 코너에 몰리다
on the[one's] way ～하는 중에; ～도중에; 〈구어〉 임신하여
out of the way 터무니없는; 상도(常道)를 벗어나; 길에서 떨어져
the parting of the ways 결단의 갈림길
under way 진행 중인

색상

* green: 우리말로 녹색이지만 때로는 파란색(靑)으로도 번역된다. 녹색은 식물의 색이므로 자연
         이나 환경과 관련된 의미로 많이 쓰인다.
* blue: 우울함을 상징하는 색상이며 때로는 외설적인 의미로도 쓰인다.
* red: 정열, 사랑, 축하, 유혈, 적자, 좌익의 색깔이다.
* black: 우울함, 암흑, 더러움, 불명예를 상징하는 색상이다.
* white는 순결, 결백, 정직, 공백의 색깔이다.

자연현상

* rain: 비, 비 오듯 하다; 빗발치듯 퍼붓다
* water: 물, 위험한 곳; 물을 주다, 침을 흘리다
* fire: 불; 연소; 화재; 정열, 흥분; 시적 영감
        V. 불을 지르다; (상상력을) 자극하다; 발사하다; 해고하다

동물

동물의 특성에서 유래한 표현들이 많이 있으며, 이러한 표현들은 동물의 습성을 잘 이해하면
쉽게 암기가 가능하다.

07.서울시9급/97.덕성여대,Teps

15601 They are ready to rebuild their office building. They are just waiting for the green light
★ from the city authorities of Seoul. [97.덕성여대]

(A) the permission to begin an action

(B) the chance to take up the business

(C) the safe signal at the traffic light

(D) the go-ahead signal for crossing the street

12.중앙대/00-2.한성대,Teps

15602 다음 빈 칸에 들어갈 말의 순서가 적당한 것은? [00-2.한성대]
★
> 1) He phoned me out of the _____ to tell me he was back in town.
> 2) They were _____ with envy when they saw my new Porsche.

(A) green - blue   (B) blue - green

(C) red - green   (D) green - red

01-2.한성대

15701 다음 밑줄 친 부분의 의미와 다른 것은? [01.한성대]

> Each specific culture constitutes a kind of blueprint for all of life's activities.

(A) plan   (B) scheme   (C) systematic program (D) blue paper

00-2.한성대/99.고려대,Teps

15801 I can't afford to buy anything because I'm still in the _____ after my holiday.
★
(A) black   (B) red   (C) blue   (D) green

토플,Teps

15802 He saw red last night when I told him about the broken dishes. [예상]

(A) became pale   (B) became angry

(C) became silent   (D) became ill

17.성균관대/10.중앙대

15803 To make scientific headway in a topic as tangled as consciousness, it helps to clear away
★ some red herrings. [17.성균관대]

(A) obstacles   (B) misunderstanding

(C) distraction   (D) hyperbole

04-2.고려대,Teps

15901 The company's exports put it in the black for the current fiscal year. [04-2.고려대]

(A) made if famous   (B) made it profitable

(C) made it unpopular   (D) made it balanced

12.숙명여대/06.경찰/사법시험

15902 To lose consciousness is to _____. [06.경찰/사법시험]
★
(A) blow up   (B) come to life

(C) black out   (D) blank out

(E) blast off

07.인천9급,Teps

15903 다음 빈 칸에 순서대로 들어 갈 말은? [07.인천기술직9급 변형]

> 1) I felt like a _____ out of water in my new school.
> 2) Amy's always been the black _____ of the family.
> 3) I wonder who let the _____ out of the bag.

(A) fish - sheep- cat   (B) sheep - fish- cat

(C) fish - dog - cat   (D) fish - cat - dog

1560 1 **(A)** 그들은 사무실 건물을 재건축할 준비가 되어 있다. 그들은 서울시 당국의 허가를 기다리고 있을 뿐이다.
- (A) 어떤 행동을 취하기 위한 허가 * permission 허가, 허락
- (B) 사업을 시작할 기회 * take up (일 등을) 시작하다
- (C) 교통 신호등의 안전 신호
- (D) 길을 건너도 좋다는 신호(파란불)

the green light
(계획에 대한) 허가, 승인
cf. give the green light 허가를 하다
↦ **get the green light** 허가를 받다

1560 2 **(B)**
> 1) 그는 느닷없이 내게 전화해서 자기가 고향에 돌아왔다고 말했다.
> * out of the blue 느닷없이, 갑자기
> 2) 그들은 나의 새 포르쉐를 볼 때마다 부러워했다.
> * green with envy 몹시 부러워하는

green with envy
몹시 부러워하는; 시샘하는, 질투하는

1570 1 **(D)**
> 특정 문화마다 모든 생활 활동을 위한 일종의 청사진을 구성한다.
- (A) plan 계획
- (B) scheme 계획, 안

blueprint
청사진; (상세한) 계획
(=plan, scheme, systematic program)

1580 1 **(B)** 휴가 이후로 여전히 적자이기 때문에 난 어느 것도 살 여유가 없다

in the red
재정이 적자인
↦ **in the black** 재정이 흑자인
cf. red-ink 손실, 적자상태

1580 2 **(B)** 내가 어젯밤 깨진 접시에 대해서 말하자 그는 화를 냈다.
- (A) 창백해졌다
- (B) 화를 냈다
- (C) 입을 다물었다
- (D) 병이 났다

see red
격노하다(=become angry)

1580 3 **(B)** 의식만큼이나 복잡하게 꼬인 주제에서 과학적인 진보를 이루기 위해서는 몇 가지 헷갈리게 하는 것들을 말끔히 치워버리는 게 도움이 된다.
* tangled 뒤얽힌 복잡한 headway 전진
- (A) obstacle 장애물
- (B) misunderstanding 오해
- (C) distraction 마음을 산만하게 하는 것
- (D) hyperbole 과장

red herring
사람을 헷갈리게 만드는 것, 주제를 딴 데로 돌리기 위한 부적절한 말(=irrelevant comment); 훈제청어

1590 1 **(B)** 회사의 수출이 이번 회계연도에 흑자를 기록했다.
- (B) profitable 이익이 되는 유리한

in the black
(재정이) 흑자인
↦ **in the red** 재정이 적자인
cf. in one's black book ~의 눈 밖에 난, 남의 미움을 산

1590 2 **(C)** 의식을 잃는 것은 기절하는 것이다.
- (A) blow up 폭파하다, 화내다
- (B) come to life 소생하다
- (C) black out 기절하다, 등화관제를 하다
- (D) blank out 기억에서 지우다
- (E) blast off 발사하다, 발사되다

black out
1. 기절하다
2. 등화관제를 하다; 보도제한을 하다
cf. blank out sth
1. (나쁜 기억 등을) 일부러 잊다
2. (보이지 않도록) 가리다, 공란으로 처리하다

1590 3 **(A)**
> 1) 나는 새로 들어간 학교에 어색함을 느꼈다. * like a fish out of water 매우 불편한
> 2) 에이미는 항상 집안의 미운 오리새끼였다. * black sheep of the family 집안의 말썽꾼
> 3) 나는 누가 비밀을 누설했는지 궁금하다. * let the cat out of the bag 비밀을 누설하다

black sheep (of the family)
악한(=villain), 망나니;
(집안의) 말썽꾼, 부모 속을 많이 썩이는 자식

16001 다음 빈칸에 들어갈 가장 적당한 단어는? [예상]

예상

> 1) A _____ book is an official government publication in some countries.
> 2) _____ noise is sound, especially of a loud, continuous, or unpleasant kind, that seems to have no pattern or rhythm.
> 3) A _____ lie is a small or harmless lie that you tell to avoid hurting somebody.

(A) blue   (B) green   (C) white   (D) black

16002 다음 밑줄 친 부분이 의미하는 것은? [08.경남9급 변형]
★

08.경남9급/이서울시9급

> White albino elephants were regarded as holy in ancient times in Thailand and other Asian countries. Keeping a white elephant was a very expensive undertaking, since the owner had to provide the elephant with special food and provide access for people who wanted to worship it. If a Thai King became dissatisfied with a subordinate, he would give him a white elephant. The gift would, in most cases, ruin the recipient.

(A) boon   (B) albino elephant

(C) bonanza   (D) burdensome possession

16101 다음 대화의 밑줄 친 부분에 들어갈 가장 알맞은 표현은? [03-2.숭실대]

03-2.숭실대,Teps

> A: How often does the postal worker deliver the mail?
> B: Every day, _____.

(A) shine or rain   (B) rain or snow

(C) snow or rain   (D) rain or shine

16102 다음 대화의 흐름상 빈 칸에 들어갈 말로 적당한 것은? [97.동국대]
★★

11.지방직9급/06.전남9급/99-2.한성대
97.동국대/입사.토익

> A: How about dinner tonight?
> B: Sorry, I'll have to take a _____ on that.

(A) break   (B) promise

(C) rain check   (D) wish list

16103 다음 의미가 다른 하나는? [예상]

93.경찰,Teps

(A) It rains cats and dogs.   (B) It rains in torrents.

(C) It rains in showers.   (D) The rain is pouring down.

(E) The rain is drizzling down.

16201 When an individual enters a strange culture, all or most of these familiar cues are removed. He or she is like _____. [13.가톨릭대]
★

13.가톨릭대/07.인천시9급
99.경찰,Teps

(A) a needle in a haystack   (B) a fish out of water

(C) a castle in the sky   (D) a cart before the horse

[유제] She felt like a fish out of water at the party. [99.경찰]

(A) out of breath   (B) enthusiastic

(C) bizarre   (D) very uncomfortable

16202 For the past year I've been treading _____, in a boring job with no hope of promotion. [예상]

06.고려대

(A) sky   (B) water

(C) a path   (D) the boards

16001 (C)

> 1) 백서는 어떤 나라의 정부의 공식 발간물이다.
> 2) 백색 소음은 특히 크고 지속적이며 불쾌한 종류의 소리로서 패턴이나 리듬이 없어 보인다.
> 3) 선의의 거짓말은 타인의 감정을 상하지 않도록 하는 사소하고 해롭지 않은 거짓말이다.

white paper
(일반적으로) 정식 보고서, 백서(blue book보다 간단함)
cf. white goods 백색가전기기
  white noise 백색소음
  (모든 주파수대역에서 고르게 분포하는 기본적인 잡음)
cf. white lie 악의 없는 거짓말

16002 (D)

> 백변종 코끼리는 태국과 여타 아시아 국가들에서 고대에는 신성한 것으로 여겨졌다. 흰 코끼리를 기른다는 것은 매우 비용이 많이 들어가는 일이었는데 그것은 그 주인이 코끼리에게 특별한 먹이를 주어야 했고 이를 숭배하기를 원하는 사람들에게는 (코끼리에게) 접근하게 해 주어야 했기 때문이다. 만일 태국의 왕이 신하에 대해 불만이 생기게 되면, 그는 그 신하에게 흰 코끼리를 주곤 했던 것이다. 그 선물은 대부분의 경우 받은 사람을 파멸시키게 된다.
> * undertake 떠맡다, 착수하다 subordinate 부하, 신하 recipient 받는 사람, 수령인

white elephant
성가신(처치 곤란한) 물건
(=something that is useless and unwanted, especially something that is big and costs a lot of money)

16101 (D)

> A: 우체국 직원이 우편물을 얼마나 자주 배달하나요?
> B: 매일요, 비가 온 날이 개든.

rain or shine
날씨에 상관없이, 날씨가 어떻든 간에

16102 (C)

> A: 오늘 저녁식사 어때? * How about ~은 어때?
> B: 미안하다, 저녁은 다음으로 미뤄야 할 것 같다. * take rain check 약속을 뒤로 미루다
>
> (A) take a break 휴식하다
> (D) wish list (마음속으로) 바라는 것

take a rain-check (on sth**)**
(약속 · 초대를) 뒤로 미루다(=delay invitation, etc)

16103 (E) (A) (B) (C) (D) 모두 "비가 억수같이 내린다."라는 표현이다. (E)는 "이슬비가 내린다."라는 표현이다.
  * drizzle 이슬비가 내리다

rain cats and dogs
비가 억수같이 내리다(=rain heavily)

16201 (B) 어떤 개인이 낯선 문화 안으로 들어갈 때 이런 친숙한 단서의 대부분은 없어진다. 사람들은 물 밖에 나온 물고기처럼 된다.
  (A) a needle in a haystack 건초 더미에서 바늘 찾기
  (B) a fish out of water 물 밖에 나온 물고기
  (C) a castle in the sky 공중누각
  (D) a cart before the horse 말보다 앞에 있는 마차(본말의 전도)

(D) 그녀는 파티 자리가 불편했다.
  (A) out of breath 숨이 가쁜   (B) enthusiastic 열렬한
  (C) bizarre 기이한   (D) uncomfortable 불편한

like a fish out of water
(장소나 상황 등이 자기와 어울리지 않아) 매우 불편한
(=uncomfortable in a particular environment)

16202 (B) 지난 해 승진에 대한 어떤 희망도 없이 지겨운 직장에서 나는 진전이라고는 없었다.
  (B) tread water 진전이 없다
  (D) tread the boards 무대에 서다

tread water
서서 헤엄을 치다; 진전이 없다

16301 밑줄 친 부분에 들어갈 말로 가장 적절한 것을 고르시오. [15지방직7급]

> A: Have you heard what happened to Sharon?
> B: No.
> A: _____.
> B: Why? I thought she was one of those young people on the fast track.
> B: She screwed up a stock deal and cost her company millions of dollars.

(A) She went on a business trip

(B) She took the rest of the day off

(C) She got promoted last week

(D) She got fired from her company

16302 South Korea's Ministry for Foreign Affairs and Trade <u>came under fire</u> for making hundreds of translation errors in overseas trade deals. [15서울시9급]

(A) became a mockery   (B) became notorious

(C) caught flak   (D) was investigated

16401 If you buy a used car without examining it thoroughly, you might end up buying _____.

(A) wolf ticket   (B) a pig in a poke

(C) the big one   (D) the rabbit

16402 다음 대화의 빈칸에 들어갈 표현으로 가장 적절한 것은? [16기상직9급]

> Danny: So, buddy, how is married life?
> Jason: Usually pretty good, but _____ with Gwen right now. I accidentally said I didn't like her mother's cooking.
> Danny: Ah, man! You shouldn't have said so. You had better buy flowers for Gwen and her mother.
> Jason: Good idea. Maybe that will make her forgive me.

(A) I am in the doghouse

(B) I break the news

(C) I am all ears

(D) I've got a frog in my throat

16403 대화의 흐름으로 보아 밑줄 친 부분에 들어갈 가장 적절한 것은? [14지방직7급]

> A: How's Tom getting on school?
> B: Well, his last report wasn't very good actually.
> A: Oh, dear. Why not?
> B: Because he just won't work. He's only interested in sports, and he just won't put any effort into anything else at all. We've tried everything, but he just doesn't take any notice of anybody.
> A: But surely he can't enjoy all that? I mean, it's not very pleasant to be criticized all the time, is it?
> B: It doesn't bother Tom. It's _____.

(A) like a fish out of water

(B) like water off a duck's back

(C) like putting the cart before the horse

(D) like taking the bull by the horns

16301 (D)

A: 샤론에게 무슨 일이 있는지 들었니?
B: 아니.
A: 그녀는 회사에서 해고당했어.
B: 왜? 난 그녀가 젊은 사람들 중 출세가도를 달리는 사람들 중 한 명이라고 생각했는데.
  * on the fast track 출세가도를 달리는
B: 그녀가 주식거래를 망쳤고 회사에 수백만 달러의 손해를 입혔대.

(A) 그녀가 출장을 갔다.
(B) 그녀가 조퇴를 했다. * take the rest of the day off 조퇴하다
(C) 그녀가 지난주에 승진을 했다.
(D) 그녀가 회사에서 해고당했대.

get fired
해고되다

16302 (C) 한국 외교통상부는 해외 무역거래에서 수 백개의 번역오류를 낸 것에 대해 맹비난을 받았다.
(A) 조롱의 대상이 되다   (B) 악명을 떨치다
(C) catch flak 비난을 받다   (D) 조사를 받다

be[come] under fire
맹비난[비판]을 받다, 공격을 받다

16401 (B) 네가 중고차를 사면서 철저하게 검사하지 않고 중고차를 산다면, 결국 물건을 보지도 않고 사는 결과가 될 수도 있다.
(A) buy wolf ticket 남의 도전에 응하다   (B) buy a pig in a poke 물건을 보지도 않고 사다
(C) buy the big one 죽다   (D) buy the rabbit 불리한 거래를 하다

buy a pig in a poke
물건을 보지도 않고 사다, 충동 구매하다

16402 (A)

Danny: 그래, 친구, 결혼 생활은 어때?
Jason: 대개는 매우 좋은데, 지금은 Gwen과 사이가 안 좋아.
       무심코 내가 장모님의 요리를 좋아하지 않는다고 말해버렸거든.
Danny: 아, 이 친구야! 그런 말을 하지 않았어야지. Gwen과 장모님을 위해 꽃을 사다 주는
       게 좋겠어.
Jason: 좋은 생각이야. 그렇게 하면 Gwen이 나를 용서해 줄 수도 있겠어.

(A) be in the doghouse 사이가 안 좋아
(B) break the news 소식을 알려주다
(C) be all ears 열심히 귀를 기울이다
(D) get a frog in my throat 목이 잠기다

be in the doghouse
사이가 좋지 않다; 곤경에 처하다

16403 (B)

A: 톰은 학교에서 잘 해내고 있니?
B: 글쎄, 지난 리포트는 사실 그다지 좋지 않았어.
A: 오, 저런, 왜 그래?
B: 그가 노력을 안 해. 그저 스포츠에만 관심 있고 다른 것에는 전혀 노력을 기울이지 않아.
   우리가 이것저것 다해봤지만 어느 누구의 말에도 귀 기울이지 않아.
A: 그렇지만 전부를 다 좋아할 수는 없잖아. 내 말은 항상 비판을 받는 것은 그다지 유쾌한
   일은 아니라는 거야. 그렇지 않아?
B: 톰은 그런 거에는 신경 쓰지 않아. 완전히 마이동풍이야.

(A) like a fish out of water (장소나 상황 등이 자기와 어울리지 않아) 매우 불편한
(B) like water off a duck's back 마이동풍격인, 전혀 효과가 없는
(C) like putting the cart before the horse 주객이 전도된
(D) take the bull by the horns 용감하게 난국에 맞서다

like water off a duck's back
마이동풍격인, 전혀 효과가 없는

16501 ★ My boss looks down on a person who thinks very highly of his own opinion but is really full of <u>hot air</u>. [91.행정고시]

(A) strong feelings

(B) exaggerated talk

(C) revolutionary thoughts

(D) excitable temperament

16601 ★ Prophets have borrowed _____ from every religion in the whole world. [사법시험]

(A) bits and bites

(B) pits and lots

(C) bits and pieces

(D) bits and ends

16602 ★ Writing an English letter is <u>a piece of cake</u> to her. [02.경찰]

(A) very easy

(B) rather a good bait

(C) extremely tempting

(D) not appreciative

16501 **(B)** 나의 사장님은 실제로는 허풍으로 가득 찬 것인데도 자기의 의견을 높이 평가하는 사람을 경멸한다. * look down on 경멸하다 think highly of ~을 높이 평가하다

    (A) 단호한 감정   (B) 과장된 말

    (C) 혁신적인 생각   (D) 흥분 잘하는 기질

16601 **(C)** 예언자들은 전 세계의 모든 종교로부터 부분 부분을 빌려왔다. * prophet 예언자

    (C) bits and pieces 부분 부분

16602 **(A)** 영어로 편지를 쓰는 것은 그녀에게 아주 쉬운 일이다.

    (B) bait 미끼, 미끼로 꾀다   (C) tempt 유혹하다

    (D) appreciative 감사하고 있는

hot air
과장, 허풍, 허황된 말
(=exaggerated talk, big talk, tall talk)
cf. put on airs 젠체하다, 으스대다
    give oneself airs 거만하게 굴다, 잘난 체하다

bits and pieces / bibs and bobs
부분 부분, 잡동사니
(=small objects or possessions, odds and ends)
cf. in one piece 완전하게, 멀쩡하게
cf. come[fall] to pieces 산산조각이 나다; 좌절되다

a piece of cake
매우 쉬운 일, 식은 죽 먹기(=a duck soup)
* **It's a piece of cake.**
  = **It's a duck soup for me.**
  = **It's a walk in the park.**
  = **It's as easy as apple pie.**
  = **It's a cinch.** 이건 식은 죽 먹기처럼 쉬운 일이야.
  ↪ **a hard[tough] nut to crack**
    어려운 문제[사람], 다루기 어려운 것[사람]

보충이디엄

기본명사 green

a green thumb 원예의 재능, 식물을 잘 기르는 재주
a green hand / a greenhorn 풋내기 cf. **green and fresh** 풋내기의
a green old age 노익장, 정정함
green movements 자연보호 운동 cf. **green activist** 환경 (보호) 운동가
the Green Party (영국과 독일의) 녹색당
green house effect 온실효과
green card 〈미〉 영주권, (외국인 노동자에게 발급하는) 입국 허가증
greenback 〈미·속어〉 달러지폐(=buck) * 달러 뒷면이 녹색인 데서 유래우리의 경우 "배춧잎"
green Christmas 눈이 오지 않는 크리스마스 ⟷ **white Christmas**

기본명사 blue

out of the blue 뜻밖에, 돌연; 불쑥, 느닷없이(=all of sudden)
cf. **a bolt out of the blue (sky)** 청천벽력, 전혀 예상 밖의 일 * 푸른 하늘에 번개가 치는 것
feel blue 우울하다(=be depressed, be low-spirited)
blue in the face (분노 등으로) 얼굴이 파랗게 질려
true-blue 신념이 강한 사람
blue chip 우량주
blue blood 귀족 혈통, 명문 출신
blue film 포르노 영화 cf. **yellow journalism** 선정적 저널리즘, 선정주의
blue jokes 음담패설

기본명사 red

red face 〈구어〉 쑥스러워하는 얼굴 * (얼굴 등이) 빨개진 cf. **have a red face** 쑥스러워하다
red tape 관료적 형식주의 * 예전 잉글랜드에서는 공문서를 붉은 끈으로 묶은 데서
red carpet 정중한 환대 cf. **get a red carpet treatment** 정중한 환대를 받다
red alert 적색경보
cf. **yellow alert** 황색경보 → **blue alert** 청색 경보, 제2경계 경보 → **red alert** [긴급] 공습 경보
red light 적(赤)신호, 위험신호
Red-letter day 공휴일, (특별한) 기념일
the thin red[blue] line (어떤 장소·주의를 끝까지 지키는) 소수의 용감한 사람들
catch someone red handed 현행범으로 체포하다

기본명사 black

blackmail 공갈, 협박
black and blue 멍이 들어
black ball 반대표; 배척하다, 제명하다
black dog 〈구어〉 우울증
black book 블랙리스트(요주의 인물 일람표)
black market 암시장 / **black economy** 지하 경제
black or white 흑이냐, 백이냐, 양극단의, 판이한
black eye (맞아 생긴) 눈언저리의 검은 멍, 〈구어〉 불명예
black and white 인쇄, 필사, 사진이 흑백인
cf. **put in black and white** 인쇄(문서)의 형태로 적

기본명사 white

white goods 백색가전기기
white noise 백색소음 * 모든 주파수대역에서 고르게 분포하는 기본적인 잡음
white pages 전화번호부 * 이름과 전화번호가 알파벳 순서로 나열되어 있는
cf. **yellow pages** 업종별 전화번호부
white lie 악의 없는 거짓말

기본명사 rain

rain frogs 큰 비가 내리다
rain down on ⓢ〿 ~에 대해 〈비난 따위가〉 쏟아지다
be rained out[off] (경기 등이) 비로 중지[연기]되다
When it rains, it pours. / It never rains but it pours.
비가 오기만 하면 억수로 쏟아진다. 설상가상
〈비가 오는 정도에 따른 표현〉 **drizzling** 이슬비가 내리는 **spitting** 비가 후두두
떨어지는 **pouring** 비가 억수같이 쏟아지는 cf. **downpour** 억수, 호우 **shower** 소나기가 퍼붓다
It looks like rain. 비가 올 것 같다.

기본명사 water

hold water 합리적이다, 이치에 맞다
My mouth is watering. 군침이 도네.
be in hot[deep] water / get into hot water 곤란에 빠지다,
난처한 입장에 처하다(=get into trouble)
It's water under the bridge. 이미 지나간 일이다. 후회해도 소용없다

기본명사 fire

catch on fire / catch fire (갑자기) 불나다; 불붙듯이 유행하다
open fire 사격을 개시하다; (일을) 시작하다
cease fire 사격을 중지하다

기본명사 air

a piece of work 작품; 곤란한 일
a piece of one's mind 솔직한 의견; 비난
cf. **give a piece of one's mind** 생각한 바를 거리낌 없이 말하다; 비난하다, 꾸짖다(=blame)
come to pieces 산산조각이 나다; 좌절되다
cut[pull /rip/tear] ⓢ〿/ˢᵗʰ **to pieces** 잘게[조각조각으로] 자르다, 혹평하다
fall to pieces 산산이 부서지다; (계획이) 좌절되다
go to pieces 산산조각이 나다; 마음이 갈기갈기 찢어지다; 건강을 잃다; 자제심을 잃
piece by piece 하나하나, 하나씩
piece ˢᵗʰ **together** ~을 잇다, 종합하다
set piece (문예 등의) 기성 형식에 의한 구성 (축구에서) 코너킥이나 프리킥 등의 계획된 상

기타 명사구

명사구로 이루어진 이디엄들은 대부분 그것의 속성을 잘 이해하면 뜻을 쉽게 도출해 낼 수 있다.

사물의 평가

삼라만상에 대한 평가방법은 다양하다. 여기에서는 매우 자주 쓰이는 형용사구나 부사구를 다루도록 한다.

16701 The Speaker explained <u>the nuts and bolts of</u> his plan to establish a new telephone system for the country. [99.사법시험]

(A) ultimate goals of　　　　　　(B) various arguments for

(C) expected advantages of　　　(D) widespread passions for

(E) basic and pratical details of

99.사법시험

16702 Helen's love for her child was <u>part and parcel</u> of her life.

(A) an affected part　　　　　　(B) an interesting part

(C) a difficult part　　　　　　(D) an integral part

01.광운대

16703 (1) <u>Half the battle</u>, I discovered, was in the planning. As for housework, (2) <u>that's been a whole other ball game</u>. [07.광운대]

(A) (1) 아주 중요한 것은 - (2) 그것은 즐거운 것이었다.

(B) (1) 열성적으로 매달린 것은 - (2) 그것은 전혀 다른 상황이었다.

(C) (1) 열성적으로 매달린 것은 - (2) 그것은 즐거운 것이었다.

(D) (1) 아주 중요한 것은 - (2) 그것은 전혀 다른 상황이었다.

07.광운대

16704 I did some <u>odds and ends</u> around the house before I turned on the TV. [94.기술고시]
★

(A) mutual exchange　　　　　　(B) various reading

(C) accumulating papers　　　　(D) important reading

(E) miscellaneous task

01.세종대/94.기술고시,Teps

16705 Trade unions are <u>a bone of contention</u> in our family. [93.기술고시]

(A) a source of happiness　　　　(B) a subject of quarrel

(C) a piece of cake　　　　　　(D) a few home truths

(E) a skeleton in the closet

93.기술고시

16706 A _____ in your cap is an achievement you can be proud of. [예상]

(A) flower　　　(B) ribbon　　　(C) rose　　　(D) feather

고려대

16707 Goodhue shattered the glass _____ as the first female publisher at Time Inc. [07.소방간부 변형]
★

(A) ceiling　　　　　　　　　　(B) block

(C) case　　　　　　　　　　　(D) bottle

14.소방직9급/07.소방간부

16708 The policemen have not seen a smoking gun, _____ about the accident. [04.상명대]

(A) concrete evidence　　　　　(B) wild guess

(C) wild weather　　　　　　　(D) information

04.상명대

16709 President Nixon, who had already proposed a "<u>windfall profit</u> tax" for the industry, asked Congress last week to abolish the depletion allowance on overseas oil company. [외무고시]
★

(A) something that is wasted by the wind

(B) something that is blown down by the wind

(C) fruit blown off a tree

(D) an unexpected or sudden gain or advantage

14.숭실대/02.경찰/외무고시/토플

16701 (E) 의장은 나라의 새로운 전화체계를 수립하기 위한 그의 계획의 핵심부분을 설명하였다
(A) ultimate goal 최후의 목표
(B) various arguments 다양한 논쟁
(C) expected advantages 기대된 이익
(E) basic and practical details 기초적이며 실용적인 상세한 설명

the nuts and bolts
(사물의) 요점, 핵심부분;
어떠한 일을 하기 위한 가장 필수적이고 상세한 설명

16702 (D) 헬렌의 자식 사랑은 그녀의 인생에서 가장 중요한 부분이었다.
(A) affected 영향을 받은, 감동받은
(D) integral 절대 필요한, 완전한

part and parcel
필수적인 것, 중요부분, 요점

16703 (D) 아주 중요한 부분은 계획을 세우는 것에 있음을 나는 깨달았다. 집안일에 관한 한 그것은 전혀 다른 상황이었다. * ball game 경쟁 상황

half the battle
가장 중요핸[어려운] 부분, 큰 고비

16704 (E) 나는 몇몇 집안의 허드렛일들을 하고 나서 TV를 켰다.
(A) mutual 상호의   (C) accumulate 모으다
(E) miscellaneous 잡다한, 다방면의

odds and ends
1. 나머지, 잡동사니
2. 집안 주위의 허드렛일
   (=miscellaneous task, household chores)
cf. odds and sods 잡다한 사람들, 어중이떠중이
cf. against (all) the odds 불가능을 넘어서, 역경을 딛고

16705 (B) 노동조합은 우리 가족의 분쟁의 원인이다.
(C) a piece of cake 식은 죽 먹기, 매우 쉬운 일
(D) home truths 들어서 귀가 따가운 이야기
(E) a skeleton in the closet 집안의 감추고 싶은 비밀

a bone of contention
분쟁의 원인, 불화의 씨(=a subject of quarrel)

16706 (D) 공적이라는 것은 당신이 자랑할 수 있는 업적을 말한다.

feather in one's cap
(자랑할 만한) 공적, 영광, 명예

16707 (A) Goodhue는 타임사의 첫 여성 편집장으로서 여성의 승진 장벽을 산산이 부숴버렸다.
(D) glass bottle 유리병

glass ceiling
(여성이나 소수파의) 보이지 않는 승진 장벽
* 겉으로는 승진의 길이 열려 있는 것처럼 보이지만 유리천장처럼 여성의 승진을 가로막는 한계선

16708 (A) 경찰관들은 그 사건에 대한 smoking gun, 즉 구체적인 증거를 찾지 못하고 있다.
(A) concrete 구체적인, 명확한
(B) wild guess 어림짐작, 엉뚱한 짐작

smoking gun
(특히 범죄의) 확실한 증거(=concrete evidence)

16709 (D) 그 산업에 대해 이미 "불로소득세"를 제안했던 바 있던 닉슨 대통령은 해외 석유회사에 대한 세금 공제를 폐지하라고 지난주 국회에 요구했다 .
(A) 바람에 의해 황폐화된 것
(B) 바람에 의해 쓰러진 것 * blow down ~을 불어 넘어뜨리다
(C) 나무에서 날려 온 열매 * blow off 불어 흩날리다
(D) 기대하지 않은 뜻밖의 수익이나 이익

windfall profit
초과이윤, 우발이익, 불로소득
(=an unexpected lucky gift or gain)

16710 Controlled fusion is <u>a holy grail</u>, the promise of nearly infinite, clean and cheap energy. [이상명대]

(A) a ridiculous idea   (B) a much desired goal

(C) an easy solution   (D) a greatly feared consequence

16711 다음 빈 칸에 공통으로 들어갈 단어는? [예상]

> A _____ opera, sometimes called "_____" for short, is an ongoing, episodic work of dramatic fiction presented in serial format on television or radio. The name "_____ opera"stems from the original dramatic serials broadcast on radio that had _____ manufacturers such as Procter & Gamble, Colgate-Palmolive, and Lever Brothers as sponsors and producers.

(A) grand   (B) soap   (C) horse   (D) comic

16712 I'd love to have one home in the mountains and another at the seashore, but that's just <u>a pipe dream</u>. [08.고려대]

(A) impossible   (B) feasible

(C) understandable   (D) attainable

16713 The restaurant was frequented by <u>top-dollar</u> celebrities every night. [11.중앙대]

(A) the best-known   (B) the most sophisticated

(C) the highest-paid   (D) the most appealing

16714 My new neighbors blast music at all hours of the day and night — they're a real _____ in my flesh. [예상]

(A) bee   (B) wound   (C) thorn   (D) bug

16715 대화 중 글의 흐름상 빈칸에 들어갈 적당한 말은? [10.서울시9급]

> A: Which institution are you going to apply to?
> B: Well, Yale University, among other things. I know it's _____ , and therefore I may fail.
> A: I hope you will make it.
> B: Thanks.

(A) long shots   (B) good on terms   (C) short of cash   (D) beyond dispute   (E) in stock

16716 다음 빈칸에 들어갈 말로 가장 적절한 것은? [16.경찰 1차]

> John: Would you buy a luxurious sedan if you were a billionaire?
> Mary: _____

(A) Let me check your reservation.

(B) I offer my deepest condolence.

(C) Yes, I would! I would love to use luxurious sedation and enjoy my life.

(D) No, I don't think I would. That is not my cup of tea.

16801 They have been partners in this project for <u>a couple of</u> years. [97.경찰]

(A) many   (B) a few   (C) recent   (D) much

16802 In India and Africa, European domination was being maintained by <u>a handful of</u> Europeans who lived there as pilgrims and sojourners. [예상]

(A) a lot of   (B) a small number of   (C) dominating   (D) uncontrollable

16710 (B) 제어핵융합은 거의 무한하고 깨끗하며 값이 싼 에너지를 약속해 주는 일종의 성배라고 할 수 있다. * controlled fusion 제어핵융합 infinite 무한한

(A) 우스꽝스런 생각   (B) 매우 원하는 목표
(C) 손쉬운 해결책   (D) 매우 무서운 결말

holy grail
1. 성배(聖杯) * 그리스도가 최후의 만찬에서 썼다는 술잔
2. 매우 원하지만 얻기 힘들거나 불가능한 것
(something that people want very much, but which is very difficult or impossible to achieve)

16711 (B)

> 종종 "soap"라고도 짧게 불려지는 soap opera(텔레비전 연속극)는 텔레비전이나 라디오에서 연속적인 형태로 제공되는 계속적이고 에피소드 풍의 드라마틱한 허구 작품이다. soap opera 라는 이름은 Procter & Gamble, Colgate-Palmolive, Lever Brothers 같은 비누 제조회사들이 스폰서나 제작자로 참여하고 라디오에 방송된 창작 드라마에서 유래한다.
> * stem from ~로부터 유래하다

(A) grand opera 대가극   (B) soap opera 텔레비전 연속극
(C) horse opera 서부극   (D) comic opera 희극

soap opera
텔레비전 연속 멜로드라마

16712 (A) 나는 산에 집 한 채와 해변에 다른 집을 가지고 있으면 좋겠지만, 그것은 단지 허황된 환상에 불과하다.

(A) impossible 불가능한   (B) feasible 실행 가능한
(C) understandable 이해할 수 있는   (D) attainable 이룰 수 있는

pipe dream
몽상, 공상, 비현실적인 생각
(=a hope or plan that is impossible to achieve or not practical)

16713 (C) 그 레스토랑은 매일 저녁 몸값이 높은 유명 인사들이 자주 찾았다.

(A) 가장 잘 알려진   (B) 가장 정교한
(C) 가장 수입이 많은   (D) 가장 매력적인

top dollar
(지불할 수 있는) 최고 한도액

16714 (C) 나의 새 이웃들은 밤낮없이 온종일 음악을 쾅쾅 울려댄다. 그들은 정말 내게 눈엣가시이다.

a thorn in the[one's] side[flesh]
골칫거리, 눈엣가시 같은 존재

16715* (A)

> A: 어느 학교에 지원할 예정이니?
> B: 응, 무엇보다도 예일대지. 난 그것이 승산 없는 도전인 걸 알아. 그래서 떨어질 것 같아.
> A: 해내길 빌어. * make it 성공하다
> B: 고마워.

(A) long shot 승산 없는[무모한] 도전   (B) good on terms 좋은 관계인
(C) short of cash 돈이 부족하여   (D) beyond dispute 논쟁을 넘어
(E) in stock 재고로

a long shot
거의 승산이 없는 도전

16716* (D)

> John: 만약 네가 억만장자라면 고급 세단 승용차를 살 거니?
>   * sedan 지붕이 있고 4도어를 가진 승용차
> Mary: _____

(A) 당신의 예약을 확인해 볼게요.
(B) 깊은 위로의 말씀을 드립니다.
(C) 응, 그럴 거야. 나는 고급스러운 진정제 치료를 이용하는 것을 좋아할 것이고 인생을 즐길 거야.
     * sedation 진정제 치료(sedan과 비슷한 스펠링으로 파놓은 출제자의 함정)
(D) 아니, 사지 않을 것 같아. 그건 내 스타일이 아니야. * not my cup of tea 내가 좋아하는 게 아닌 것

not my cup of tea
내가 좋아하는 게 아닌 것
* **That is not my cup of tea.** 그건 내 취향이 아니야.

16801 (B) 그들은 몇 년 동안 이 프로젝트의 파트너였다.

a couple of sb/sth
두 개의, 두셋의; 몇 개의(=a few), 몇 사람의

16802 (B) 인도와 아프리카에서 유럽의 지배는 순례자와 체류자로서 그 곳에 살던 소수의 유럽인들에 의해 유지되고 있었다. * pilgrim 순례자 sojourner 체류자

(A) a lot of 많은   (B) a small number of 적은, 소수의
(C) dominating 우세한, 우위를 차지하는   (D) uncontrollable 통제 불능의

a handful of sb/sth
소수의(=a small number of sb/sth)
cf. a drop in the bucket[ocean] 아주 적은 양·새발의 피
   ↔ **a world of** sth 아주 많은 **a whale of a** sth 굉장한, 대단한
   a host of sb/sth 다수의, 많은

16803 ★ Children are not the only ones who wear costumes on Halloween. There are also <u>quite a few</u> adults who wear them. [95.행자부7급]

(A) quiet   (B) not many   (C) a lot of   (D) very few

99.홍익대/95.행자부7급

16804 I have <u>no more than</u> two dollars. [서울시9급]

(A) only   (B) almost   (C) at least   (D) as much as

서울시9급

16805 ★ The country is <u>second to none</u> in terms of cleanliness. [01-2.계명대]

(A) the worst   (B) the better

(C) nothing   (D) the best

03.광운대/01-2.계명대/00-2.광운대
98.경찰간부/97.행정고시/93.대진대
85.법원직.Teps

16806 Lucy is an average student of our school <u>at best</u>. [94.서울시7급]

(A) at the maximum   (B) best of all

(C) at the minimum   (D) at least

94.서울시7급.Teps

16807 Everyone opposed it, but Mary and John got married <u>all the same</u>. [98.경찰]

(A) happily   (B) as quickly as possible

(C) nevertheless   (D) at the same time

98.경찰.Teps

16808 The hikers were exhausted and <u>all but</u> frozen when they were found. [서울시9급]

(A) suddenly   (B) greatly   (C) almost   (D) a little

12.경기대/서울시9급.Teps

16809 When I asked whether he was afraid, he answered "<u>Not a bit</u>." [96.서울시9급]

(A) Much.   (B) Not at all.

(C) A little.   (D) More or less.

96.서울시9급/94.경찰간부

16810 She waved to us, and we waved back <u>like anything</u>. [02.입법고시]

(A) far away   (B) to say good-bye

(C) like mad   (D) as if we were angry

(E) with two hands

02.입법고시

16811 The term _____'s dozen is thought to originate from the old practice of bakers adding a thirteenth loaf of bread to a batch of twelve loaves to avoid selling underweight bread. [예상]

(A) grocer   (B) chef   (C) blacksmith   (D) baker

15.국회8급

16812 I drink coffee <u>once in a while</u>. It was two months ago when I drank last time. [11.광운대]

(A) every now and then   (B) on all occasions

(C) by no means   (D) once upon a time

(E) at once

11.광운대/01.건국대.Teps

16813 I've been working at the store <u>off and on</u> for the past three years. [예상]

(A) irregularly   (B) industriously

(C) imperceptibly   (D) unceasingly

92.명지대.Teps

16803 (C) 아이들만이 할로윈 복장을 하는 것은 아니다. 할로윈 복장을 입는 성인들도 많이 있다.

quite a few
많은(=many, a lot of, a great number of sb/sth)
↦ only a few 극히 소수의, 근소한; 불과 소수만
cf. no small 결코 적지 않은, 대단한

16804 (A) 나는 겨우 2달러를 가지고 있다.

no more than~
〈적음을 강조〉 단지 ~에 지나지 않은; 겨우(=only)
↦ no less than~ 〈많음을 강조〉 ~에 못지않게

16805 (D) 그 나라는 청결함의 관점에서 보면 어느 나라에게도 뒤지지 않는다.

second to none / next to none
누구에게도 뒤지지 않는(=better than all others),
최고의(=the best)

16806 (A) 루시는 잘해야 우리학교 학생의 평균 정도이다.
(B) best of all 무엇보다도, 특히, 첫째로
(D) at least 적어도

at (the) best
잘해야, 잘 봐줘서(=at the maximum), 기껏해야
↦ at (the) worst 아무리 나빠도
cf. at (the) least 적어도, 하다못해, 최소한

16807 (C) 모든 사람들이 반대했지만, 메리와 존은 개의치 않고 결혼했다.
(B) 가능한 한 빨리
(C) nevertheless 그럼에도 불구하고
(D) at the same time 동시에

all the same
그래도, 역시(=nevertheless, nonetheless);
아무래도 좋은, 개의치 않고
= none the less 그럼에도 불구하고, 역시(=nevertheless)
= **for all (that)** 그럼에도 불구하고(=in spite of, notwithstanding)

16808 (C) 그들이 발견될 당시에 여행자들은 지쳐있었고 거의 동사할 지경이었다.
(A) suddenly 갑자기   (B) greatly 크게, 몹시, 매우
(C) almost 거의

all but (sb/sth)
1. 거의(=almost, nearly)
2. ~외는 모두

16809 (B) 두렵지 않냐고 그에게 물었을 때, 그는 "전혀."라고 답했다.
(A) 많이.   (B) 전혀.
(C) 약간.   (D) 조금.

not a bit
결코 ~하지 않는, 전혀(=never, not at all, anything but,
not ~ at all, on no account)
= not at all 전혀 ~하지 않다.
= **anything but** 결코 ~이 아닌
cf. nothing but 오로지 ~일 뿐이다(=only)

16810 (C) 그녀는 우리에게 손을 흔들었고 우리도 아주 열광적으로 흔들어 답했다.
(A) far away ~에서 멀리   (B) say a good-bye 작별을 고하다
(C) like mad 미치광이처럼, 열렬히   (D) as if we were angry 마치 우리가 화난 것처럼
(E) with two hands 전력을 다하여

**like anything / like everything /
like mad / like crazy**
몹시, 매우(=very much; extremely)
cf. for anything 〈부정문에서〉 무슨 일이 있어도, 도저히
anything like 조금은, 좀; 〈부정문에서〉 도저히

16811 (D) baker's dozen이라는 말은 빵가게 주인이 중량이 적은 빵을 판매하는 것을 피하기 위해 12개의 빵 덩어리 묶음에 13번째의 빵 한 덩어리를 더 얹어주던 오랜 관습에서 기원되었다고 생각된다. * dozen 12개짜리 한 묶음, 다스

a baker's dozen
13개, 덤으로 주는 것

16812 (A) 나는 가끔 커피를 마신다. 마지막으로 마신 것이 두 달 전이었다.
(A) every now and then 이따금
(B) on all occasions 모든 경우에
(C) by no means 결코 ~이 아닌
(D) once upon a time 아주 옛날에
(E) at once 즉시

**(every) now and again /
(every) now and then**
이따금, 때때로(=sometimes, occasionally)
= (every) once in a while 가끔, 때때로(=occasionally)
= **from time to time** 때때로, 이따금
= on occasion 가끔씩(=occasionally, periodically)
cf. at intervals 때때로, 이따금, 간격을 두고
by spells 가끔, 때때로

16813 (A) 나는 지난 3년 동안 그 가게에서 불규칙적으로 일했다.
(A) irregularly 불규칙하게   (B) industriously 부지런히, 꾸준히
(C) imperceptibly 지각할 수 없게   (D) unceasingly 끊임없이

on and off / off and on
때때로, 불규칙적으로(=irregularly),
단속적으로(=intermittently)
↦ **on and on** 지루할 정도로 장황하게, 계속해서(=continuously)

보충이디엄

최상급 표현

at (the) least 적어도, 하다못해, 최소한 ↔ **at (the) most** 많아야(=not more than)
not least 특히, 그 중에서도 **cf. not the least** 조금도 ~않다
best of all 무엇보다도, 특히, 첫째로
most of all 무엇보다도, 그 중에서도

비교급 표현

more and more / better and better 더욱 많은; 더욱더
still more / much more 더욱이, 하물며, 더더군다나
what is more 게다가, 더욱이
what is better 게다가, 더욱이, 금상첨화로
more or less 다소간, 얼마간, 약, ~쯤
more than all 그중에서도 특히
more than somewhat 대단히, 매우
and much more 그 밖에 많이 (있습니다)
more often than not 자주, 대개
the more ~ the more ~하면 할수록 더욱 더 ~하다
the more ~ the less ~하면 할수록 ~하지 않다
Say no more! 더 이상 말하지 마라!
The more the better. 많으면 많을수록 좋다. 다다익선.
Better late than never. 〈속담〉 늦어도 안 하느니보다는 낫다
- Better bend than break. 〈속담〉 부러지기보다는 휘는 것이 낫다, 지는 것이 이기는 것이다

anything/ nothing

for anything I care 나는 상관없지만
for anything I know 잘은 몰라도, 어쩌면, 아마
for anything 〈부정문에서〉 무슨 일이 있어도, 도저히
anything like 조금은, 좀; 〈부정문에서〉 도저히
anything of sb/sth 〈부정문에서〉 조금도; 〈의문문에서〉 조금은
Anything goes. 〈구어〉 뭐든지 괜찮다. 무엇을 해도 좋다.
for nothing 이유 없이(=without reason) 공짜로; 헛되이
make nothing of sth ~을 아무렇지 않게 여기다
do-nothing (특히 정치에서) 아무 일도 안 하는; 게으름뱅이
to say nothing of / not to speak of / not to mention sth ~은 말할 것도 없이
Think nothing of it. / It's no big deal. 〈사과에 대해〉 신경 쓰지 마세요.

빈도표현

from time to time 때때로, 이따금
= once and away 이따금, 때때로
= on occasion 가끔씩(=occasionally, periodically)
= at intervals 때때로, 이따금, 간격을 두고
= by spells 가끔, 때때로 * spell 기간, 잠깐씩
by fits and starts 불규칙하게, 발작적으로
by periods 주기적으로
as often as not 종종, 자주
all the while 그동안 줄곧, 내내
at every turn 아주 자주, 늘, 항상, 예외 없이
= every time one turns around 아주 자주, 늘(=very often, all the time)
= all the time 항상(=always, invariably, ever, continuously)
once in a blue moon 아주 드물게(=very rarely, very seldom)
dime a dozen 흔해 빠진, 헐값의 * 12개에 1다임밖에 안하는
= ten a penny / two a penny * 1페니에 열 개를 주는

일상표현
생활영어 문제에 자주 출제되는 일상표현

생활영어 : 일상표현

16901 만날 때의 인사말로 가장 적절하지 않은 것은? [02.공인회계사]

(A) What's up?   (B) Good night!

(C) Good morning!   (D) Good afternoon!

16902 아래 빈칸에 들어갈 가장 적합한 것을 고르시오. [07.인천시9급]

> A: How are you doing?
> B: _____

(A) I'll be off in about five minutes.

(B) I can't complain. Thanks.

(C) I'm sending an e-mail to a friend.

(D) I've heard a lot about you.

(E) I know what you mean.

16903 다음 빈 칸에 알맞은 말은? [예상]

> A: Long time no see, John.
> B: Yes, it's been a long _____.

(A) hour   (B) time   (C) tide   (D) while

16904 "어디 아프십니까?"를 가장 잘 옮긴 것은? [89.법원직]

(A) What's troubling you?   (B) Are you sick?

(C) What is wrong with you?   (D) What place are you ill?

(E) How are you?

16905 다음 대화 중 빈칸에 들어갈 말로 부적당한 것은? [예상]

> A: You look depressed. _____
> B: I have to study so many subjects for my exams that I don't know where to begin.
> A: Take one thing at a time, and you'll be okay.

(A) What is the matter with you?

(B) What is troubling you?

(C) What are you worrying about?

(D) What are you getting at?

16906 ★ 다음 대화의 빈칸에 들어갈 말로 알맞지 않은 것은? [08.서울시9급]

> A: I want to go home early.
> B: So soon? You look gloomy these days. _____

(A) What does it matter with you?   (B) What's eating on you?

(C) What's getting on your nerves?   (D) What's weighing on your mind?

(E) What's tormenting your brain?

16907 다음 중 의미가 다른 하나는? [예상]

(A) I've got to get going.   (B) I've got to go now.

(C) I think I should be going.   (D) I'll let go of you.

16901 (B)

(A) What's up? 어떻게 지내니? 무슨 일이 있니?
(B) Good night! (헤어질 때의 인사말)

16902 (B)

A: 요즘 어때?
B: 그럭저럭. 물어봐 줘서 고마워.

(A) 약 5분 후에 떠날 예정이야. * be off 떠나다
(C) 친구에게 메일을 보내고 있는 중이야.
　　* What are you doing? (뭐하는 거니?) 에 대한 대답이다.
(D) 너에 대해 많이 들었어.
(E) 무슨 말하는지 알겠다.

16903 (B)

A : 오랜만이구나, 존.
B : 그래, 정말 오랜만이다.

16904 (B)

(A) 무슨 일로 고민하고 있니?
(B) 어디 아프세요?
(C) 어찌된 일이냐?

16905 (D)

A: 얼굴 표정이 안 좋네. 무슨 고민이 있니?
B: 시험 준비로 공부할 과목이 너무 많아 무엇부터 해야 할지 모르겠어.
A: 한 번에 한 과목씩 해. 그럼 문제없을 거야.

(A) What is the matter with you? 무슨 문제 있어?
　　= (B) What is troubling you? 무슨 일로 고민하고 있니?
　　= (C) What are you worrying about? 무엇에 대해 걱정하고 있니?
(D) What are you getting at? 무슨 말을 하려는 거야?

16906 (A)

A: 나 집에 일찍 들어갈래.
B: 벌써? 요즘 너 우울해 보인다. 뭐가 문제니?

(A) What does it matter with you? 그게 너랑 무슨 상관이니?
(B)(C)(D)(E) 무슨 일 있니? (=What's the matter with you?)

16907 (D)　* (A)(B)(C)는 모두 "이만 가봐야 할 것 같아."라는 의미이다.
(D) I'll let go of you. 너를 놓아줄게.

What's up?
1. 어떻게 지내니? 요즘 어때?
2. (상대방을 걱정하거나 무슨 일이 있을 때) 무슨 일이니?
= **What's going on?**
= **What's happening?**
= **What's cooking?**

How are you doing?
(오랜 만에 만난 사람에게 근황을 물을 때) 요즘 어때?
= **How are you getting along?**
= How is it going? 〈14-3 경찰〉
= **How goes it with you?**
= **How does it go with you?**

Long time no see.
오랜만입니다.
= It's been a long time.
= **It's been a while.**
= **It's been ages.**
= **I haven't seen you for a long time.**

Are you sick?
어디 아프세요?
= **Something wrong?**
= **Are you feeling okay?**
= **Are you hurt?** 어디 아프니?, 다쳤니?

What is troubling you?
무슨 일로 고민하고 있니?
= What's your worry[trouble]?
= What are you worrying about?
= What's on your mind?

What's wrong with you?
무슨 안 좋은 일 있어? 무슨 문제 있어?
= What's eating (on) you?
= What's getting on your nerves?
= What's weighing on your mind?
= What's tormenting your brain?
= What happened to you?
= What's the problem with you?
= What's the matter with you?

I have to get going.
그만 가봐야 할 것 같네요.
= I must be on my way now.
= I've got to[must] go now.
= I think I should be going.
= **I should be going now.**
= **I'd better get going.**
= **Well, I gotta go.**
= **I have to run.**

16908 다음 밑줄 친 곳에 알맞은 말은 ? [91.행자부 9급]

> A: It's been nice talking to you. I hope we can get together again soon.
> B: _____. So long.

(A) So I am   (B) So am I

(C) So do I   (D) So I do

(E) So I want

16909 다음 중 의미가 다른 하나는? [예상]

(A) See you around.

(B) Catch you later!

(C) Let's keep in touch.

(D) Let's get together again soon.

16910 다음 빈칸에 들어갈 말로 적당한 것은? [98.법원직]

> Dennis: Gee, I haven't been back to Cambridge in years, since we graduated... Has it changed much?
> Nancy: Oh, not that much. You'd still recognize it! You know, it's great seeing you again. I've really lost touch with everyone from back then.
> Dennis: So have I. _____.
> Nancy: Listen, why don't we go to get some coffee somewhere?
> Dennis: Oh, I'd liked to , but I've got to get going. I teach at four. But how about dinner? You and your husband can meet me after my class.
> Nancy: Sounds great!

(A) Let's have a look at that.

(B) There used to be a big tree there.

(C) So, how have you been ? What brings you to Seoul?

(D) Let's keep in touch.

16911 다음 빈칸에 들어가기에 적절하지 못한 것은? [예상]

> A: I must be going now. See you next Monday.
> B: Okay. _____

(A) So long.   (B) Take care.

(C) See you.   (D) It's been a while.

16912 다음 중 의도하는 바가 나머지 셋과 다른 것은? [94.법원직]
★

(A) Remember me to your brother.

(B) Tell your brother to call me up.

(C) Give my wishes to your brother.

(D) Say hello to your brother, please.

16913 아래 빈 칸에 알맞은 표현은? [00.101단]

> A: Happy New Year.
> B: _____.

(A) The same to you.   (B) That's all right.

(C) No problem.   (D) So long.

16908 (C)

> A: 이야기 정말 즐거웠어요. 조만간 다시 만나 뵙길 바라요.
> B: 저도요. 또 봐요.

It's been nice talking with you.
이야기 정말 즐거웠어요.
cf. I really enjoyed your company.
　함께 해서 정말 즐거웠습니다.
　= It was nice meeting you.
　만나서 즐거웠어요.

16909 (C) * (A) (B) (D)는 모두 "다음에 또 만나자."라는 의미이다.
　　　(C) Let's keep in touch.는 "연락하고 지내자."라는 의미이다.

Let's get together again soon.
곧 만나요. 다음에 또 만나요.
= Catch you later!
= See you again[later].
= See you around.
= I'll see you later.

16910 (D)

> Dennis: 이런, 우리가 졸업한 이후로 몇 년간 캠브리지에 가지 않았어. 많이 변했니?
> Nancy: 그리 많이는 아냐. 여전히 알아볼 거야! 널 다시 보다니 너무 반갑다.
> 　　　　그때 알던 사람들과는 완전 연락이 끊겼어. * lose touch with 연락이 끊기다
> Dennis: 나도 그래. 우리 연락하고 지내자.
> Nancy: 이봐, 우리 어디 가서 커피나 한잔하는 게 어때? * How about~? ~하면 어떨까요?
> Dennis: 응, 나도 그러고 싶은데, 가봐야 할 것 같아. 4시에 강의가 있어.
> 　　　　저녁은 어떨까? 수업이 끝나고 너하고 네 남편하고 같이 만나자.
> Nancy: 그거 좋은 생각이다. * Sounds great! 좋아요.

　(D) keep in touch 연락을 계속하다

Let's keep in touch.
〈오랜만에 우연히 만난 친구와 헤어질 때〉
계속 연락하고 지내자.
= Keep me in touch.
= Keep me informed.
= Keep me posted.

16911 (D) * (A) (B) (C)는 모두 작별 인사로 "안녕(다음에 봐)"의 의미이다.

> A: 나 지금 가야 돼. 다음 주 월요일에 만나.
> B: 그래, 안녕.

　(D) It's been a while. 오랜만에 만났을 때 건네는 인사다.

So long.
〈작별 인사로〉 안녕. (=goodbye)

16912 (B) * (A) (C) (D) 네 형에게 안부 좀 전해 줘.
　　　(B) 네 형에게 나한테 전화 좀 하라고 해. * call ~ up ~에게 전화를 걸다

Remember me to your brother.
네 형에게 안부 좀 전해주렴.
= Give my wishes to your brother.
= Say hello to your brother, please.

16913 (A)

> A: 새해 복 많이 받으세요.
> B: _____.

　(A) The same to you. 당신도요.
　(B) That's all right. 괜찮아요.(사과에 대해서)
　(C) No problem. 문제 없어요.
　(D) So long. 안녕.(goodbye)

The same to you.
〈인사말에 대한 답변으로〉 당신도요.

16914 다음 빈칸에 들어갈 말로 적당한 것은? [07.건국대]

13.기상직9급/07.건국대

A: Would you like to go fishing tomorrow?
B: _____

(A) I'm afraid not. I'm going to be busy.

(B) I'm glad to do. I won't be in town.

(C) Then maybe I will go after all.

(D) I don't think so.

16915 밑줄 친 부분을 영어로 바르게 옮긴 것은? [97.단국대]

00.법원직/98.단국대

Tom: Hi, Joe! I haven't seen you in ages. What's new?
Joe: Oh, not much, say, 네 새 직장은 마음에 드니?
Tom: I love it. I'm very happy I decided to change jobs.

(A) What do you feel like your new job?

(B) How do you like your new job?

(C) What do you think about your new job?

(D) How about your new job?

(E) How do you feel about your new job?

16916 다음 빈 칸에 들어갈 말로 적당한 것은? [03.행정고시]

03.행정고시/90.법원직

A: I've got a new job! I'm going to live in New York.
B: You are? I lived in New York five years ago.
A: Did you like it?
B: Not very much.
A: _____
B: Well, there were too many people, and there was too much noise.

(A) Which one?   (B) What for?

(C) When?   (D) Where?

(E) How come?

16917 다음 대화 중 빈칸에 알맞은 것은? [06.경찰1차]

06.경찰1차/04.경찰

A: I just got a promotion at work, honey!
B: That's good! _____ to go.

(A) Road   (B) Passage   (C) Way   (D) Street

16918 다음 중 의미가 다른 하나는? [예상]

예상

(A) Hang in there!   (B) Hang up!

(C) Tough it out!   (D) Stick it out!

16919 다음 빈칸에 들어갈 알맞은 말은? [예상]

예상

A: You did a _____ job today.
B: Thank you. I just tried my best.

(A) snow   (B) lousy   (C) good   (D) poor

16914 (A)

A: 내일 낚시하러 갈래?
B: _____

(A) 안 될 것 같아. 내일 바쁠 것 같아.
(B) 좋아. 난 내일 시내에 없을 거야.
(C) 그럼 결국 가게 될 거야.
(D) 난 그렇게 생각하지 않아.

Would you like to R?
～하는 건 어때요? ～은 어떨까요?
= why not ~ ?
= Why don't you ~?
= Let's ~
= How about ~?
= what do you say to ~ing ?
= What do you think of ~ing?
= what do you think about sth

16915 (B)

Tom : 안녕, 죠! 오래간만이야. 별일 없니?
Joe : 야! 별일 없어. how do you like your new job?
Tom : 좋아. 직장을 바꾸기로 한 것이 너무 기뻐.

How do you like sth?
1. ～은 어떻습니까? 마음에 드십니까?
2. ～은 어떻게 해드릴까요
cf. **How did you like it?** 〈12경북교행〉
    어땠어요? 어떻게 마음에 들었어요?

16916 (E)

A: 새 직장을 얻었어! 뉴욕에서 살 예정이야.
B: 네가? 5년 전에 내가 뉴욕에 살았었는데.
A: 좋았니?
B: 그다지 좋지 않았어.
A: 어째서?
B: 음, 거긴 너무 사람도 많고, 너무 시끄러워.

How come? / How come ~?
어째서? 왜
〈★ How did it come that ～ ?의 단축형〉

16917 (C)

A: 자기야! 나 직장에서 승진했다.
B: 좋아. 잘됐네.

Way to go!
〈응원·격려의 말〉 그거다, 좋아, 힘내라!, 파이팅!

16918 (B) * (A) (C) (D)는 모두 "참고 버텨라"라는 의미이다. (B)는 "전화를 끊다"의 의미이다.

Hang in there.
참고 견뎌라, 버텨.
= Tough it out!
= Stick it out!

16919 (C)

A: 오늘 정말 잘했어.
B: 감사합니다. 그저 최선을 다했을 뿐이에요.

You did a good job!
〈타인이 한 일에 대한 칭찬〉 잘했어! 훌륭해!
= Good job!
= Good for you!

16920 다음 대화의 빈 칸에 들어갈 말로 적당한 것은? [07.국민대]
★

> A: Do you know who got the prize?
> B: They gave it to Cindy.
> A: _____. I was hoping Amy would get it.

(A) Don't worry.　　　　　(B) That's too bad.

(C) Don't mention it.　　　(D) You never can tell.

16921 다음 대화의 빈칸에 가장 적합한 것은? [88.법원직]
★

> A: Does your father really have to have the operation?
> B: _____. The doctor says he'll die without it.

(A) I hope so.　　　　　　(B) I'm afraid so.

(C) No way.　　　　　　　(D) That isn't true.

16922 대화의 흐름으로 보아 밑줄 친 부분에 들어갈 가장 적절한 것을 고르시오. [12.국가직9급]
★

> A: Hey, my poor buddy! What's the problem?
> B: You know I took over this presentation all of a sudden. And tomorrow is the due date
>   for the presentation. I couldn't even start it yet.
> A: Look! I'm here for you. _____

(A) What are friends for?

(B) Everything's up in the air.

(C) What does it have to do with me?

(D) You'd better call a spade a spade.

16923 다음 두 사람의 대화 가운데 어색한 것을 고르시오. [09.대구대]

(A) A: Could you do me a favor?
　　 B: Yes, what is it?

(B) A: Do you mind filling out this questionnaire?
　　 B: No, not at all.

(C) A: Do you know for sure if they will be here at 7:00?
　　 B: Of course, I am positive.

(D) A: Didn't you like the play?
　　 B: Yes, the dialogue was awful.

16924 다음 중 알맞은 응답을 고르시오. [00.경찰]
★

> A: Would you mind showing me the way to the city Hall?
> B: _____.

(A) Of course not.　　　　(B) I don't know.

(C) That's all right.　　　 (D) Here you are.

16925 다음 각 쌍의 대화가 어울리지 않는 것은? [13.기상직9급]

(A) A: Mind if I smoke here?
　　 B: No, I am sick with the flu.

(B) A: This room is stuffy. Could I open the window?
　　 B: Why not?

(C) A: It's a lovely day, isn't it?
　　 B: It couldn't be better. Let's go outside.

(D) A: Do you think living in the country has advantages?
　　 B: Well, that depends.

정답과 해설
ANSWER

16920 (B)

A: 누가 상 받았니?
B: 신디가 받았어.
A: ______ 나는 에이미가 받았으면 했는데.

(A) 걱정하지 마.
(B) 그것 참 안됐구나.
(C) 〈영〉 (감사 · 사과에 대해) 천만에, 별말씀을 〈미〉 You're welcome.
(D) 누구도 알 수 없어.

16921 (B)

A: 너의 아버님이 꼭 수술을 받으셔야 하니?
B: ________. 의사 선생님이 말하기를 수술 받지 않으면 돌아가실 거래.

(A) 나도 그러길 바라.
(B) 유감스럽지만 그런 것 같아.
(C) 절대 안 돼.
(D) 그건 사실이 아니야.

16922 (A)

A: 어이, 불쌍한 친구! 무슨 일 있어?
B: 너도 알다시피 내가 갑자기 이 발표를 맡았잖아. 그런데 내일이 그 발표 마감일이야. 아직 시작도 못 했어.
A: 이봐! 내가 있잖아. 친구 좋다는 게 뭐야?

(A) What are friends for? 친구 좋다는 게 뭐니?
(B) 아직 정해진 것이 없다. * up in the air 미결정인
(C) 그것이 나랑 무슨 상관이야? * have something to do with ~와 관계가 있다
(D) 사실 그대로를 말하는 게 좋겠어. * call a spade a spade 사실대로 말하다

16923 (D)

(A) A: 부탁 하나 해도 될까요?
B: 네, 무슨 부탁인가요?
(B) A: 질문서를 좀 작성해 주실 수 있으신가요
B: 물론이죠.
(C) A: 그들이 7시에 여기에 도착할지 확실히 알고 계신가요?
B: 물론이죠. 확실합니다.
(D) A: 그 연극이 좋지 않았나?
B: 응 좋았어. 대화내용이 끔찍했어.

16924 (A)

A: 시청으로 가는 길을 알려 주시겠습니까?
B: __________

(A) 물론이죠.
(B) 전 모르는데요.
(C) That's all right. 괜찮아요.
(D) Here you are. 여기 있어요.

16925 (A)

(A) A: 제가 여기서 담배를 피워도 괜찮을까요?
B: 아뇨, 저는 독감으로 아파요. * No가 아니라 Yes로 대답해야 한다.
(B) A: 이 방은 답답하군요. 제가 창문을 열어도 될까요? * stuffy 답답한
B: 왜 안 되겠어요?
(C) A: 참 아름다운 날이네요, 그렇지 않나요?
B: 더 좋을 수가 없겠네요. 밖에 나갑시다.
(D) A: 시골에 사는 것이 유리하다고 생각하세요?
B: 글쎄요, 그건 상황에 따라 다르죠. * that depends 상황에 따라 다르다

기출숙어
IDIOM & EXPRESSION

That's too bad.
그것 참 안됐구나. 유감입니다.
= I'm sorry to hear that.
= I'm sorry for you.
= I'm sorry about it.
= I'm sorry.

(I'm) afraid so.
I hope not.
유감스럽지만 그런 것 같습니다.
cf. I'm afraid not. 그렇지 않을 걸.(=I don't think so.)
↔ **I hope so.** 나도 그렇게 생각한다.

What are friends for?
친구 좋다는 게 뭐니?

Will you do me a favor?
부탁 하나 드려도 될까요?
= Can you do me a favor?
= Will you do a favor for me?
= May I ask a favor of you?
= May I ask you a favor?
→ **Sure. What can I do for you?** 물론이죠, 무엇을 도와 드릴까요?

Q: Would you mind ~ing? ~해 주시겠어요?
A: No, I don't mind. 네, 그러죠.
= No, of course not.
= No, certainly not.
cf. Would you mind if~ ~해도 괜찮겠습니까?

Do you mind if ~?
내가 ~해도 될까?

16926 다음 빈칸에 들어갈 가장 적합한 것은? [15.한성대]

> A: Could you _____ your suit for my brother's wedding?
> B: Of course. But you should get it dry-cleaned first. When do you need it?

(A) borrow me　　　　　　　　　(B) show me

(C) ask me　　　　　　　　　　　(D) lend me

16927 ★ 대화의 흐름으로 보아 밑줄 친 부분에 들어갈 말로 가장 적절한 것을 고르시오. [13.지방직7급]

> A: You look exhausted.
> B: I didn't sleep a wink last night.
> A: Why? What's the matter?
> B: I just worried about the exam.
> A: _____ I am sure you will do all right.
> B: I hope so.

(A) No sweat.　　　　　　　　　(B) You name it.

(C) Out you go.　　　　　　　　(D) Take the lead.

16928 다음 A, B의 대화 중 가장 적절하지 않은 것은? [17.경찰1차]

(A) A: I can't thank you enough.
　　 B: I'm sorry to hear that.

(B) A: Need a hand?
　　 B: No thanks. I can handle it.

(C) A: Would you show me the way to Jongno police station?
　　 B: I'm sorry, but I am a stranger here.

(D) A: Is it all right if I come back around four?
　　 B: Certainly. Do as you wish, please.

16929 다음 대화의 빈칸에 적절하지 않은 것은? [96.법원직]

> A: Could you help me carry this heavy bag?
> B: Why not?
> A: Thank you very much for your kindness.
> B: _____

(A) It's my great pleasure.

(B) You're quite welcome.

(C) Don't mention it.

(D) Never mind.

16930 ★ 다음 대화 내용 중 가장 어색한 것은? [11.국가직9급]

(A) A: Are we still going on a picnic tomorrow? It might rain.
　　 B: Let's wait and see.

(B) A: Would you like to have a dinner with me this weekend?
　　 B: I'm sorry I can't make it. Can you give me a rain check?

(C) A: Can you hand in the report as soon as possible?
　　 B: Be my guest.

(D) A: Is it true that Mr. Smith is out of town?
　　 B: Not that I know of.

16926 (D) * Can you lend me something? = Can I borrow something?

> A: 형의 결혼식에 입으려는데 네 정장 좀 빌려줄 수 있니?
> B: 물론이지. 하지만 먼저 드라이클리닝 해야 할 거야. 언제 필요해?

Can I borrow ~? * 내가 타인에게 빌리다
Can you lend me ~? * 타인이 나에게 빌려 주다
(무엇 좀) 빌려 주실 수 있어요?

16927 (A)

> A: 너 피곤해 보여.
> B: 지난밤에 한숨도 못 잤어.
> A: 왜? 무슨 일 있어?
> B: 그냥 시험이 걱정돼서.
> A: _____ 너는 분명 잘할 거야.
> B: 나도 그랬으면 좋겠어.

(A) No sweat. 걱정하지 마.   (B) You name it. 뭐든지 말해봐.
(C) Out you go. 나가, 꺼져 버려.   (D) Take the lead. 앞장서라.

That's no sweat! / No sweat!
걱정 마라, 힘든 일은 아니야. 문제없어!
= **No problem!**

16928 (A)

(A) A: 어떻게 감사의 말씀을 드려야 할지 모르겠습니다.
    B: 유감이네요. (X)
(B) A: 도와드릴까요?
    B: 고맙지만 괜찮습니다. 제가 처리할 수 있어요.
(C) A: 종로경찰서로 가는 길을 알려 주시겠어요?
    B: 죄송하지만 저도 여기가 처음입니다.
(D) A: 4시쯤 돌아와도 괜찮을까요?
    B: 물론이죠. 원하는 대로 하세요.

I can't thank you enough.
어떻게 감사의 말씀을 드려야 할지 모르겠습니다.

16929 (D)

> A: 이 무거운 가방을 옮기는 것 좀 도와주시겠어요?
> B: 안 될 것 없죠.
> A: 친절에 감사해요.
> B: _____

(D) Never mind. 〈사과에 대한 대답으로〉 신경 쓰지 마세요.

It's my great pleasure.
〈상대방의 감사인사에 대한 대답〉 천만에요. 별말씀을.
= **The pleasure is mine.**
= **My pleasure.** 제 기쁨입니다. → 별말씀을.
= 〈미〉 **You're quite welcome.**
= 〈영〉 **Don't mention it.**
= **Any time.** 언제든지요.
= **Not at all.** 전혀.
cf. Think nothing of it.
    1. 〈사례에 대해〉 아무것도 아닌 것으로 생각하세요.
    2. 〈사과에 대해〉 신경 쓰지 마세요.

16930 (C)

(A) A: 우리 내일 소풍 가는 것 맞지? 내일 비가 올 것 같은데.
    B: 좀 더 두고 보자.
(B) A: 이번 주말에 나와 함께 저녁을 먹을래요?
    B: 미안하지만, 안될 것 같아요. 다음 기회에 할까요?
      *give a rain check 다음으로 미루자
(C) A: 이 보고서를 가능한 한 빨리 제출해 주실래요? * hand in 제출하다
    B: 그러세요. (X) * be my guest (상대방의 부탁을 들어주며) 그러세요.
(D) A: 스미스 씨가 지방에 있는 것이 사실인가요?
    B: 제가 알기로는 아니에요.

Be my guest.
(상대방의 부탁을 들어주며) 그러세요.

16931 다음 대화 중 밑줄 친 부분의 의미는? [00.동덕여대]

> A: I was wondering if you could take care of my cat this weekend.
> B: Sure! That's no big deal at all.

(A) It would be an easy bargain.

(B) It deals with a trifle stuff.

(C) There's no problem.

(D) The business has no importance to us.

16932 대화의 흐름으로 보아 빈칸에 들어갈 가장 적절한 말은? [04.행자부9급]
★

> A: Hi, Alex. Did you get home all right?
> B: Yeah, thanks, but I want to apologize for last night. It was so dumb of me to put my coffee on the floor.
> A: Forget about it.
> B: But it must have made a really ugly stain. I want to pay for the cleaning.
> A: Listen, Alex, _____ Accident happen - at parties especially.
> B: Well, if you say so, but I really am sorry.

(A) it's up to you.   (B) it's no big deal.

(C) you can't miss it.   (D) it couldn't be better.

[유제] 대화의 흐름으로 보아 밑줄 친 부분에 들어갈 가장 적절한 것을 고르시오. [12.국가직9급]

> A: Oh, that was a wonderful dinner. That's the best meal I've had in a long time.
> B: Thank you.
> A: Can I give you a hand with the dishes?
> B: Uh-uh, _____. I'll do them myself later.
>   Hey, would you like me to fix some coffee?
> A: Thanks a lot. I'd love some. Would you mind if I smoke?
> B: Why, not at all. Here, let me get you an ashtray.

(A) help yourself   (B) don't bother

(C) if you insist   (D) here they are

16933 대화의 흐름으로 보아, 밑줄 친 부분에 들어갈 가장 적절한 것을 고르시오. [12.사회복지9급]

> A: Tom, can I borrow your new car? I have a date tonight.
> B: Well, I am supposed to give my brother a ride to the airport this evening.
> A: In that case I can take your brother to the airport before I go to meet my girl friend.
> B: _____

(A) All my fingers are thumbs.   (B) Yes, I'd love to.

(C) I'll make a day of it.   (D) OK, it's a deal.

16934 다음 대화의 내용상 밑줄 친 부분과 바꾸어 사용할 수 없는 것은? [09.경찰]
★★

> A: You know that I wish?
> B: I wish we had a new car.
> A: I know. It's too bad we don't. If we had a new car, we wouldn't spend so much money on repairs.
> B: That's exactly what I was thinking.

(A) I can't agree with you more.

(B) That's out of the question.

(C) You took the words right out of my mouth.

(D) You can say that again.

16931 (C)

> A: 혹시 오는 주말에 네가 내 고양이를 돌보아 줄 수 있을까?
> B: 그럼! _____.

(A) 그것은 쉬운 거래일거야. * bargain 매매계약, 거래
(B) 그건 시시한 물건을 다루는 거야.
(C) 문제없어. (내가 해 줄게.)
(D) 그 일은 우리에게 전혀 중요하지 않아.

16932 (B)

> A: 안녕, 알렉스. 집에 잘 도착했니?
> B: 응, 고마워. 그런데 네게 지난밤에 대해 사과하고 싶어. 바닥에 커피를 놓아두다니 내가 너무 멍청했어. * dumb 멍청한
> A: 잊어버려.
> B: 하지만 정말 흉한 자국이 생겼을 거야. 세척비용을 지불하고 싶어.
> A: 들어봐, 알렉스. _____ 사고는 일어나는 거야. 파티 같은 데서는 특히.
> B: 좋아, 네가 그렇게 말해준다면. 하지만 정말 미안해.

(A) 그건 네게 달렸어. * be up to ~에 달려있다
(B) it's no big deal. 별일 아니야.
(C) (길을) 금방 찾을 수 있을 거야.
(D) 이보다 더 좋을 순 없어.

(B)

> A: 오, 멋진 저녁 식사였어요. 근래에 먹었던 것 중 최고였어요.
> B: 감사합니다.
> A: 설거지하는 것 좀 도와드릴까요? * give a hand 도와주다, 거들어주다
> B: 아, 신경 쓰지 마세요. 나중에 제가 할게요. 저기요, 커피 좀 준비해 드릴까요?
> A: 정말 감사합니다. 좋아요. 담배를 피워도 될까요?
> B: 그럼요, 여기, 재떨이요.

(A) help yourself 마음껏 드세요.
(B) don't bother 신경 쓰지 마.
(C) if you insist 정 그렇다면
(D) here they are 여기 있어요.

16933 (D)

> A: 탐, 네 새 차를 빌릴 수 있니? 나 오늘밤 데이트가 있어.
> B: 음, 난 오늘 저녁 내 동생을 공항까지 태워주기로 되어있어.
> A: 그렇다면 여자친구를 만나러 가기 전에 내가 네 동생을 공항까지 데려다줄 수 있어.
> B: _____

(A) 나는 손재주가 없어. * All my fingers are thumbs. 나는 서투르다
(B) 그래, 기꺼이 하고 싶어.
(C) 난 그걸 하루 종일 신나게 그걸 할 거야. * make a day of it (즐거운 일을) 하루종일 하다
(D) 좋아, 그렇게 하자. * It's deal. 그렇게 하자.

16934 (B)

> A: 내가 원하는 게 뭔지 알지?
> B: 난 우리에게 새 차가 있었으면 해.
> A: 그러게. 없어서 참 아쉽다. 만약 새 차가 있다면, 수리비로 그토록 많은 돈을 쓰진 않을 텐데.
> B: 그게 바로 내가 생각하던 바야.

(B) out of the question 불가능한

10,09.경찰/03.행자부7급.명지대/01.법원직
98.사법시험/법원직

16935 다음 빈칸에 공통으로 들어갈 말로 가장 적당한 것은? [예상]
★★

> 1) A: Lisa was late again. B: That _____s! She is always late.
> 2) Can you _____ out these sentences?
> 3) The actor cut a brilliant _____ on the stage.

(A) feature   (B) figure   (C) picture   (D) shape

예상

16936 다음 중 의미가 다른 하나는? [예상]

(A) Do you follow me?   (B) Do I make myself clear?

(C) What are you up to?   (D) Are you with me?

16.경찰1차/15.한성대/11.사회복지직9급

16937 다음 빈칸에 들어갈 말로 적당한 것은? [11.사회복지직9급]
★

> A: Excuse me. Could you tell me the way to City Hall?
> B: Sure, take this road until you pass the wedding hall on your left. Just after passing it, turn right. Continue down the road for about 10 minutes. When you see a bank, turn right and ..... _____
> A. Sorry, can you say that again?

(A) Are you following me?

(B) Are you rooting for me?

(C) Can you just pick one now?

(D) Are you up and about sooner or later?

예상

16938 다음 빈칸에 들어갈 적당한 단어는? [예상]

> A: Do you understand what I said?
> B: I get the _____.

(A) map   (B) view   (C) picture   (D) air

예상

16939 다음 빈칸에 들어갈 말로 가장 부적당한 것은? [예상]

> A: I don't understand what you mean. _____?
> B: I mean I'd like to quit the job.

(A) What's your point?   (B) What are you up to?
(C) What are you getting at?   (D) What are you like?

14.지방직9급

16940 다음 빈칸에 알맞은 말은? [예상]

> Can you give me more details?
> = Can you be more _____?

(A) specification   (B) specify   (C) specific   (D) specifically

08.지방직7급/07.인천시9급

16941 아래 대화의 빈칸에 들어갈 가장 적합한 것은? [08.지방직(상반기)7급]
★

> A: We need to come to a final decision on this matter.
> B: I think we should go with the colors red and yellow.
> A: I'd like to _____.
> B: What's your opinion on it?
> A: I think it would work better if we chose cool colors such as blue and purple.

(A) take a different stance   (B) see eye to eye with you

(C) assent to your opinion   (D) fall in with your idea

16935 (B)

1) A: 리사가 또 지각했어. B: 그럴 줄 알았어. 그녀는 항상 늦어. * That figures. 그럴 줄 알았어.
2) 이 문장들 이해하시겠어요? * figure out 이해하다
3) 그 배우는 무대에서 두각을 나타냈다. * cut a brilliant[fine] figure 두각을 나타내다

That figures. / It figures.
그렇구나. 내가 생각한 대로야. 그건 당연하다.
= **That makes sense.**
= **That explains it.**

16936 (C) * (A)(B)(D)는 "내 말 알겠니?"라는 의미인 반면, (C) What are you up to?는 "무슨 말을 하려는 거야?"이다.

Do I make myself clear?
내 말 이해되니? 알아듣겠어?
= Are you with me?
= Do you follow me?

16937 (A)

A: 실례합니다. 시청으로 가는 길 좀 알려 주실 수 있나요?
B: 그럼요. 왼쪽에 있는 웨딩홀까지 이 길을 따라가세요. 그곳을 지난 직후, 우회전하세요.
약 10분 동안 이 길을 계속 따라가세요. 은행이 보이면 우회전을 하시고…….
_____
A: 미안하지만, 다시 한번 말씀해 주시겠어요?

(A) 제 말 이해하고 계세요?
(B) 저를 응원하시나요? * root for 응원하다
(C) 지금 하나만 고르실 수 있나요? * pick 고르다
(D) 조만간 병이 호전될까요? * be up and about (환자가) 호전되다

Are you following me?
Do you follow me?
내가 무슨 말을 하고 있는지 이해되니?

16938 (C)

A: 제가 하는 말 이해하시겠어요?
B: 알겠네요.

I get the picture.
무슨 말인지 알겠다.
= Got it.
= Got you.
= I see your point.
→ That's Greek to me. 도무지 모르겠다.

16939 (D) * (A)(B)(C)는 모두 상대방이 말하는 의도를 잘 이해하지 못했을 때 쓰는 표현으로 "무슨 말을 하려는 거야?"이다.

A: 네가 하는 말이 무엇인지 모르겠다. 무슨 말을 하려는 거야?
B: 내 말은 직장을 그만두고 싶다고.

(D) What are you like?는 "당신은 어떤 사람인가요?"라는 표현이다.

What's your point?
무슨 말을 하려는 거야
= What are you up to?
= What are you getting at?
= What are you trying to say?

16940 (C)

좀 더 자세히 말해줄래요?

Can you be more specific?
Can you specify it?
좀 더 자세히 말해줄래?

16941 (A) * A가 의견을 말한 후 B가 다시 A의 생각을 물었기 때문에 A는 의견이 같지 않음을 알 수 있다.

A: 우린 그 문제에 관해 최종적인 결정을 해야 해.
B: 나는 빨간색과 노란색이 잘 어울릴 것 같은데. * go with 어울리다
A: 난 좀 다른 입장이야.
B: 네 생각은 어떤 거니?
A: 난 파란색과 자주색 같은 시원한 색상을 선택한다면 더 좋은 효과가 날 것 같아.

(A) take a different stance 다른 입장을 취하다
(B) see eye to eye with ~의 의견에 동의하다
(C) assent to ~에 동의하다
(D) fall in with ~에 동의하다, 지지하다

Are you for or against my opinion?
내 의견에 찬성인가요? 반대인가요?
→ **I'm all for it.** 나는 전적으로 찬성한다.
= **I'm with you.** 나는 당신 편입니다.
→ **I'm against it.** 나는 반대야.
= **I have to disagree.**
= **Over my dead body.** 내 눈에 흙이 들어가기 전에는 절대로 안 돼.
= **No way.** 안 돼!
cf. **take a different stance** 다른 입장을 취하다 〈08지방직7급〉

16942 He became the point man for the museum's resistance to creditor's insistence that it be forced to sell art treasures. The museum's position boiled down to more politely stated ways of saying "over our dead bodies." [15.숭실대]

(A) We'll sell the paintings to creditors.

(B) The paintings will be useless when we die.

(C) We'll never sell the paintings.

(D) The paintings will be sold to the museum.

16943 다음 빈 칸에 들어갈 적당한 것은? [12.중앙대 변형]

> A: I bet he will get the best records at the final exam.
> B: If it happens, I will eat my _____.

(A) dog   (B) shots   (C) hat   (D) word

16944 다음 밑줄 친 표현을 대체하기에 가장 적절한 것은? [13.경찰2차 변형]

> A: How shall we decide?
> B: Let's toss for it.

(A) flip   (B) shed   (C) drop   (D) fling

16945 ★ 밑줄 친 부분을 바르게 해석한 것은? [00.여자경찰/92법원직]

> A: What time is it now?
> B: I beg your pardon?

(A) 시계가 없습니다.   (B) 다시 한 번 말씀해 주시죠.

(C) 천만에요.   (D) 당신에게 드릴 수가 없군요.

16946 ★ 다음 문장 중 의미가 다른 하나는? [97.인천시9급]

(A) You have nothing to do with this.   (B) This is none of your concerns.

(C) None of your business.   (D) Mind and do what you are told.

(E) Go about your business.

16947 다음 대화의 빈칸에 들어가기에 어색한 것은? [06.대구시9급]

> A: I've been doing this work for twenty years. I don't like it any more.
> B: It's very understandable that you _____ your job.

(A) are sick and tired of   (B) have had enough of

(C) kept up with   (D) are fed up with

16948 다음 대화 중 여자의 말이 의미하는 것은? [99.한성대]

> Man: I just sold the last copy of that book this morning. You'll have to try again next week.
> Woman: Just my luck.

(A) She's very lucky to get the last book.

(B) She's sorry she can't get the book today.

(C) She just wanted to look at the book.

(D) She always has good luck with books.

16942 (C) 그는 박물관이 보물급 미술품을 매각할 수밖에 없다는 채권자들의 주장을 반대하는 박물관의 핵심인물이 되었다. 박물관의 입장은 "절대 안 돼."라는 말을 보다 우아하게 말하는 것으로 요약된다. * boil down to ∼으로 요약되다

(A) 우리는 채권자들에게 그림들을 팔 것이다.
(B) 그 그림들은 우리가 죽으면 쓸모없을 것이다.
(C) 우리는 결코 그 그림들을 팔지 않을 것이다.
(D) 그 그림들은 박물관에 팔릴 것이다.

Over my dead body.
내 눈에 흙이 들어가기 전에는 절대로 안 돼.

16943 (C)

A: 기말고사에서 그가 최고점수를 분명 얻을 거야. B: 만약 그런 일이 일어난다면 내 손에 장을 지진다.

I will eat my hat.
(그럴 일이 없다는 투로) 내 손에 장을 지진다.

16944 (A)

A: 우리 어떻게 정할까? B: 동전 던지기를 해서 결정하자.

(A) Let's flip for it. = Let's toss for it.　　(D) fling 내던지다

Let's toss (up) for it.
동전 던지기를 해서 결정하자.
= Let's flip for it.

16945 (B)

A: 지금 몇 시에요? B: 다시 한번 말씀해 주실래요?

I beg your pardon? / Pardon? / Pardon me?
1. 다시 한 번 말씀해 주실래요?
　(상대방의 말을 잘 듣지 못했을 때)
= Again, please.
= Excuse me?
= What did you say?
= What's that?
= Come again?
2. 실례입니다만... (모르는 사람에게 말을 걸 때)

16946 (D) 네가 들은 대로 잊지 말고 해라.
(A)(B)(C)(E) 네가 알 바 아니다. 네 일이나 신경 써라.

This is none of your business.
네가 관여할 일이 아니다.
= Mind your own business.
= This is no business of yours.
= (It's) None of your business.
= Go about your business.
= You have nothing to do with this.
= This is none of your concerns.
= Keep your nose out of this.

16947 (C) * (A)(B)(D)는 "∼에 물리다, 지긋지긋하다"이 의미이며, (C) keep up with는 "(사람·시대 흐름 등에) 뒤떨어지지 않다"의 의미이다.

A: 나는 20년 동안 이 일을 해왔어. 난 더 이상 이 일이 좋지 않아. B: 네 일에 지겨워하는 건 이해할 만해.

I've had it.
진절머리가 난다. (그건 이제) 지긋지긋하다.
= I've had enough.
= I've had it enough.
= I'm fed up with it.
= I'm sick and tired of it.

16948 (B)

Man: 오늘 아침에 저 책의 마지막 부을 팔았어요. 다음 주에 다시 오셔야겠네요. Woman: 또 글렀네요. * just my luck 또 글렀네

(A) 그녀는 마지막 책을 구할 수 있어 매우 운이 좋다.
(B) 그녀는 오늘 책을 갖지 못한 것을 유감스러워 한다.
(C) 그녀는 단지 책을 보기를 원했다.
(D) 그녀는 책에 대해서는 항상 운이 따른다.

Just my luck.
또 글렀군! 내 팔자가 그렇지 뭐.
* 원하던 일이 제대로 이루어지지 않은 경우의 푸념

16949 다음 대화의 흐름상 빈 칸에 들어갈 말로 가장 적당한 것은? [98.한성대]

> A: What's up? You have a long face today.
> B: I had a car accident this morning and I lost my wallet, too. _____
> A: Forget all about it.

(A) This has really made my day.

(B) Let's call it a day.

(C) This is not my day.

(D) This is my day off.

16950 다음 대화 중 가장 어색한 것은? [11.경북교행]

(A) A: Do you mind if I use your computer?
　　B: No, not at all. Go ahead.

(B) A: You didn't come to the meeting.
　　B: I'm sorry, but I completely forgot about it.

(C) A: Can you tell me how to get to the library?
　　B: Go straight until Third Street and turn left.

(D) A: The movie is sold out.
　　B: We must have bought the tickets in advance.

(E) A: What will the weather be like tomorrow?
　　B: The weather forecast says it will be sunny.

16949 (C)

> A: 무슨 일 있어? 얼굴이 안 좋네.
> B: 아침엔 차 사고가 나더니, 지갑도 잃어버렸어. _____
> A: 다 잊어버려.

(A) 이 일로 인해 정말 즐거웠어요.
(B) 오늘은 그만 끝내자.
(C) 오늘은 되는 일이 없네.
(D) 오늘은 비번이야.

16950 (D) (A) A: 내가 네 컴퓨터를 쓰는 것을 꺼리니?
　　　　 B: 아니, 전혀. 어서 써.
　　 (B) A: 너 모임에 안 왔더라.
　　　　 B: 미안. 완전히 깜빡했지 뭐야.
　　 (C) A: 도서관에 어떻게 가는지 알려주실 수 있나요?
　　　　 B: 똑바로 가시다가 세 번째 길에서 좌회전하세요.
　　 (D) A: 그 영화는 매진되었어요.
　　　　 B: (X) 우리는 그 표를 미리 샀음에 틀림없어요. * must를 should로 바꾸어야 함
　　 (E) A: 내일 날씨가 어떨까요?
　　　　 B: 기상예보관이 맑을 거라고 했어요.

Well, it's not my day.
제길. 오늘은 되는 일이 없네.

Don't forget (to+R/that~)
(~하는 것을) 잊지 마.
cf. I completely forget about it. 완전히 잊고 있었어요.
I just slipped my mind. 깜빡했어요.

〈제안하는 말〉

= **Why not ~ ?** ~하는 게 어때?
  • **Why not take a day off?** 하루 쉬는 게 어때?

= **Why don't you ~?** ~합시다. ~하는 건 어때요? ~은 어떨까요?
  • **Why don' you come shopping with me?** 나랑 쇼핑하러 가지 않을래?

= **Let's ~**
  • **Let' go to the movie tonight.** 오늘 저녁에 영화 보러 가자.

= **How about ~?** 1. ~하면 어떨까요? ~하지 않겠습니까? ~에 대해 어떻게 보십니까?
  • **How about a short walk?** 잠깐 산책 나갈까요?

= **what do you say to ~ing?** ~은 어떨까요? ~하면 어떨까요?
  • **What do you say to going for a walk?** 산책하러 가실래요?

= **What do you think of ~ing?** 1. ~하는 건 어때? 2. ~에 대해서 어떻게 생각하니?
  • **What do you think of having dinner with me?** 나랑 같이 저녁 먹지 않을래?
  • **What do you think of the new general manager?** 새 매니저를 어떻게 생각하세요?

= **what do you think about** sth**?** ~하는게 어때?
  • **What do you think about learning the Korean language?** 한국어를 배워 보는 게 어떠니?

상황표현

생활영어 문제에서 자주 출제되는 장소별 상황표현들입니다.

생활영어 : 장소별 상황표현

17001 Labor unions have called for the government to establish legal protections against <u>a rip-off</u> of irregular employees. But the outcome has been unsatisfying for labor groups.

(A) a bankruptcy

(B) a recession

(C) an act of exploitation

(D) a loss in sales

18.서울시9급/11.지방직7급/10.07.동덕여대
03-2.고려대/03.여자경찰

17002 다음 밑줄 친 부분과 의미가 같은 것은? [10.동덕여대]

> A: How much is this antique table?
> B: It's $870. <u>It's a steal</u>.

(A) It's expensive.

(B) It's a bargain.

(C) It's unreasonable.

(D) It's a rip-off.

10.동덕여대

17003 What are "A"and "B"doing?

> A: Twenty-five? Why, that's a total rip-off!
> B: OK, then, name your price.
> A: Can you make it fifteen?
> B: No way! Twenty. And that's my final offer.

(A) Bargain hunting (B) Debating   (C) Confirming   (D) Haggling

07.동덕여대

17004 아래 질문의 답변으로 가장 적절한 것은? [00.101단]

> A: What can I do for you?
> B: _____

(A) Oh, excuse me.

(B) That's too bad.

(C) I'm sorry.

(D) I'm just looking around.

00.101단/입사/토플.Teps

17005 다음 빈칸에 들어갈 말로 적당한 것은? [06.서울시소방직]

> A: What are your symptoms?
> B: I have a headache, a _____ throat, a slight fever.

(A) sore   (B) stuffed   (C) stiff   (D) sick

06.서울시소방직/02.공인회계사

[유제] 다음 빈 칸에 순서대로 들어갈 말로 가장 적절한 것은? [14.경찰1차]

> A: Mom, my stomach _____.
> B: Do you _____ a fever?
> A: No, I don't think so.
> B: Do you _____ nauseous?
> A: No, not at all. But you know, I did have potato chips and peanut butter for dinner.

(A) hurts – feel – have

(B) feels – have – hurt

(C) has – feel – hurt

(D) hurts – have – feel

17006 다음 대화가 이루어지는 장소는? [01.경찰]

10.동덕여대/01.경찰

> A: Do you have anything to declare?
> B: I beg your pardon?
> A: Are you bring in any items on which you must pay duty?
> B: Not at all.

(A) 경찰서   (B) 백화점   (C) 공항세관   (D) 관광안내소

17001 (C) 노조는 비정규직 근로자를 착취로부터 보호할 법적 보호책을 수립할 것을 정부에 요구해 왔다. 그러나 그 결과는 노조에 만족스럽지 못했다.

(A) bankruptcy 파산   (B) recession 경기침체
(C) exploitation 착취

17002 (B)

A: 이 골동품 테이블은 얼마입니까?
B: 870달러입니다. 공짜나 마찬가지예요.

* It's a steal. 공짜나 마찬가지예요. = It's a bargain. = It's dirt cheap.
* It's a rip-off. 너무 비싸네요. = It's too steep. = It's expensive.

17003 (D)

A: 25달러요? 어머, 완전 바가지네! * That's a rip-off. 너무 비싸네요.
B: 알았어요. 그럼 원하시는 가격을 말해보세요.
   * Name your price. 원하는 가격을 불러보세요.
A: 15달러에 주실 수 있나요
B: 말도 안돼요. 20달러 내세요. 더 이상은 안돼요. * No way! 말도 안 돼

(A) 싼 물건을 찾아 돌아다님   (B) debate 토론하다
(C) confirm 확인하다, 승인하다   (D) haggle (값을) 끈질기게 깎다

17004 (D)

A: 무엇을 도와 드릴까요?
B: 그냥 이리저리 둘러보는 중이에요.

17005 (A)

A: 증상이 어떠세요?
B: 두통이 있고요, 목이 **따끔거리고**, 약간의 열이 있어요.

(A) sore 아픈, 따가운   (B) stuffed 잔뜩 먹은, 배가 부른
(C) stiff 뻣뻣한, 결리는   (D) sick 아픈, 메스꺼운

(D)

A: 엄마, 저 배가 아파요. * My stomach hurt. 배가 아파요.
B: 열이 있니? * have a fever 열이 있다
A: 아니오, 그렇지는 않은 것 같아요.
B: 구역질이 나니? * feel nauseous 구역질이 나다
A: 전혀요. 그런데, 저녁으로 감자 칩과 땅콩버터를 먹었어요.

17006 (C)

A: 신고할 것이 있나요?
B: 다시 한번 말씀해 주실래요?
A: 관세를 내야하는 물품을 가지고 오셨냐고요? * pay duty 세금을 물다
B: 전혀요.

rip * off sb
바가지를 씌우다
cf. rip-off 도둑질, 강탈(=exploitation), 사기; 사취
* That's a rip-off. 너무 비싸네요.
= That's too steep.
= The price is too high.
= That's too much.
= That's extremely expensive.
= That's totally unreasonable.
= That is a terrible price.

It's a steal! / What a steal!
아주 싸게 샀네요.
= What a bargain!
= What a steal!
= That's a good buy!
= It's dirt cheap!

haggle over sth
(값 · 조건 등을 깎으려고) 옥신각신하다
cf. Name your price. 원하는 가격을 불러보세요.
   Can't you come down just a little more?
   조금만 더 깎아주실 수 없나요
   I'll take it if you give me a discount.
   깎아 주시면 살게요

What can I do for you?
〈가게 주인이 손님에게〉 무엇을 도와 드릴까요?
찾으시는 것이 있나요?
→ No, thanks. I'm just looking around.
   아뇨, 그냥 둘러보고 있는 중이에요
   = I'm just looking.
   = I'm just browsing.
cf. Take your time and look around. 천천히 둘러보세요.
cf. Browser Welcome! 구경환영!

What are your symptoms?
〈의사가 환자에게〉 증상이 어떠세요?
→ I have a sore throat. 목이 아픕니다.
→ I have a runny nose. 콧물이 납니다.
→ I have a stuffy nose. 코가 막혔어요.
→ I have a slight fever. 미열이 있어요.
→ I'm running a temperature[fever]. 열이 나요.
→ I've got a touch of flu. 감기 기운이 있어요.
→ I'm aching all over. 몸살이 났어요.

Do you have anything to declare?
〈공항세관에서〉 신고할 것이 있습니까?

467

17007 ★ 다음 빈 칸에 들어갈 말로 적당한 것은? [07.공인노무사]

> A: Can you do me a favor?
> B: Sure. What can I do for you?
> A: Can you save my place for me, please? Nature's calling.
> B: Sure. _____ The line is moving fast.
> A: Thanks. It won't be long. I'll be right back.

(A) Take your time.　　　　　(B) But hurry.

(C) I have to leave, too.　　　(D) How much is it?

(E) I'll call you tomorrow.

17008 밑줄 친 부분에 알맞은 것은? [07.공인노무사]

> A: Excuse me. Is this seat taken?
> B: (Taking off the headset) I'm sorry. _____
> A: Oh, Will someone be using this seat?
> B: No, You can take it.
> A: Would you mind moving over one seat so my wife and I can sit together?
> B: No, not at all.

(A) What did you just say?　　　(B) This one is for my friend.

(C) Is this your seat?　　　　　(D) It's my fault.

(E) This seat is taken.

17009 ★★ 빈칸에 들어갈 단어로 가장 적절한 것은? [13.기상직9급]

> A: Could you tell me how to get to the nearest National Museum?
> B: Sure. Make a right turn at the first corner and go straight for two blocks.
>   You can't _____ it.
> A: Thanks.

(A) miss　　　(B) detect　　　(C) appraise　　　(D) devastate

17010 다음 빈 칸에 가장 알맞은 표현은? [01.여자경찰]

> A: Excuse me, _____.
> B: You are near Seoul station.
> A: Really? Thank you!
> B: You're welcome.

(A) Where is this?　　　　　(B) Where am I ?

(C) Where is here?　　　　　(D) Where are you?

17011 밑줄 친 부분에 알맞은 것은? [97.법원직]

> A: Excuse me, but would you do me a favor?
> B: Sure. Go ahead.
> A: Is the post office near here?
> B: I'm sorry but I don't know.
> A: _____.

(A) Now, you're talking.

(B) Well, it depends.

(C) I don't know what you're getting it now.

(D) Thanks anyway.

17007 (B)

A: 부탁 하나 들어 주실 수 있나요?
B: 물론입니다. 무엇을 도와 드릴까요?
A: 자리 좀 맡아 주실 수 있어요? 화장실이 급하네요. * Nature's calling. 화장실이 급해요.
B: 그러죠 _____, 줄이 빠르게 움직이고 있어요.
A: 감사합니다. 오래 걸리진 않을 겁니다. 금방 돌아올게요.

(A) 천천히 하세요.
(B) 하지만 서두르세요.
(C) 저 역시 떠날 건데요.
(D) 얼마인데요?
(E) 내일 연락드릴게요.

Can you save my place for me, please?
〈매표소 등의 줄에서〉 제 자리 좀 봐주실 수 있나요?
cf. Are you in line? 줄을 서 계신 것입니까
cf. cut in line / jump the line 새치기하다

17008 (A)

A: 실례합니다. 여기 자리 있나요?
B: (헤드셋을 벗으면서) 죄송합니다. _____
　　* 다음에 A가 똑같은 말을 반복하는 것이 힌트
A: 아, 누가 이 자리를 사용하고 계시나구요?
B: 아뇨. 앉으시면 됩니다.
A: 혹시 아내와 같이 앉고 싶은데 한 칸 옆 자리로 좀 옮겨 주실 수 없나요?
A: 네, 그러세요.

(A) 뭐라구요?
(B) 여기는 제 친구자리에요.
(C) 이것이 당신 자리인가요?
(D) 제 실수입니다.
(E) 이 자리는 임자가 있습니다.

Is this seat taken[occupied]?
여기 자리 있습니까?
→ **Yes, my friend is sitting here.** 예, 제 친구 자린데요.
　= **I'm saving it for my friend.**
→ **No, have a seat.** 아뇨, 앉으세요.
　= **Nobody has taken it.** 아뇨, 빈자리입니다.
　= **No, You can take it.** 아뇨, 앉으시면 됩니다.

17009 (A)

A: 가장 가까운 국립박물관으로 가는 길 좀 알려주실 수 있나요?
B: 물론이죠. 첫 번째 모퉁이에서 우회전하시고 두 블록을 쭉 가세요.
　당신은 지나칠 리 없을 거예요.
A: 고맙습니다.

(A) miss 놓치다. 지나치다
(B) detect 탐지하다
(C) appraise 평가하다
(D) devastate 완전히 파괴하다

Can you tell me how to get to Seoul Station?
서울역 가는 길 좀 가르쳐 주시겠습니까?
= **Can you show[tell] me the way to Seoul Station?**
= **How can I get to Seoul Station?**
→ **You can't miss it.** (길을 알려 주면서) 금방 알 수 있을 거예요.
→ **I'm a stranger here myself.** 저도 초행길이에요.
　= **I'm new here myself.**

17010 (B)

A: 실례합니다만, 여기가 어디죠?
B: 서울역 근처입니다.
A: 정말요? 감사합니다!
B: 천만예요.

(A) Where is this? 이게〈물건〉 어디에 있지?
(D) Where are you? 너는 어디에 있니?

Where am I?
여기가 어디예요?

17011 (D)

A: 실례합니다만, 좀 물어봐도 될까요?
B: 좋아요, 말씀하세요.
A: 이 근처에 우체국이 있나요?
B: 죄송합니다만 저도 모르겠네요.
A: _____

(A) 자, 그렇다면 얘기가 통하는군.
(B) 글쎄, 그것이 무언가에 달렸지.
(C) 네가 알려는 게 무언지 모르겠다. * get it 이해하다
(D) 여하튼 고맙습니다.

Thank you anyway.
Thank you the same.
어쨌든 고맙습니다.
* 질문에 대한 상대방의 답변이 만족스럽지 못할 때 하는 인사말

17012
★
다음 빈칸에 들어갈 알맞은 표현은? [입사]

00.경찰/96.단국대/행자부7급/입사

> A: Get in please. Where are you going?
> B: Take me to Hotel Buk-Ak, please. (pause)
> A: _____

(A) Here it is.   (B) Here we are.

(C) Here you are.   (D) Here are you.

17013 다음 대화의 빈칸에 들어갈 말로 적당하지 않은 것은? [예상]

예상

> A: How come you were so late for work?
> B: _____

(A) The traffic was very heavy.

(B) The traffic was bumper to bumper.

(C) The streets were jammed with cars.

(D) The streets were deserted.

17014 다음 빈 칸에 들어갈 알맞은 말은? [07.동덕여대]

07.동덕여대

> A: We are going to have to pull over. We've got a flat.
> B: _____

(A) I think there's a garage right around the corner.

(B) We should have stopped for gas on the way.

(C) I knew we'd get lost.

(D) I don't want to stay out too long.

17015 다음 빈 칸에 들어갈 알맞은 말은? [안양대]

안양대/입사

> A: How did you come here?
> B: _____

(A) On business.   (B) On foot.

(C) Because I missed you.   (D) To see you.

17016
★
다음 빈칸에 들어갈 가장 적절한 표현은? [13.국가직7급 변형]

13.국가직7급/12.경북교행

> W: Hey, wait! What are you doing?
> B: What does it look like I'm doing? I'm having your car towed away for _____.

(A) speeding   (B) illegal parking

(C) a vehicle inspection   (D) a sobriety test

17017 다음 중 의미가 다른 하나는? [00.101단]

00.101단

(A) What are you about?   (B) What are you doing?

(C) What do you do for a crust?   (D) What type of work do you do?

17018 다음 빈 칸에 들어갈 말로 적당한 것은? [아-2.인천대]

아-2.인천대

> A: What's he like?
> B: He's carefree. _____

(A) He is easy to work for.   (B) He is easy to work with.

(C) He finds easy to work for.   (D) He finds it easy to work with me.

17012 (B)

> A: 어서 타세요 어디로 가실 건가요?
> B: 북악 호텔로 데려다 주세요. (멈춤)
> A: 다 왔습니다.

Where are you going?
Where to, sir?
〈택시 기사가〉 어디로 모실까요?
→ **Take me to** sw ～로 데려다 주세요.
cf. Are we there yet? 아직 멀었어요?
　　→ **We are almost there.** 거의 다 왔습니다.
　　→ **Here we are.** (목적지에) 다 왔습니다.
cf. Here it is. (물건 중심으로) 여기 있습니다.
　　Here you are. (사람 중심으로) 여기 있습니다.

17013 (D)

> A: 왜 출근이 늦었나요?
> B: _____

> (A) (B) (C) 차가 막혀서요.
> (D) 거리가 한산했어요.

The streets are jammed with cars.
교통이 매우 혼잡하다.
= **The traffic is very heavy.**
= **The traffic is congested.**
= **The traffic is bumper to bumper.**

17014 (A)

> A: 차를 세워야 할까봐. 타이어가 펑크 났어.
> 　* pull over 차를 세우다 get a flat 타이어가 펑크 나다
> B: _____

> (A) 내 생각에 바로 모퉁이 돌아서 자동차 정비소가 있을 것 같은데. * garage 차고, 차량정비소
> (B) 우린 오는 길에 기름을 넣었어야 했어.
> (C) 우리가 길을 잃은 것을 알았다. * get lost 길을 잃다
> (D) 나는 밖에 오래 머물고 싶지 않아.

get a flat (tire)
타이어가 펑크 나다
cf. I had a flat tire. 차나 사람이 주어인 경우
　　My tire blew out. 타이어가 주어인 경우

17015 (B)

> A: 여기에 무엇을 타고 오셨어요?
> B: _____,

> (A) 사업차 왔습니다.
> (B) 걸어서 왔습니다. * on foot 걸어서, 도보로
> (C) 당신이 그리워서요.
> (D) 당신을 만나려고요.

How did you come here?
여기에 어떻게(무엇을 타고) 오셨는지요?
cf. How can I get there? 거기에 어떻게 가면 되죠?
　　= **How do I go there?**
cf. What brought you here? 여기에 어떤 일로 오셨죠?

17016 (B)

> A: 이봐요 기다려요. 뭐하시는 거예요?
> B: 제가 뭐 하는 것처럼 보이나요? 불법주차로 당신의 차를 견인하고 있습니다.
> 　* tow away 견인하다

> (A) speeding 속도위반　　　　　(B) illegal parking 불법주차
> (C) a vehicle inspection 차량점검　(D) a sobriety test 음주측정

tow away
견인하다

17017 (B)

> (A)(C)(D) 직업이 무엇입니까?
> (B) 넌 무엇을 하고 있는가?

What do you do for a crust?
직업이 무엇입니까?
= **What is your job[occupation]** = **What do you do?**
= **What do you do for a living?** = **What are you?**
= **What are you about?** = **What type of work do you do?**
= **What line of work[business] are you in?**
= **What business are you in?**

What's he like?
〈사람의 인격이나 성격 등에 대한 평가에 대해 질문〉 그 사람 어때요?
= **What sort of a man is he?**
cf. What does she look like?
　　〈외모, 생김새에 대한 질문〉그 여자 어떻게 생겼는데?

17018 (B)

> A: 그 사람 어때요?
> B: 태평한 사람이에요. _____ * carefree 근심걱정이 없는

> (A) (사장으로서) 그를 위해서(for) 일하는 것은 편해요.
> (B) 같이 일하기(with) 편한 사람이에요.

DAY-40

17019 What has <u>become of</u> him? [88.법원직]

(A) surprised   (B) succeeded in

(C) occurred to   (D) happened to

(E) suspected

17020 다음 빈 칸에 들어갈 말로 적당한 것은? [11.사회복지9급]

> A: Fire Station, Human Resources Department. What can I do for you?
> B: Yes, I'm calling about your help-wanted ad in the newspaper. Is the job still available?
> A: Yes, it is.
> B: _____
> A: You have to turn in your resume and cover letter by mail. And then wait to be interviewed.
> B: All right. Thank you for your detailed information.

(A) What would you like about this job?

(B) What should I do to apply for the job?

(C) When is the due date for the application?

(D) What applications do I need for this job?

[유제] 다음 빈 칸에 들어갈 말로 적당한 것은? [06.동덕여대]

> A: Is the position still available?
> B: _____.

(A) Only for a short time.   (B) It's been filled.

(C) The position's off.   (D) It's been laid off.

17021 다음 빈 칸에 들어갈 말로 부적당한 것은? [07.국민대]

> A: Did you apply for the job opening at BMW?
> B: The deadline for applications is tomorrow, right?
> A: It's today, you fool! _____

(A) Shake a leg or it'll be all over.

(B) Move it or you'll miss the boat.

(C) Make haste or you'll learn the ropes.

(D) Hurry up or you'll regret afterwards.

17022 다음 대화의 빈 칸에 들어갈 수 없는 것을 고르시오. [01.국민대]

> A: I'm studying at Kookmin University.
> B: Really? Do you like it?
> A: Yes, very much.
> B: _____
> A : English literature.

(A) What about you?   (B) What's your major?

(C) What are you studying?   (D) What are you specializing in?

17023 다음 대화의 밑줄 친 부분에 들어갈 가장 알맞은 표현은? [03.숭실대]

> A: Do you want to go to the movies with us this evening?
> B: I've got a test tomorrow so I'd better stay home and _____ the midnight oil.

(A) boil   (B) cook   (C) burn   (D) heat

17019 **(D)** 그에게 무슨 일이라도 있나요?

(A) surprise 놀라게 하다　　　　　(B) succeed in 성공하다
(C) occur to 생각나다　　　　　　(D) happen to 발생하다
(E) suspect 의심하다

What has become of him?
그는 어떻게 되었을까?
무슨 일이 그에게 일어났을까?

17020 **(B)**

> A: 소방서 인사부입니다. 무엇을 도와드릴까요? * Human Resources Department 인사부
> B: 네, 신문에 난 구인광고 때문에 전화를 드렸는데요, 그 일자리 아직 지원가능한가요?
> 　* help-wanted 구인광고
> A: 네, 그렇습니다.
> B: _____
> A: 우편으로 이력서와 자기소개서를 제출하셔야 합니다. 그런 다음에 면접을 기다리세요.
> 　* turn in 제출하다 resume 이력서 cover letter 자기소개서
> B: 좋습니다. 상세한 안내 감사드립니다.

(A) 이 일자리는 무엇이 좋습니까?
(B) 그 자리에 지원하려면 제가 무엇을 해야 하나요? * apply for the job 일자리에 지원하다
(C) 지원 마감일자는 언제인가요?
(D) 이 일을 위해 전 어떤 신청이 필요한가요?

(B)

> A: 그 일자리 아직도 지원할 수 있지요? * available (지원이) 가능한
> B: 이미 자리가 찼습니다.

Is the position still available?
그 일자리 아직도 지원할 수 있나요?
→ It's been filled. 이미 자리가 찼습니다.
cf. **Can I apply for another one?**
다른 자리에 지원해도 됩니까?
cf. **When is the deadline for applications?**
신청 마감은 언제입니까?

17021 **(C)**

> A: 너 BMW사에 취업 지원서 냈니?
> B: 입사 지원 마감일이 내일인 거 맞지
> A: 오늘이야, 이 바보야! _____

(A) 서둘러, 안 그럼 끝나버린다. * be all over 끝나다
(B) 서둘러, 안 그럼 기회를 놓치게 될 거야. * miss the boat 기회를 놓치다
(C) 서둘러, 안 그럼 요령을 잘 알거야. * learn the ropes 요령을 알다
(D) 서둘러, 안 그럼 나중에 후회하게 될 거야.

Shake a leg!
서둘러!
= **Hurry up!**
= **Make haste!**
= **Move it!**
↔ **Take your time.** 천천히 하세요, 서두르지 마세요.
= **Take plenty of time.**
= **Take it easy.**
= **There's no rush.**

17022 **(A)**

> A: 난 국민대를 다니고 있어.
> B: 정말? 학교생활이 맘에 드니?
> A: 응, 매우 좋아.
> B: 전공이 뭐니?
> A: 영문학을 전공해.

(A) 넌 어때? (상대방의 의견을 묻는 말)
(B) major 〈미〉 전공, 전공과목
(D) specialize in 〈영〉 전공하다

What are you majoring in?
What's your major?
전공이 무엇입니까?
= **What are you specializing in?**
= **What's your major?**
cf. **What grade are you in?** 몇 학년이니?

17023 **(C)**

> A: 오늘 저녁에 우리랑 영화 보러 같이 갈래?
> B: 나 내일 시험을 쳐야 해서 집에서 밤새워 공부해야 해.

burn the midnight oil
밤을 새워 공부하다; 철야로 일하다
cf. **cram for an examination** (벼락치기로) 시험공부를 하다

DAY-40

17024 My car, <u>such as it is</u>, is at your disposal. [01.10단/95.외무고시/92.행자부9급]

(A) without any changes

(B) poor though it is

(C) in itself

(D) such being the case

(E) as it is very useful

17025 다음 문장의 빈칸에 알맞은 것은? [06.울산시9급]

He has shown me many kindnesses and I want to pay him back what _____ I can.

(A) much　　　(B) more　　　(C) less　　　(D) little　　　(E) all

17026 다음 대화 중 글의 흐름상 빈칸에 들어갈 적당한 말은? [09.국가직9급]

A: Would you like to get some coffee?
B: That's a good idea.
A: Should we buy Americano or Cafe-Latte?
B: It doesn't matter to me. _____
A: I think I'll get Americano.
B: Sounds great to me.

(A) Not really.

(B) Suit yourself.

(C) Come see for yourself.

(D) Maybe just a handful or so.

17027 다음 대화의 밑줄 친 부분에 알맞은 것은? [91.법원직]

A: Won't you come over and have some tea?
B: _____, but I have something else to do now.

(A) I'd like to

(B) You're right

(C) That's good

(D) That's right

(E) That's all right

17028 다음 대화의 빈칸에 들어갈 말로 가장 적당한 것은? [예상]

A: We're having a party this Friday, will you join us?
B: Sure, I'd love to. Do I need to bring anything?
A: No, _____

(A) just bring yourself.

(B) it is a potluck party.

(C) I'll take a rain check.

(D) bring me the check.

17029 다음 빈 칸에 들어갈 말로 적당한 것은? [01.동덕여대]

A: Can you stay for dinner?
B: _____

(A) Well, if you insist.

(B) I'm afraid I'm not.

(C) You're on the ball.

(D) Do you have a table?

17030 다음 빈칸에 들어갈 말로 알맞은 것은?

What do you say _____ out to lunch?
= Would you like to go for lunch?

(A) to go　　　(B) to going　　　(C) going　　　(D) for going

17024 **(B)** 비록 변변치 못하지만, 제 차를 마음대로 쓰세요.
- (A) 어떤 변화도 없이
- (B) 비록 보잘것없지만
- (C) 본질적으로
- (D) 그 경우에서처럼
- (E) 매우 유용할 때

17025 **(D)** 그는 나에게 많은 호의를 베풀었고 나는 적지만 있는 그대로를 그에게 돌려주고(보답하고) 싶다.

17026 **(B)**

> A: 커피 좀 마실래요?
> B: 좋아요.
> A: 아메리카노 아니면 카페라테를 살까요?
> B: 아무래도 좋아요. _____
> A: 전 아메리카노로 할게요.
> B: 저도 좋아요.

- (A) 그렇지 않아.
- (B) 마음대로 하세요, 좋을 대로 하세요.
- (C) 직접 오셔서 구경하세요.
- (D) 아마도 한 움큼 그 정도.

17027 **(A)**

> A: (우리 집에) 건너와서 차 한 잔 하시겠어요?
> B: 그러고 싶지만, 지금 해야 할 일이 남아 있네요.

- (B) 당신 말이 옳습니다, 그렇습니다.
- (C) 잘했어, 좋았어(칭찬).
- (D) 그래 맞아, 좋아.
- (E) 천만의 말씀입니다.

17028 **(A)**

> A: 이번 금요일에 파티를 열건데, 같이 할래?
> B: 그럼, 좋지. 내가 가져가야 할 게 있니?
> A: 아니, 몸만 와.

- (B) 음식 각자 지참파티(potluck party)야. *No 때문에 답이 될 수 없음
- (C) 다음으로 미룰게.
- (D) 계산서 좀 갖다 주세요.

17029 **(A)**

> A: 저녁을 들고 가시죠?
> B: (수락이나 거절의 표현이 와야 한다.)

- (A) 좋아요, 정 그러신다면.
- (B) I'm afraid I'm not. → I'm afraid not. 유감스럽지만 그렇지 않다.
- (C) 빈틈이 없으시군요. * on the ball 빈틈없이
- (D) 식탁이 있나요?

17030 **(B)**

> 점심 드시러 가실래요?

What little ~
적지만 있는 그대로(=the little that~)

Suit yourself.
마음대로 하세요, 좋을 대로 하세요.

come over
(자기의 집에) 건너오다, 들르다, 방문하다
cf. barge in (on sb/sth**)** (남을, 남의 집에) 불쑥 찾아오다

Just bring yourself.
〈초대장이나 초대하면서〉 몸만 와, 빈손으로 와.
cf. potluck party 각자 음식을 지참하여 이웃끼리 하는 파티

Can you stay for dinner?
(방문한 손님에게) 저녁 식사하고 가세요?
cf. Well, if you insist. 정 그러시다면
　　= I would if you insist.
　　= I would if it's no trouble. 폐가 안된다면요
　　= I would if you don't mind.
→ **I'd be glad to.** 기꺼이 그러죠
→ **I'm afraid I can't. Maybe some other time.** 아무래도 안 되겠네요
cf. overstay one's welcome 〈15광운대〉
　　너무 오래 머물러서 폐를 끼치다

What do you say to going out to lunch?
점심 드시러 가실래요?
= **Would you like to go for lunch?**
= **How about lunch together?**
= **Why don't we have lunch?**
= **Let's go for lunch.**
cf. over lunch 점심식사를 하면서
 - **Let's discuss the matter over lunch.** 점심식사를 들면서 얘기합시다

17031 다음 중 의미가 다른 하나는? [예상]

(A) Let me treat you this time.

(B) This is my treat.

(C) Let me share the bill.

(D) This time you're my guest.

(E) I'll foot the bill.

17032 다음 중 의미가 다른 하나는? [예상]

(A) Have you got a minute?

(B) May I have a moment of your time?

(C) Can you spare me a moment?

(D) Do you have the time?

17033 다음 대화에서 가장 적절한 응답을 고르시오. [07.영남대]

A: I'm sorry I kept you waiting. Have you been here long?
B: _____

(A) It's half past ten.

(B) I have been waiting for you.

(C) No, only for a few minutes.

(D) I can't wait here long enough.

17034 두 사람의 대화 중 가장 자연스러운 것은? [08.지방직7급]

(A) A: What brought you here?
B: I am just passing through.

(B) A: Can I book a room for three?
B: Yes. You can use any book in three rooms.

(C) A: Could you loan me a few bucks?
B: I'll pay you back tomorrow. Trust me.

(D) A: May I ask if you're married?
B: Let's just be friends.

17035 다음 대화의 빈 칸에 들어갈 수 없는 것을 고르시오. [이국민대]

A: What's your favorite food?
B: _____

(A) Me? I hardly have breakfast.

(B) I guess my favorite is Bulgogi.

(C) Well, it depends. But I like fish and vegetables most.

(D) I don't really have a favorite. Actually, I'm not particular about my food.

17036 다음 대화 중 B의 말이 의미하는 것은? [99.한성대]

A: I know you like this restaurant, but I just don't like the food here.
B: To each his own.

(A) The man doesn't like eating in restaurants.

(B) She doesn't really like that restaurant.

(C) Each of them has his own restaurant.

(D) Everyone has different tastes.

17O31 (C)

(A)(B)(D)(E)는 모두 "내가 낼게." 라는 의미이지만,
(C) Let me share the bill.은 "나누어 내자." 라는 의미이다.

Let me treat you.
제가 대접할게요.
cf. I'll stand you a dinner. 저녁을 내가 살게. * stand 대접하다
= I'll stand you to a treat.
= I'll treat you to a dinner.
= I'll give you a treat.
cf. Give it a name. 〈한턱낼 때〉 무엇이든 말해.

17O32 (D)

(A)(B)(C)와 Do you have time?은 모두 "시간 좀 있으세요?" 라는 의미이고,
(D) Do you have the time?은 "지금 몇 시에요?" 라는 의미이므로 유의를 요한다.

May I have a moment of your time?
잠시 시간 좀 내 주실 수 있어요?
= Can I borrow some of your time?
= Can you spare me a moment?
= You got a minute?
cf. Do you have time? 시간 좀 있나요?
Do you have the time? 지금 몇시에요?

17O33 (C)

A: 기다리게 해서 죄송합니다. 여기 계신지 오래 되셨나요?
B: _____

(A) 10시 30분입니다. * 시간을 알려주는 대답
(B) 당신을 계속 기다려 왔어요.
(C) 아뇨, 단지 몇 분 동안요.
(D) 저는 여기서 오랫동안 기다릴 수 없습니다.

keep sb waiting
(사람을) 기다리게 하다

17O34 (A)

(A) A: 왜 여기에 오셨죠?
B: 그냥 지나던 길입니다. * pass through 지나가다
(B) A: 3인용 방 하나를 예약할 수 있을까요? * book 예약하다
B: 네, 어떤 책이든 3개의 방에서 이용할 수 있습니다.
(C) A: 돈 좀 빌릴 수 있을까요? * buck 1달러
B: 내일 갚을게. 믿어줘.
(D) A: 결혼하셨지요?
B: 그냥 친구로 지내자.

What brought you here?
여기에 어떤 일로 오셨죠?

17O35 (A)

A: 무슨 음식을 좋아하니?
B: (자신이 좋아하는 음식을 설명하는 답이 와야 함)

(A) 나? 난 거의 아침을 안 먹어. * 동문서답임
(B) 불고기가 가장 좋다고 생각해.
(C) 글쎄. 때에 따라서. 그러나 생선류와 야채류를 가장 좋아해.
(D) 난 딱히 좋아하는 게 없어. 정말로 음식에 대해서 가리지 않아.

What's your favorite food?
무슨 음식을 좋아하니?
→ My favorite dish is fried chicken.
프라이드치킨을 좋아해.
→ Well, it depends. 글쎄, 때에 따라서.
→ I don't really have a favorite.
난 딱히 좋아하는 게 없어.

17O36 (D)

A: 나는 네가 이 레스토랑을 좋아한다는 것을 알지만, 나는 여기 음식을 좋아하지 않아.
B: 사람마다 취향이 다르잖아.

(A) 그 남자는 식당에서 음식 먹는 것을 좋아하지 않는다.
(B) 그녀는 저 식당을 정말로 좋아하지 않는다.
(C) 그들 각자는 자기의 식당을 가지고 있다.
(D) 모든 사람은 다른 취향을 가지고 있다.

To each his own.
사람마다 취향이 다르잖아.
= Everyone has different tastes.

17037 다음 대화의 흐름으로 보아 밑줄 친 부분에 가장 적절한 것은? [15.서울시9급]

> A: Do you have any vacancies?
> B: I'm sorry. _____
> A: I should have made a reservation.
> B: That would have helped.

(A) How many people are there in your company?

(B) We're completely booked.

(C) We have plenty of rooms.

(D) What kind of room would you like?

17038 다음 대화의 흐름상 빈 칸에 들어갈 말로 적당한 것은? [07.세무직9급]
★

> A: May I take your order?
> B: Yes, please. I'll have a T-bone steak.
> A: _____
> B: Make it medium-well, please.

(A) Will there anything else?

(B) What kind of dressing would like?

(C) Would you like something from the bar?

(D) How would you like it?

17039 대화의 빈칸에 들어갈 말로 가장 적절한 것을 고르시오. [05.중앙선관위9급]

> M: Hi, Oliver. I see you're on your way home, too.
> W: Exactly. But it'll be another twenty-five minutes before the next bus.
> M: Then we've got a little time to kill. Let me treat you to a chocolate parfait or something.
> W: Oh, that would be much too fattening and we don't have all that much time anyway!
> M: Shall we settle for a cup of coffee or tea, then?
> W: Fine! But don't forget, it's my turn to treat.
> M: _____

(A) OK, have it your way. This time it's on you.

(B) Please do. I'm looking forward to another chat.

(C) I really enjoyed the tea. Thanks for your kindness.

(D) Please accept my apology. I'm afraid I'm getting old.

17040 다음 빈칸에 공통으로 들어갈 말로 가장 적당한 것은? [예상]

> 1) _____ yourself! There is much left.
> 2) _____ yourself to as much as you want.

(A) Serve   (B) Have   (C) Take   (D) Help

17041 다음 빈칸에 들어갈 말로 적당하지 않은 것은? [예상]

> A: _____
> B: No, thank you. I've had enough.

(A) Would you like another helping?

(B) How about seconds?

(C) Would you like some more?

(D) Are you being helped?

17037 (B)

A: 빈 방 있을까요?
B: 죄송합니다. _____
A: 예약을 했었어야 했군요.
B: 그럼 좋았겠네요.

(A) 당신의 회사에 사람이 얼마나 많습니까?
(B) 예약이 꽉 찼습니다.
(C) 우리 식당에 방이 많습니다.
(D) 어떤 방을 좋아하시나요?

be completely[fully] booked
예약이 꽉 찼다.
cf. book 예약하다 〈15지방직9급〉

17038 (D)

A: 주문하시겠어요?
B: 네, 티본 스테이크로 주세요.
A: 어떻게 해 드릴까요?
B: 중간 정도로 익혀 주세요.

May I take your order? / Are you ready to order?
〈웨이터가 손님에게〉 주문하시겠어요?
cf. Are you being waited on? 〈종업원이 손님에게〉 주문하셨습니까?
  = Are you being helped?
  = Are you being served?
  = Did you order?
cf. What is today's special? 오늘의 특별 요리는 무엇인가요?
  - Make it two. (앞에 시킨 사람과) 같은 것으로 주세요.
  - How would you like your steak, sir?
  스테이크를 어떻게 해드릴까요?

17039 (A)

M: 안녕, Oliver. 보니깐 너도 집에 가는 중이구나.
W: 맞아. 그런데 다음 버스가 오기까지는 25분을 더 기다려야 해.
M: 그럼 시간 좀 죽여야겠네. 너한테 초콜릿 파르페 같은 것을 사줄게.
W: 오, 그건 너무 살찌게 만들 거야. 그리고 어쨌든 시간이 그렇게 많지도 않아!
M: 그럼 커피나 차로 만족할까나?
W: 좋아! 그런데 잊지 마, 내가 살 차례라는 것을. * It's my turn to treat. 내가 살 차례다.
M: _____

(A) 좋아, 좋을 대로 해. 이번엔 네가 계산해.
(B) 제발 해줘. 다음 얘기를 고대하고 있단 말이야.
(C) 난 정말 차를 좋아해. 친절에 너무 감사해.
(D) 내 사과를 받아줘. 나이가 들어가는 건 아닌지.

This is on me. (음식값을) 이번엔 내가 낼게.
= I'll treat this time.
= It's my treat.
= I'll get this.
= I'll pay for this.
= Let me get it.
= Let me take care of the bill.
= I'll pick up the tab[bill, check].
= I'll foot the bill.
cf. Let's go Dutch. 각자 내자. 나눠서 내자.
  = Let's split the bill.
  = Let me share the bill.
  = Let's go fifty-fifty.
cf. This is on the house.
  〈종업원이 손님에게〉 이건 서비스로 드리는 거예요.

17040 (D)

1) 마음껏 드세요. 많이 남았어요.
2) 체면 차리지 마시고 마음껏 드세요.

help oneself (to sth)
(음식 등을) 마음대로 집어먹다, 자유로이 먹다

17041 (D)

A: 좀 더 드실래요?
B: 아뇨, 감사합니다. 충분히 먹었어요.

(A)(B)(C) 좀 더 드실래요?
(D)는 "(음식점 등에서) 서빙을 받으셨나요?, 주문하셨나요?"의 의미이므로 부적당하다

Would you like another helping?
한 그릇 더 드시겠어요?
→ **I've had enough.** 충분히 먹었어요. 배가 부르네요.
= I'm full.

17042 다음 중 의미가 다른 하나는? [예상]

(A) My stomach is growling.

(B) My stomach is upset.

(C) I'm starving.

(C) I'm starved to death.

17043 다음 빈칸에 들어갈 말로 가장 적당한 것은? [예상]

> A: What's for dinner? It smells wonderful!
> B: It smells like steak. My _____ is watering already.

(A) nose   (B) eyes   (C) mouth   (D) tongue

17044 다음 대화를 읽고 빈칸에 가장 알맞은 것을 고르시오. [11.기상직9급]

> A: Hi. May I help you?
> B: I'd like to change some euro into US dollars, please.
> A: Sure. How much would you like to change?
> B: Six hundred euro.
> A: _____
> B: In fifties please.

(A) Which bills would you like to change?

(B) What would you like the bills for?

(C) How would you like your bills?

(D) When would you like your bills ready?

17045 다음 대화 중 빈칸에 들어갈 말은? [00.101단]

> A: Hello. May I speak to Min-ho?
> B: _____

(A) I am Min-ho.   (B) This is I.

(C) This is he.   (D) I am a min-ho.

17046 다음은 전화 통화이다. 빈칸에 알맞은 것은? [97.경찰]

> A: _____
> B: This is Tom speaking.

(A) Who is that?

(B) Who are you?

(C) Who are you calling?

(D) Who is this speaking?

17047 밑줄 친 부분에 들어갈 말로 가장 적절한 것을 고르시오. [15.지방직7급]
★★

> A: Advanced Components, good morning.
> B: Hello. Could you _____ to David Hogan in the Sales Department?
> A: One moment, please. I'm afraid the line's busy. Do you want to hold or call back later?
> B: I'll call again later. Goodbye.

(A) introduce me   (B) put me through

(C) send me through   (D) take me

17042 (B)

(A)(C)(D)는 "배고파 죽겠다."라는 표현이며,
(B)는 "배탈이 났다. 속이 좋지 않다."의 의미이다.

I'm starved to death.
배고파 죽겠다.
= I'm starving.
= I'm famished.
= My stomach is growling.

17043 (C)

A: 저녁 메뉴가 뭐야? 냄새가 좋아!
B: 스테이크 냄새 같은데, 벌써 군침이 흘러.

(B) "My eyes are watering."은 매워서 눈물이 나는 경우에 쓰는 표현이다.

My mouth is watering.
군침이 도네.

17044 (C)

A: 안녕하세요. 무엇을 도와드릴까요?
B: 약간의 유로화를 달러화로 바꾸고 싶은데 부탁드립니다.
A: 그럼요. 얼마나 환전하시기를 원하시나요?
B: 600 유로요.
A: _____
B: 50달러 지폐로 부탁드립니다.

(A) 어떤 지폐들을 교환하고 싶으신가요?
(B) 무엇 때문에 그 지폐들을 원하십니까?
(C) 지폐는 어떻게 해드릴까요?
(D) 언제 당신의 지폐들이 준비되시기를 원하십니까?

How would you like your bill?
〈환전할때〉 지폐를 어떻게 드릴까요?

17045 (C)

A: 여보세요. 민호와 통화할 수 있을까요?
B: 전데요.

May I speak to~ ?
Can I speak to~?
~와 통화할 수 있을까요? ~를 바꿔 주세요.
→ This is he.
= It's me.
= Speaking. 전데요.

17046 (D)

A: (전화 받으신 분은) 누구시죠?
B: 저는 탐입니다.

Who's this, please?
〈전화를 받는 이에게〉 실례지만 누구시죠?
= Who is this speaking[calling]?
= Who is speaking[calling], please?
= May I ask who's calling, please?

17047 (B)

A: Advanced Components입니다. 안녕하세요.
B: 여보세요. 판매부서의 David Hogan씨 좀 연결해 주시겠어요?
A: 잠시만 기다려 주세요. 통화 중인 것 같네요. 기다리시겠어요? 아니면 나중에 다시 전화주
시겠어요?
B: 나중에 다시 전화할게요. 안녕히 계세요.

put sb through (to sb)
(전화를) 연결하다, 연결해주다

17048 다음 우리말이 잘못 옮겨진 것은? [94법원직]

> "존씨, 전화 왔습니다."

(A) You are wanted on the phone, Mr. John.

(B) Mr. John, someone wants you on the phone.

(C) There's a call for you, Mr. John.

(D) Mr. John, you have a calling.

17049 다음 빈 칸에 들어갈 말로 적당한 것은? [예상]

> A: Could you please put me through to Ms. Kensington?
> B: _____

(A) Have a seat right over there and she'll be right with you.

(B) I'm sorry. She's not accepting visitors today.

(C) She's on another line. Could you hold, please?

(D) I'm sorry. I can't let you do that.

17050 ★★★ 다음 빈칸에 들어갈 내용으로 알맞은 것은? [97.경찰]

> A: Hello, this is Mr. Kim speaking. May I speak to Miss. Lee?
> B: _____. I'll see if she is in.

(A) Hold on, please.　　　　　　　(B) The line is busy.

(C) Hang up, please.　　　　　　　(D) You're wanted on the phone.

17051 다음 대화의 밑줄 친 부분에 가장 적절한 것은? [96법원직]

> A: May I speak to Jennifer, please ?
> B: I'm afraid she isn't here right now.
> A: Oh, I see. When do you expect her back ?
> B: Probably in an hour. _____.
> A: No, thanks. I'll call again.

(A) Will you call back?　　　　　　(B) Who's calling, please?

(C) Why don't you hang up?　　　　(D) May I take a message?

17052 다음 대화문을 완성하시오. [01.101단]

> A: Hello, is this 587-4834?
> B: No, I'm sorry. _____ This is 787-4833.

(A) Just a minute, please.

(B) He is not in right now.

(C) This line is busy.

(D) You have the wrong number.

17053 ★ 다음 빈 칸에 들어갈 말로 적당하지 않은 것은? [예상]

> A: How can we get in touch again?
> B: I'll _____ later.

(A) give you a ring　　　　　　　(B) call you up

(C) give you a buzz　　　　　　　(D) ring you up

(E) keep the ring

17048 (D) * have a calling for ～이 되고 싶다는 욕구를 가지다

You're wanted on the phone.
〈상대방에게 전화를 돌려주며〉 전화 받으세요.
= **A phone for you.**
= **There's a call for you.**

17049 (C)

> A: 켄싱턴양 좀 연결해 주실 수 있을까요?
> B: 그녀는 지금 통화 중입니다. 끊지 말고 기다려 주시겠어요?

> (A) 저기 건너편에 앉아 계세요. 그럼 그녀가 바로 갈 겁니다.
> (B) 죄송합니다. 그녀는 오늘 방문자를 받을 수 없습니다.
> (C) * be on another line 다른 전화를 받고 있는 중이다
> (D) 죄송합니다. 저는 당신이 그렇게 하도록 할 수 없습니다.

be on the phone / be on the line
전화를 받고 있다. 통화 중이다.

17050 (A)

> A: 여보세요. 저는 미스터 김입니다. 미스 리와 통화할 수 있을까요?
> B: _____, 그녀가 있나 알아볼게요.

> (A) 잠시만 끊지 말고 기다리세요.
> (B) 통화 중이네요.
> (C) 전화 끊어주세요.
> (D) 당신 전화에요.

hold the line / hold on
전화를 끊지 않고 기다리다
cf. hang up 전화를 끊다

17051 (D)

> A: 제니퍼와 통화할 수 있을까요?
> B: 지금은 여기 안 계신데요.
> A: 아, 알겠습니다. 언제쯤 돌아올까요?
> B: 아마도 한 시간 내로요. 메모를 남겨 드릴까요?
> A: 아뇨, 괜찮습니다. 제가 다시 전화하겠습니다.

> (A) 다시 걸어 주실래요?
> (C) 끊어 주실래요? * hang up 전화를 끊다

May I take a message?
〈본인이 부재시〉 메모를 남겨 드릴까요?
용건을 전해드릴까요?

17052 (D)

> A: 여보세요. 587-4834번이죠?
> B: 아뇨, 죄송하지만 _____, 787-4833번입니다.

> (A) 잠깐만 기다려주세요.
> (B) 그는 지금은 안 계신데요.
> (C) 통화 중이네요.
> (D) 전화를 잘못 거셨네요.

You have the wrong number.
전화를 잘못 거셨습니다.
cf. The line is busy. 그 전화는 통화 중입니다.

17053 (E)

> A: 당신께 어떻게 다시 연락하죠? * get in touch (with) ～와 연락하다, 접촉하다
> B: 나중에 제가 전화 드릴게요.

> (E) keep the ring 수수방관하다

I'll give you a ring later.
나중에 전화할게.
= **I'll ring you up later.**
= **I'll give you a call later.**
= **I'll call you up later.**
= **I'll give you a buzz later.**

17054 빈칸에 들어가기 가장 적절한 것은? [15.서울시7급]

> A : Hello. May I speak to Arthur Lee, please?
> B : I'm sorry. He's in a meeting right now. Can I take a message?
> A : Yes. This is Pam Haddon. Mr. Lee called me earlier and left a message.
> _____ . Can you please tell him that I'm back in my office now?

(A) I am sorry.

(B) I appreciate it.

(C) I'm just returning his call.

(D) Thank you very much for what he has done for me.

17O54 (C)

A: 여보세요, Arthur Lee씨와 통화할 수 있을까요?
B: 죄송합니다. 지금은 회의 중이세요. 메시지 남겨드릴까요?
A: 네, 전 Pam Haddon인데요, Lee씨가 먼저 전화 주셔서 메시지를 남겼더군요. 답신전화를 드리는 겁니다. Lee씨께 제가 사무실에 돌아왔다고 전해 주시겠어요?

(A) 죄송합니다.
(B) 감사드립니다.
(C) 답신전화를 드리는 겁니다.
(D) 그가 저를 위해 해주신 점에 대해 매우 감사드립니다.

I'm returning your call.
전화 주셨다고 해서 전화 드리는 겁니다.

보충이디엄

〈전화연결 기본표현 흐름도〉

(A : 전화 받은 사람, B : 전화 건 사람, C : B가 통화를 원하는 사람)

(A) Who do you want to speak to? 누구를 바꿔 드릴까요?

→ (B) May I speak to Mr.Kim? 김씨와 통화할 수 있을까요?

→ (B) Can you put me through to Mr. Kim? * put ~ through (전화를) 연결하다

    ← (A) There is no one here by that name. 그런 사람 여기 없는데요.

    ← (A) I guess you have the wrong number. 전화번호를 잘못 누르신 것 같은데요.

       = You got the wrong number.

    ← (A) One moment please. I'll connect to his line. 잠시만 기다리세요. 그를 연결해 드릴게요.

    ← (A) I'll put you through. Hold on, please. 연결해 드리겠습니다 끊지 말고 기다리세요

       = I'll transfer your call. Hang on, please. ☞ hang 참고

        ↘ (A) Mr. kim, there is a call for you. 김씨, 전화가 와 있어요. 전화 받으세요.

= You have a call.	= Answer the phone.
= It's for you.	= You are wanted on the phone[line].

       ↖ (C) Please, transfer this call to the office. 사무실로 돌려 주세요.

        = Connect me with the office.

       ↖ (C) In a minute, I'm on the phone. 잠깐만요, 제가 통화 중이에요.

← (A) He's on another line. Would you like to hold? 그는 다른 전화를 받고 있네요. 기다리시겠습니까?

= He's on another line. Could you hold, please?
= He's on the other phone. Will you hold on?

← (A) He's stepped out. = He's out. 그는 외출 중입니다. ☞ step out 참고

  → (B) When will he be back? 언제쯤 돌아오나요?

    = When do you expect him back ?

  ← (A) Well. Any minute. 곧 오실 거예요.

  ← (A) Probably in an hour. May I take a message?

  한 시간 내로 오실 것 같은데요. 메모 남겨 드릴까요?

= Would you like to leave a message?
= Can I take a message?
= May I have your message?
= Is there any message?

      → (B) No, thanks. I'll call again. 아뇨, 감사합니다. 다시 걸게요.

← (A) He's gone for the day. 퇴근하셨는데요. ☞ leave 참고

← (A) He's on leave[vacation]. 그는 휴가 중입니다. ☞ on 참고

← (A) What's this about? 무슨 일로 전화하셨죠?

= What's this regarding[concerning]?
= What's this in regard to?

  → (B) I'm returning Mr. Kim's call. 김씨가 전화 하셨다기에 거는 건데요.

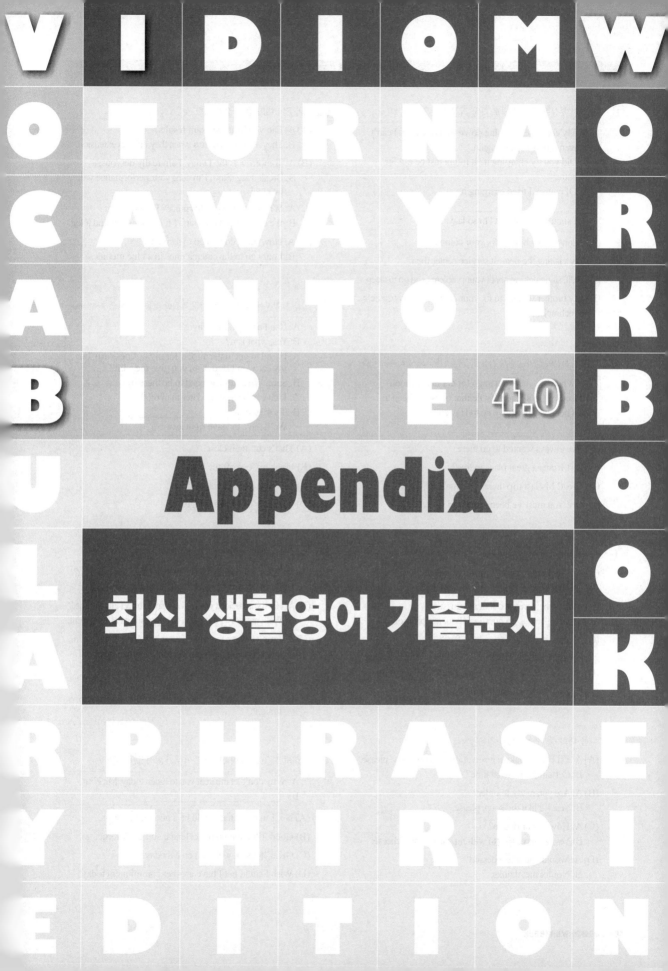

VIDIOMW
OTURNAO
CAWAYKR
AINTOEK
BIBLE 4.0 B

Appendix

최신 생활영어 기출문제

01 밑줄 친 부분에 들어갈 말로 가장 적절한 것은? [18지방직9급]

> A: My computer just shut down for no reason. I can't even turn it back on again.
> B: Did you try charging it? It might just be out for battery.
> A: Of course. I tried charging it.
> B: _____
> A: I should do that, but I'm so lazy.

(A) I don't know how to fix your computer.

(B) Try visiting the nearest service center then.

(C) Well, stop thinking about your problems and go to sleep.

(D) My brother will try to fix your computer because he's a technician.

02 밑줄 친 부분에 들어갈 말로 가장 적절한 것을 고르시오. [18지방직9급]

> A: Where do you want to go for our honeymoon?
> B: Let's go to a place that neither of us has been to.
> A: Then, why don't we go to Hawaii?
> B: _____

(A) I've always wanted to go there.

(B) Isn't Korea a great place to live?

(C) Great! My last trip there was amazing!

(D) Oh! You must've been to Hawaii already.

03 다음 두 사람의 대화 중 가장 자연스러운 것은? [18지방직7급]

(A) A: I'm sorry but count me out tonight.
    B: That's great. I'll see you tonight then.

(B) A: Is a tax increase out of the question?
    B: Yes. There is no question about my promotion.

(C) A: Why does she have a long face?
    B: I don't know. Maybe her computer broken again.

(D) A: I can't come up with a good idea for the project.
    B: Don't worry. I can't bring it for you.

04 다음 대화 중 가장 어색한 것은? [18서울시9급]

(A) A: I'd like to make a reservation for tomorrow, please.
    B: Certainly. For what time?

(B) A: Are you ready to order?
    B: Yes, I'd like the soup, please.

(C) A: How's your risotto?
    B: Yes, we have risotto with mushroom and cheese.

(D) A: Would you like a dessert?
    B: Not for me, thanks.

05 A와 B의 대화 중 가장 어색한 것은? [18서울시급]

(A) A: Did you hear the exam results?
    B: They really cut corners when they built an extension.

(B) A: Tomorrow is the D-day. I am really nervous.
    B: Break a leg, Sam. I'm sure your performance will be great.

(C) A: Why don't we get this purse? It looks great.
    B: We can't afford this purse! It costs an arm and a leg.

(D) A: How often do you go to a cinema?
    B: I only go to the cinema once in a blue moon.

06 밑줄 친 부분에 들어갈 말로 가장 적절한 것을 고르시오. [18국가직9급]

> A: Can I ask you for a favor?
> B: Yes, what is it?
> A: I need to get to the airport for my business trip, but my car won't start. Can you give me a lift?
> B: Sure. When do you need to be there by?
> A: I have to be there no later than 6:00.
> B: It's 4:30 now. _____
>   We'll have to leave right away.

(A) That's cutting it close.

(B) I took my eye off the ball.

(C) All that glitters is not gold.

(D) It's water under the bridge.

07 다음 대화 중 가장 어색한 것은? [17지방직급]

(A) A: What's happening? Why the long face this morning?
    B: Does it show? I'm feeling a bit under the weather.

(B) A: Have you decided where you want to travel this summer?
    B: Well, actually I am open to suggestions at this point.

(C) A: I can't believe the water faucet is leaking badly again.
    B: Does it mean that you are going to get a huge bill?

(D) A: I'm staying in Room 351. Do you have any messages for me?
    B: Let me check.... I'm afraid we're fully booked up tonight.

08 대화의 흐름으로 보아 빈칸에 들어갈 가장 적절한 것은? [17서울시9급]

> A: Why don't let me treat you to lunch today, Mr. Kim?
> B: _____

(A) No, I'm not. That would be a good time for me.

(B) Good. I'll put it on my calendar so I don't forget.

(C) OK. I'll check with you on Monday.

(D) Wish I could but I have another commitment today.

01 (B)

> A: 내 컴퓨터가 아무 이유도 없이 그냥 꺼져. 다시 켤 수도 없어.
> B: 충전은 해 봤어? 그냥 배터리가 나갔을 수도 있잖아.
> A: 당연하지. 충전해봤어.
> B: _____
> A: 그래야 하는데. 내가 너무 게을러서.

(A) 네 컴퓨터를 어떻게 고쳐야 할지 모르겠다.
(B) 그럼 가장 가까운 서비스센터를 찾아가봐.
(C) 음. 네 문제에 대해 그만 생각하고 잠이나 자라.
(D) 나의 형이 네 컴퓨터를 고쳐줄 거야. 기술자거든.

02 (A)

> A: 우리 신혼여행으로 어디를 가고 싶어?
> B: 우리 둘 다 가보지 않은 곳으로 가자.
> A: 그럼, 하와이에 가는 건 어때?
> B: _____

(A) 난 항상 거기에 가고 싶었어.
(B) 한국은 살기 좋은 곳 아니니?
(C) 멋져. 그곳에서의 지난 여행은 굉장했어.
(D) 오! 넌 벌써 하와이에 가본 적이 있나보네.

03 (C)

(A) A: 미안하지만 오늘 밤 저는 빼주세요.
　　* count sb out (활동에서) ~를 빼다
　B: 그거 굉장한데요. 그럼 오늘 밤에 만나요.
(B) A: 세금인상이 불가능한가요? * out of the question 불가능한
　B: 물론입니다. 저의 승진은 의심의 여지가 없습니다.
　　* there is no question about ~은 의심의 여지가 없다
(C) A: 그녀는 왜 시무룩해있나요?
　　* have a long face 시무룩한 얼굴을 하다
　B: 모르겠어요. 아마도 그녀의 컴퓨터가 또 고장이 난 듯해요.
(D) A: 그 프로젝트에 대한 좋은 아이디어를 제안할 수가 없네요.
　　* come up with 제안하다
　B: 걱정 마세요. 난 당신에게 그것을 가져다 줄 수 없어요.

04 (C) * 의문사로 물어 본 질문에 Yes나 No로 답변하는 것은 옳지 않다.

(A) A: 내일 예약 좀 하고 싶습니다.
　B: 물론이죠. 몇 시로 하실래요?
(B) A: 주문하시겠습니까?
　B: 네. 그 스프로 할게요.
(C) A: 리조또는 어때요?
　B: (X) 네. 버섯과 치즈를 곁들인 리조또가 있습니다.
(D) A: 디저트 드실래요?
　B: 전 괜찮아요. 감사합니다.

05 (A)

(A) A: 시험 결과 들었어?
　B: (X) 그들은 확장공사를 했을 때 절차를 무시했다.
　　* cut corners 절차나 원칙을 무시하고 대충 하다
(B) A: 내일이 D-day야. 정말 초조해. * nervous 초조한
　B: 행운을 빌어, 샘. 네 공연은 대단할 것이라고 확신해.
　　* Break a leg. 행운을 빌어.
(C) A: 우리 이 지갑을 사지 그래? 아주 좋아 보이는데.
　B: 우리는 이 지갑을 살 여유가 없어. 너무 비싸.
　　* cost an arm and a leg 엄청난 돈이 들다
(D) A: 얼마나 자주 영화를 보러 가시나요?
　B: 전 아주 드물게 극장에 갑니다.
　　* once in a blue moon 아주 드물게

06 (A)

> A: 부탁 하나만 드려도 될까요?
> B: 그럼요. 부탁이 뭔가요?
> A: 출장 때문에 공항에 가야하는데 차가 시동이 안 걸리네요.
> 　저 좀 태워줄 수 있나요? * give ~ a lift 태워주다
> B: 물론이죠. 언제까지 거기에 도착해야 되죠?
> A: 늦어도 6시까지는 도착해야 합니다.
> B: 지금이 4시 반이네요. _____
> 　지금 당장 출발해야겠습니다. * right away 즉시

(A) 시간이 빠듯하네요. * cut it close 시간에 빠듯하게 나타나다
(B) 나는 한 눈을 팔았어요.
　　* take one's eye off the ball 가장 중요한 것에서 눈을 떼다
(C) All that glitters is not gold. 번쩍인다고 다 금은 아니다.
(D) It's water under the bridge. 후회해도 소용없다.

07 (D)

(A) A: 무슨 일이세요? 왜 아침부터 우울한 얼굴이죠?
　　* long face 시무룩한 얼굴
　B: 그렇게 보여요? 제가 조금 몸이 안 좋아요.
　　* under the weather 몸이 안 좋은
(B) A: 이번 여름에 어디로 여행을 가고 싶은지 결정했나요?
　B: 글쎄요. 사실 지금 시점엔 어떤 제안이든 수용할 수 있어요.
　　* be open to ~에 개방적이다
(C) A: 전 수도꼭지가 다시 심하게 샌다는 것을 믿기지 않아요.
　B: 그 말은 곧 당신이 엄청난 금액을 지불해야 한다는 것인가요?
(D) A: 전 351호에 머물고 있습니다. 제게 온 어떤 메시지가 있나요?
　B: 체크해볼게요.... 죄송하지만 오늘밤은 모두 예약이 됐습니다.
　　* be booked up 예약이 끝나다

08 (D)

> A: 제가 오늘 점심을 대접해 드려도 될까요?
> B: _____

(A) 아니요. 전 그 시간 좋아요.
(B) 좋아요. 잊지 않도록 달력에 적어두겠습니다.
(C) 좋습니다. 월요일에 다시 확인할게요.
(D) 그러고 싶지만 오늘은 다른 선약이 있네요.

09 대화의 흐름으로 보아 빈칸에 들어갈 가장 적절한 것은? [17서울시9급]

> A: Do you think we can get a loan?
> B: Well, it depends. Do you own any other property? Any stocks or bonds?
> A: No.
> B: I see. Then you don't have any _____. Perhaps you could get a guarantor—someone to sigh for the loan for you.

(A) investigation   (B) animals

(C) collateral   (D) inspiration

10 밑줄 친 부분에 들어갈 말로 가장 적절한 것을 고르시오. [17국가직9급 하반기]

> A: Wow! Look at the long line. I'm sure we have to wait at least 30 minutes.
> B: You're right. _____
> A: That's a good idea. I want to ride the roller coaster.
> B: It's not my cup of tea.
> A: How about the Flume Ride then? It's fun and the line is not so long.
> B: That sounds great! Let's go!

(A) Let's find seats for the magic show.

(B) Let's look for another ride.

(C) Let's buy costumes for the parade.

(D) Let's go to the lost and found.

11 밑줄 친 부분에 들어갈 말로 가장 적절한 것을 고르시오. [17국가직9급]

> A: May I help you?
> B: I bought this dress two days ago, but it's a bit big for me.
> A: _____
> B: Then I'd like to get a refund.
> A: May I see your receipt, please?
> B: Here you are.

(A) I'm sorry, but there's no smaller size.

(B) I feel like it fits you perfectly, though.

(C) That dress sells really well in our store.

(D) I'm sorry, but this purchase can't be refunded.

12 밑줄 친 부분에 들어갈 말로 가장 적절한 것을 고르시오. [16지방직9급]

> A: Excuse me. Can you tell me where Namdaemun Market is?
> B: Sure. Go straight ahead and turn right at the taxi stop over there.
> A: Oh, I see. Is that where the market is?
> B: _____

(A) That's right. You have to take a bus over there to the market.

(B) You can usually get good deals at traditional markets.

(C) I don't really know. Please ask a taxi driver.

(D) Not exactly. You need to go down two more blocks.

13 두 사람의 대화 중 가장 어색한 것은? [16지방직9급]

(A) A: Would you like to go to dinner with me this week?
    B: OK. But what's the occasion?

(B) A: Why don't we go to a basketball game sometime?
    B: Sure. Just tell me when.

(C) A: What do you do in your spare time?
    B: I just relax at home. Sometimes I watch TV.

(D) A: Could I help you with anything?
    B: Yes, I would like to. That would be nice.

14 다음 대화 중 어색한 것은? [16기상직9급]

(A) A: How did you find your dinner?
    B: I looked in the refrigerator, and there it was.

(B) A: It's getting colder.
    B: Don't worry. I'll get you a blanket.

(C) A: I can't decide which of the two to choose.
    B: It looks like a jump ball situation.

(D) A: Why are you so hot under the collar?
    B: I just got in a fight with my boyfriend.

15 밑줄 친 부분에 들어갈 말로 가장 적절한 것을 고르시오. [16국가직9급]

> A: I'd like to get a refund for this tablecloth I bought here yesterday.
> B: Is there a problem with the tablecloth?
> A: It doesn't fit our table and I would like to return it. Here is my receipt.
> B: I'm sorry, but this tablecloth was a final sale item, and it cannot be refunded.
> A: _____
> B: It's written at the bottom of the receipt.

(A) Nobody mentioned that to me.

(B) Where is the price tag?

(C) What's the problem with it?

(D) I got a good deal on it.

09 (C)

A: 우리가 대출을 받을 수 있을까요?
B: 글쎄요, 상황에 따라 다릅니다. * it depends 상황에 따라 다르다
주식이나 채권 같은 다른 자산을 보유하고 계신지요?
* stock 주식 bond 채권
A: 아뇨.
B: 알겠습니다. 그럼 어떤 담보물도 없으신 거네요. 아마도 당신이 대출
을 받는 것에 대한 보증인을 구하셔야 할 것 같습니다.
* guarantor 보증인

(A) investigation 조사, 수사 (C) collateral 담보물 (D) inspiration 영감

10 (B)

A: 왜 저기 길게 늘어선 줄 봐. 적어도 30분은 기다려야 할 거야.
B: 네 말이 맞아. _____
A: 좋은 생각이야. 나는 롤러코스터 타고 싶어.
B: 그건 내 취향이 아니야. * It's not my cup of tea. 내 취향이 아니다.
A: 그럼 후룸라이드는 어때? 그건 재미도 있고 줄도 길지 않아.
B: 좋은 생각이야. 가재!

(A) 매직쇼에 자리가 있는지 알아보자.
(B) 다른 놀이기구를 찾아보자. * ride 놀이기구
(C) 퍼레이드에 입을 의상을 구입하자. * costume 의상
(D) 유실물 보관소에 가보자. * lost and found 유실물 보관소

11 (A)

A: 무얼 도와드릴까요?
B: 이 옷을 이틀 전에 샀는데요. 제게 약간 크네요.
A: _____
B: 그러면 환불을 받고 싶네요.
A: 영수증 좀 볼 수 있을까요?
B: 여기 있습니다.

(A) 죄송하지만 더 작은 사이즈는 없습니다.
(B) 그래도 제 생각엔 옷이 손님께 완벽히 맞는 것 같은데요.
(C) 저 옷이 우리 가게에서 정말 잘 팔려요.
(D) 죄송합니다만, 이 구입품은 환불이 안 됩니다.

12 (D)

A: 실례합니다. 남대문 시장이 어디에 있는지 알려주실 수 있나요?
B: 그럼요. 직진하셔서 저기 택시 타는 곳에서 오른쪽으로 가세요.
A: 아, 알겠습니다. 거기에 시장이 있나요?
B: _____

(A) 맞습니다. 거기서 시장으로 가는 버스를 타셔야 합니다.
(B) 당신은 대개 전통시장에서 물건을 싸게 사실 수 있습니다.
(C) 저도 잘 몰라요. 택시 기사분에게 물어 보세요.
(D) 정확히 그렇지는 않고요. 두 블록 더 내려가셔야 합니다.

13 (D)

(A) A: 이번 주에 저와 같이 저녁식사 하실래요?
   B: 좋죠. 그런데 무슨 날인가요? * occasion 행사
(B) A: 우리 가끔 농구경기를 보러 가는 건 어때?
   B: 좋지, 언제든 말만 해.
(C) A: 넌 남는 시간에 뭘 해?
   B: 그냥 집에서 쉬어. 때때로 TV도 보고.
(D) A: 제가 뭐라도 좀 도와드릴까요?
   B: (X) 네, 제가 크려고 싶어서요. 크기 좋겠네요.

14 (A)

(A) A: 네 저녁 식사는 어땠어? * find 생각하다
   B: (X) 냉장고를 뒤졌는데 거기에 있었어.
(B) A: 점점 추워지고 있어.
   B: 걱정 마. 내가 담요를 갖다 줄게.
(C) A: 두 개 중에 어떤 걸 골라야 할지 모르겠어.
   B: 그건 마치 점프볼 상황 같구나.
(D) A: 왜 그렇게 화가 났어? * hot under the collar 화가 난, 당황한
   B: 방금 남자친구와 한바탕 했거든.

15 (A)

A: 어제 여기서 구입한 테이블보를 환불하고 싶은데요.
B: 테이블보에 무슨 문제라도 있나요?
A: 저희 식탁이랑 맞지 않아서 반품하려고요. 여기 영수증이 있습니다.
B: 죄송합니다만 이 테이블보는 마지막 세일품목이라서 환불이 안 됩니다.
A: _____
B: 영수증 하단에 적혀 있습니다.

(A) 제게 아무도 말해 주지 않았는데요.
(B) 가격표가 어디 있죠?
(C) 그것에 문제가 있나요?
(D) 그걸 정말 싸게 샀어요.

16 밑줄 친 부분에 들어갈 말로 가장 적절한 것을 고르시오. [16국가직9급]

A: Hello? Hi, Stephanie. I'm on my way to the office. Do you need anything?

B: Hi, Luke. Can you please pick up extra paper for the printer?

A: What did you say? Did you say to pick up ink for the printer? Sorry, _____

B: Can you hear me now? I said I need more paper for the printer.

A: Can you repeat that, please?

B: Never mind. I'll text you.

A: Okay. Thanks, Stephanie. See you soon.

(A) My phone has really bad reception here.

(B) I couldn't pick up more paper.

(C) I think I've dialed the wrong number.

(D) I'll buy each item separately this time.

17 다음 대화의 빈칸에 들어갈 말로 가장 적절한 것은? [16교행9급 변형]

A: Did you have fun last weekend at the ①_____?

B: Absolutely! People brought a lot of delicious dishes.

A: Really? Which one was your favorite?

B: Brian's. He made lasagna which tasted so good that there were no leftovers.

A: I'm sorry I missed it!

B: ②_____

A: Well, I'm a terrible cook. I have no idea what to make.

B: No worries, You can just bring fruit or beverages instead.

A: That's a relief. Then let me know when you get together again.

(A) ① housewarming party ② Let me give it a try.

(B) ① pajama party ② Would you like some more?

(C) ① baby shower ② That's not exactly what I mean.

(D) ① potluck party ② How about joining us next time?

18 밑줄 친 부분에 들어갈 표현으로 가장 적절한 것은? [15지방직9급]

M: Would you like to go out for dinner, Marry?

W: Oh, I'd love to. Where are we going?

M: How about the new pizza restaurant in town?

W: Do we need a reservation?

M: I don't think it is necessary.

W: But we may have to wait in line because it's Friday night.

M: You are absolutely right. Then, I'll _____ right now.

W: Great.

(A) cancel the reservation   (B) give you the check

(C) eat some breakfast   (D) book a table

19 밑줄 친 부분에 들어갈 표현으로 가장 적절한 것은? [15지방직9급]

M: Excuse me. How can I get to Seoul Station?

W: You can take the subway.

M: How long does it take?

W: It takes approximately an hour.

M: How often does the subway run?

W: _____

(A) It is too far to walk.

(B) Every five minutes or so.

(C) You should wait in line.

(D) It takes about half an hour.

20 다음 대화에서 밑줄 친 부분에 들어갈 말로 가장 적절한 것은? [15지방교행]

A: I'm starving.

B: Me, too. What are you in the mood for?

A: Korean food, definitely. You know I'm a huge fan of bulgogi.

B: Oh, I heard there's a nice Korean restaurant near here.

A: _____

B: Good! Do you want to go right now?

A: Sure. Don't you think we need a reservation?

B: Probably. I'll call and ask them.

(A) Then, what are we waiting for?

(B) Wow, unbelievable! That's a steal!

(C) Didn't you know that I don't like meat?

(D) I think it just isn't my day.

21 다음 대화에서 밑줄 친 carousel 이 잘못 쓰인 것은? [15서울시9급]

A: I'm new here at this airport. Where can I get my baggage?

B: Please check at ① carousel number 2. Do you have anything special in your baggage?

A: I have a 500 watt microwave with a ② carousel.

B: You didn't have to bring it. Most of the hotels have microwaves. By the way, what are you planning to do first in your trip to Seattle?

A: I'd like to ride the ③ carousel at Miners Landing. Well, what kind of clothing will be the best here at this season? It s so chilly.

B: I'd recommend you to wear a ④ carousel, then.

(A) ①   (B) ②   (C) ③   (D) ④

16 (A)

A: 여보세요. 안녕, 스테파니. 나 지금 사무실로 가는 중이야. 뭐 필요한 것 있어?
B: 안녕, 루크. 여분의 프린터 용지 좀 사다줄래? * pick up ~을 사다
A: 뭐라고? 프린터 잉크 사오라고 했어? 미안,
_____ * What did you say? 뭐라고?
B: 이제 들려? 프린트 용지가 더 필요하다고 말했어.
A: 다시 말해줄래?
B: 신경 쓰지 마. 문자 보낼게.
　* Never mind. 신경 쓰지 마. text 문자를 보내다
A: 좋아. 고마워, 스테파니. 이따 봐.

(A) 내 전화기 수신 상태가 정말 안 좋아. * reception (전화기의) 수신 상태
(B) 난 종이를 더 살 수 없었어.
(C) 제가 전화를 잘못 건 거 같네요.
(D) 이번에는 각각의 물건을 따로 살 거야.

17 (D)

A: 너 지난 주말의 ①_____는 재미있었어?
B: 당근이지! 사람들이 맛있는 음식들을 많이 가져왔더라고.
A: 정말? 네가 좋았던 음식은 뭐였어?
B: 브라이언네의 음식이야. 그는 라자냐를 만들어 오는데 맛이 너무 좋아서 하나도 안 남았어. * leftover 먹다 남은 음식
A: 그걸 놓쳐서 정말 유감이네.
B: ②_____
A: 글쎄, 난 요리를 정말 못해. 뭘 만들어야 할지도 모르겠고.
B: 걱정할 필요 없어. 대신 넌 그냥 과일이나 음료를 가지고 오면 돼.
A: 그거 다행이다. 그럼 다음에 모일 때 내게 알려줘.
　* relief 안도, 안심, 경감

(A) ① housewarming party 집들이파티 ② 한번 해 볼게.
(B) ① pajama party 파자마 파티
　* 10대 소녀들이 친구집에 모여 잠옷 바람으로 밤새워 노는 모임
　② 좀 더 먹을래?
(C) ① baby shower 베이비 샤워 * 임신 축하선물을 주는 파티
　② 그건 내가 의도했던 말이 아니야.
(D) ① potluck party 포트럭 파티 * 각자 자신이 만든 음식을 가져오는 파티
　② 다음번엔 우리랑 같이 하는 게 어때?

18 (D)

M: 메리, 저녁 먹으러 나가는 것 어때요?
W: 좋죠. 어디로 가는데요?
M: 읍내에 새로 연 피자 가게 어때요?
W: 예약해야 하나요? * reservation 예약
M: 예약은 필요 없을 것 같은데요.
W: 하지만, 금요일이기 때문에 줄을 서야 할지도 모르잖아요.
M: 당신 말이 맞네요. 그럼, 지금 바로 예약할게요.
W: 좋아요.

(A) cancel the reservation 예약을 취소하다
(B) give you the check 수표를 주다
(C) eat some breakfast 아침을 조금 먹다
(D) book a table 자리를 예약하다

19 (B)

M: 실례지만, 서울역에 어떻게 가죠?
W: 지하철을 타시면 됩니다.
M: 시간이 얼마나 걸리죠?
W: 약 한 시간 걸립니다.
M: 지하철이 얼마다마 운행되나요?
W: _____

(A) 그곳은 걷기에 너무 멀어요.
(B) 매 5분 남짓 마다요.
(C) 줄을 서서 기다려야 해요.
(D) 그것은 약 반 시간 정도 걸려요.

20 (A)

A: 나 배고파.
B: 나도. 너 뭐 먹고 싶니?
A: 단연 한국 음식이지. 내가 불고기 완전 팬이란 걸 너도 알잖아.
B: 오, 여기 근처에 근사한 한국식당이 있다는 것을 들었어.
A: _____
B: 좋아. 지금 당장 가고 싶다는 거지?
A: 물론이지. 예약을 해야 할까?
B: 아마도, 전화해서 물어볼게.

(A) 그럼. 뭘 기다리고 있는 거야?
(B) 와우. 엄청난데. 거의 공짜네. * That's a steal! 공짜나 마찬가지다.
(C) 내가 고기 싫어하는 것 몰랐어?
(D) 오늘은 일진이 안 좋은 것 같아.

21 (D) carousel은 ① 수화물 컨베이어 ② 회전식 받침대 ③ 회전목마란 뜻으로 사용되지만 ④ 옷의 명칭으로는 사용되지 않는다.

A: 전 이 공항에 처음인데요. 어디서 짐을 찾을 수 있죠?
B: ① 수화물 컨베이어 2번을 확인해 보세요. 짐 안에 특별한 것이 있나요?
A: ② 음식을 놓는 회전대가 있는 500와트 전자레인지가 있어요.
B: 그걸 가져올 필요가 없었어요. 대부분의 호텔에 전자레인지가 비치되어 있거든요. 그건 그렇고, 시애틀 여행에서 제일 먼저 무엇을 할 계획이세요?
A: Miners Landing에서 ③ 회전목마를 타고 싶어요. 여기에서 이 계절에는 어떤 옷이 가장 입기 좋을까요? 아주 쌀쌀해요.
B: 그렇다면 ④ carousel(X)을 입기를 추천 드릴게요.

22 다음 빈칸에 들어갈 말로 어울리지 않은 것은? [15기상직9급]

A: You look so excited. What's the occasion?
B: _____ Jane asked me out!

(A) believe it or not,

(B) you cannot be surprised, but

(C) you might be surprised, but

(D) you may not believe this, but

23 다음 각 쌍의 대화가 어울리지 않는 것은? [15기상직9급]

(A) A: Are you going to take part in the volunteer activity tomorrow?
    B: I should have been there.

(B) A: Have you confirmed our hotel reservation?
    B: It's all taken care of.

(C) A: Well, I want you to accompany me to the car dealership tomorrow. Do you ave time then?
    B: My calendar is clear. I'll make it up to you.

(D) A: I'm too busy dealing with all those tedious chores.
    B: Things will pick up soon.

24 다음 빈칸에 들어갈 말로 가장 적절한 것은? [15기상직9급]

Tom: Good afternoon, Jane. How did the staff meeting go?
Jane: Not too bad. Although it seems as if nothing was accomplished.
Tom: Did the meeting go around in circles again?
Jane: Yes, Judy took an unrelated issue during the meeting.
Tom: _____.
Jane: That's exactly what I want to say about her.

(A) she had a crush on you

(B) she always held her tongue

(C) she did me a good turn

(D) she was not on the track all the time

25 밑줄 친 부분에 가장 적절한 것을 고르시오. [15국가직9급]

M: What's that noise?
W: Noise? I don't hear anything.
M: Listen closely. I hear some noise. _____.
W: Oh, let's stop and see.
M: Look! A piece of glass is in the right front wheel.
W: Really? Umm...You're right. What are we going to do?
M: Don't worry. I got some experience in changing tires.

(A) I gave my customers sound advice.

(B) Maybe air is escaping from the tire.

(C) I think the mechanic has an appointment.

(D) Oh! Your phone is ringing in vibration mode.

26 다음 대화 내용 중 가장 어색한 것은? [14기상직9급]

(A) A: Do you think you could possibly water my house-plants for me? I'm away on business for two weeks.
    B: No problem. I'll keep an eye on your whole flat if you like.

(B) A: I could kick myself. As soon as I'd handed in the paper, I remembered what the answer was.
    B: But you still passed the test. That sometimes happens for me too.

(C) A: I can't stand the sight of him. That journey was absolute hell all because of his irresponsible behavior!
    B: I must admit, I'm keen on him, either.

(D) A: He invited quite a few friends to his party.
    B: I'll say. We had to fight our way through millions of people to get to the drinks.

27 밑줄 친 부분에 들어갈 가장 적절한 것을 고르시오. [14국가직7급]

A: Black Cleaners. May I help you?
B: Yes. Will you check if my suit is ready to go, please?
A: What's your name, please?
B: Billy Jackson.
A: I remember your name. I think it's ready.
B: _____ I don't want to make a trip for nothing.
A: It's a dark brown suit, right?
B: Right.
A: Yes, it's ready to go.
B: Thanks.

(A) Will you come?

(B) Do you like the color?

(C) Can I get a refund on this?

(D) Will you double-check, please?

28 다음 빈칸에 들어갈 말로 가장 적절한 것은? [14경찰1차]

A: Hi Josh. How is it going?
B: Not so good. I think I need a new job.
A: What's the problem? Is it the people you work with?
B: No, my coworkers are fine, but _____.
A: Maybe you should start looking for a more interesting job.
B: You are right. I can probably find something better.

(A) my workplace is too far from home

(B) I think my salary is too low

(C) I do the same thing everyday

(D) I am too busy to find free time

22 (B)

A: 너 굉장히 들떠 보여. 무슨 일이야?
B: _____ 제인이 나에게 데이트를 신청 했어!

(A) 이 말을 해도 믿지 않을지 모르지만, 믿건 말건
(B) 네가 놀랄 리 없겠지만
(C) 네가 놀랄 수도 있겠지만
(D) 네가 이것을 믿지 않을 수도 있겠지만

23 (A)

(A) A: 너 내일 자원봉사활동에 참가할 생각이야? * take part in 참가하다
    B: (X) 내가 거기에 있어야 했는데.
(B) A: 우리 호텔 예약한 것 확인했어요?
    B: 내가 모두 처리했어. * take care of 돌보다, 처리하다
(C) A: 자, 네가 내일 자동차 대리점에 나와 같이 가 주었으면 해.
        내일 시간 괜찮겠어?
    B: 딱히 약속은 없어. 내가 신세 갚을게. * make it up to ~에게 보상하다
(D) A: 나는 그 모든 지루한 잡일들을 처리 하느라 눈코 뜰 새 없이 바빠.
    B: 곧 나아질 거야. * pick up 개선되다

24 (D)

Tom: 좋은 오후에요, 제인. 직원회의는 어땠어요?
Jane: 나쁘지 않았어요. 아무것도 해낸 것은 없어 보이지만.
Tom: 회의가 또 제자리를 맴돌았나요?
    * go around in circles (의논 따위가) 개미 쳇바퀴 돌 듯 하다
Jane: 네, 쥬디가 회의 동안 관련 없는 문제를 제기했어요.
Tom: _____,
Jane: 그게 바로 제가 그녀에게 하고픈 말이네요.

(A) 그녀는 당신에게 홀딱 반했습니다.
    * have a crush on : ~에게 홀딱 반하다
(B) 그녀는 늘 입을 다물고 있었습니다.
    * hold one's tongue 잠자코 있다, 입 다물고 있다
(C) 그녀는 나에게 친절했습니다.
    * do one a good (ill) turn 사람에게 (불)친절하다
(D) 그녀는 늘 논제에서 벗어나는 이야기만 했었어요.
    * on the track 논제에서 벗어나지 말고

25 (B)

M: 이게 무슨 소음이지?
W: 소음? 아무것도 안 들리는데.
M: 잘 들어봐. 어떤 소음이 들려. _____.
W: 오, 멈춰서 살펴보자.
M: 봐! 유리 파편이 오른쪽 앞바퀴에 박혔어.
W: 정말? 음... 네 말이 맞네. 뭘 해야 하지?
M: 걱정 마. 난 타이어를 교체해본 적이 있어.

(A) 난 고객에게 건전한 충고를 해 주었어.
(B) 아마도 타이어에서 공기가 빠지고 있나봐.
(C) 그 정비사가 약속이 있다고 생각해.
(D) 오! 네 전화기가 진동으로 울리고 있어.

26 (C)

(A) A: 저 대신 제 실내 화초에 물을 줄 수 있으신가요?
        전 2주간 업무로 자리를 비웁니다.
    B: 그럼요. 좋으시다면 제가 당신 아파트 전체를 봐드릴게요.
        * keep an eye on 계속 지켜보다
(B) A: 나 자신에게 정말 화가 나. 시험지를 제출하자마자, 답이 기억났어.
        * kick oneself 자책하다 hand in 제출하다
    B: 하지만 넌 그래도 시험에 통과했잖아. 그런 일은 때때로 내게도 일어나.
(C) A: 그를 보기조차 싫어. 오로지 그의 무책임한 행동 때문에 그 여행이
        완전히 지옥이었어. * can't stand 참을 수 없다
    B: (X) 나도 인정해야만 해. 나도 그에게 관심이 많았어.
        * keen on ~에 관심이 많은
(D) A: 그는 파티에 꽤 많은 친구들을 초대했어.
    B: 내 말이. 우리는 술을 가지러 가기 위해 많은 사람들을 뚫고 헤치
        나가야 했어. * fight one's way through ~을 싸우며 헤쳐나가다

27 (D) * B가 헛걸음하기 싫다고 했으므로 다시 확인요청를 요청하는 (D)가 정답이다

A: Black Cleaners입니다. 무엇을 도와 드릴까요?
B: 네, 제 양복을 찾아가도 되는지 확인해 주시겠어요?
A: 성함이 어떻게 되시죠?
B: Bill Jackson입니다.
A: 손님 성함이 기억나네요. 아마 되었을 겁니다.
B: _____ 괜히 헛걸음하기는 싫거든요.
A: 짙은 갈색 양복 맞으시죠?
B: 맞아요.
A: 예 찾아가시면 됩니다.
B: 감사합니다.

(A) 오시겠어요?
(B) 그 색을 좋아하세요?
(C) 이것 환불을 받을 수 있을까요?
(D) 다시 한 번 확인해 주시겠어요? * double-check 다시 한번 확인하다

28 (C)

A: Josh 요즘 어떻게 지내?
B: 별로야. 새로운 일이 필요하다고 생각해. A: 문제가 뭔데? 함께 일하
는 사람이 문제인거야?
B: 아니 동료들은 좋아. 그러나 _____
A: 아마도 너는 더 흥미로운 일을 찾아야겠다. B: 맞아. 난 좀 더 나은 무
언가를 찾을 수 있을 거야.

(A) 내 직장이 집에서 너무 멀어.
(B) 내 월급이 너무 작은 것 같아.
(C) 매일 똑같은 일을 하고 있어.
(D) 너무 바빠서 자유 시간을 찾을 수 없어.

29 밑줄 친 부분에 들어갈 표현으로 가장 적절한 것을 고르시오. [13.지방직9급]

> A: Do you know what Herbert's phone number is?
> B: Oh, Herbert's phone number? I don't have my address book on me. _____
> A: That's too bad! I've got to find him. It's urgent. If I can't find him today, I'll be in trouble!
> B: Well, why don't you call Beatrice? She has his phone number.
> A: I've tried, but no one answered.
> B: Oh, you are so dead!

(A) I'll not let you down.

(B) I've got to brush up on it.

(C) I can't think of it off hand.

(D) Don't forget to drop me a line

30 다음 빈칸에 가장 적합한 것은? [13.서울시9급]

> A: Kate, I am too tired. It's only 7:30 in the morning! Let's take a rest for a few minutes.
> B: Don't quit yet. Push yourself a little more. When I started jogging, it was so hard for me, too.
> A: Have pity on me then. This is my first time.
> B: Come on, Mary. After you jog another three months or so, you will be ready for the marathon.
> A: Marathon! How many miles is the marathon?
> B: It's about thirty miles. If I jog everyday, I'll be able to enter it in a couple of months.
> A: _____ I am exhausted now after only half a mile. I am going to stop.

(A) Count me out!

(B) Why shouldn't I enter the marathon?

(C) Why didn't I think of that?

(D) I don't believe so.

(E) Look who is talking!

31 다음 대화 중 어색한 것은? [13.서울시9급]

(A) A: I'm going to China next month.
  B: Where in China?

(B) A: I have some good news.
  B: What is it?

(C) A: Get me some wine from your trip to Brazil.
  B: You bet.

(D) A: I like winter sports.
  B: I envy you.

(E) A: May I have seconds?
  B: Help yourself.

32 다음 대화 중 어색한 것은? [13.서울시9급]

(A) A: This school was established in 1975.
  B: Oh, was it?

(B) A: My mom is working as a teacher.
  B: Oh, is she?

(C) A: We will consider your situation.
  B: Oh, will they?

(D) A: You did a good job on your presentation.
  B: Oh, did I?

(E) A: I want to give some financial rewards to you.
  B: Oh, do you?

33 밑줄 친 부분의 쓰임이 적절하지 않은 것은? [13.서울시9급]

(A) I can't make out if it's a man or a woman over there.

(B) Are you sure you haven't made up this whole story?

(C) Fortunately the plan came off.

(D) Why did you turn off such a good offer?

(E) I've found out what the problem is with the exam

34 문맥상 빈칸에 가장 적합한 것은? [13.서울시9급]

> Customer: Can you tell me the price of this dress?
> Clerk : It should be on the ①_____.
> Customer: Yes, but I see three different prices here. Take a look.
> Clerk : Oh, I'm sorry. It has been marked several times. Now it's $14.99. Final sale.
> Customer: Can I return it if it doesn't ②_____?
> Clerk : Oh, ③_____. Perhaps you want to try it on before you purchase it.
> Customer: I guess I'd better. ④_____.
> Clerk : Right over there.

(A) ① counter ② work ③ yes, you can
  ④ Where's the change room?

(B) ① tag ② good ③ I'm fine ④ Where's the dress room?

(C) ① brand ② sound ③ I'm not afraid of that
  ④ Where's the gentlemen's room?

(D) ① tag ② fit ③ I'm afraid not ④ Where's the fitting room?

(E) ① brand ② fit ③ I'm afraid of that
  ④ Where's the gentlemen's room?

29 (C)

A: 너 Herbert의 핸드폰 번호 아니?
B: Herbert의 핸드폰 번호? 지금 주소록을 안가지고 있어.
_____
A: 아쉽다! 나는 그를 찾아야 해. 급해. 만약 오늘 그를 못 찾으면, 내가 곤경에 처하게 될 거야!
B: 음, Beatrice에게 전화해 보는 거 어때? 그녀가 그의 전화번호를 갖고 있어.
A: 내가 해봤는데, 아무도 받지 않아.
B: 오, 큰일이네!

(A) 실망시키지 않을게. * let down 실망시키다
(B) 나는 그것을 연습해야 한다. * brush up on 연습하다, 연마하다
(C) 지금 바로는 생각이 안 나는데. * off hand 즉시
(D) 편지 쓰는 거 잊지 마! * drop me a line 편지해 줘

30 (A)

A: Kate, 나 너무 피곤해. 지금 아침 7시 30분밖에 안됐어! 몇 분만 쉬자.
B: 아직 멈추면 안 돼. 조금만 더 몰아붙여. 내가 조깅 시작했을 때도 나 역시 엄청 힘들었어.
A: 그러면 나 좀 봐주라. 이번이 처음이잖아.
B: 힘내, Mary. 3개월 남짓 조깅하고 나면 마라톤에 나갈 준비가 될 거야.
A: 마라톤! 마라톤이 몇 마일이나 되지?
B: 대략 30마일 정도야. 내가 만약 매일 조깅을 한다면, 두 달 후에는 마라톤에 참가할 수 있을 거야.
A: _____ 반마일만 뛰었는데도 지금 지쳤어. 그만할래.

(A) 나는 빼줘! * count ~ out (활동에서) ~를 빼다
(B) 왜 내가 마라톤에 참가하면 안 되는 거야?
(C) 내가 왜 그 생각을 못했지?
(D) 나는 그렇게 생각하지 않아.
(E) 사돈 남 말 하는구나.

31 (D)

(A) A: 다음 달에 중국에 갈 예정이야.
B: 중국 어디?
(B) A: 좋은 소식이 있어.
B: 뭔데?
(C) A: 브라질 여행 갔다 올 때 와인 좀 사다줘.
B: 물론이지. * You bet. 물론이지
(D) A: 나는 겨울 스포츠를 좋아해.
B: (X) 네가 부럽다.
(E) A: 한 번 더 먹어도 될까요? * second 한 그릇 더(두 그릇째)
B: 마음껏 드세요. * help yourself 마음껏 드세요

32 (C)

(A) A: 이 학교는 1975년에 설립됐어.
B: 오, 그랬어?
(B) A: 우리 엄마는 교사로 일하고 계셔.
B: 오, 그러시니?
(C) A: 우리 너의 상황을 고려할 거야?
B: 오, 당신들이 그럴 건가요? * will you?가 되어야 한다.
(D) A: 너 프레젠테이션 잘했어.
B: 오, 그랬어?
(E) A: 나는 너에게 경제적 보상을 해주고 싶어?
B: 오, 그래주실 건가요?

33 (D)

(A) 난 저쪽에 있는 사람이 남자인지 여자인지 파악할 수가 없어.
* make out 파악하다
(B) 네가 이 모든 이야기를 꾸며내지 않았다는 것이 확실해?
* make up 꾸며내다
(C) 운 좋게도 당신의 계획을 실현했네. * come off 실현하다, 해내다
(D) 넌 왜 그렇게 좋은 제안을 거절했니?
* turn off 끄다 → turn down 거절하다
(E) 그 시험에 무슨 문제가 있는지 알아냈어.
* find out 알아내다

34 (D)

고객 : 이 드레스의 가격 좀 알려주시겠어요?
점원 : ① 태그에 적혀 있을 겁니다.
고객 : 네, 그런데 가격이 세 개나 적혀 있어요. 여기 좀 보세요.
점원 : 오 죄송합니다. 여러 번 표시되었네요. 지금은 14.99 달러입니다. 최종가입니다.
고객 : ② 맞지 않으면 반품할 수 있을까요?
점원 : 오 ③ 죄송하지만 안 됩니다, 사기 전에 한 번 입어보세요.
고객 : 그게 낫겠네요. ④ 탈의실이 어디에요?
점원 : 바로 저쪽입니다.

35 다음 A와 B의 대화 중 가장 적절하지 않은 것은? [13경찰 2차]

(A) A: Can I eat this pizza?
   B: Yes, help yourself.

(B) A: Can I use your phone?
   B: Mud in your eye!

(C) A: Did you catch the train?
   B: Yes, by the skin of my teeth.

(D) A: How shall we decide?
   B: Let's toss for it.

36 대화의 흐름으로 보아, 밑줄 친 곳에 들어갈 가장 적절한 것은? [12지방직9급]

A: The deadline is coming. We need to work as a team.
B: Why don't you delegate each person with a task.
A: I'm a step ahead of you. Here's the list of our responsibilities.
B: Wow, you're really on top of things.
A: We all need to _____ to get the job done.
B: Let's get started now.

(A) make a fortune   (B) spare no efforts

(C) pull a long face   (D) take a rain check

37 대화의 흐름으로 보아, 밑줄 친 부분에 들어갈 가장 적절한 것을 고르시오. [12사회복지9급]

A: Can I get a refund for this sweater, please?
B: Why? What's wrong with it?
A: Well, it's too small for me.
B: We have a bigger one now. _____
A: Yes, I do. Here's my receipt.
B: Ok, I'll take care of it.

(A) Here you are.

(B) Do you still want a refund?

(C) Do you find anything interesting?

(D) Could you visit us again later?

38 ㉠, ㉡ 에 들어갈 표현으로 가장 적절한 것은? [12국가직9급]

A: Have you written your term paper yet?
B: No, but I'll have plenty of time to do it next week.
A: That's what you said last week and the week before. You can't put it off forever. You should use your free time and do some work.
B: The truth is, I've ㉠_____ in all my classes and I don't know if I can ever ㉡_____.
A: I'm sorry. But talking about it won't help at this point.
B: You're right. I'll start on it tomorrow.
A: Not tomorrow! Today!

       ㉠   ㉡

(A) gone ahead - make up

(B) kept leading - cover up

(C) lagged behind - catch up

(D) been enthusiastic - follow up

39 밑줄 친 부분에 들어갈 표현으로 가장 적절한 것은? [11국가직9급]

A: What are you doing?
B: I'm looking at my calendar. I have a dental appointment tomorrow.
A: Tomorrow? But we're going to Jim's wedding tomorrow.
B: Yes, I know. _____
A: Is it for a regular checkup?
B: No. It's just for the cleaning.

(A) You must cancel the appointment.

(B) You have to mark it on the calendar.

(C) I don't want to see my doctor.

(D) I need to reschedule it.

40 밑줄 친 부분에 들어갈 표현으로 가장 적절한 것은? [11지방직9급]

A: My sister will be coming into town next week.
B: Is she the one who writes articles for the Financial Times?
A: Right. Why don't you come over next Sunday to meet her?
B: I'd love to, but I can't. _____
A: Certainly. She'll be here for a week. So just let me know when you can come.
B: Ok! I will be very interested in seeing her.

(A) I can't come up with anything about her.

(B) Mind if I pick up the tab?

(C) It couldn't be better.

(D) Can you give me a rain check on that?

35 (B)

(A) A: 이 피자 먹어도 되나요?
B: 네, 마음껏 드세요. * Help yourself. 마음껏 드세요.
(B) A: 당신의 전화기 좀 쓸 수 있을까요?
B: 건배! * Mud in your eye! 건배
(C) A: 기차를 잡아탔어?
B: 그래, 가까스로. * by the skin of my teeth 가까스로
(D) A: 결정할까요?
B: 동전으로 던져서 정합시다.

36 (B)

A: 마감시한이 다가와. 우린 하나의 팀으로 일해야 해.
B: 각자에게 일을 위임하는 것이 어때?
A: 너보다는 내가 한 발 빠르지. 여기 우리가 맡은 일의 목록이야.
B: 와, 넌 정말 일을 잘 하는구나.
A: 우리 모두 작업을 끝내려면 전력투구해야 돼.
B: 자자, 바로 시작하자.

(A) make a fortune 재산을 모으다
(B) spare no efforts 노력을 아끼지 않다
(C) pull a long face 불쾌한 표정을 짓다
(D) take a rain check 다음을 기약하다

37 (B)

A: 이 스웨터를 환불받을 수 있을까요?
B: 왜 그러시죠? 무언가 문제가 있나요?
A: 음, 제게 너무 작아요.
B: 저희에게 지금은 더 큰 사이즈가 있습니다.
_____?
A: 네, 환불받고 싶어요. 여기 영수증이요.
B: 네, 처리해 드릴게요.

(A) 여기 있습니다.
(B) 여전히 환불을 원하십니까?
(C) 뭔가 재미있는 것을 찾으시나요?
(D) 나중에 다시 방문해주시겠습니까?

38 (C)

A: 학기말 리포트 다 썼니? * term paper 학기말 리포트
B: 아니, 다음 주에 시간을 많이 내서 할 거야.
A: 지난주하고 지지난 주에도 그렇게 말했잖아. 영원히 미룰 수는 없어. 남는 시간에 조금이라도 해야지. * put off 연기하다
B: 맞는 말이야. 모든 수업에 ㉠ 뒤처져서 ㉡ 따라잡을 수 있을지 몰라.
A: 미안한데, 지금 시점에서는 그렇게 말하는 것이 도움이 안 될거야.
B: 네 말이 맞아. 내일부터 시작할게.
A: 내일이 아니라 오늘부터 해.

(A) go ahead 앞서 가다: 진행되다 - make up 구성하다
(B) cover up 숨기다, 덮다
(C) lag behind 뒤떨어지다 - catch up 따라잡다
(D) be enthusiastic 열중해 있다 - follow up 추구하다; 따라가다

39 (D)

A: 무엇하고 계세요?
B: 달력을 보고 있어. 내일 치과진료가 있거든.
A: 내일요? 하지만 우린 내일 짐의 결혼식에 가야 하는데요.
B: 그래, 알고 있어. _____
A: 정기 검진을 위한 건가요?
B: 아니, 그냥 스케일링을 하려고.

(A) 당신은 약속을 취소해야만 해요.
(B) 당신은 그것을 달력에 표시하여야만 해요.
(C) 나는 의사를 만나고 싶지 않아요.
(D) 스케줄을 다시 조정할 필요가 있어.

40 (D)

A: 우리 누나가 다음 주에 마을에 올 거야.
B: 파이낸셜 타임즈에 기사를 쓰는 그 누나 말이니?
A: 맞아, 일요일에 와서 그녀를 만나보는 건 어때? * come over 건너오다
B: 그러고 싶은데 그럴 수 없어. _____
A: 물론 되지. 누나는 일주일 동안 여기 있을 거야. 언제 올 수 있는지 알려주기만 해.
B: 좋아, 누나를 만나면 재미있을 것 같아.

(A) 그녀에 대해 어떤 것도 제시할 수 있는 게 없네.
* come up with (생각을) 내놓다
(B) 제가 계산해도 될까요? * pick up the tab (음식값을) 내다, 계산하다
(C) 더 좋을 수가 없을 거야. (가장 좋다.)
(D) 다음으로 미루면 안 될까? * give a rain check 다음으로 미루다

41 다음 빈칸에 들어갈 말로 가장 적당한 것은? [10.국가직7급]

> A: Do you have anything special planned for this weekend?
> B: Not really.
> A: What do you say to going out for a movie with me on Saturday?
> B:_____

(A) I'd love to.

(B) I could be, maybe.

(C) I've already seen that one.

(D) I'd say yes, but I already have plans.

42 다음 빈칸에 들어갈 말로 가장 적당한 것은? [10.국가직7급]

> Guest: I want to speak to the manager.
> Receptionist: She's not available at the moment. Can I help you?
> Guest: I've just checked in and I want to go to my room now. That other receptionist told me I can't. I have to wait till midday!
> Receptionist: Well, I am afraid your room won't be ready until then, because...
> Guest: _____
> Receptionist: I'm sorry, sir, but we're fully booked.

(A) Let me have my money back.

(B) I want to see the room by myself.

(C) Could you keep my luggage until I come back around 3 o'clock?

(D) Then, you'd better get me another room.

43 다음 대화 중 글의 흐름상 빈칸에 들어갈 적당한 말은? [09.국가직9급]

> A: _____
> B: Today is Monday, so you can have it until next Monday.
> A: Can I have the book for a few more days?
> B: No. Books borrowed should be returned within one week.
> A: Is there any way to keep this book for around 10 days?
> B: Well, I'm afraid there isn't. You'll just have to renew the book for another week.

(A) What date is it?

(B) When is this book due?

(C) I'd like to return this book.

(D) This book can be checked out in due form, right?

41 (A)

A: 이번 주말에 뭐 특별한 계획 있니?
B: 딱히 있는 건 없어.
A: 나랑 토요일에 영화 보러 가는 건 어때?
 * What do you say to ~ing는 ~하는 것은 어때?
B: _____

(A) 그거 좋겠다.
(B) 어쩌면 그럴지도 모르지.
(C) 그 영화는 이미 본 거야.
(D) 예스라고 하고 싶지만, 이미 다른 계획이 있어.
 * 이미 "딱히 있는 건 없어"라고 했기 때문에 정답이 될 수 없음

42 (D)   * 대화는 손님이 호텔에 체크인을 한 후 바로 입실을 요구하는 데 반해, 호텔에서는 방이 준비가 안 되어 정오가 되어서야 입실이 가능하다는 입장으로 벌어지는 실랑이다. 마지막 문장의 접수원의 "방이 꽉 찼다"는 말로 보아 손님이 다른 방을 요구하는 말이 들어가는 것이 자연스럽다.

손님: 매니저와 얘기하고 싶은데요.
접수원: 매니저님은 지금 당장 만날 수가 없으신데 제가 도와드릴까요?
손님: 방금 객실을 체크인 했는데요. 지금 바로 제 방에 가고 싶습니다. 저기 다른 접수원이 그럴 수 없다고 하네요. 정오까지 기다려야 된다고 하네요. * check in 호텔에 투숙절차를 취하다
접수원: 글쎄, 정오까지는 객실이 준비가 안 될 것 같은데요. 왜냐하면...
손님: _____
접수원: 손님, 죄송합니다. 객실예약이 꽉 찼습니다.
 * be fully booked 예약이 꽉 차다

(A) 제 돈을 돌려주시겠어요?
(B) 제가 직접 방을 볼게요.
(C) 제가 돌아오는 3시경까지 짐 좀 맡아 주시겠어요?
(D) 그럼 다른 방을 주시는 게 좋을 것 같네요.

43 (B)

A: _____
B: 오늘이 월요일이니 다음 주 월요일까지는 가지고 계셔도 돼요.
A: 며칠 더 책을 볼 수 없어요?
B: 안됩니다. 빌린 책은 일주일 이내에 반납해야 합니다.
A: 10일 정도 책을 가지고 있을 방법은 없을까요?
B: 글쎄요. 그런 방법은 없네요. 한 주 동안 다시 빌리는 방법은 있습니다.

(A) 오늘이 며칠이죠?
(B) 반납 기일이 언제죠? * due 지불기일(만기일)이 된
(C) 이 책을 반납하고 싶은데요.
(D) 이 책을 정식 형식대로 대출해 갈 수 있는 거죠?